CATIA V5 따라잡기

COMPUTER AIDED THREE-DIMENSIONAL
INTERACTIVE APPLICATION

박한주 · 박철기 공저

Preface

CATIA(Computer Aided Three-dimensional Interface Application)는 자동차, 선박, 항공기 등의 설계 및 가공, 해석, 생산관리 분야의 업무를 수행하는 데 있어 대표적으로 활용되는 CAD/CAM/CAE 소프트웨어이다.
또한 대기업은 물론 중소기업에 이르기까지 산업현장에서 폭넓게 응용되고 있는 프로그램으로서, 현장에서 근무하는 실무자는 물론 기계분야 관련 학과의 학생들에게도 CATIA의 활용능력은 필수적으로 요구되고 있다.

이런 흐름에 따라 최근 대학 및 전문대학은 물론 고등학교에서도 CATIA에 대한 교육이 다양한 형태로 진행되고 있으며 다수의 관련 서적이 출간되어 활용되고 있다. 하지만, 전문가의 지도 없이 혼자서 CATIA의 활용능력을 배양하기란 쉽지 않은 실정이다.

이 교재는 대학의 학생들과 재직 근로자들을 대상으로 관련분야를 다년간 강의한 경험이 있는 저자가 그동안의 경험을 바탕으로 이제 처음 CATIA를 배우려하는 학생들은 물론 현장에서 근무하는 실무자들에게 누군가의 도움 없이도 혼자서 교재를 따라하면서 CATIA의 기능들을 익혀 활용할 수 있도록 상세한 이미지와 설명을 통하여 쉽게 이해할 수 있도록 구성하였다.
이번 개정판에서는 R22에서 추가된 일부 기능과 각 장에서 익힌 내용을 스스로 실습할 수 있도록 예제 도면을 추가하였다.

이 책의 전체 구성내용은 다음과 같다.
제1장   CATIA 기초
제2장   Sketcher 기능
제3장   Part Design 기능
제4장   Surface Design 기능
제5장   Drafting 기능

모쪼록 이 교재를 통해 많은 전공분야 학생들과 실무자들이 CATIA를 더욱 쉽게 익혀서 활용하게 되기를 바라며, 이번 개정판이 출간되기 까지 도와주신 도서출판 예문사에 감사의 뜻을 전한다.

Contents

Computer Aided Three dimensional Interactive Application

제4장 Surface Design 기능

제5장 Drafting 기능

MEMO

Computer Aided Three dimensional Interactive Application

CATIA

제1장 CATIA 기초

MEMO

1. CATIA 실행

1) 시작 - 프로그램 - DS License Server - License Server Administration을 클릭한다.

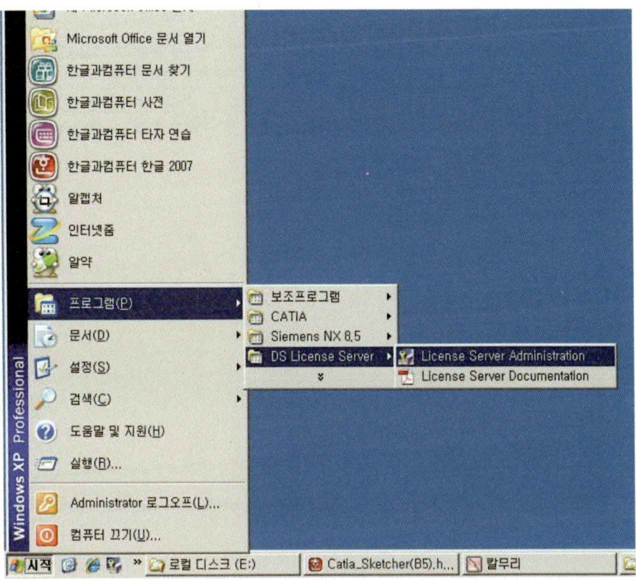

2) License Administration Tool 대화상자가 나타나면, Connect to all severs아이콘을 클릭한다.

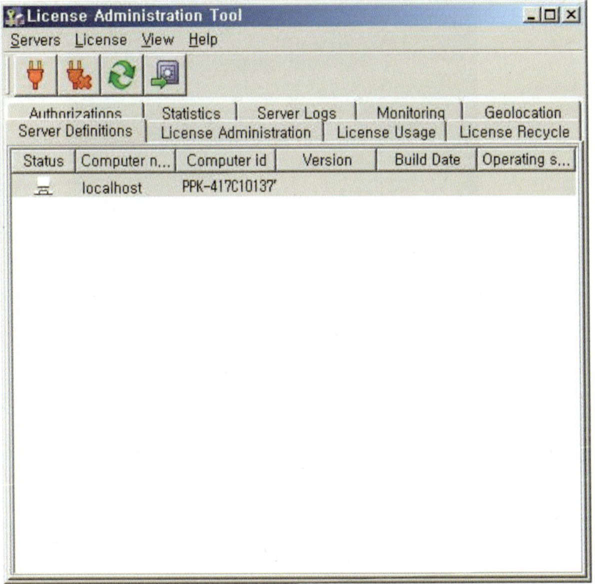

3) 아래와 같이 License server와 연결되면, License Administration Tool 대화상자를 최
   소화 단추를 클릭하여 최소화 시킨다.

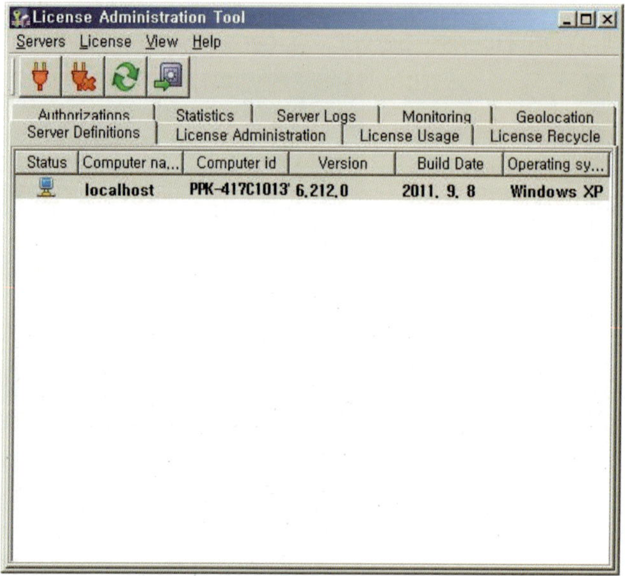

4) 이 상태에서 바탕화면의 CATIA V5-R22 바로가기 아이콘을 더블클릭하면 실행된다.

section

2. CATIA V5-R22 화면구성

① Specifications Tree : 모델링 작업순서를 기록하는 영역
② Plane : 공간상에 존재하는 기본 평면(XY, YZ, ZX)
③ Working Area : 모델링 작업이 이뤄지는 영역
④ Toolbar : 각 Mode에서 필요한 명령 아이콘이 모여있는 집합체
⑤ Compass : 공간상의 방향표시(X, Y, Z)
⑥ Standard Toolbar : Catia 파일을 관리하는 도구모음
⑦ View Toolbar : Model을 표시하는 도구모음

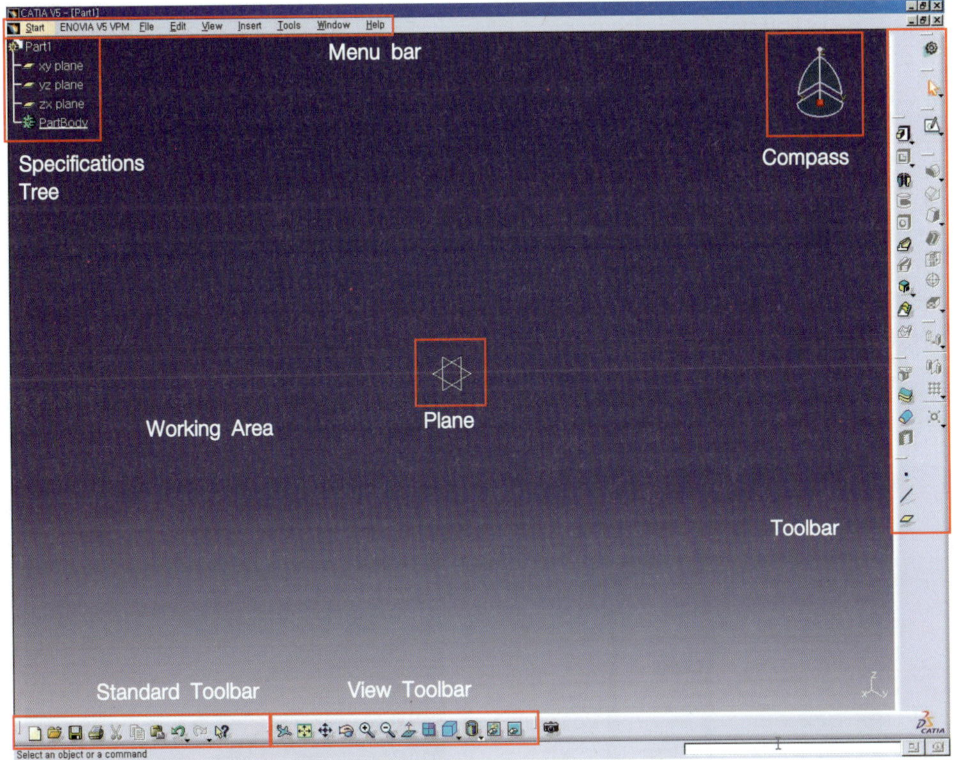

3. Standard Toolbar

1) New ☐ (ctrl + N) : 새로운 작업창을 생성하는 기능

　① ☐아이콘을 클릭한다.
　② New 대화상자의 List of Type의 Part를 선택하고 OK버튼을 클릭한다.
　③ Part2의 새로운 작업창이 생성된다.

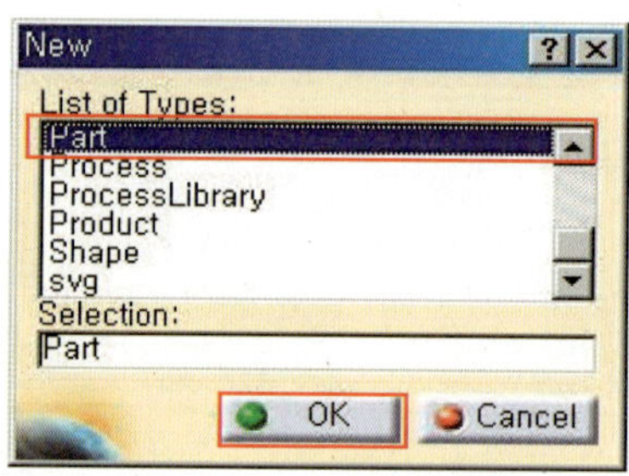
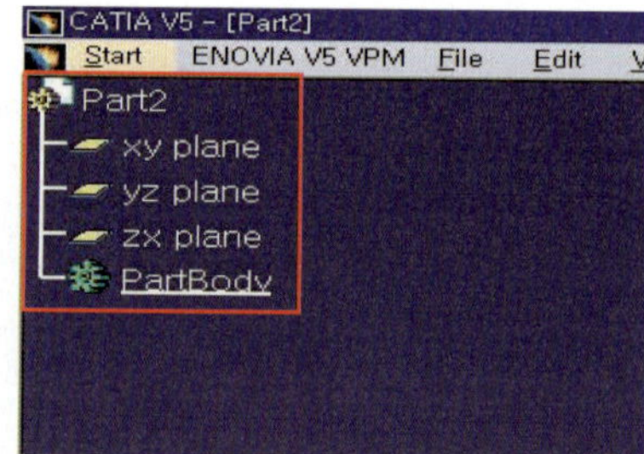

2) Open 📂 (ctrl + O) : 저장된 파일을 불러오는 기능

　① 📂아이콘을 클릭한다.
　② 대화상자에서 불러오고자 하는 파일을 선택하고 열기(O)버튼을 클릭한다.
　③ 선택한 파일이 Working Area에 열린다.

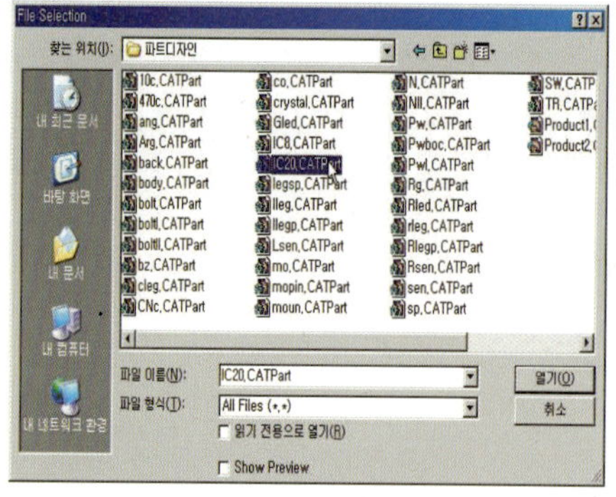
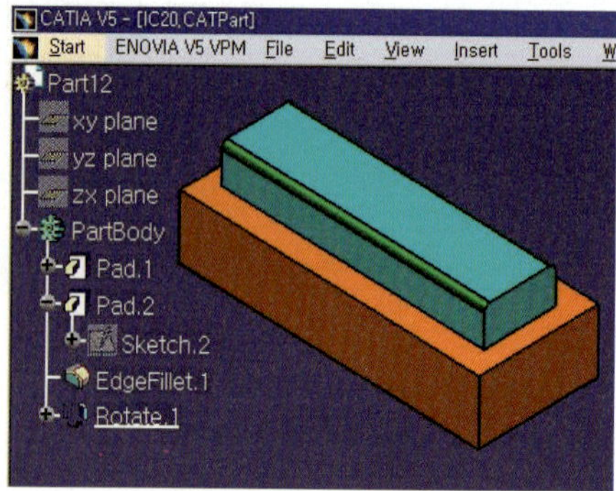

3) Save 💾 (ctrl + S) : 작업한 내용을 저장하는 기능

① 💾아이콘을 클릭한다.

② 대화상자에서 저장위치와 파일명을 입력하고 OK버튼을 클릭한다.

③ 지정한 경로에 파일이 저장된다.

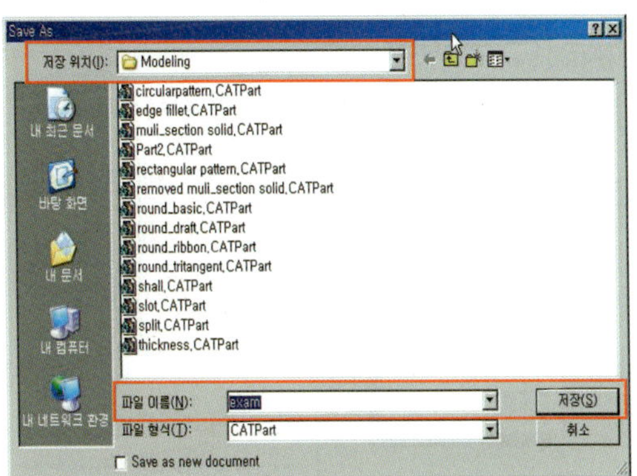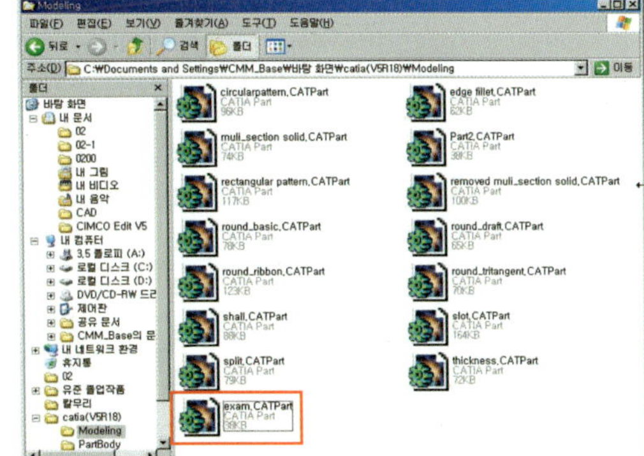

④ File - Save As... : 새로운 이름으로 저장하는 기능이다.

⑤ File - Save All : Open된 모든 파일을 저장하는 기능이다.

⑥ File - Save Management : 연계되어 있는 파일의 위치를 지정하여 한꺼번에 저장하는 기능이다.

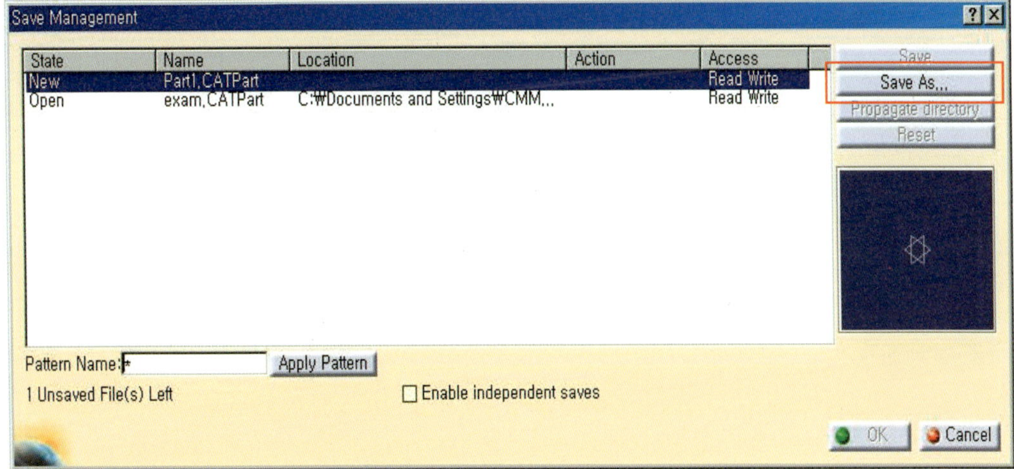

4) Print 🖶 (ctrl + P) : 작업내용을 출력하는 기능

① 🖶 아이콘을 클릭하면 활성중인 창의 내용이 출력된다.

② File - Print... : 프린터 환경을 설정하는 기능이다.

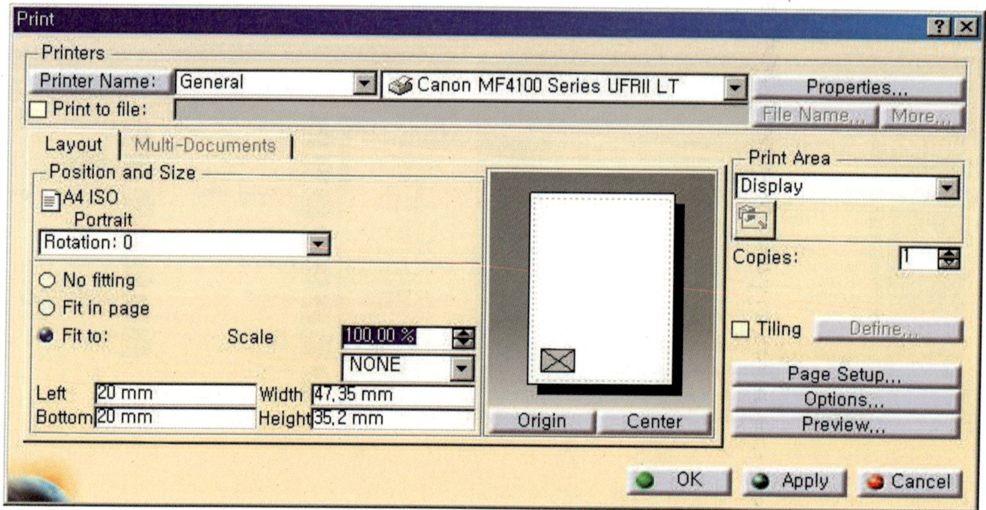

- Position and Size : 프린트의 회전 각도를 지정
 • Fit in Page : 용지에 가득 차도록 프린트
- Print Area : 프린트할 영역 지정
 • Selection : 원하는 영역을 지정하여 프린트
- Page Setup... : 프린트 용지 지정

5) Undo (ctrl + Z)/ Redo : 작업내용을 취소/재실행하는 기능

① 직사각형 → 원기둥 순으로 Solid Model을 완성한다(1).

② 아이콘을 클릭하면 작업내용이 취소된다(2).

③ 아이콘을 클릭하면 재생성된다(3).

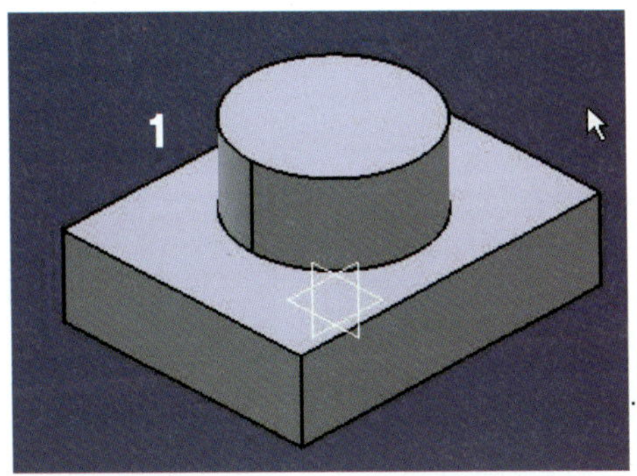

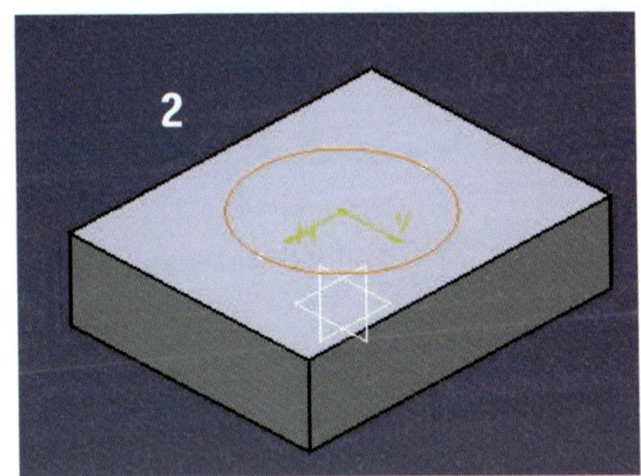

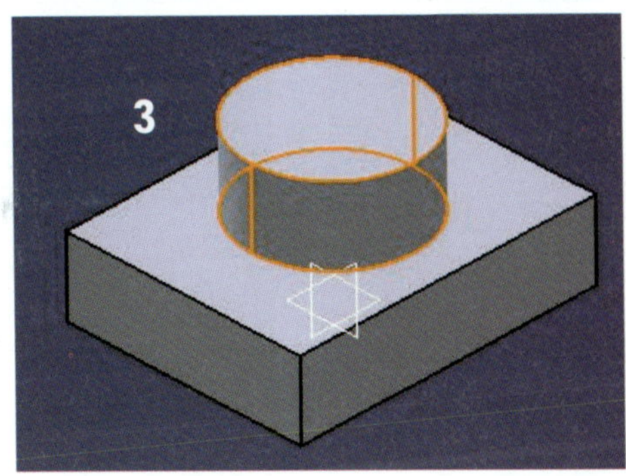

4. View Toolbar

1) Fit All In 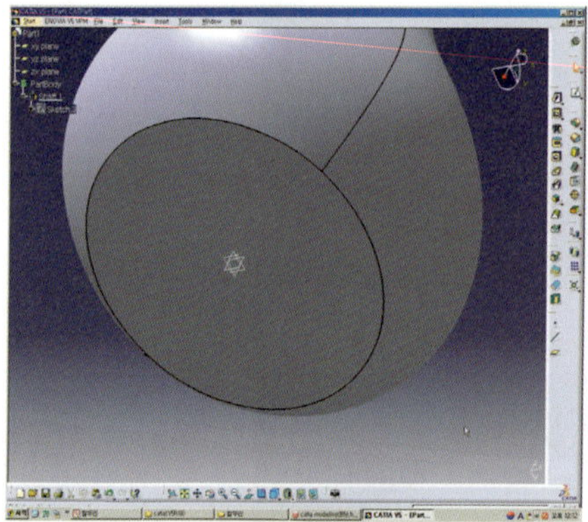 : Modeling 과정에 확대, 축소, 이동을 적용했을 경우 Model을 Working Area의 정가운데로 최적의 비율로 표시하는 기능

 ① 아이콘을 클릭한다.

Fit All In 실행 전 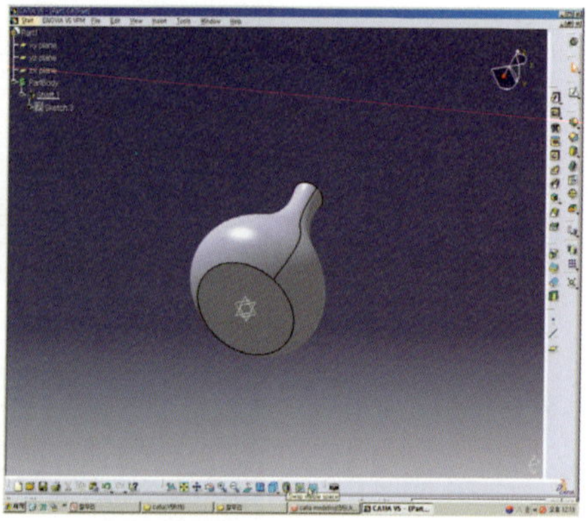　　　　　　　　　　　Fit All In 실행 후

2) Pan : Model을 Working Area 내에서 임의 위치로 이동시키는 기능

 ① 아이콘을 클릭한다.

 ② Model 위에 마우스를 위치시키고 마우스 왼쪽버튼을 클릭한 상태에서 옮기고 싶은 위치로 Drag한다.

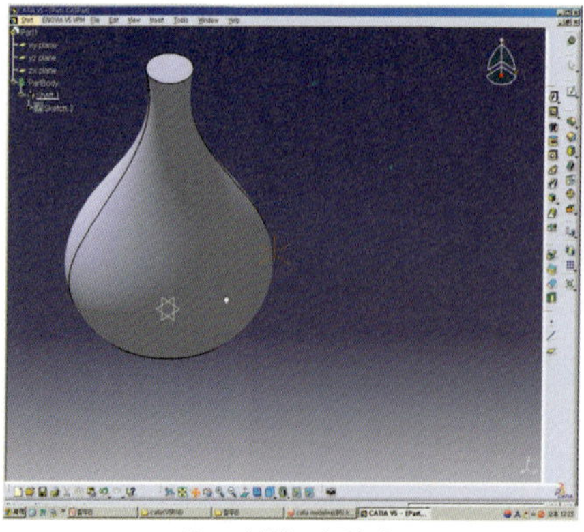
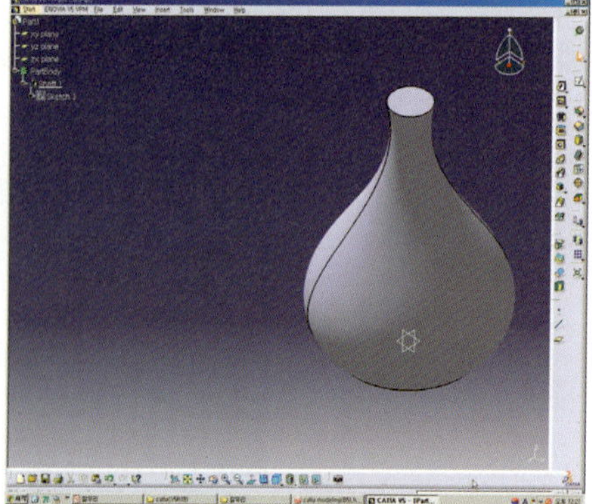

Pan 실행 전 위치　　　　　　　　　　　Pan 실행 후 위치

③ 마우스를 이용한 Pan 기능 적용 : 마우스의 두 번째 버튼(휠)을 클릭한 상태에서 이동하고자 하는 위치로 Drag한다.

3) Rotate : Model을 회전시키는 기능

① 아이콘을 클릭한다.

② Model 위에 마우스를 위치시키고 마우스의 왼쪽버튼을 클릭한 상태에서 원하는 방향으로 회전되도록 Drag한다.

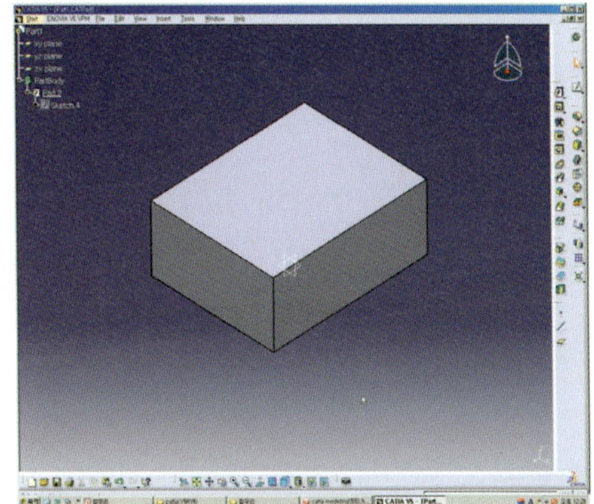
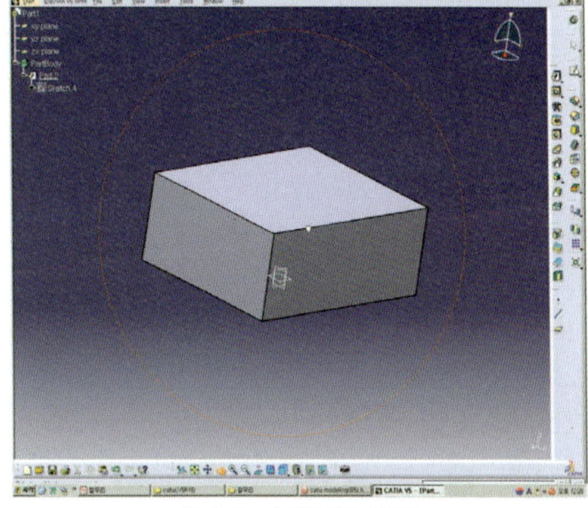

Rotate 실행 전 위치   Rotate 실행 후 위치

③ 마우스를 이용한 Rotate 기능 적용 : 마우스 두 번째 버튼(휠)과 세 번째 버튼을 동시에 누른 상태에서 원하는 형태로 회전이 되도록 Drag한다.

4) Zoom In / Zoom Out : Model을 확대/축소시키는 기능

① 직육면체의 Solid Model을 완성한다.

② 아이콘을 클릭할 때마다 확대된다.

③ 아이콘을 클릭할 때마다 축소된다.

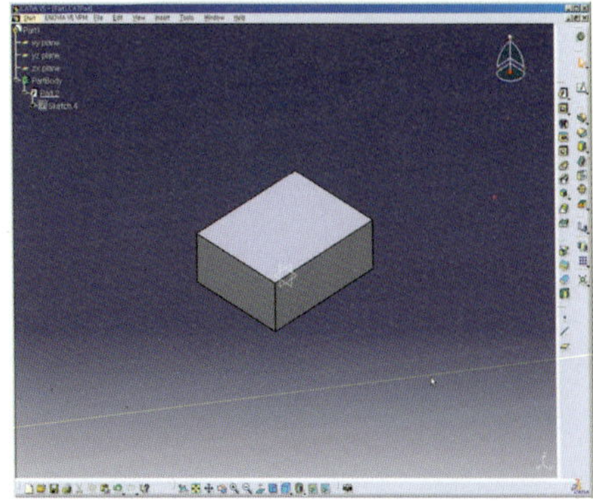

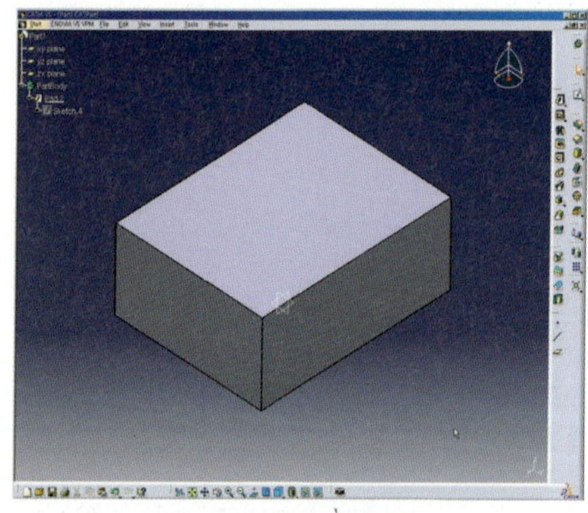

Zoom In 2회 실행 후

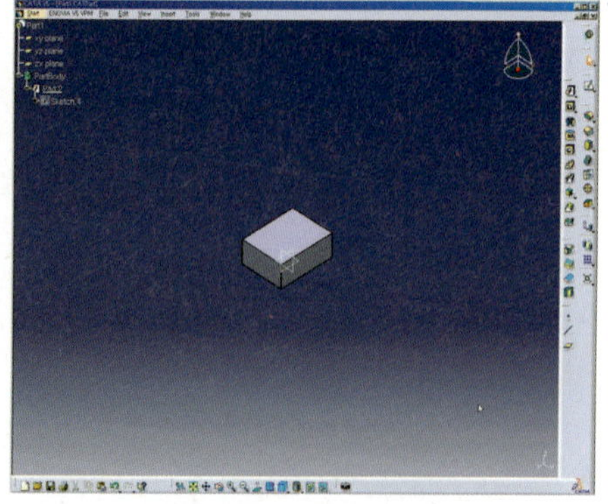

Zoom Out 2회 실행 후

④ 마우스를 이용한 Zoom In/Zoom Out 기능 적용 : 마우스 두 번째 버튼(휠)을 누른 상태에서 세
번째 버튼을 한번 클릭하고 뗀 후에 마우스를 전진하면 확대되고 후진하면 축소된다.

5) 마우스 사용법 정리

① 왼쪽버튼 ❶, 휠 ❷, 오른쪽버튼 ❸

마우스 버튼	기 능	View Toolbar
❶누름	객체 선택(Select)	
❷누름	객체 이동(Move)	
(❷+❸)누름	객체 회전(Rotate)	
❷누름+❸한번클릭	객체 확대·축소(Scale)	

6) Normal View 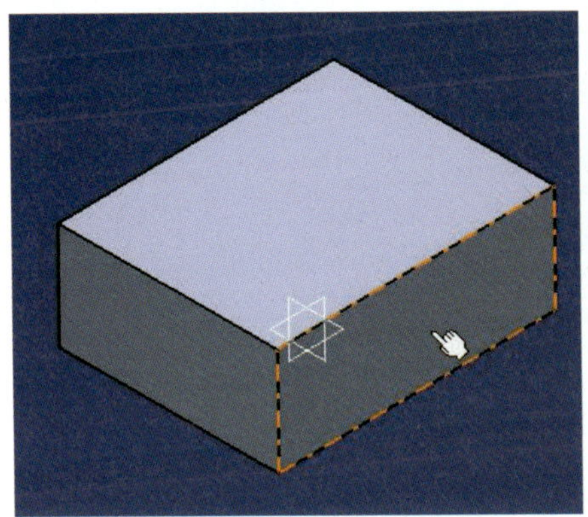 : Plane이나 Model의 특정 면을 정면으로 보여주는 기능

① 아이콘을 클릭한다.

② 정면으로 보고자 하는 Solid의 면을 선택한다.

③ 아이콘을 클릭하고 YZ Plane을 선택한다.

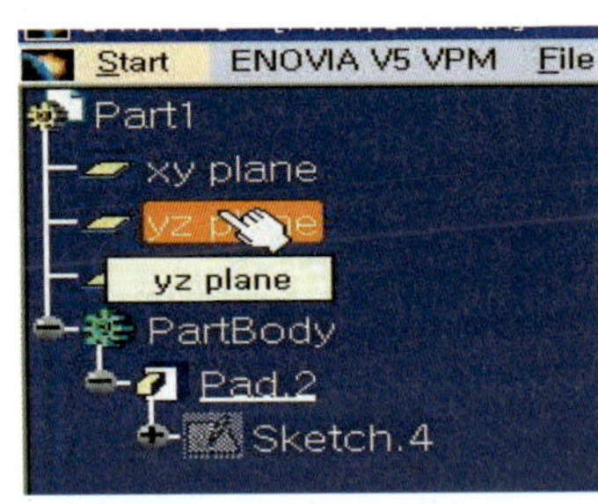

7) Create Multi-View 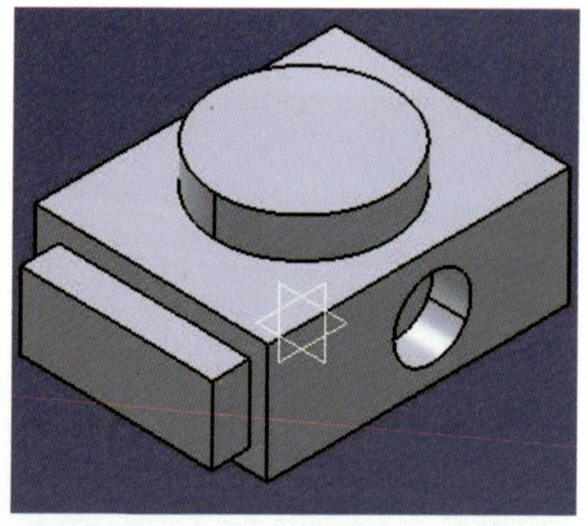 : 여러 방향의 View를 나타내는 기능

① 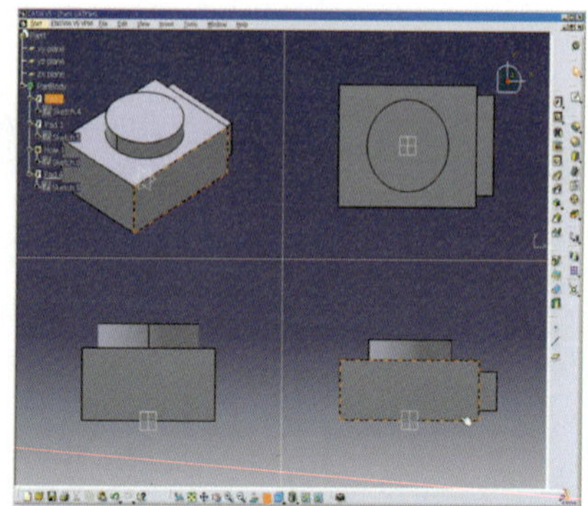아이콘을 클릭한다.

8) Quick View :

① 원하는 View 아이콘을 선택한다.

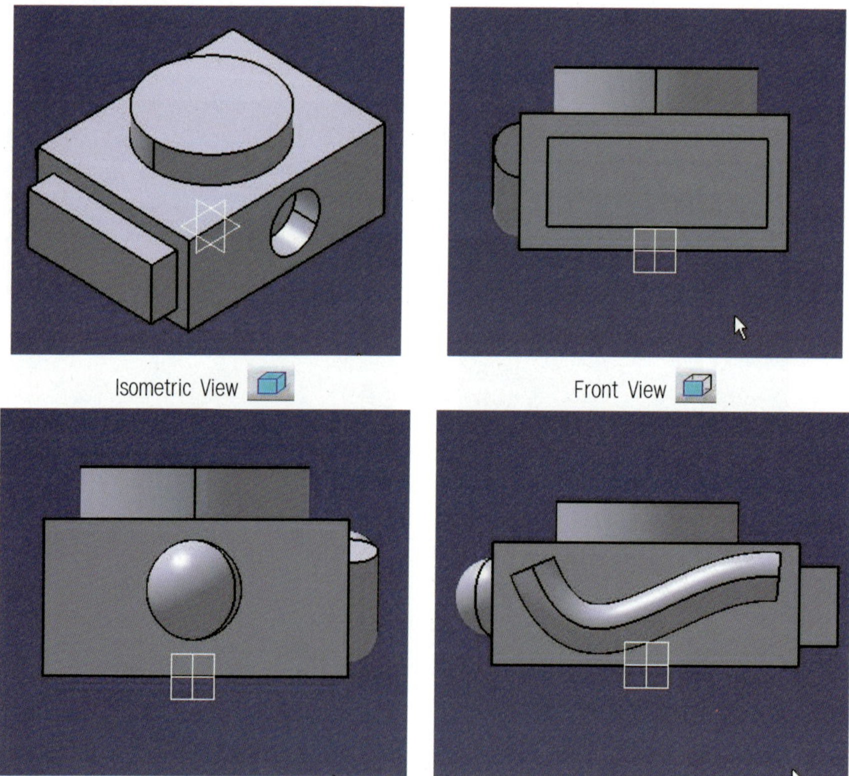

Isometric View

Front View

Back View

Left View

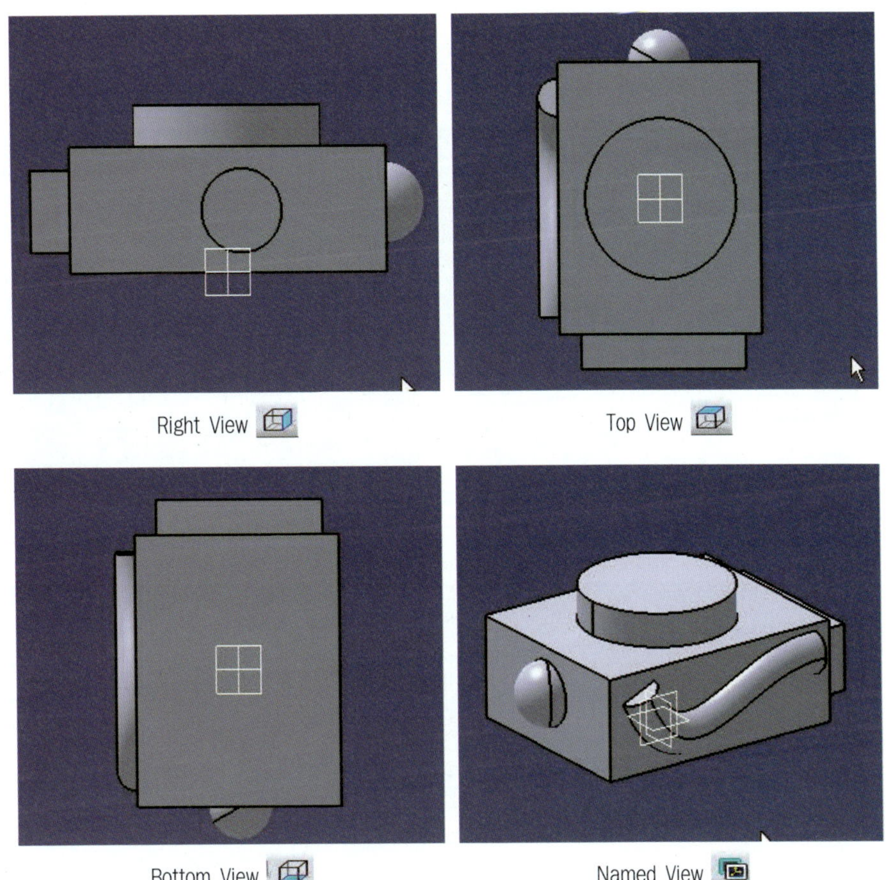

Right View

Top View

Bottom View

Named View

② Named View : 기본 View 이외에 사용자가 만든 임의의 View를 생성한다.

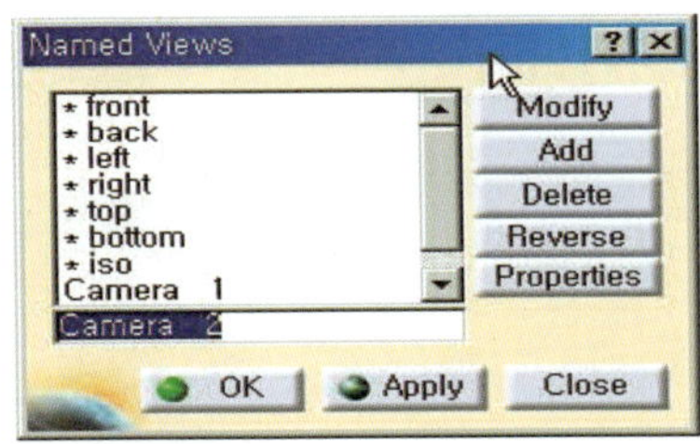

1. 사용자가 원하는 View를 생성

2. Named View 아이콘을 클릭

3. Add를 클릭하면 Camera 1이라는 사용자 View가 생성

9) View Mode :

① Model을 다양한 형태로 표시하는 기능이다.

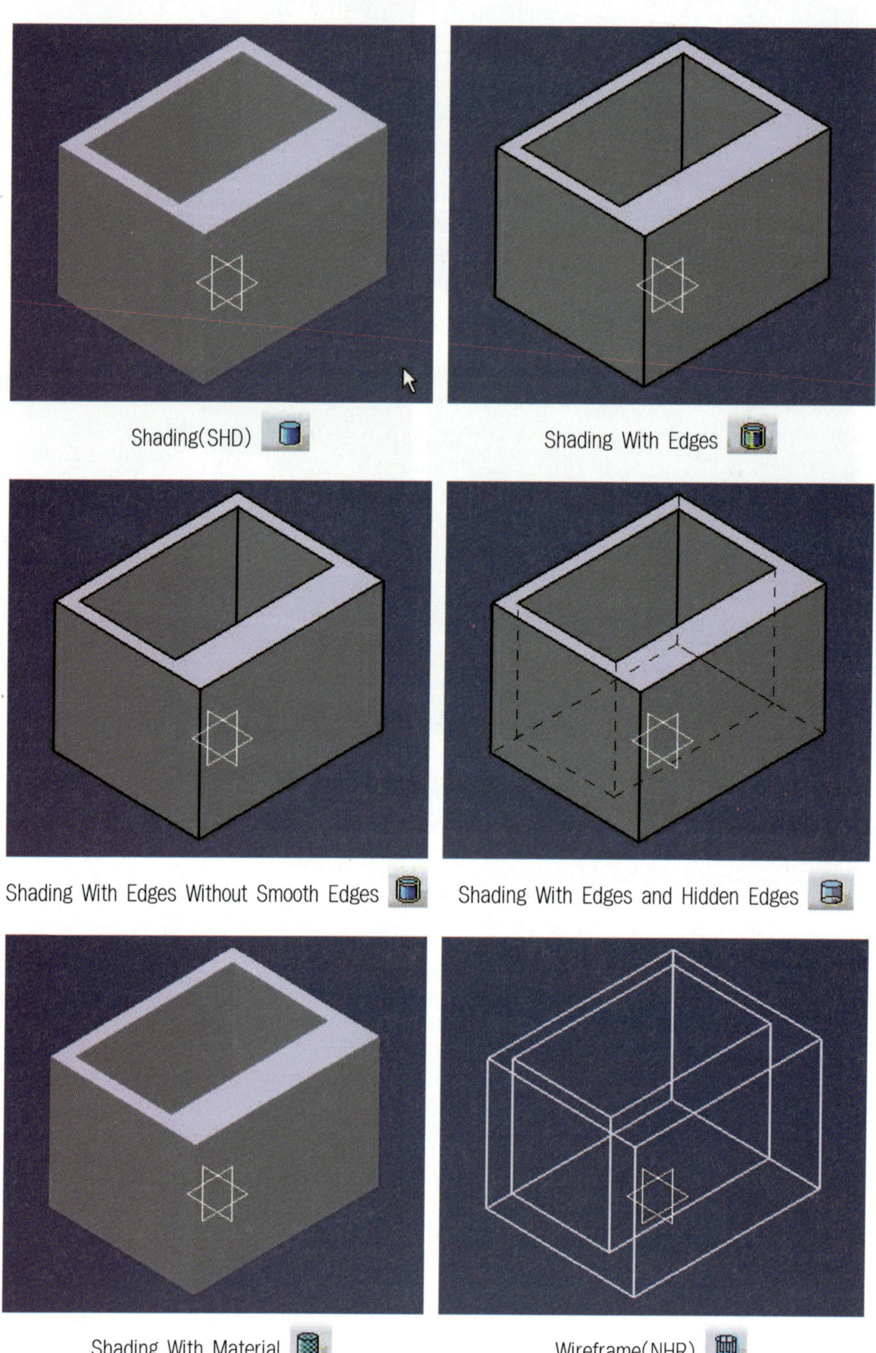

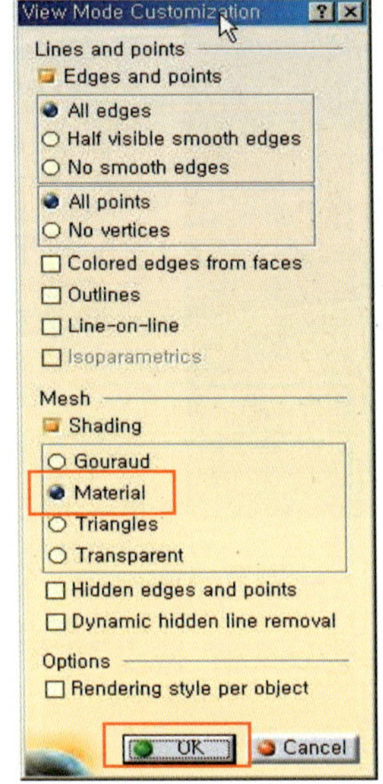

Customize View Parameters

② Customize View Parameters 아이콘을 클릭하여 Material을 체크하여도 Apply Material을 적용하지 않으면 재질 형상이 나타나지 않는다.

③ Apply Material 도구막대의 Apply Material 아이콘을 클릭한다.

④ Library 대화상자에서 적용하고자 하는 재질로 Metal 탭의 Steel을 선택한다.

⑤ 선택된 재질 아이콘을 클릭하고 마우스로 Drag하여 재질을 적용할 Model 위에서 놓는다(1).

⑥ 재질이 적용된 형상을 확인(2)하고 OK버튼을 클릭한다.

⑦ Library 대화상자에서 재질 아이콘을 더블클릭하여 Properties 대화상자의 Analysis탭을 선택한다.

⑧ 선택한 재질의 물성치를 확인할 수 있다.

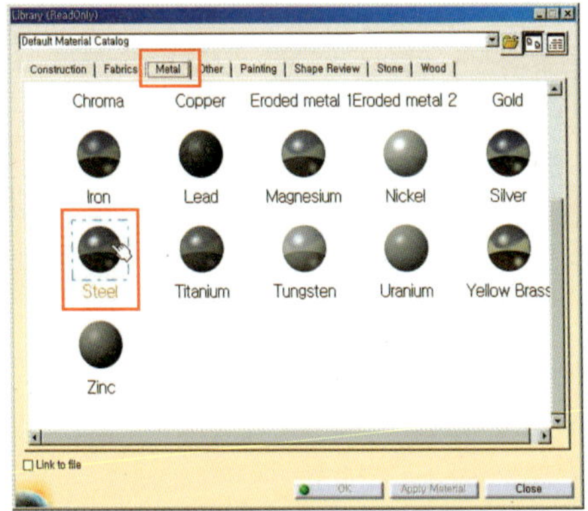

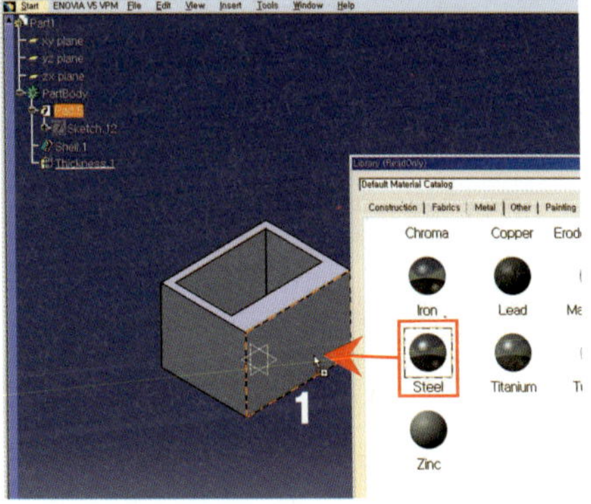

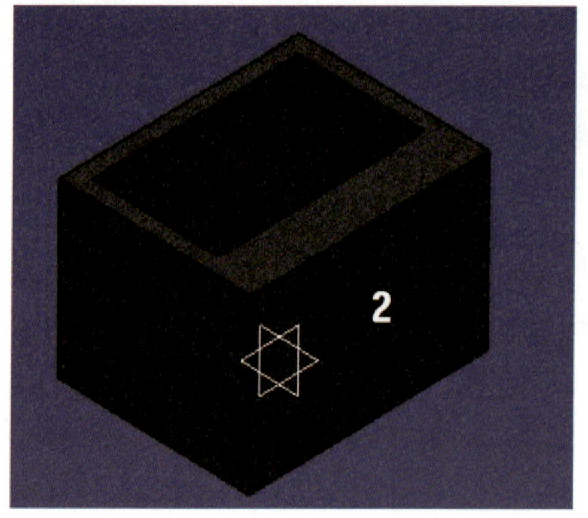

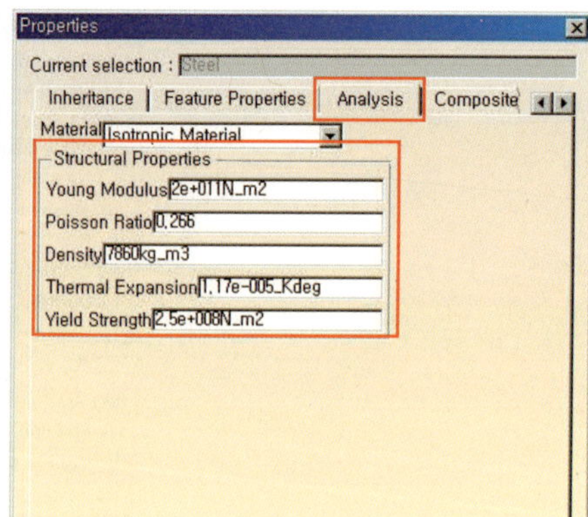

10) Hide/Show  : Model의 특정요소를 숨기거나(Hide) 보이게(Show) 하는 기능

① 숨기거나 보이게 하고자 하는 요소를 선택한다(1).

② 아이콘을 클릭한다.(Sketch가 Show 영역으로 이동되어 보임)

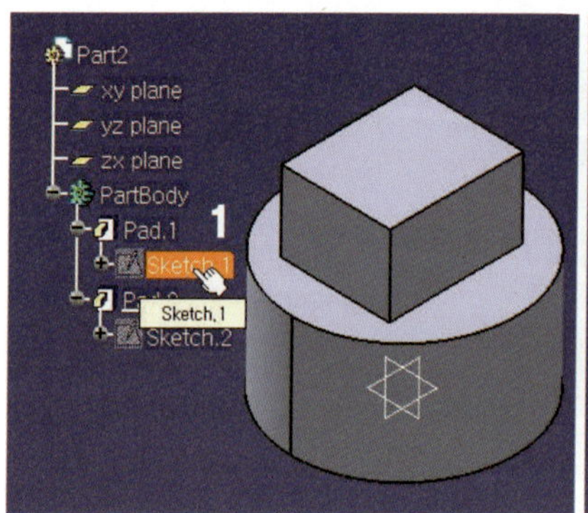

Hide 영역에 있는 Sketch.1선택

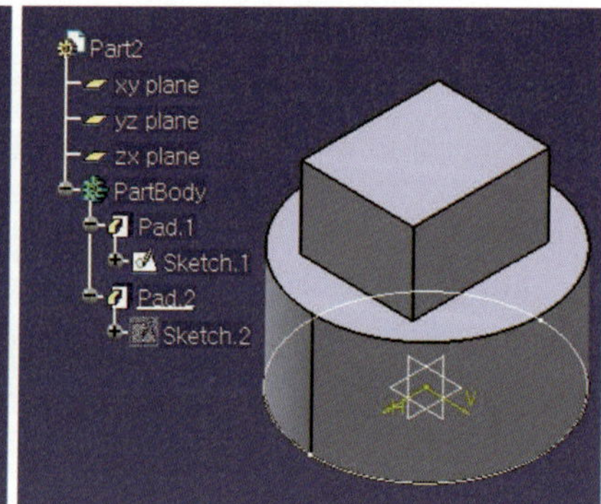

Sketch.1이 Show 영역으로 이동

11) Swap Visible Space : Show와 Hide 영역을 보여주는 기능

① Solid Model을 Show 영역에서 완성한다(1).

② 아이콘을 클릭한다.

③ Solid를 생성하기 위한 Sketch가 이동한 Hide 영역을 보여준다(2).

④ 아이콘을 클릭하면 다시 Show 영역을 보여준다(1).

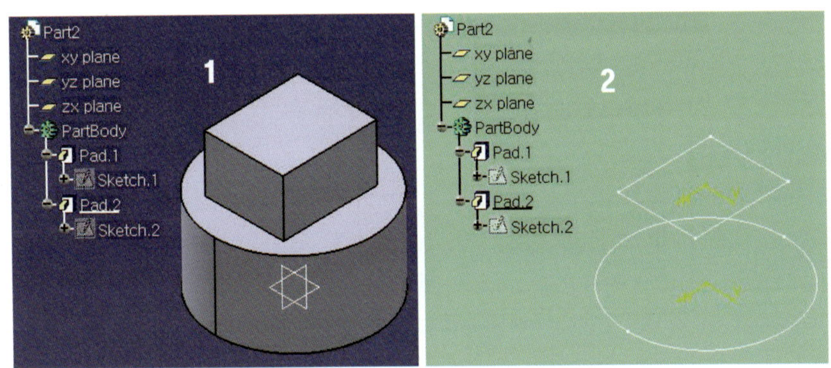

section

5. Start Menu 설정

① Tool - Customize...를 실행한다.

② Start Menu탭에서 이용하고자 하는 Mode를 선택한다.

③ ⟶ 을 클릭하여 오른쪽으로 이동시킨다.

④ Close 버튼을 클릭한다.

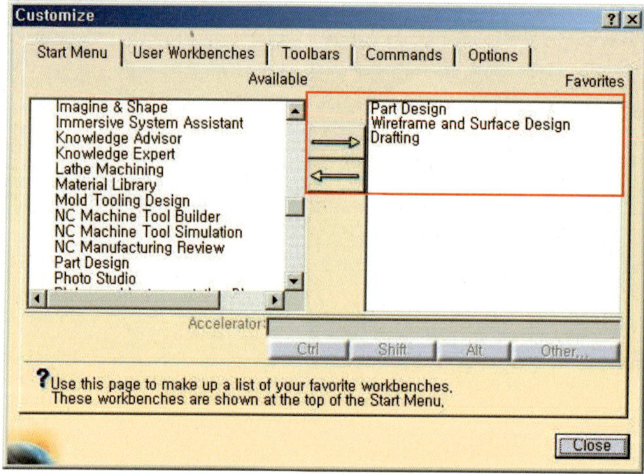

⑤ Menu bar의 Start Menu를 누르면 아래와 같이 Start Menu에서 선택한 메뉴가 나타난다.

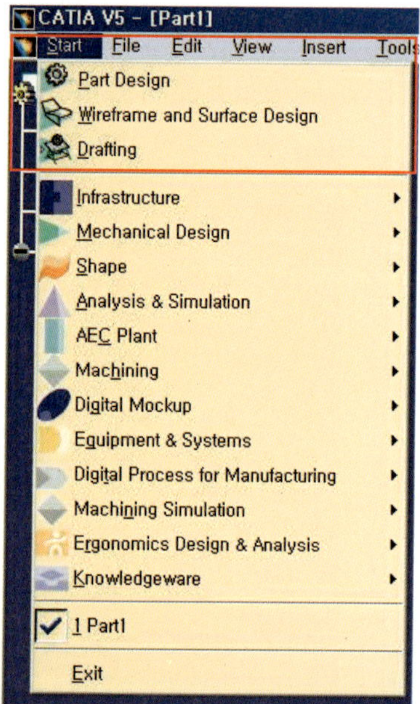

⑥ Workbench 아이콘 을 누르면 아래와 같은 Start Menu에서 선택한 메뉴가 대화상자에 나타나서 원하는 메뉴를 바로 실행할 수 있다.

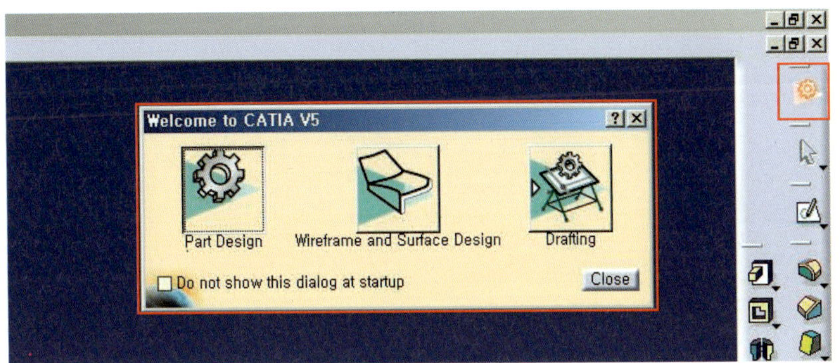

section

6. 사용언어 설정

① Tool - Customize...를 실행한다.
② Options - User Interface Language에서 언어를 선택한다.
③ Close 버튼을 클릭한다.
④ 변경한 언어를 적용하기 위해서는 CATIA를 재실행한다.

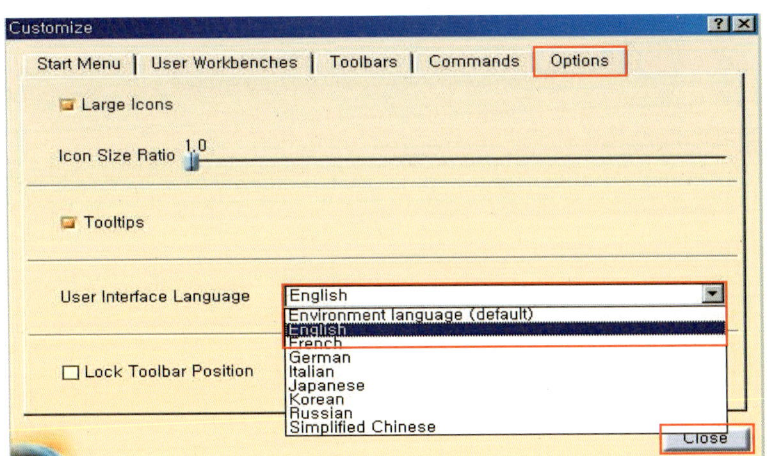

MEMO

CATIA

chapter

제2장 Sketcher 기능

section

MEMO

1. Sketcher 실행하기

① CATIA를 실행하면 Assembly Mode가 실행되는데, ☒을 눌러 창을 닫아 초기화시킨다.

② All general options 아이콘 ▇을 클릭한 후 Part Design 아이콘 ⚙을 눌러 3D Mode로 전환한다.

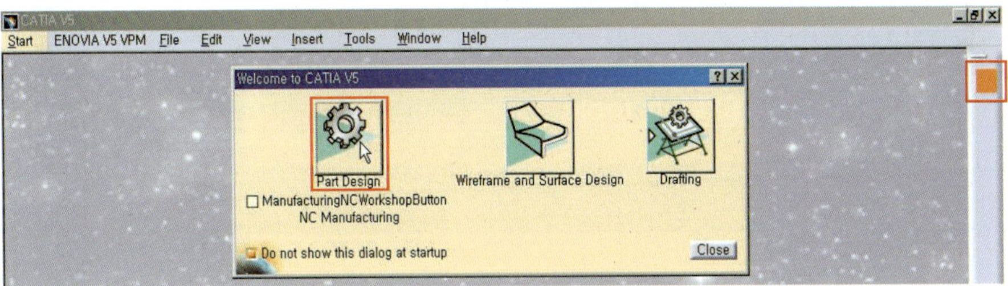

③ 3D 영역에서 Sketch 아이콘 ✐을 클릭한다.

④ Specifications Tree 영역에서 Sketch할 평면을 선택(1)하거나 화면중앙의 Plane(2)을 직접 선택하면 Sketch Mode로 전환된다.

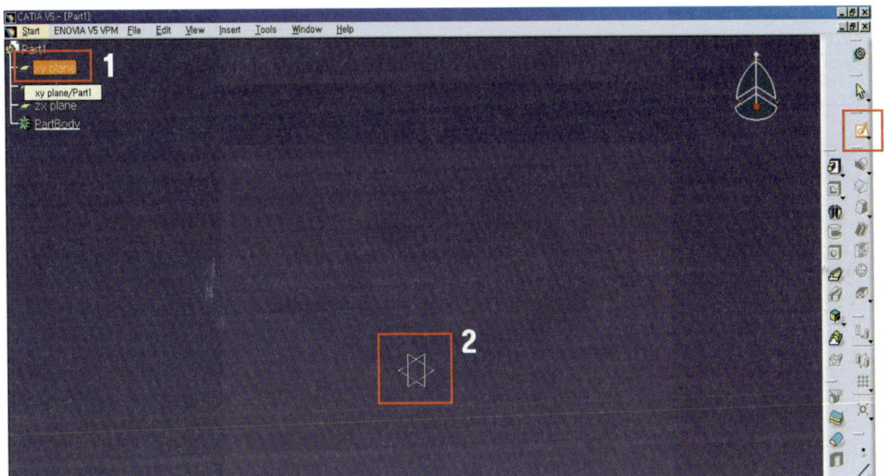

⑤ 도구막대 영역의 빈 공간(3)에 마우스 포인터를 위치시키고 오른쪽버튼을 클릭하여 아래와 같이
배열시킨다.

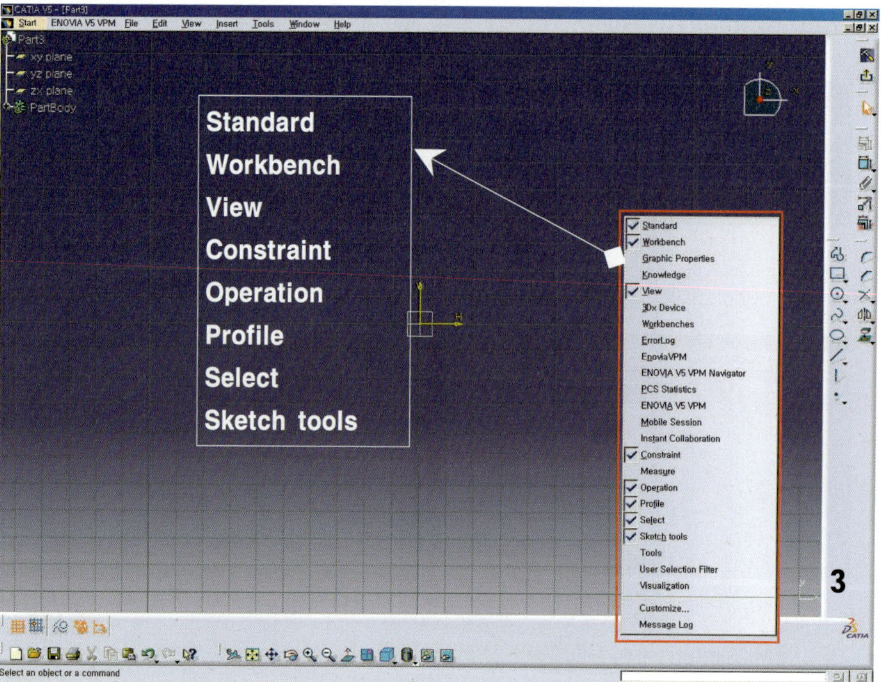

2. Sketcher 종료하기

1) Exit Workbench 아이콘 을 클릭한다.

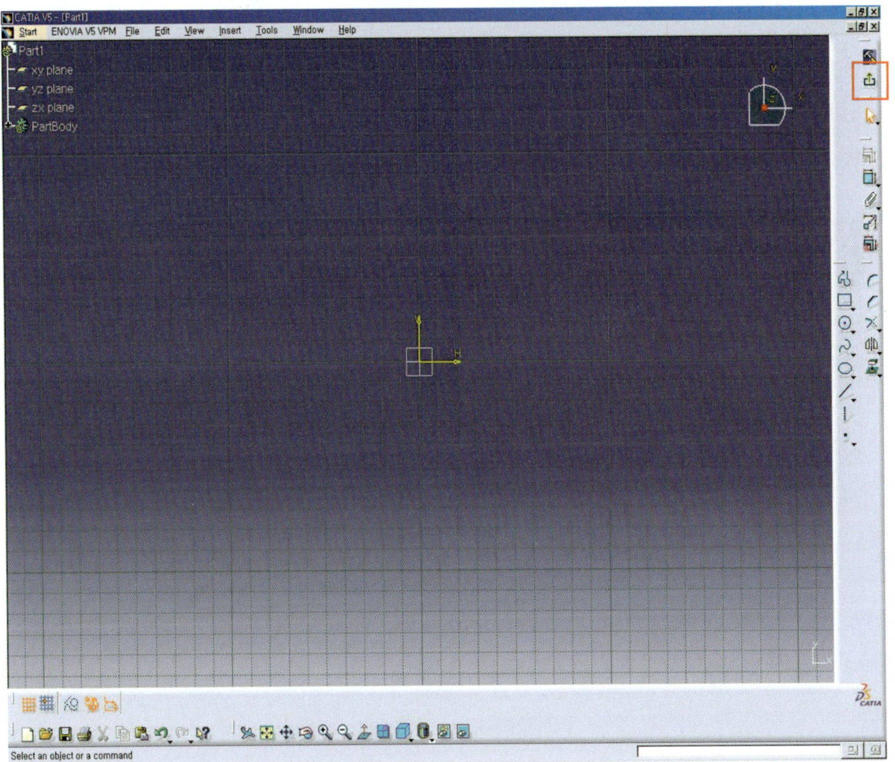

2) 3D 영역으로 빠져나온다.

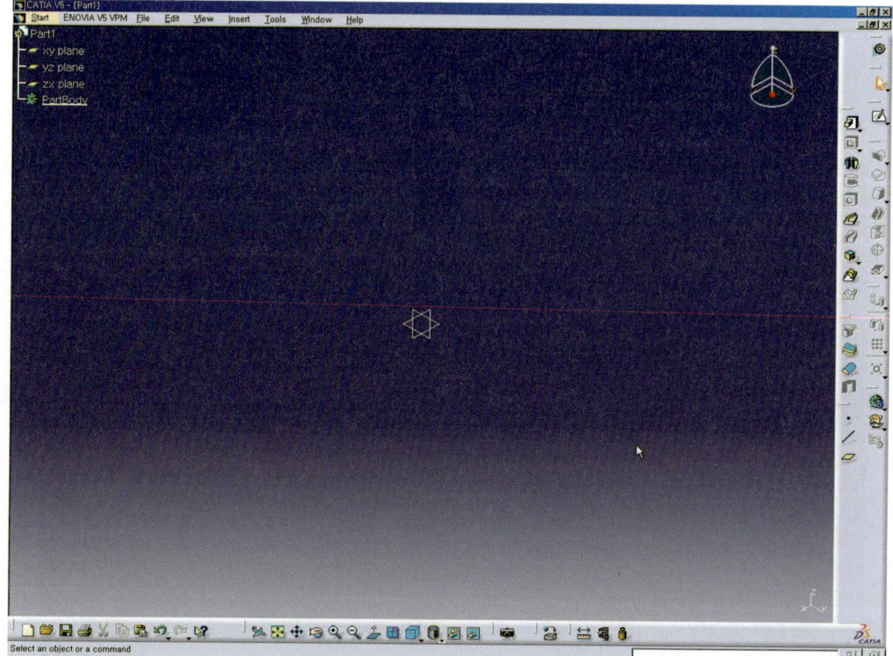

3. Sketcher Toolbar

1) Profile

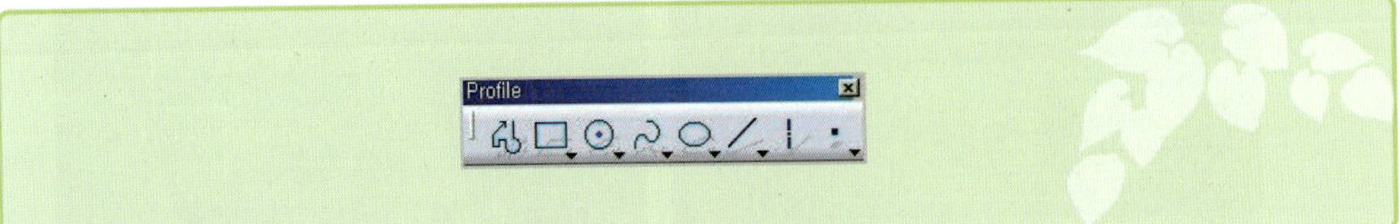

<Profile 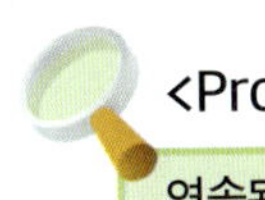 >

연속된 직선과 호를 생성하는 기능

① 아이콘을 클릭한다.

② 평면상에 임의 점(1, 2, 3)을 클릭하면 각 점을 지나는 직선이 생성된다.

③ Sketch Tools 도구막대의 Tangent Arc 아이콘 을 선택한다.

④ 직선에 접하는 위치의 점(4)을 클릭하여 Arc를 생성한다.

⑤ Sketch Tools 도구막대의 아이콘을 선택하고 점(1)을 클릭하여 직선을 생성한다.

⑥ Esc 또는 아이콘을 클릭하여 Sketch를 종료한다.

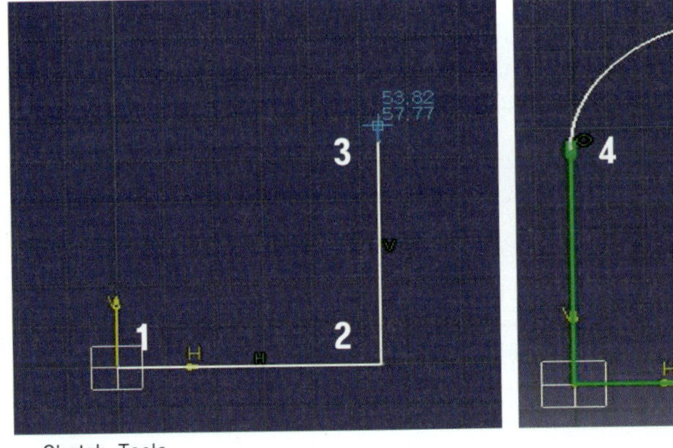
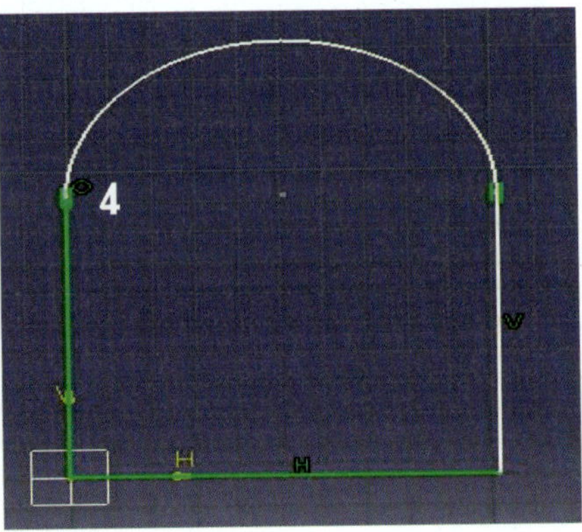

- Sketch Tools

 First Point: H: 195,077mm   V: -135,381mm

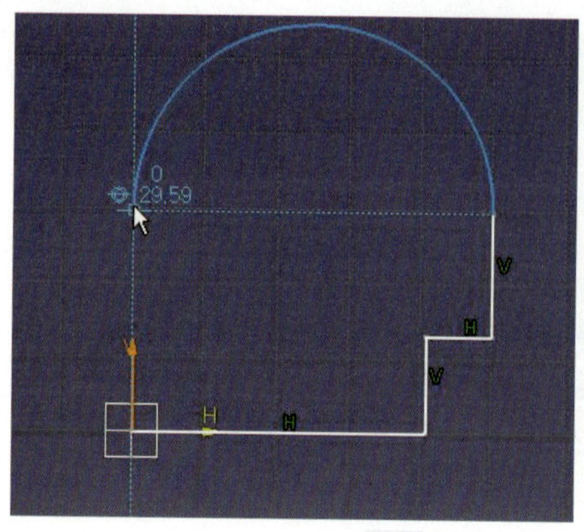

Tangent Arc 

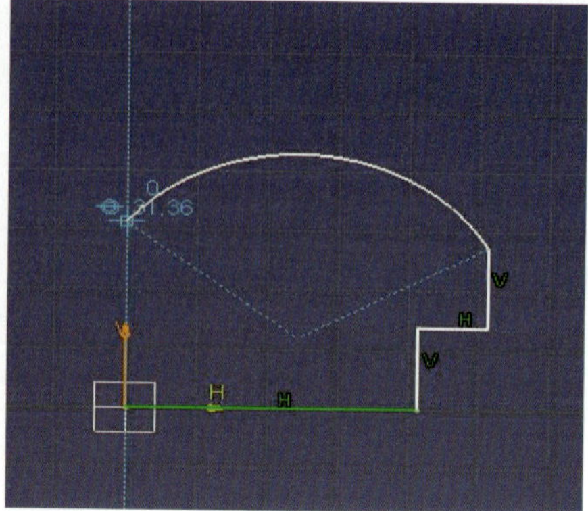

Three Point Arc

<Rectangle >

직사각형을 생성하는 기능

① 아이콘을 클릭한다.

② 임의 두 점을 클릭하면 두 점을 지나는 직사각형이 생성된다(1, 2).

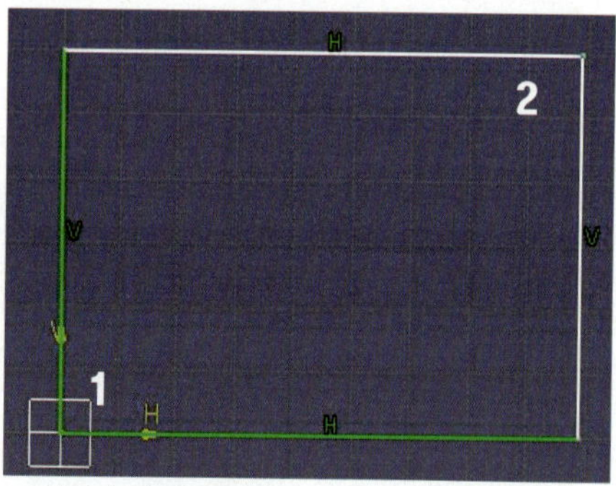

- Sketch Tools 옵션

First Point: H:	-58.873mm	V:	-132.293mm

<Oriented Rectangle  >

경사진 직사각형을 생성하는 기능

①  아이콘을 클릭한다.
② 직사각형 밑변의 한 점(1)을 클릭한다.
③ Sketch Tools의 A : 영역에 각도를 입력하고 Enter키를 누르면 H축과 이루는 각도가 고정이 된다(각도를 입력하지 않고 임의의 점을 클릭하여도 됨).
④ 직사각형 밑변의 다른 점(2)을 클릭한다.
⑤ 생성할 직사각형의 다른 꼭짓점을 클릭(3)한다.
⑥ 일정한 각도만큼 기울어진 직사각형이 생성된다.

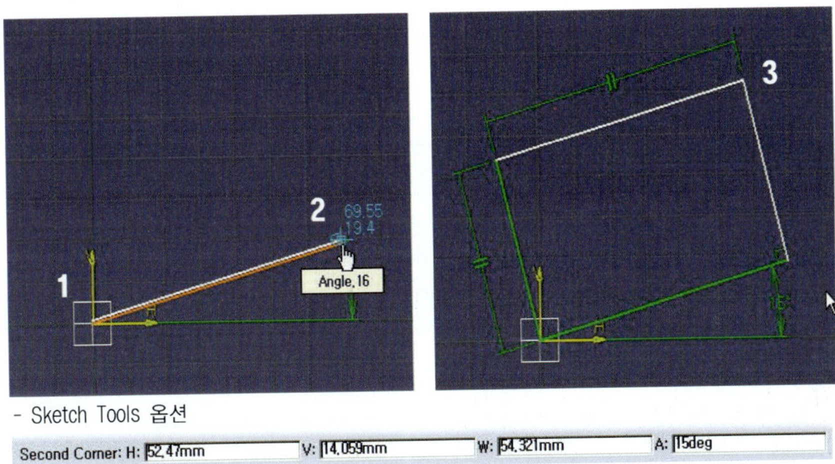

- Sketch Tools 옵션

Second Corner: H:	52.47mm	V:	14.059mm	W:	54.321mm	A:	15deg

<Parallelogram  >

평행사변형을 생성하는 기능

①  아이콘을 클릭한다.
② 평행사변형 밑변의 한 점(1)을 클릭한다.
③ Sketch Tools의 A : 영역에 각도를 입력하고 Enter키를 누르면 H축과 이루는 각도가 고정이 된다(각도를 입력하지 않고 임의의 점을 클릭하여도 됨).
④ 평행사변형 밑변의 다른 점(2)을 클릭한다.
⑤ 생성할 평행사변형의 다른 꼭짓점을 클릭(3)한다.
⑥ 일정한 각도만큼 기울어진 두 변이 서로 평행한 평행사변형이 생성된다.

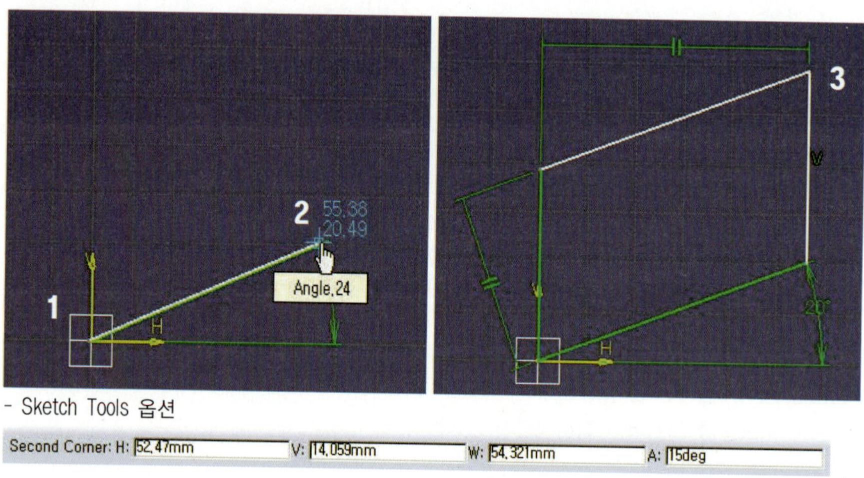

- Sketch Tools 옵션

| Second Corner: H: |52,47mm | V: |14,059mm | W: |54,321mm | A: |15deg |

<Elongated Hole  >

양변이 라운드 된 직사각형을 생성하는 기능

①  아이콘을 클릭한다.

② 생성할 라운드 된 직사각형의 중심점을 클릭(1, 2)한다.

③ 대략적인 반경지점을 클릭(3)한다.

④ 생성된 치수를 더블클릭하여 정확한 치수를 입력하고 OK 버튼을 클릭한다.

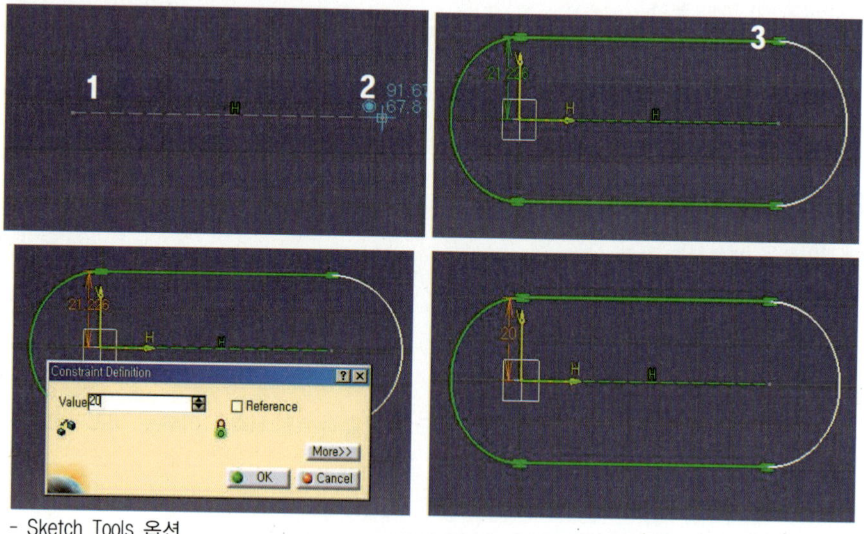

- Sketch Tools 옵션

| Radius: |63,323mm | Point on Elongated: H: |141,431mm | V: |-88,296mm |

<Cylindrical Elongated Hole >

호 형상의 타원형을 생성하는 기능

① 아이콘을 클릭한다.
② 생성할 객체의 호의 중심점을 클릭(1)한다.
③ 호 형상 타원형의 타원의 첫 번째 중심점을 클릭(2)한다.
④ 호 형상 타원형의 타원의 두 번째 중심점을 클릭(3)한다.
⑤ 반지름을 갖도록 임의 점을 클릭(4)한다.
⑥ 생성된 치수를 더블클릭하여 정확한 치수를 입력한다.
⑦ 반지름을 갖는 호 형상의 타원형이 생성된다.

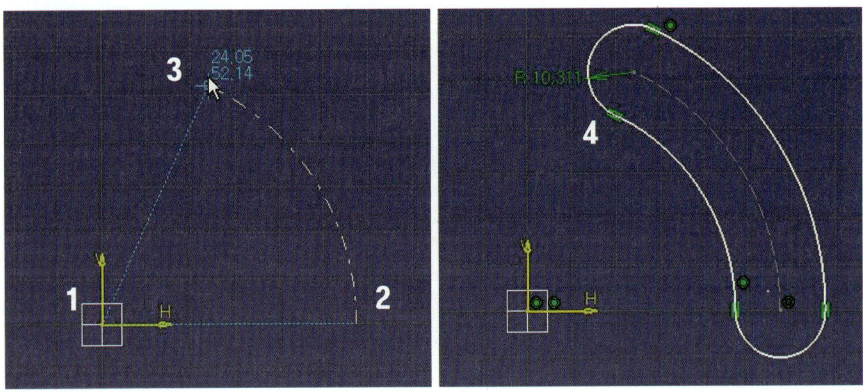

- Sketch Tools 옵션

| Radius: | 0mm | Circle Center: H: | 157,988mm | V: | -34,394mm |
| R: | 0mm | A: | 0deg | S: | 0deg |

<Keyhole Profile  >

반지름이 다른 Keyhole 모양의 객체를 생성하는 기능

① 아이콘을 클릭한다.
② Keyhole의 큰 반지름 영역의 중심점을 클릭(1)한다.
③ Keyhole의 작은 반지름 영역의 중심점을 클릭(2)한다.
④ 작은 반지름 영역이 반지름을 갖도록 임의 점을 클릭(3)한다.
⑤ 큰 반지름 영역이 반지름을 갖도록 임의 점을 클릭(4)한다.
⑥ 생성된 반지름을 각각 더블클릭하여 치수를 변경한다.

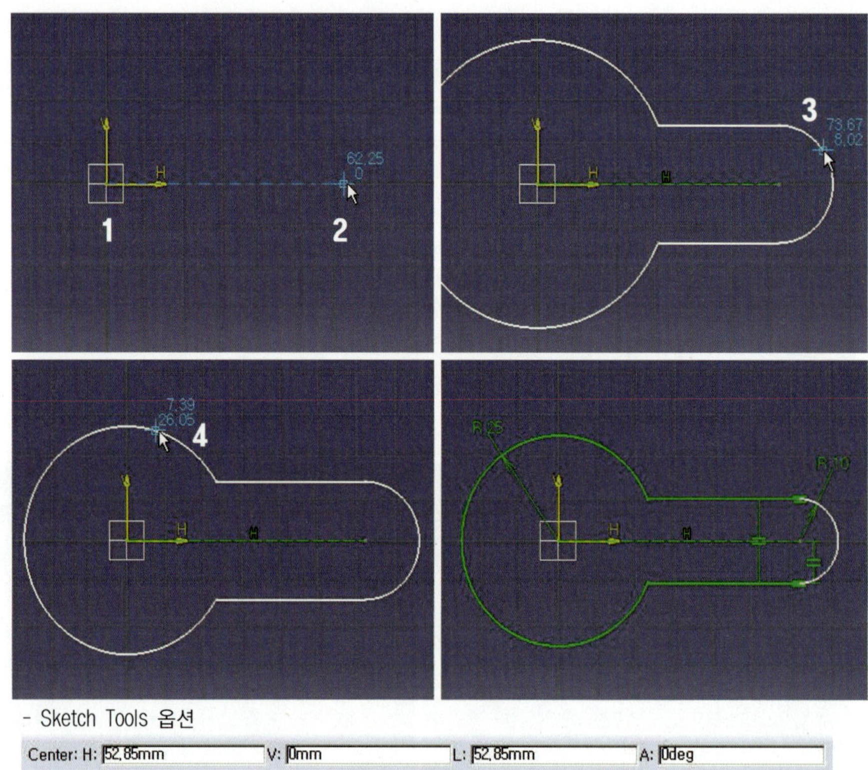

- Sketch Tools 옵션

| Center: H: 52,85mm | V: 0mm | L: 52,85mm | A: 0deg |

<Hexagon 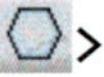 >

정육각형을 생성하는 기능

① 아이콘을 클릭한다.　　　　② 생성할 정육각형의 중심점을 클릭(1)한다.

③ 반경의 위치를 클릭(2)한다.　　　　④ 생성된 반지름을 각각 더블클릭하여 치수를 변경한다.

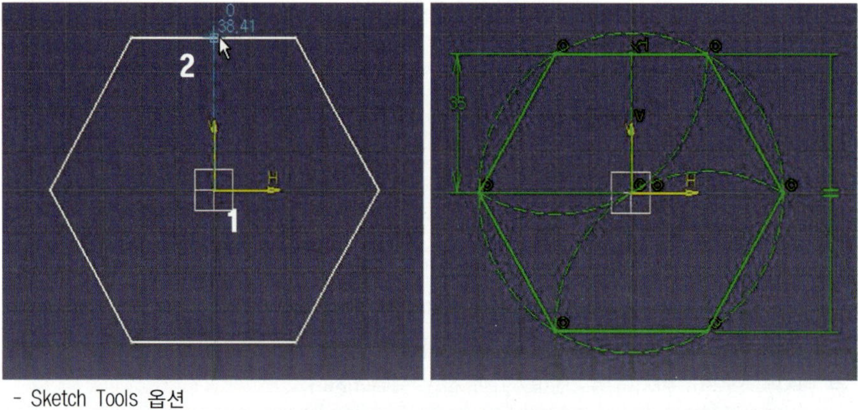

- Sketch Tools 옵션

| Point on Hexagon: H: 96,276mm | V: -94,836mm | Dimension: 270,281mm | Angle: -44,568deg |

<Centered Rectangle  >

한 점을 기준으로 대칭인 직사각형을 생성하는 기능

① 아이콘을 클릭한다.　　② 대칭시킬 기준점을 클릭(1)한다.

③ 생성할 사각형의 모서리 점을 클릭(2)한다.　　④ 기준점을 기준으로 상하좌우 대칭인 직사각형이 생성된다.

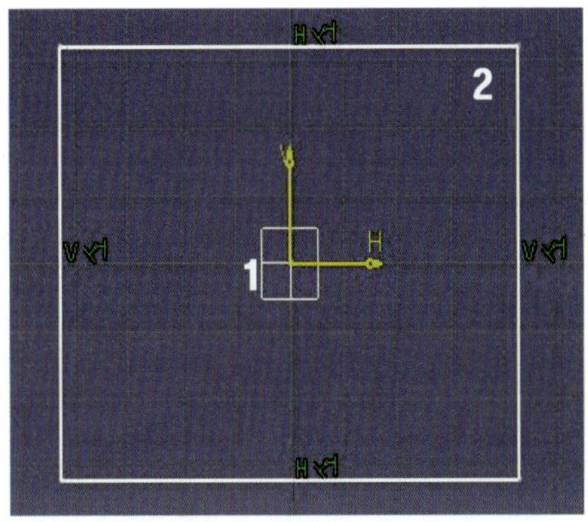

- Sketch Tools 옵션

Second Point: H: 207.427mm	V: -62.437mm	Height: 124.875mm	Width: 407.556mm

<Centered Parallelogram  >

두 기준선에 대칭인 직사각형을 생성하는 기능

① 아이콘을 클릭한다.

② 대칭시킬 두 개의 기준선으로 H와 V축을 선택(1, 2)한다.

③ 생성할 사각형의 모서리 점을 클릭(3)한다.

④ 선택한 세로선을 기준으로 좌우 대칭이고 가로선을 기준으로 상하 대칭인 직사각형이 생성된다.

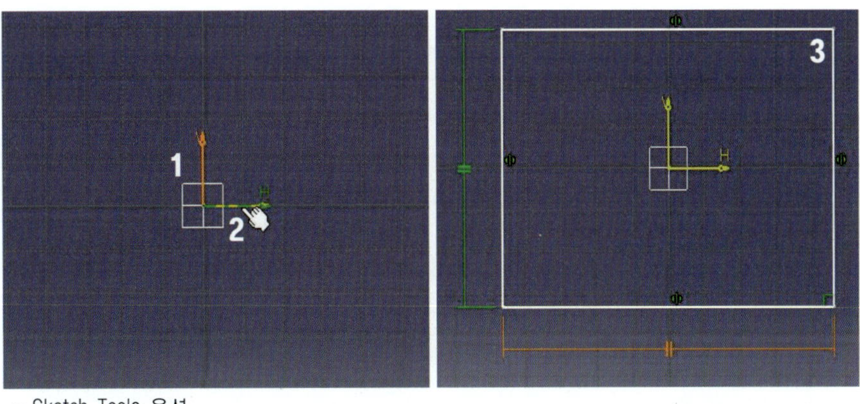

- Sketch Tools 옵션

End Point: H: 51.506mm	V: 39.066mm	Height: 78.131mm	Width: 103.013mm

<Circle ⊙ >

중심점과 반경을 지정하여 원을 생성하는 기능

① ⊙ 아이콘을 클릭한다.　　　　　　② 중심점(1)과 반경 위치(2)를 클릭한다.

③ 중심점을 중심으로 임의의 반경을 갖는 원이 생성된다.

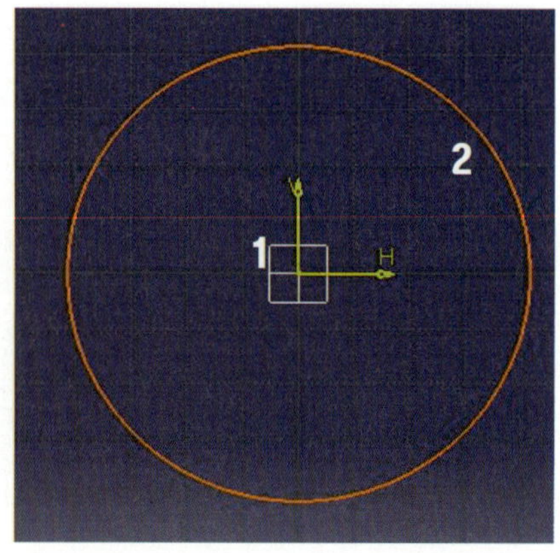

- Sketch Tools 옵션

Circle Center: H: 163,43mm　　　　V: -138,082mm　　　R: 0mm

<Three Point Circle ◯ >

세 점을 지나는 원을 생성하는 기능

① ◯ 아이콘을 클릭한다.　　　　　　② 임의의 세 점을 클릭(1, 2, 3)한다.

③ 선택한 세 점을 지나는 원이 생성된다.

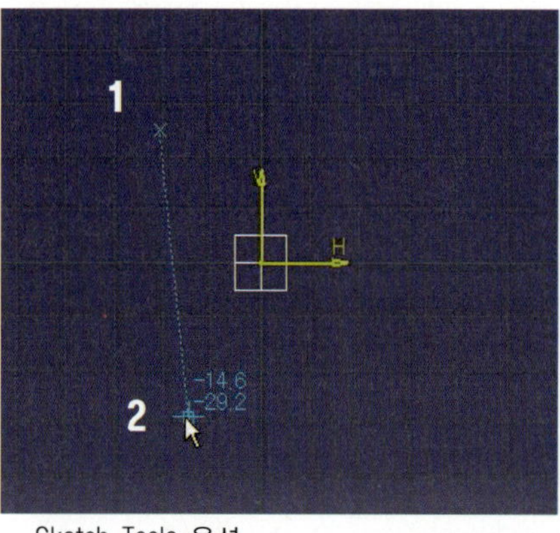
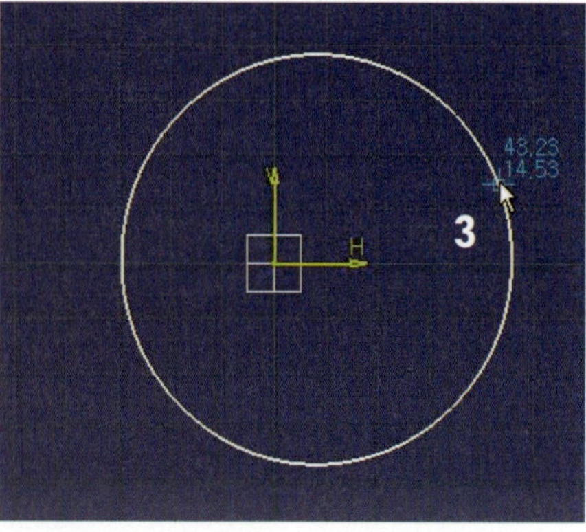

- Sketch Tools 옵션

First Point: H: 76,605mm　　　　V: -110,045mm　　　R: 0mm

<Circle Using Coordinates  >

기준 좌표계에서 좌표를 입력하여 원을 생성하는 기능

① 아이콘을 클릭한다.

② Circle Definition 대화상자에서 H(30mm), V(50mm), Radius(20mm)를 입력하고 OK 버튼을 클릭한다.

③ 직교좌표계의 원점에서 중심점의 위치가 (30mm, 50mm)이고 반경이 20mm인 원이 생성된다.

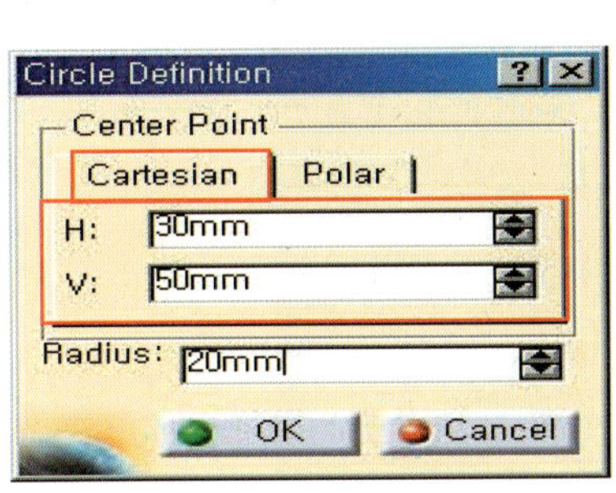

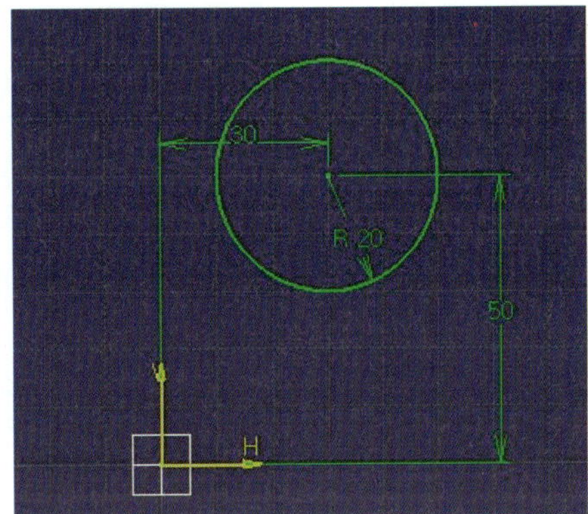

- Sketch Tools 옵션

④ 극좌표계의 원점에서 중심점의 위치가 (50mm, 30deg)이고 반경이 20mm인 원이 생성된다.

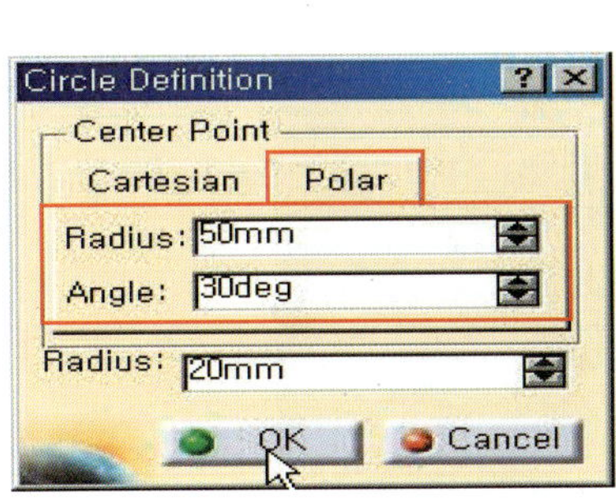

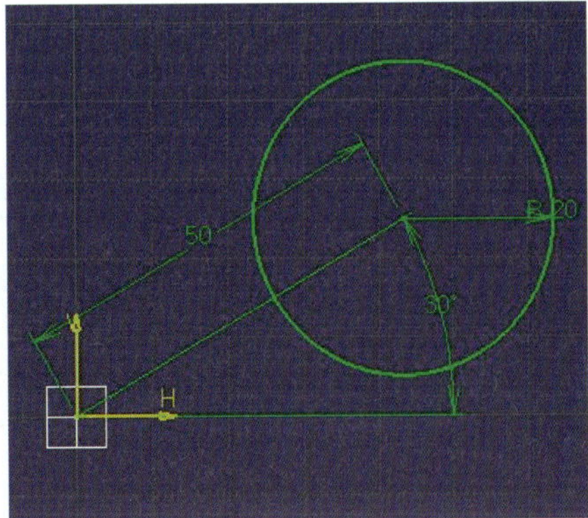

<Tri-Tangent Circle  >

세 요소에 접하는 원을 생성하는 기능

① Line 아이콘 을 더블클릭하여 3개의 Line을 Sketch한다.(1, 2, 3)

② 아이콘을 클릭한다.

③ 원이 접하는 3개의 Line을 차례로 선택한다.

④ 3개의 직선에 접하는 원이 생성된다.

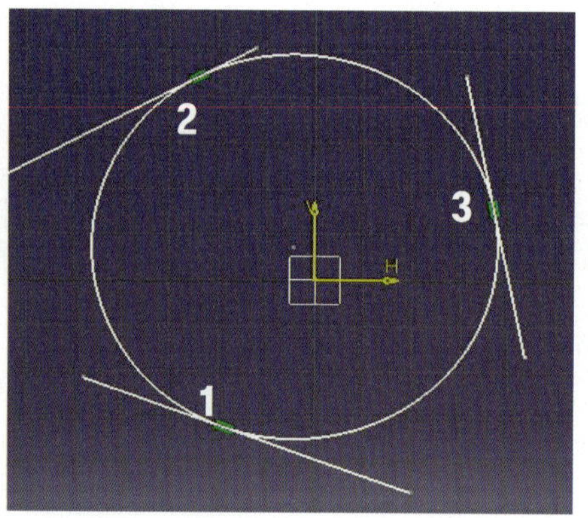

<Three Point Arc  >

세 점을 지나는 호를 생성하는 기능

①  아이콘을 클릭한다.　　　② 세 점을 클릭한다.(1, 2, 3)

③ 세 점을 지나는 호가 생성된다.

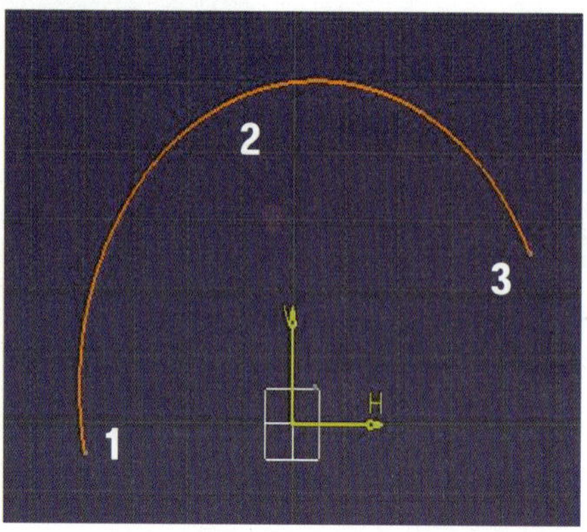

- Sketch Tools 옵션

End Point: H:	69.646mm	V:	19.768mm	R:	68.354mm

<Three Point Arc Starting With Limits>

두 점을 지나고 반지름의 위치를 지정하여 호를 생성하는 기능

① Profile 아이콘 을 클릭하고 아래와 같이 Sketch한다.

② 아이콘을 클릭한다.

③ 호의 시작점(1)과 끝점(2)을 선택한다.

④ 생성할 호의 반지름의 위치(3)를 지정한다.

⑤ 시작점과 끝점, 반지름 위치를 지나는 호가 생성된다.

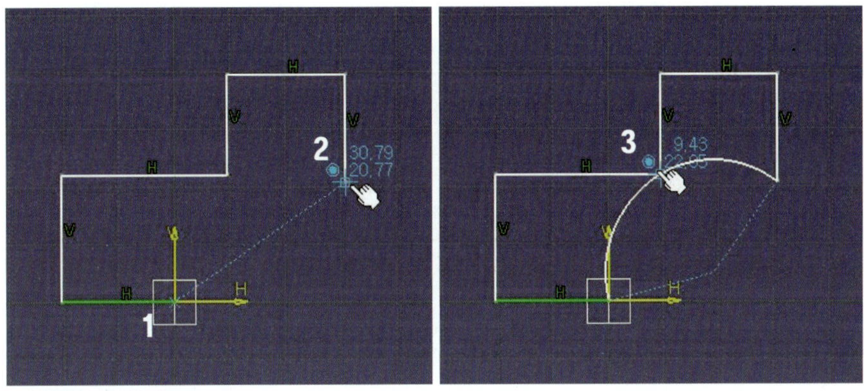

- Sketch Tools 옵션

Second Point: H:	138,633mm	V:	-26,637mm	R:	87,455mm

<Arc>

두 점을 지나는 호를 생성하는 기능

① 아이콘을 클릭한다.

② 호의 중심점(1)을 클릭한다.

③ 호의 시작점(2)과 끝점(3)을 클릭한다.

④ 중심점을 기준으로 두 점을 지나는 호가 생성된다.

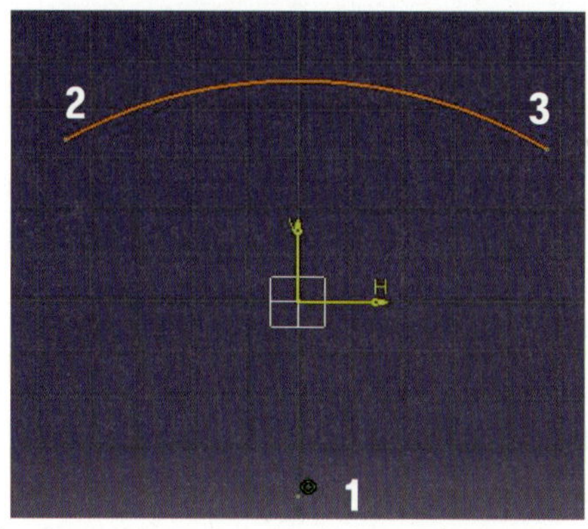

- Sketch Tools 옵션

| End Point: H: | 156,218mm | V: | -87mm | R: | 72,101mm | A: | 38deg | S: | -145,458deg |

<Spline>

자유 곡선을 생성하는 기능

① 아이콘을 클릭한다.

② 곡선이 지나는 점을 클릭한다.(1~4)

③ Constrain 아이콘 을 클릭하고 점의 위치를 구속한다.

④ 치수를 더블클릭하고 수정하여 완성한다.

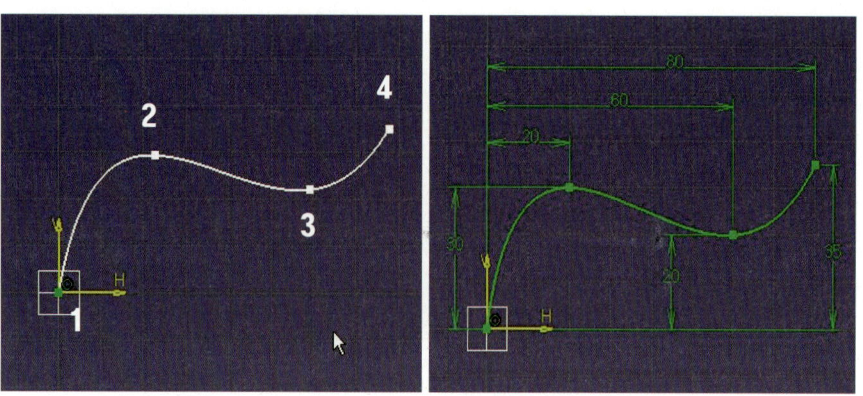

- Sketch Tools 옵션

| Control Point: H: | 27,159mm | V: | -78,103mm |

<Connect  >

서로 떨어져 있는 객체의 끝을 연결하는 곡선을 생성하는 기능

① Line 아이콘 을 클릭하여 2개의 Line을 Sketch한다.

② 아이콘을 클릭한다.

③ 두 직선을 연결할 Line의 끝점을 클릭한다.(1, 2)

④ 두 직선을 연결하는 곡선이 생성된다(3).(Connect with a Arc 선택시)

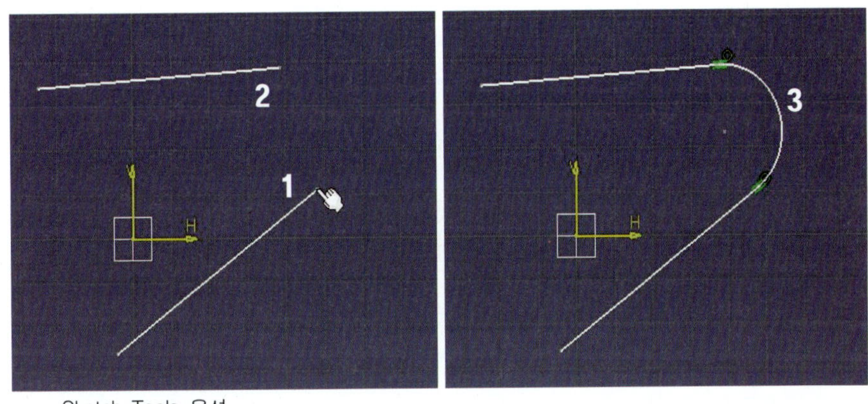

- Sketch Tools 옵션

⑤ Connect with a Spline

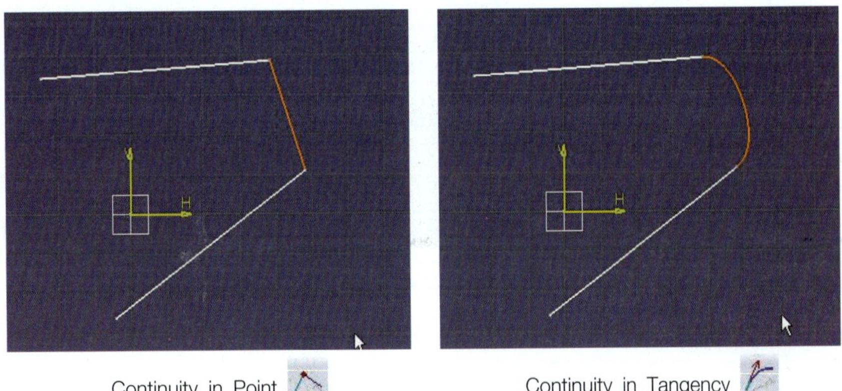

Continuity in Point   Continuity in Tangency

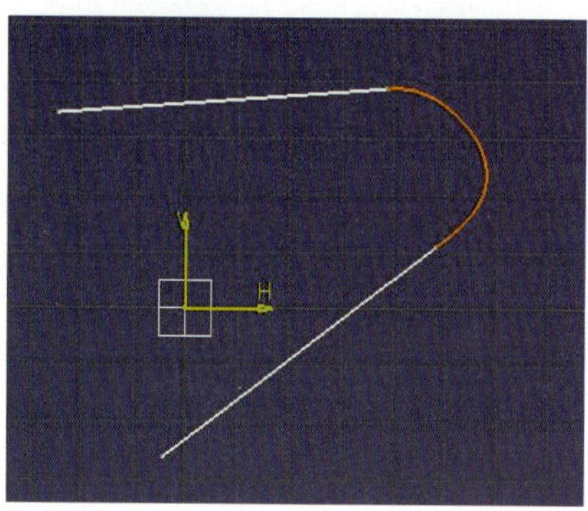

Continuity in Curvature

<Ellipse >

타원을 생성하는 기능

①  아이콘을 클릭한다.
② 타원의 중심점을 클릭(1)한다.
③ 타원 장축/단축의 위치를 클릭(2, 3)한다.

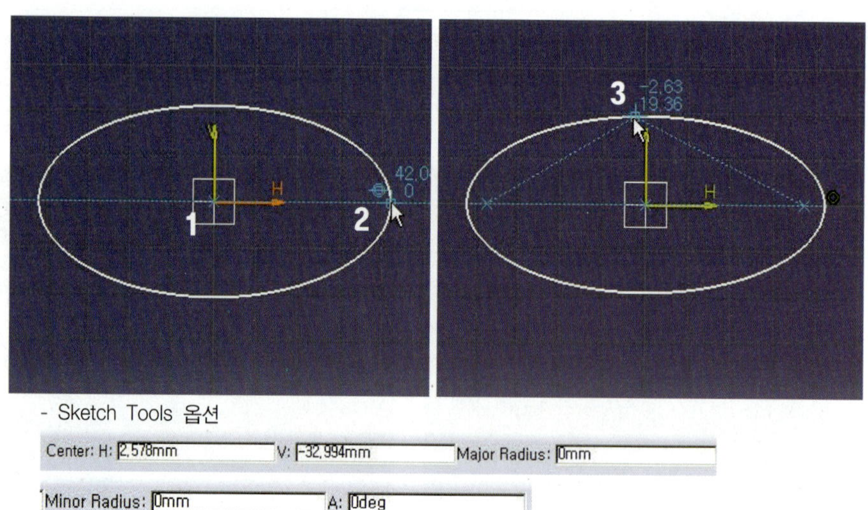

- Sketch Tools 옵션

| Center: H: | 2,578mm | V: | -32,994mm | Major Radius: | 0mm |

| Minor Radius: | 0mm | | A: | 0deg |

④ 타원을 선택하고 Constrains Defined in Dialog Box 아이콘 을 클릭한다.
⑤ Constraint Definition 대화상자에서 Semimajor axis와 Semiminor axis를 체크하고 OK 버튼을 클릭한다.
⑥ 생성된 치수를 더블클릭하여 치수를 변경한다.

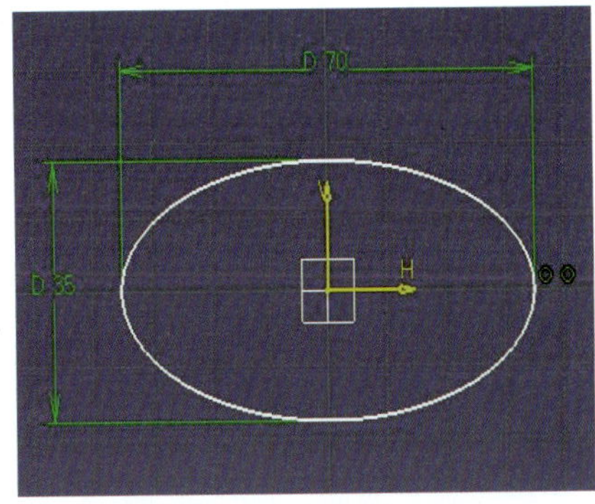

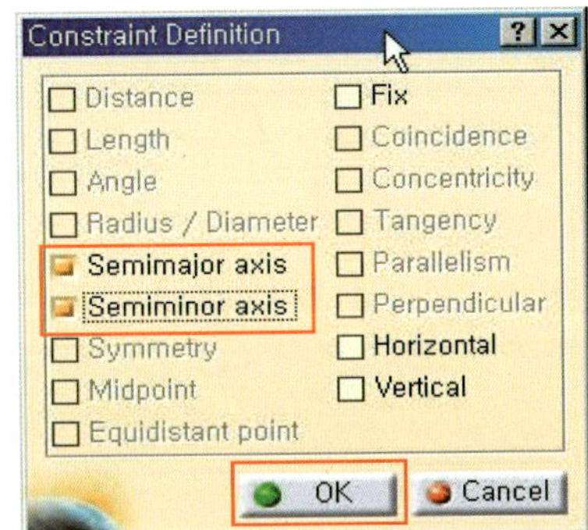

\<Parabola by Focus  \>

포물선을 생성하는 기능

① 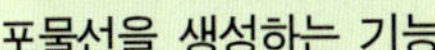 아이콘을 클릭한다.
② 생성할 포물선의 초점(1)과 중심점(2)을 클릭한다.
③ 포물선의 시작점을 클릭(3)한다.
④ 포물선의 끝점을 클릭(4)하면 포물선이 생성된다.

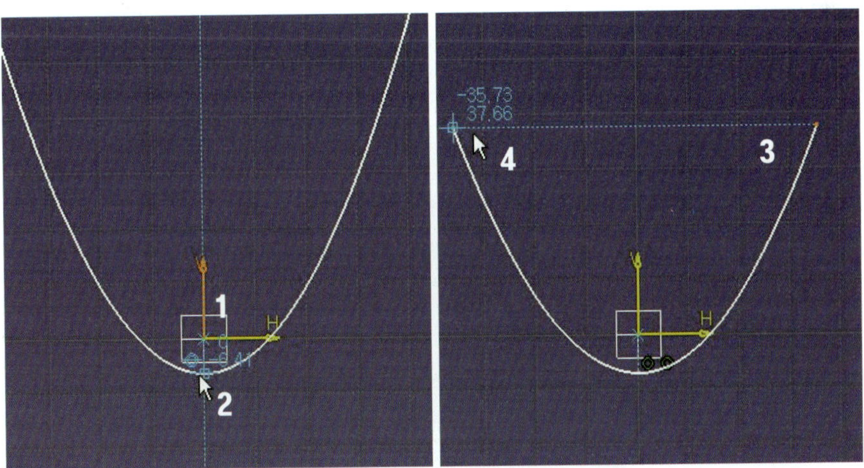

- Sketch Tools 옵션

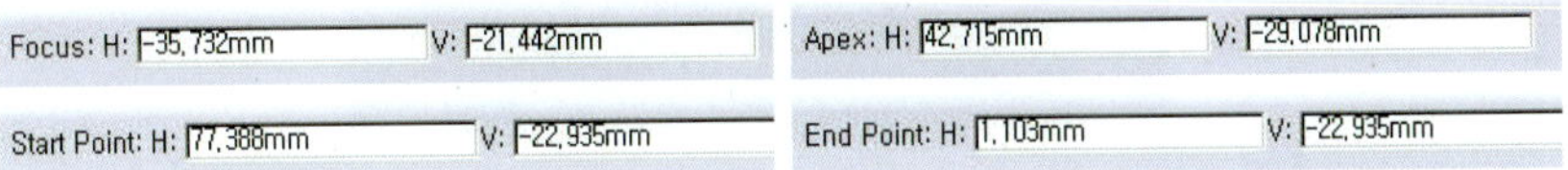

| Focus: H: -35,732mm | V: -21,442mm | Apex: H: 42,715mm | V: -29,078mm |
| Start Point: H: 77,388mm | V: -22,935mm | End Point: H: 1,103mm | V: -22,935mm |

<Hyperbola by Focus >

쌍곡선을 생성하는 기능

① 아이콘을 클릭한다.

② 생성할 쌍곡선의 초점(1)과 중심점(2)을 클릭한다.

③ 쌍곡선의 시작점을 클릭(3)한다.

④ 쌍곡선의 끝점을 클릭(4)하면 쌍곡선이 생성된다.

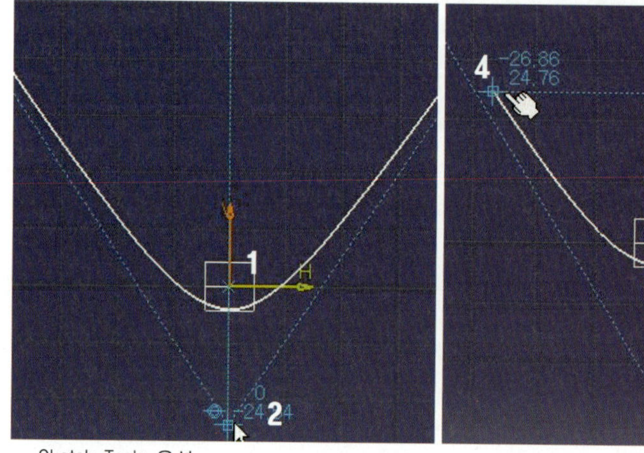

- Sketch Tools 옵션

Apex: H:	0mm	V:	-32,895mm	e:	46,956118332

<Line >

두 점을 지나는 직선을 생성하는 기능

① 아이콘을 클릭한다.

② 생성할 직선의 양 끝점을 클릭한다.(1, 2)

③ 두 점을 지나는 직선이 생성된다.

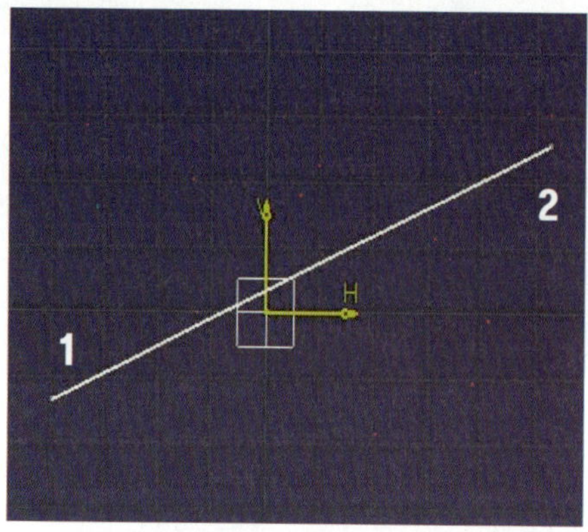

- Sketch Tools 옵션

Start Point: H:	180,797mm	V:	-108,751mm	L:	0mm	A:	0deg

<Infinite Line >

무한선을 생성하는 기능

①  아이콘을 클릭한다.

② 생성할 무한선이 지나갈 점을 클릭(Horizontal Line)한다.

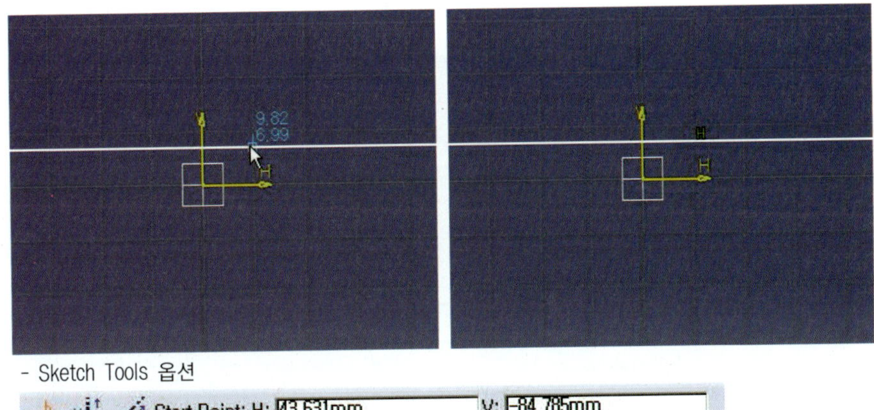

- Sketch Tools 옵션

Start Point: H: 43.631mm   V: -84.785mm

③ Sketch Tools

Line Through Two Points의 경우 Sketch Tools 도구막대의 Angle 영역에 경사각을 입력하고 엔터를 친 후 선이 지나갈 점을 클릭하거나 임의의 두 점을 클릭한다.

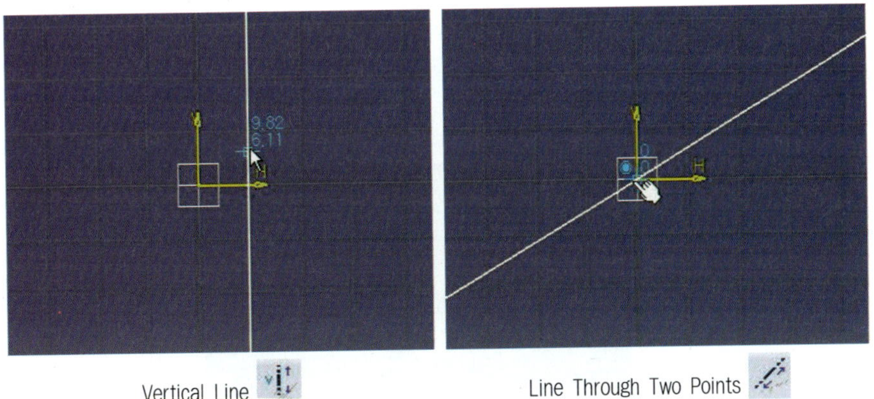

<Bi-Tangent Line>

Arc나 Circle에 접하는 직선을 생성하는 기능

① Arc 아이콘을 클릭하고 2개의 Arc를 Sketch한다.

② 아이콘을 클릭한다.

③ 2개의 호를 선택한다.

④ 2개의 호에 접하는 직선이 생성된다.

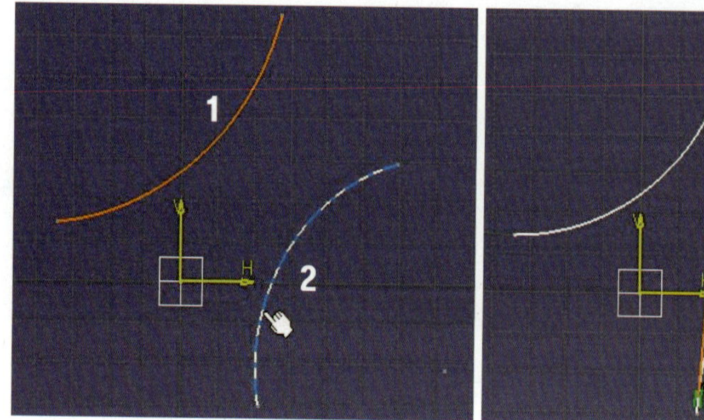

<Bisection Line>

두 직선을 2등분하는 직선을 생성하는 기능

① Line 아이콘을 클릭하고 2개의 Line을 Sketch한다.(1, 2)

② 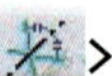 아이콘을 클릭한다.

③ 두 개의 직선을 선택하면 직선의 교각을 2등분시키는 새로운 직선이 생성된다.

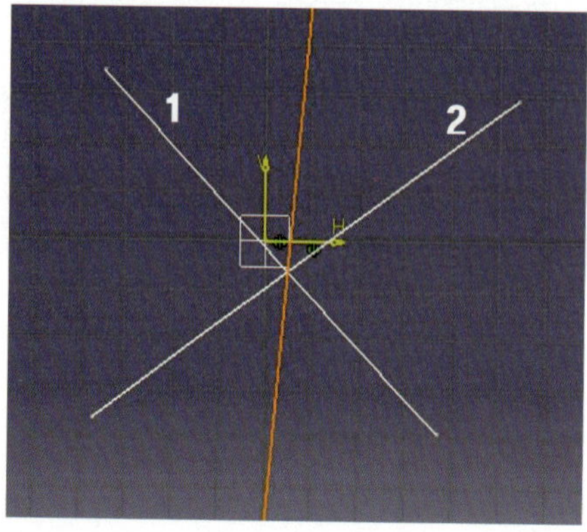

<Line Normal To Curve >

임의 점에서 요소에 수직한 직선을 생성하는 기능

① 임의의 요소(Line, Arc)를 Sketch(1)한다.　② 아이콘을 클릭한다.
③ 평면상의 임의의 위치를 클릭(2)한다.　④ 생성한 요소(Line, Arc)를 클릭(1)한다.
⑤ 평면상의 임의 점에서 선택한 요소에 수직인 직선이 생성된다.

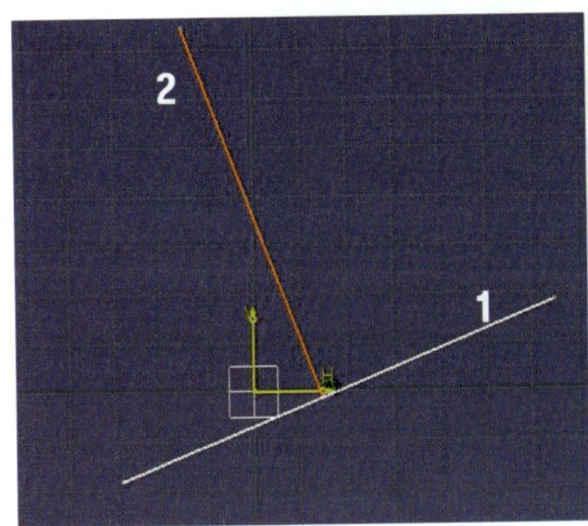

Line에 수직인 직선 생성　　　　　　　Arc에 수직인 직선 생성

<Axis >

축을 생성하는 기능

① 아이콘을 클릭한다.　② 생성시킬 축의 양 끝점을 선택(1, 2)한다.
③ 두 점을 지나는 축이 생성되며 회전체의 중심축으로 이용된다.

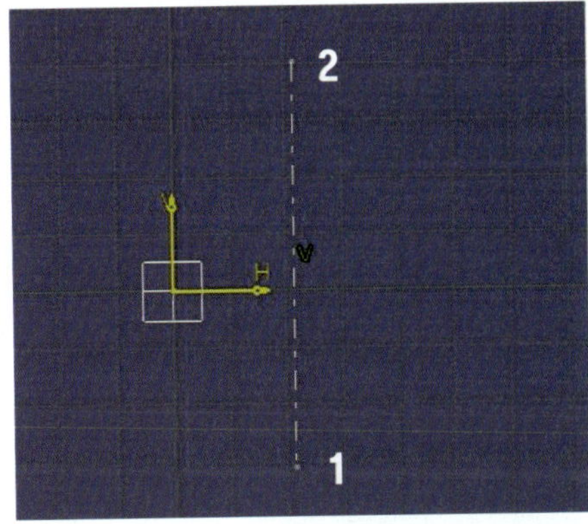

- Sketch Tools 옵션

End Point: H:	68.488mm	V:	-21.142mm	L:	112.139mm	A:	273.552deg

<Point  >

점을 생성하는 기능

①  아이콘을 클릭한다.

② 생성시킬 점의 위치를 클릭(1, 2, 3)한다.

③ 클릭한 지점에 점이 생성된다.

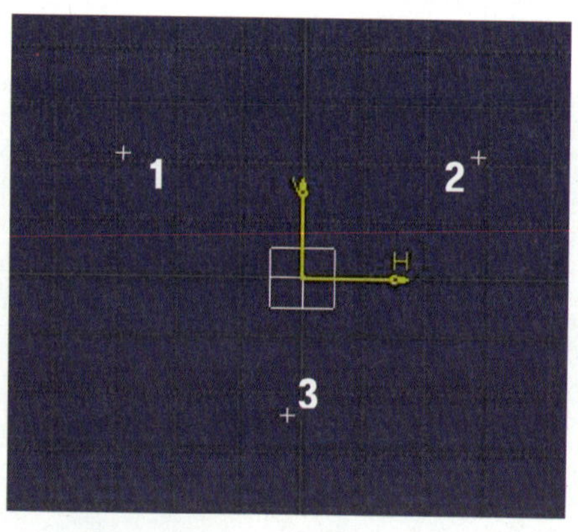

- Sketch Tools 옵션

Point Coordinates: H: |127.151mm   V: |-56.648mm

<Point by Using Coordinates  >

좌표계를 이용하여 점을 생성하는 기능

①  아이콘을 클릭한다.

② 생성할 점의 위치를 직교좌표를 이용하여 H, V 영역에 입력(1)한다.

③ 생성할 점의 위치를 극좌표를 이용하여 Radius, Angle 영역에 입력(2)한다.

④ OK 버튼을 클릭하면 Point가 생성된다.

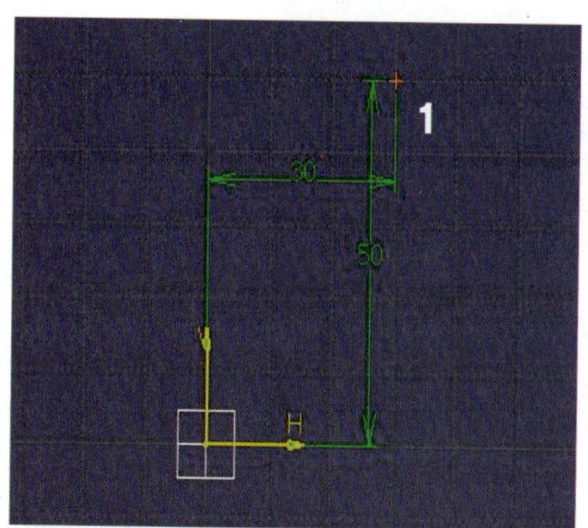

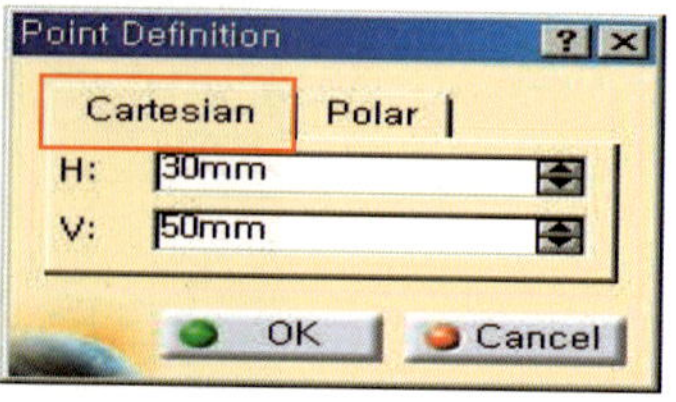

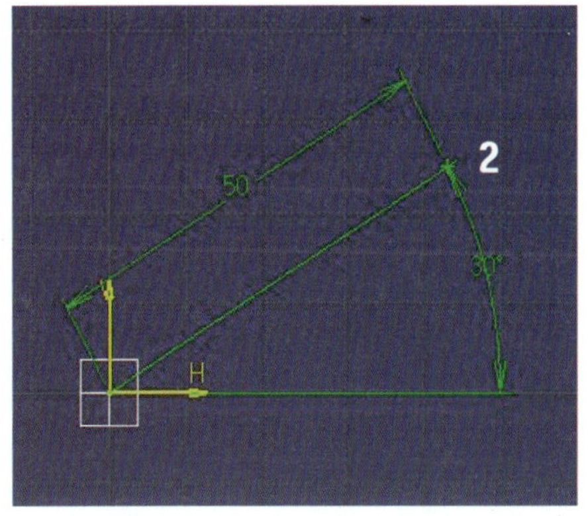
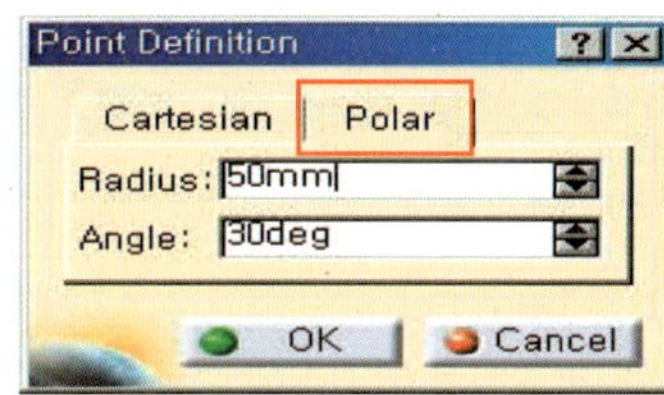

<Equidistant Point  >

임의 요소에 일정간격으로 점을 생성하는 기능

① Line과 Circle을 Sketch한다.

②  아이콘을 클릭한다.

③ 원을 선택하고 New Points 영역에 생성할 점의 개수 10을 입력한다.

④ 직선을 선택하고 New Points 영역에 생성할 점의 개수 5를 입력한다.

⑤ 원에 10개, 직선에 5개의 점이 동일한 간격으로 점이 생성된다.

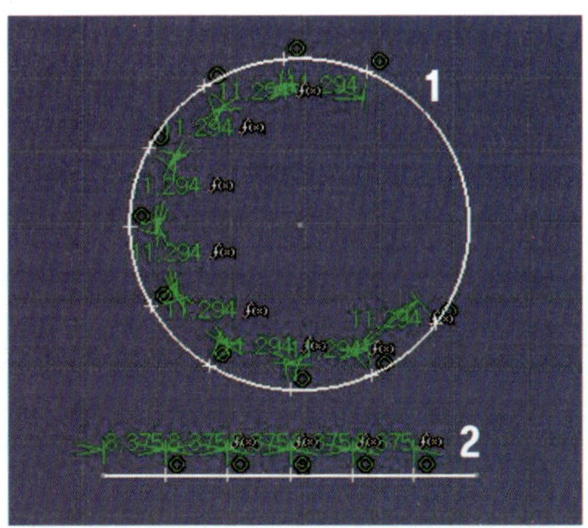
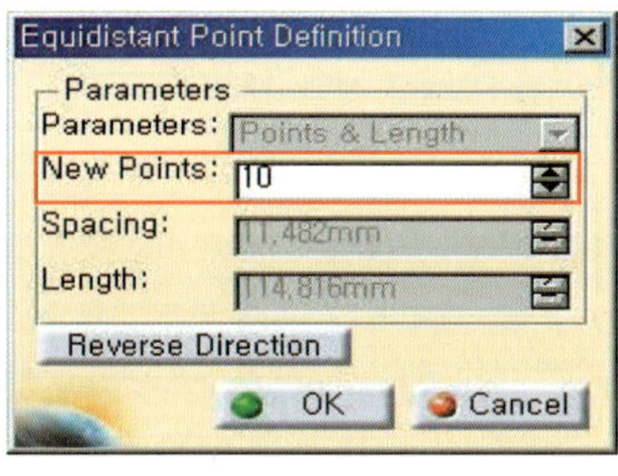

<Intersection Point  >

서로 교차하는 요소의 교차점에 Point를 생성하는 기능

① Line 아이콘 과 Spline 아이콘 을 클릭하여 교차하는 두 요소를 Sketch한다.

② 아이콘을 클릭한다.

③ 교차하는 Line, Spline을 차례로 선택한다.

④ 두 요소의 교차하는 지점에 Point가 생성된다.

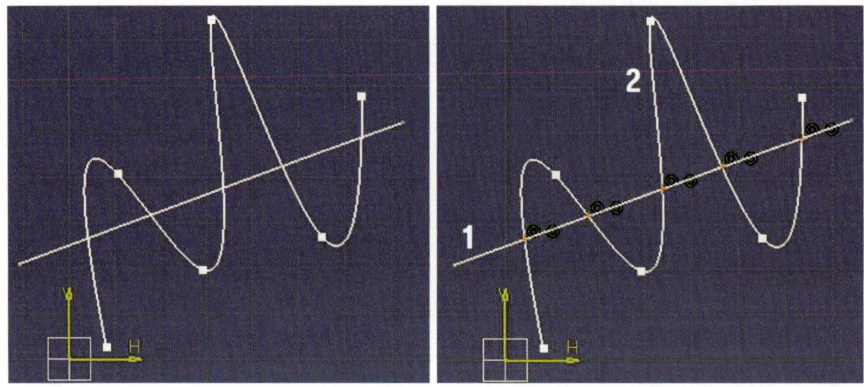

<Projection Point  >

요소에 투영점을 생성하는 기능

① Point와 투영시킬 요소인 Line을 Sketch한다.   ② 아이콘을 클릭한다.

③ 투영시킬 Point를 선택(1)한다.   ④ 투영될 요소인 Line을 선택(2)한다.

⑤ 투영시킬 Point가 투영 요소인 Line에 수직하도록 투영점이 생성된다.(Orthogonal Projection 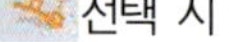 선택 시)

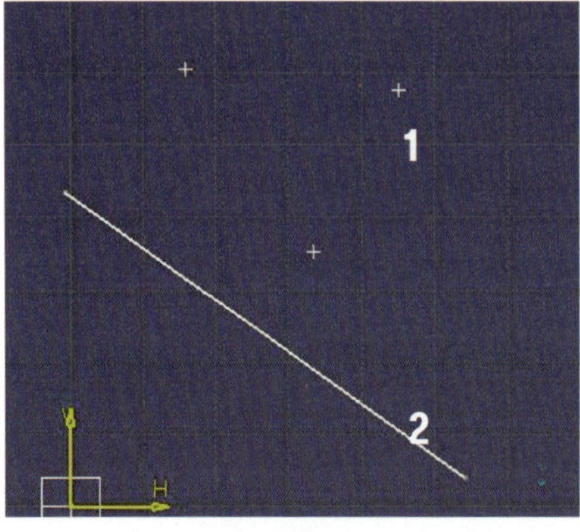
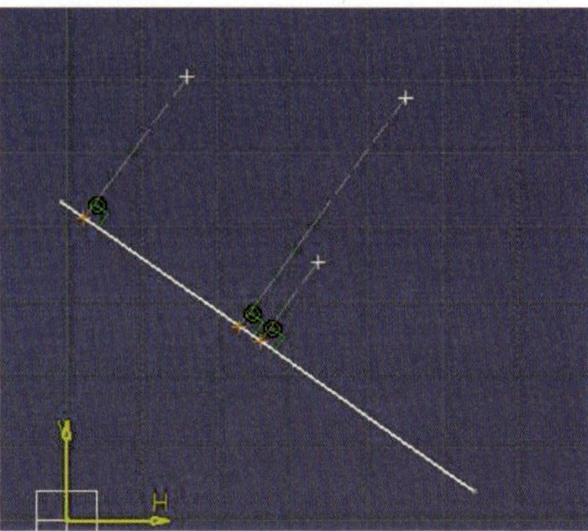

⑥ Sketch Tools

• Along a Direction 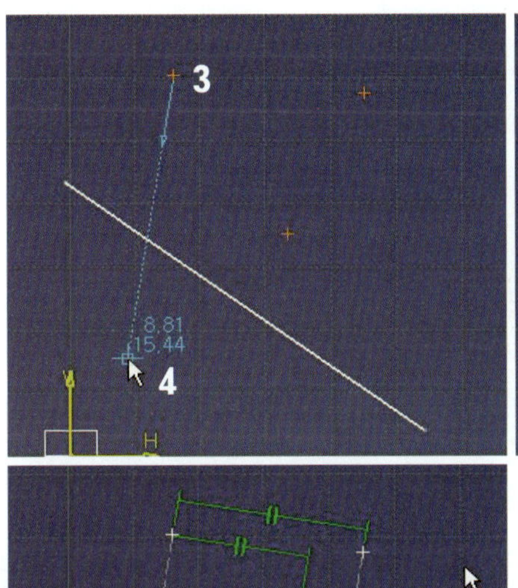

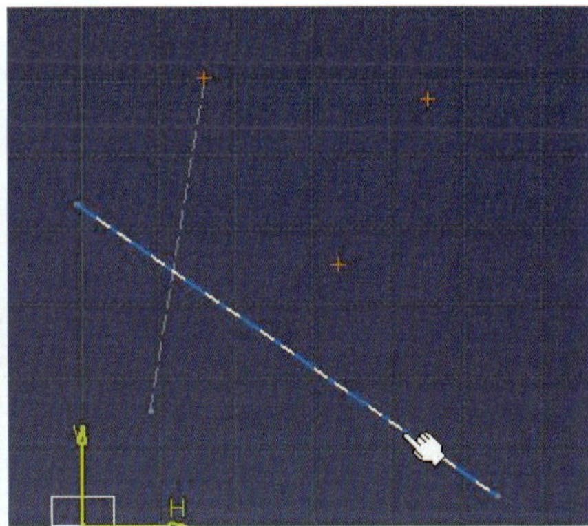

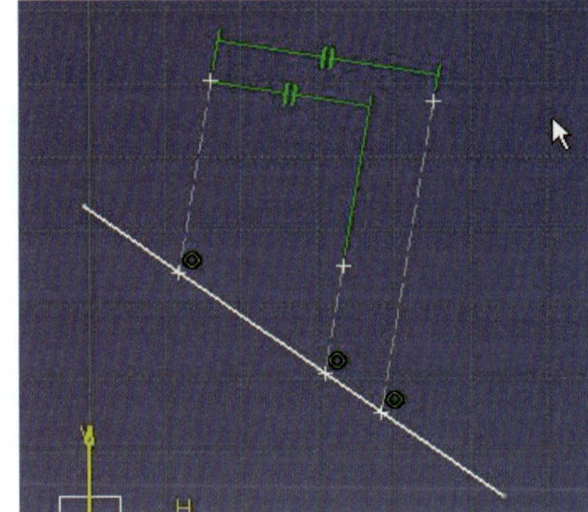

1. 아이콘을 클릭하고 투영시킬 점을 선택한다.
2. 투영시킬 방향을 지정(3, 4)한다.
3. 투영될 객체인 직선을 선택한다.
4. 지정한 투영시킬 방향으로 점이 투영되어 직선 위
   에 투영점이 생성된다.

2) Operation

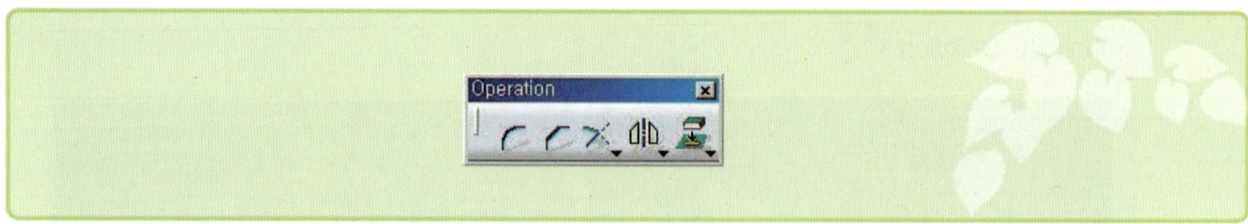

<Corner >

모서리에 라운드를 생성시키는 기능

① Rectangle 아이콘 을 클릭하여 직사각형을 Sketch한다.

② 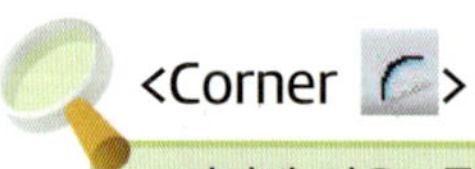 아이콘을 클릭한다.

③ 라운드를 생성시킬 직선을 선택(1, 2)하고 라운드를 생성시킬 임의의 위치를 클릭(3)하면 라운드가 생성된다.

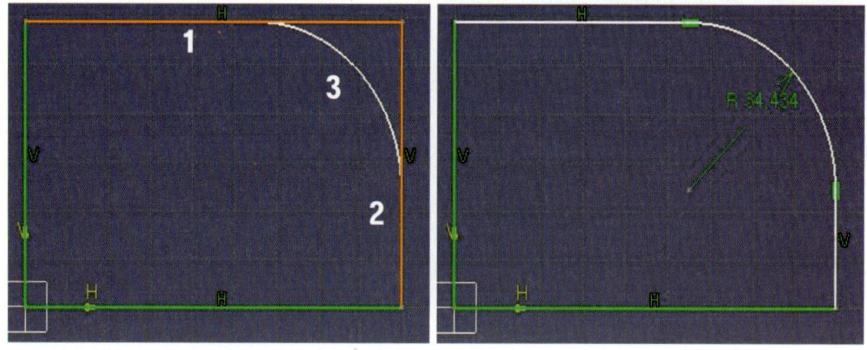

④ Sketch Tools

• Trim All Elements : 선택한 요소에 라운드를 생성하고 모두 제거한다.

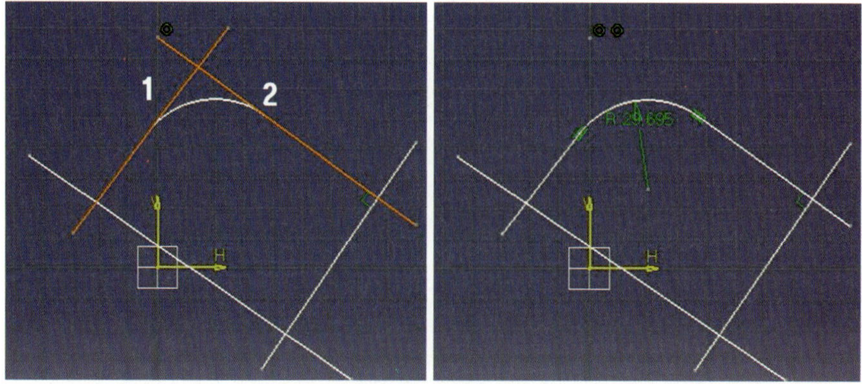

• Trim First Elements : 첫 번재 선택한 요소만 제거하고 라운드를 생성한다.

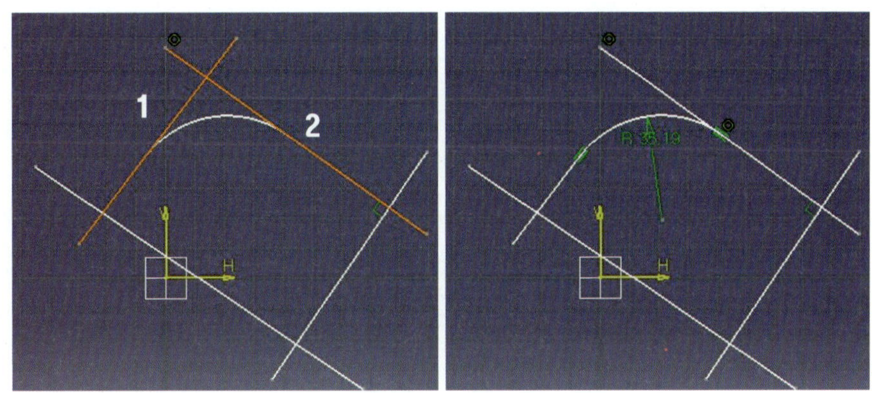

• No Trim : 어떠한 요소도 제거하지 않고 라운드를 생성한다.

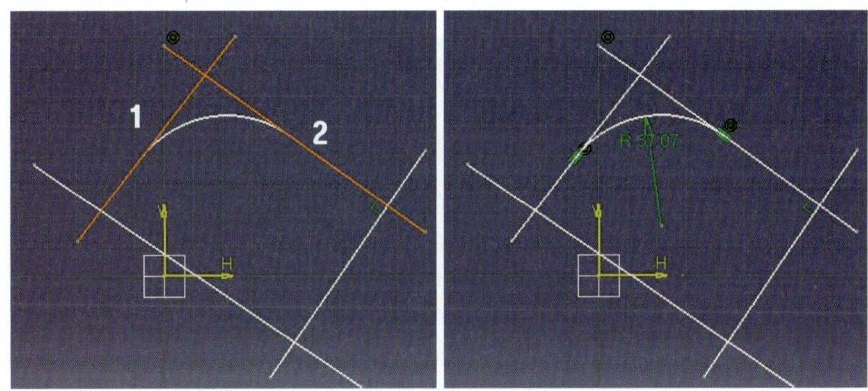

• Standard Lines Trim : 선택한 두 요소의 교차점까지 남기고 라운드를 생성한다.

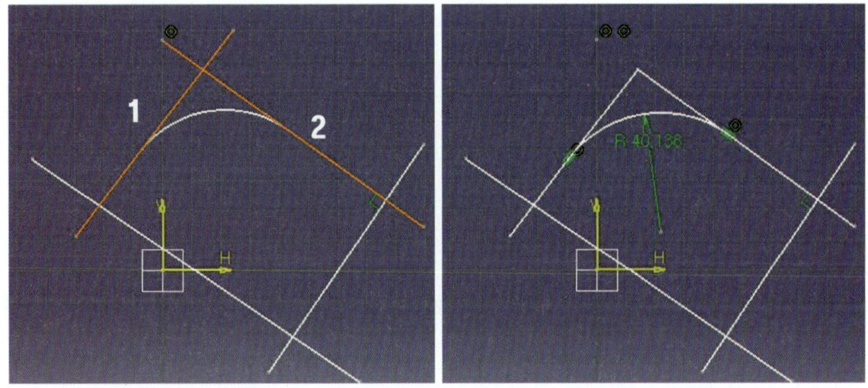

• Construction Lines Trim 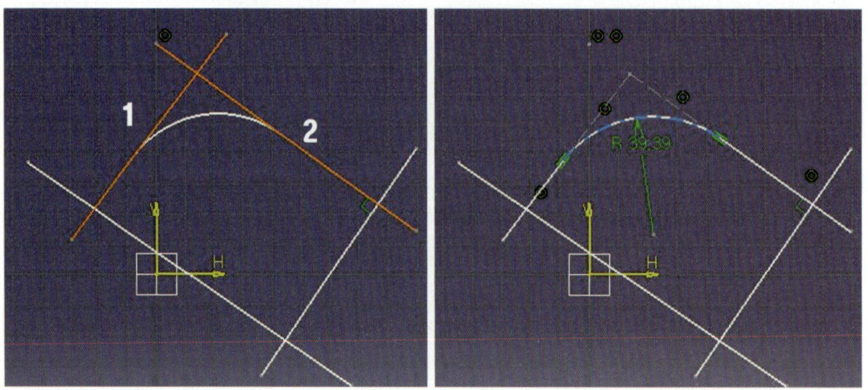 : 선택한 두 요소의 교차점까지 보조 Profile 형태로 남기고 라운드를 생성한다.

• Construction Lines No Trim : 어떠한 요소도 제거하지 않고 보조 Profile 형태로 남기고 라운드를
생성한다.

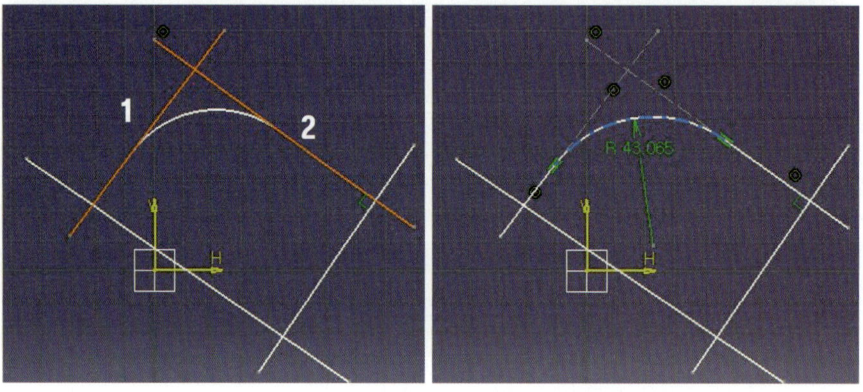

<Champer >

모서리에 모따기를 생성하는 기능

① Rectangle 아이콘 을 클릭하여 직사각형을 Sketch한다.

② 아이콘을 클릭한다.

③ 모따기를 생성시킬 직선을 선택(1, 2)하고 라운드를 생성시킬 부분의 임의의 위치에 클릭(3)하여 모따기를
생성한다.

④ Sketch Tools 기능은 Corner를 참조한다.

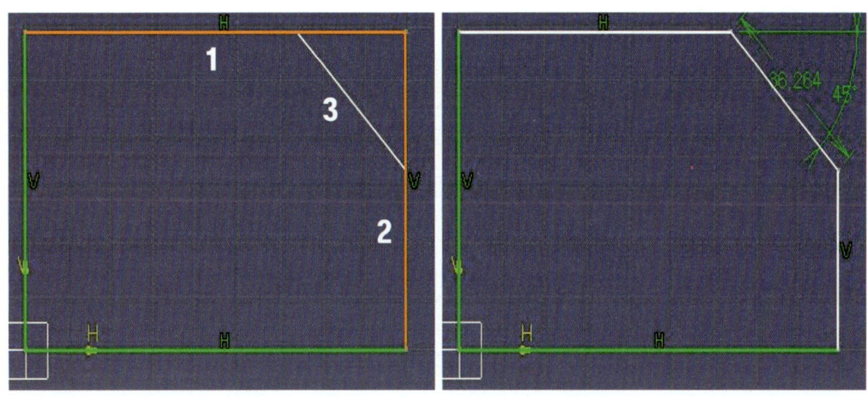

Angle and Hypotennse( )

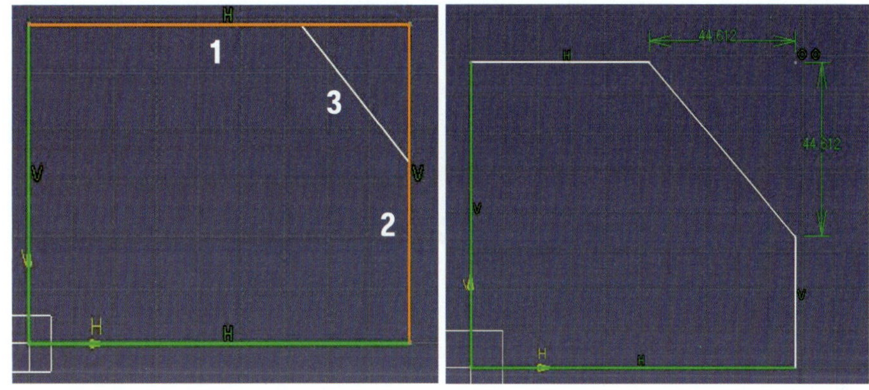

First and Second Length( )

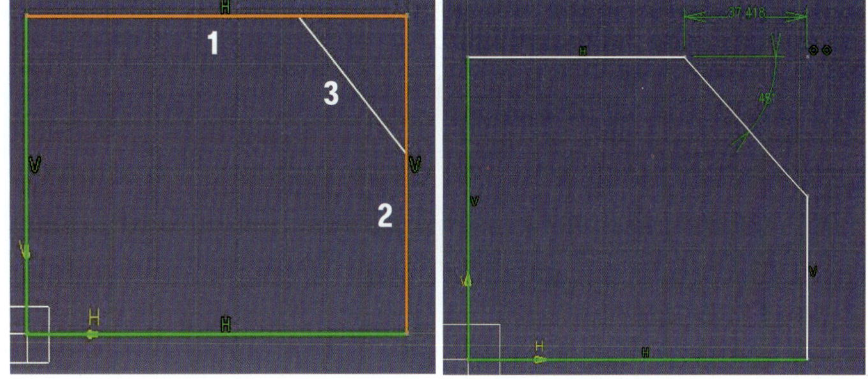

Angle and First Length( )

<Trim 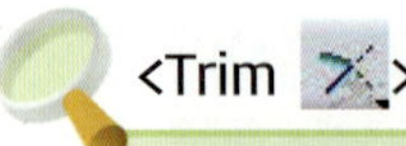>

교차하는 요소에서 불필요한 부분을 제거하는 기능

① Line 아이콘 을 클릭하여 교차하는 Line을 Sketch한다.

② 아이콘을 클릭한다.

③ 교차점을 기준으로 양쪽 또는 한쪽을 삭제(1, 2)한다.

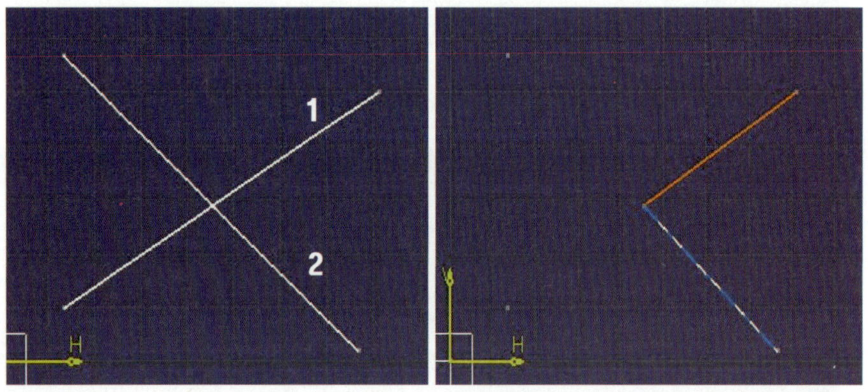

④ Sketch Tools

• Trim All Elements : 선택한 부분을 남기고 교차점에서 반대 부분을 모두 제거한다.

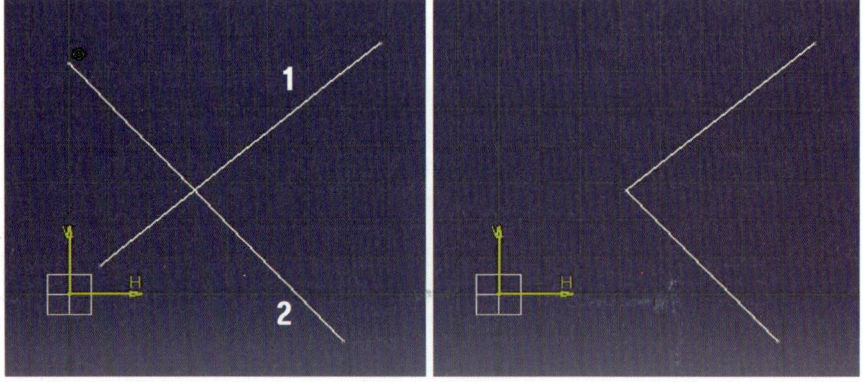

• Trim First Elements : 선택한 부분을 남기고 기준선을 기준으로 반대 부분을 제거한다.

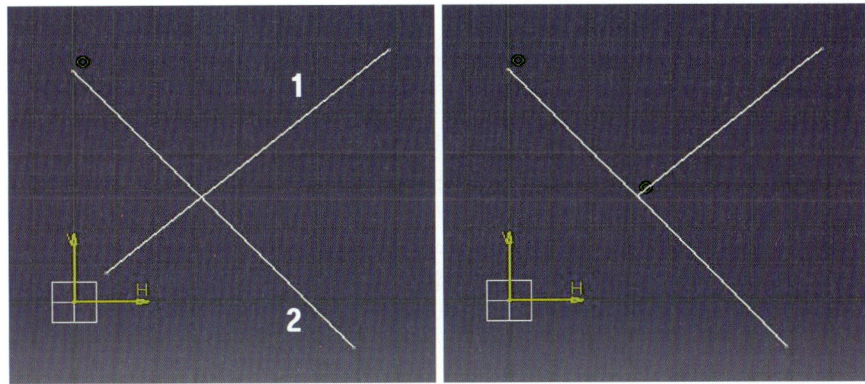

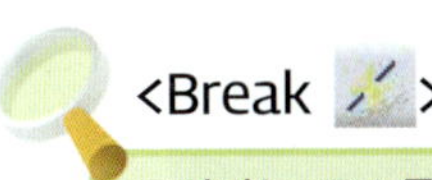

교차하는 요소를 자르는 기능

① Profile 아이콘 과 Line 아이콘 을 클릭하여 아래와 같이 서로 교차하도록 Sketch한다.

② 아이콘을 클릭한다.

③ Break하고자 하는 요소를 선택(1)한다.

④ Break를 하기 위한 기준을 지정(2)한다.

⑤ Break시키기 위한 기준선인 수평선을 기준으로 수직선이 Break되어 서로 분리(3, 4)된다.

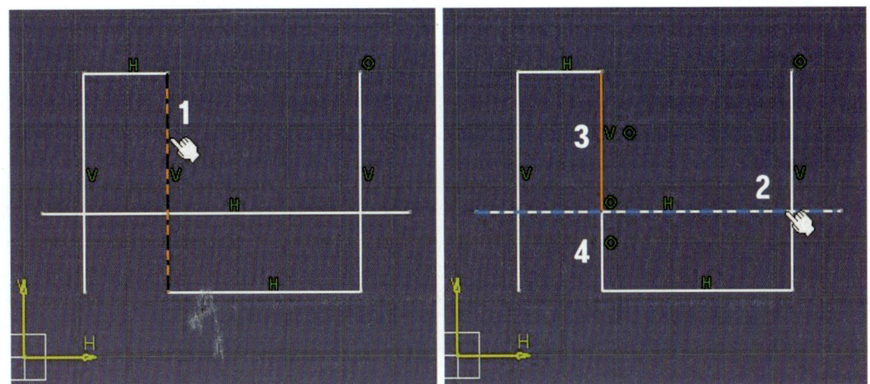

<Quick Trim >

교차하는 요소에서 불필요한 부분을 제거하는 기능

① Line 아이콘을 클릭하여 교차하는 Line을 Sketch한다.

②  아이콘을 클릭한다.

③ 교차하는 Line 중에서 삭제하고자 하는 부분을 클릭(1)한다.

④ 선택한 Line이 교차하는 부분까지 삭제된다.

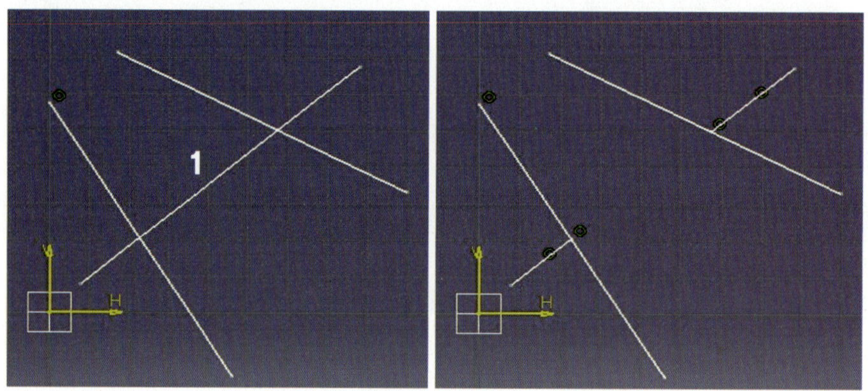

⑤ Sketch Tools

• Break And Rubber In : 교차하는 객체에서 선택(1)한 부분만 제거한다.

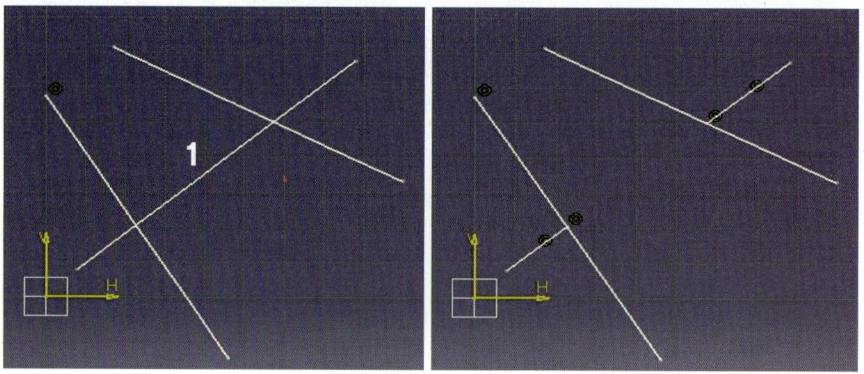

• Break And Rubber Out : 교차하는 객체에서 선택(1)한 부분만 남기고 반대 부분을 제거한다.

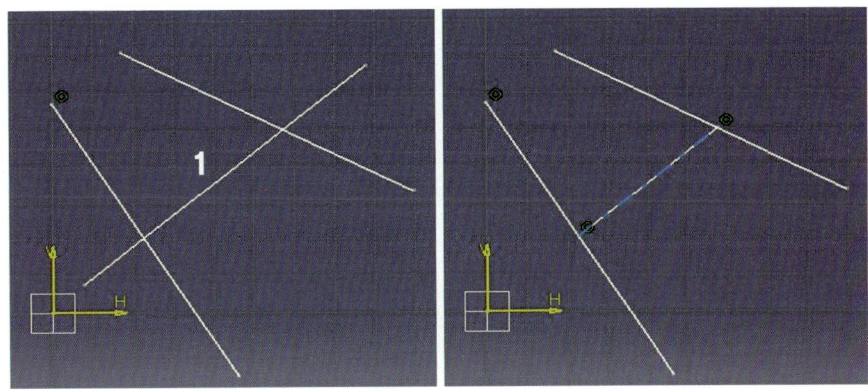

- Break And Keep : 교차하는 객체에서 선택(1)한 부분을 교차지점에서 끊고 남겨둔다.

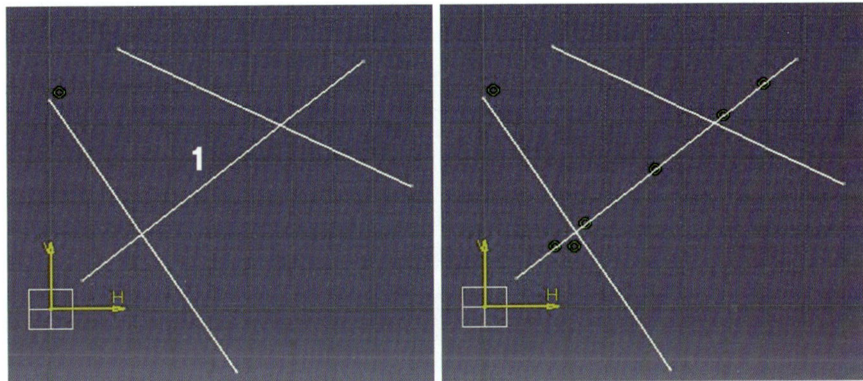

<Close>

Arc를 닫아 원으로 만드는 기능

① Three Point Arc 아이콘 을 클릭하여 Arc를 Sketch한다.

② 아이콘을 클릭한다.

③ Arc를 클릭하면 Arc가 닫혀 Circle이 생성된다.

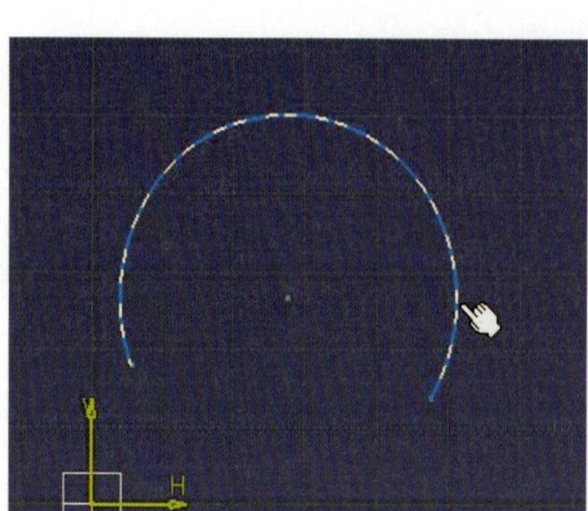
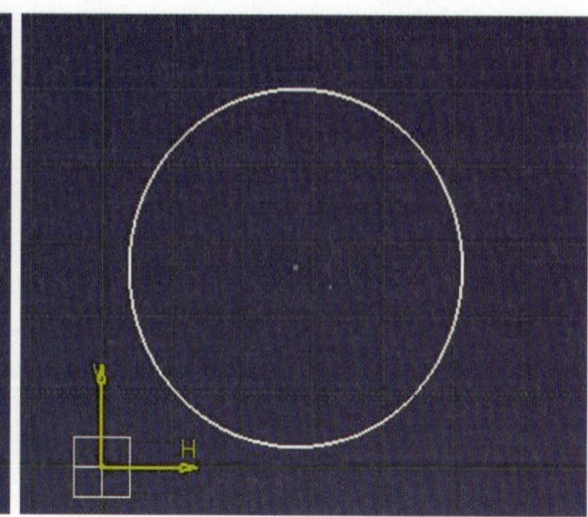

Complement 

호의 보이지 않는 부분을 생성시켜 주는 기능

① Three Point Arc 아이콘을 클릭하여 Arc를 Sketch한다.

② 아이콘을 클릭한다.

③ Arc를 클릭하면 보이지 않는 Arc의 부분을 생성한다.

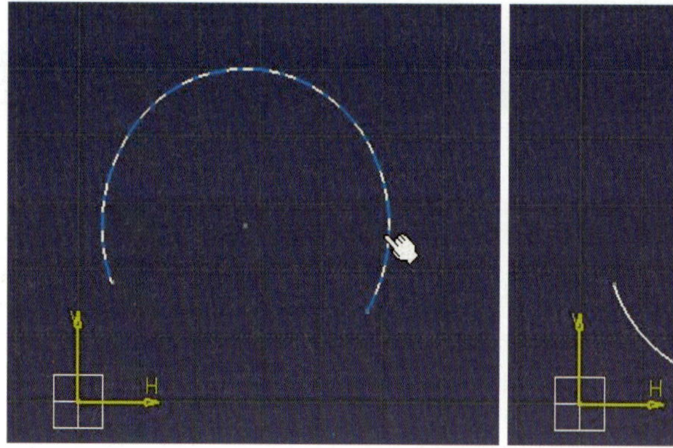
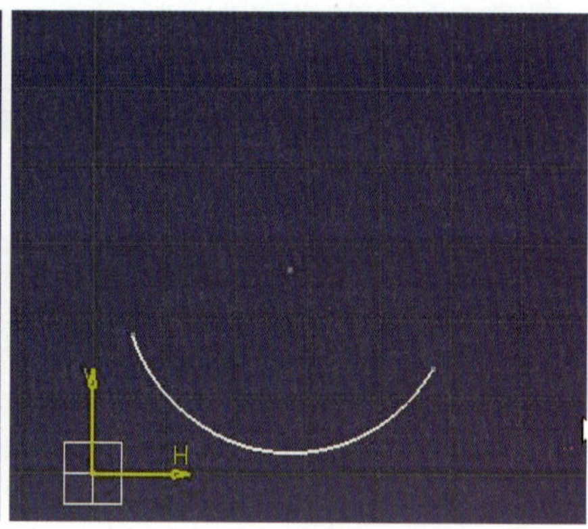

Mirror

기준을 중심으로 대칭인 객체를 생성하는 기능

① Circle 아이콘을 클릭하여 Sketch하고 Circle을 선택한다.

② 아이콘을 클릭한다.

③ 대칭시킬 기준으로 V축을 선택한다.

④ 원시 Circle이 존재하면서 V축에 Circle이 대칭 복사된다.

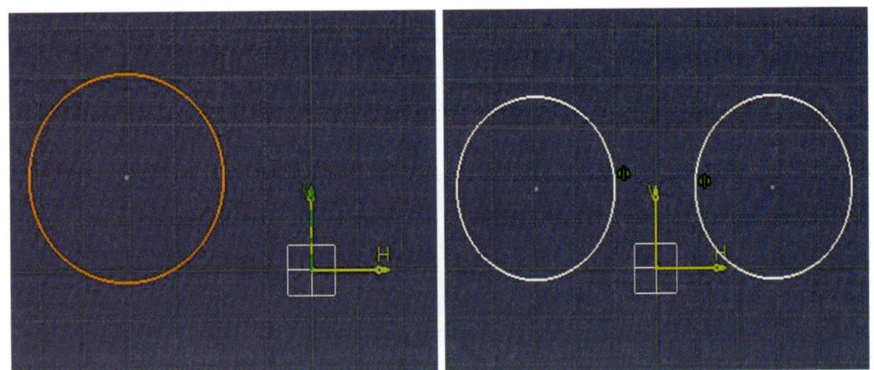

<Symmetry  >

기준을 중심으로 대칭되도록 객체를 이동시키는 기능

① Circle 아이콘 을 클릭하여 Sketch하고 Circle을 선택한다.

② 아이콘 클릭한다.

③ 대칭시킬 기준으로 V축을 선택한다.

④ Circle이 대칭축인 V축을 기준으로 대칭 이동된다.

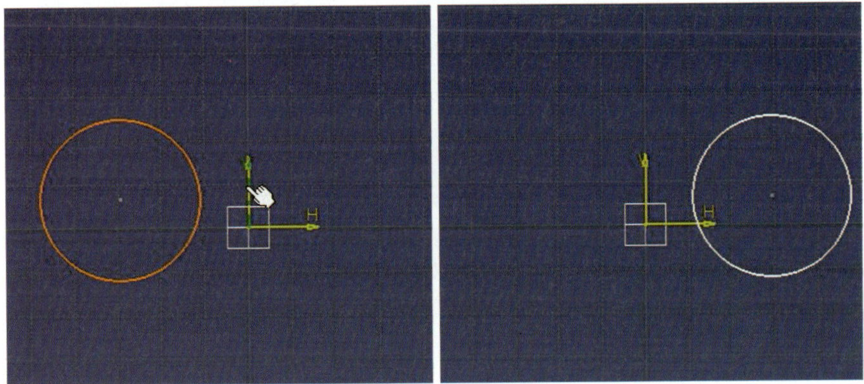

<Translate 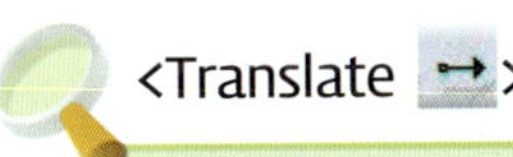 >

객체를 이동 및 복사하는 기능

① Circle 아이콘 을 클릭하여 Sketch하고 Circle을 선택한다.

② 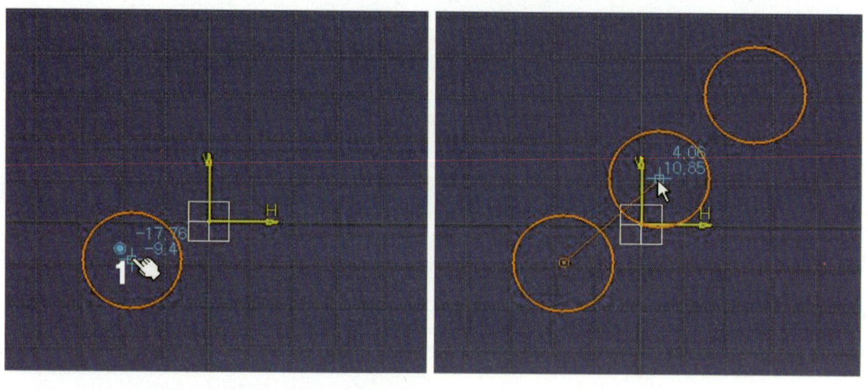 아이콘을 클릭한다.

③ Translation Definition 대화상자에서 Duplicate mode를 체크하고 복사할 기준점으로 Circle의 중심을 선택(1)한다.

④ Instance(s) 영역을 클릭하고 복사할 개수를 2로 입력하고 복사할 위치로 마우스를 위치시키고 클릭한다.(Sketch Tools 이용)

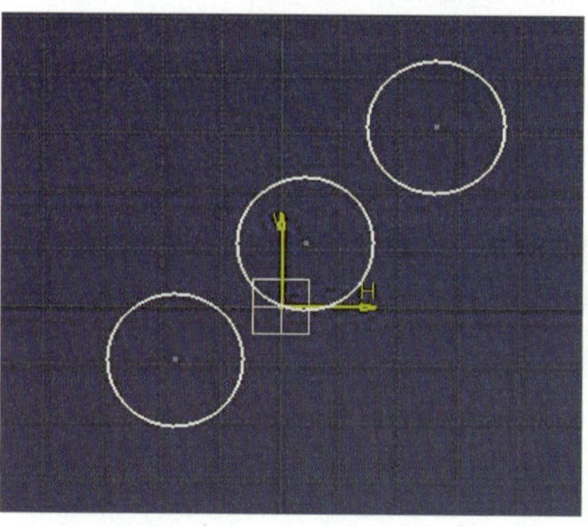

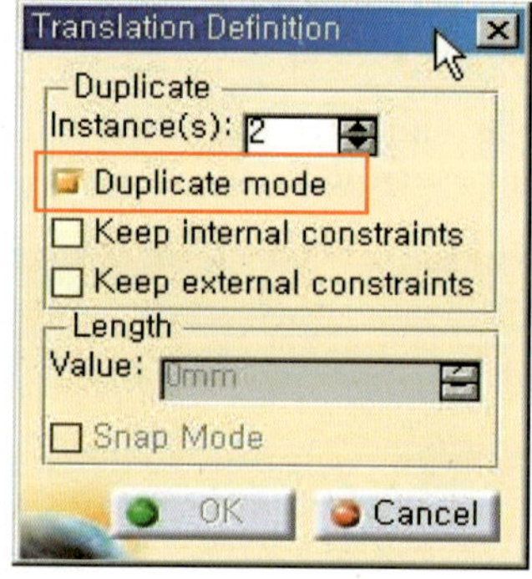

\- Sketch Tools 옵션

Start Point: H: -21,964mm   V: -35,952mm

⑤ Translation Definition 대화상자에서 Duplicate mode를 해제하고 이동시킬 기준점으로 Circle의 중심을 선택(1)한다.

⑥ Length / Value 영역을 클릭하고 이동시킬 거리를 입력하고 클릭하면 Circle이 원하는 위치로 이동한다(Sketch Tools 이용)

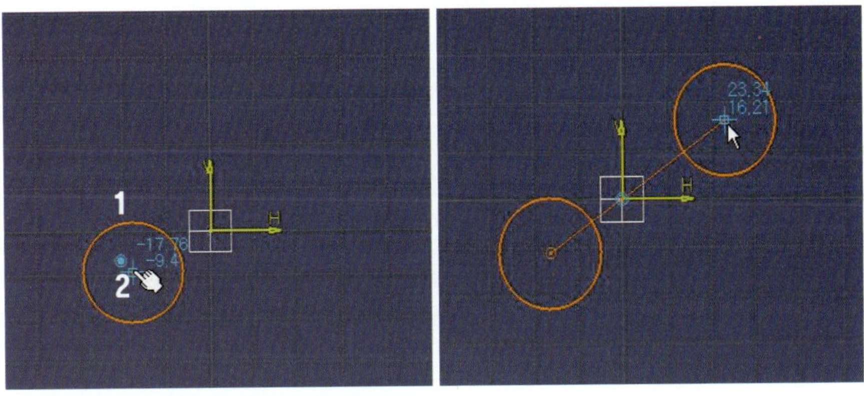

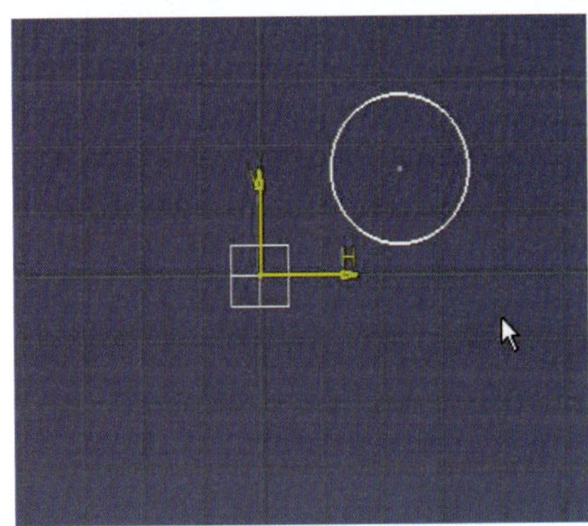

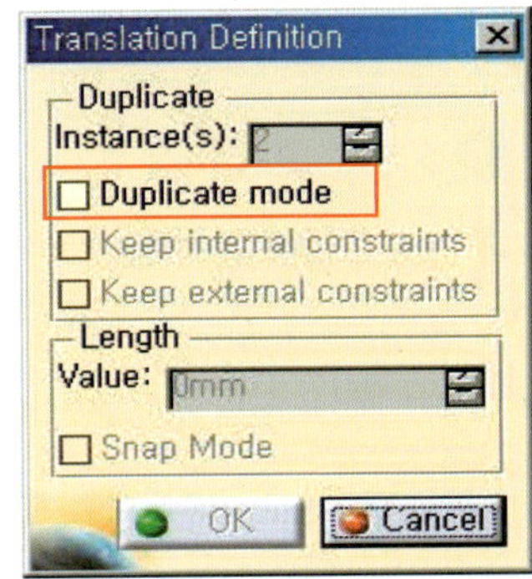

- Sketch Tools 옵션

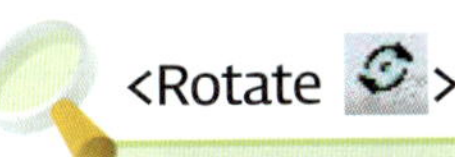

<Rotate >

기준점을 중심으로 객체를 회전시키는 기능

① Rectangle 아이콘 을 클릭하여 Sketch하고 직사각형을 선택한다.

② 아이콘을 클릭한다.

③ Rotation Definition 대화상자에서 회전 기준점으로 원점을 클릭한다.

④ Duplicate/Instance(s) 영역을 클릭하고 생성시킬 회전체의 개수를 3으로 입력한다.

⑤ Angle 영역을 클릭하고 회전 각도를 60°로 입력한다.

⑤ Rectangle이 원점을 기준으로 60° 간격으로 3개가 생성된다.

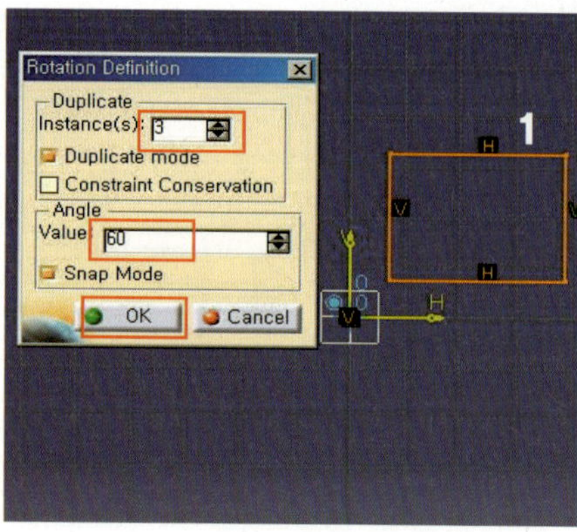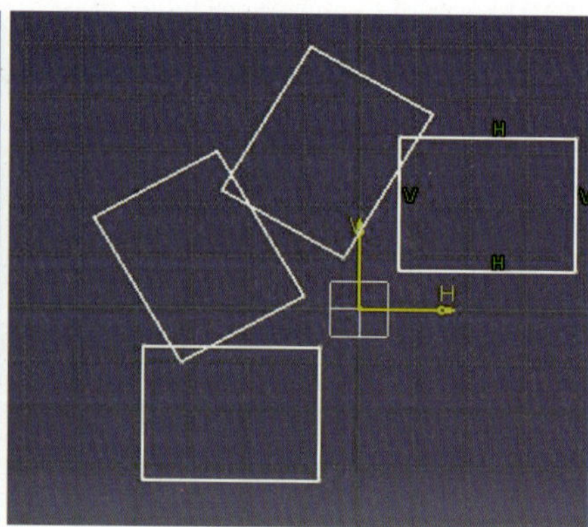

<Scale  >

객체를 확대 또는 축소시키는 기능

① Profile 아이콘 을 클릭하여 Sketch하고 선택한다.

② 아이콘을 클릭하고 기준점으로 원점을 클릭한다.

③ Scale Definition 대화상자에서 Duplicate mode를 체크한다.

④ Scale/Value 영역을 클릭하고 0.5를 입력하면 축소된 객체가 생성된다(1보다 크면 확대, 1보다 작으면 축소된다).

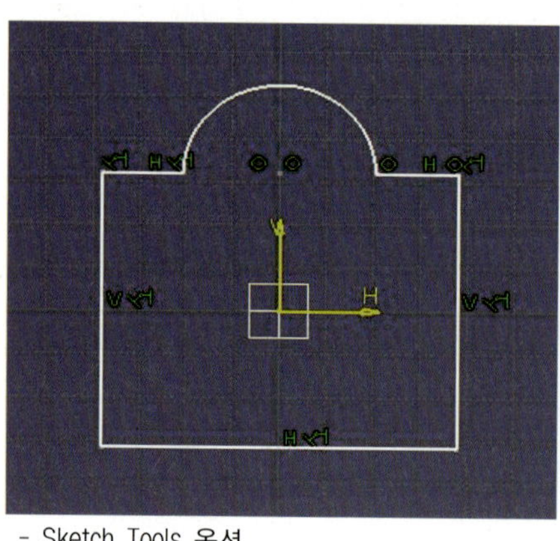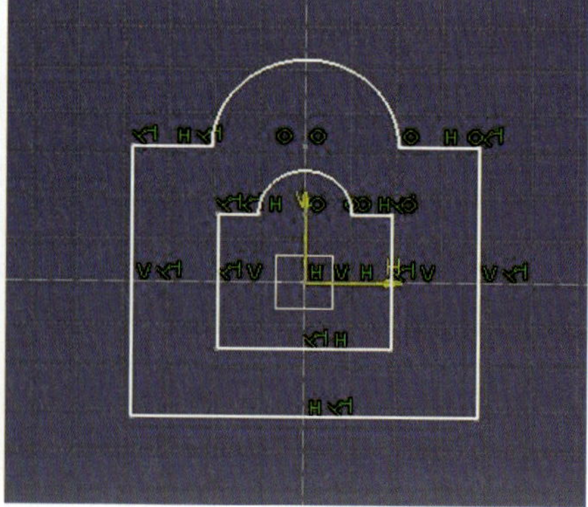

- Sketch Tools 옵션

End Point: H: 0mm   V: -140.303mm

⑤ Duplicate mode를 해제하면 원본이 삭제되고 확대 또는 축소된 객체만 생성한다.

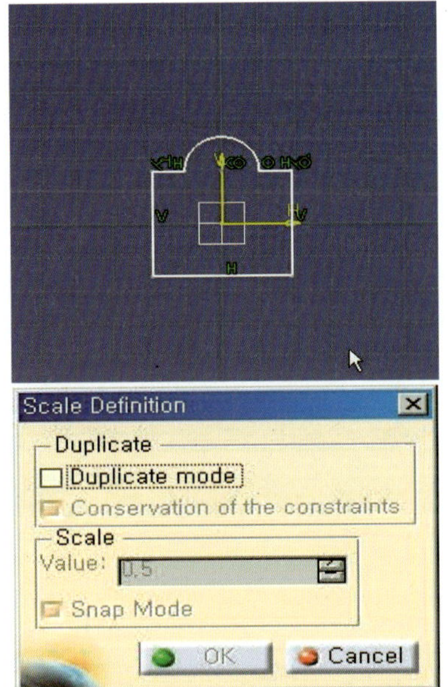
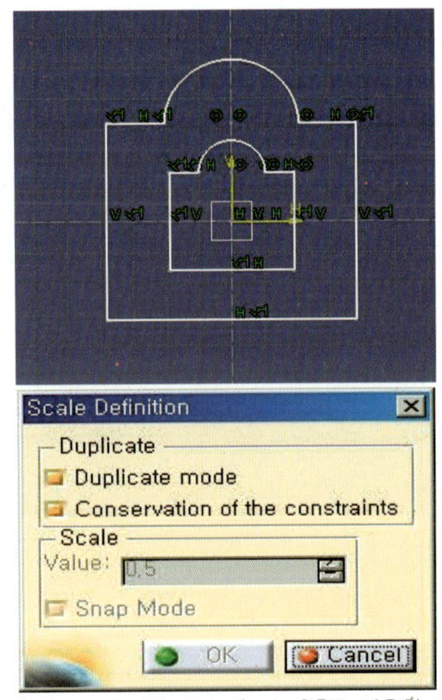

Duplicate mode 해제하고 Scale 0.5를 적용한 경우　　Duplicate mode 체크하고 Scale 0.5를 적용한 경우

<Offset>

요소를 일정거리만큼 평행하게 떨어진 위치에 생성시키는 기능

① Rectangle 아이콘 을 클릭하여 직사각형을 Sketch한다.

② 아이콘을 클릭하고 Rectangle의 한 변을 선택(1)한다.

③ 평행 이동시켜 생성시킬 위치에 마우스버튼을 클릭(2)한다.

④ 선택한 객체가 평행한 위치에 복사되어 생성된다.

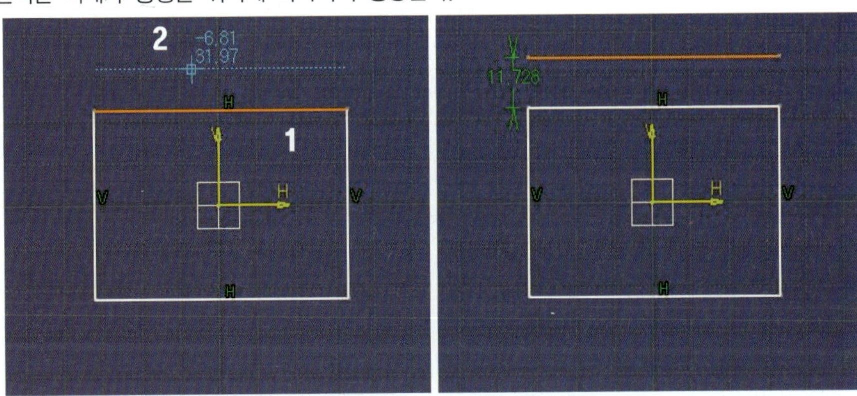

- Sketch Tools

⑤ Sketch Tools

• No Propagation　：선택한 객체만 평행하게 이동 복사한다.

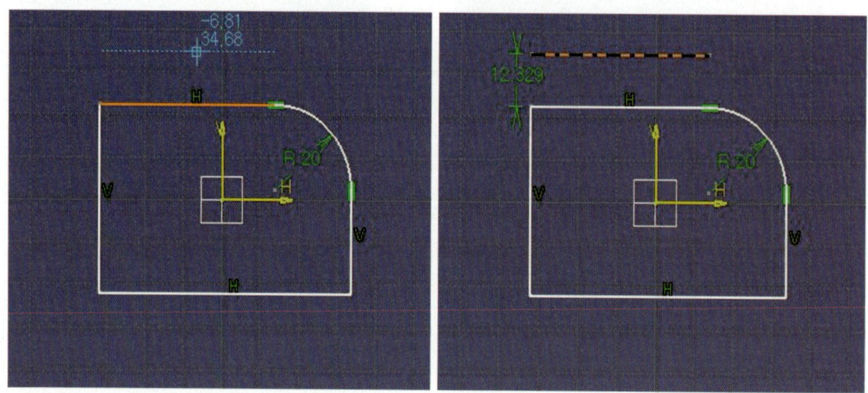

• Tangent Propagation　：선택한 객체와 Tangent한 객체를 모두 평행하게 이동 복사한다.

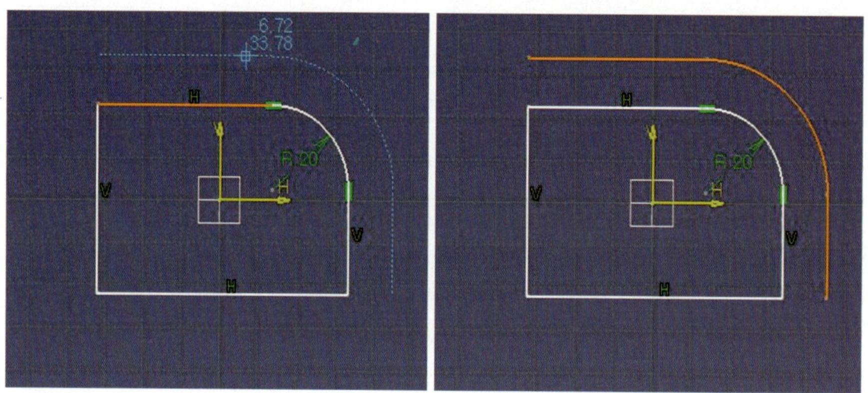

• Point Propagation　：선택한 객체와 연결된 모든 객체를 평행하게 이동 복사한다.

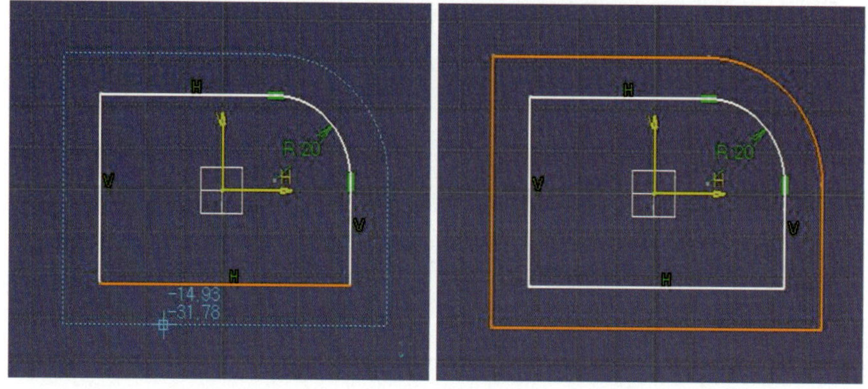

- Both Side Offset  + : 선택한 객체를 양쪽 방향으로 평행하게 이동 복사한다.

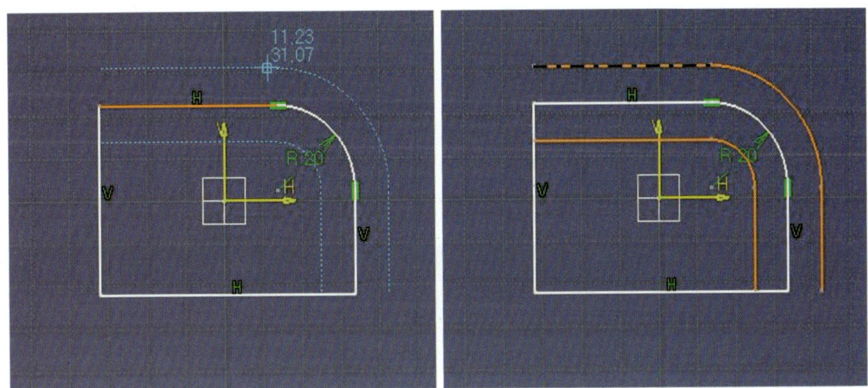

<Projection 3D Elements >

Sketch Plan과 떨어져 있는 3D 객체의 선택부분을 Sketch Plan에 투영시키는 기능

⇒ Part Design 기능을 익히고 따라해 보면 이해하기 쉽다.

① 아래와 같이 Solid를 생성시킨 후 직육면체의 바닥면을 Sketch 평면으로 선택하고 아이콘을 클릭한다.

② 투영시키고자 하는 Solid의 모서리를 선택(1)한다.

③ 선택된 요소가 Sketch 평면(바닥면)에 투영되어 생성(2)된다.

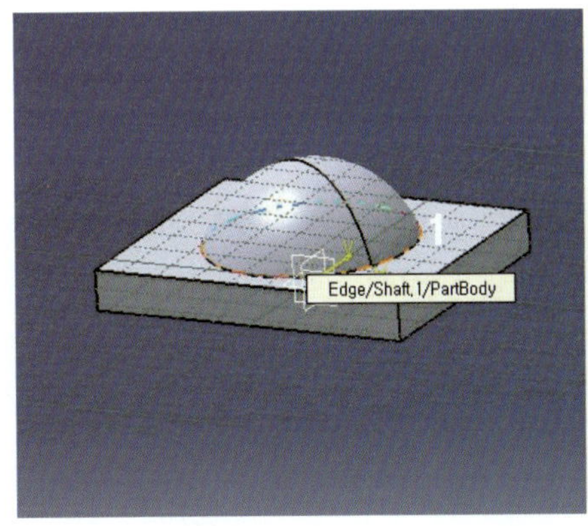

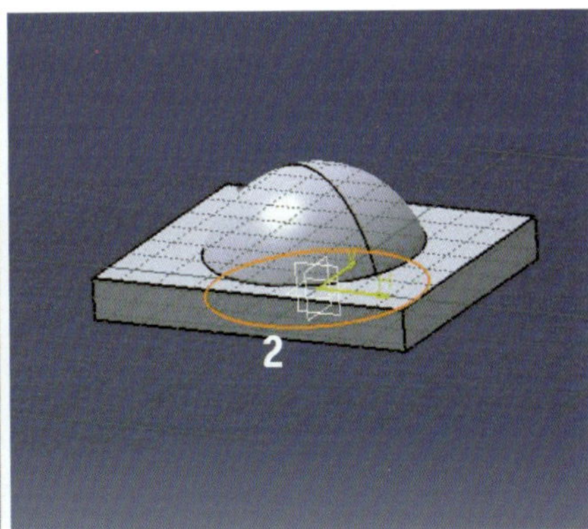

<Intersect 3D Elements >

Sketch Plan과 교차하는 3D 객체의 선택부분을 Sketch Plan에 투영시키는 기능

① 아래와 같이 Solid를 생성시킨 후 직육면체의 바닥면을 Sketch 평면으로 선택하고 아이콘을 클릭한다.

② 투영시키고자 하는 직육면체의 옆면을 클릭(1)한다.

③ 선택된 요소인 옆면이 Sketch 평면(바닥면)과 교차하는 직선이 투영되어 생성(2)된다.

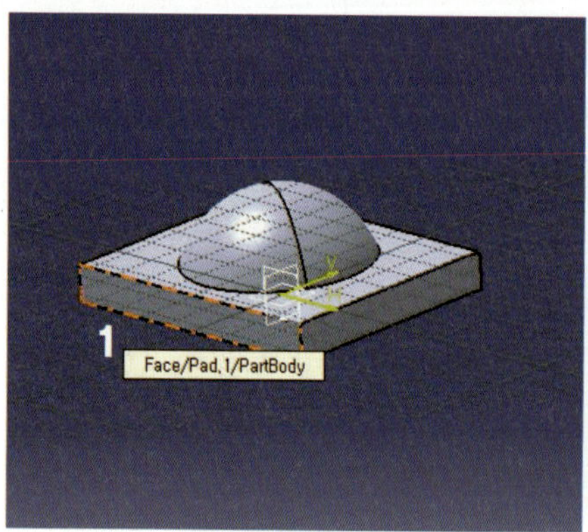

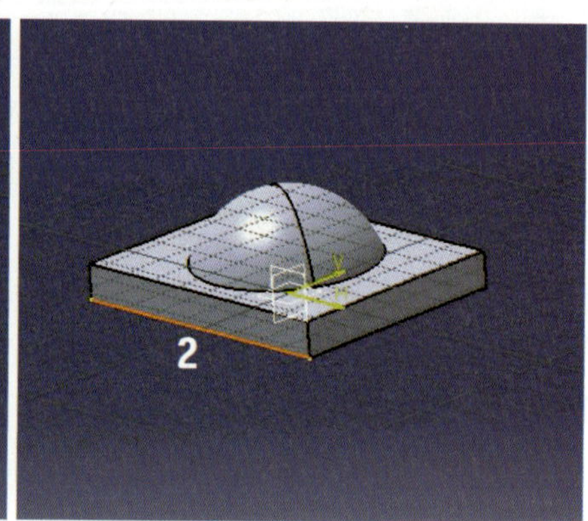

<Project 3D Silhouette Edges >

원통형 형상의 전체 윤곽을 Sketch Plan에 투영시켜 생성하는 기능

① ZX Plane에 아래와 같이 Z,X축에 겹치지 않도록 Profile 을 Sketch(1)하고 Axis 를 Profile의 양 끝점을 연결(2)한다.

② Exit Workbench 아이콘 을 클릭하여 3D Mode로 전환하고 Shaft 시켜 회전체의 Solid를 생성한다.

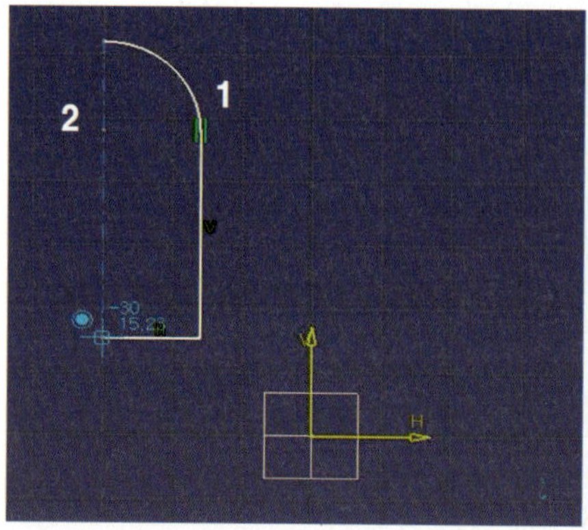

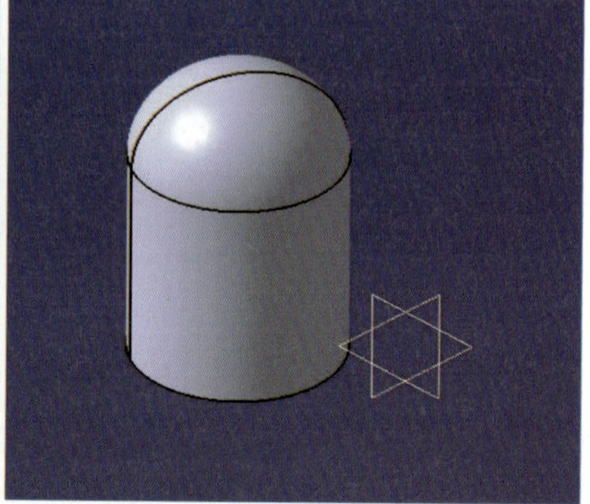

③ Sketch 아이콘 을 클릭하여 YZ Plane을 선택하고 Sketch Mode로 전환한 후 모델을 회전시키면 회전체 모델이 YZ Plane위에 위치하게 된다.

④ 아이콘을 클릭하고 투영시킬 원기둥을 선택(3)한다.

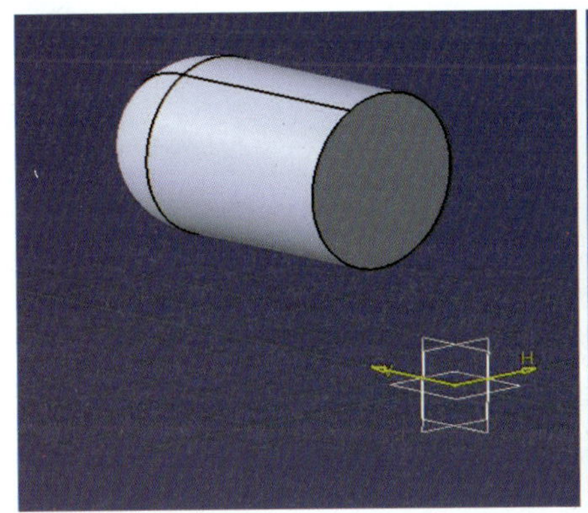
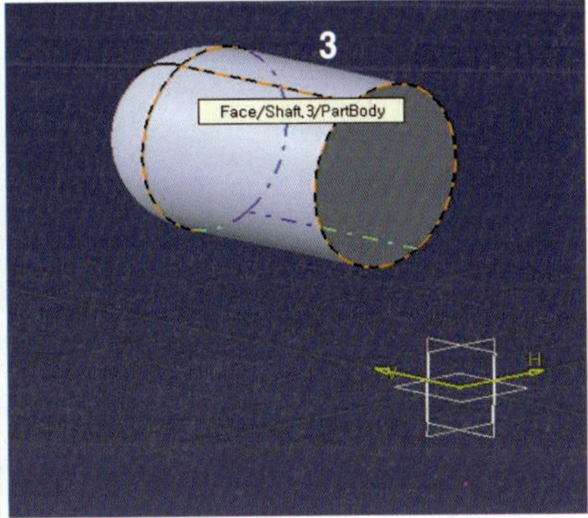

⑤ YZ Plane에 원기둥의 전체 윤곽형상이 투영되어 생성된다.

⑥ ④의 과정에서 원기둥 앞부분의 구형 영역을 선택(4)하면 구형의 전체 윤곽형상이 투영되어 생성된다.

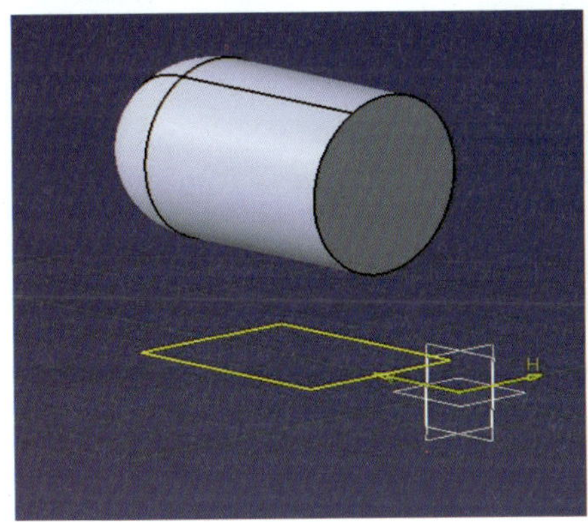
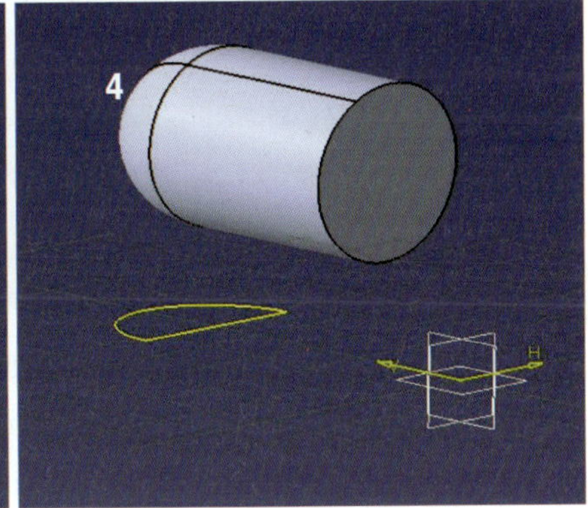

<Project 3D Canonical Silhouette Edges  >

원통형 형상의 원통영역의 윤곽을 Sketch Plan에 투영시켜 생성하는 기능

① 앞에서 보았던 Project 3D Silhouette Edges 기능의 ①~③과정까지 따라하며 형상을 생성한다.

② 아이콘을 클릭하고 투영시킬 원기둥을 선택(1)한다.

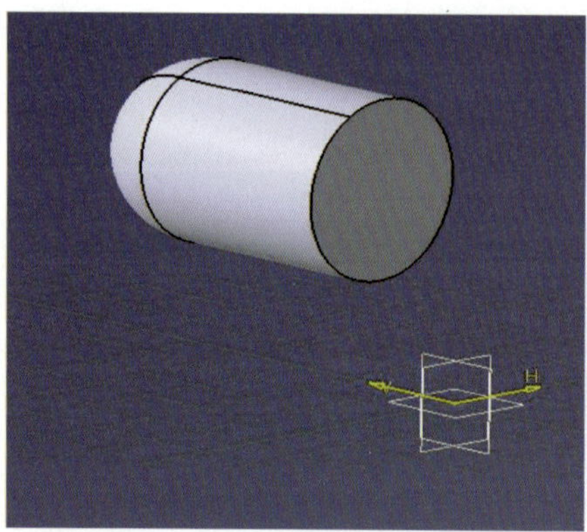
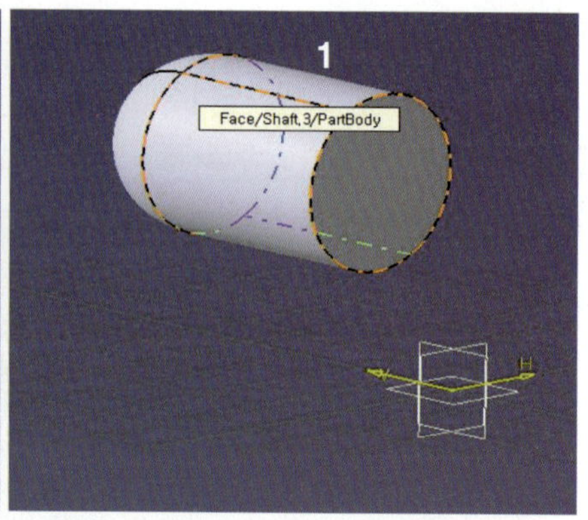

③ YZ Plane에 원기둥의 원통형 영역의 윤곽형상이 투영되어 생성된다.

④ ③의 과정에서 원기둥 앞부분의 구형 영역을 선택(2)하면 구형의 라운드 영역의 윤곽형상이 투영되어 생성된다.

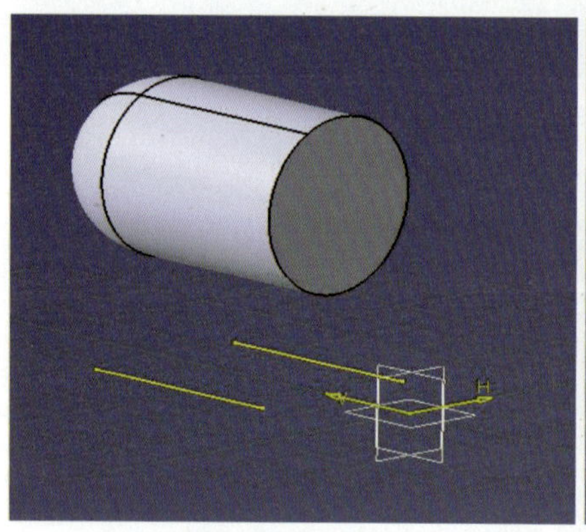
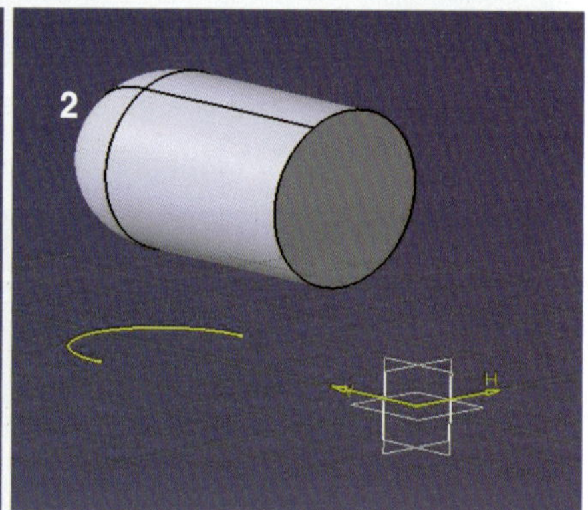

⑤ 위의 과정에서 ![icon] 아이콘을 클릭하고 ②과정(3)와 ④과정(4)을 연속 실행하여 Model의 윤곽선을 투영(5)시 킨다.

⑥ Line 아이콘 ![icon]을 클릭하여 투영된 윤곽선의 양 끝점을 연결(6)한다.

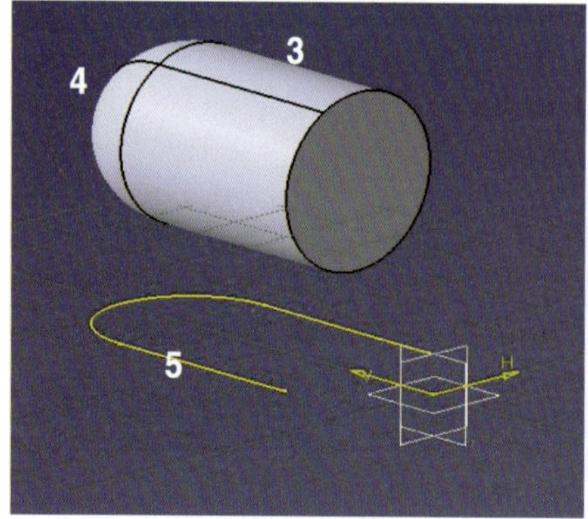
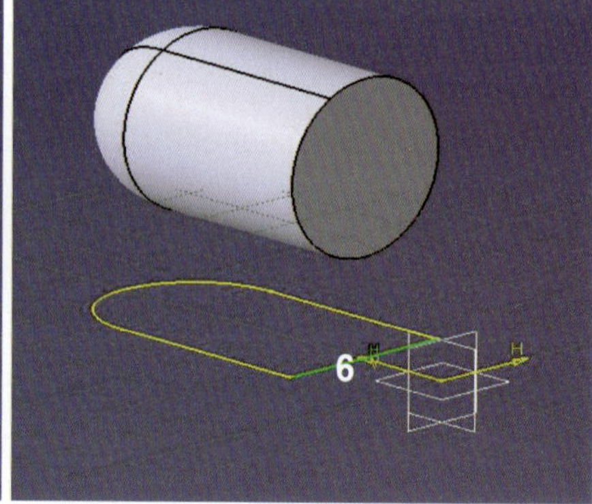

⑦ Exit Workbench 아이콘 을 클릭하여 3D Mode로 전환한다.

⑧ Pad 아이콘 을 클릭하여 Solid를 생성한다.

⑨ 이처럼 새로운 Solid를 생성하기 위한 Sketch를 이미 생성된 Model의 윤곽영역을 투영시켜 활용함으로써 효율적으로 모델링할 수 있다.

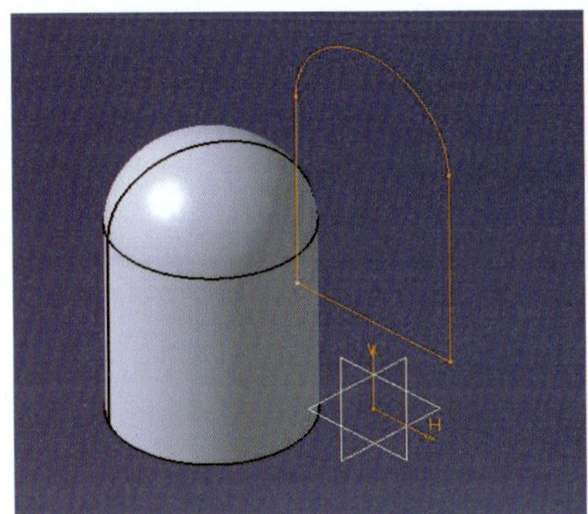
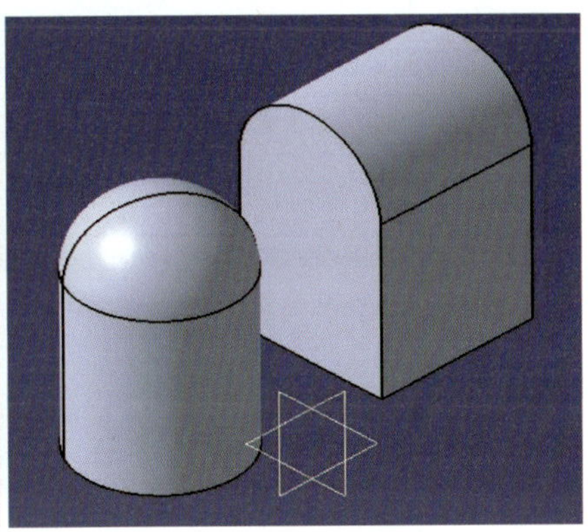

3) Constraint

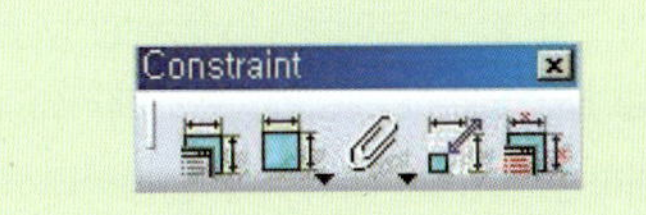

<Constraint >

요소의 치수를 구속하는 기능

① Rectangle 아이콘 을 클릭하여 직사각형을 Sketch한다.

② 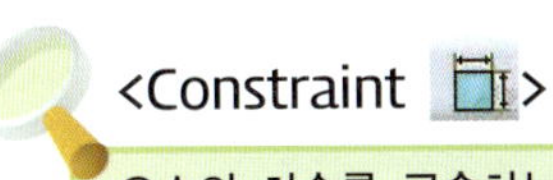 아이콘을 클릭한다.

③ 치수를 구속할 Rectangle의 세로방향의 두 변을 선택하고 임의 위치에 마우스를 클릭한다.

④ 치수를 변경하기 위해 치수를 더블클릭하고 Constraint Definition 대화상자에서 Value 영역에 변경하고자 하는 치수를 80mm로 입력하고 OK 버튼을 클릭한다.

⑤ 선택한 두 직선 사이의 거리가 80mm로 변경된다.

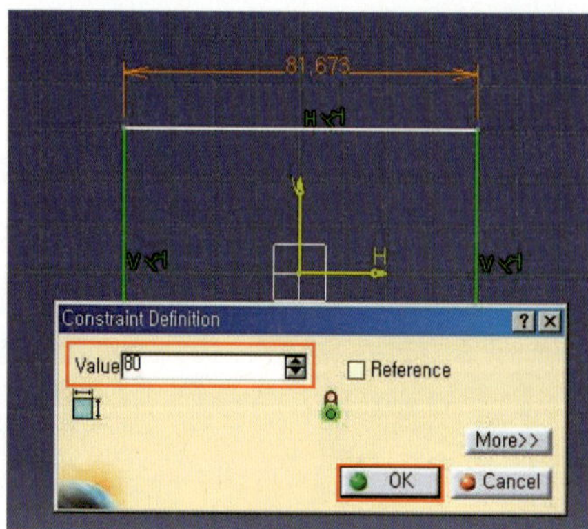

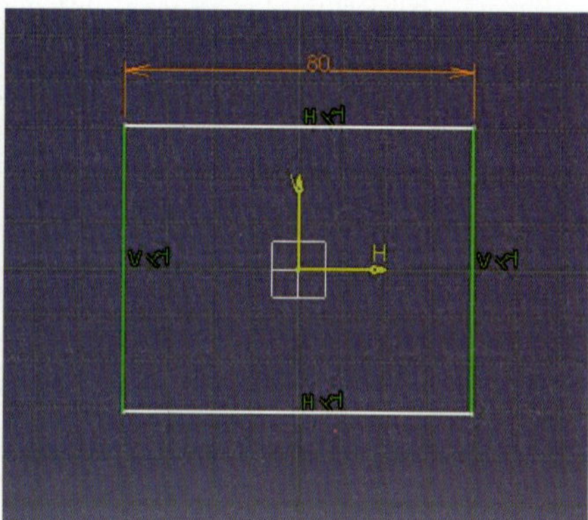

경사진 두 직선 사이에 수직/수평 치수 적용하기

① Line 아이콘 ╱ 을 클릭하고 2개의 직선을 Sketch한다.

② ▦ 아이콘을 클릭하고 Line의 끝점(1, 2)을 선택하면 두 점 사이에 최단거리가 표시되는데, 수직 또는 수평 거리를 표시하고자 할 때는 마우스 오른쪽버튼을 클릭한다.

③ 두 점 사이의 수평거리를 구속하고자 할 경우에는 Horizontal Measure Direction을 선택하고 수직거리를 구속하고자 할 경우에는 Vertical Measure Direction을 선택한다.

④ 생성한 치수를 더블클릭하여 원하는 치수를 입력하여 변경한다.

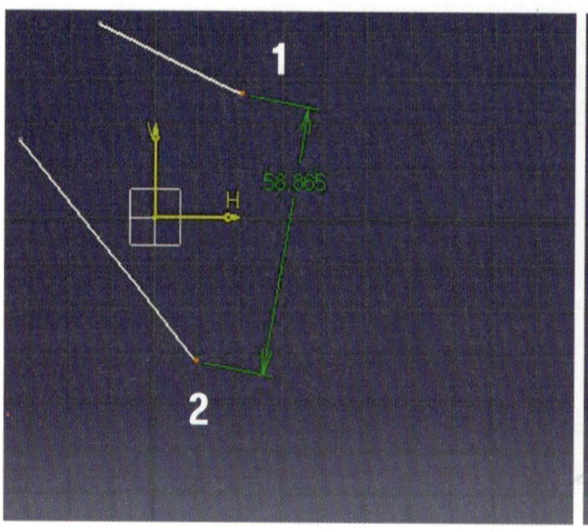

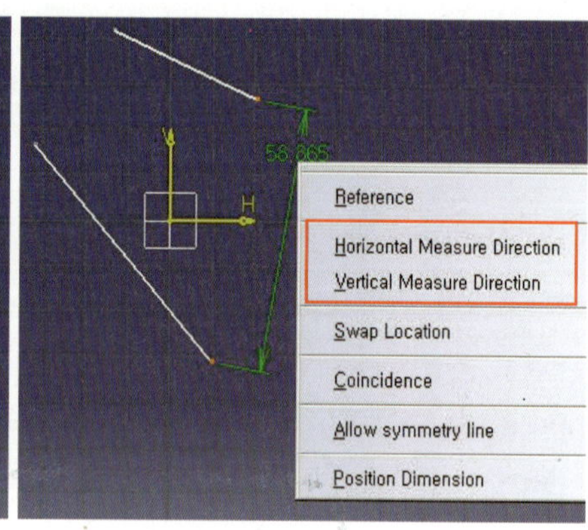

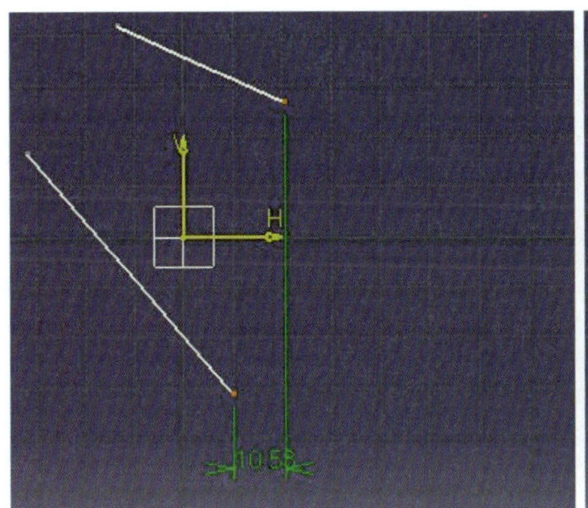

Horizontal Measure Direction

Vertical Measure Direction

<Constraints in Defined Dialog Box  >

요소의 형상을 구속하는 기능

① Profile 도구막대의 아이콘을 이용하여 객체를 Sketch한다.

② Sketch한 객체에서 형상구속을 적용하고자 하는 요소를 선택한다.(1, 2)

③ 아이콘을 클릭한다.

④ Constraint Definition 대화상자에서 선택한 요소에 적용 가능한 구속 요소가 활성화되는데, 구속하고자 하는 기능을 체크한다.

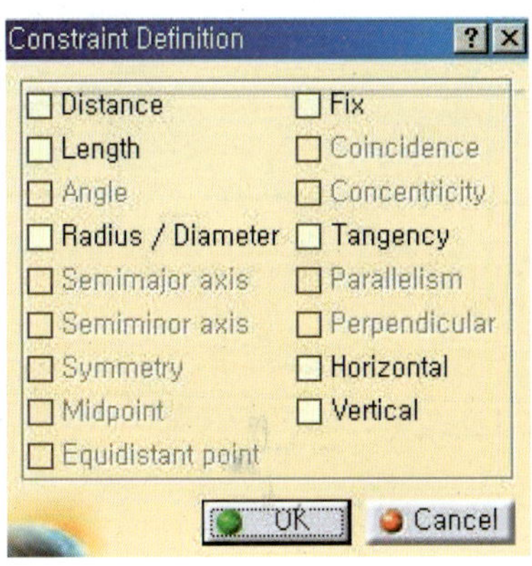

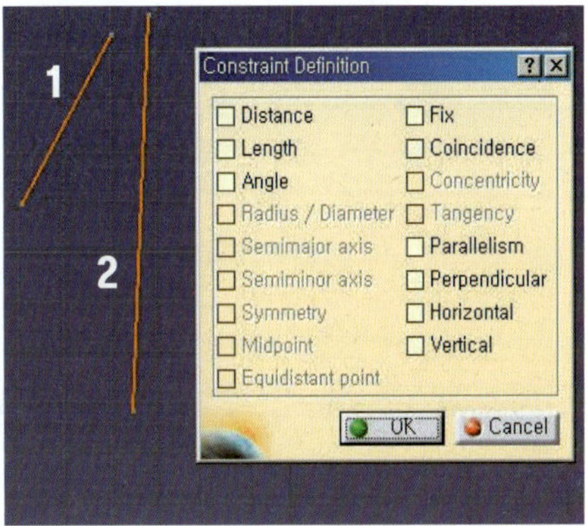

⑤ Constraint 기능 : 형상구속을 적용시킬 요소를 차례로 선택(1~3)하고 아이콘을 클릭하여 대화상자에서 적용시킬 구속조건을 체크하면 적용된다.

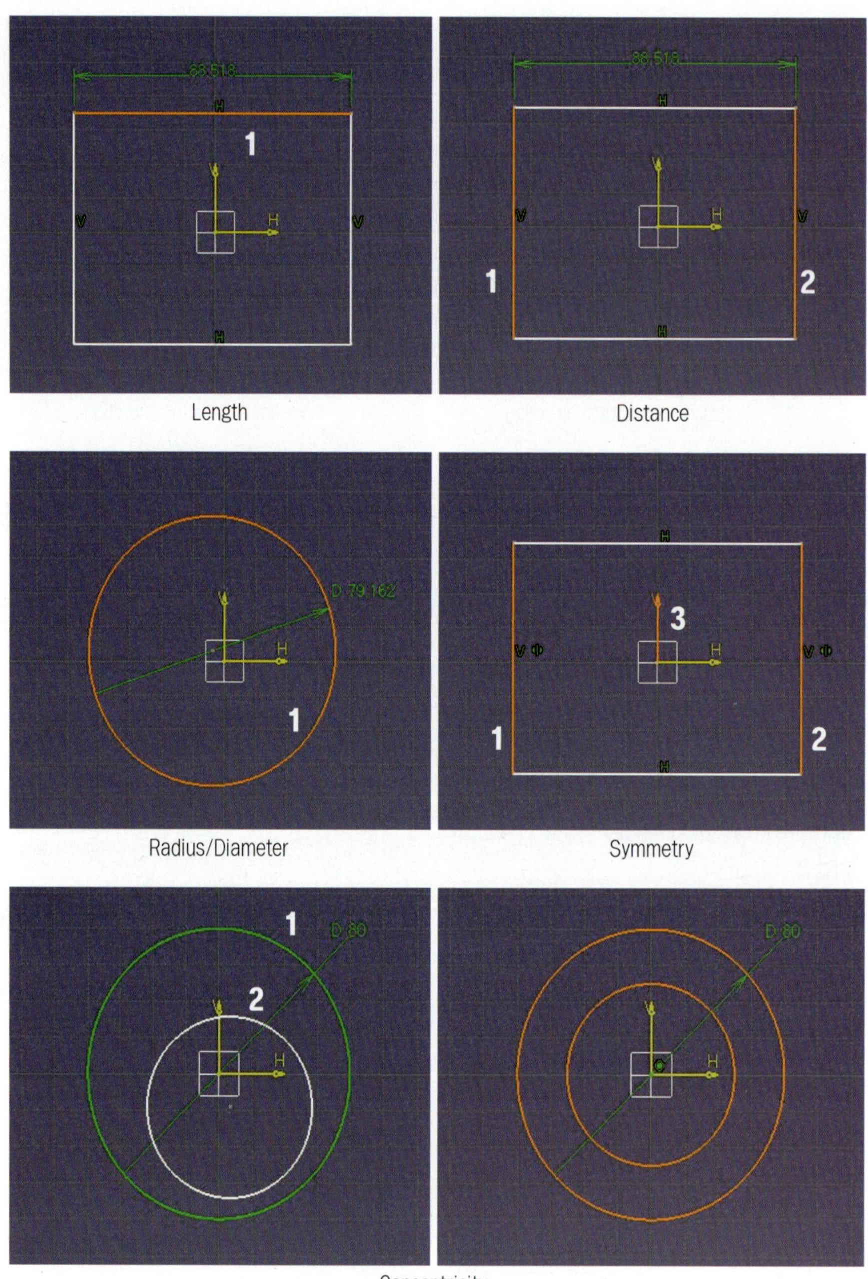
Length
Distance
Radius/Diameter
Symmetry
Concentricity

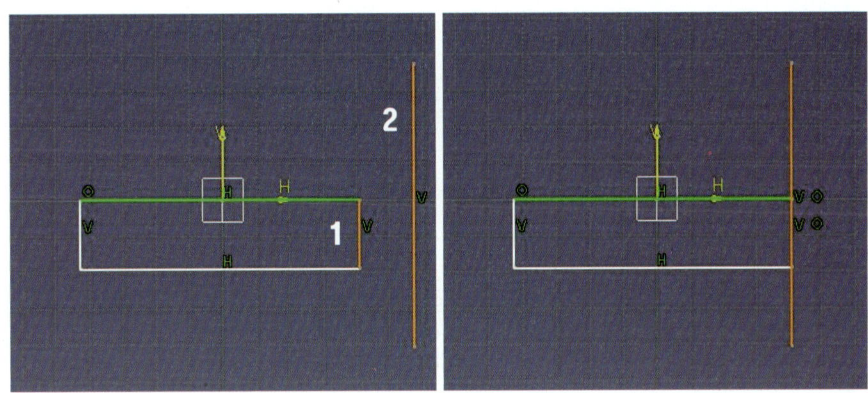

Coincidence

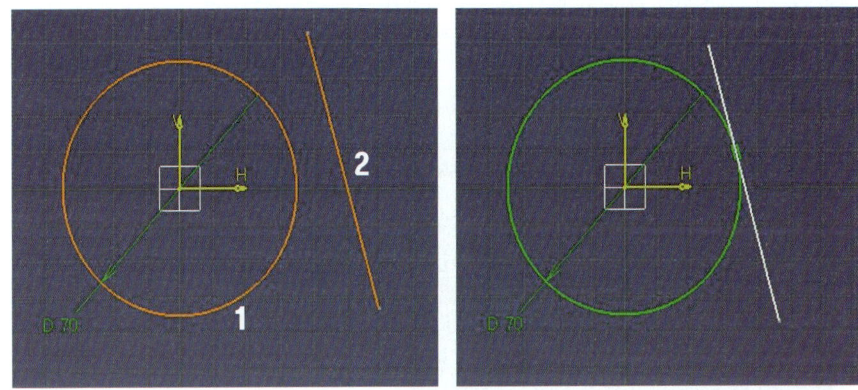

Tangency

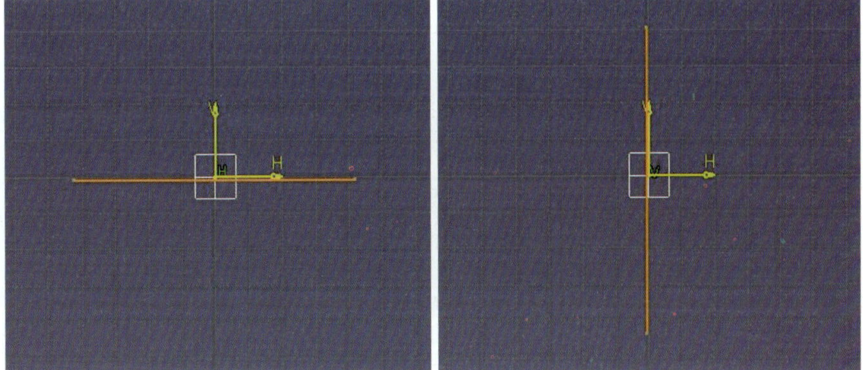

Horizontal   Vertical

<Fix Together >

서로 다른 요소를 하나의 요소처럼 묶는 기능

① Rectangle 아이콘 과 Line 아이콘 을 클릭하여 Rectangle과 Line을 Sketch한다.

② 아이콘을 클릭한다.

③ Rectangle의 한 변과 Line을 선택한다.

④ Fix Together Definition대화상자에서 선택한 두 요소를 이루는 모든 Geometry가 표시되면 OK버튼을 클릭한다.

⑤ Constraint 아이콘 을 클릭하고 Rectangle의 한 변(1)과 Line에 치수를 구속하고 생성된 치수를 더블클릭한다.

⑥ Constraint대화상자에서 Value 영역을 클릭하여 변경하고자 하는 치수를 입력하고 OK버튼을 클릭한다.

⑦ 치수가 변경되더라도 Fix시킨 두 요소는 일정하게 유지된다.

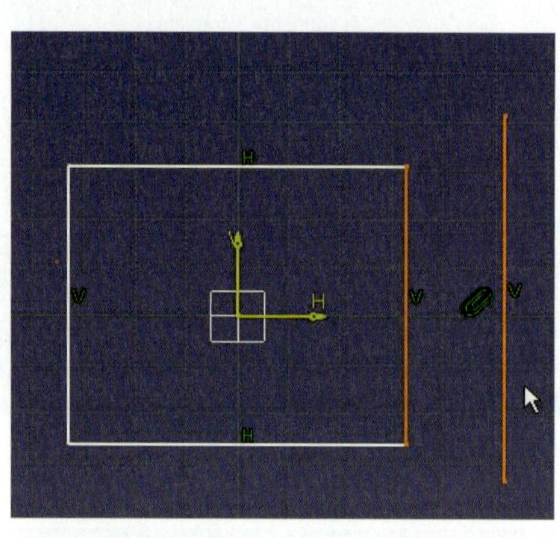

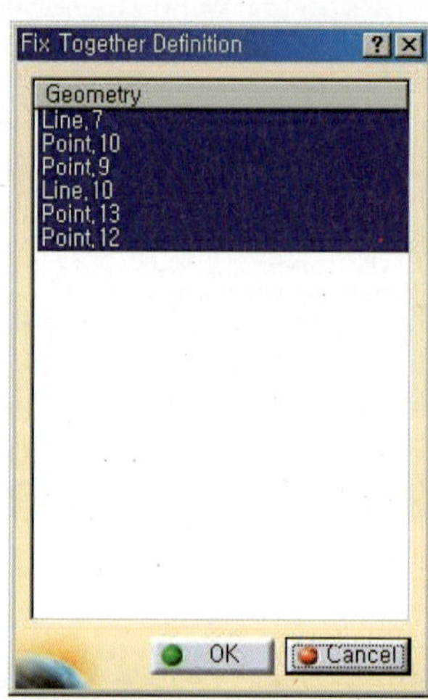

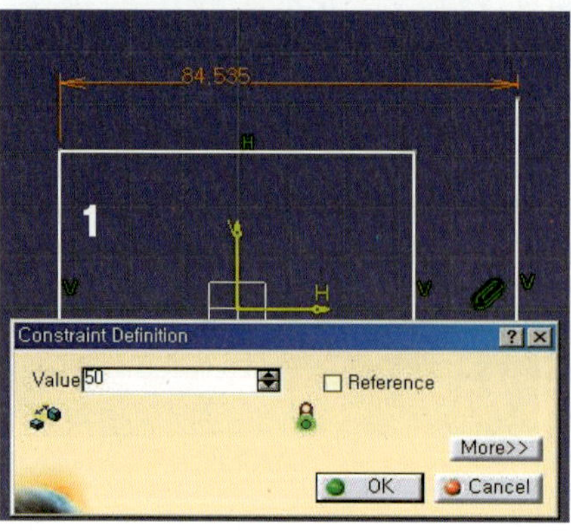

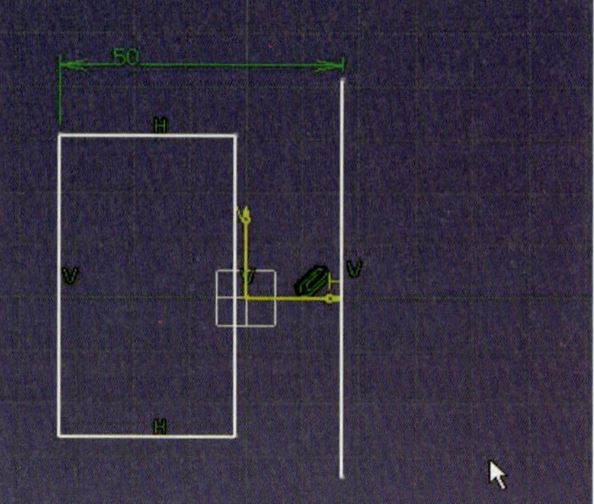

<Auto Constraint  >

자동으로 치수구속을 적용하는 기능

① Rectangle 아이콘과 Circle 아이콘을 클릭하여 아래와 같이 Sketch한다.

② 아이콘을 클릭한다.

③ Auto Constraint 대화상자에서 Elements to be constrained 영역을 클릭하고 구속조건을 적용시킬 Rectangle 과 Circle을 모두 선택한다.

④ Reference elements 영역을 클릭하고 치수구속을 적용시킬 기준 객체로 Circle을 선택한다.

⑤ Symmetry 영역을 클릭하고 대칭시킬 기준으로 H축을 선택한다.

⑥ Circle을 기준으로 객체 사이의 치수가 자동으로 구속된다.

⑦ 각 치수를 더블클릭하여 정확한 치수를 적용한다.

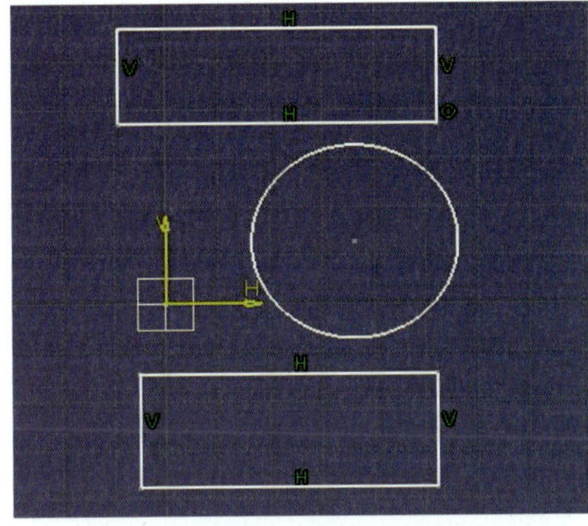

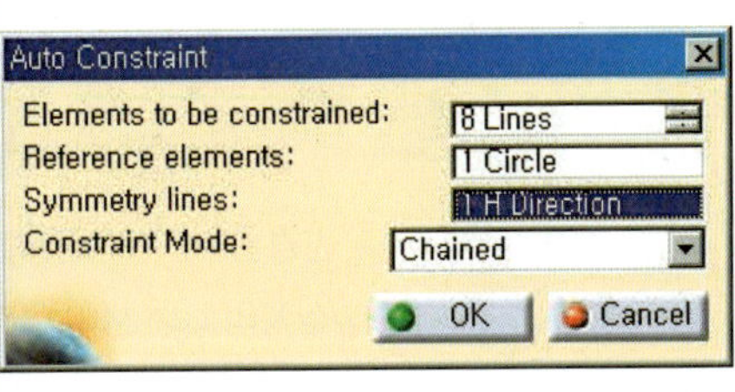

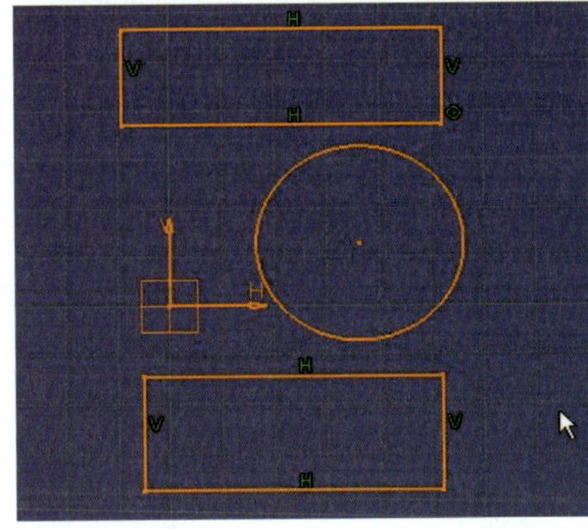

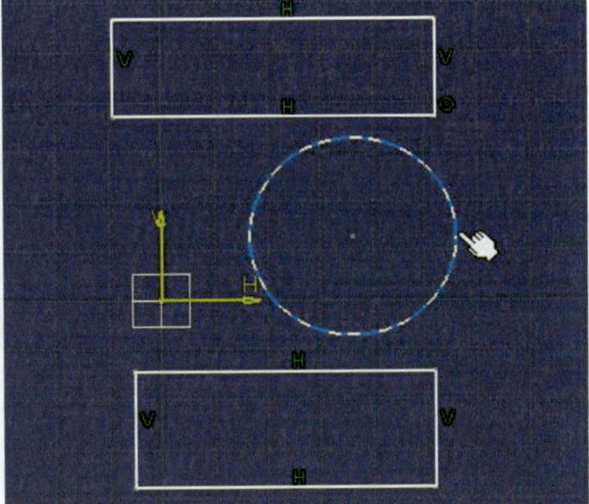

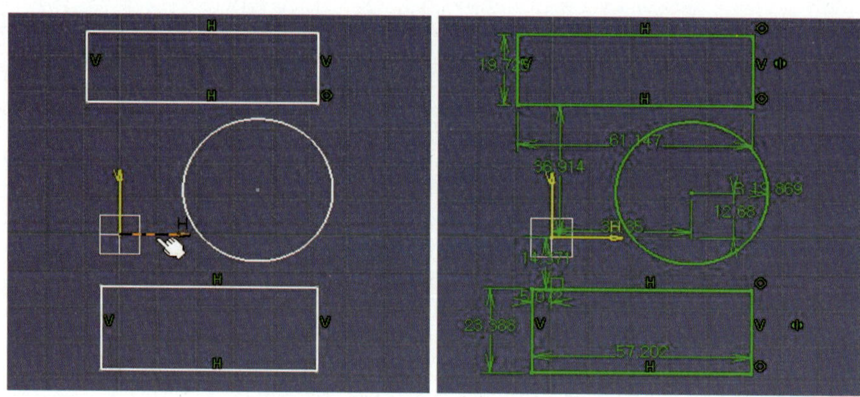

<Animate Constraint >

치수구속이 된 객체의 치수가 변경될 경우 객체의 상태를 보여주는 기능

① Keyhole 아이콘 을 클릭하여 Sketch하고 Constraint 아이콘 을 클릭하여 치수를 구속한다.

② 아이콘을 클릭하고 변경된 치수의 형상을 보고자 하는 치수를 선택한다(1).

③ Animate Constraint 대화상자의 Last value 영역을 클릭하고 변경하고자 하는 치수로 120mm을 입력한다.

④ Options를 One shot 아이콘 을 선택하고 Actions의 Run Animation 아이콘 을 클릭하여 치수가 변경되었을 때 변경된 형상의 객체를 미리 확인할 수 있다(2).

⑤ Actions의 Reverse , Loop 아이콘을 이용해 Animation의 동작형태를 변경할 수 있다.

⑥ Number of Steps 영역을 클릭하여 숫자를 증가시키면 Animation 동작이 느려진다.

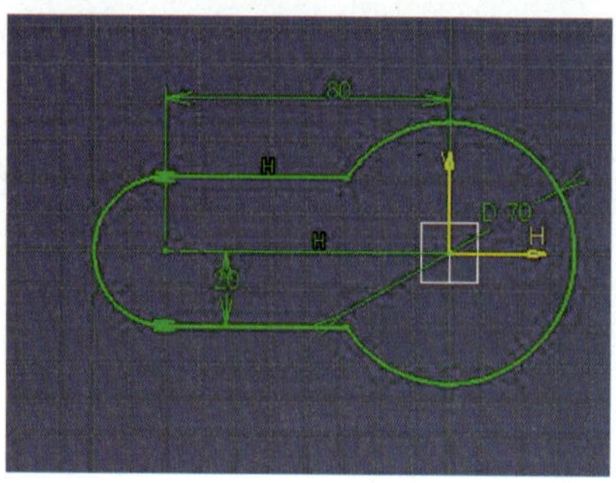

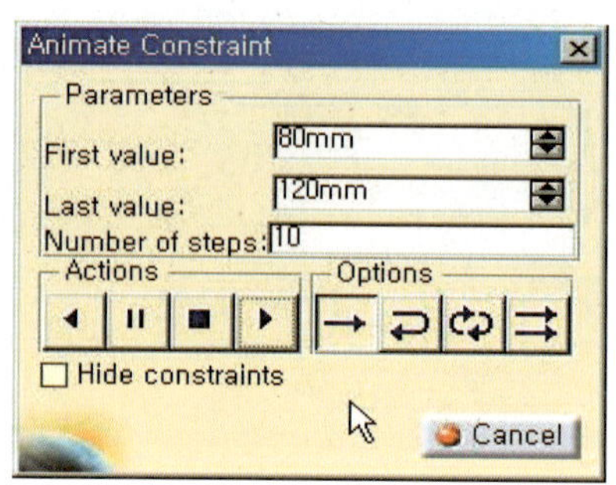

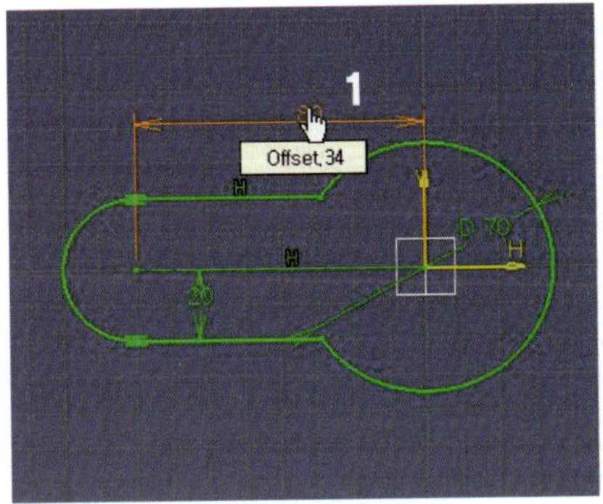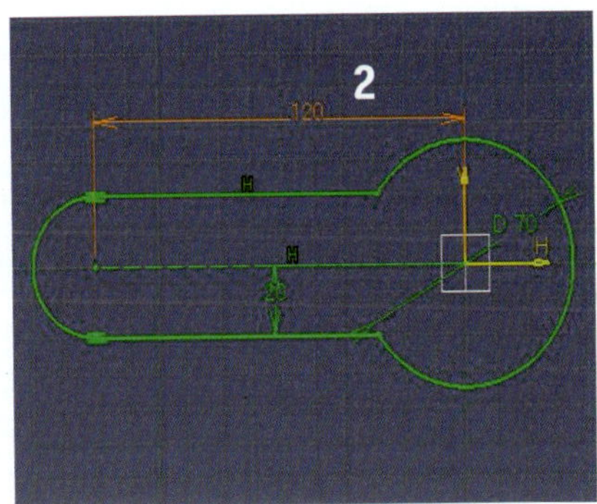

<Edit Multi-Constraint >

구속된 치수를 변경할 수 있는 기능

① Keyhole 아이콘 과 Circle 아이콘 을 클릭하여 Sketch한다.

② 아이콘을 클릭한다.

③ Edit Multi-Constraint 대화상자에서 Sketch에서 구속된 치수가 모두 표시된다.

④ 변경하고자 하는 치수인 R15 Circle을 선택하고 Current Value 영역에 변경하고자 하는 치수로 R10을 입력하고 OK 버튼을 클릭한다.

⑤ Keyhole의 중심 사이의 거리 80mm를 110mm로 변경하였을 경우 예시(1)를 보여준다.

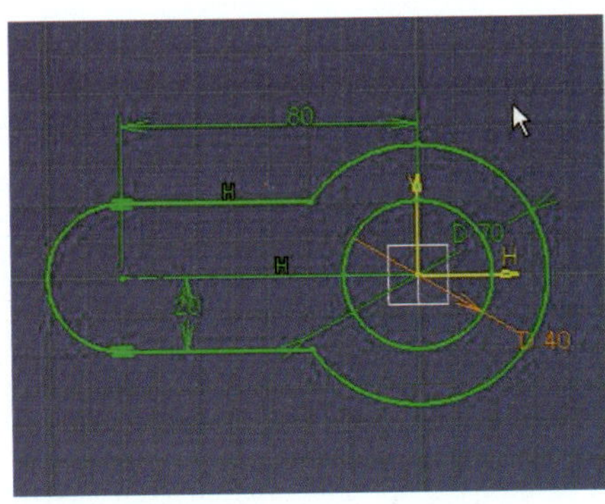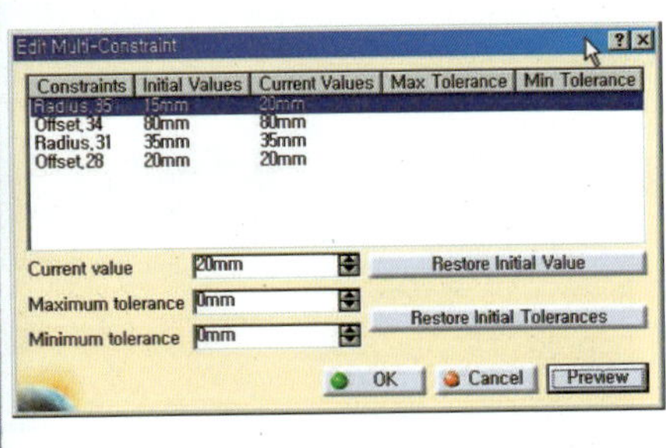

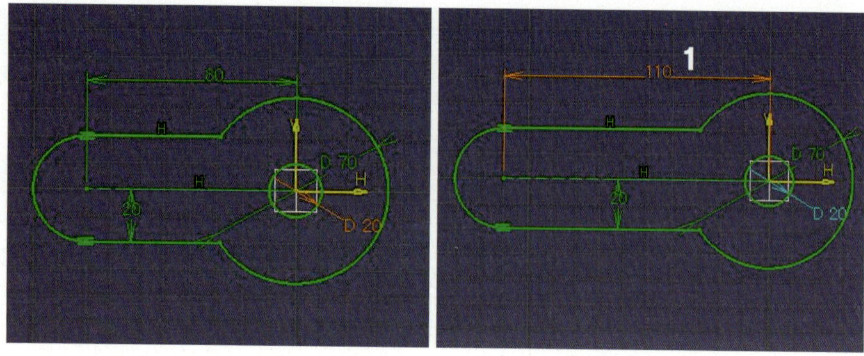

4) Sketch tools

<Grid>

Grid를 보이거나 감추는 기능

① 아이콘을 클릭한다.

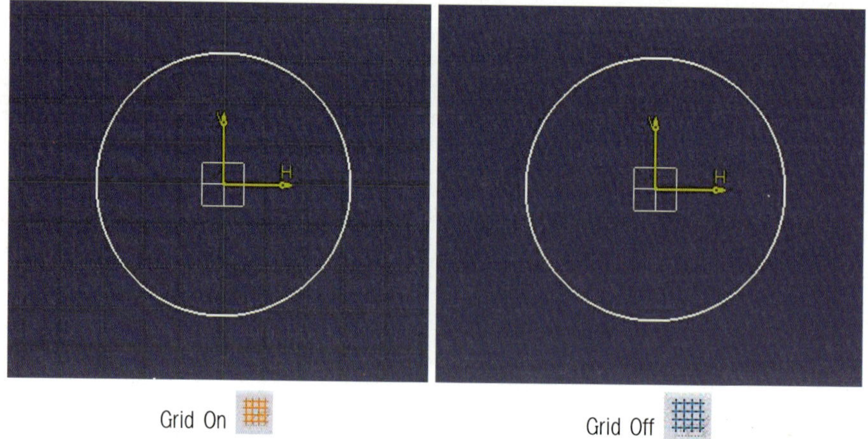

Grid On   Grid Off

<Snap to Points  >

일정한 간격이 떨어진 위치에 마우스 포인터가 이동하도록 하는 기능

① 아이콘을 클릭한다.

② Snap to Points On 되었을 경우에는 Grid의 교차점에만 마우스 포인터가 이동된다.

③ Snap to Points Off 되었을 경우에는 임의의 점에 마우스 포인터가 이동된다.

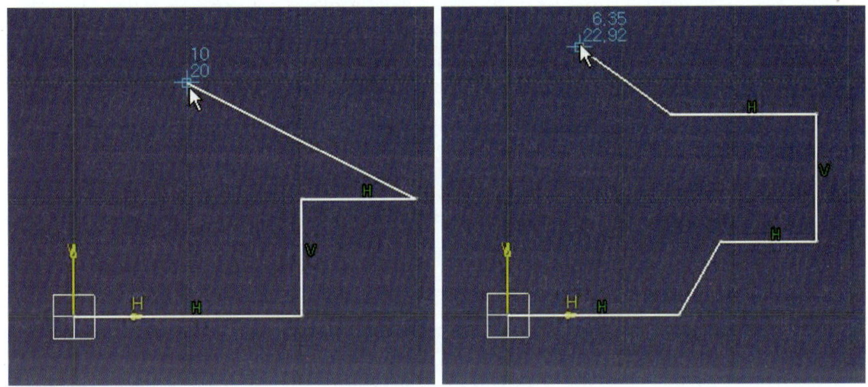

<Construction/Standard Element  >

보조 Profile을 생성하여 주는 기능

① Construction/Standard Element On  시킨 상태에서 Circle 아이콘을 클릭하여 Sketch하면 점선의 Circle이 생성된다.

② Construction/Standard Element Off 시킨 상태에서 Circle 아이콘을 클릭하여 Sketch하면 실선의 Circle이 생성된다.

③ Sketch를 하면 실선으로 생성되는 객체를 Standard Element, 선으로 생성되는 객체를 Construction Element라고 한다.

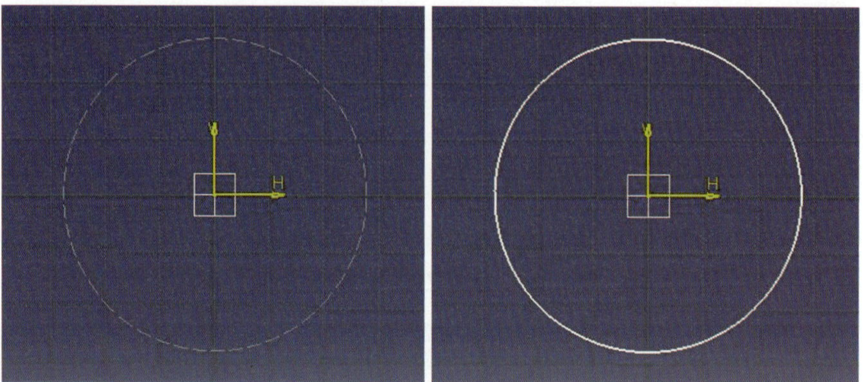

④ Construction Element는 3D Mode에서 Solid를 생성하기 위한 보조적인 역할을 수행하는 보조 Profile로 3D Mode에서는 보이지 않는다.

⑤ Cylindrical Elongated Hole 을 생성하면 보조 Profile이 보이지만, 3D Mode에서는 보조 Profile이 없이 Standard Element만 나타난다.

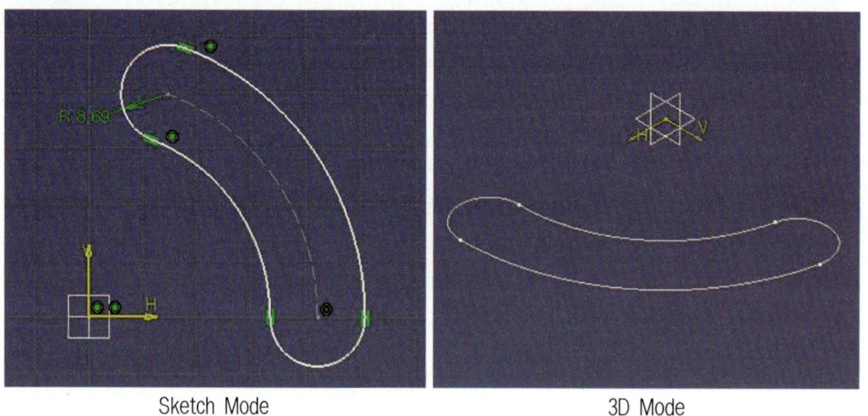

Sketch Mode　　　　　　　　　3D Mode

보조 Profile을 적용하여 Sketch를 완성한 예시

① Cylindrical Elongated Hole 아이콘 을 클릭하여 중심점을 원점으로 Sketch한다.

② 아이콘을 클릭한다.

③ Line 아이콘 을 클릭하고 Arc의 중심점(1)과 원점(2)을 차례로 클릭한다.

④ 두 점을 연결하는 보조 Profile이 생성(3)된다.

⑤ Constraint 아이콘 을 클릭하여 보조 Profile과 H축의 각도를 구속하고 Arc의 반경을 구속한다.

⑥ 치수를 더블클릭하고 변경하여 Sketch를 완성한다.

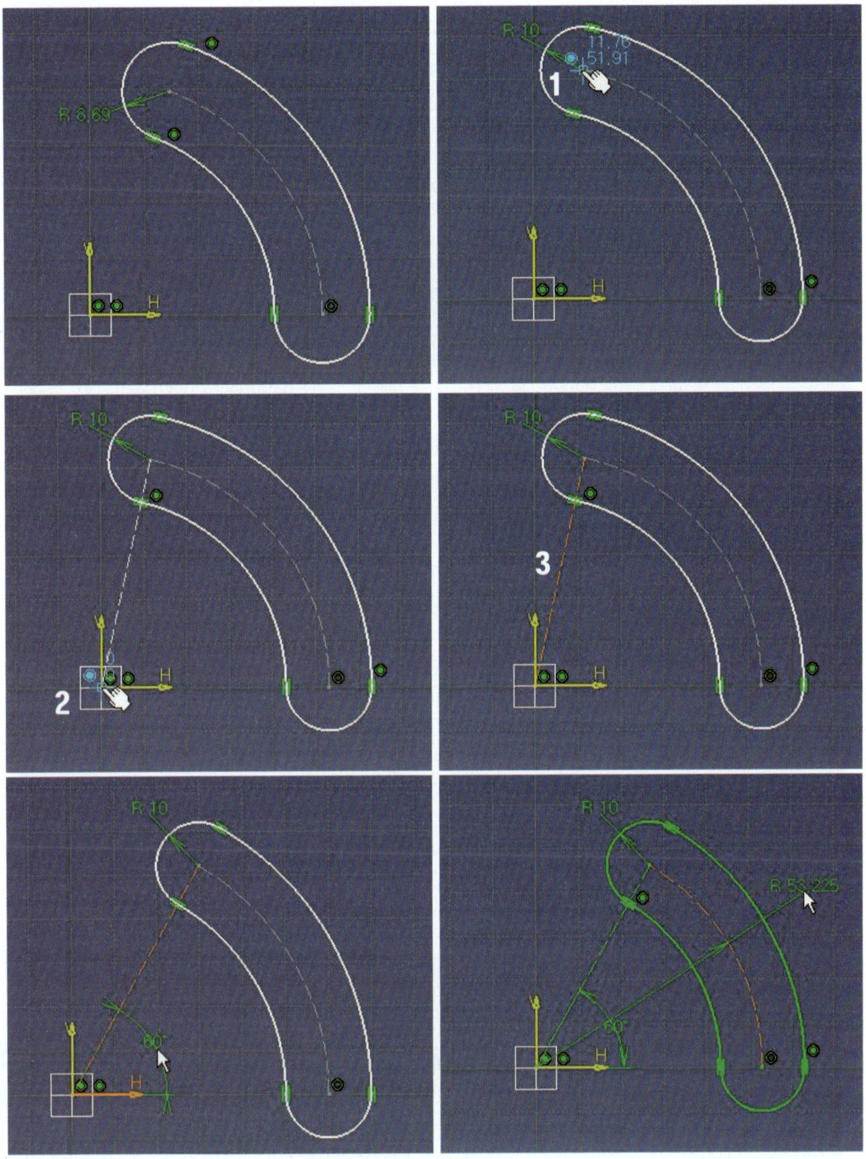

<Geometrical Constraints>

Sketch할 때 형상구속을 적용 또는 해제하는 기능

① Geometrical Constraints On 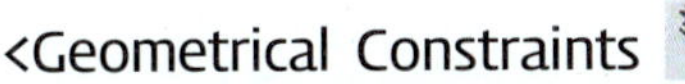 시킨 상태에서 Sketch할 경우 형상구속이 자동으로 적용되어 표시된다.

② Geometrical Constraints Off 시킨 상태에서 Sketch할 경우에는 형상구속이 표시되지 않는다.

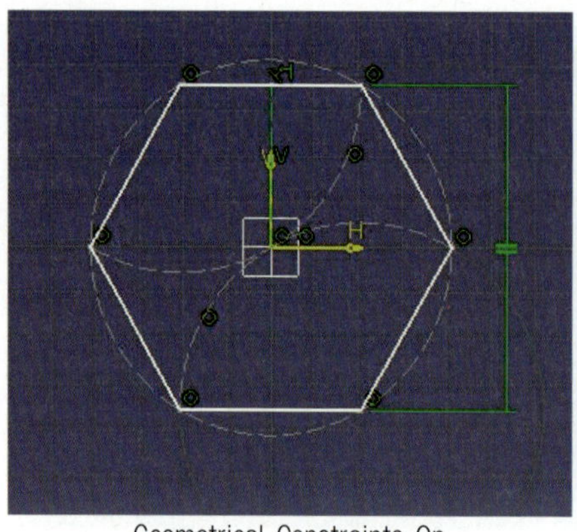
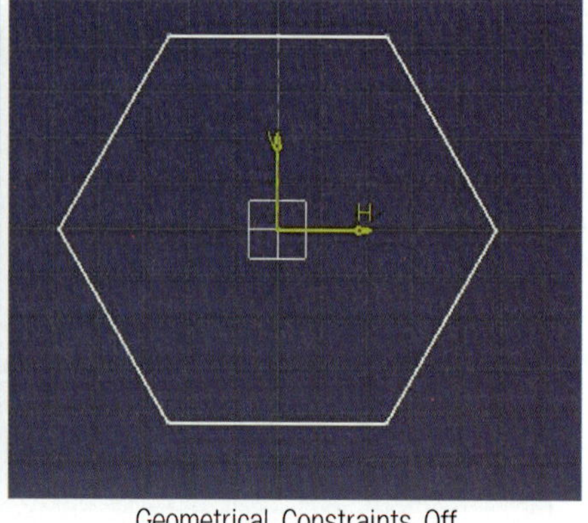

Geometrical Constraints On   Geometrical Constraints Off

<Dimensional Constraints 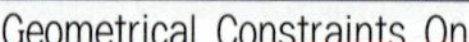 >

Sketch할 때 치수 관련 구속을 적용시켜주는 기능

①  아이콘을 클릭한다.

② Line 아이콘 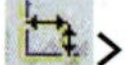 을 클릭하고 Sketch tools 도구막대의 Length 영역에 30, Angle 영역에 60을 입력한다.

③ 키보드의 Enter를 클릭하고 Line 시작점으로 원점을 클릭한다.

④ Dimensional Constraints 아이콘을 클릭 하고 Sketch할 경우에는 치수정보가 나타나지만, 해제 할 경우에는 치수정보가 나타나지 않는다.

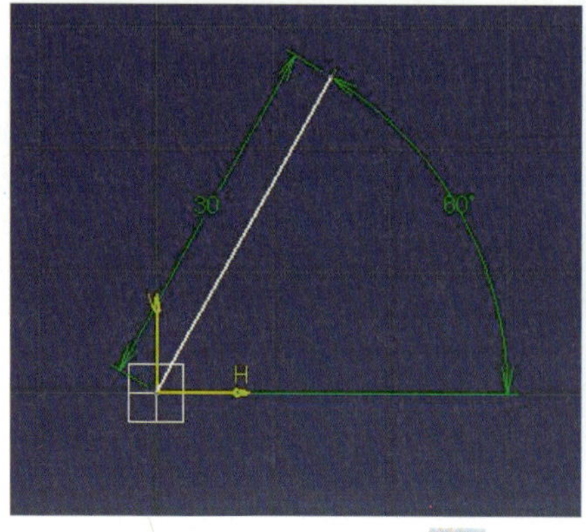
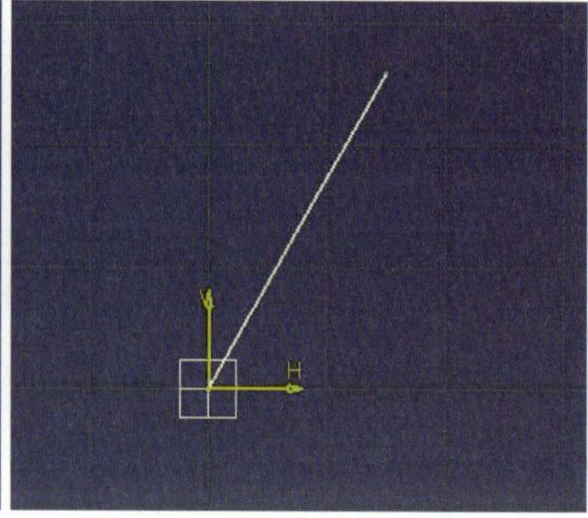

Dimensional Constraints On    Dimensional Constraints Off

5) Visualization

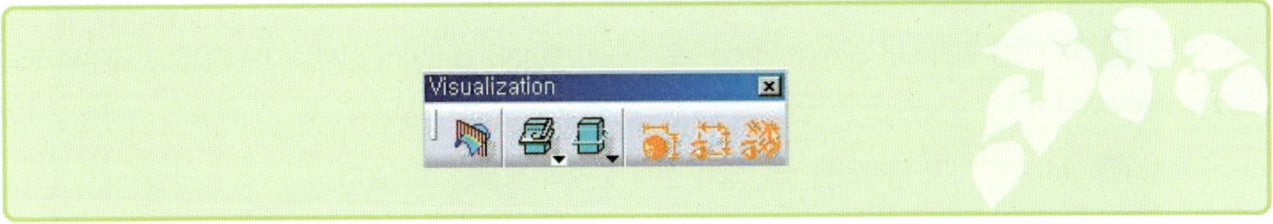

<Cut Part by Sketch Plane >

3D 객체를 Sketch Plane으로 절단된 형상을 보여주는 기능

① XY Plane을 Sketch평면 으로 선택하고 Rectangle 아이콘 을 클릭하여 Sketch한다.

② Exit Workbench 아이콘 을 클릭하여 3D Mode로 전환하고 Pad 아이콘 을 클릭하여 Solid를 생성한다.

③ ZX Plane을 Sketch평면 으로 선택하고 Curve를 Sketch한다.

④ Axis 아이콘 을 클릭하여 회전 중심축을 V축에 Sketch한다.

⑤ Exit Workbench 아이콘 을 클릭하여 3D Mode로 전환한다.

⑥ Shell 아이콘 을 클릭하고 Model의 윗면을 선택하여 두께를 5mm 적용하고 OK 버튼을 클릭한다.

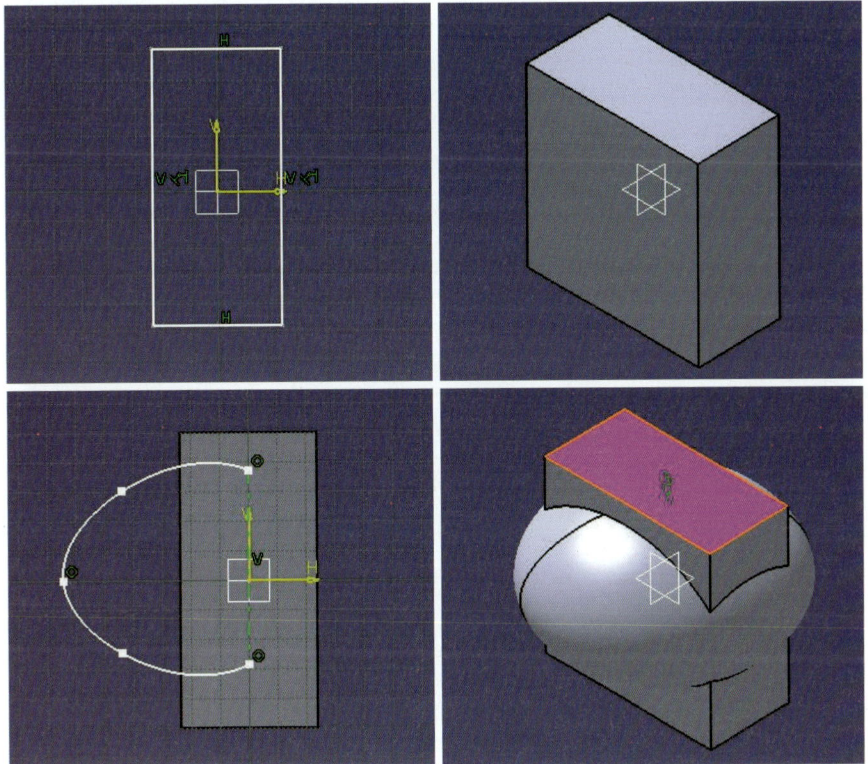

⑦ Sketch 아이콘 을 클릭하고 ZX Plane을 선택한다.

⑧ 아이콘을 클릭하면 Sketch Plane으로 절단된 형상이 표시되어 실제로 자르지 않고 내부의 모습을 볼 수 있다.

⑨ 아이콘을 다시 클릭하면 절단되기 전의 원래의 형상을 보여준다.

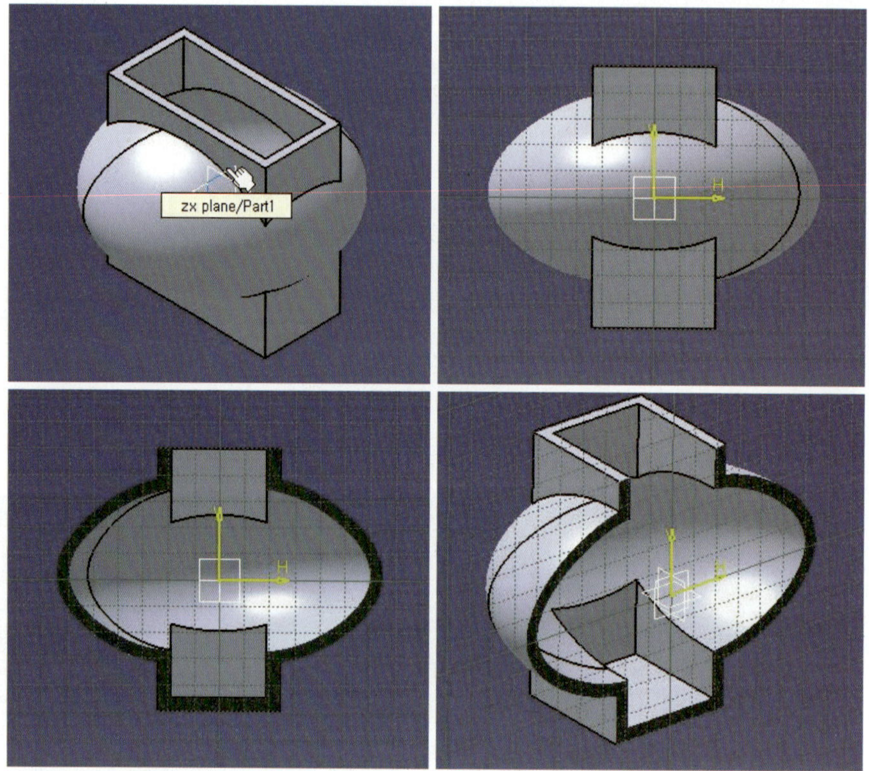

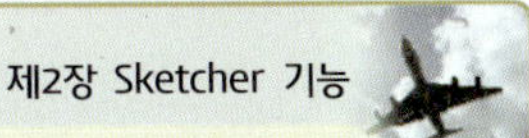

4. Sketcher 예제 따라하기

1) 따라하기 예제1

1-1) Sketch 도면

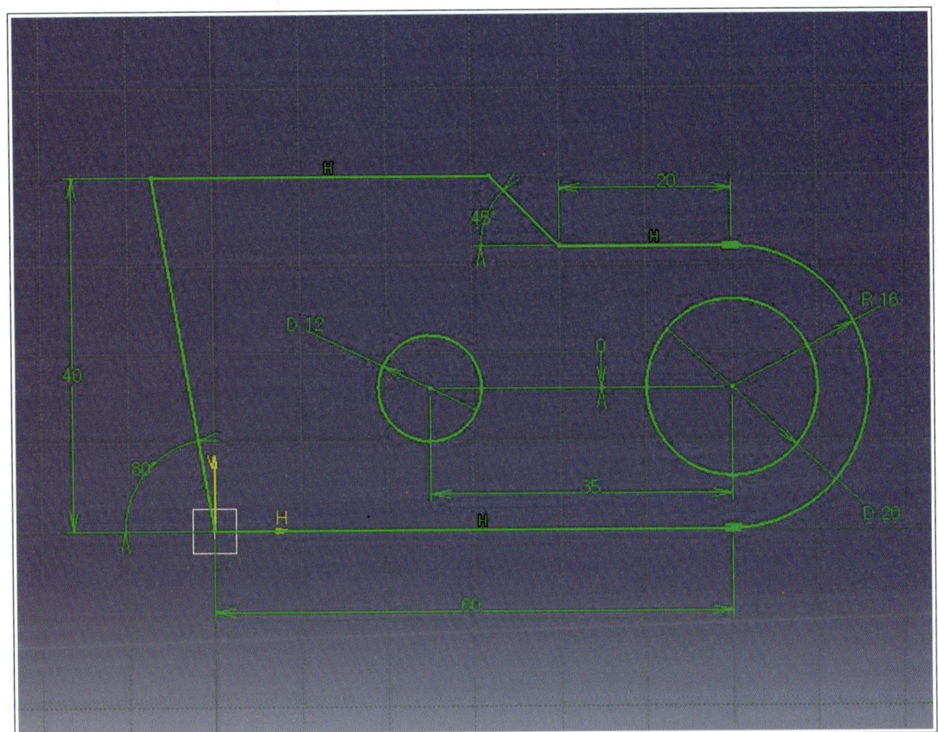

1-2) 실습예제 따라하기

① XY Plane을 Sketch평면 으로 선택하고 Sketch Mode로 전환한다.

② Profile 아이콘 을 클릭하여 원점에서 시작하여 대략적인 형상을 Sketch한다.(Arc 부분은 Sketch tools의 Tangent Arc 아이콘 을 이용한다.)

③ Constraint 아이콘 을 더블클릭하여 치수구속을 적용시킨다.

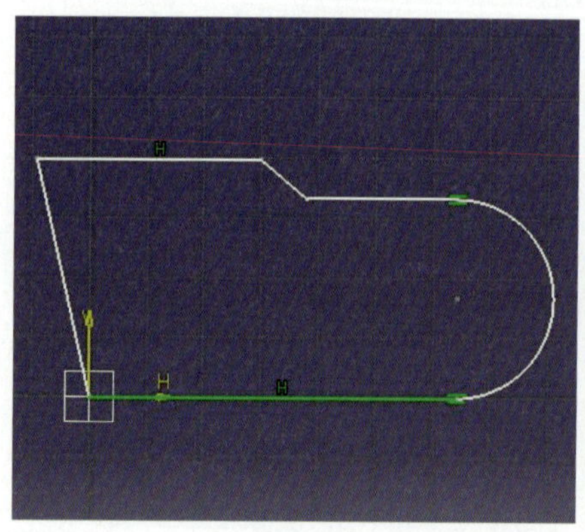
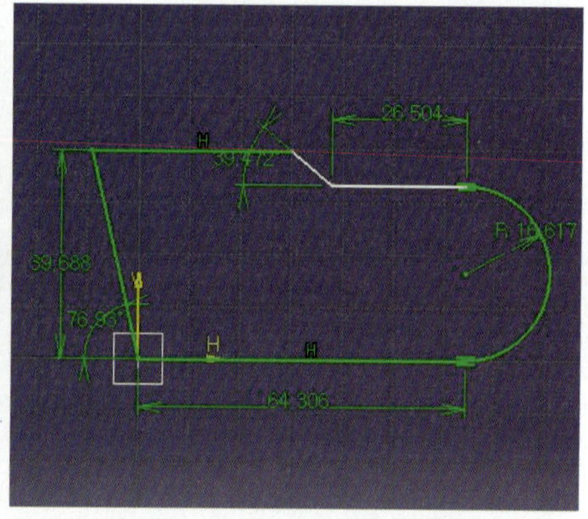

④ 각 치수를 더블클릭하여 적용하고자 하는 치수를 입력한다.

⑤ 치수구속을 적용시켜도 구속이 완료되지 않은 흰색의 요소가 존재하면 흰색 요소를 마우스로 클릭한 후 Drag 시켜보면 적용되지 않은 구속조건을 알 수 있다.

⑥ 흰색 직선을 선택하고 Constraints Defined in Dialog Box 아이콘 을 클릭한다.

⑦ Constraint Definition 대화상자에서 Horizontal을 체크하고 OK 버튼을 클릭하면 구속이 완료되어 녹색으로 변한다.

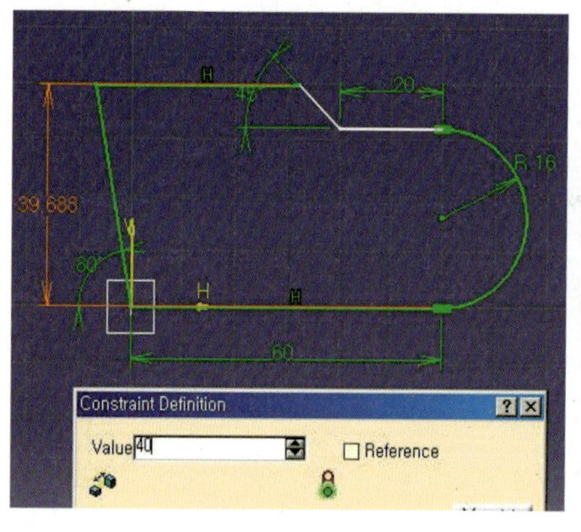
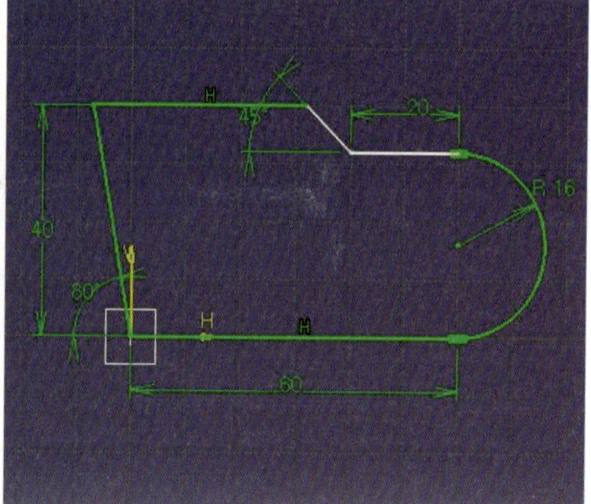

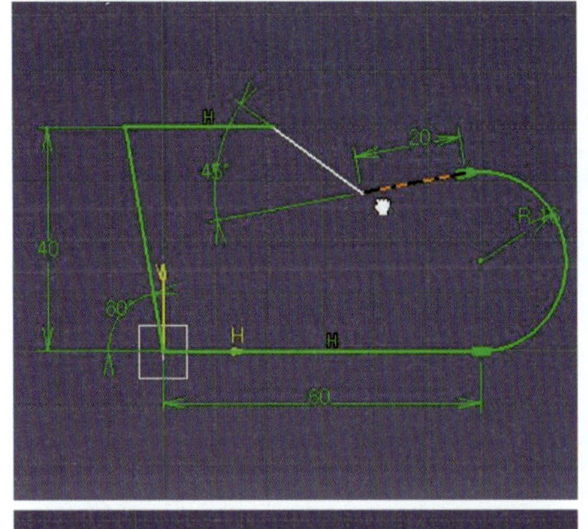

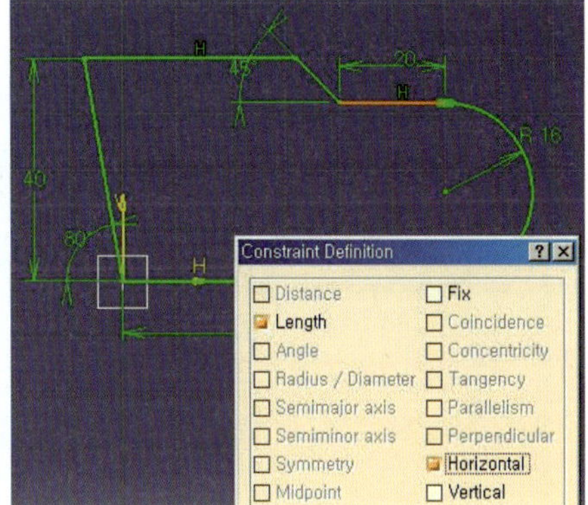

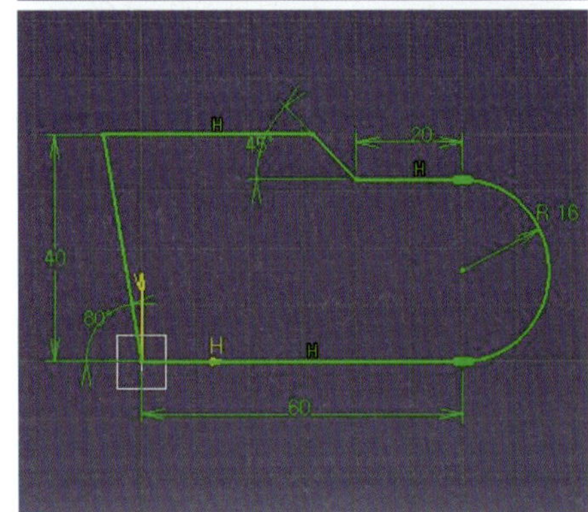

⑧ Circle 아이콘 을 더블클릭하고 Circle의 중심점을 Arc의 중심점과 일치하도록 Sketch한다.

⑨ 생성한 Circle과 수평한 위치에 또 다른 Circle을 Sketch한다.

⑩ Constraint 아이콘 을 더블클릭하여 Circle의 직경을 각각 $\phi20$, $\phi10$을 적용한다.

⑪ Circle 중심 사이의 가로축 거리를 L35 적용한다.

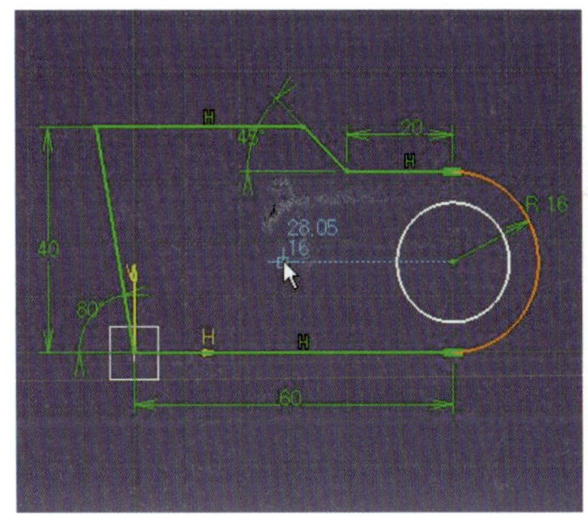

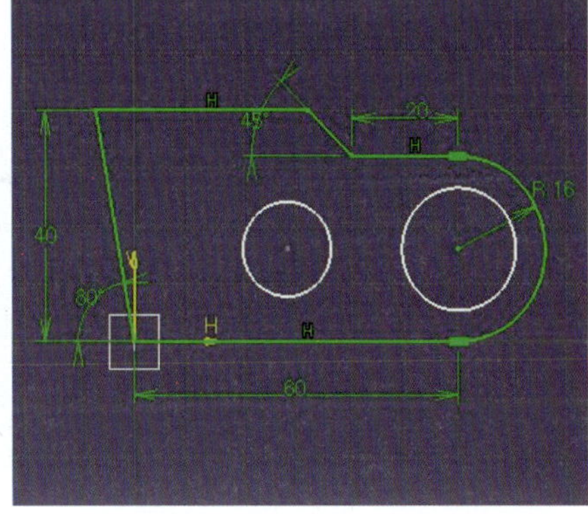

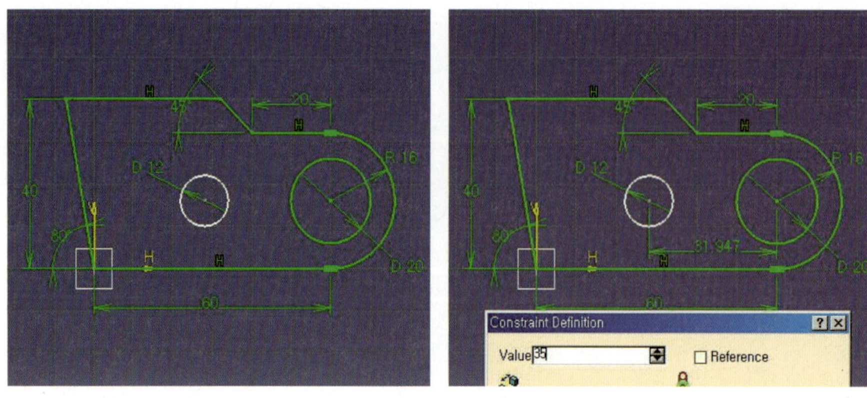

⑫ 끝으로 Circle 중심점을 클릭하고 마우스 오른쪽버튼을 클릭하여 Vertical Measure Direction
   을 선택하면 Sketch가 종료된다.

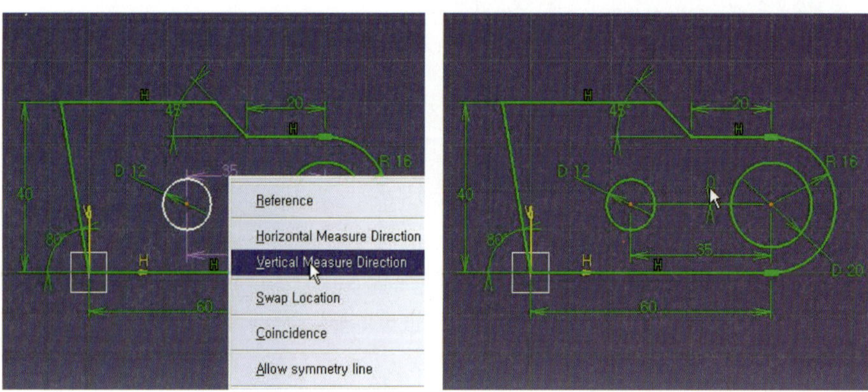

2) 따라하기 예제2

2-1) Sketch 도면

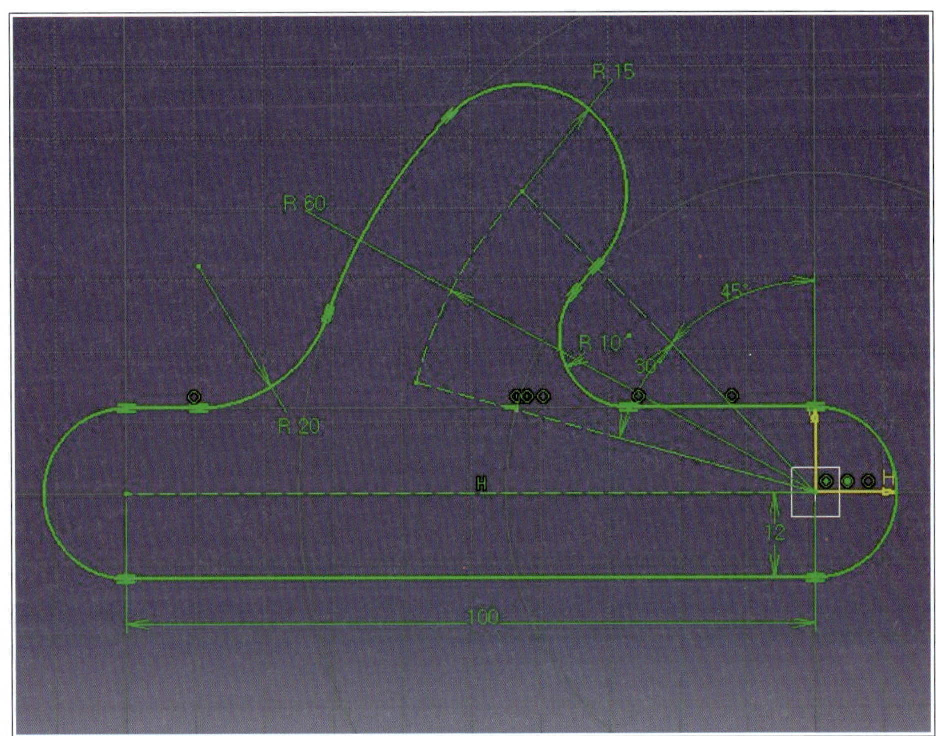

2-2) 실습예제 따라하기

① XY Plane을 Sketch평면으로 선택하고 Sketch Mode로 전환한다.

② Elongated Hole 아이콘을 클릭하고 원점과 임의 점을 클릭하여 양쪽이 라운드된 사각형을 Sketch한다.

③ Constraint 아이콘을 클릭하여 호의 반경 R12, 길이 L100을 적용한다.

④ Cylindrical Elongated Hole 아이콘을 클릭하여 중심점을 원점에 위치시키고 임의 두 점에 Arc의 중심점을 클릭한 후 반경을 갖도록 지정한다.

⑤ Construction/Standard Element 아이콘을 클릭하고 Line 아이콘을 클릭하여 원점과 Cylindrical Elongated Hole의 중심점을 연결하는 보조 Profile을 생성한다.

⑥ Cylindrical Elongated Hole의 사이 각도 30°, V축과의 각도 45°를 적용시킨다.

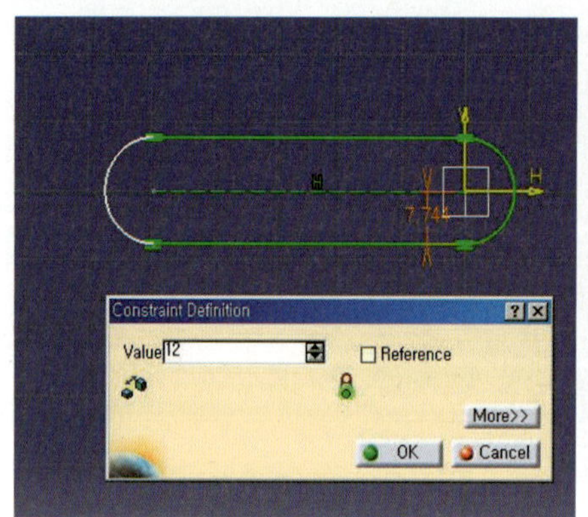

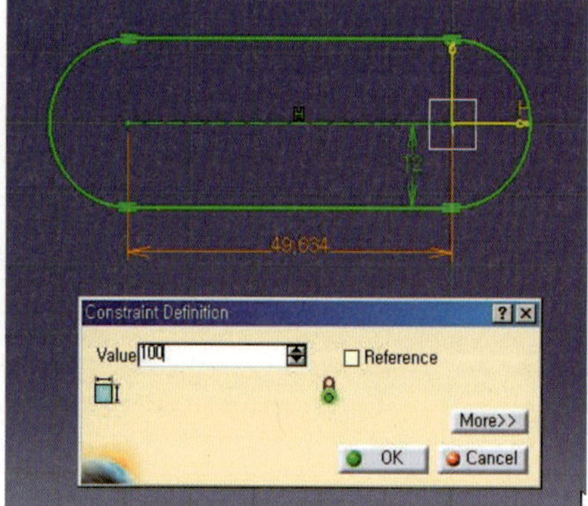

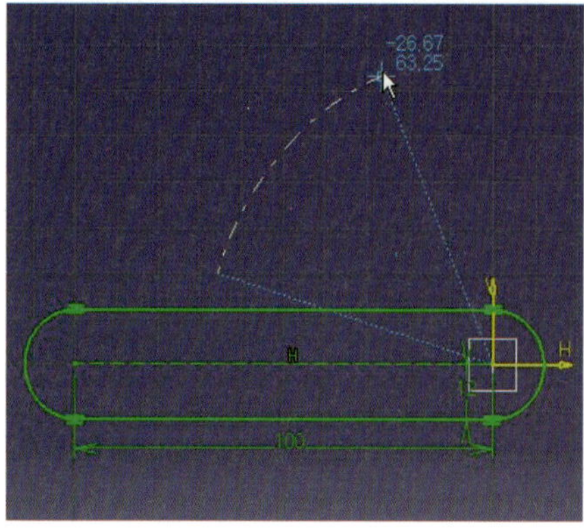

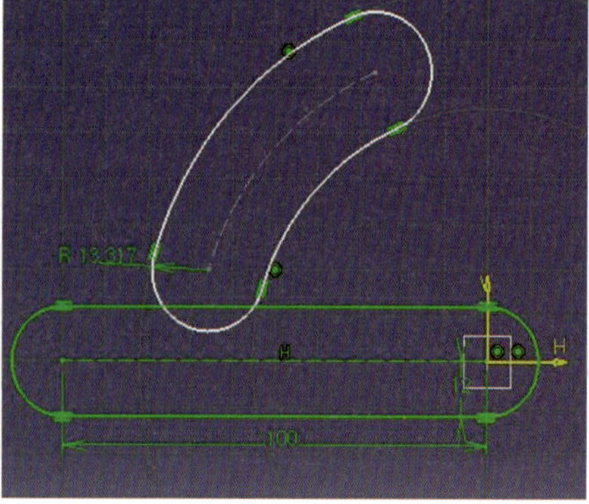

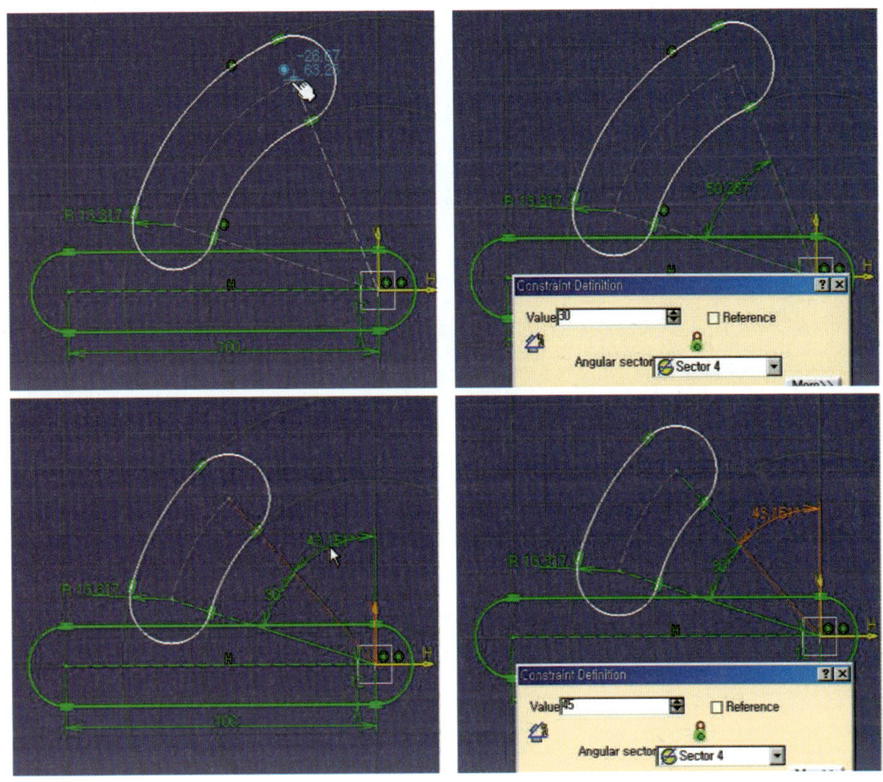

⑦ Constraint 아이콘 을 클릭하여 Cylindrical Elongated Hole 중심의 반경 R60을 적용한다.

⑧ Cylindrical Elongated Hole의 반경 R15를 적용한다.

⑨ Corner 아이콘 을 클릭하고 Sketch Tools 도구막대에서 No trim 옵션을 선택한다.
   Cylindrical Elongated Hole과 Elongated Hole이 만나는 부분에 각각 R20과 R10을 적용한다.

⑩ Quick Trim 아이콘 을 클릭하여 불필요한 부분을 모두 제거한다.

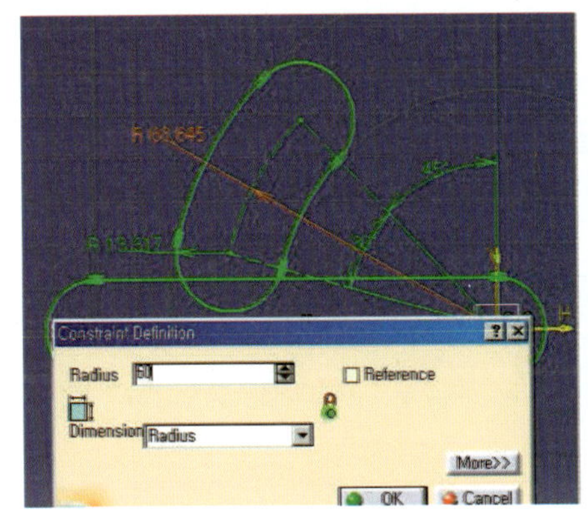

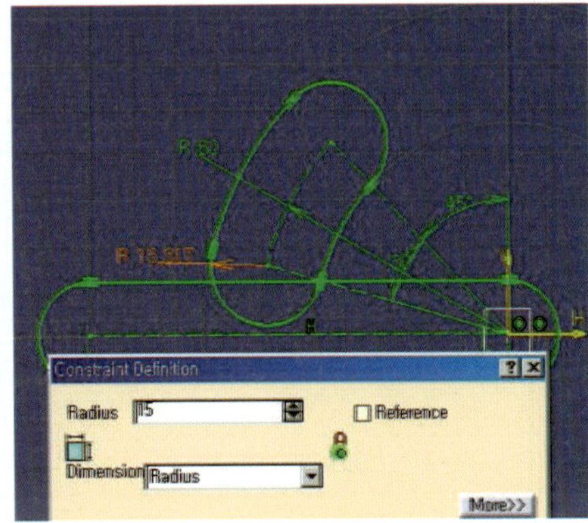

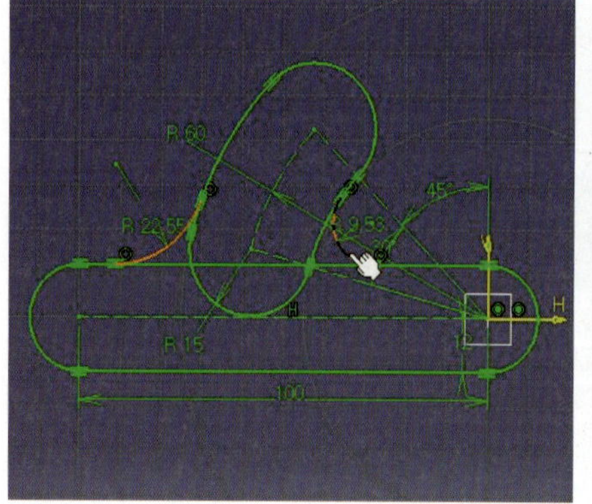

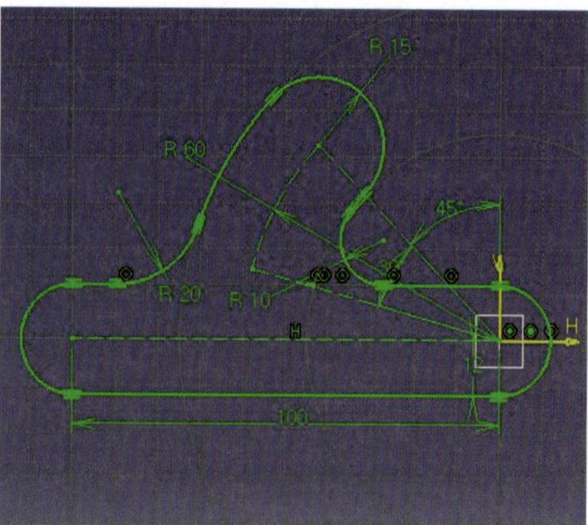

3) 따라하기 예제3

3-1) Sketch 도면

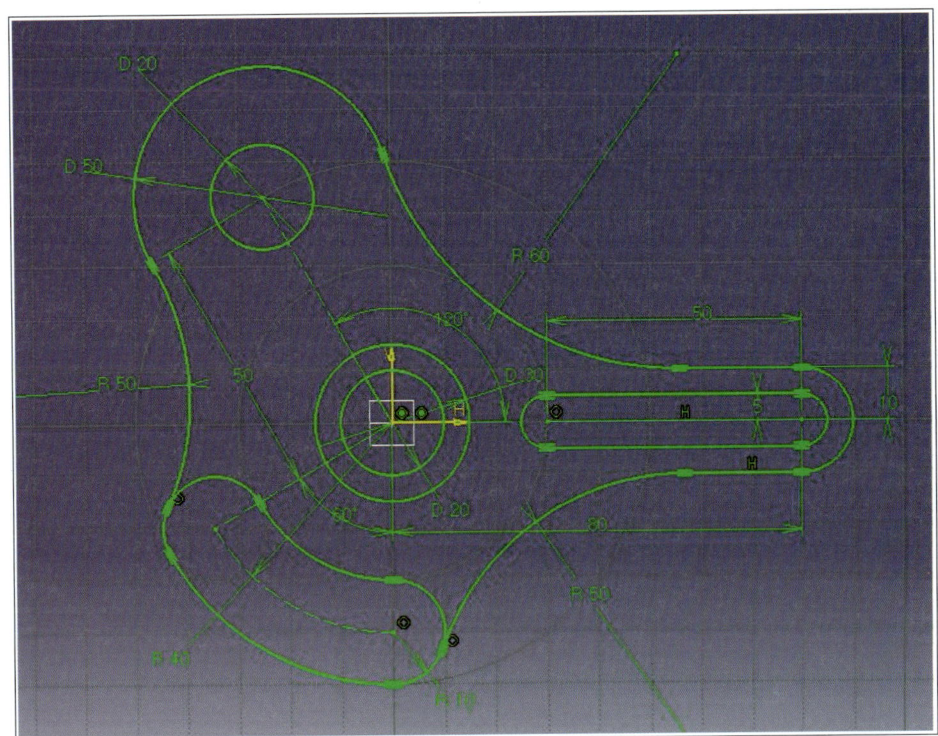

3-2) 실습예제 따라하기

① XY Plane을 Sketch평면으로 선택하고 Sketch Mode로 전환한다.

② Circle 아이콘을 클릭한다.

Circle 중심점을 원점으로 하고 Sketch한 후 Constraint 아이콘을 클릭하여 각각 $\phi20$, $\phi30$을 적용한다.

③ Elongated Hole 아이콘을 더블클릭하고 임의 두 점을 클릭하여 양쪽이 라운드 된 사각형을 Sketch한 후 중심점을 일치시켜 또 다른 Elongated Hole을 Sketch한다.

④ Constraint 아이콘을 클릭하여 호의 반경을 각각 R5, R10을 적용하고 길이 L50, 원점과 오른쪽 호의 중심의 거리를 L80을 적용한다.

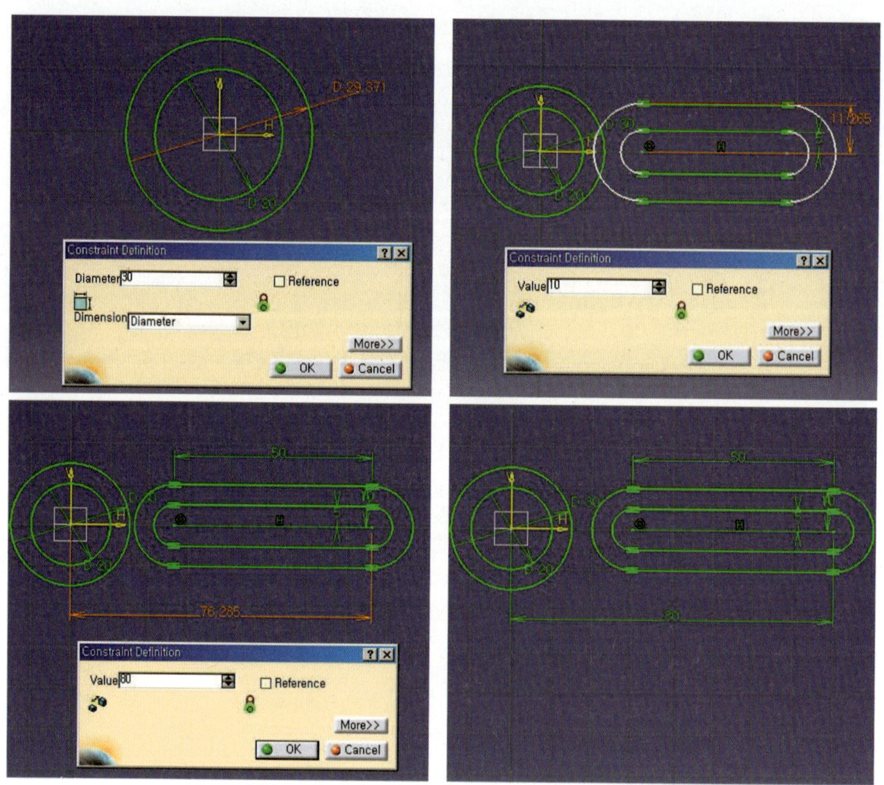

⑤ Circle 아이콘을 더블클릭하고 Circle을 Sketch하고 중심점을 일치시켜 또 다른 Circle을 Sketch한다.

⑥ Constraint 아이콘을 클릭하여 원의 직경을 각각 $\phi20$, $\phi50$을 적용한다.

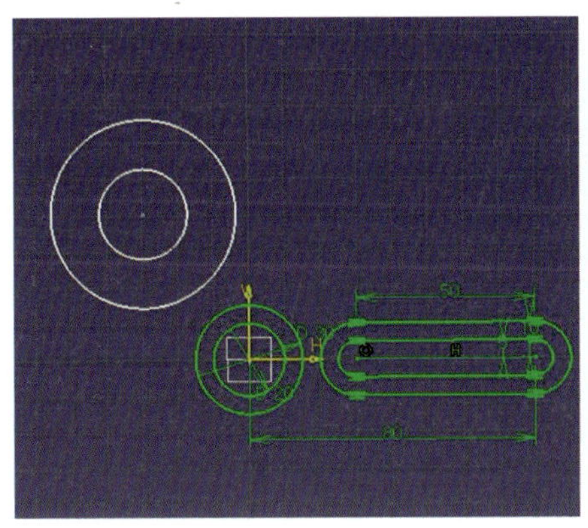
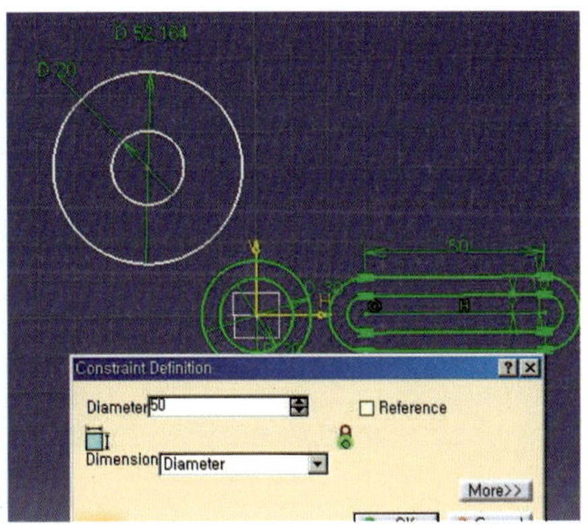

⑦ Construction/Standard Element 아이콘 을 클릭한다.

Line 아이콘 을 클릭하고 원점과 Circle의 중심점을 이어주는 보조 Profile을 생성한다.

⑧ Constraint 아이콘 을 클릭하여 보조 Profile과 H축 사이의 각을 120° 적용한다.

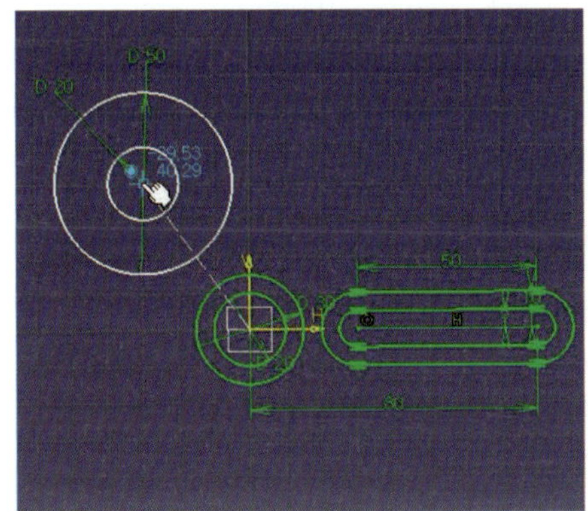
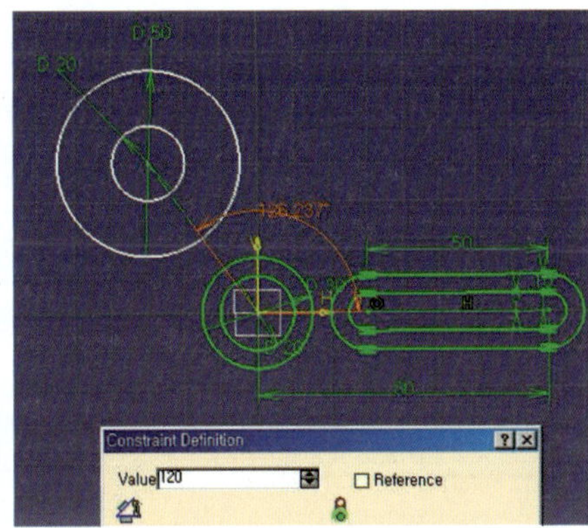

⑨ Constraint 아이콘 을 클릭하여 원점과 Circle의 중심까지의 거리 L50을 적용한다.

⑩ Corner 아이콘 을 클릭하고 Sketch tools 도구막대의 No Trim 아이콘 을 선택한다.

⑪ Circle과 Elongated Hole을 연속하여 선택하고 임의 점을 클릭하여 Corner를 생성하고 반경 R60을 적용한다.

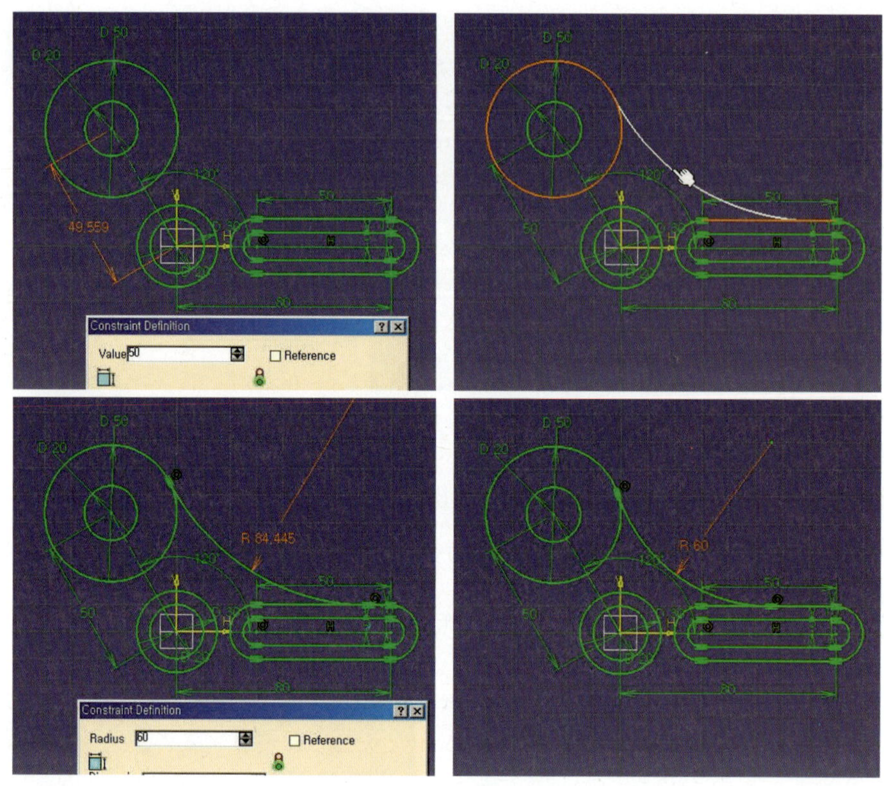

⑫ Cylindrical Elongated Hole 아이콘 을 클릭한다.

중심점을 원점에 위치시키고 임의 두 점에 호의 중심점을 클릭하고 반경을 갖도록 지정한다.

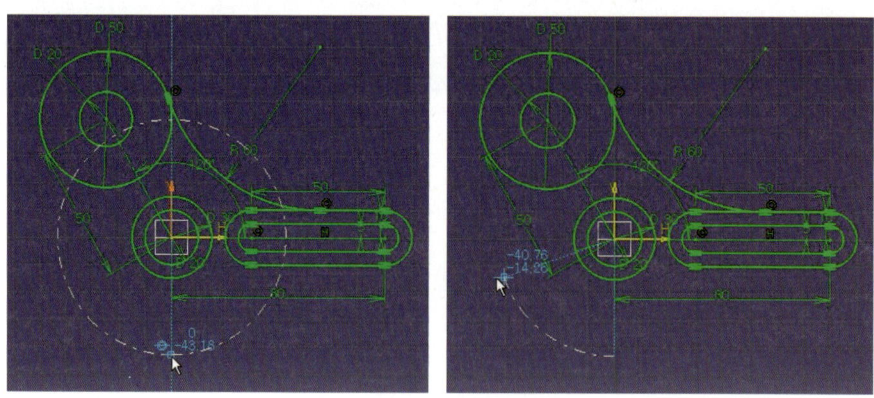

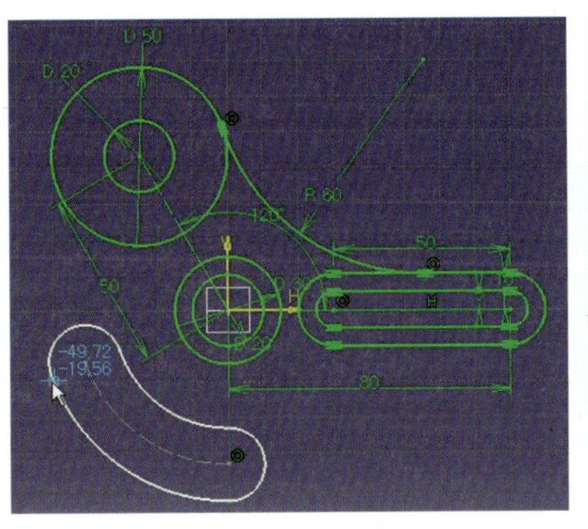 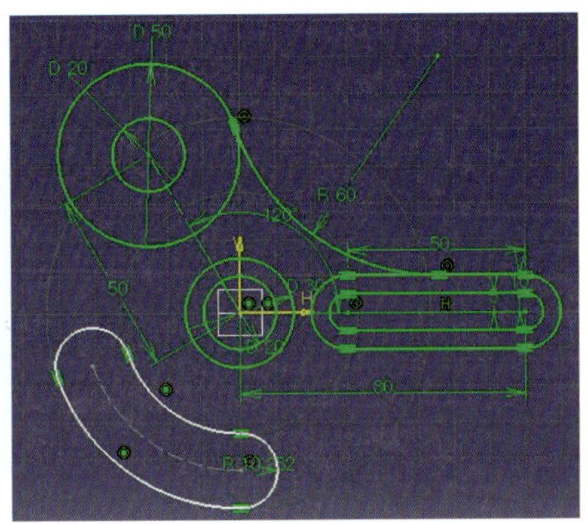

⑬ Construction/Standard Element 아이콘 을 클릭한다.

　Line 아이콘 을 클릭하고 원점과 Cylindrical Elongated Hole의 호의 중심점을 이어주는 보조 Profile을 생성한다.

⑭ Constraint 아이콘 을 클릭하여 보조 Profile과 V축을 60° 적용한다.

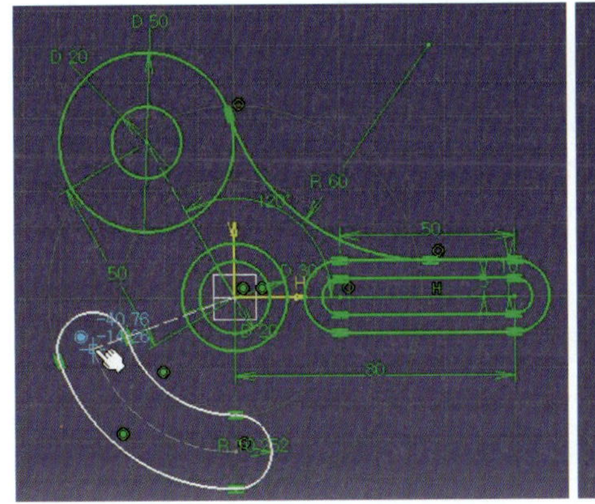 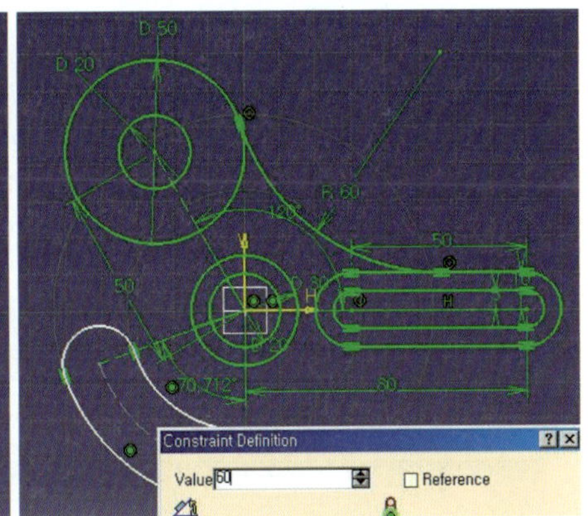

⑮ Constraint 아이콘을 더블클릭하여 Cylindrical Elongated Hole의 반경 R10, 원점에서 Cylindrical Elongated Hole의 중심까지의 거리 R40을 각각 적용한다.

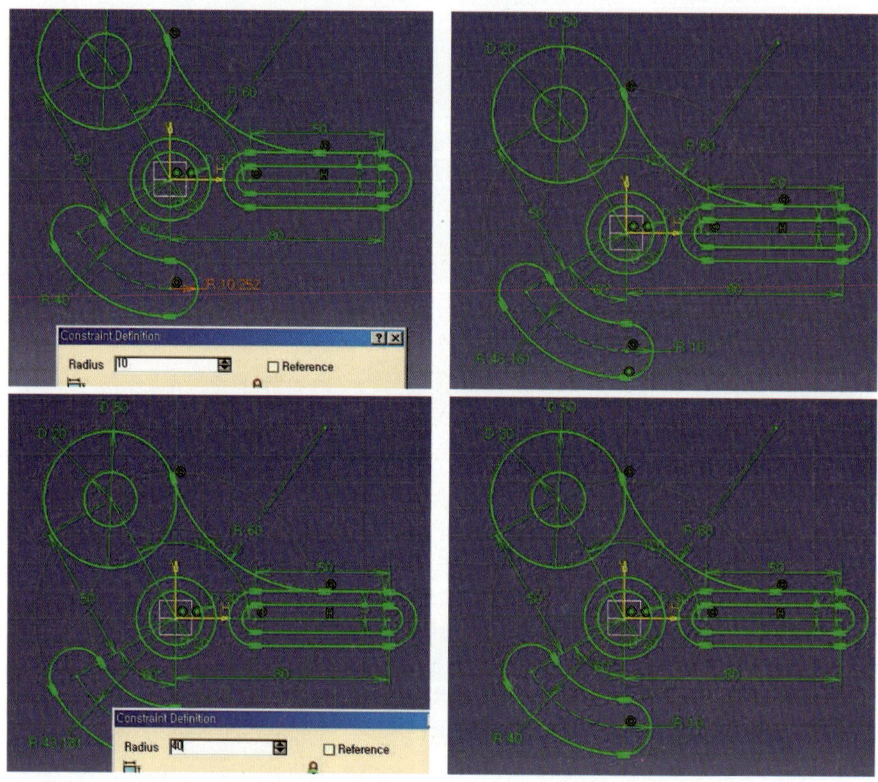

⑯ Corner 아이콘을 클릭하고 Sketch tools 도구막대의 No Trim 아이콘을 선택한다.

⑰ Circle과 Cylindrical Elongated Hole을 연속하여 선택하고 임의 점을 클릭하여 Corner를 생성하고 반경 R50을 적용한다.

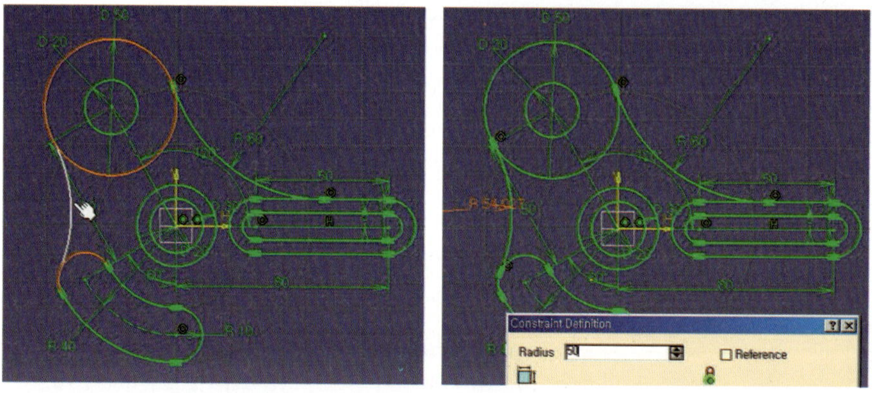

⑱ Corner 아이콘 을 클릭하고 Sketch tools 도구막대의 No Trim 아이콘 을 선택한다.

⑲ Elongated Hole과 Cylindrical Elongated Hole을 연속하여 선택하고 임의 점을 클릭하여 Corner를 생성하고 반경 R50을 적용한다.

⑳ Quick Trim 아이콘 을 더블클릭하고 Sketch Tools 도구막대의 Break And Rubber In 아이콘 을 선택한다.

㉑ 제거하고자 하는 부분을 선택하여 Sketch를 완성한다.

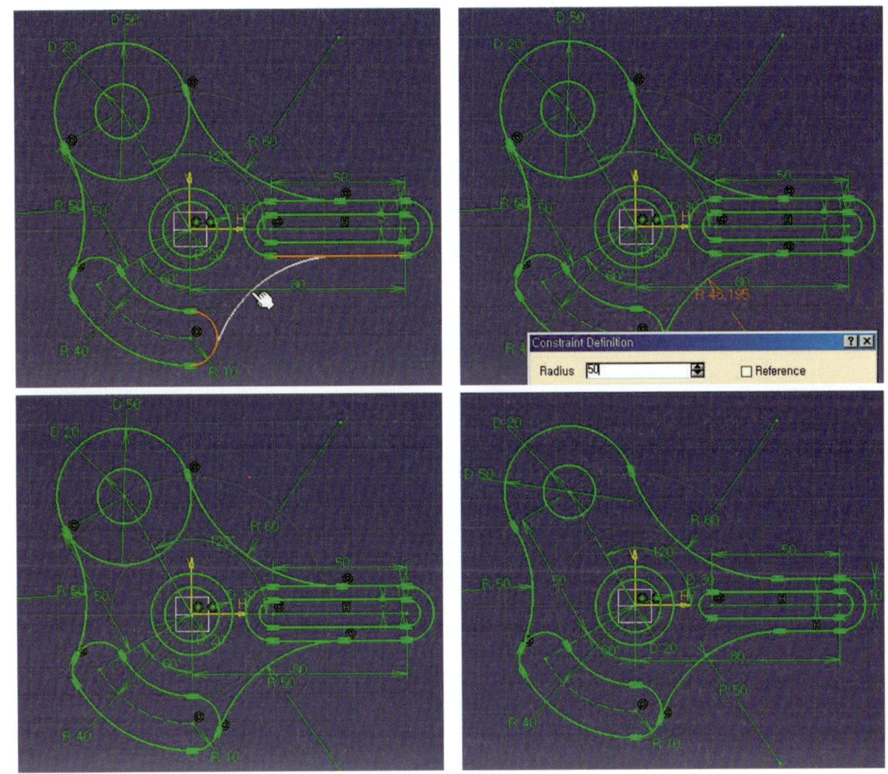

5. Sketcher 실습예제

1) 실습예제 1

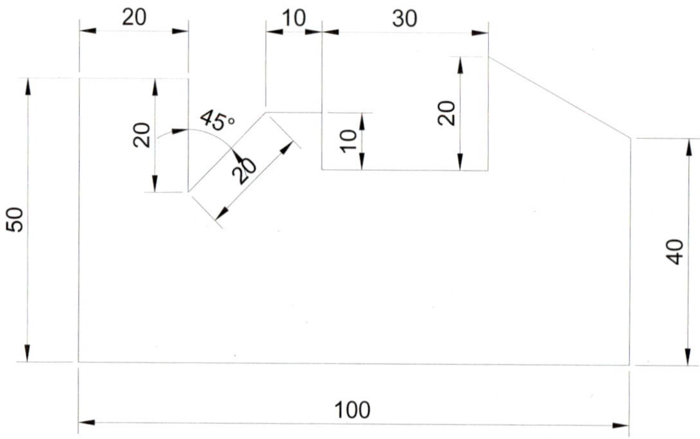

■ 활용 명령어

Profile, Constraint 등

2) 실습예제 2

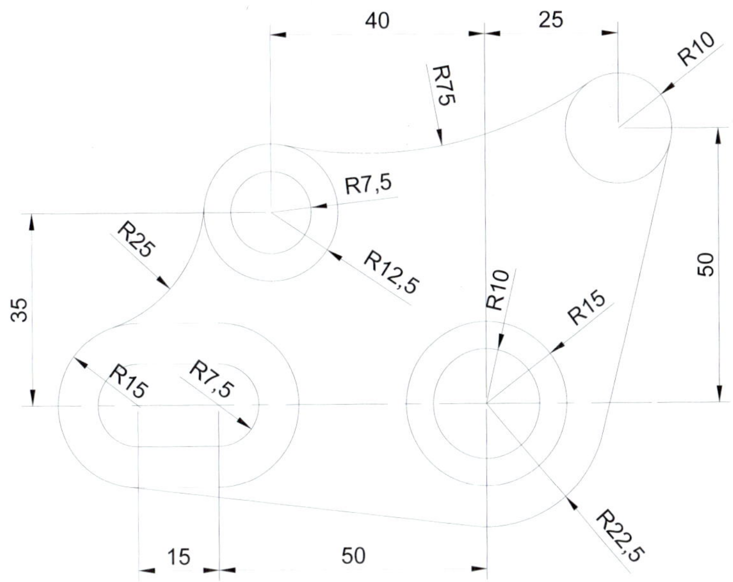

■ **활용 명령어**

Circle, Bi-Tangent Line, Constraints Defined in Dialog Box, Quick Trim, Constraint 등

3) 실습예제 3

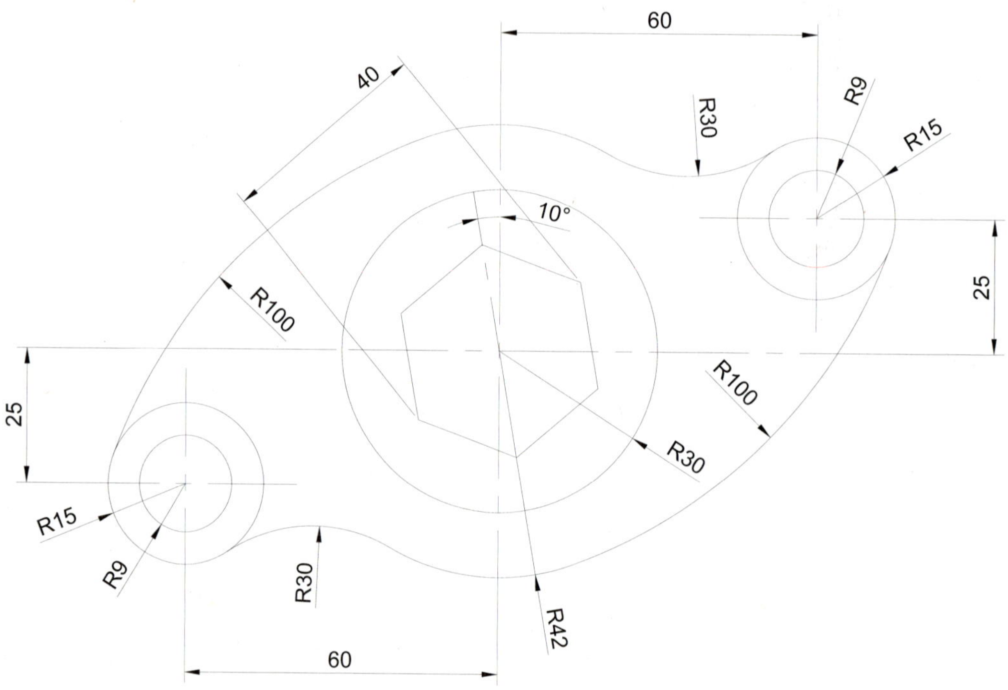

■ 활용 명령어

Circle, Bi-Tangent Line, Constraints Defined in Dialog Box, Hexagon, Rotate, Quick Trim, Constraint 등

4) 실습예제 4

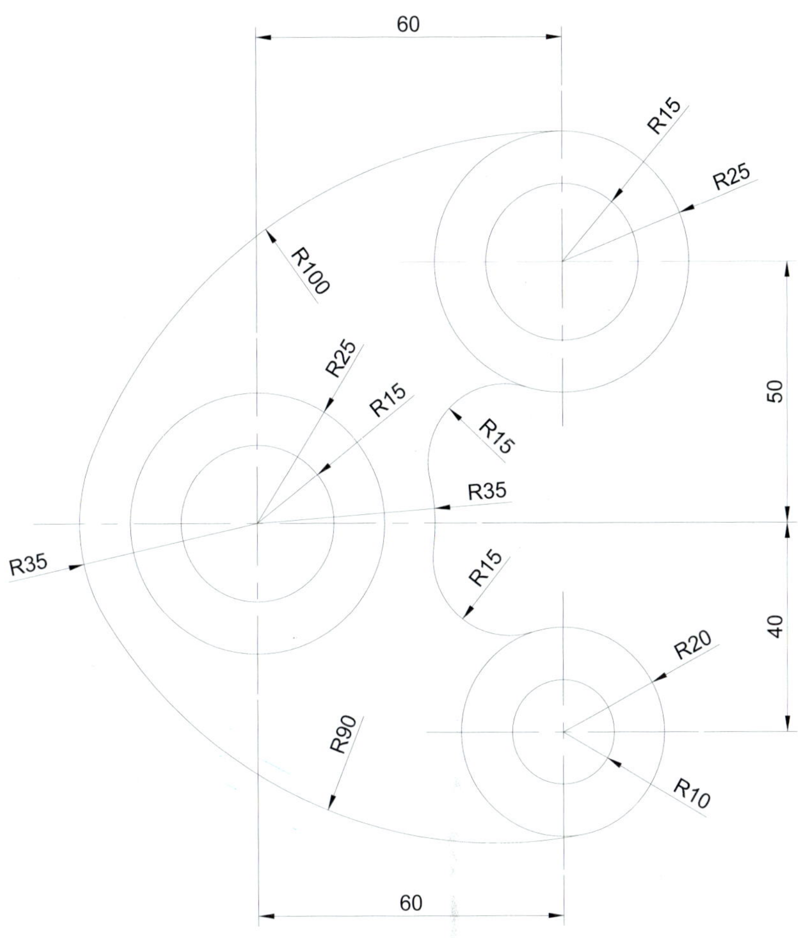

■ **활용 명령어**

Circle, Constraints Defined in Dialog Box, Quick Trim, Constraint 등

5) 실습예제 5

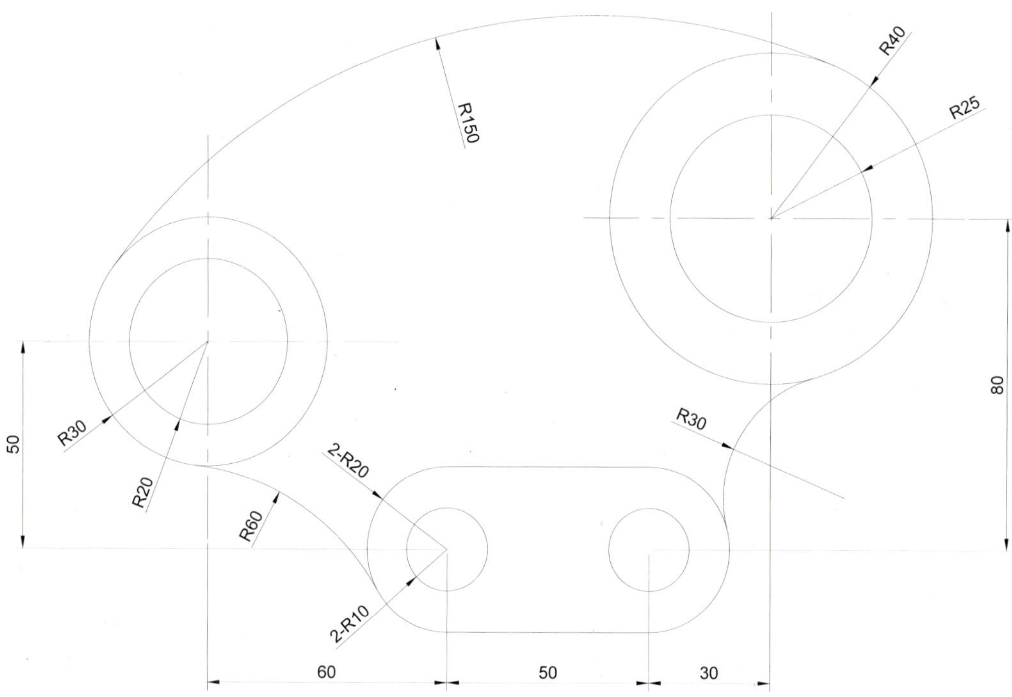

■ **활용 명령어**

Circle, Line, Constraints Defined in Dialog Box, Quick Trim, Constraint 등

chapter

제3장 Part Design 기능

section

MEMO

section
1. Part Design 실행하기

① CATIA를 실행하면 Assembly Mode가 실행되는데, ⊠을 눌러 창을 닫아 초기화시킨다.

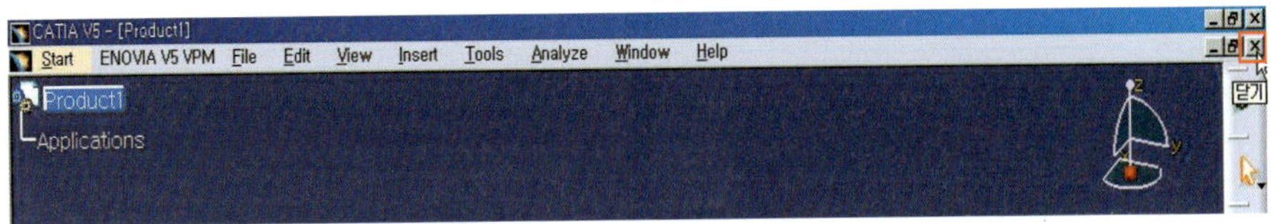

② Workbench 도구막대의 All general Options 아이콘 █을 클릭한 후 Welcome to CATIA V5 대화상자에서 Part Design 아이콘 █을 클릭한다.

③ Part Design 아이콘 이 나타나지 않을 경우에는 Tools-Customize...을 선택하여 Start Menu 탭의 왼쪽 영역에서 Part Design을 선택하고 을 클릭하여 오른쪽 영역으로 이동시키고 재실행한다.

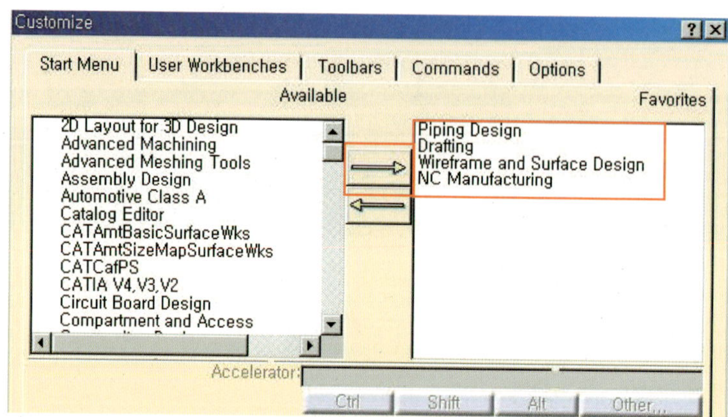

④ 다른 방법으로 Start → Mechanical Design → Part Design을 실행한다.

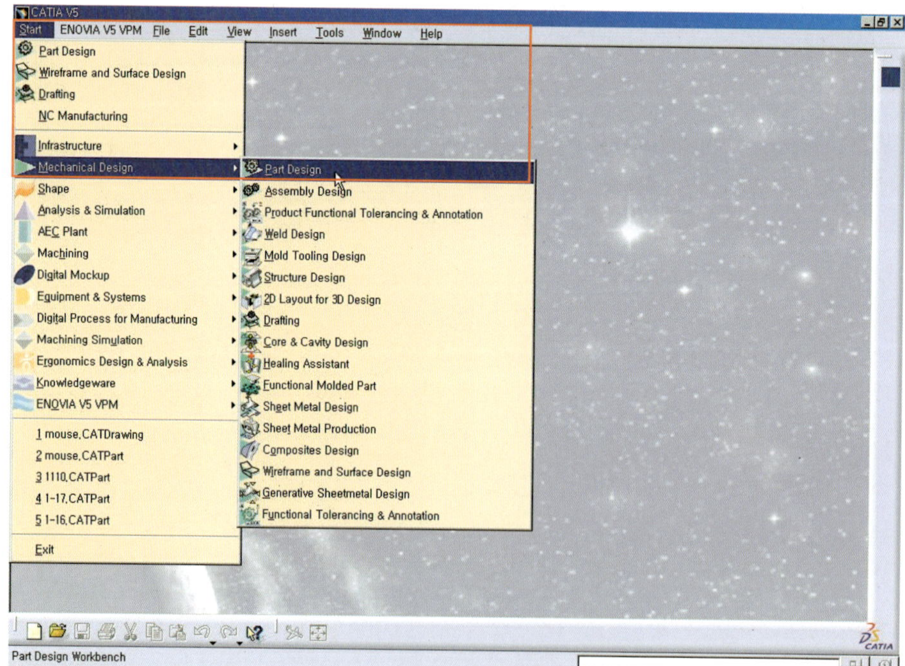

⑤ 도구막대 영역의 빈 공간(1)에 마우스 포인터를 위치시키고 오른쪽버튼을 클릭하여 Part Design Mode의 도구막대를 아래와 같이 배열시킨다.

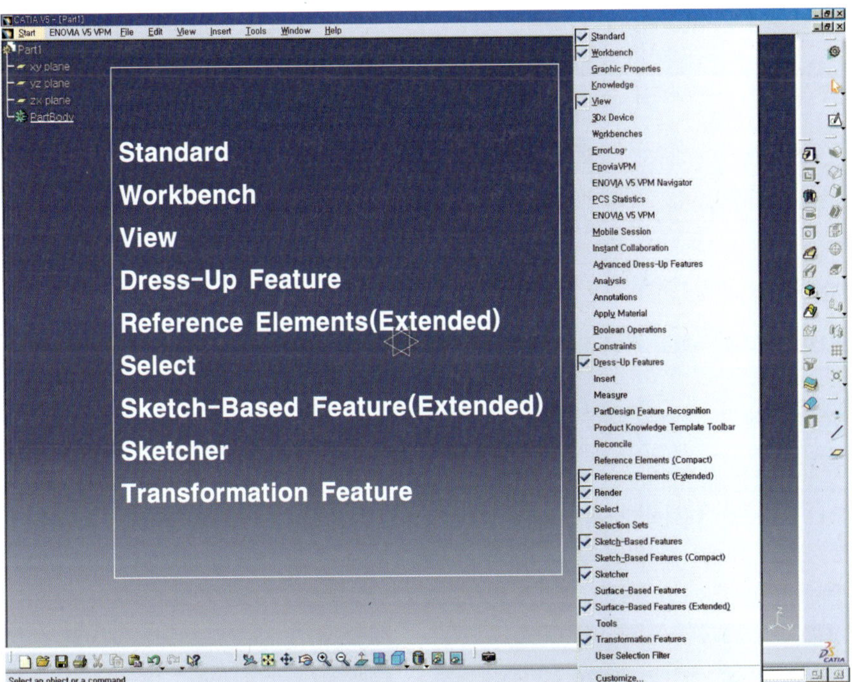

2. Part Design Toolbar

1) Sketch-Based Features

<Pad 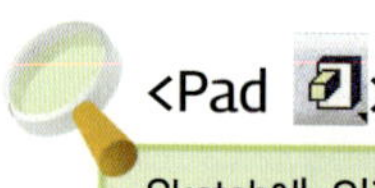>

Sketch에 일정한 두께를 주어 Solid를 생성하는 기능

① XY Plane에 Rectangle □ 을 Sketch하고 Exit Workbench 아이콘 □ 을 클릭하여 3D Mode로 전환한다.

② □ 아이콘을 클릭한다.

③ Pad Definition 대화상자에서 Type을 Dimension으로 선택하고 Length 영역에 20mm를 입력한다.

④ Selection 영역을 클릭하고 돌출시킬 Sketch를 선택하고 OK 버튼을 클릭한다.

⑤ Rectangle이 Sketch 평면에 수직한 방향으로 20mm 돌출된 직육면체의 Solid가 생성된다.

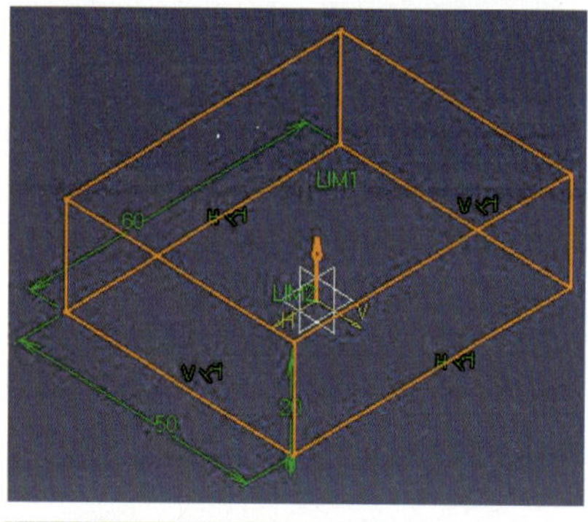

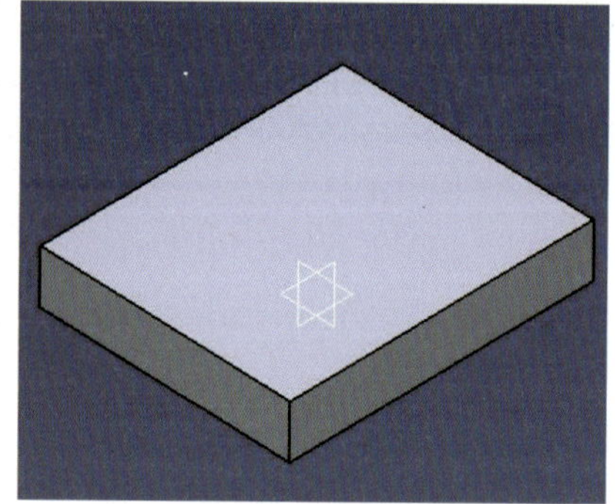

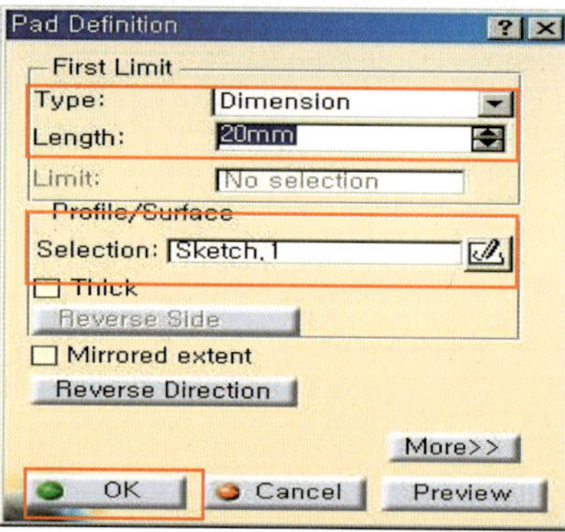

1. First Limit
   - Type : 돌출시킬 형태 선택
   - Length : 돌출시킬 두께 입력
2. Profile/Surface
   - Selection : 돌출시킬 Sketch
   - Thick : Sketch에 두께를 지정
3. Mirrored extent : Sketch를 양쪽 방향으로 돌출
4. Reverse Direction : 돌출시킬 방향을 변경

⑥ Type

- ZX Plane을 선택하고 Sketch 아이콘을 클릭한다.

- Profile 아이콘을 클릭하여 Sketch하고 Exit Workbench 아이콘을 클릭하여 3D Mode로 전환한다.

- Pad 아이콘을 클릭하여 Mirrored Extent를 체크하고 Length 영역에 20mm를 입력한 후 OK 버튼을 클릭하여 Solid를 생성한다.

- ZX Plane을 선택하고 Sketch 아이콘을 클릭하여 Sketch Mode로 전환한다.

- Spline 아이콘을 클릭하고 Sketch하고 3D Mode로 전환한다.

- Part Design 아이콘을 클릭한 후 Wireframe and Surface Design 아이콘을 클릭하여 Surface Mode로 전환한다.

- Surfaces 도구막대의 Extrude 아이콘을 클릭하여 Solid를 감싸도록 Surface를 생성한다.

- Wireframe and Surface Design 아이콘을 클릭한 후 Part Design 아이콘을 클릭하여 Solid Mode로 전환한다.

- YZ Plane을 선택하고 Sketch 아이콘을 클릭하여 Circle을 Sketch하고 3D Mode로 전환한다.

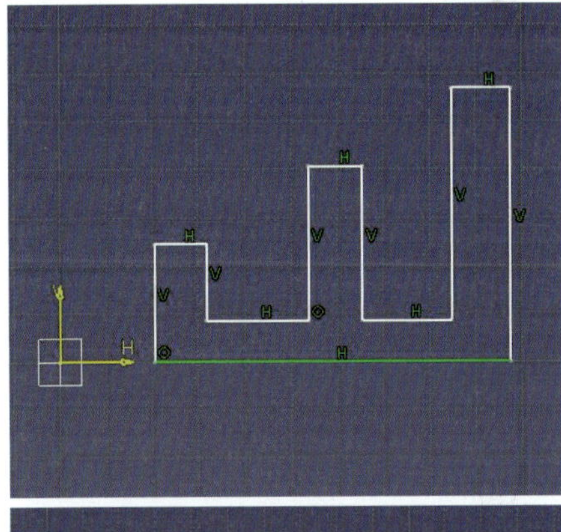

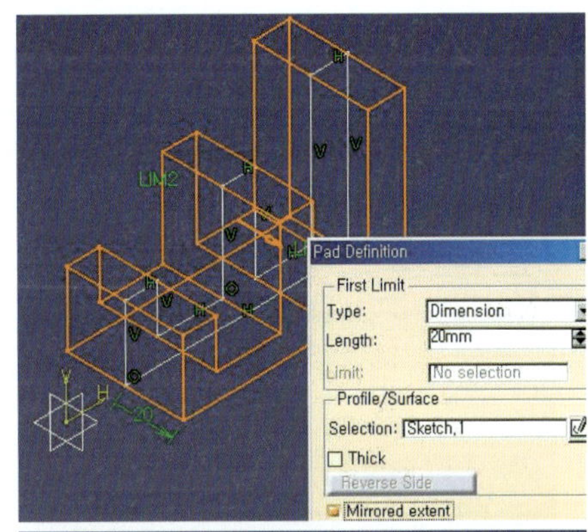

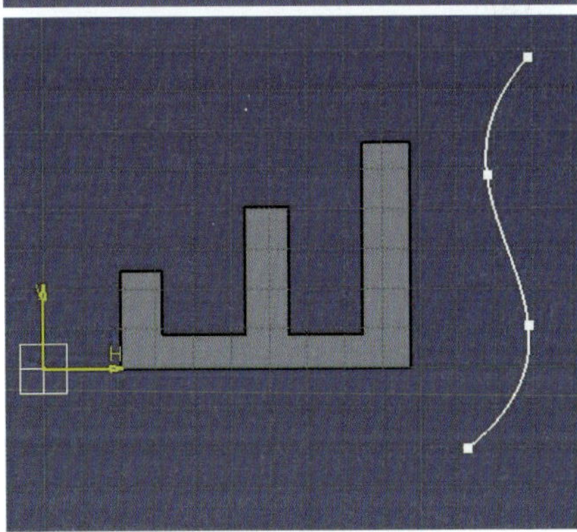

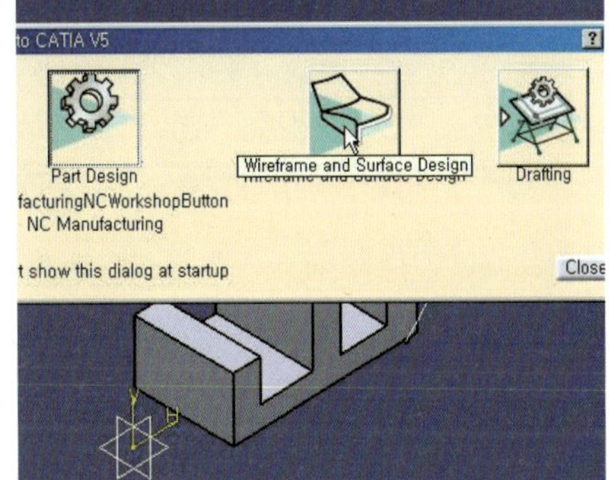

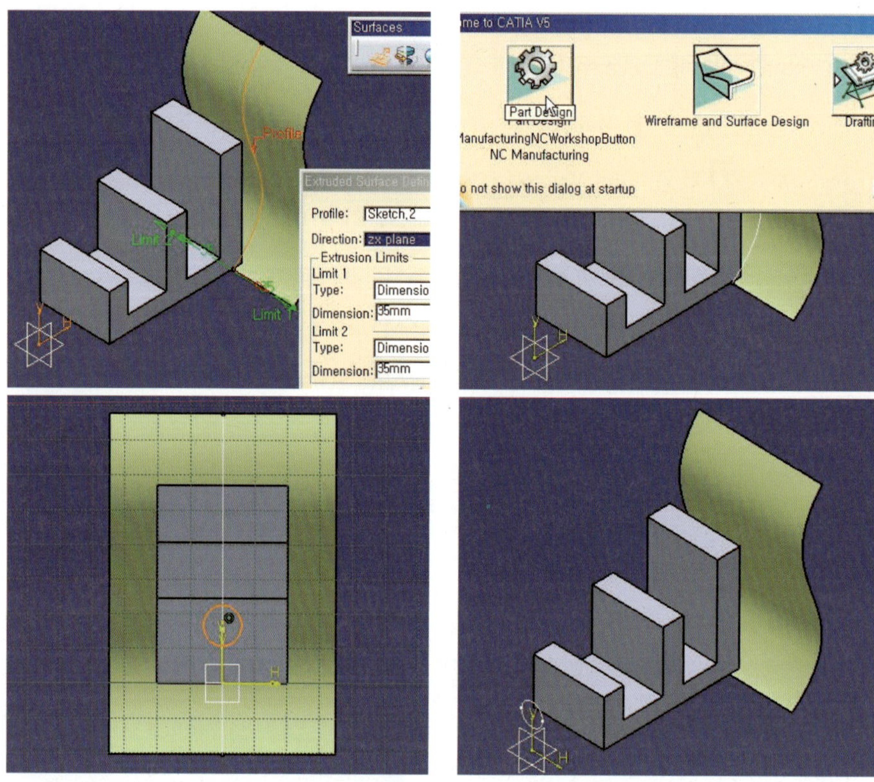

• Up To Next : Sketch를 Solid의 가장 가까운 Plane까지 돌출시킨다.

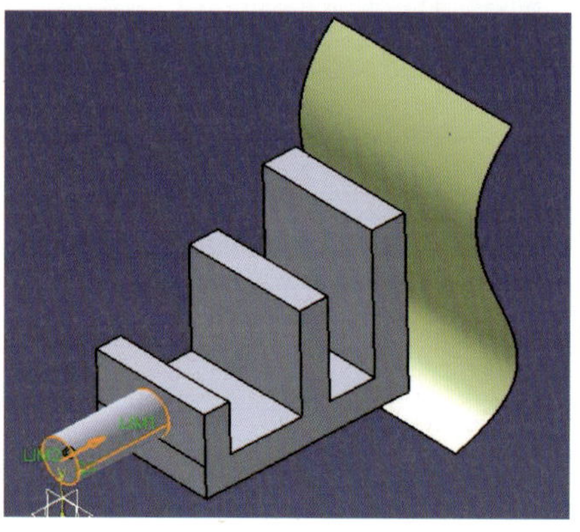

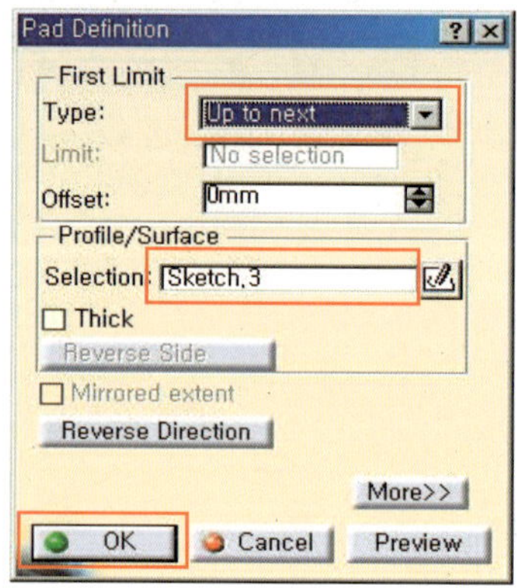

• Up To Last : Sketch를 Solid의 맨 끝 Plane까지 돌출시킨다.

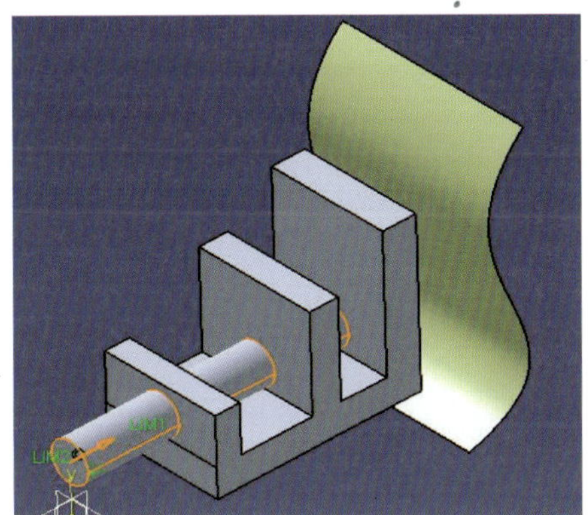
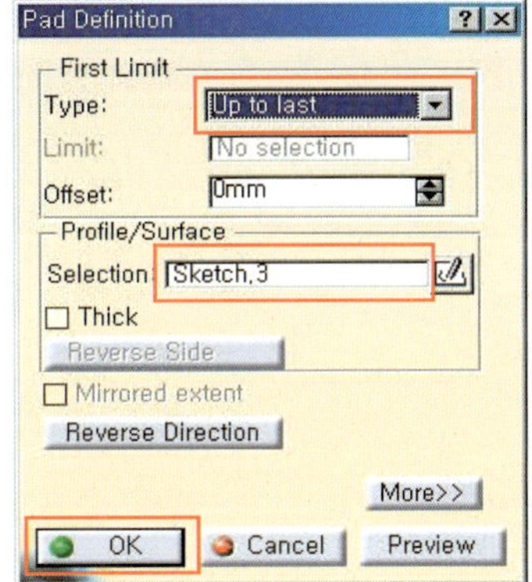

• Up To Plane : Sketch를 Solid의 선택한 Plane(1)까지 돌출시킨다.

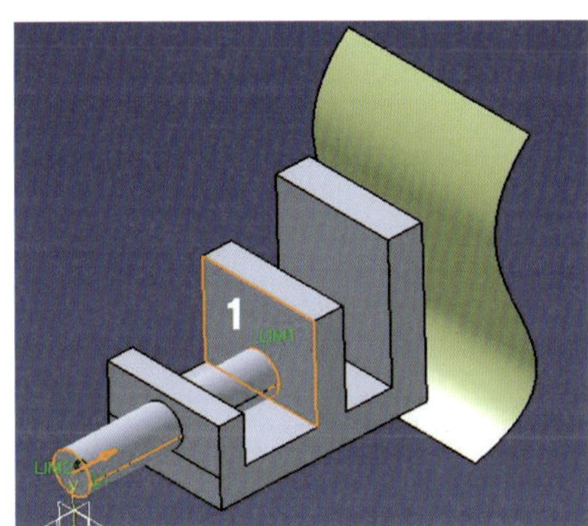
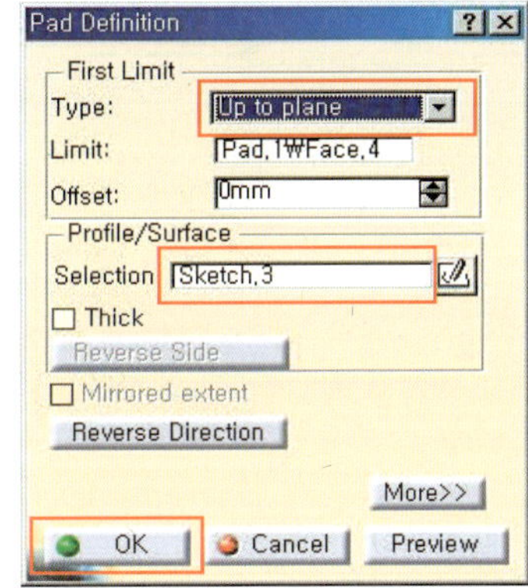

• Up To Surface : Sketch를 선택한 Surface(2)까지 돌출시킨다.

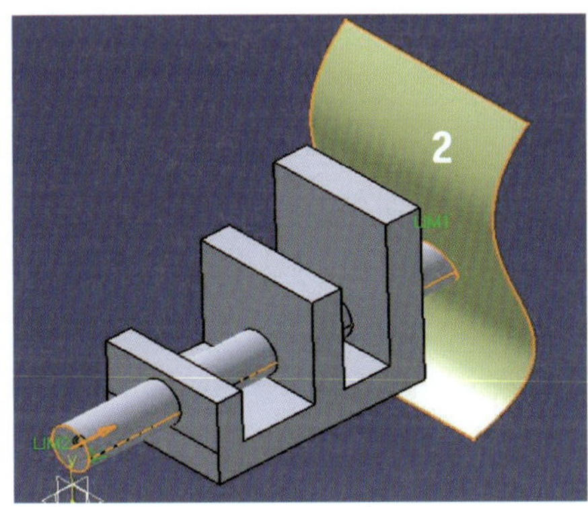
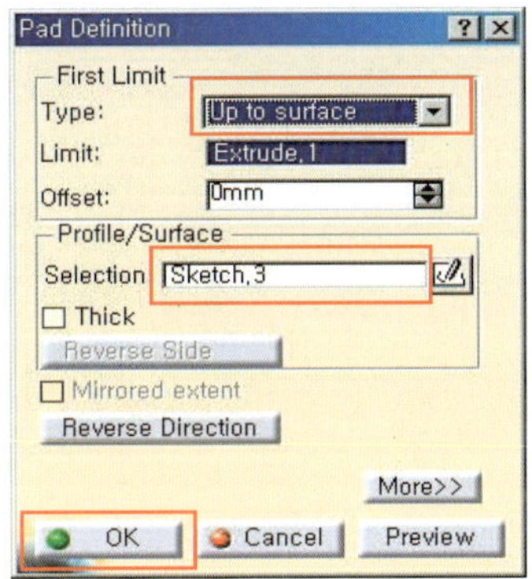

⑦ Profile/Surface

• Thick : Sketch에 두께를 주어 Solid를 생성한다.

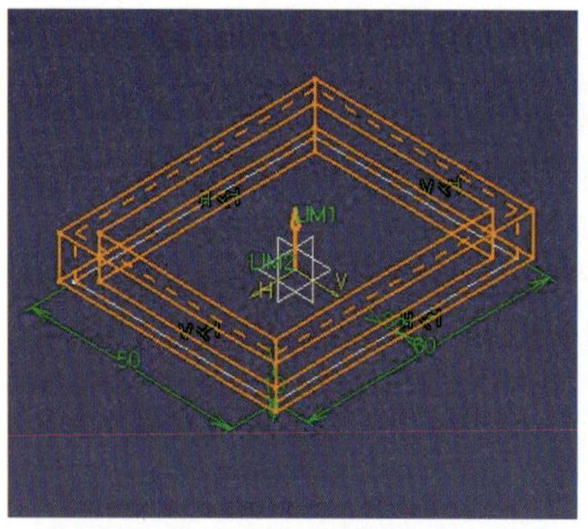

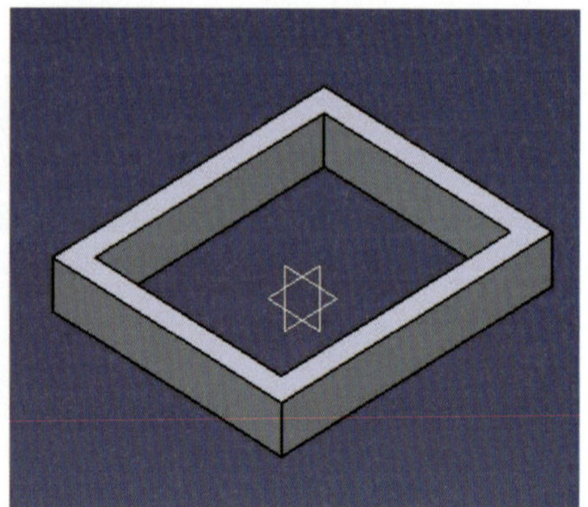

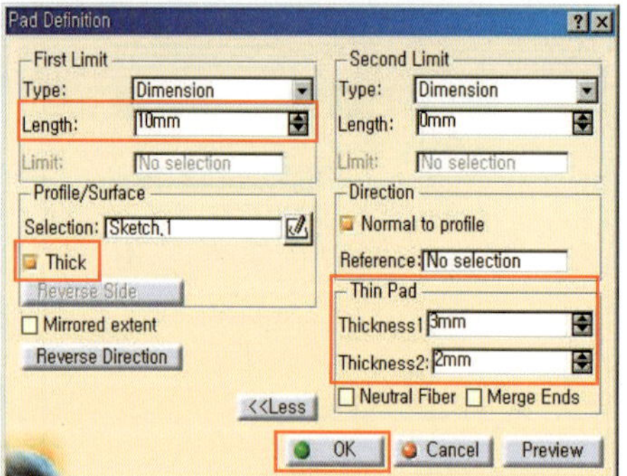

1. Thin Pad
   - Thickness1 : 안쪽 두께
   - Thickness2 : 바깥쪽 두께
2. 높이가 10mm이고 두께5mm인 Solid생성

⑧ Mirrored extent

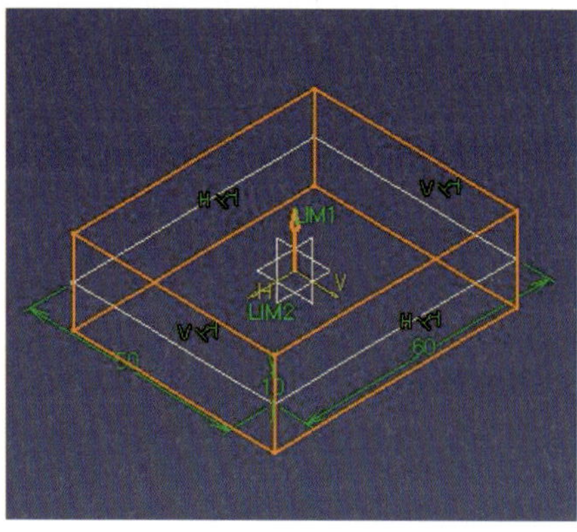

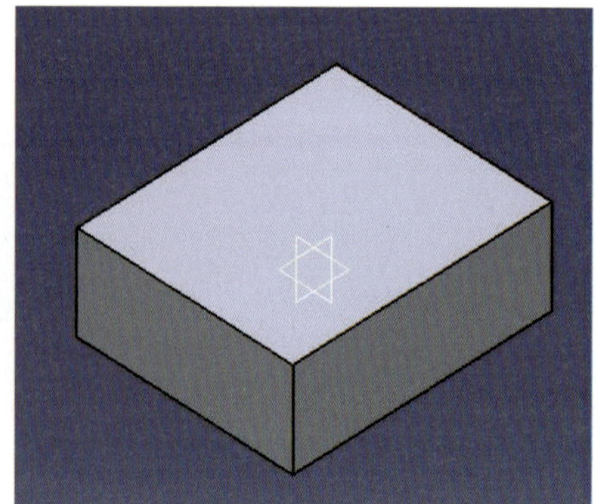

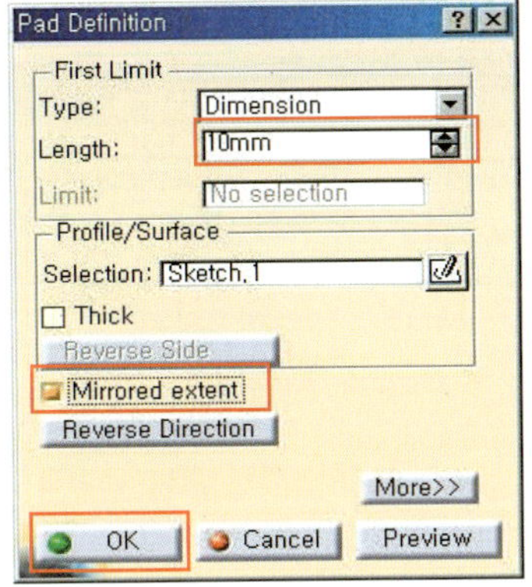

1. Length : Sketch를 한쪽 방향으로 돌출시킬 두께 지정
2. Sketch 평면에서 양쪽 방향으로 Length 두께만큼 돌출시켜 20mm의 Solid 생성

⑨ Second Limit : 화살표 반대 방향의 Type과 높이를 지정한다.

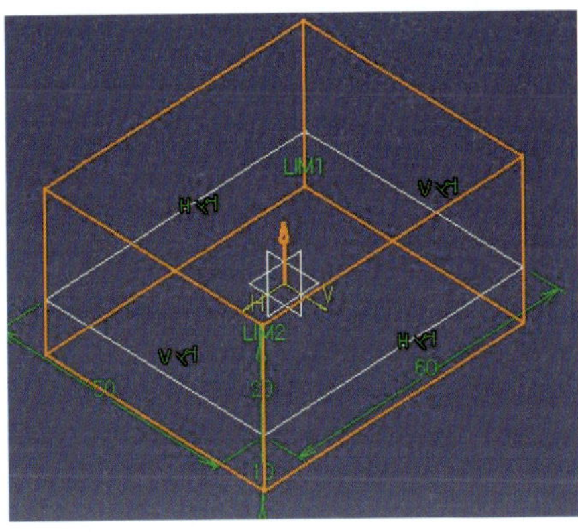

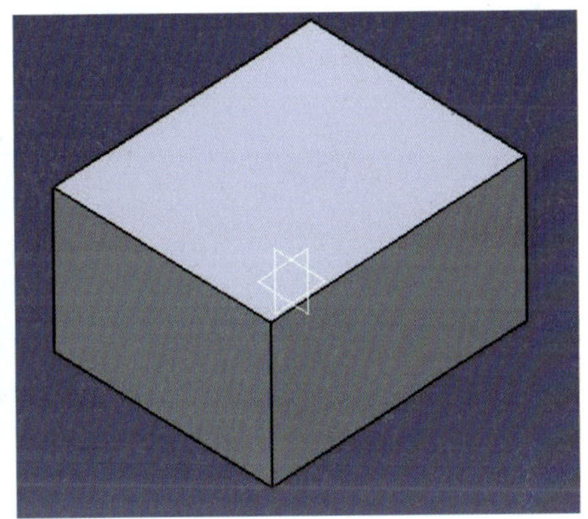

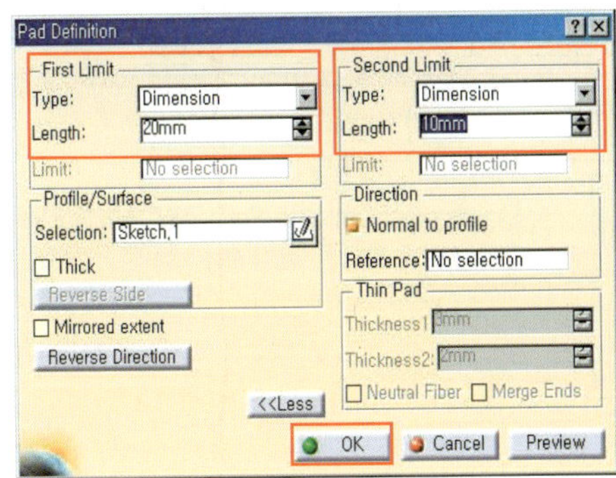

1. Sketch를 화살표 방향 20mm, 화살표 반대 방향으로 10mm 높이의 Solid 생성
2. Type은 First Limit의 내용 참고

⑩ Direction : 돌출 방향을 사용자가 지정한다.

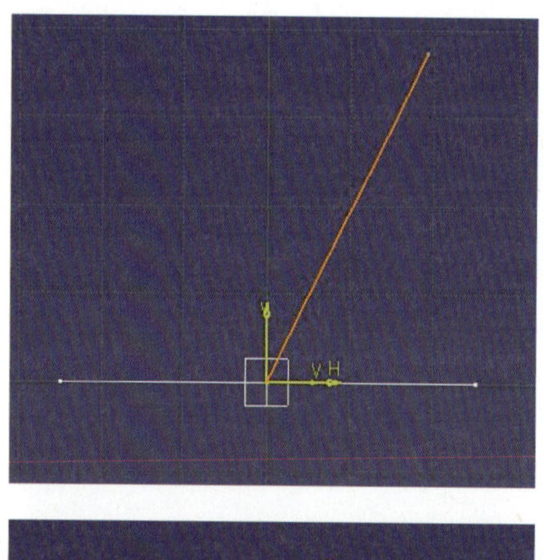

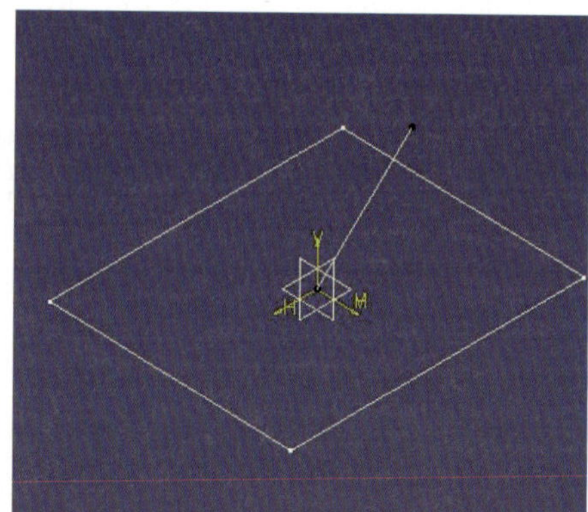

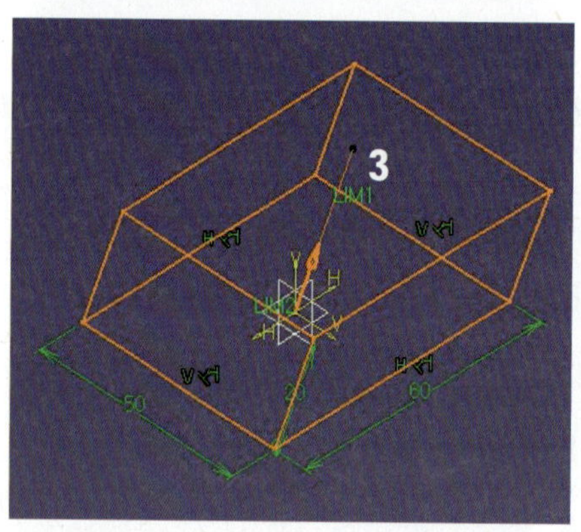

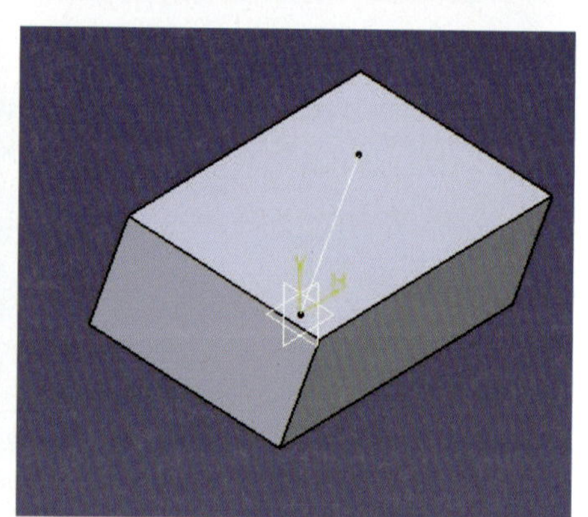

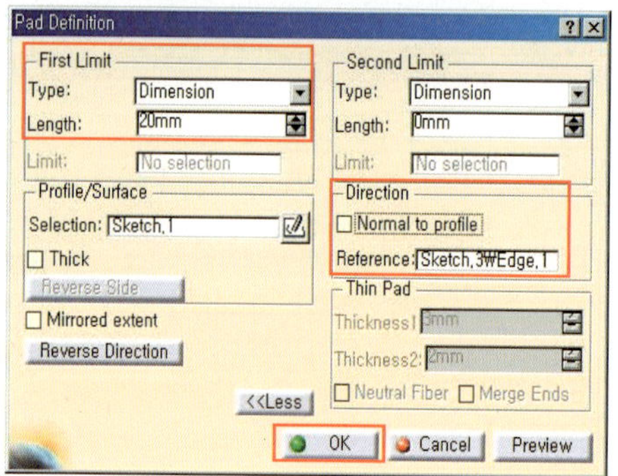

1. XY Plane에 Rectangle을 Sketch
2. YZ Plane에 돌출 방향의 Line을 Sketch하고
   3D Mode로 전환
3. Pad 아이콘 을 클릭
4. Direction의 Normal to Surface의 체크를 해제하고
   Reference 영역을 클릭하여 Line을 선택(3)
5. Rectangle이 Sketch 평면에 수직한 방향이 아닌
   Line의 방향으로 돌출되어 Solid 생성

<Drafted Filleted Pad  >

Draft와 Fillet 기능이 적용된 Solid를 생성시키는 기능(자세한 내용은 Draft, Fillet 기능 참조)

① XY Plane에 Rectangle 아이콘  을 Sketch하고 Exit Workbench 아이콘 을 클릭하여 3D Mode로 전환한다.

② 생성한 Solid의 윗면에 Rectangle을 Sketch(1)한다.

③ 아이콘을 클릭한다.

④ Drafted Filleted Pad Definition 대화상자에서 First Limit/Length 영역을 클릭하고 50mm를 입력한 후 Second Limit/Limit 영역을 클릭하고 직육면체의 윗면을 선택한다.

⑤ Draft/Angle 영역을 클릭하고 10°를 입력하고 Fillets 영역을 클릭하고 모서리의 라운드를 입력하고 OK 버튼을 클릭한다.

⑥ Rectangle이 10° Draft되면서 Fillets된 직육면체 Solid를 생성한다.

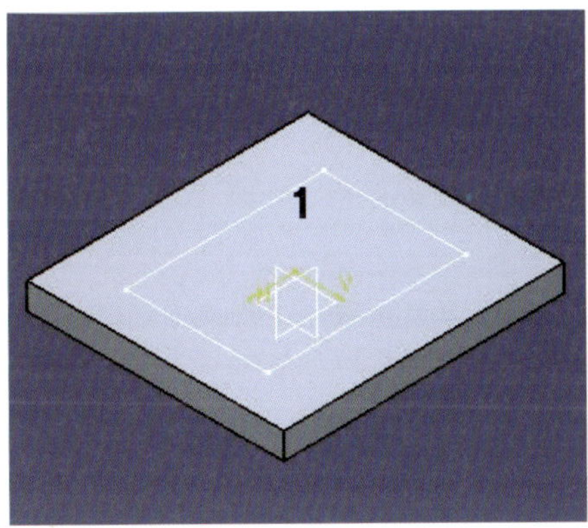

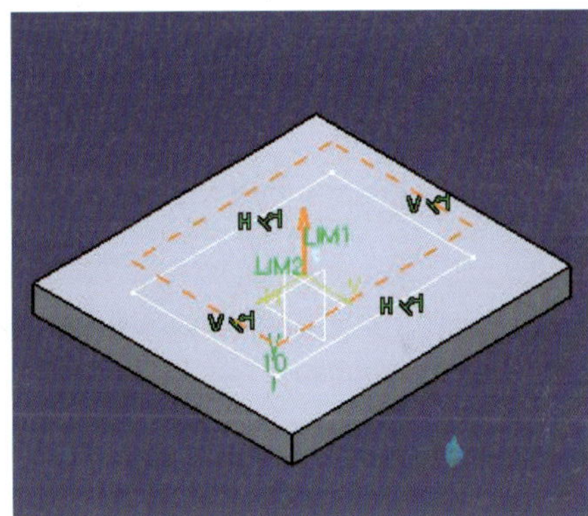

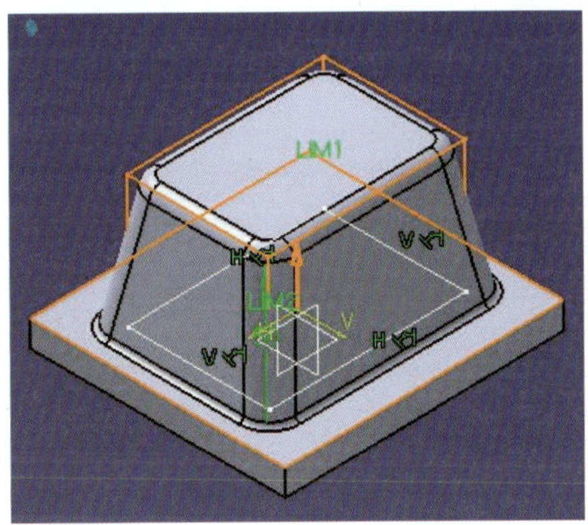

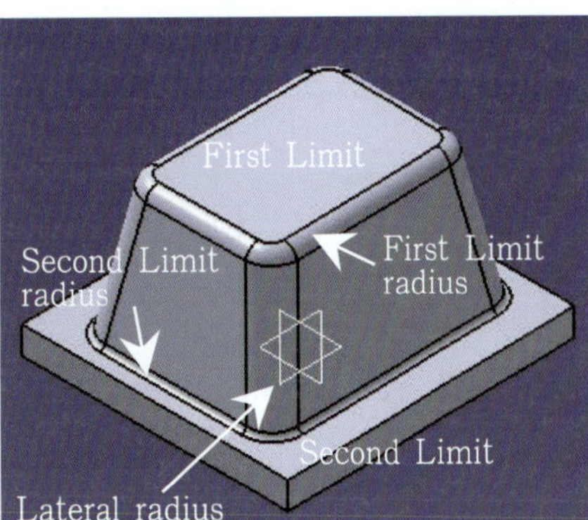

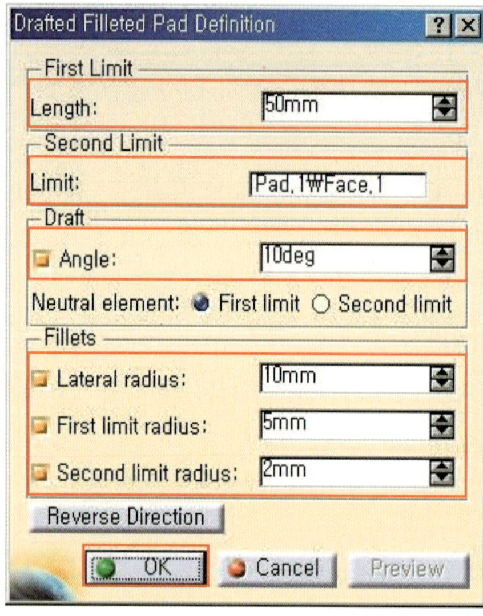

1. First Limit/Length : Pad시킬 두께를 지정
2. Second Limit/Limit : Draft의 기준면을 지정
3. Draft/Angle : Draft 각도 지정
4. Fillets
   - Lateral radius : 세로 모서리 Fillets값 지정
   - First limit radius : 윗부분 모서리 Fillets값 지정
   - Second limit radius : 아랫 부분 모서리 Fillets값 지정

<Multi-Pad  >

Sketch 평면에 존재하는 여러 Profile을 서로 다른 두께로 돌출시켜서 Solid를 생성시키는 기능

① XY Plane에 Rectangle 아이콘 과 Circle을 Sketch(1~4)하고 Exit Workbench 아이콘 을 클릭하여 3D Mode로 전환한다.

② 아이콘을 클릭한다.

③ Multi-Pad Definition 대화상자에서 Domains 영역의 Nr1을 클릭하고 First Limit/Length에 돌출시키고자 하는 길이 20mm를 입력한다.

④ Nr2(30mm), Nr3(10mm), Nr4(30mm)를 각각 입력하고 OK 버튼을 클릭한다.

⑤ Sketch한 객체가 서로 다른 길이로 돌출된 Solid가 생성된다.

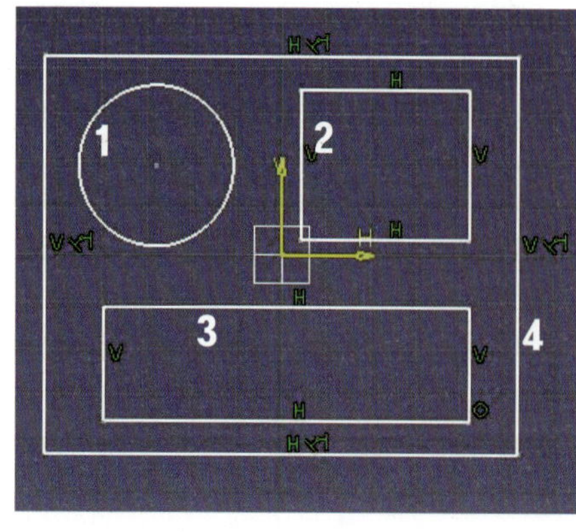

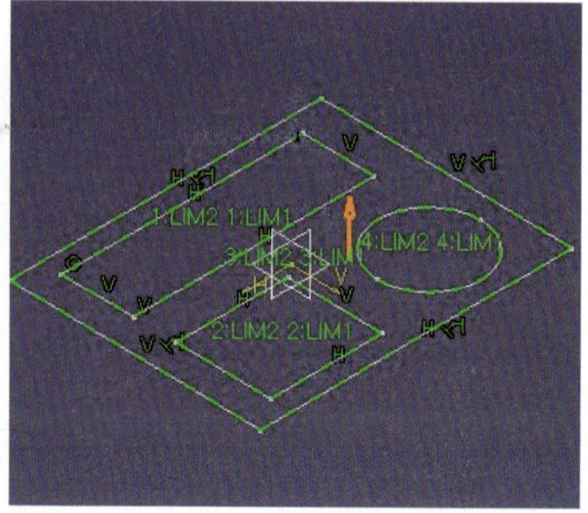

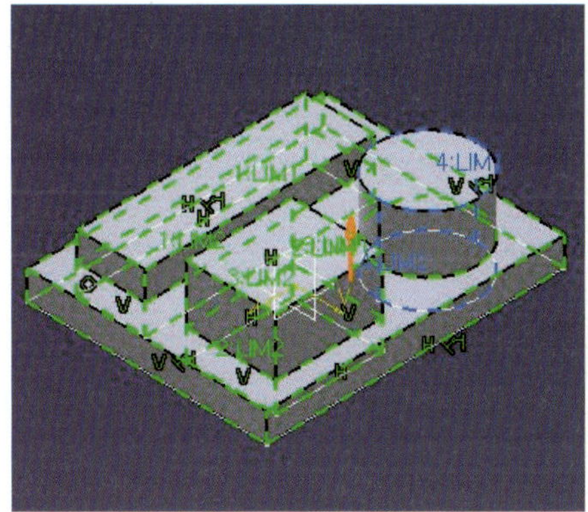

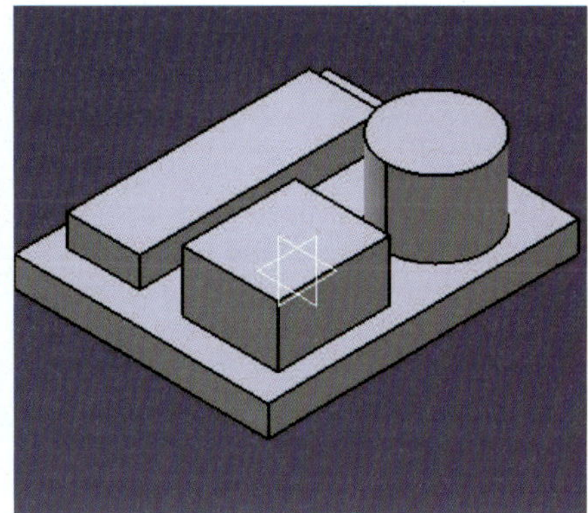

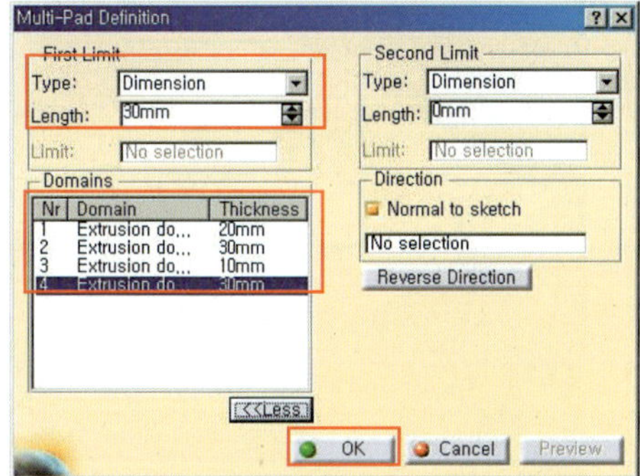

1. First Limit : 화살표 방향 돌출 길이 지정
   - Domain : Sketch에 있는 각각의 Profile을 지정
   - Length : 선택한 Profile의 두께 입력
2. Second Limit : 화살표 반대 방향 돌출 길이 지정

\<Pocket 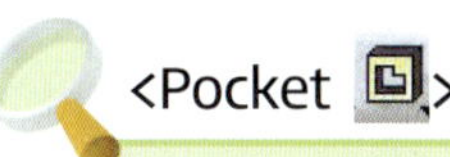\>

생성한 Solid에서 Sketch 형상을 제거하는 기능

→ Pad의 Option과 같고 삭제하는 역할

① XY Plane에 Rectangle 아이콘 을 Sketch하고 Exit Workbench 아이콘 을 클릭하여 3D Mode로 전환한다.

② Sketch를 Pad 시켜 Solid를 생성하고 Solid의 윗면을 Sketch 평면으로 선택하고 Circle 을 Sketch 한다.

③ Exit Workbench 아이콘 을 클릭하여 3D Mode로 전환한다.

④ 아이콘을 클릭한다.

⑤ Pocket Definition 대화상자에서 Type을 Dimension으로 선택하고 Depth 영역을 클릭하여 10mm를 입력하고 OK 버튼을 클릭한다.

⑥ 직육면체의 Solid에 10mm 깊이의 Hole이 생성된다.

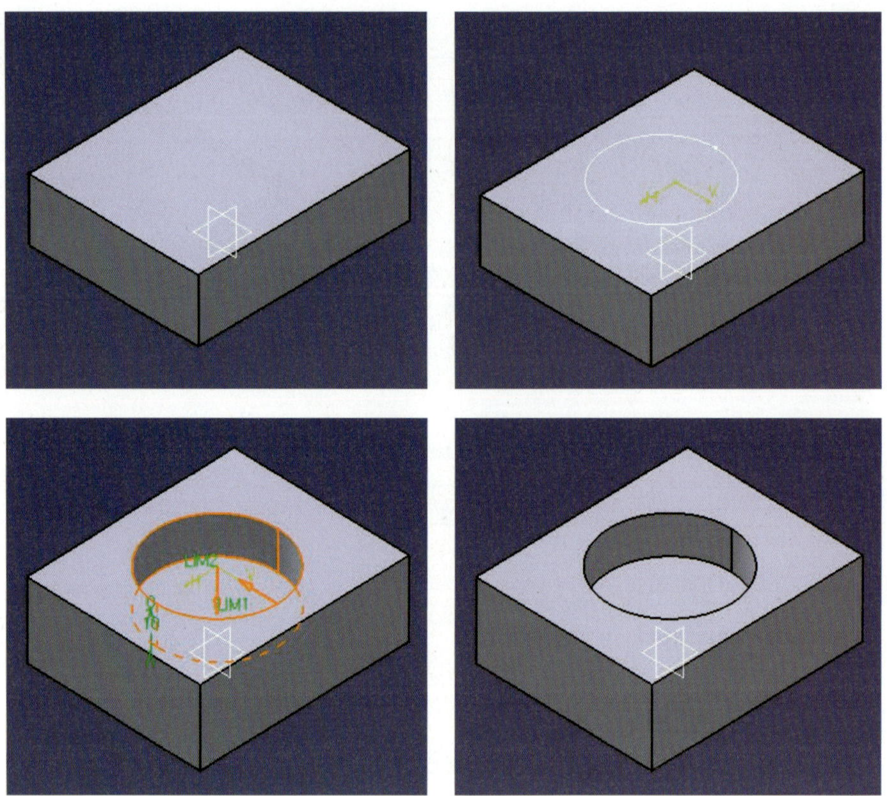

<Drafted Filleted Pocket>

생성한 Solid에서 Draft와 Fillet 기능이 적용하여 Sketch 형상을 제거하는 기능

→ Drafted Filleted Pad의 Option과 같고 삭제하는 역할

① XY Plane에 Rectangle ☐을 Sketch하고 Exit Workbench 아이콘 ⬆을 선택하여 3D Mode로 전환한다.

② Sketch를 Pad ⬀ 시켜 Solid를 생성하고 Solid의 윗면에 Rectangle ☐을 Sketch한다.

③ Exit Workbench 아이콘 ⬆을 클릭하여 3D Mode로 전환한다.

④ 🛡 아이콘을 클릭한다.

⑤ Drafted Filleted Pocket Definition 대화상자에서 Depth 영역에 30mm, Second Limit 영역에 Solid 윗면을 선택한다.

⑥ Angle 영역에 10°, Fillets 영역을 클릭하고 모서리의 라운드를 입력하고 OK 버튼을 클릭한다.

⑦ Solid에서 Rectangle이 10° Draf되면서 Fillet된 형상을 제거한다.

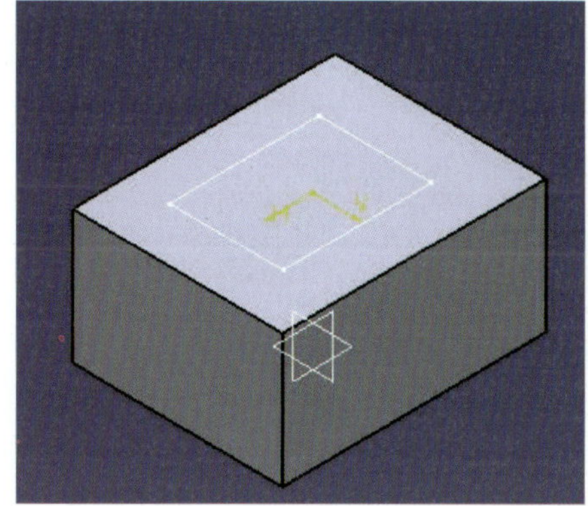

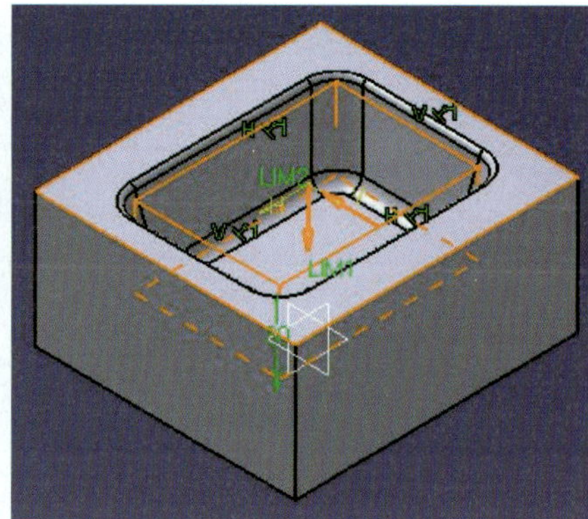

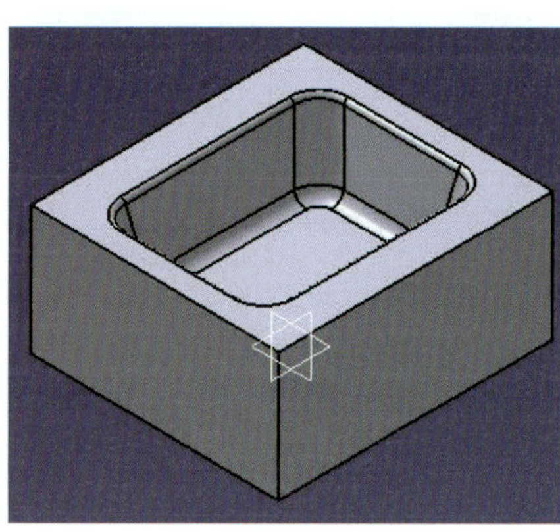

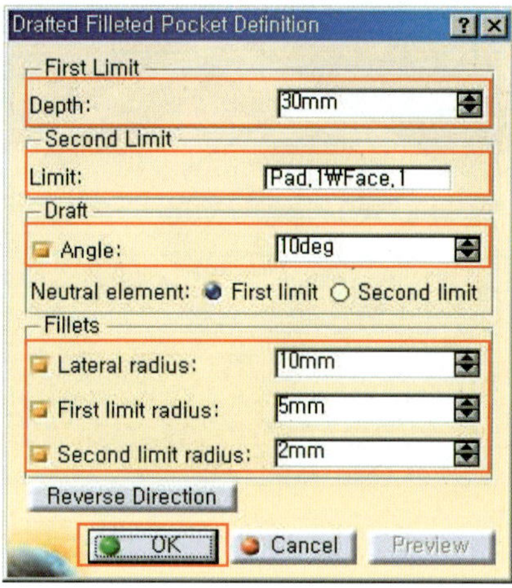

<Multi-Pocket >

Solid 객체에서 Sketch 형상을 제거하는 기능

→ Multi-Pad의 Option과 같고 삭제하는 역할

① XY Plane에 Rectangle 을 Sketch하고 Exit Workbench 아이콘 을 선택하여 3D Mode로 전환한다.

② Pad 시켜 Solid를 생성하고 Solid의 윗면에 Rectangle , Circle 을 여러 개 Sketch하고 3D Mode 로 전환한다.

③ 아이콘을 클릭한다.

④ Multi-Pocket Definition 대화상자에서 Domains 영역의 Nr1을 클릭하고 First Limit/Length에 삭제시키고자 하는 길이 20mm를 입력한다.

⑤ Nr2(10mm), Nr3(30mm)를 각각 입력하고 OK 버튼을 클릭한다.

⑥ Sketch한 객체가 서로 다른 깊이로 Pocket된다.

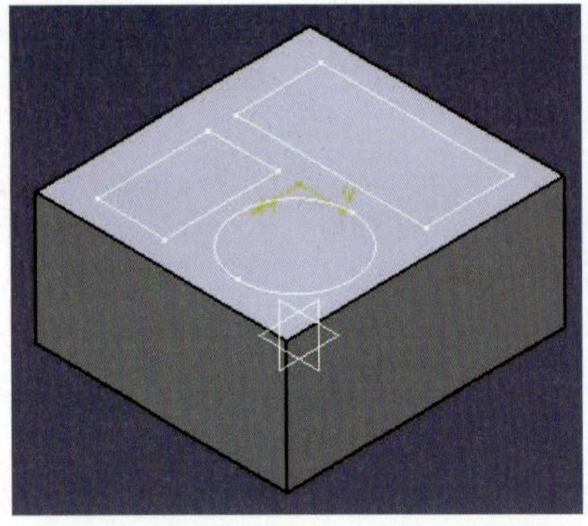
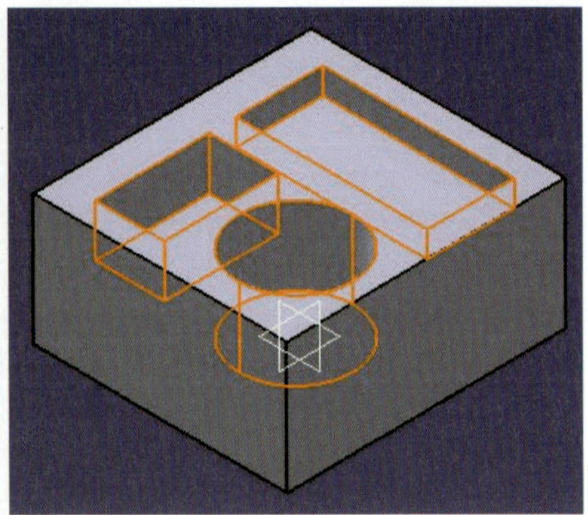

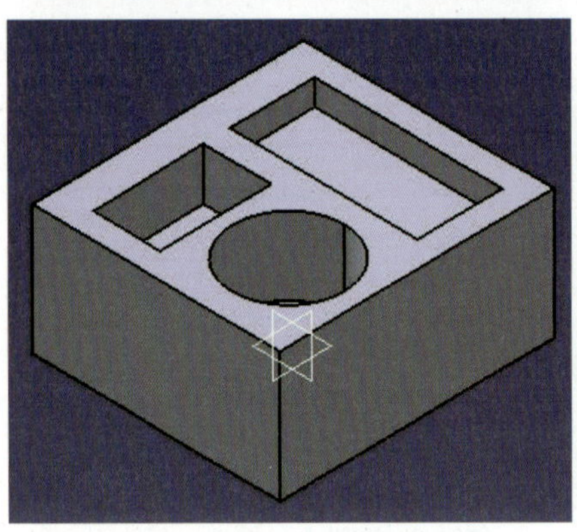
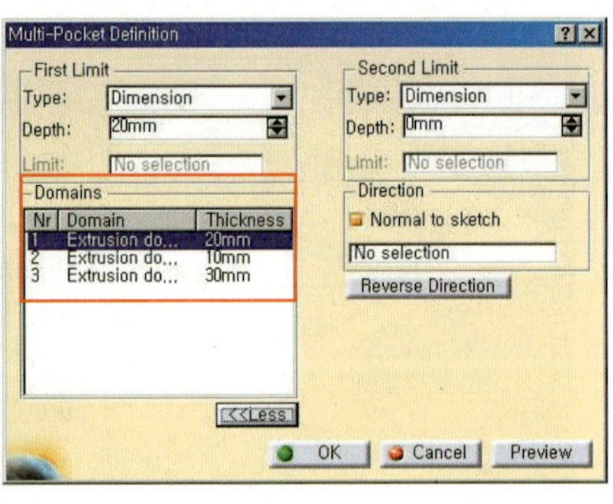

<Shaft >

축을 기준으로 회전시켜 Solid를 생성하는 기능

① ZX Plane에 회전체를 생성시킬 Profile 을 Sketch(1)한다.

② Axis 아이콘 을 클릭하여 회전체의 중심축을 생성(2)하고 Exit Workbench 아이콘 을 클릭하여 3D Mode로 전환한다.

③ 아이콘을 클릭한다.

④ Shaft Definition 대화상자에서 Limits/First Angle 영역을 클릭하고 회전각도 360°를 입력한다.

⑤ Profile/Surface의 Selection 영역을 클릭하고 회전시킬 Sketch를 선택하고 OK 버튼을 클릭한다.

⑥ Sketch한 객체를 360° 회전하여 원통형의 Solid를 생성한다.

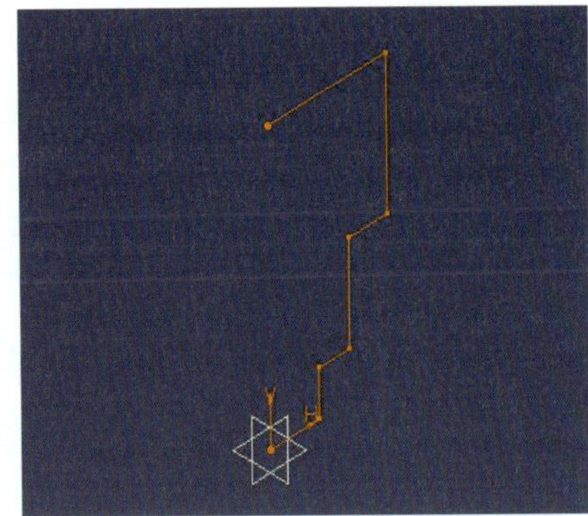

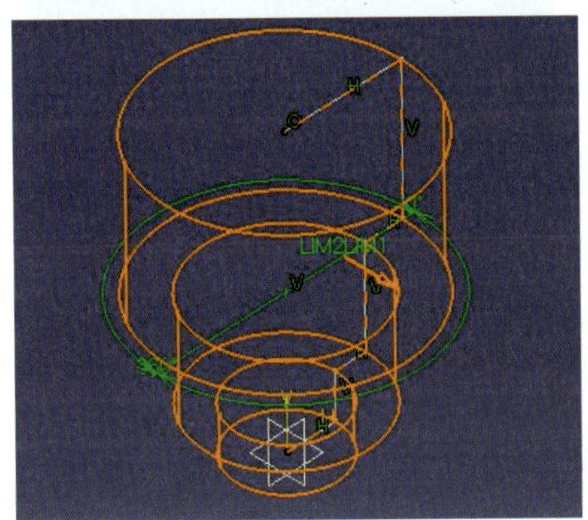

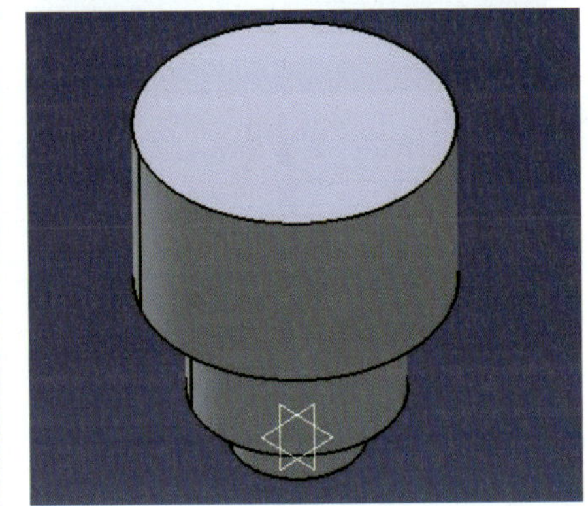

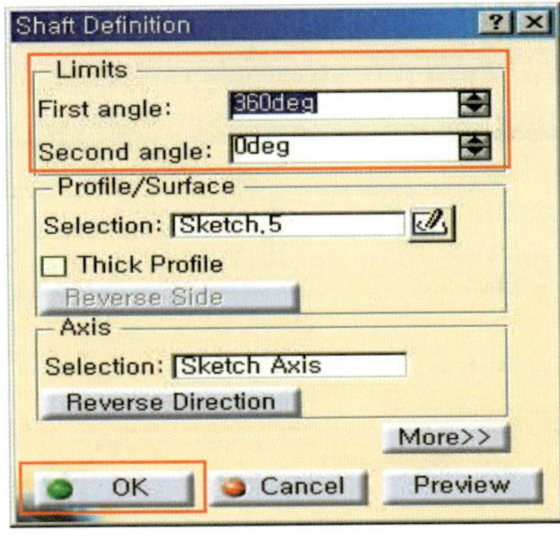

1. Limits
   - First angle : 화살표 방향의 각도 지정
   - Second angle : 화살표 반대방향 각도 지정
   - 각도의 합은 반드시 360° 이내가 되도록
     지정해야 함

⑦ Profile/Surface

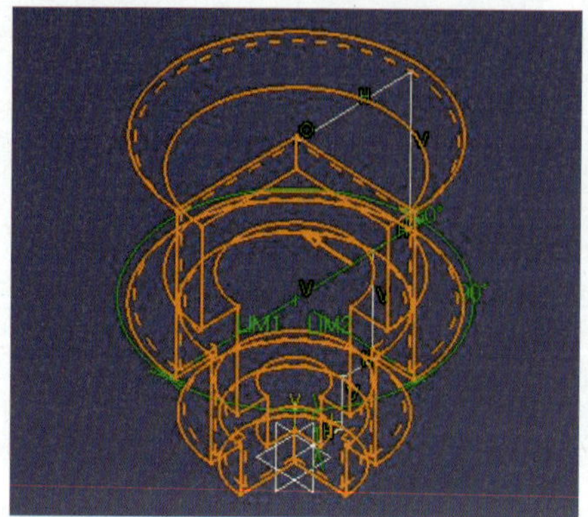

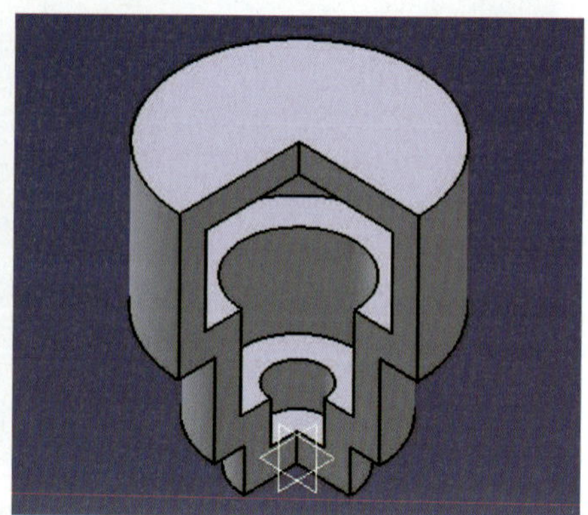

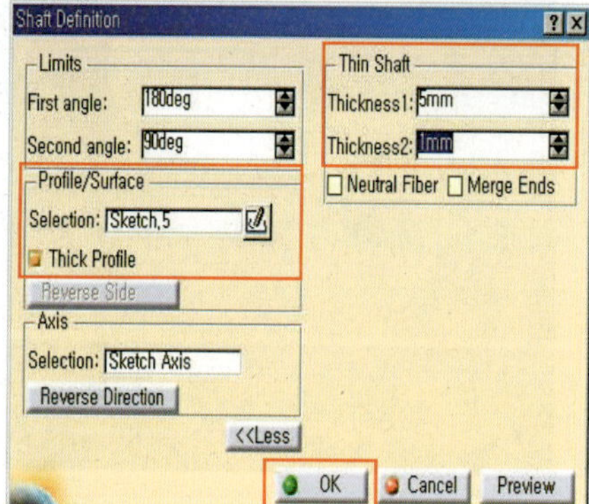

1. Selection : 회전체를 생성할 Sketch 선택
2. Thick Shaft
   - Thickness1 : 안쪽 두께
   - Thickness2 : 바깥쪽 두께
3. Sketch를 안쪽 5mm, 바깥쪽 1mm 두께를 갖는 270° 회전체를 생성

⑧ Axis

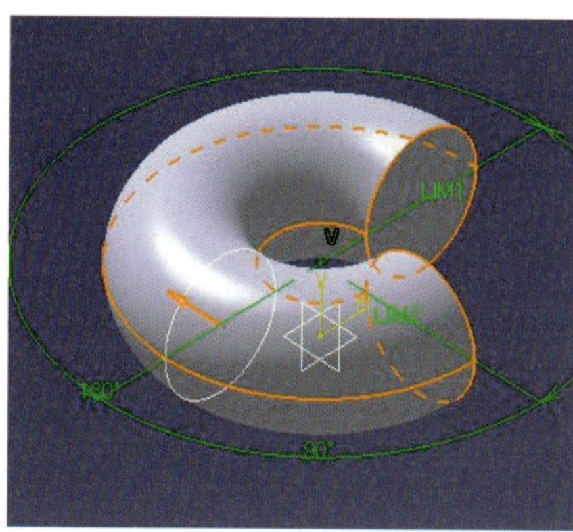

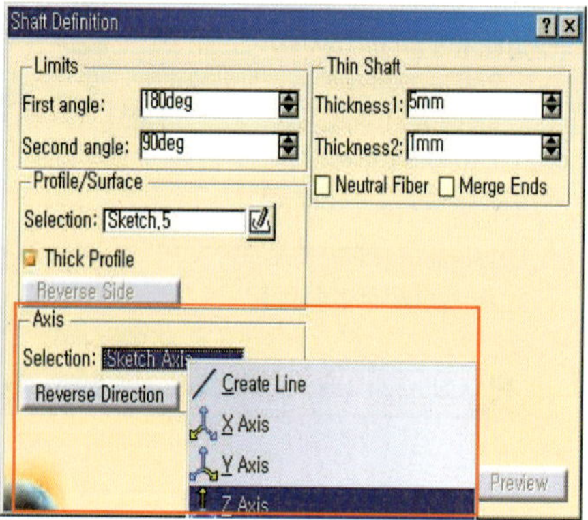

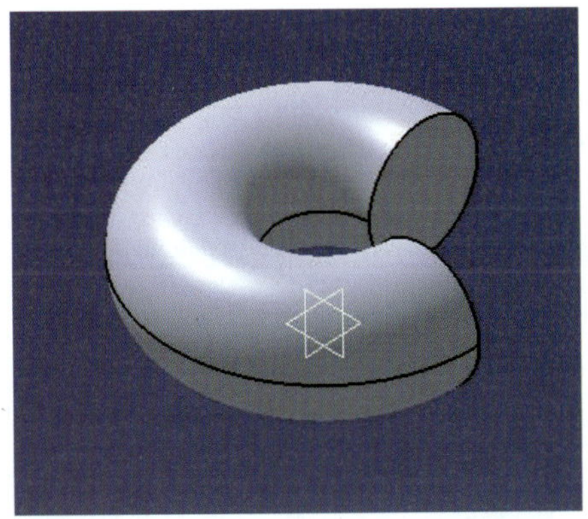

1. Axis/Selection
   - Sketch Mode에서 Axis를 생성할 경우 자동으로 회전축으로 지정됨
   - Sketch Mode에서 Axis를 생성하지 않을 경우 Selection에서 마우스 오른쪽버튼을 클릭하여 지정할 수 있음

⑨ Reverse Direction

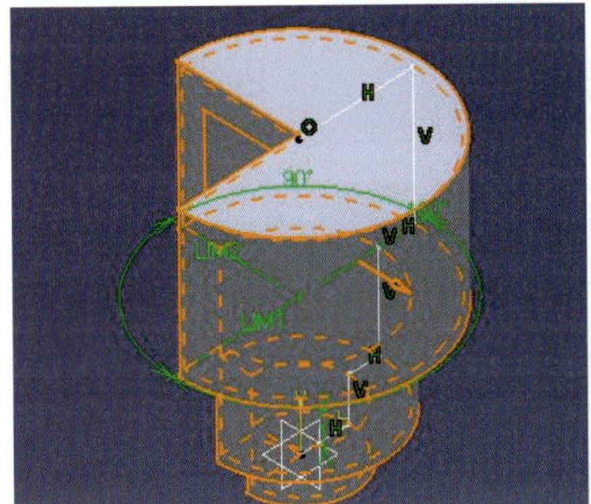

Reverse Direction 클릭하기 전

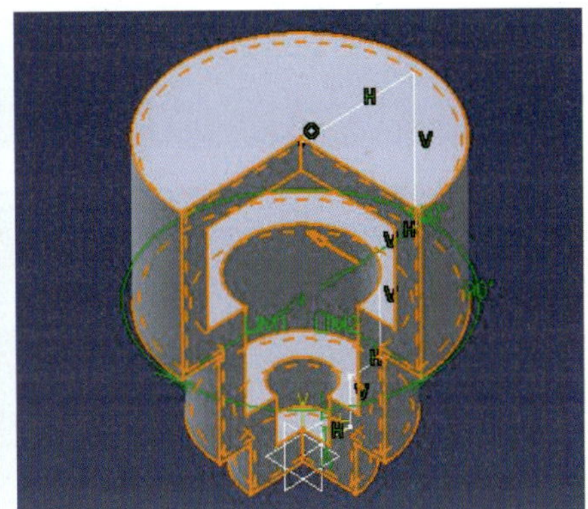

Reverse Direction 클릭한 경우

<Groove  >

Axis를 기준으로 회전시켜 Solid를 제거하는 기능

→ Shaft의 Option과 같고 삭제하는 역할

① ZX Plane에 Circle 을 Sketch하고 회전중심에 Axis 를 생성한다.

② Exit Workbench 아이콘 을 클릭하여 3D Mode로 전환하고 Shaft 아이콘 을 클릭하여 360° 회전체를 생성한다.

③ ZX Plane에 Circle 을 Sketch(1)하고 Axis 아이콘 을 클릭하여 회전 중심축을 V축에 생성(2)한다.

④ Exit Workbench 아이콘 을 클릭하여 3D Mode로 전환한다.

⑤ 아이콘을 클릭한다.

⑥ Groove Definition 대화상자에서 Limits/First Angle 영역을 클릭하고 360° 입력하고 OK 버튼을 클릭한다.

⑦ 생성한 Solid를 Circle이 360° 회전하면서 제거한다.

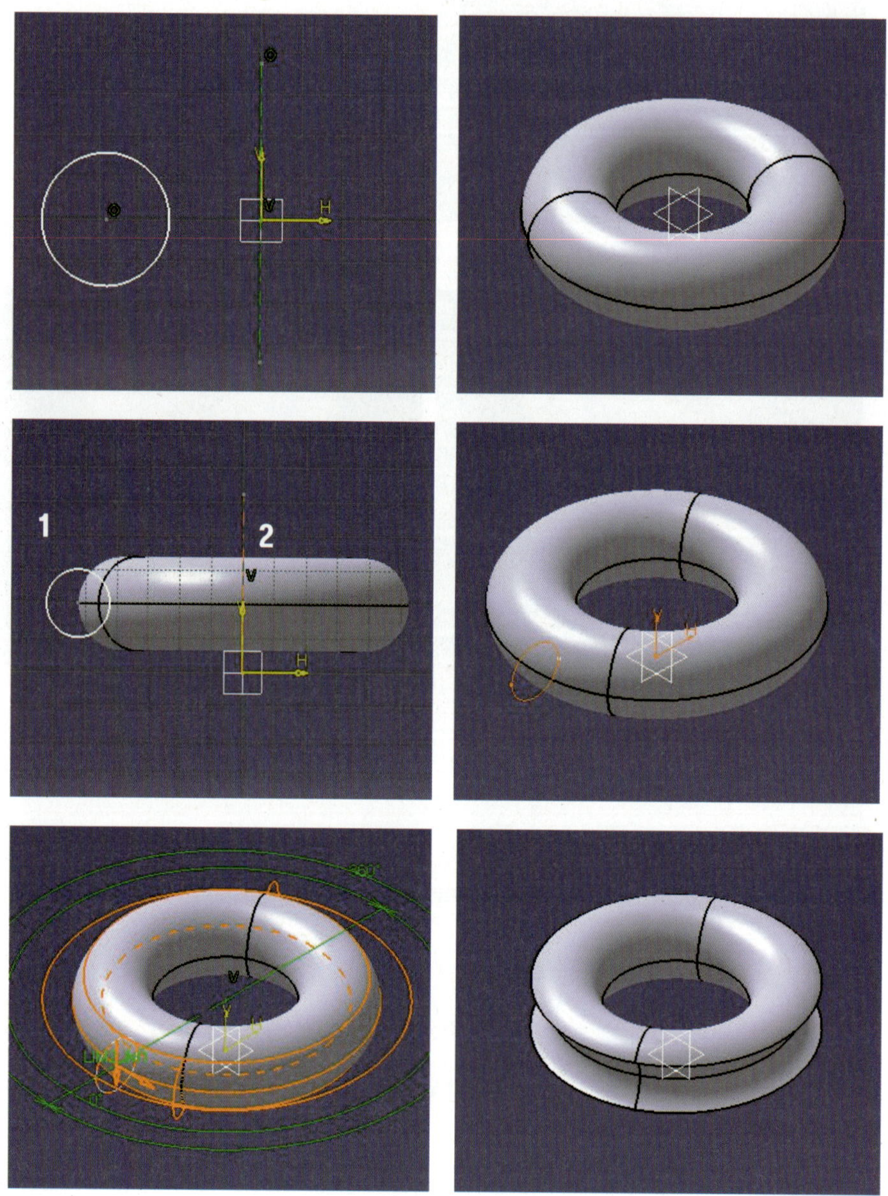

<Hole 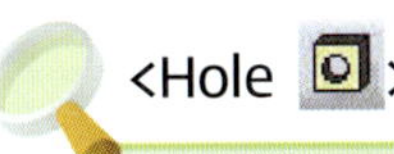 >

Solid에 구멍을 생성시키는 기능

① XY Plane에 Rectangle ▱을 Sketch하고 Exit Workbench 아이콘 ⬆을 클릭하여 3D Mode로 전환한다.

② Pad 아이콘 ⬛을 클릭하여 Solid를 생성한다.

③ ⬛ 아이콘을 클릭하고 Hole을 생성시킬 윗면을 선택(1)한다.

④ Hole Definition 대화상자에서 Diameter 영역을 클릭하여 직경 10mm를 입력하고 Depth 영역을 클릭하여 Hole의 깊이 10mm를 입력한다.

⑤ Solid의 윗면에 10mm 직경의 Hole이 10mm 깊이로 생성된다.

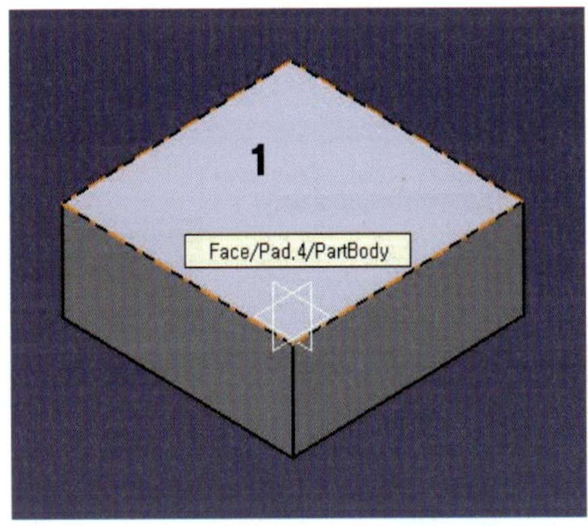

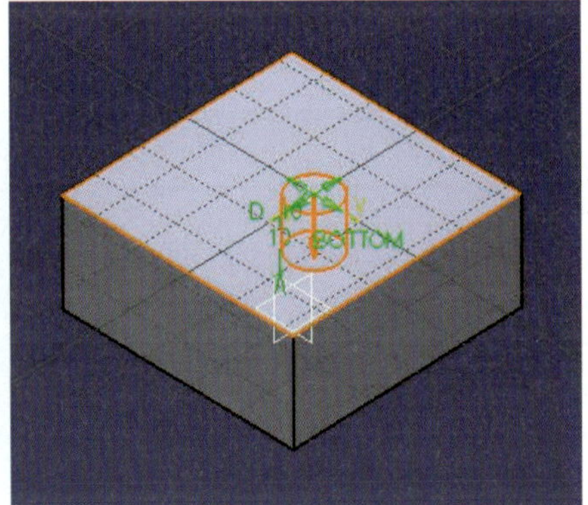

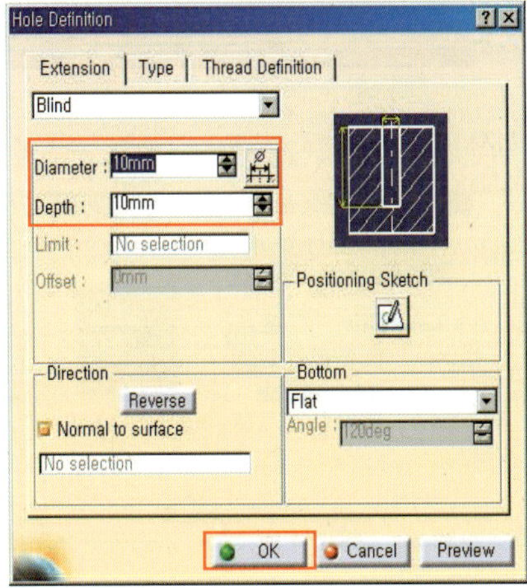

1. Extension
   - Diameter : Hole 직경 지정
   - Depth : Hole 깊이 지정
2. Direction
   - Normal to surface 체크 : Sketch를 포함한 평면에 수직한 방향으로 Hole 생성
   - Normal to surface 해제 : 임의의 방향(직선)으로 Hole 생성
3. Positioning Sketch : Hole의 위치를 지정

⑥ Extension

- Up to Next : Sketch를 Solid의 가장 가까운 Plane까지 제거한다.

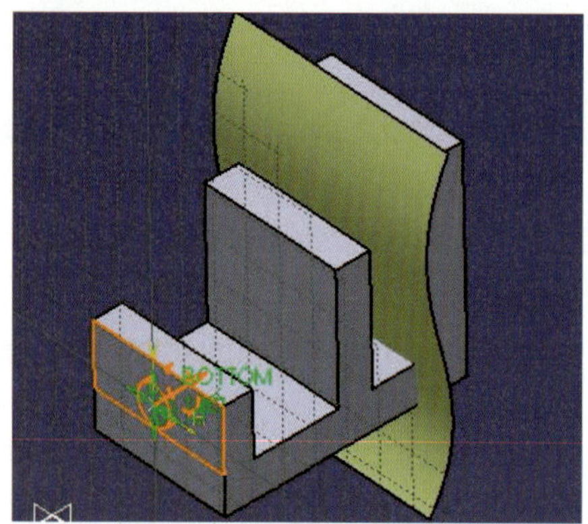 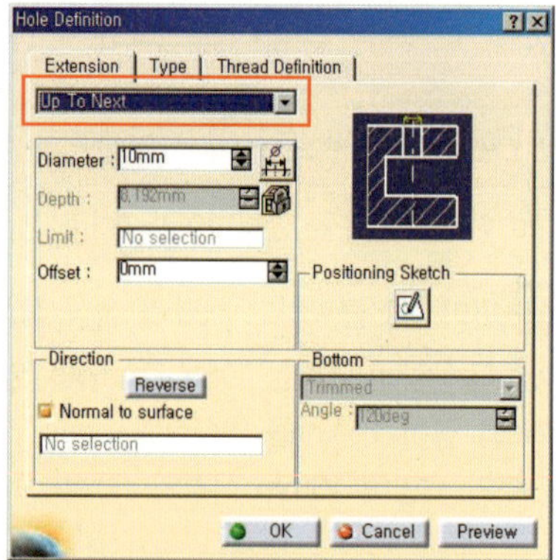

- Up to Last : Sketch를 Solid의 끝 Plane까지 제거한다.

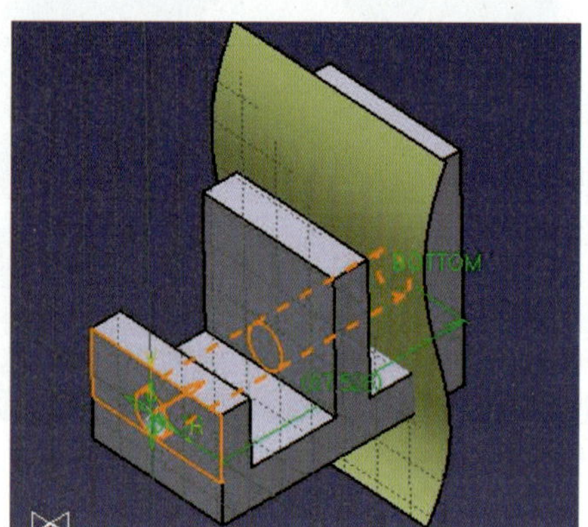 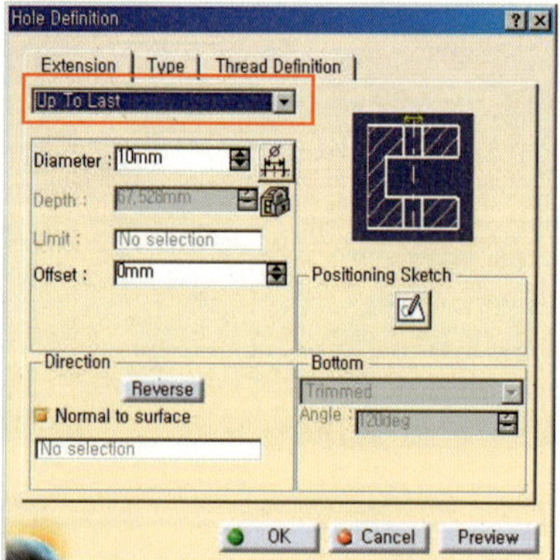

- Up to Plane : Sketch를 Solid의 선택한 Plane까지 제거한다.

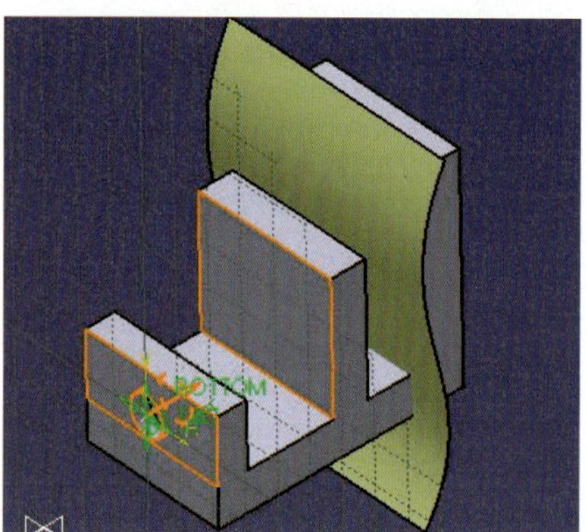 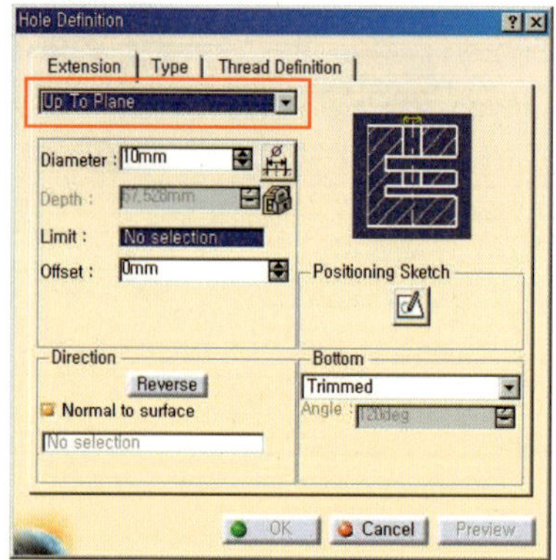

• Up to Surface : Sketch를 선택한 Surface까지 제거한다.

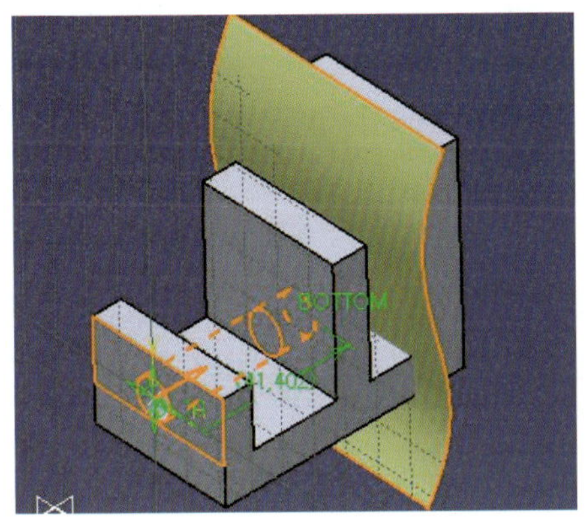

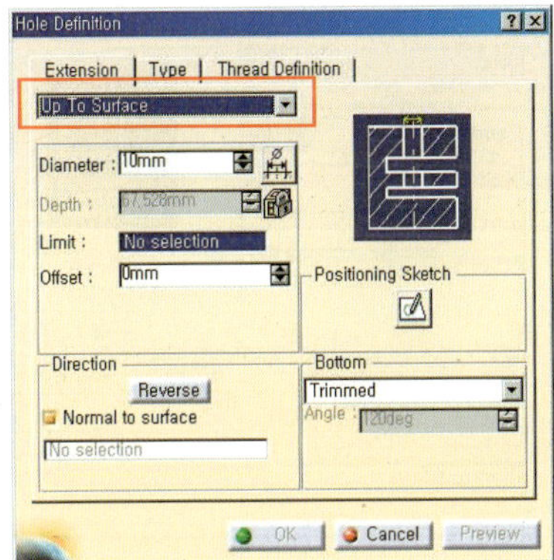

⑦ Direction : Hole의 방향을 사용자가 지정한다.

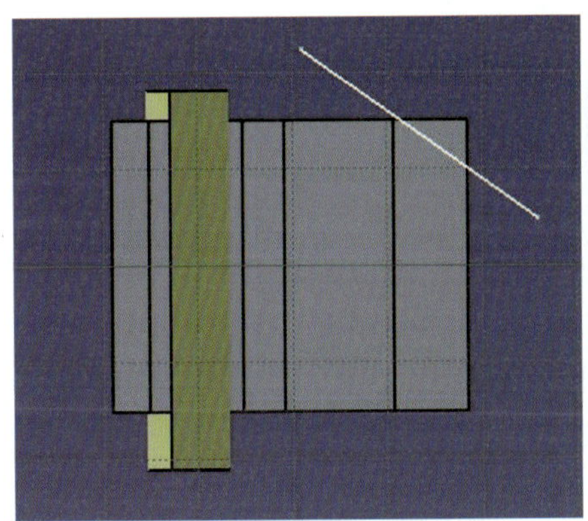

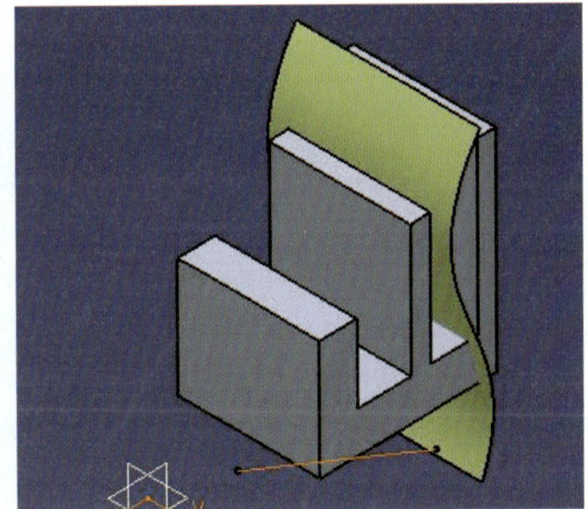

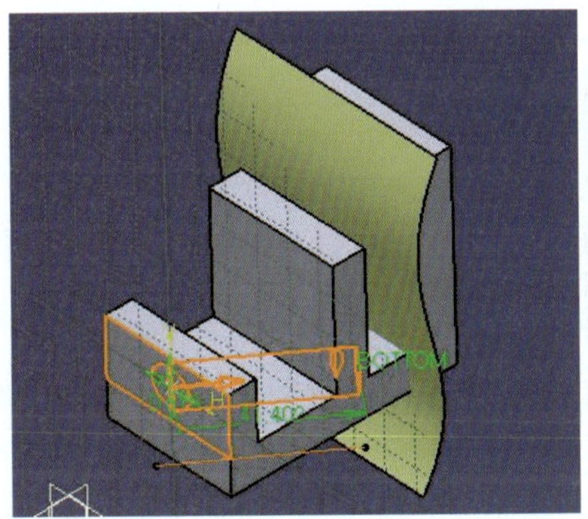

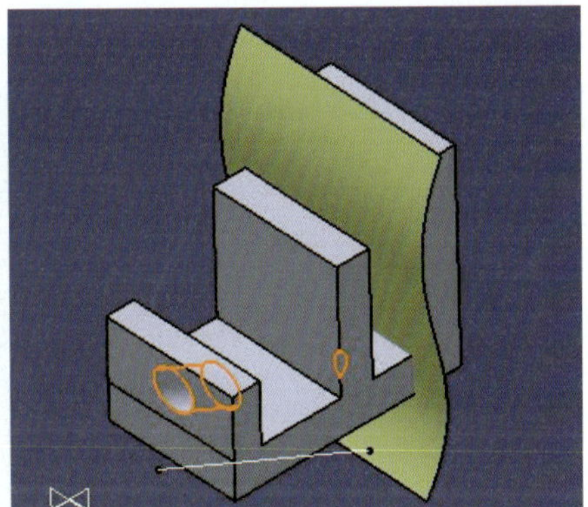

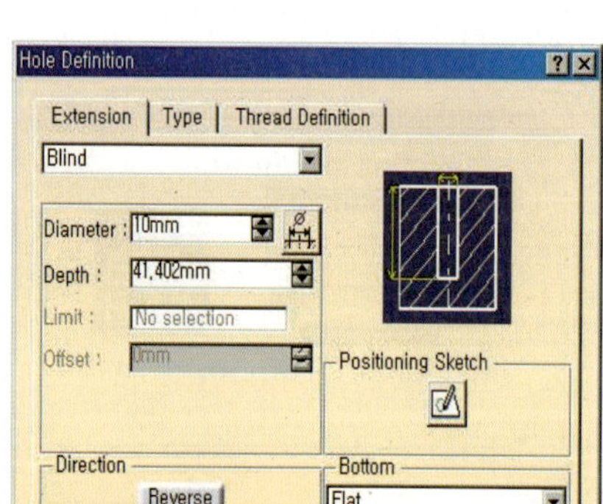

1. XY Plane에 Line을 Sketch
2. Solid의 한 면에 Circle을 Sketch하고 3D Mode로 전환
3. Circle을 선택하고 [아이콘] 아이콘 클릭
4. Direction의 Normal to surface를 체크 해제한 후 빈 영역을 클릭하고 위에서 생성한 Line을 선택
5. Hole이 Circle을 포함한 Sketch 평면에 수직한 방향이 아닌 Line 방향으로 생성

⑧ Positioning Sketch : Hole의 위치를 지정한다.

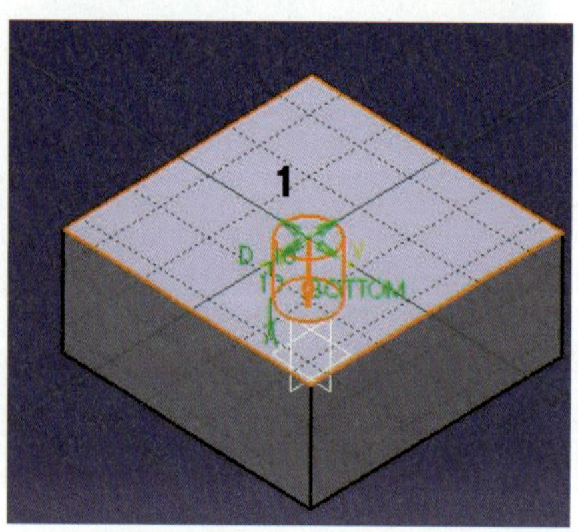

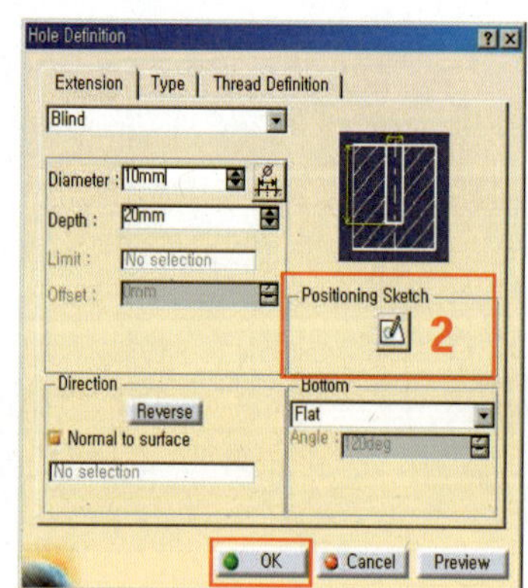

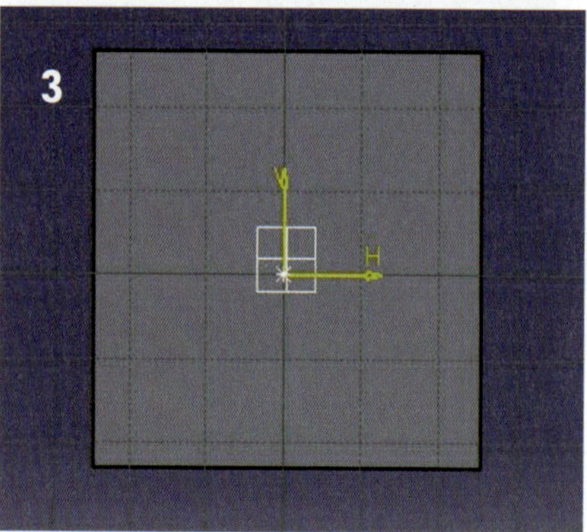

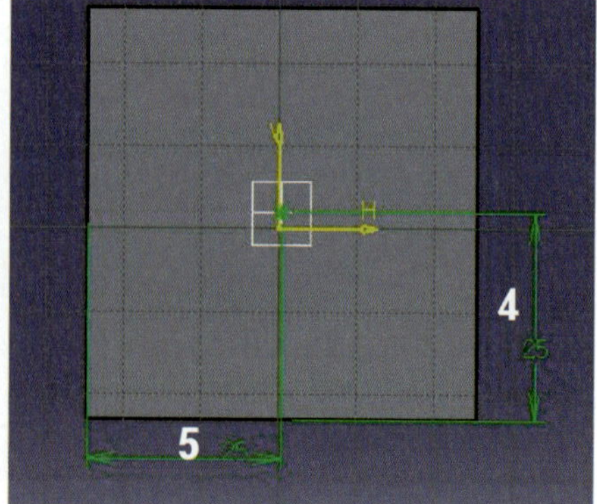

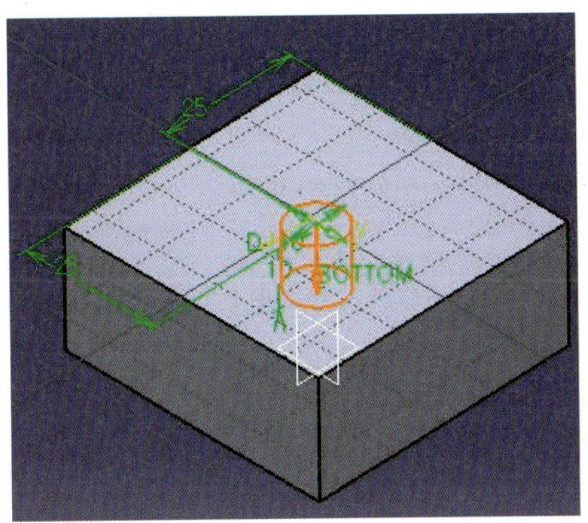

1. Hole  아이콘 클릭
2. Hole 생성할 면 선택(1)
3. Positioning Sketch 클릭(2)
4. Sketch Mode에서 클릭(3)
5. Hole 위치 치수구속(4, 5)
6. Exit workbench 아이콘 클릭
7. Hole Definition 대화상자에서 OK 버튼 클릭

⑨ Bottom : Hole의 바닥면의 형상을 지정한다.

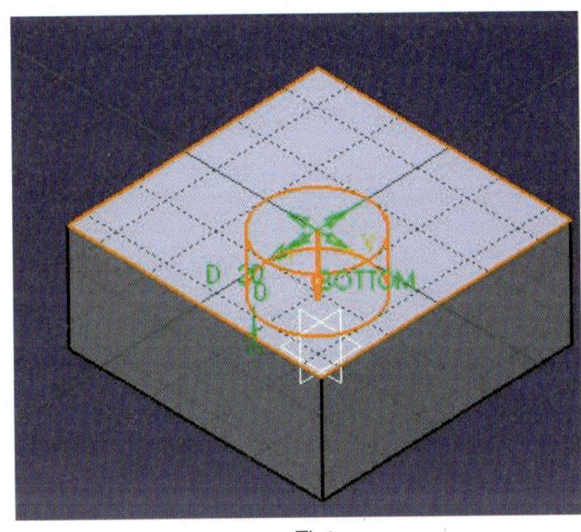

Flat

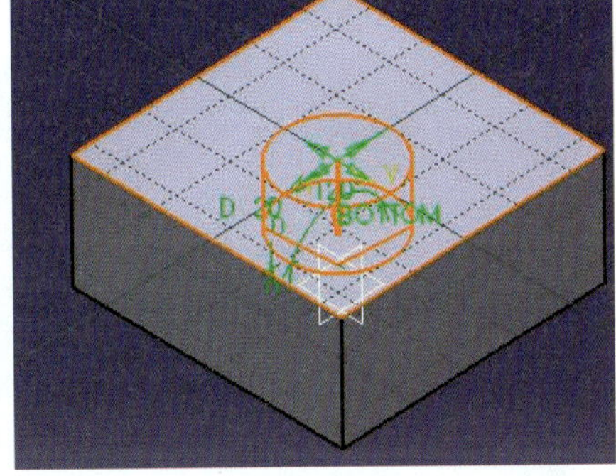

V-Bottom

⑩ Type
 • Simple : 바닥면이 평평한 원기둥 형상의 Hole을 생성한다.

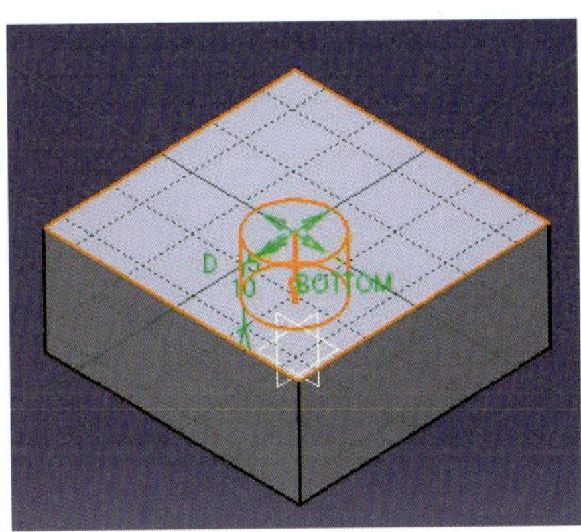

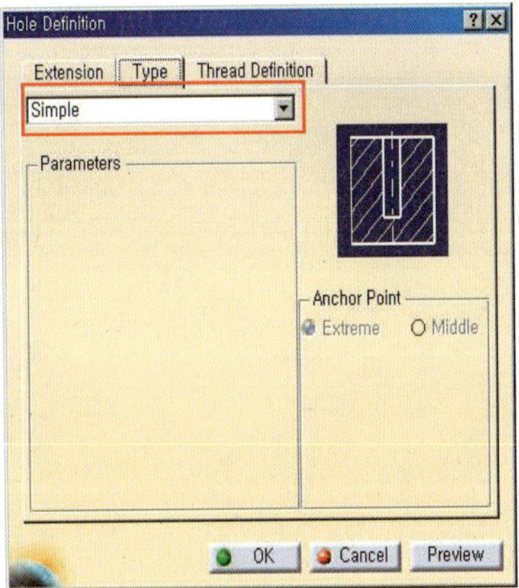

• Tapered : 테이퍼 형상의 Hole을 생성한다.

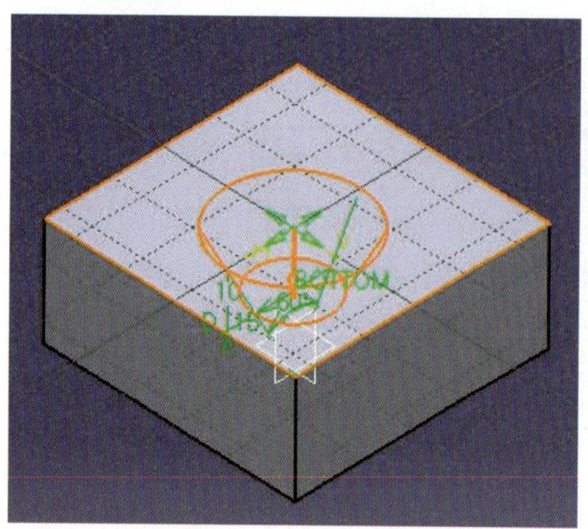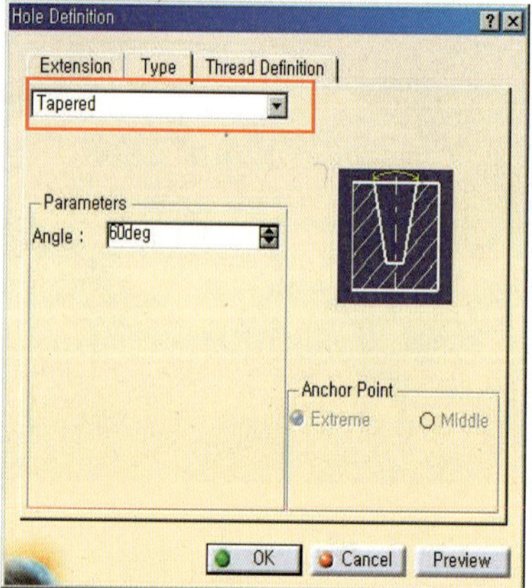

• Counterbored : Counterbore 형상의 Hole을 생성한다.

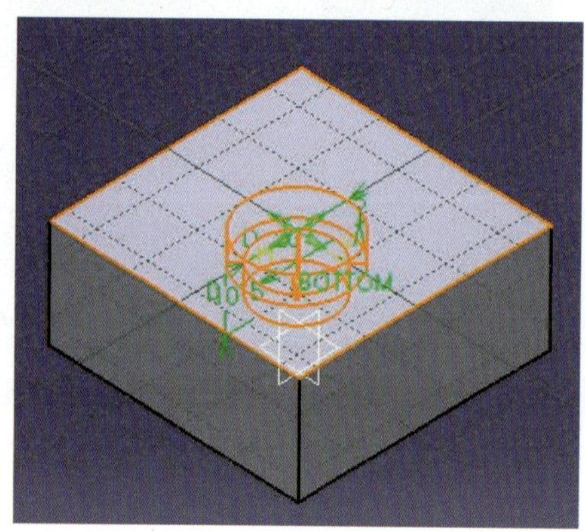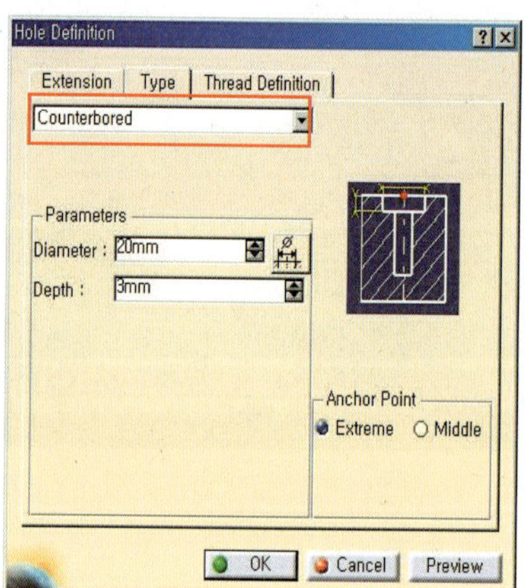

• Countersunk : Countersunk 형상의 Hole을 생성한다.

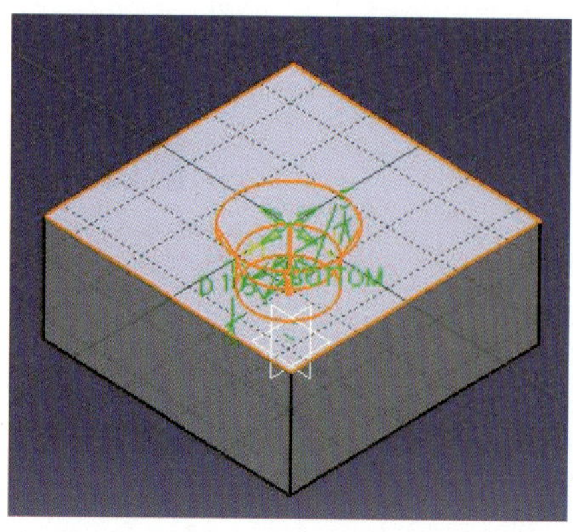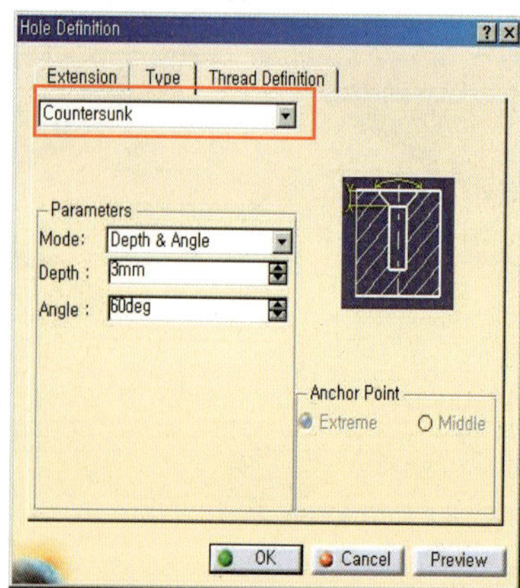

• Counterdrilled : Counterdrille 형상의 Hole을 생성한다.

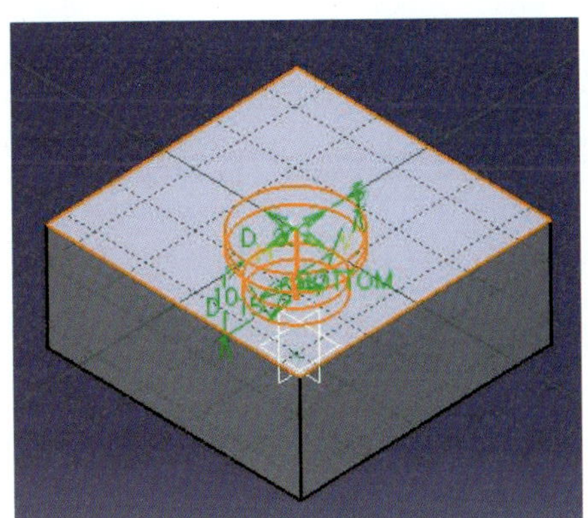

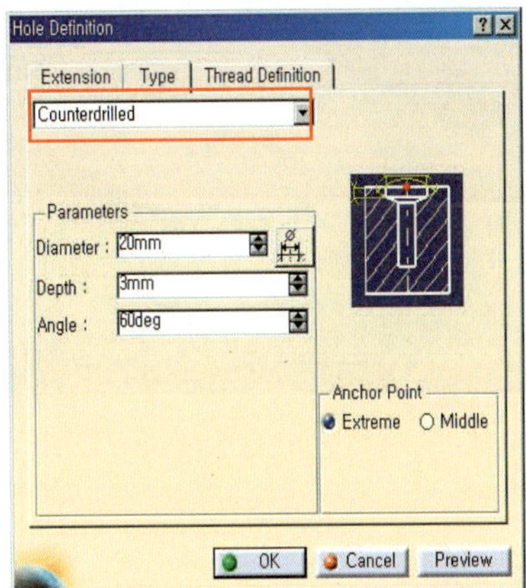

Hole을 생성하기 위한 다른 방법

① XY Plane에 Rectangle □ 을 Sketch하고 Exit Workbench 아이콘 ☖ 을 클릭하여 3D Mode로 전환한다.

② Pad 아이콘 ☑ 을 클릭하여 Solid를 생성한다.

③ Hole을 생성할 면의 모서리를 Ctrl키를 누른 상태에서 선택(1, 2)한다.

④ ▣ 아이콘을 클릭하고 Hole을 생성할 면을 클릭(3)한다.

⑤ 생성된 치수를 더블클릭하여 정확한 치수(4, 5)를 적용한다.

⑥ Hole Definition 대화상자에서 OK 버튼을 클릭한다.

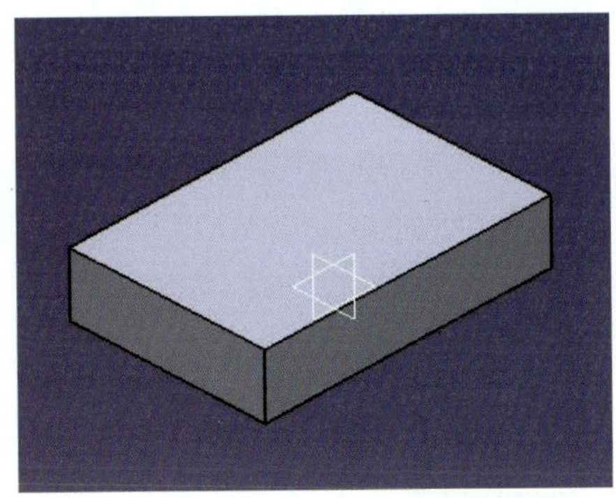

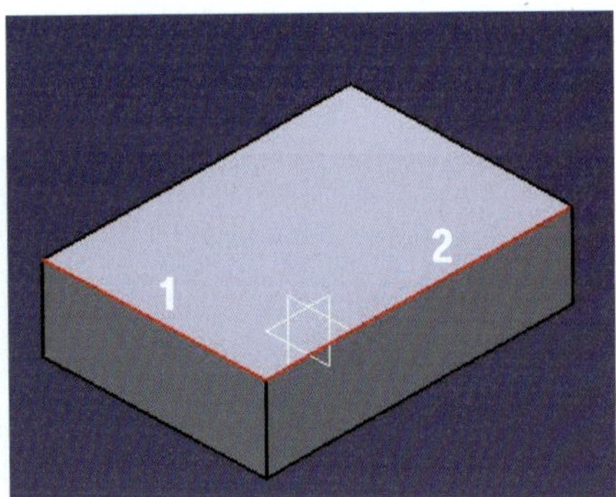

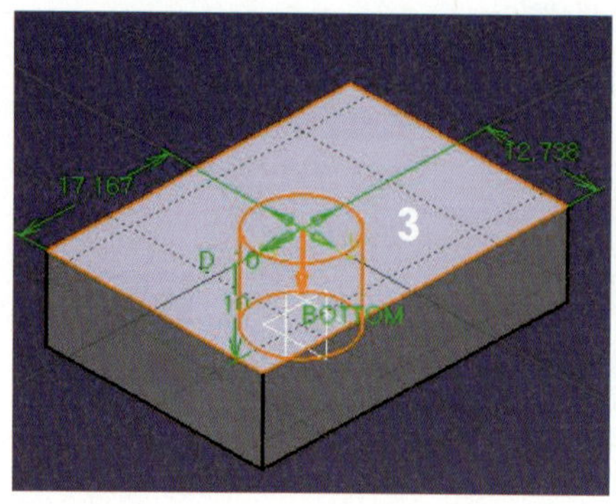

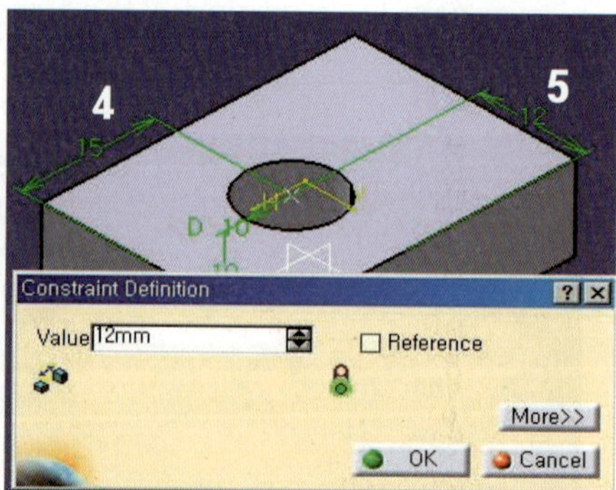

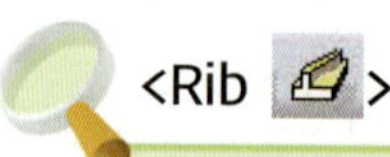

<Rib>

Sketch가 경로를 따라가며 Solid를 생성하는 기능

① ZX Plane에 생성할 Solid의 경로인 Spline Curve를 Sketch한다.

② Exit workbench 아이콘을 클릭하여 3D Mode로 전환한다.

③ Curve를 선택하고 Reference Elements도구막대의 Plane 아이콘을 클릭한다.

④ Plane Definition 대화상자에서 Point 영역을 클릭하여 Curve의 끝점을 선택하고 OK 버튼을 클릭한다.(Plane Type이 Normal to Curve로 자동으로 선택됨)

⑤ 위에서 생성한 Plane을 선택하고 Sketch 아이콘을 클릭한다.

⑥ Circle을 Sketch하고 Constraint 아이콘을 클릭한다.

⑦ Circle 중심점과 Curve 끝점을 선택하고 마우스 오른쪽버튼을 클릭하여 Coincidence를 선택하여 일치(1)시킨다.

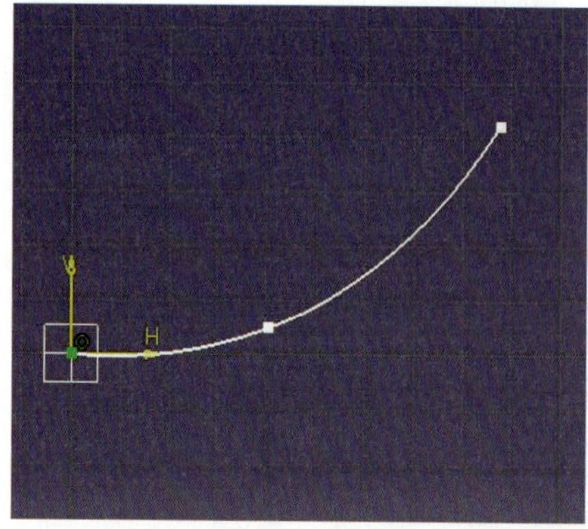

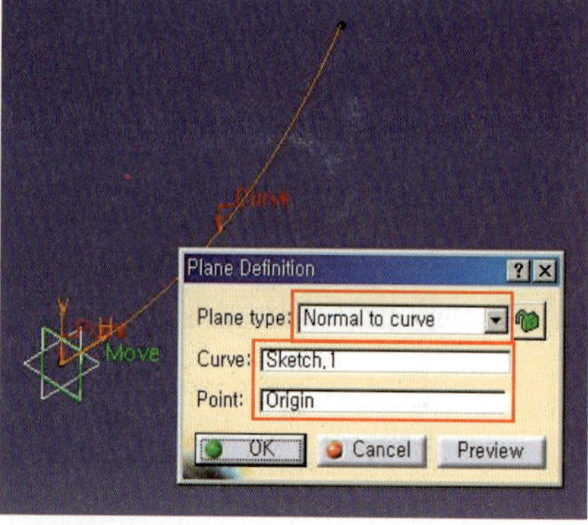

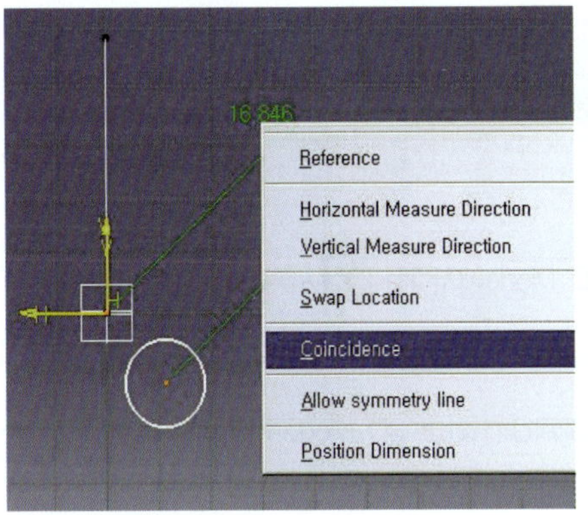

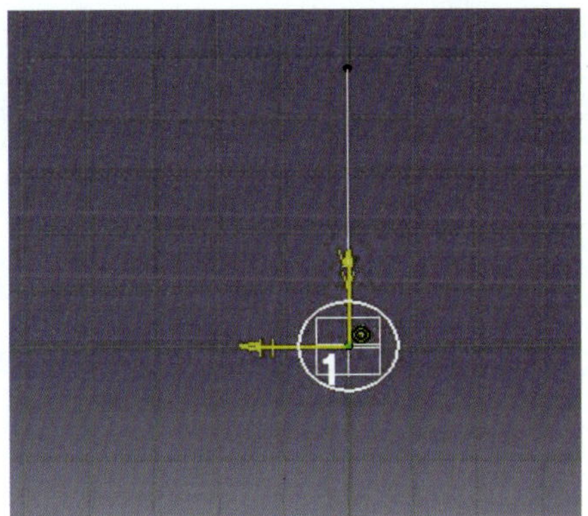

⑧ Exit workbench 아이콘 을 클릭하여 3D Mode로 전환한다.

⑨ 아이콘을 클릭한다.

⑩ Rib Definition 대화상자에서 Profile(2)과 Center curve(3)를 선택하고 OK 버튼을 클릭한다.

⑪ Profile 영역에서 지정한 Sketch 형상이 Center Curve를 따라가며 Solid를 생성한다.

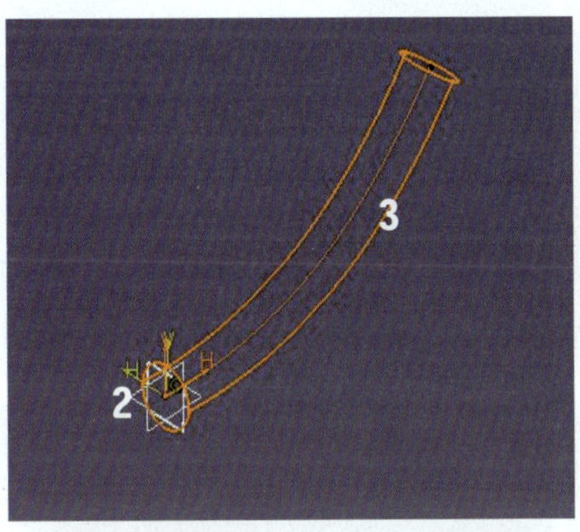

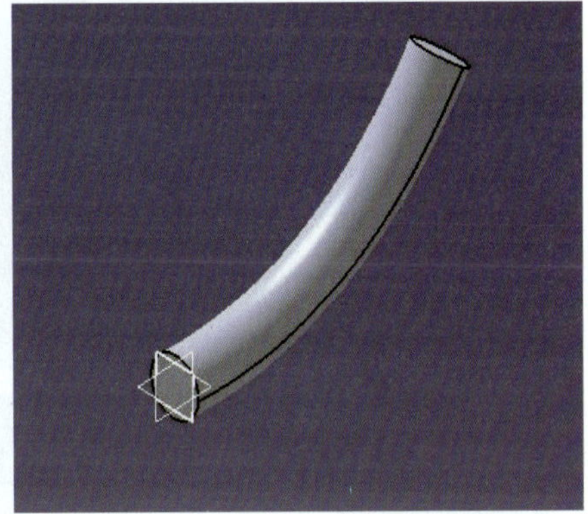

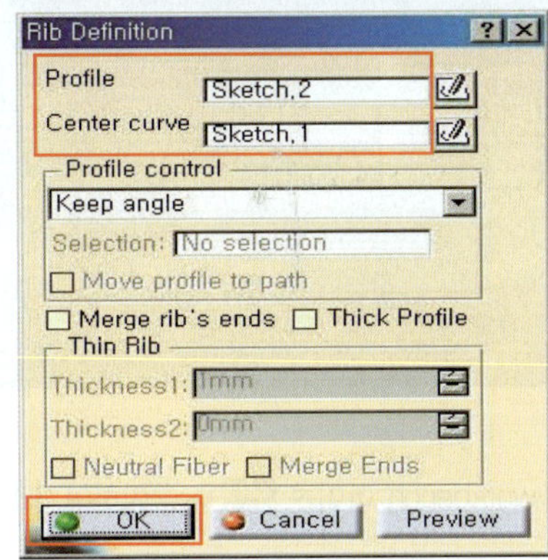

1. Profile : 생성할 Solid의 Sketch
2. Center curve : 생성할 Solid의 경로 지정

<Slot  >

Sketch가 경로를 따라가며 Solid를 제거하는 기능

→ Rib의 Option과 같고 삭제하는 역할

① XY Plane에 Rectangle □을 Sketch하고 3D Mode에서 Pad 시켜 Solid를 생성한다.

② Exit workbench 아이콘 을 클릭하여 3D Mode로 전환한다.

③ Solid의 윗면에 제거할 경로인 Spline 을 Sketch(1)하고 3D Mode로 전환한다.

④ Plane 아이콘 을 클릭한다.

⑤ Plane Type을 Normal to curve을 선택하고 Curve 영역에 Spline을 Point영역에 Spline의 끝점을 선택하여 Spline에 수직인 Plane을 생성(2)한다.

⑥ 위에서 생성한 Plane을 선택하고 Sketch 아이콘 을 클릭하여 Sketch Mode로 전환한다.

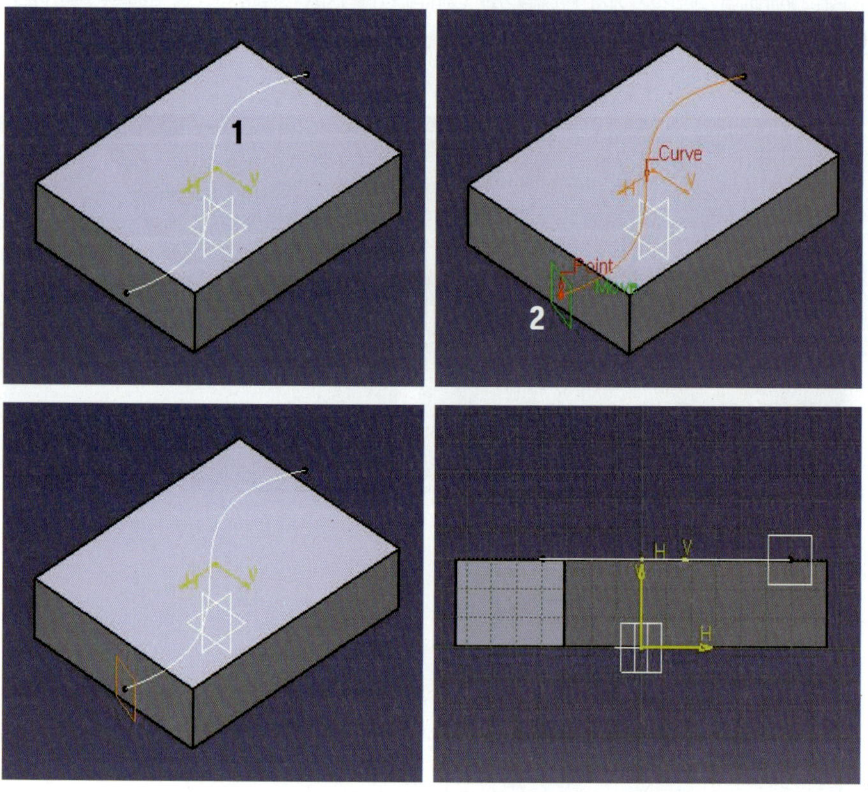

⑦ 제거할 Solid의 형상인 Circle을 Sketch(3)하고 Exit workbench 아이콘 을 클릭하여 3D Mode로 전환한다.

⑧ 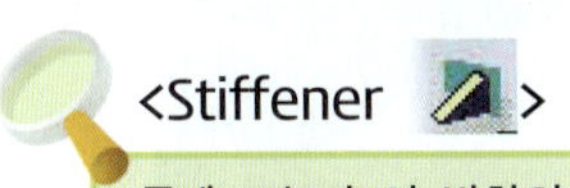 아이콘을 클릭한다.

⑨ Slot Definition 대화상자에서 Profile 영역을 클릭하여 Circle을 선택하고 Center curve 영역을 클릭하여 Spline을 선택한 후 OK 버튼을 클릭한다.

⑩ Circle이 Spline을 따라가며 Solid를 제거한다.

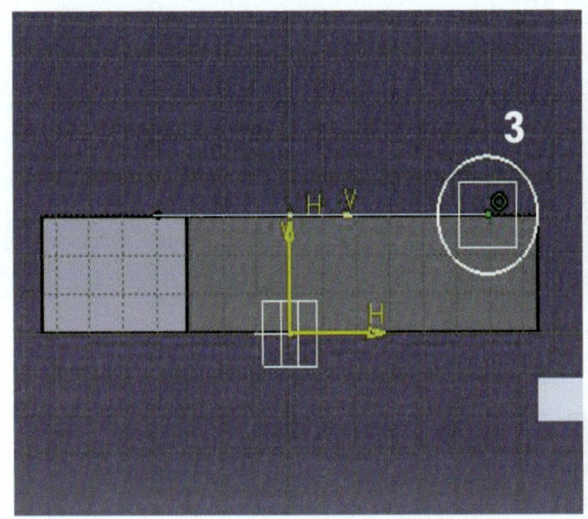

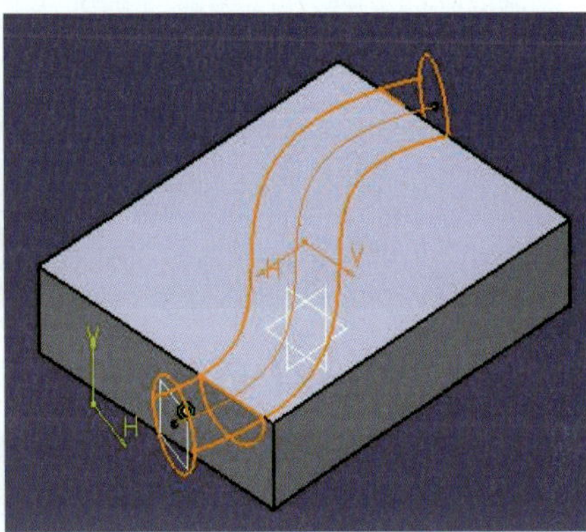

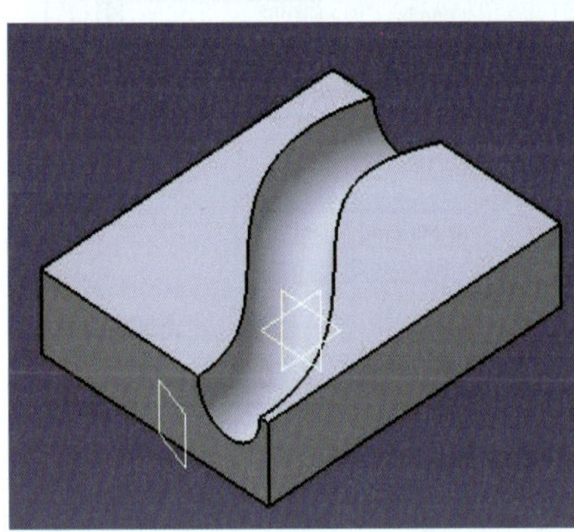

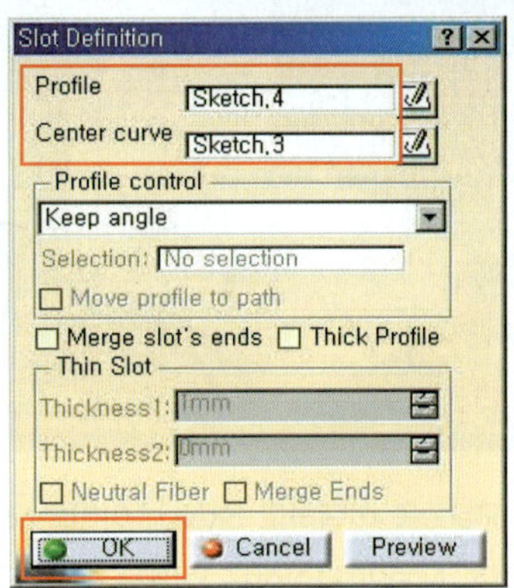

<Stiffener>

두께 또는 높이 방향의 보강재를 생성하는 기능

① ZX Plane을 선택하고 Sketch 아이콘을 클릭한다.

② Profile 아이콘을 클릭하고 아래와 같이 Sketch한다.

③ Exit workbench 아이콘을 클릭하여 3D Mode로 전환한다.

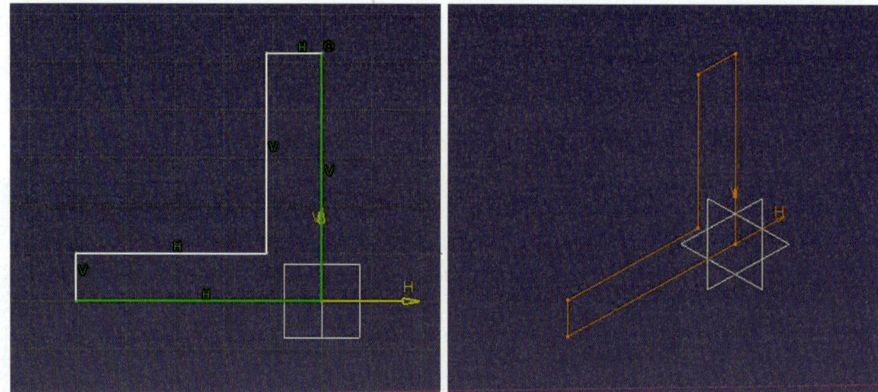

④ 3D Mode에서 Pad 시켜 Mirrored extent시킨 Solid를 생성한다.

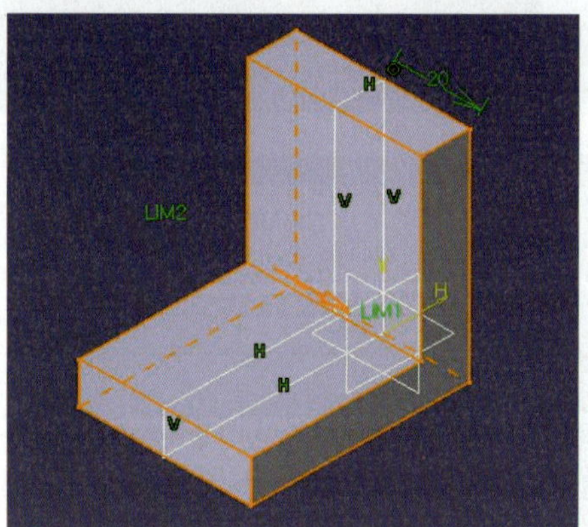

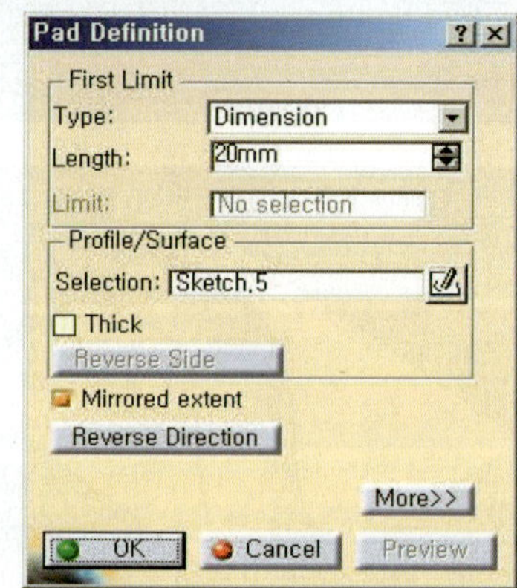

⑤ ZX Plane을 선택하고 Sketch 아이콘 을 클릭하여 Sketch Mode로 전환한 후 Line을 생성한다. 이때 생성한 Line의 연장선은 앞에서 생성한 Solid를 벗어나지 않도록 Sketch하여야 에러가 발생하지 않는다.

⑥ Exit workbench 아이콘 을 클릭하여 3D Mode로 전환한다.

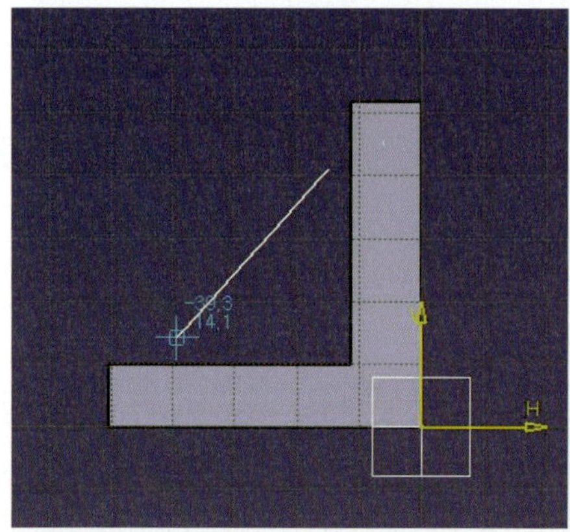

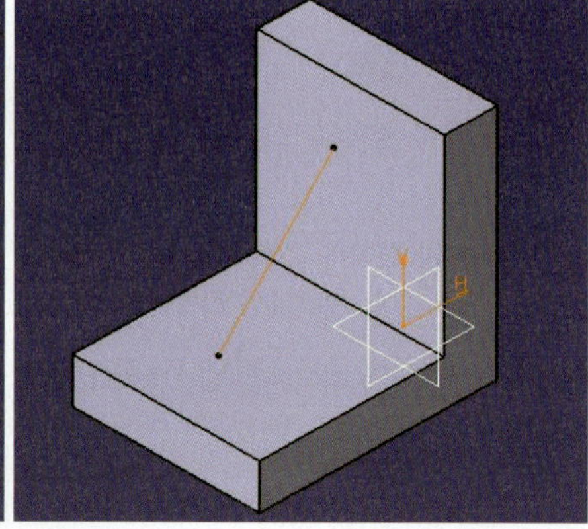

⑦ 아이콘을 클릭한다.

⑧ Stiffener Definition대화상자에서 Mode를 From Side, Thickness영역에 보강제의 두께(3mm)를 입력하고 OK버튼을 클릭한다.

⑨ Line을 기준으로 입력한 두께(3mm)만큼의 보강재가 생성된다.

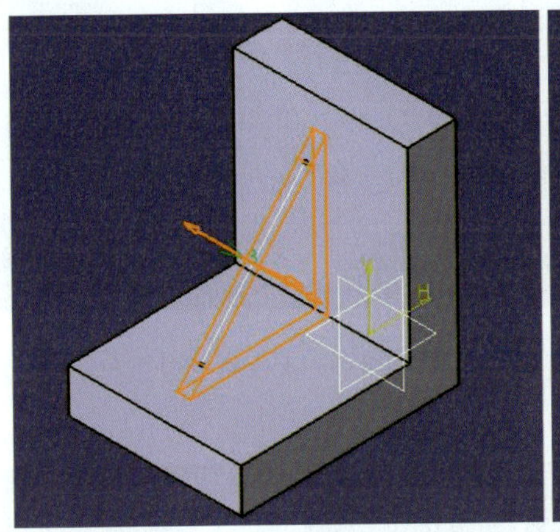
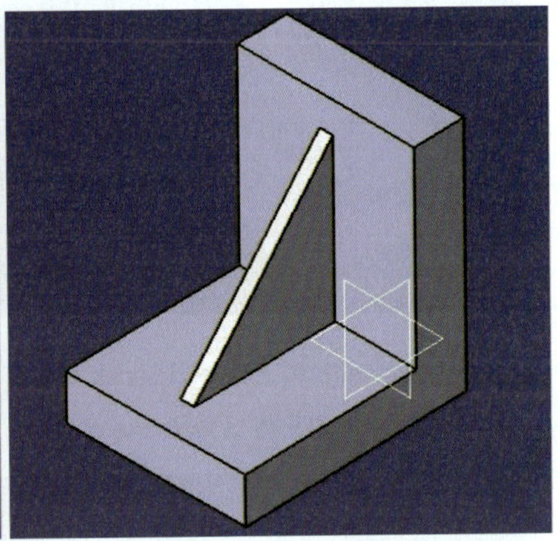

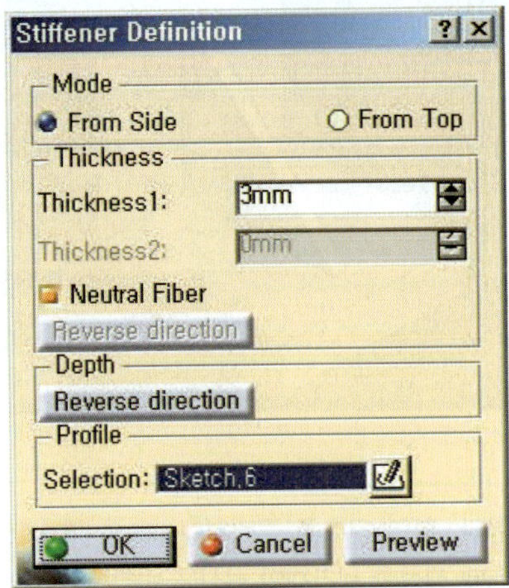

1. Mode
   - From Side : 두께방향으로 돌출
   - From Top : 높이방향으로 돌출
2. Thickness1,2 : 보강재 두께 지정
   - Neutral Fiber : Thickness1 두께를 양방으로 돌출
3. Depth
   - Revers direction : 보강재 생성방향을 반대로 전환(또는 모델에서 보이는 화살표를 클릭)

⑩ Mode

 * From Top

- 위에서 생성한 예제를 이용한다.

- Sketch 아이콘 을 클릭하고 생성한 Solid의 앞면을 Sketch Mode로 전환한다.

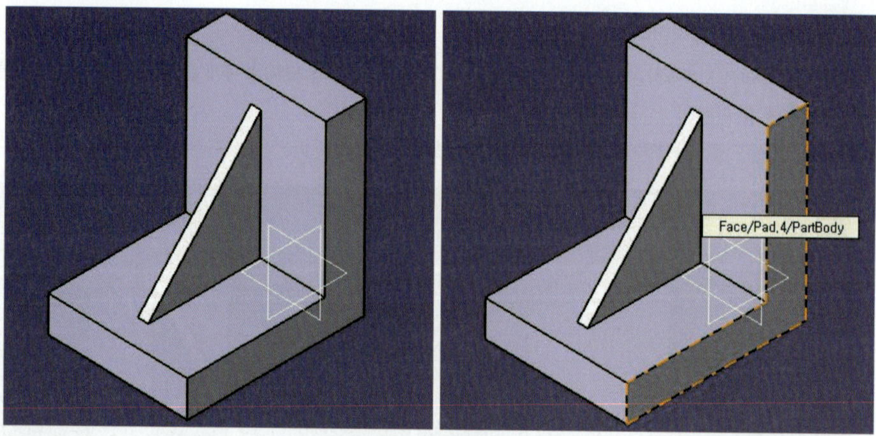

- Line을 Sketch한 후, Exit workbench 아이콘 을 클릭하여 3D Mode로 전환한다.(앞에서 생성한 보강
  재를 벗어나지 않도록 Line을 Sketch한다)

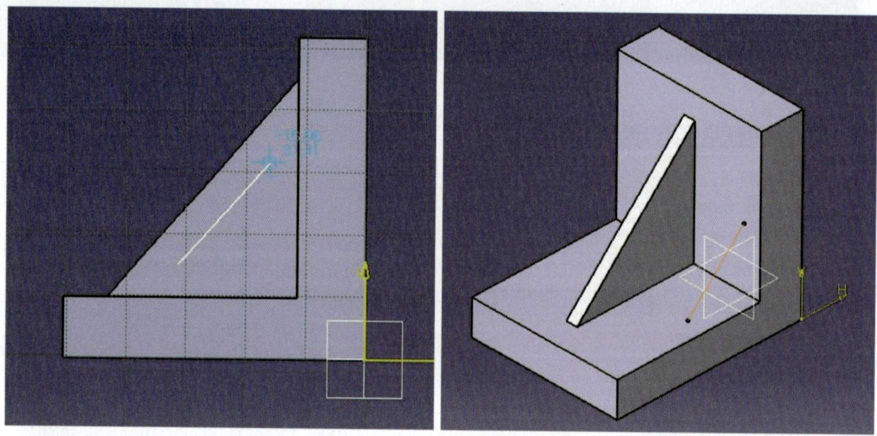

- 아이콘을 클릭한다.
- 조건이 맞지 않으면 아래와 같이 에러가 발생한다. 확인 단추를 클릭한다.
- Mode를 From Tip을 선택하고 OK를 클릭한다. 이때 생성할 보강재의 화살표 방향이 이미 생성한 Solid의
  경계를 벗어나게 되면 에러가 발생한다.

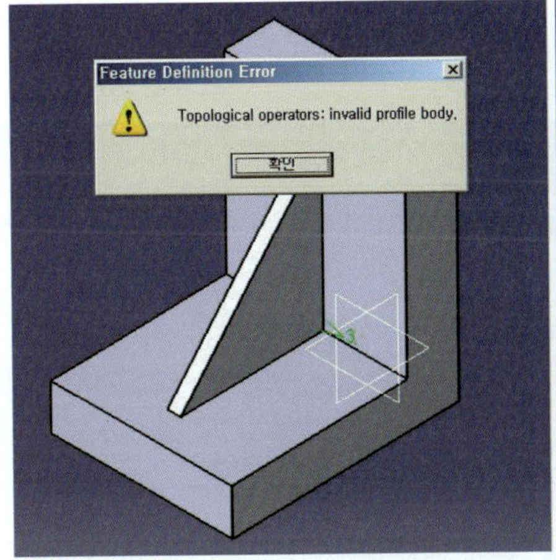

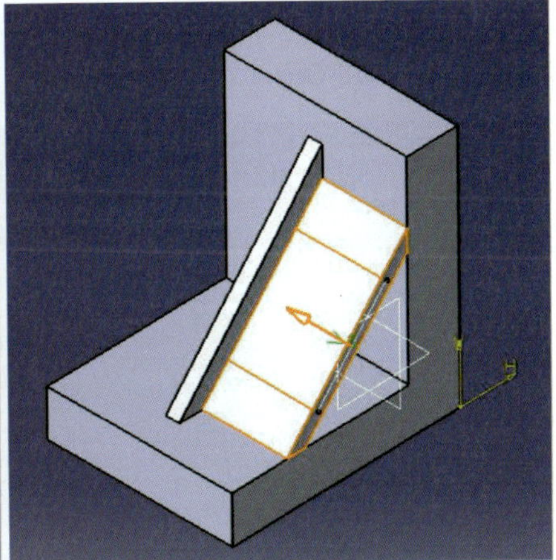

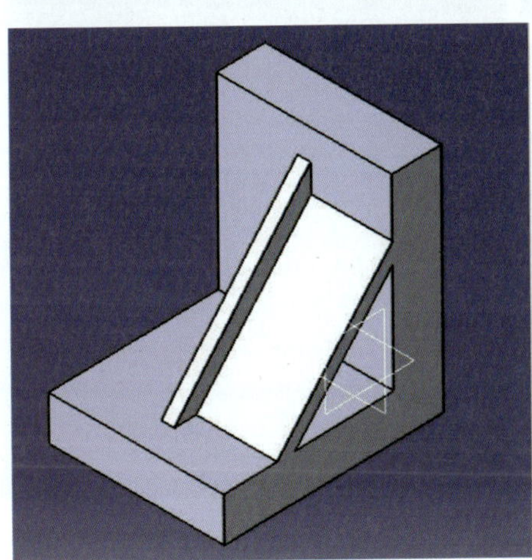

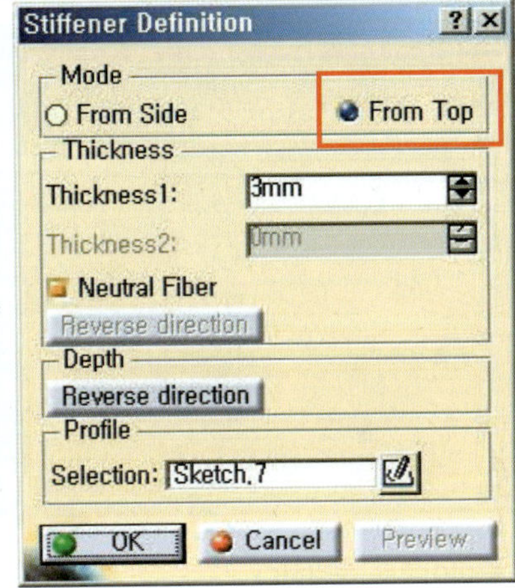

< Multi-sections Solid >

일정 거리만큼 떨어진 다른 형상의 Sketch를 연결하여 Solid를 생성하는 기능

① YZ Plane을 선택하고 Plane 아이콘 을 클릭하여 YZ Plane과 평행한 80mm 위치에 새로운 Plane을 생성한다.

② YZ Plane을 선택하고 Sketch 아이콘 을 클릭한다.

③ 닫힌 Arc를 Sketch하고 Exit workbench 아이콘 을 클릭하여 3D Mode로 전환한다.

④ 생성한 Plane을 선택하고 Sketch 아이콘 을 클릭한다.

⑤ 크기가 다른 닫힌 Arc를 Sketch하고 Exit workbench 아이콘 을 클릭하여 3D Mode로 전환한다.

⑥ 서로 다른 2개의 Sketch가 생성되었다.

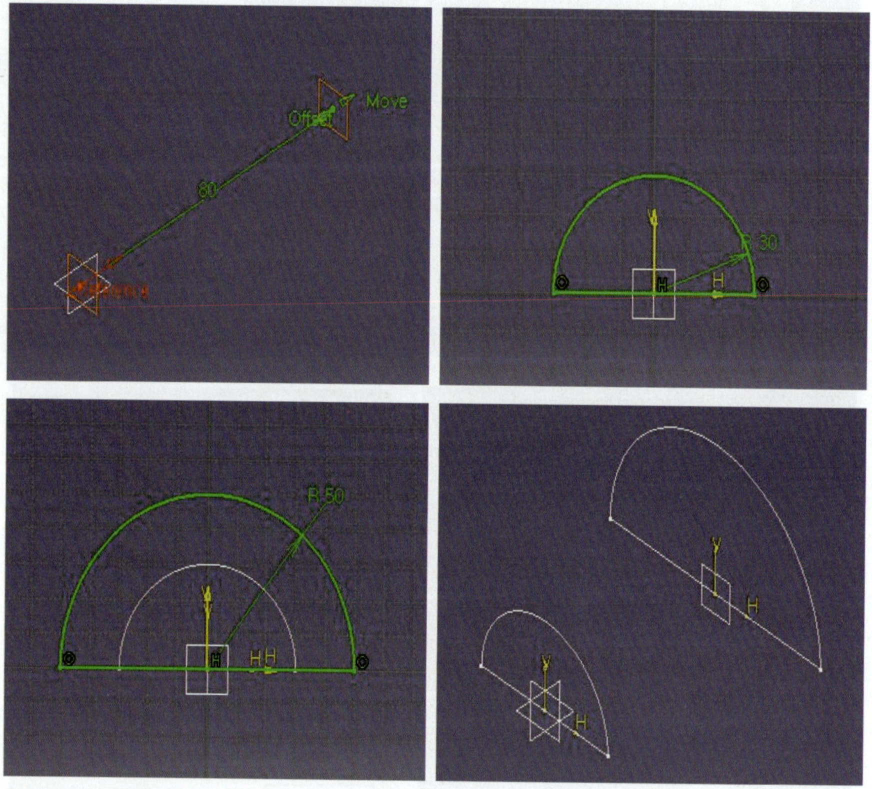

⑦ 아이콘을 클릭한다.

⑧ Multi-sections Solid Definition 대화상자에서 Section 영역을 클릭하고 2개의 Sketch를 차례로 선택하고 OK 버튼을 클릭한다.

⑨ 서로 다른 크기나 형태의 Sketch를 연결하여 Solid를 생성한다.

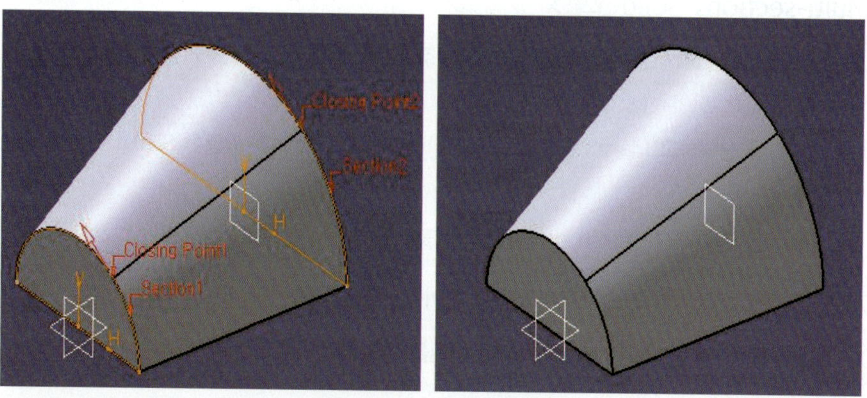

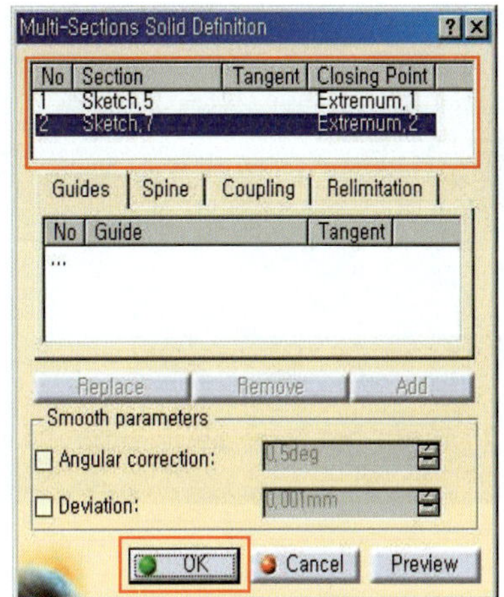

1. Section : 일정 거리 떨어져 있는 Sketch를 선택
2. Guide : Sketch를 이어줄 경로를 선택

<Removed Multi-sections Solid  >

일정 거리만큼 떨어진 다른 형상의 Sketch를 연결하여 Solid를 제거하는 기능

→ Multi-sections Solid의 Option과 같고 삭제하는 역할

① XY Plane에 Rectangle  을 Sketch하고 3D Mode에서 Pad 시켜 Solid를 생성한다.

② 직육면체의 앞면을 선택하고 Sketch 아이콘 을 클릭하여 제거할 형상을 Sketch하고 Exit workbench 아이콘 을 클릭하여 3D Mode로 전환한다.

③ Solid의 반대쪽 면을 선택하고 Sketch 아이콘 을 클릭한다.

④ 제거할 형상을 Sketch하고 Exit workbench 아이콘 을 클릭하여 3D Mode로 전환한다.

⑤ 아이콘을 클릭한다.

⑥ Removed Multi-sections Solid Definition 대화상자에서 Section 영역을 클릭하고 2개의 Sketch를 차례로 선택(1, 2)하고 OK 버튼을 클릭한다.

⑦ 이때 반드시 Closing Point 1, 2의 방향을 일치시킨다.(화살표를 클릭하면 방향이 전환된다.)

⑧ Solid에서 서로 다른 크기나 형태의 Sketch를 연결하여 Solid를 제거한다.

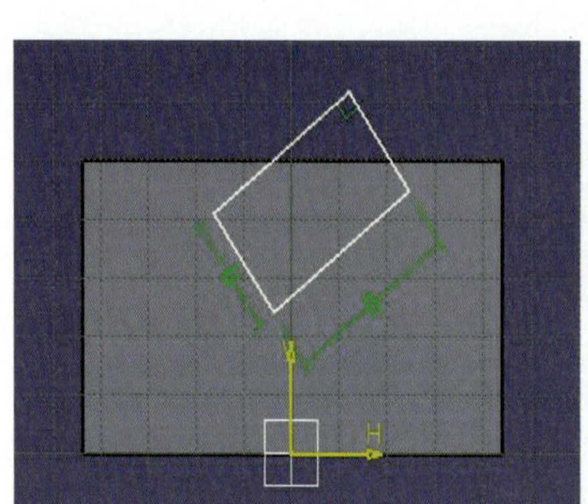

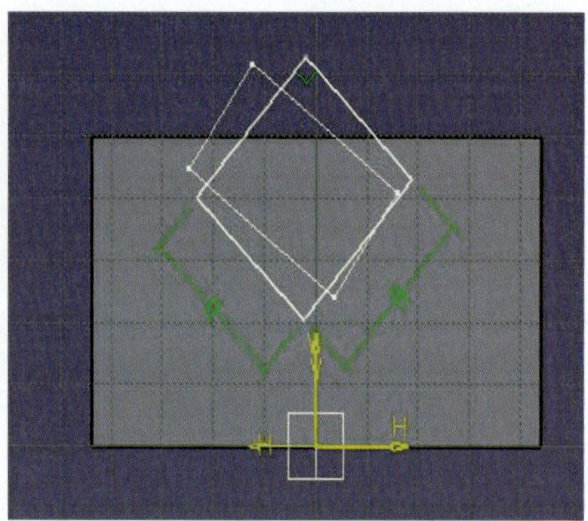

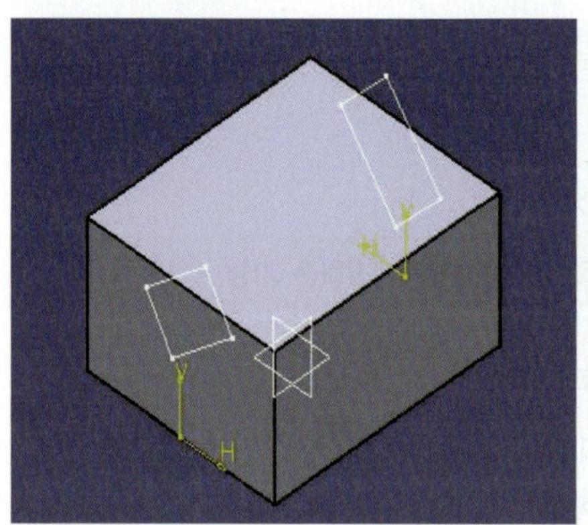

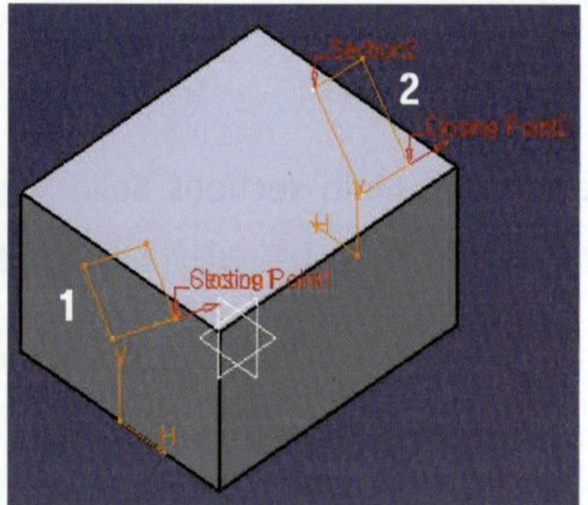

Section2
Closing Point
2
Starting Point
1

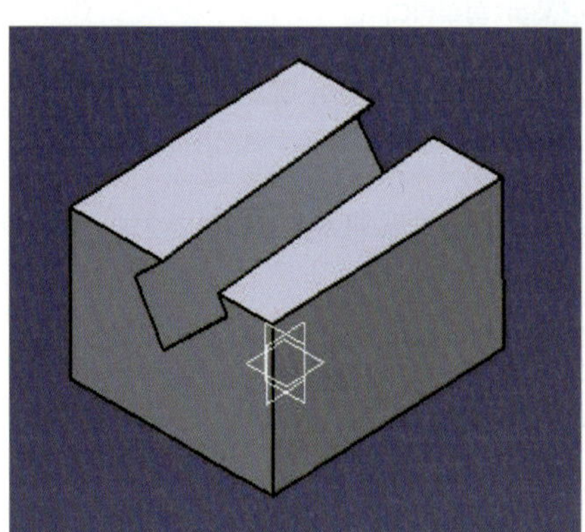

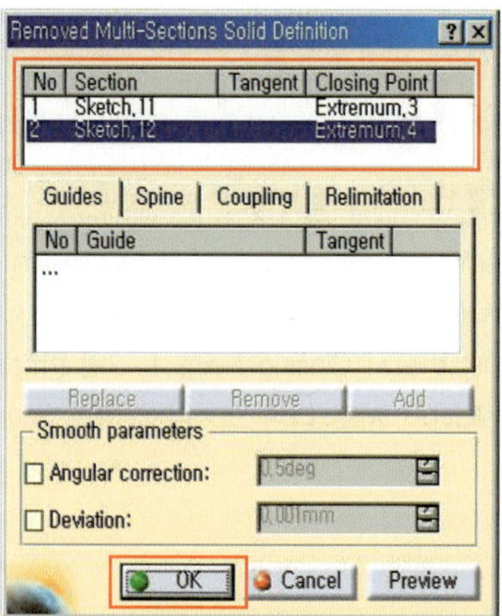

Removed Multi-Sections Solid Definition
No Section   Tangent Closing Point
1   Sketch,11   Extremum,3
2   Sketch,12   Extremum,4
Guides Spine Coupling Relimitation
No Guide   Tangent
...
Replace   Remove   Add
Smooth parameters
Angular correction: 0.5deg
Deviation: 0.001mm
OK   Cancel   Preview

2) Dress-Up Features

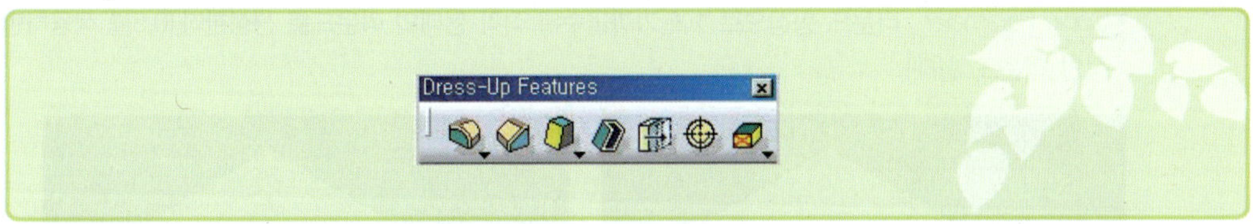

<Edge Fillet >

생성된 Solid의 모서리 부분을 라운드 처리해주는 기능

① XY Plane에 Rectangle 을 Sketch하고 3D Mode에서 Pad 시켜 Solid를 생성한다.

② 아이콘을 클릭한다.

③ Edge Fillet Definition 대화상자에서 Radius 영역을 클릭하여 10mm를 입력하고 Object(s) to fillet 영역을 클릭하여 라운드 시킬 모서리를 선택한다.

④ 선택한 모서리에 반경 10mm의 라운드가 생성된다.

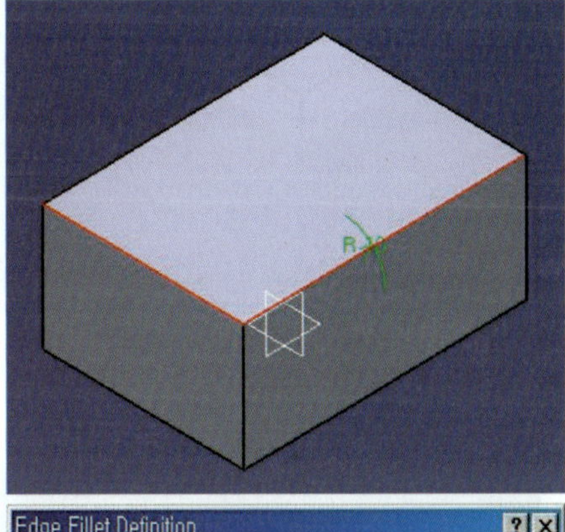

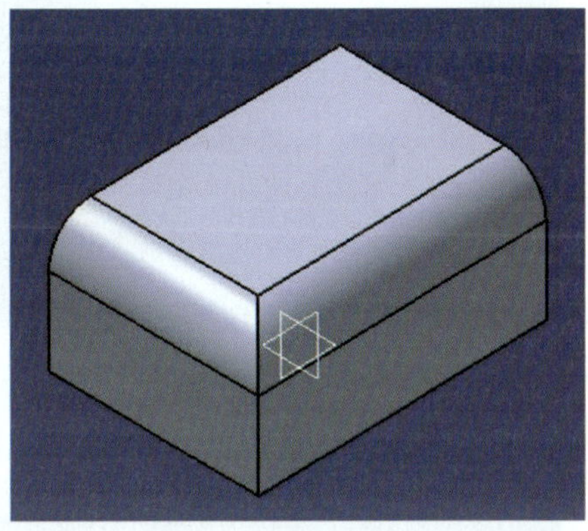

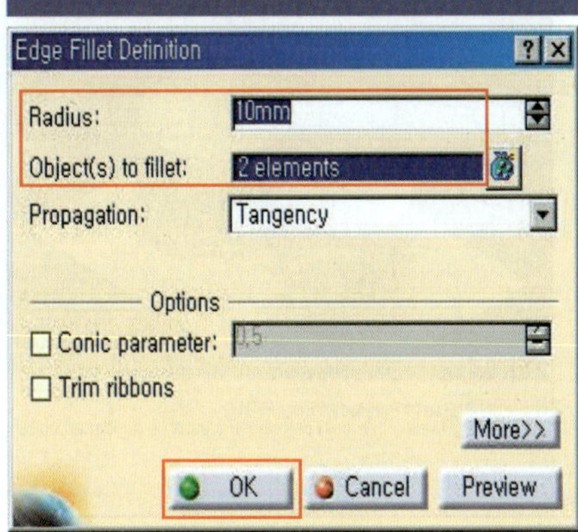

1. Radius : 라운드 반경 지정
2. Object(s) to fillet : 라운드를 적용할 모서리 선택
3. Options
   - Conic Parameter : 라운드 형상 지정
   - Trim ribbons : 라운드 시 겹치는 부분을 직선처리

⑤ Options

• Conic Parameter : 라운드 형상으로 1에 가까울수록 직각 형태의 라운드를 생성한다.(0.5를 적용하면 일반
적인 라운드 형태)

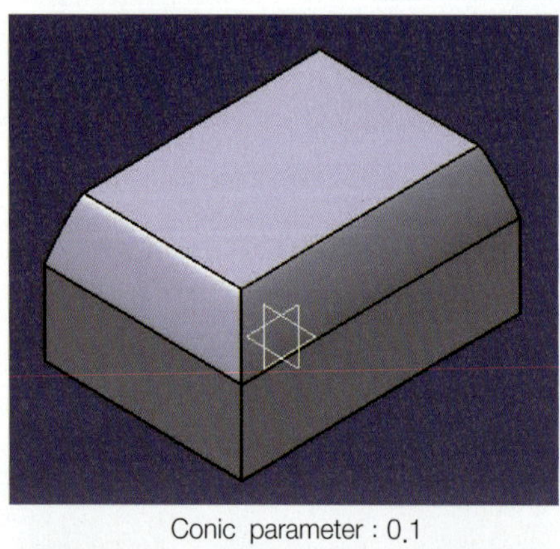

Conic parameter : 0.1

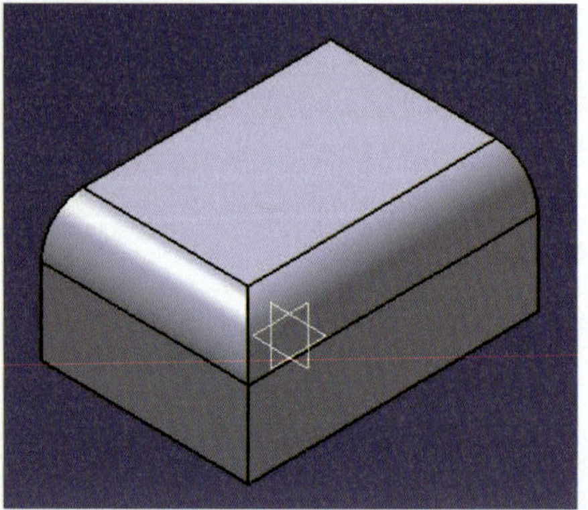

Conic parameter : 0.5

Conic parameter : 0.7

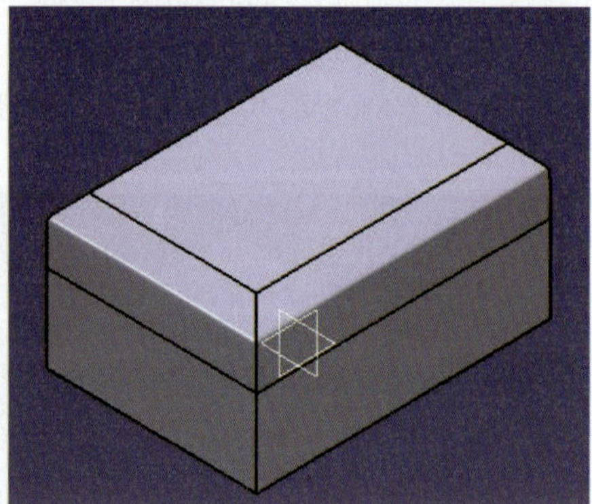

Conic parameter : 0.95

• Ribbon

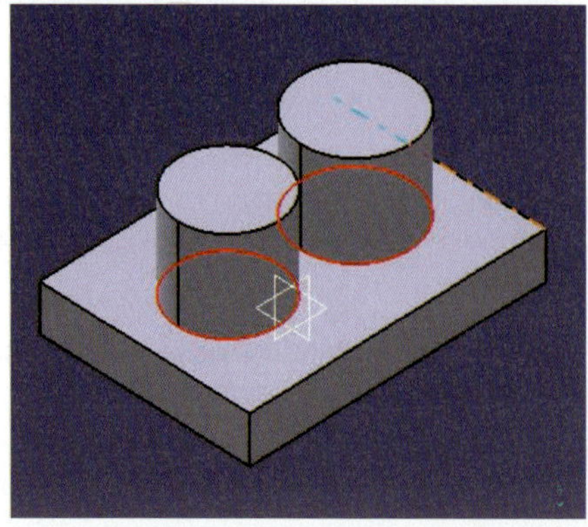

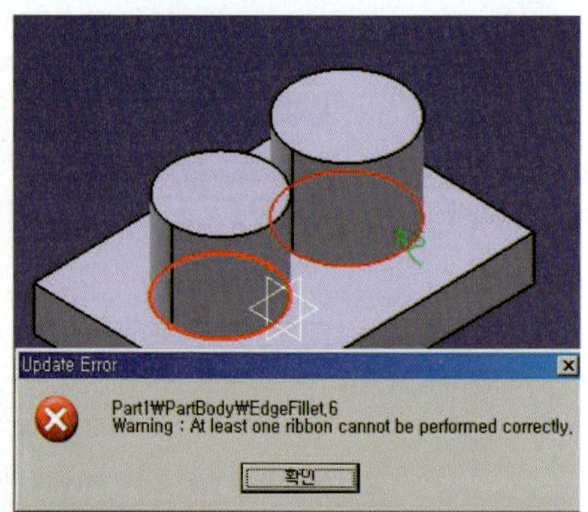

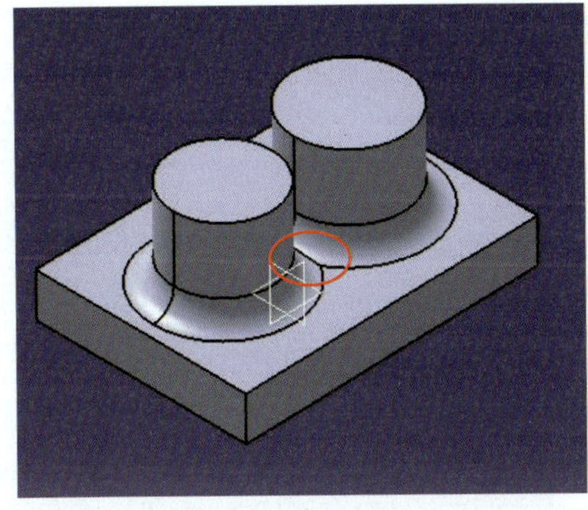

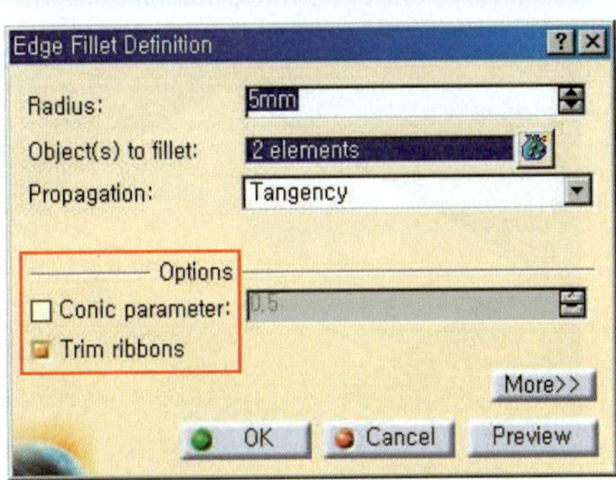

1. 직육면체 Solid를 생성시키고 윗면에 Circle을 2개 Sketch하여 Pad  시켜 Solid를 생성

2. 아이콘을 클릭하고 Object(s) to fillet 영역에 원기둥의 아래 모서리를 선택

3. Radius값보다 원기둥 사이의 거리가 짧을 경우에는 라운드가 겹쳐 Error가 발생

4. Options의 Trim ribbons를 체크

5. 교차된 부분이 직선화되어 라운드를 생성

Variable Radius Fillet

동일한 모서리에 서로 다른 Radius를 적용시켜 라운드시키는 기능

① XY Plane에 Rectangle 을 Sketch하고 3D Mode에서 Pad 시켜 Solid를 생성한다.

② 아이콘을 클릭한다.

③ Variable Radius Fillet Definition 대화상자에서 적용할 라운드의 Radius를 10mm로 입력한다.

④ Edge(s) to fillet 영역을 클릭하고 모서리를 선택(1)하면 모서리에 존재하는 Point에 Radius값이 표시(2)된다.

⑤ 변경하고자 하는 Point의 Radius값을 더블클릭하여 나타나는 Parameter Definition 대화상자에서 Value값을 30mm 입력하고 OK 버튼을 클릭한다.

⑥ Variable Radius Fillet Definition 대화상자에서 OK 버튼을 클릭한다.

⑦ 모서리에 서로 다른 Radius의 라운드가 생성(3)된다.

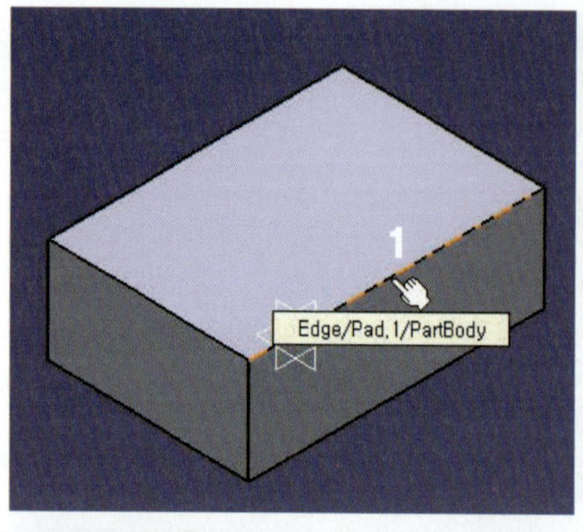

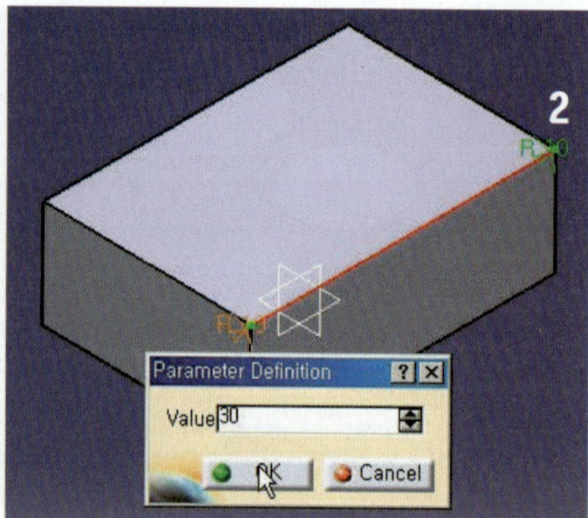

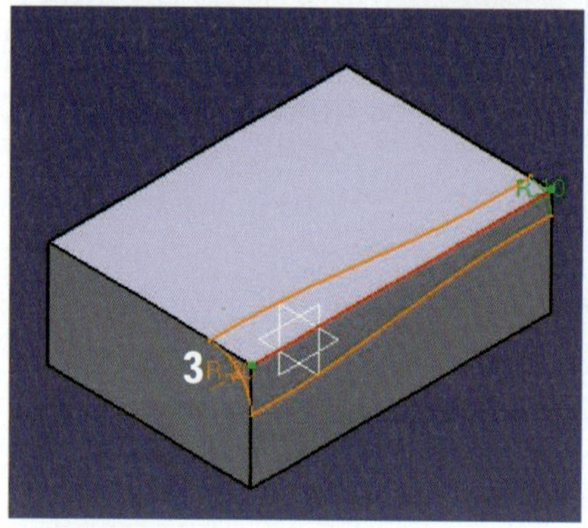

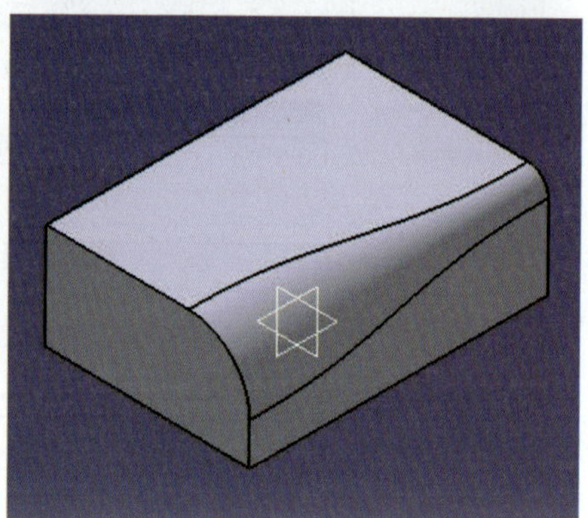

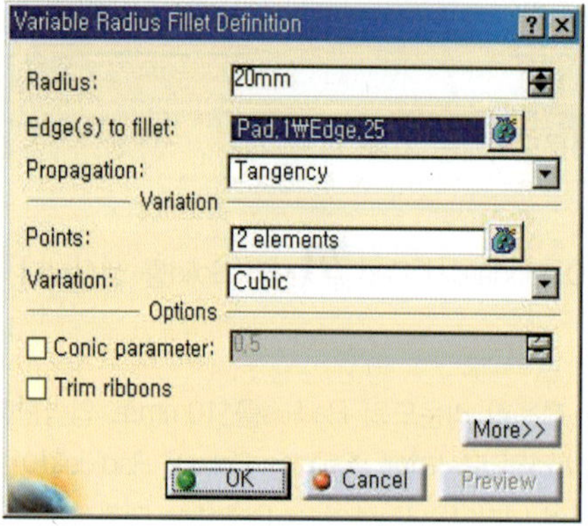

1. Radius : 라운드 반경 지정
2. Edge(s) to fillet : 라운드를 적용할 모서리 선택
3. Variation
   - Point : 추가하고자 하는 모서리에 존재하는 Points 선택
4. Options : Edge Fillet 참조

모서리에 Point를 추가하여 Variable Radius Fillet 적용하기

① Point 아이콘 을 클릭하고 Point를 생성시킬 모서리를 선택한다.

② 모서리 위에 새로운 Point가 생성(4)된다.

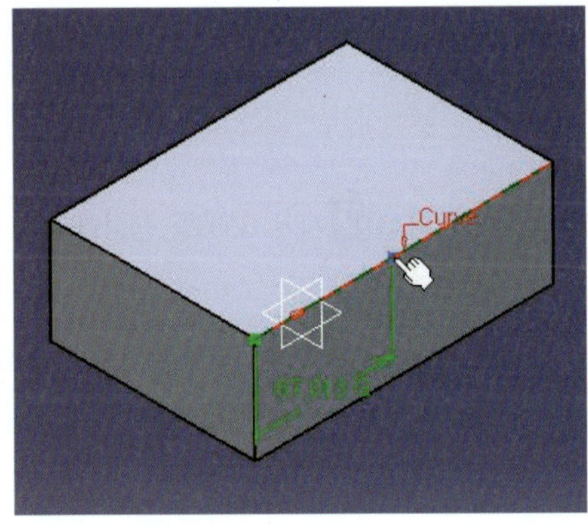
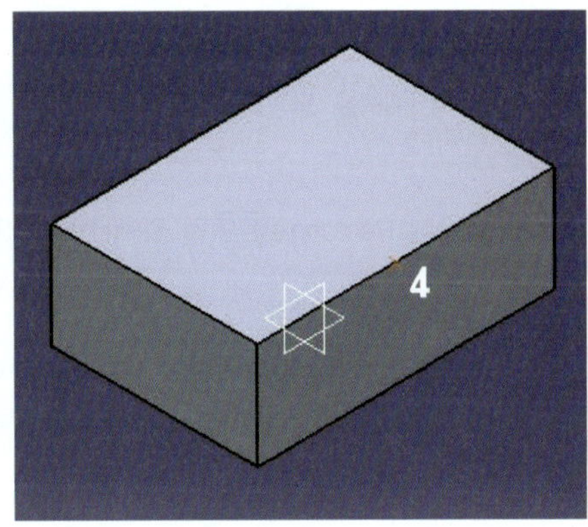

③ 아이콘을 클릭한다.

④ Variable Radius Fillet Definition 대화상자에서 적용할 라운드의 Radius를 30mm로 입력한다.

⑤ Edge(s) to fillet영역을 클릭하고 Point를 생성시킨 모서리 선택한다.

⑥ 생성한 Point에 Radius를 적용하기 위해 Variation/Points를 영역을 클릭하고 생성한 Point를 선택한다.

⑦ Point에 표시되는 R30을 더블클릭하여 Parameter Definition를 대화상자에서 Value값을 10mm 입력하고 OK 버튼을 클릭한다.

⑧ Solid 모서리에 생성된 Point의 Radius가 다르게 Fillet이 적용되었다.

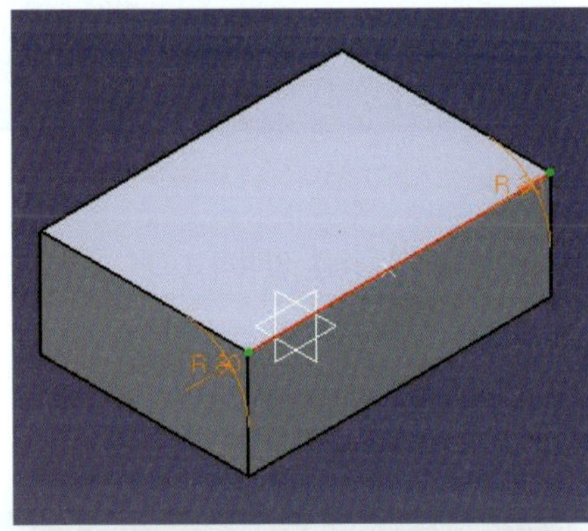
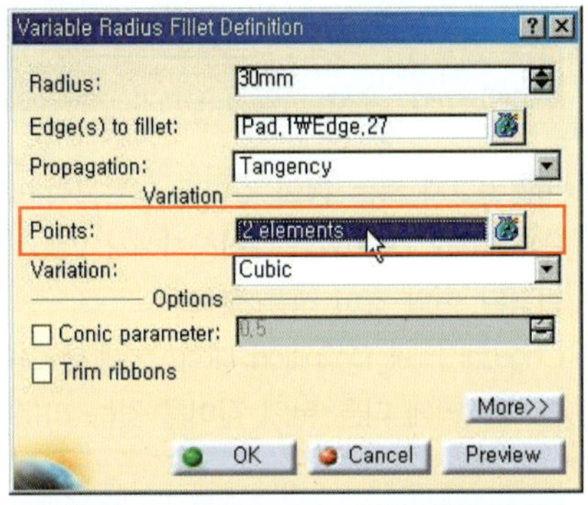

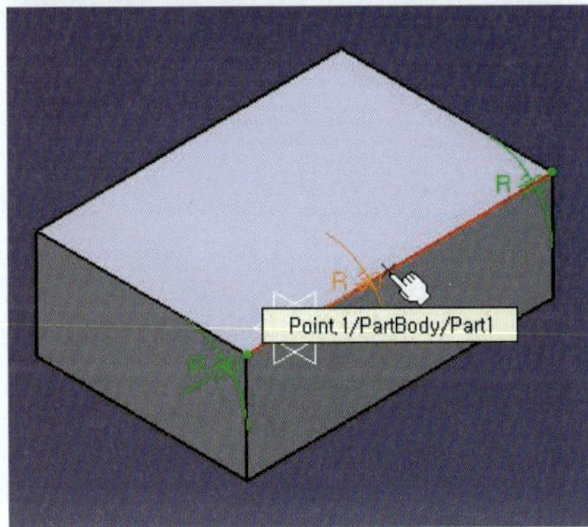
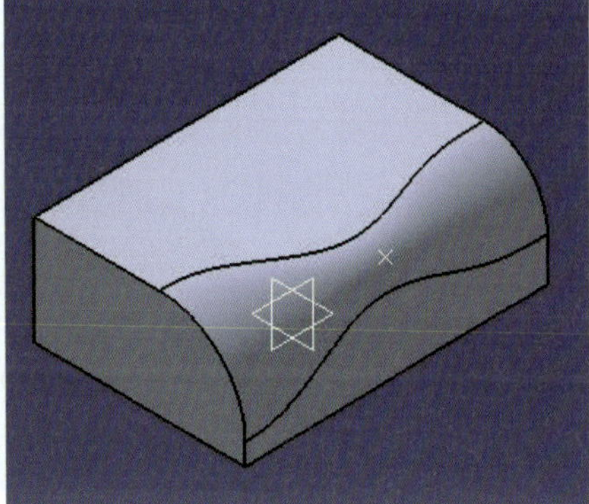

<Chordal Fillet  >

현(弦) 모양의 Fillet을 생성하는 기능

① XY Plane에 Rectangle 을 Sketch하고 3D Mode에서 Pad 시켜 Solid를 생성한다.

② 아이콘을 클릭한다.

③ Chordal Fillet Definition 대화상자에서 Chordal Length 영역을 클릭하고 현의 길이를 30mm 입력한다.

④ Edge(s) to fillet 영역을 클릭하고 모서리를 선택(1)하면 선택한 모서리에 존재하는 Point에 현의 값이 표시(2)된다.

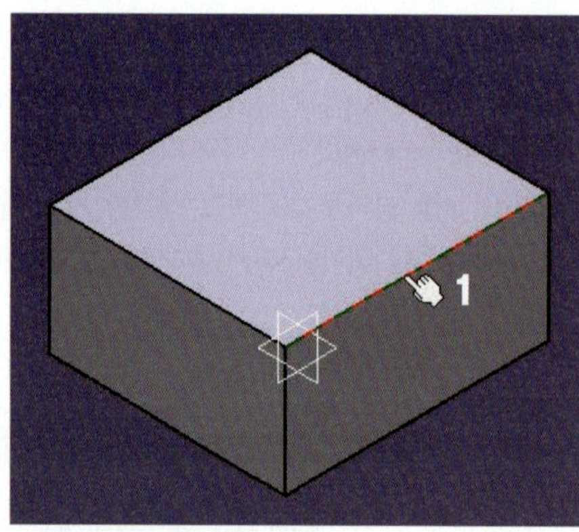
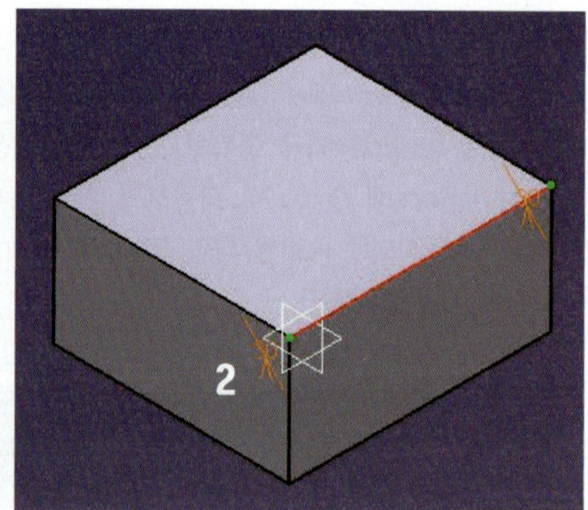

⑤ 변경하고자 하는 현의 길이를 더블클릭한다.

⑥ Parameter Definition 대화상자에서 Value 영역을 클릭하여 50mm를 입력하고 OK 버튼을 클릭한다.

⑦ 변경된 현의 값이 적용(3)된다.

⑧ Chordal Fillet Definition 대화상자에서 OK 버튼을 클릭한다.

⑨ 한 모서리에 다른 현의 길이를 갖는 라운드가 생성된다.

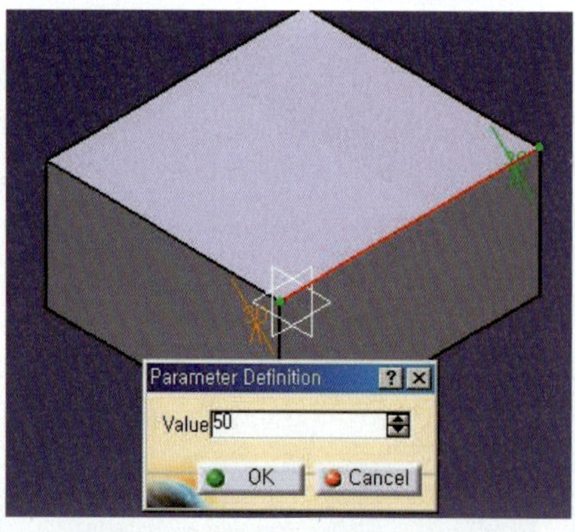

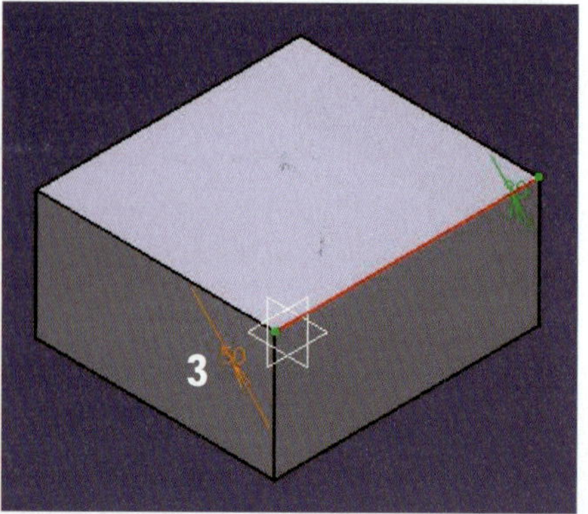

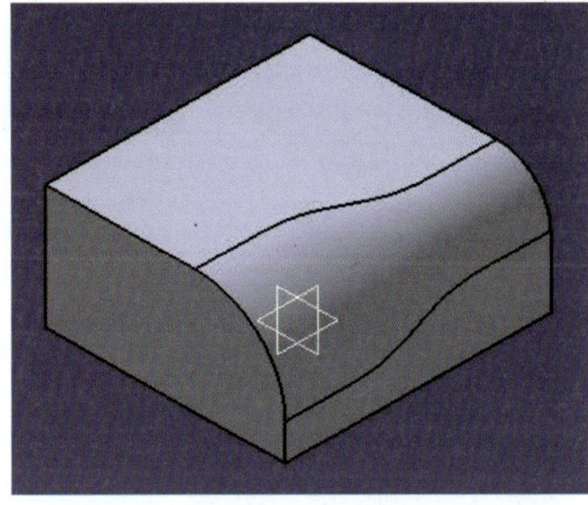

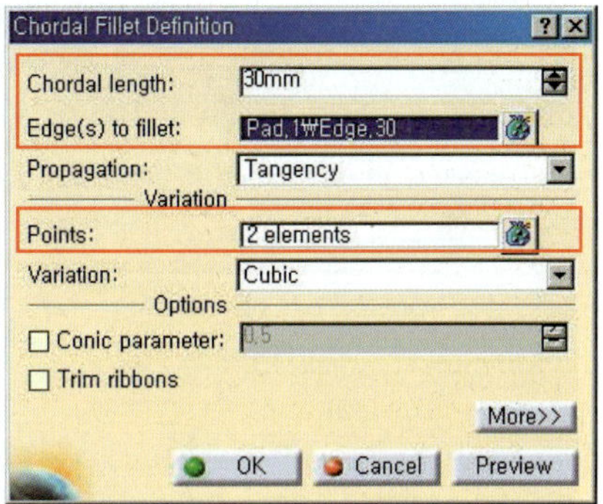

Edge Fillet과 Chordal Fillet을 적용한 결과 비교

① Edge Fillet Radius 30mm와 Chordal Length 30mm를 적용한 예시이다.

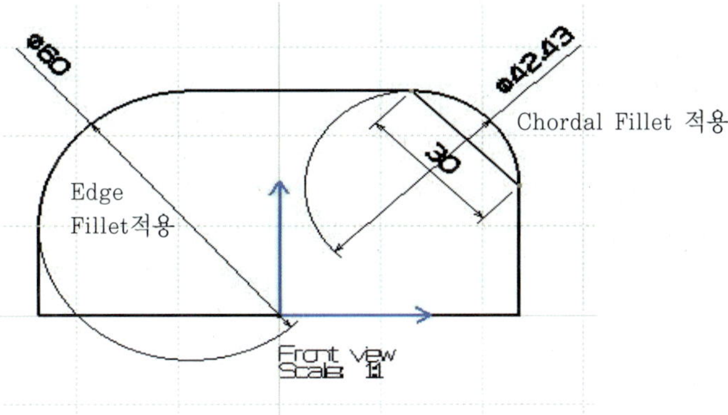

<Face-Face Fillet>

두 객체 사이에 Sphere가 지나가는 괘적 형태의 Fillet을 생성시키는 기능(치수가 잘 맞지 않으면 Error 발생)

① XY Plane을 Sketch 평면으로 선택하고 가로와 세로의 치수를 직각 100, 50인 Rectangle을 생성한다.

② Exit Workbench 아이콘 을 클릭하여 3D Mode로 전환하고 10mm Pad 시켜 Solid를 생성한다.

③ Solid의 윗면을 선택하고 Sketch 아이콘 을 클릭하여 Sketch Mode로 전환한다.

④ 직경 D30인 Circle을 50mm 떨어지도록 Sketch하고 Exit Workbench 아이콘 을 클릭하여 3D Mode로 전환한다.

⑤ Pad 아이콘 을 클릭하여 30mm 높이의 Solid를 생성한다.

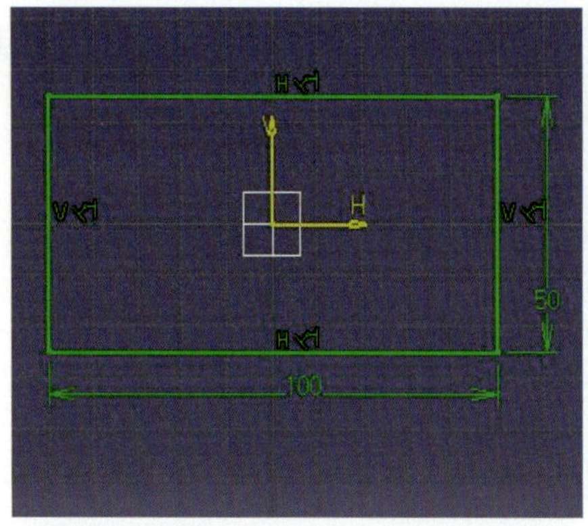
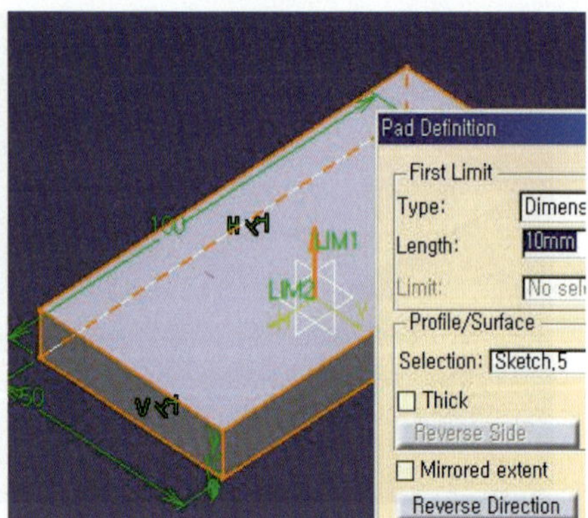
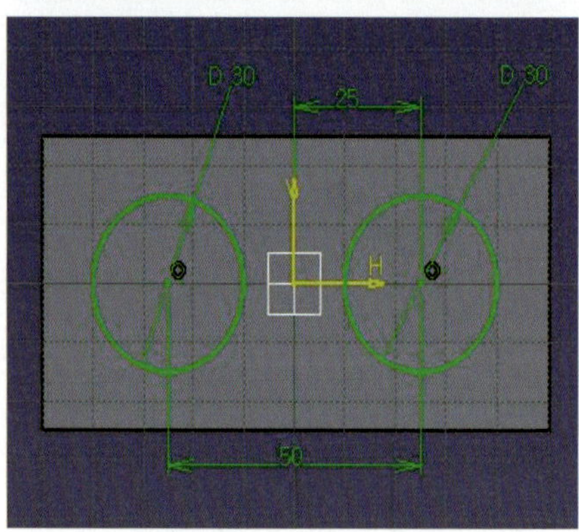
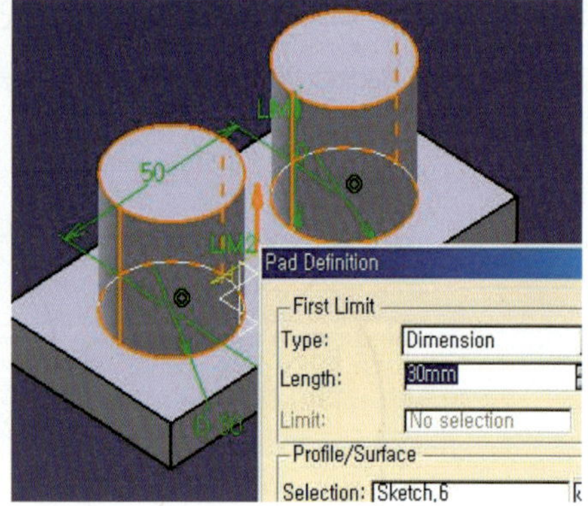

⑥ Draft 아이콘 을 클릭한다.

⑦ Draft Definition 대화상자에서 Angle 영역에 20°를 입력하고 Face(s) to Draft 영역을 클릭하여 2개 원기둥의 원주면을 선택한다.

⑧ Neutral Element의 Selection 영역을 클릭하여 직육면체의 윗면을 선택한 후 OK 버튼을 클릭하면 원기둥이 직육면체 윗면을 기준으로 20° Draft(1)된다.

⑨ 아이콘을 클릭한다.

⑩ Face-Face Fillet Definition 대화상자에서 Radius 영역을 클릭하고 20mm를 입력한다.

⑪ Face to fillet 영역을 클릭하고 Draft된 2개의 원기둥을 선택(2)한다.

⑫ Sphere가 두 원기둥 사이를 지나가는 괘적의 형태를 갖는 Fillet이 생성(3)된다.

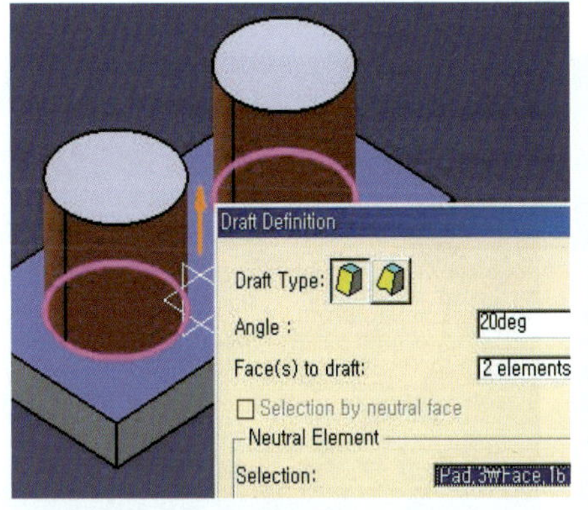

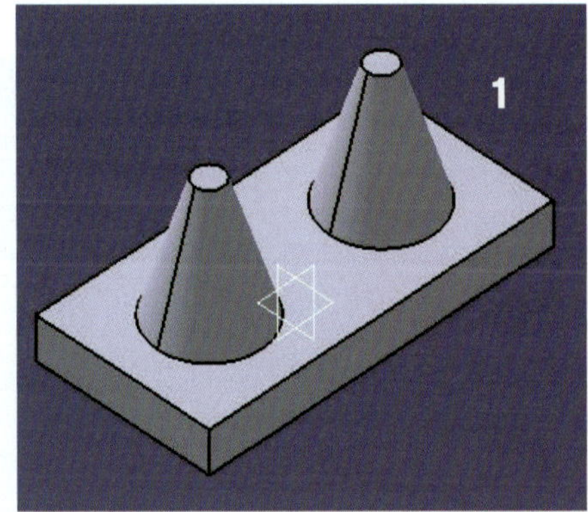

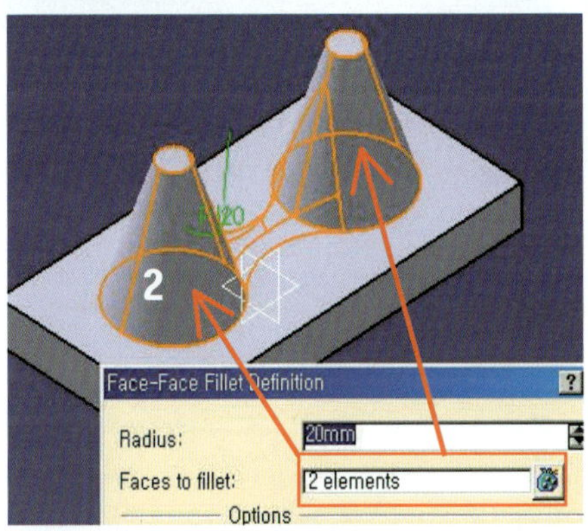

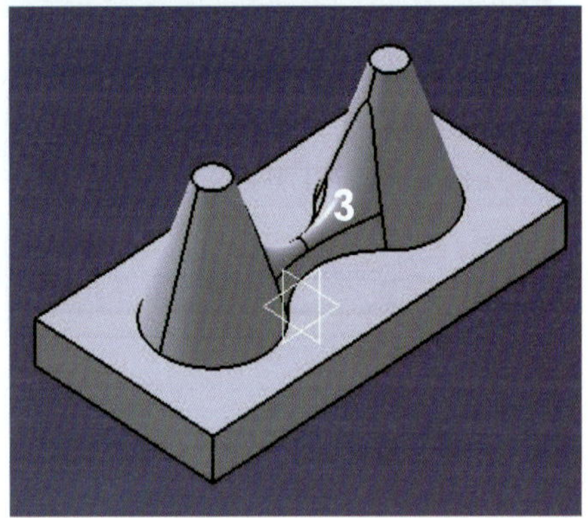

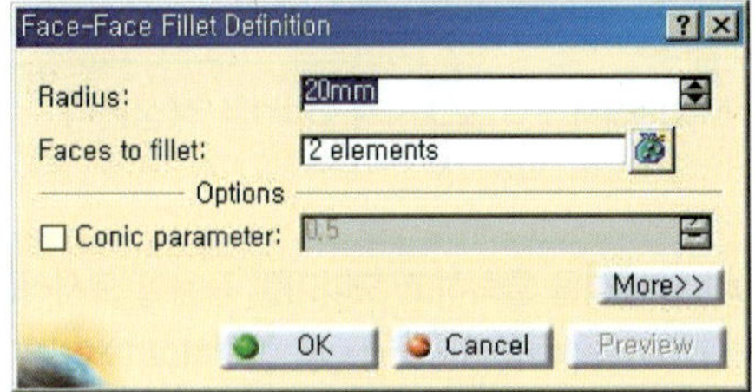

1. Radius : 라운드 반경 지정
2. Faces to fillet : Sphere가 지나가면서 생성시키는 괘
   적 형태의 Fillet을 생성시킬 객체 선택

<Tritangent Fillet >

두 면 사이를 자동으로 라운드 시키는 기능

① XY Plane에 Rectangle 을 Sketch하고 3D Mode에서 Pad 시켜 Solid를 생성한다.

② 아이콘을 클릭한다.

③ Tritangent Fillet Definition 대화상자에서 Faces to fillet 영역을 클릭하고 Solid의 윗면과 아랫면의 두 면을
   선택(1, 2)한다.

④ Face to remove 영역을 클릭하고 라운드시킬 앞면을 선택(3)하고 OK 버튼을 클릭한다.

⑤ 두 면 사이의 거리를 알지 못해도 자동으로 라운드시킬 수 있다.

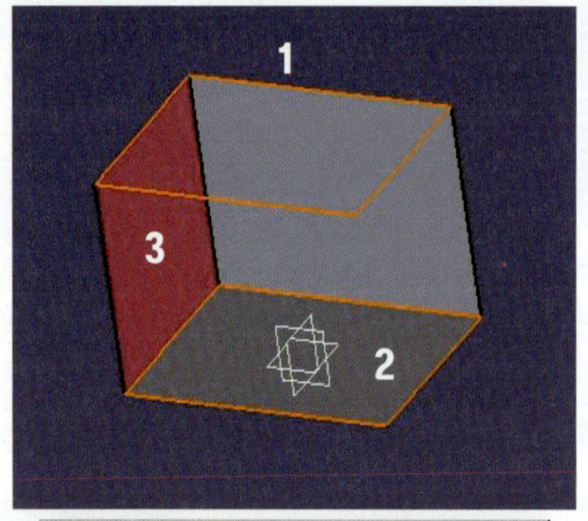
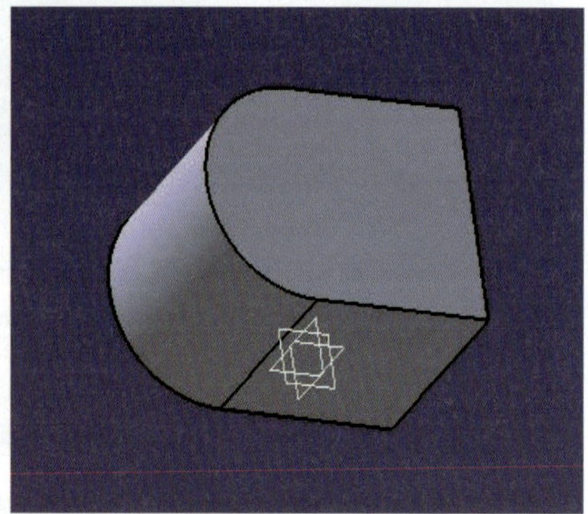

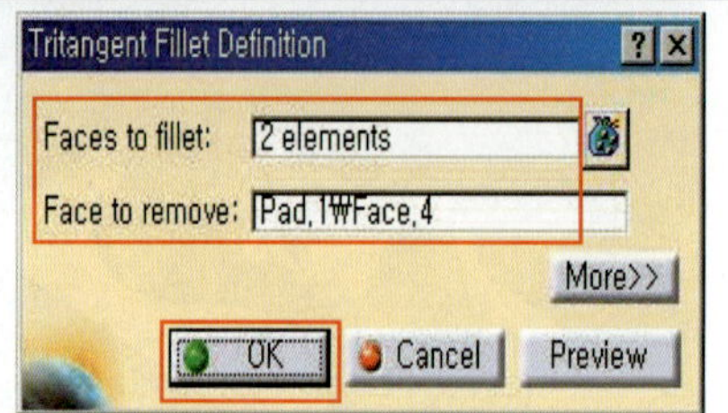

1. Face to fillet : 두 면을 지정
2. Face to remove : 라운드 할 면 지정

<Champer 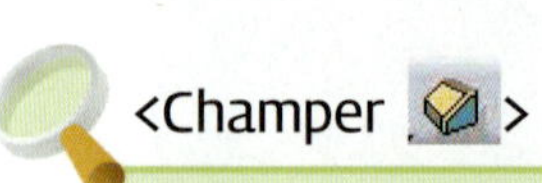 >

생성된 Solid의 모서리 부분을 모따기해 주는 기능

① XY Plane에 Rectangle 을 Sketch하고 3D Mode에서 Pad 시켜 Solid를 생성한다.

② 아이콘을 클릭한다.

③ Champer Definition대화상자에서 Object(s) to champer영역을 클릭하고 모따기를 적용할 모서리를 선택한다.

④ Length1/Angle Mode를 선택하고 Length1영역에 15mm, Angle영역에 45deg를 입력하고 OK버튼을 클릭한다.

⑤ 화살표 방향으로 15mm x 45°로 모따기된다.

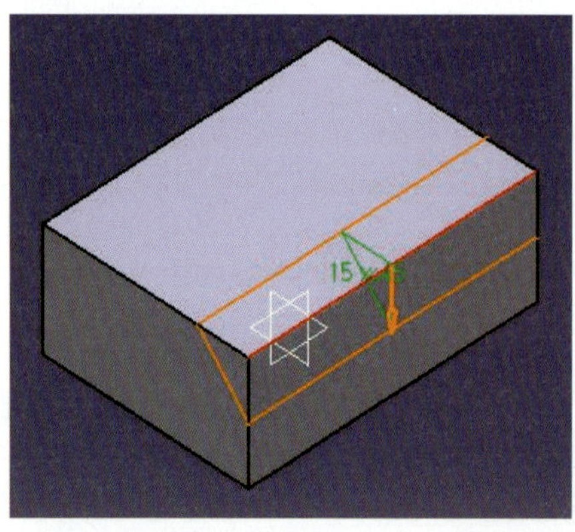

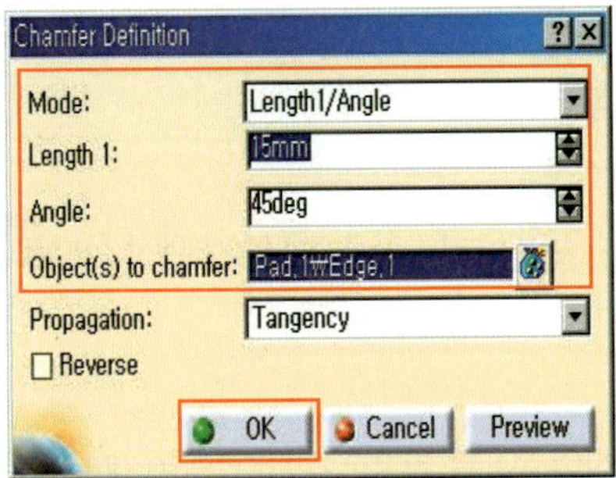

1. Mode
   - Length1/Angle : 길이와 각도를 지정하여 모따기 생성
   - Length1/Length2 : 길이가 서로 다른 모따기 생성
2. Object(s) to champer : 모따기시킬 모서리 선택
3. Reverse : 모따기 방향을 반대로 지정

⑥ Mode

• Length1/Angle : 길이와 각도로 모따기한다.

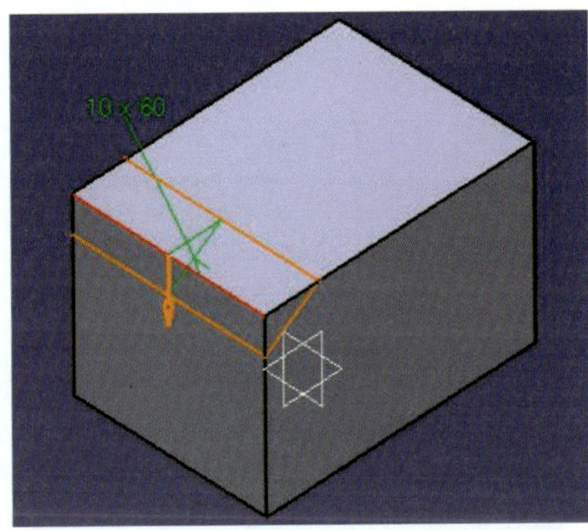

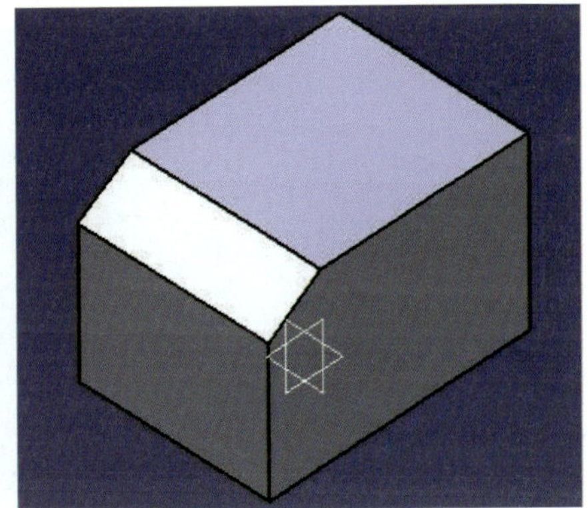

Length1(10mm), Angle(60°) 적용

• Length1/Length2 : 두 방향의 길이를 서로 다르게 모따기한다.

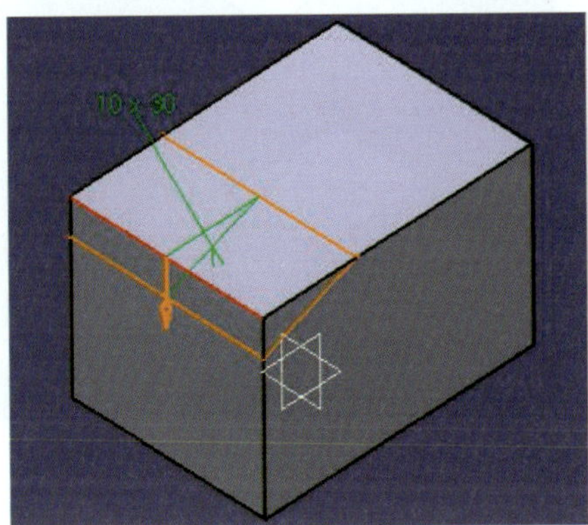

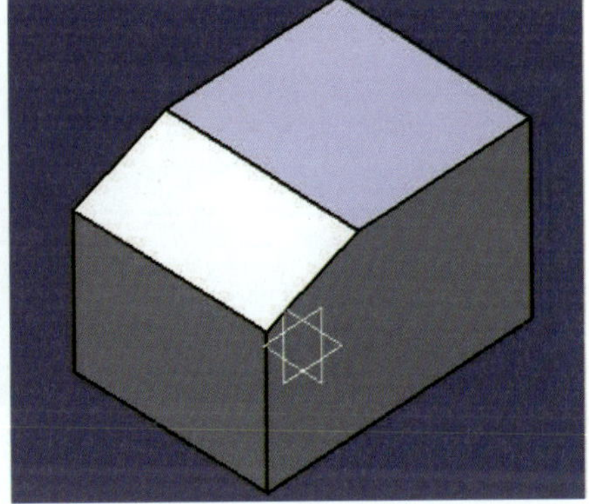

Length1(10mm), Length2(30mm) 적용

<Draft >

Solid의 선택한 면을 일정한 각도를 주어 생성/제거하는 기능

① ZX Plane에 Profile 아이콘 을 클릭하여 아래와 같이 Sketch하고 3D Mode에서 Pad 시켜 Solid를 생성한다.

② 아이콘을 클릭한다.

③ Draft Definition 대화상자에서 Angle 영역을 클릭하여 20°를 입력하고 Face(s) to draft 영역을 클릭하여 Draft할 면을 선택(1)한다.

④ Neutral Element/Selection 영역을 클릭하여 Solid의 바닥면을 선택하고 OK 버튼을 클릭한다.

⑤ Solid의 바닥면을 기준으로 20°만큼 기울어지게 제거된다.

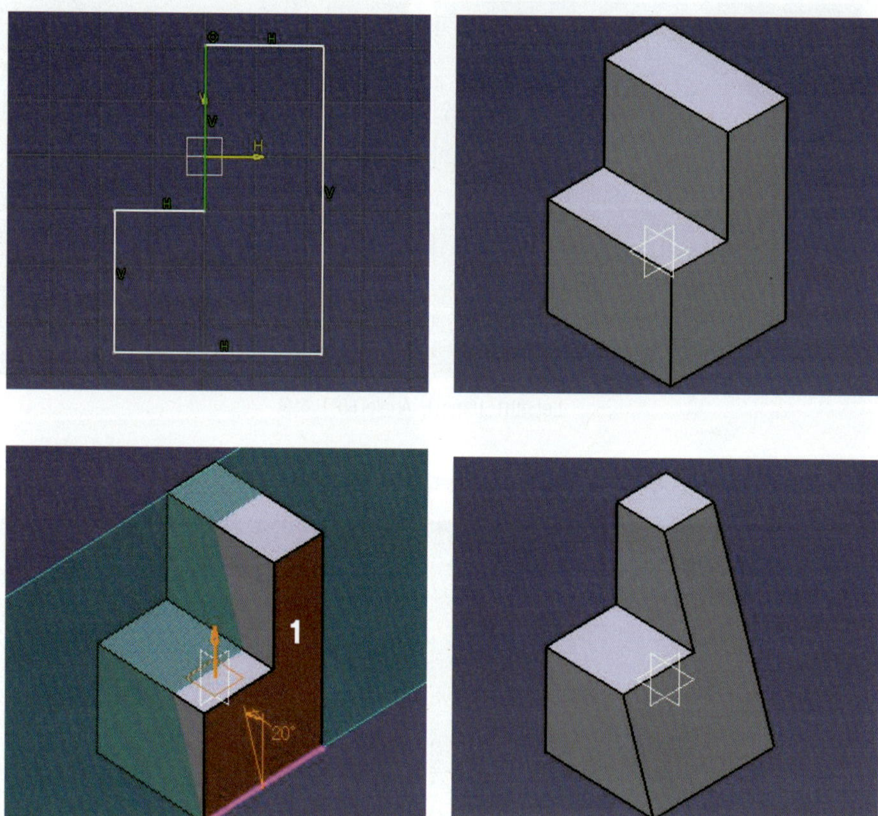

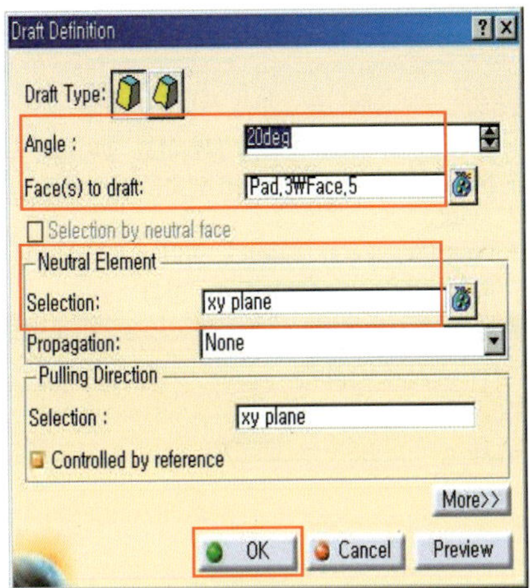

1. Draft Type : Draft 유형 선택
   - Constant : Face(s) to draft에서 선택한 면을 일정
     한 각도로 Draft
   - Variable : Face(s) to draft에서 선택한 면을 다른
     각도로 Draft
2. Angle : Draft 각도 입력
3. Face(s) to draft : Draft시킬 면
4. Neutral Element
   - Selection : Draft 기준면 지정
5. Pulling Direction
   - Selection : Draft 방향 지정

⑥ Draft Direction(화살표 방향)

• Up : Solid를 제거한다.

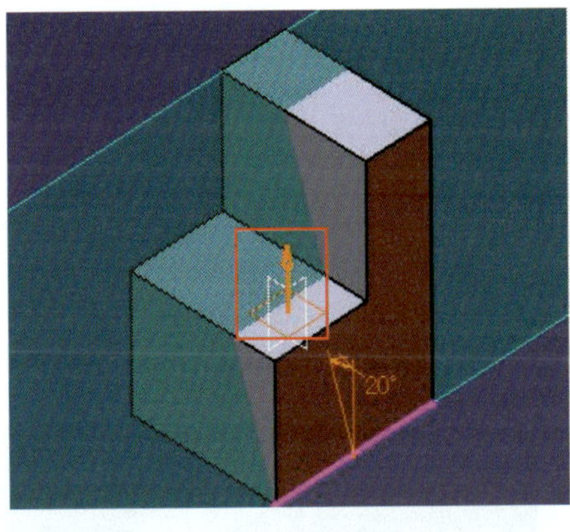
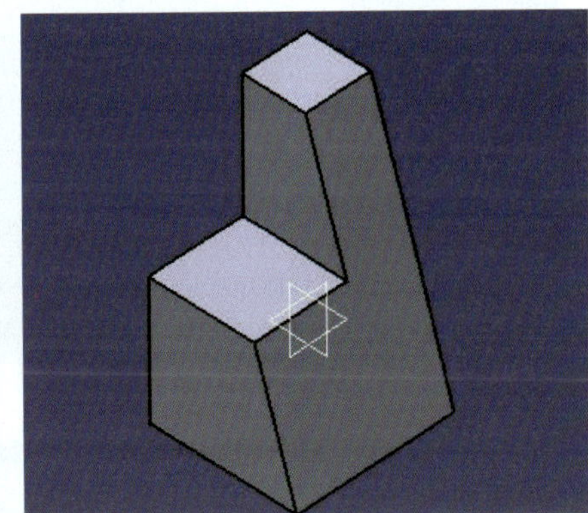

• Down : Solid를 생성한다.

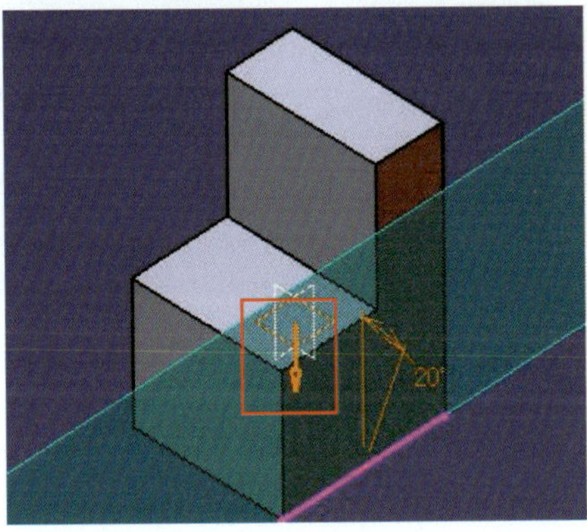

⑦ Pulling Direction

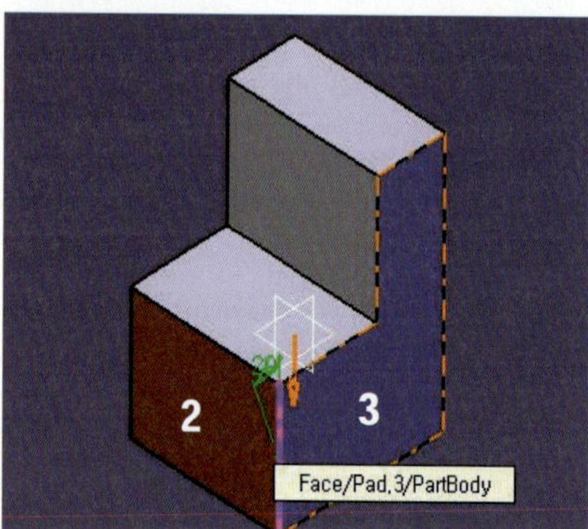

1. Face(s) to draft 영역을 클릭하고 앞면을 선택(2)
2. Neutral Element/Selection 영역을 클릭하고 옆면을 선택(3)
3. Draft Direction과 Selection 영역에서 선택면이 수직하지 않으면 다음같이 Error 발생

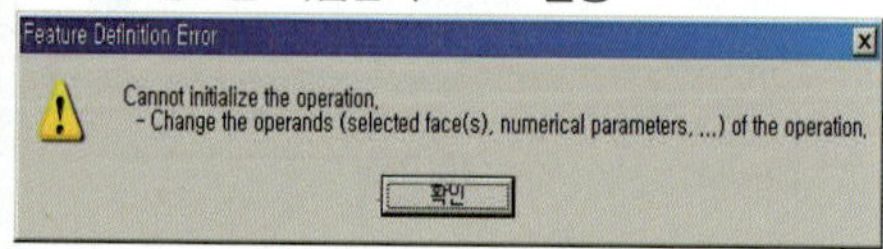

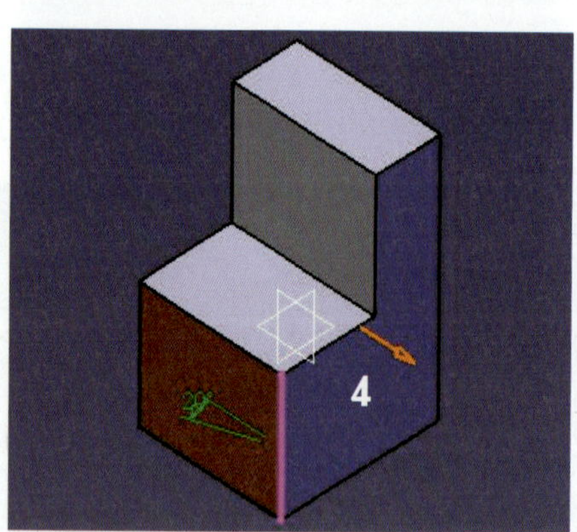

4. Pulling Direction/Selection 영역을 클릭하고 기준면과 수직이 되도록 Neutral Element/Selection 영역에서 선택한 옆면을 선택(4)
5. Draft Direction에 따라 Solid가 생성 또는 제거

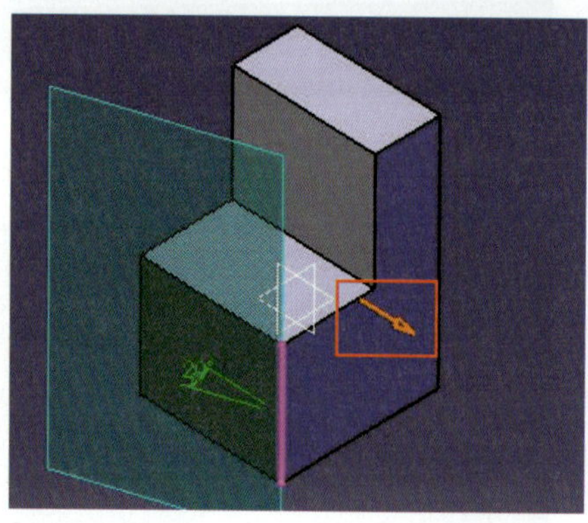

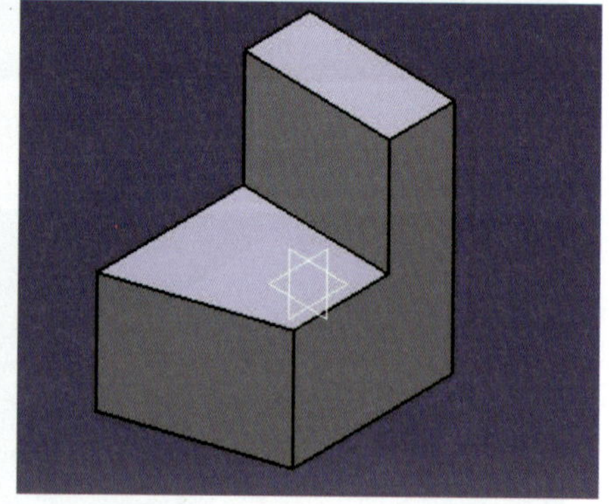

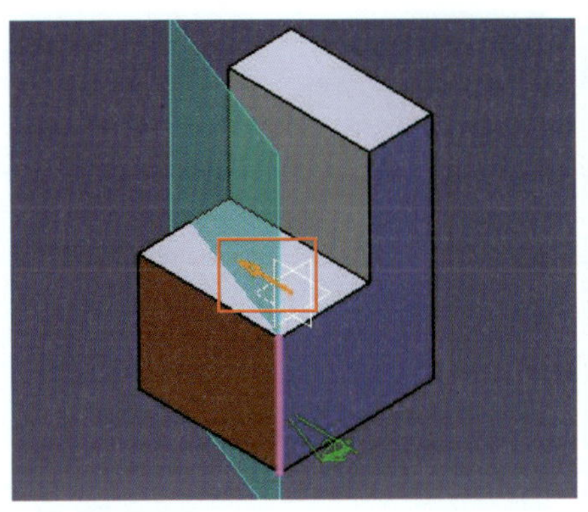

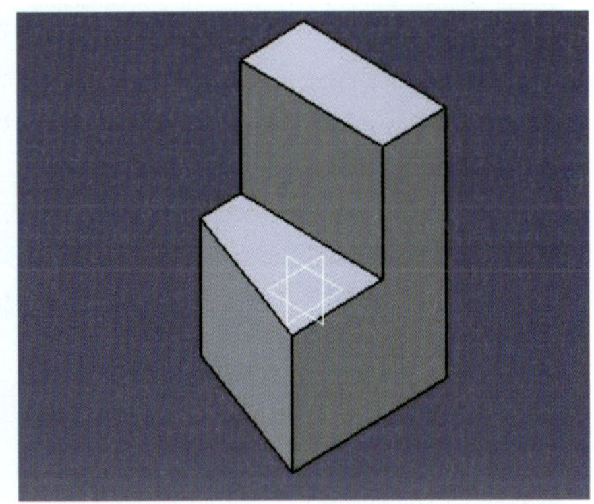

⑧ **More>>** Parting Element

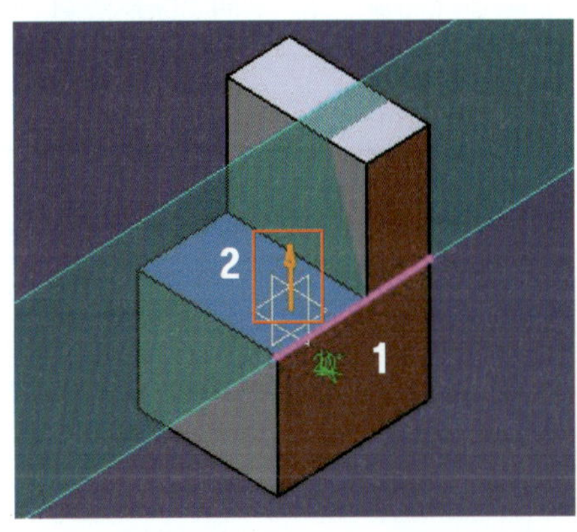

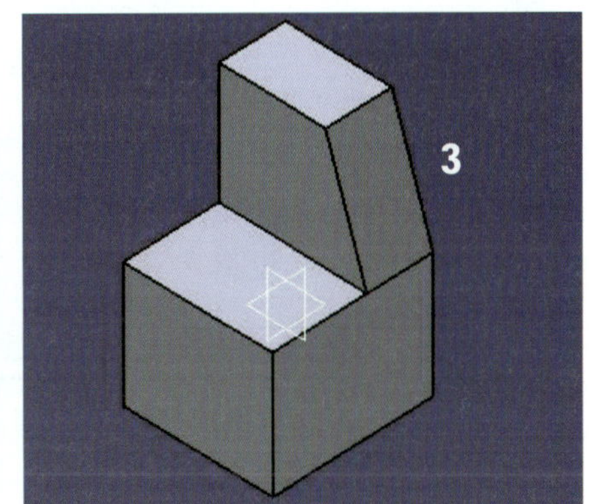

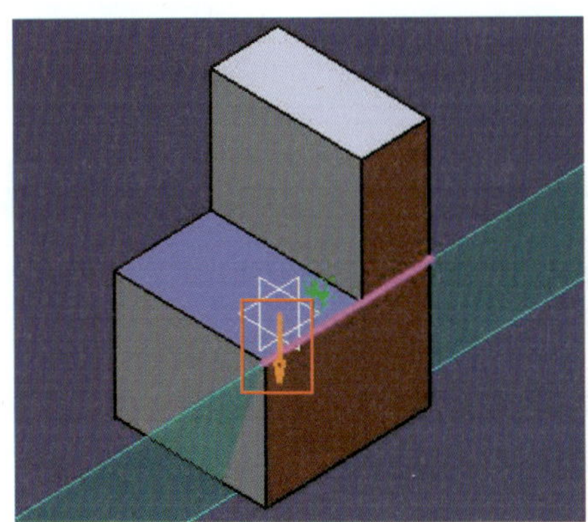

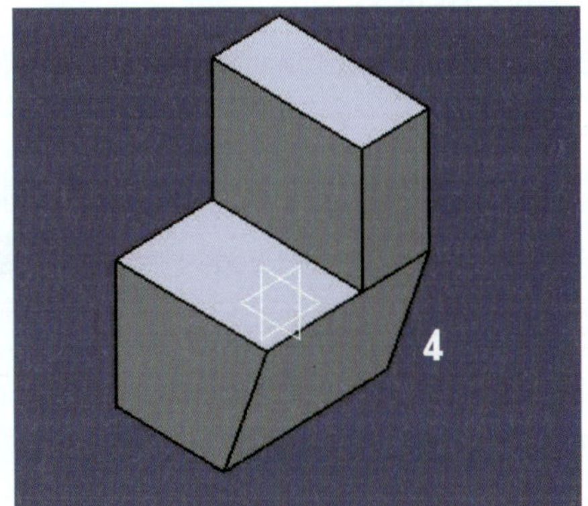

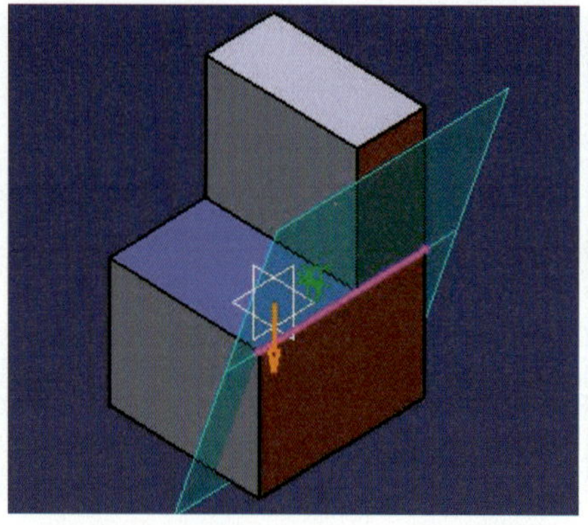

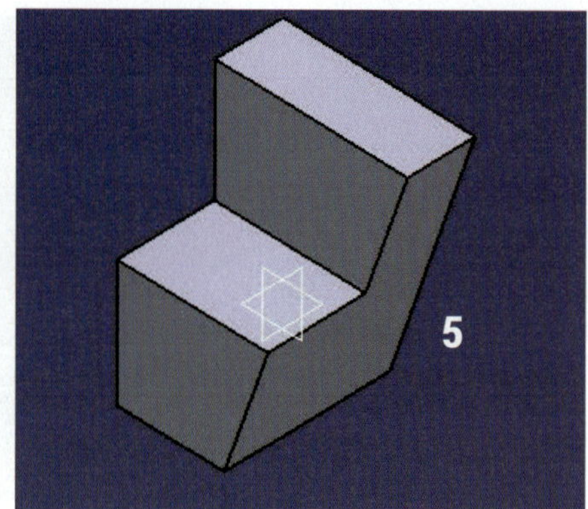

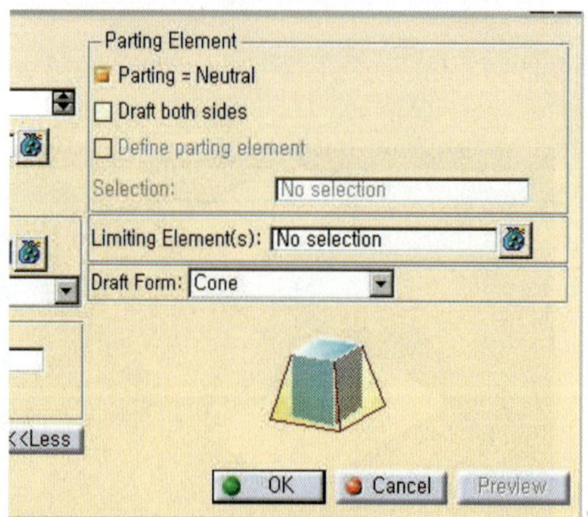

1. Face(s) to draft 영역을 클릭하고 Draft시킬 면 선택(1)
2. Neutral Element/Selection 영역을 클릭하고 Draft 기준면 선택(2)
3. Parting Element
   - Parting=Neutral 체크 : 기준면에서 Draft 방향(화살표) 한쪽 부분만 Draft 적용(3, 4)
   - Parting=Neutral 체크 해제 : 기준면에서 양쪽 방향에 Draft 적용(5)

<Draft Reflect Line>

Solid의 Fillet된 부분에 Draft를 적용하는 기능

① YZ Plane에서 Profile 아이콘 을 클릭하여 Sketch하고 3D Mode에서 Pad 시켜 Solid를 생성한다.

② Solid의 윗면 모서리에 Edge Fillet 아이콘 을 클릭하여 라운드를 생성(1)한다.

③ 아이콘을 클릭한다.

④ Draft Reflect Line 대화상자에서 Face(s) to draft 영역을 클릭하고 Fillet을 선택한다.

⑤ Draft Angle 영역에 10°를 입력하고 OK버튼을 클릭한다.

⑥ Solid의 라운드 부분에 접하면서 10°만큼 Draft된다.

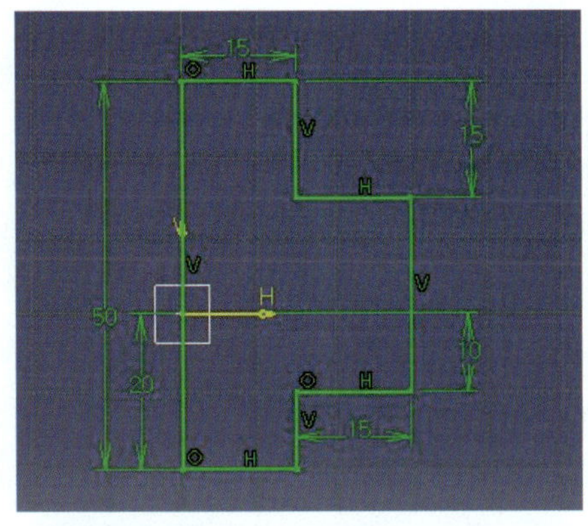

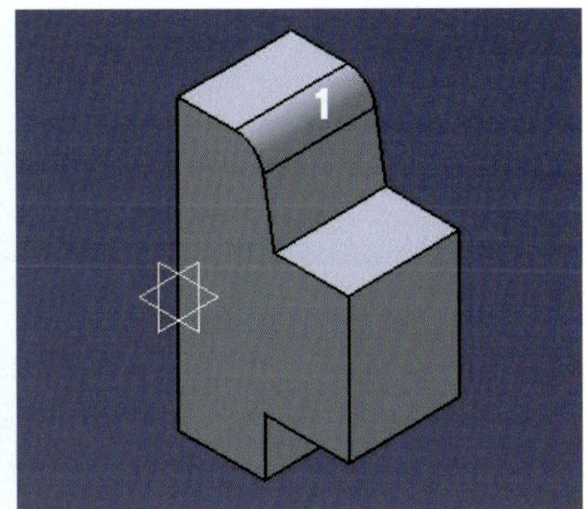

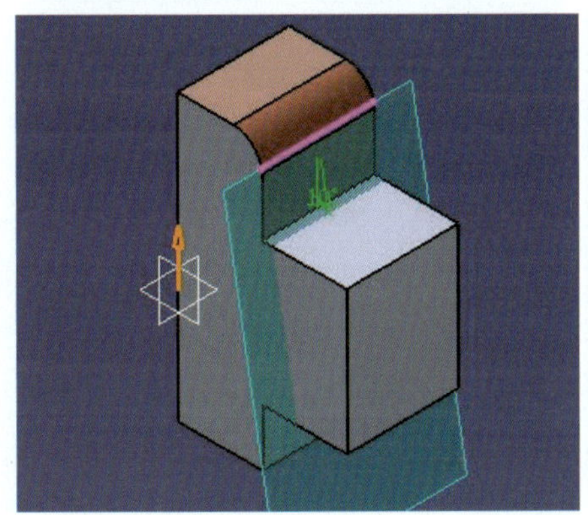

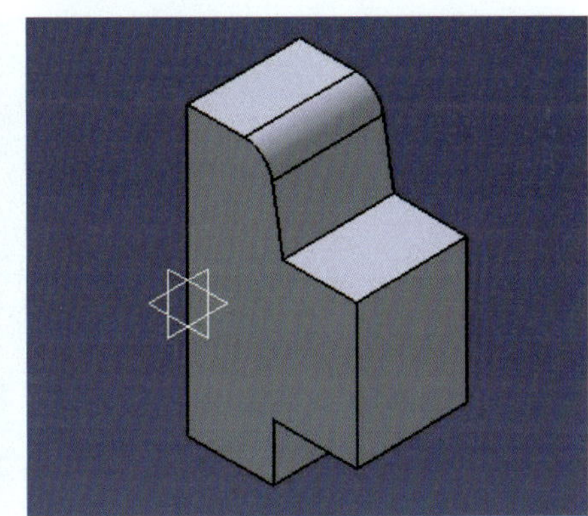

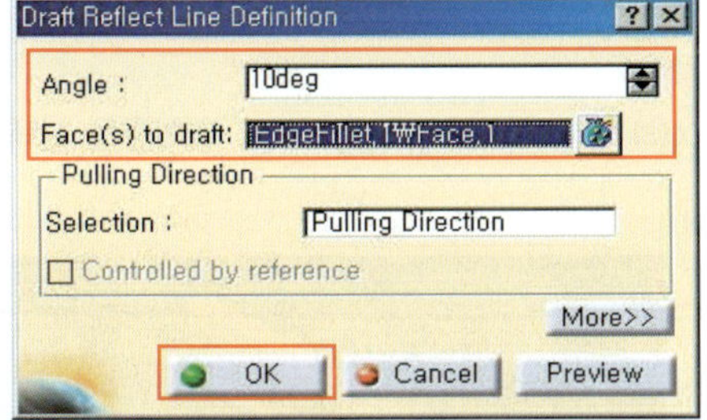

1. Angle : Draft 각도 입력
2. Face(s) to draft : Draft시킬 라운드 선택
3. Pulling Direction
   - Selection : Draft 방향 지정

라운드 또는 Fillet된 객체와 떨어져 있는 Solid 사이를 Draft시켜 채우기

① YZ Plane에 Rectangle □을 Sketch하고 3D Mode에서 Pad 시켜 Solid를 생성한다.

② YZ Plane에 H축과 떨어진 위치에 Circle ⊙을 Sketch하고 3D Mode에서 Pad 시켜 Solid를 생성한다.

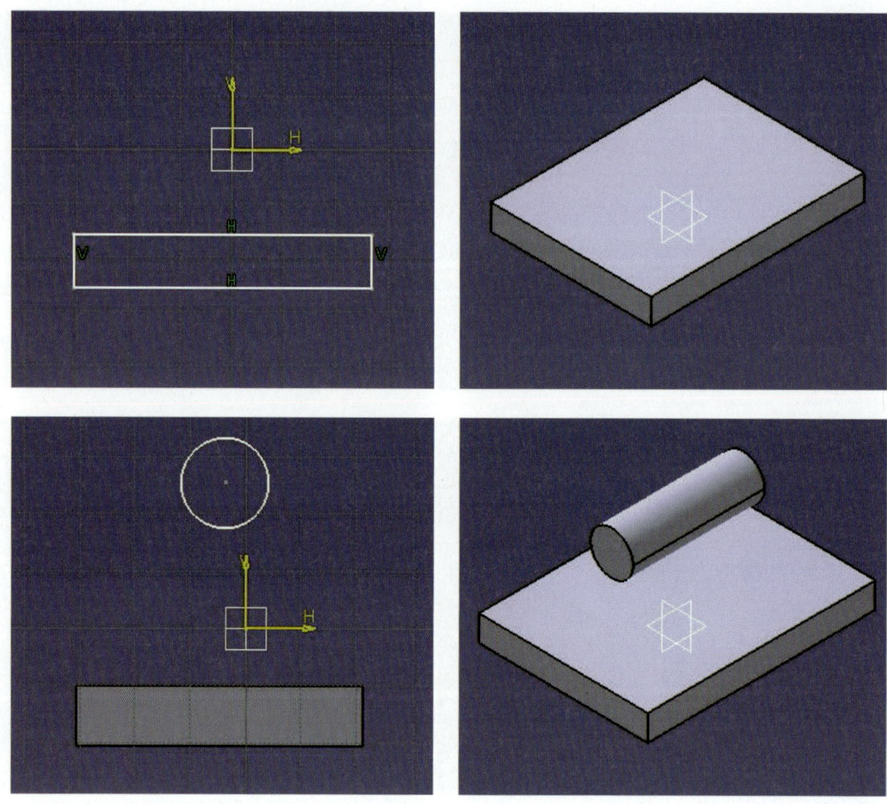

③  아이콘을 클릭한다.

④ Draft Reflect Line Definition 대화상자에서 Face(s) to draft 영역을 클릭하고 원기둥을 선택(2)한다.

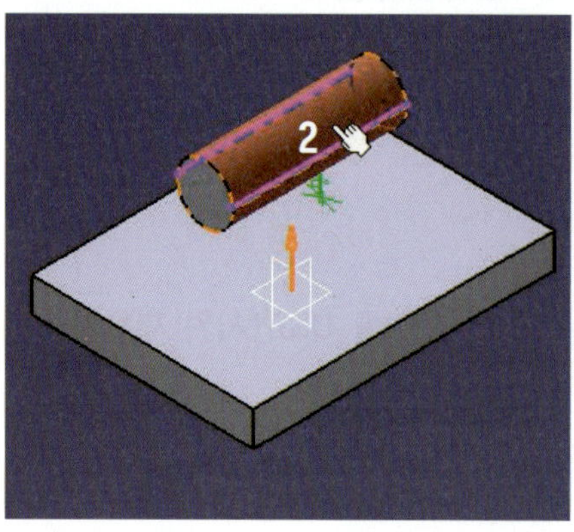

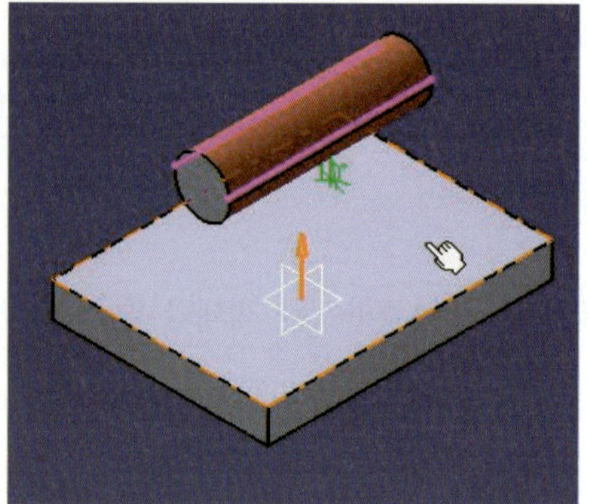

⑤ **More>>** 클릭하고 Define Parting Element를 체크한다.

⑥ Selection 영역을 클릭하고 Draft시켜 Solid로 채우고자 하는 영역을 선택하고 OK 버튼을 클릭한다.

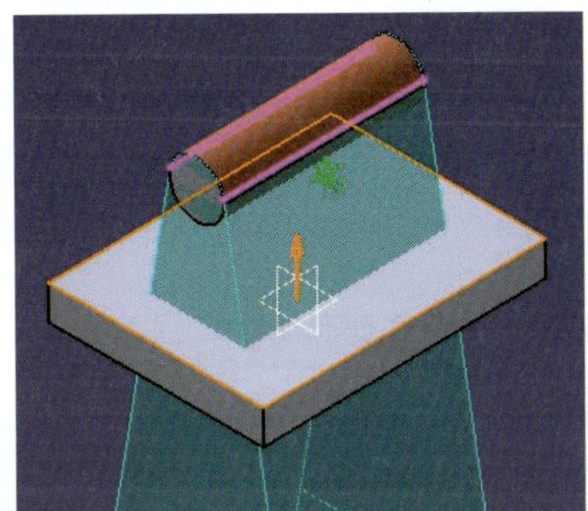

솔리드 윗면을 선택한 결과

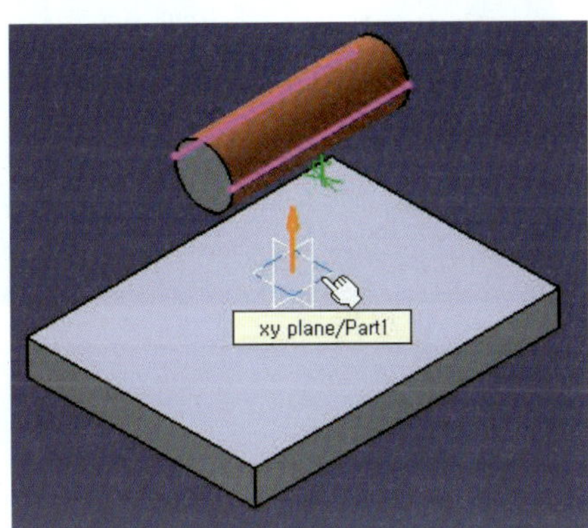

XY Plane을 선택한 결과

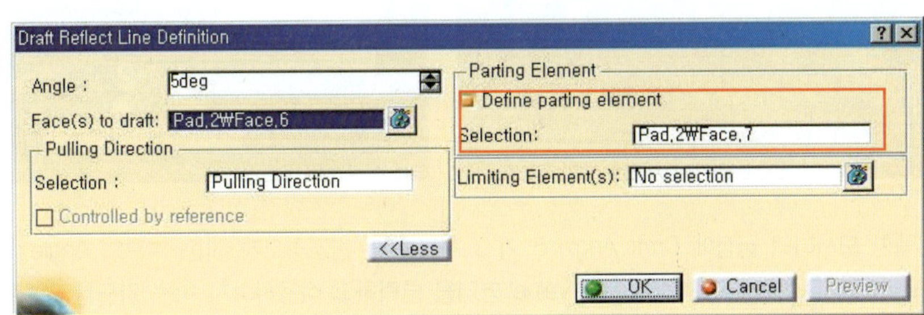

<Variable Angle Draft >

Solid의 한 모서리에 서로 다른 각도를 적용하여 Draft시키는 기능

① XY Plane에 Rectangle을 Sketch하고 3D Mode에서 Pad시켜 Solid를 생성한다.

② 아이콘을 클릭한다.

③ Draft Definition 대화상자에서 Angle 영역을 클릭하여 5°를 입력하고 Face(s) to draft 영역을 클릭하여 Draft할 면을 선택(1)한다.

④ Neutral Element/Selection 영역을 클릭하고 Solid의 바닥면을 선택(2)한다.

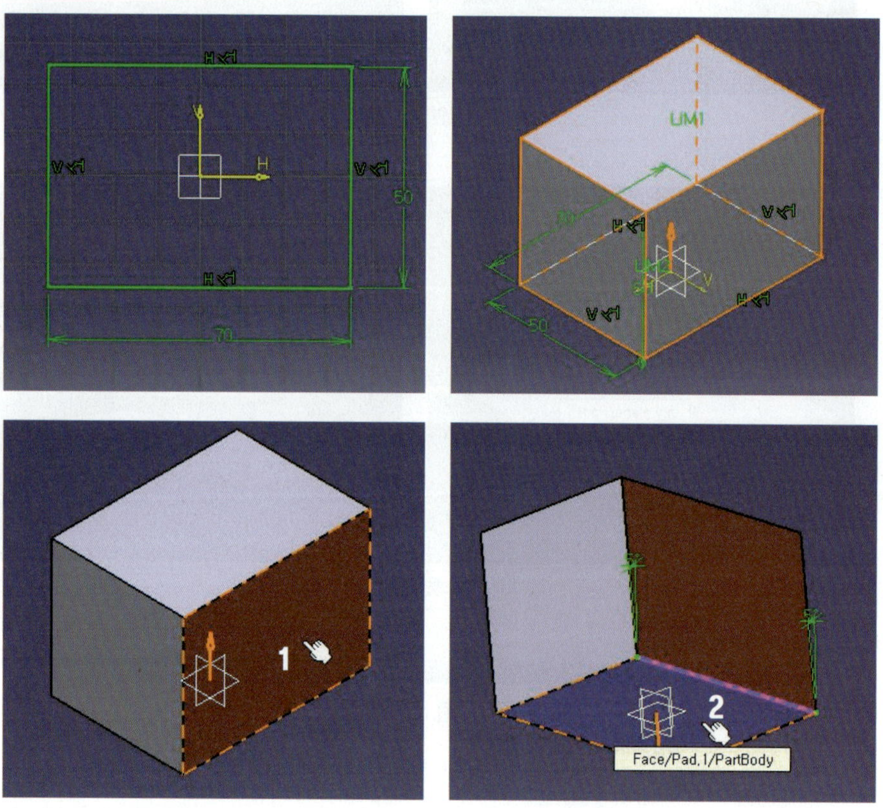

⑤ 선택한 모서리의 끝점에 Draft Angle 5°가 표시되는데, 변경하고자 하는 부분의 Angle을 더블클릭한다.

⑥ Parameter Definition 대화상자에서 Value 영역을 클릭하고 적용하고자 하는 각도를 20°로 입력하고 OK 버튼을 클릭한다.

⑦ Preview 버튼을 클릭하여 변경된 Angle이 적용되는 모습을 확인하고 OK 버튼을 클릭한다.

⑧ 옵션은 Draft Definition 참조

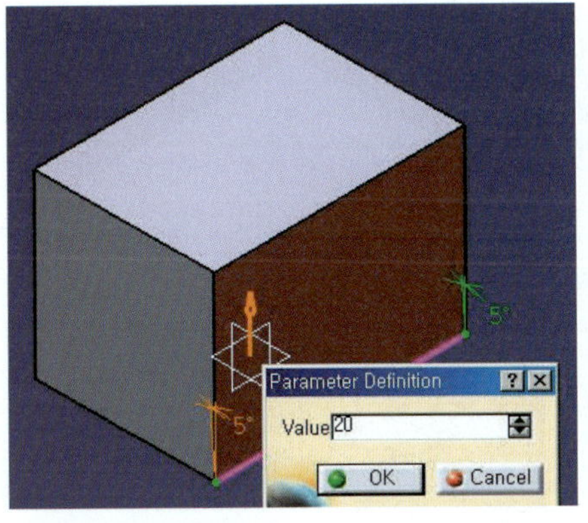

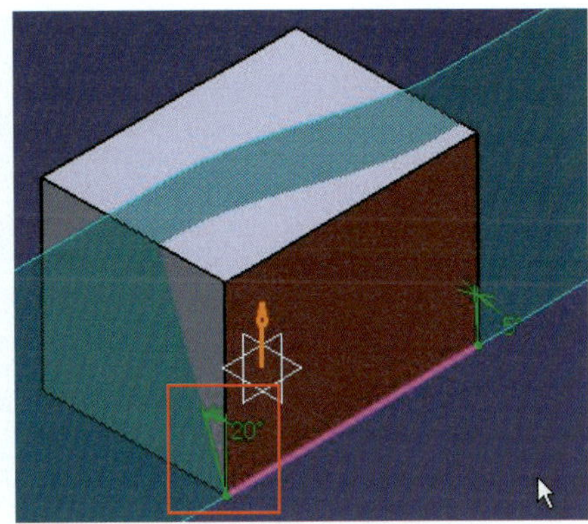

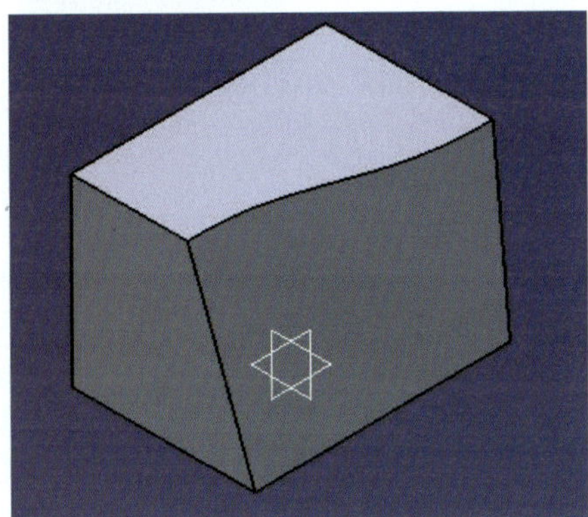

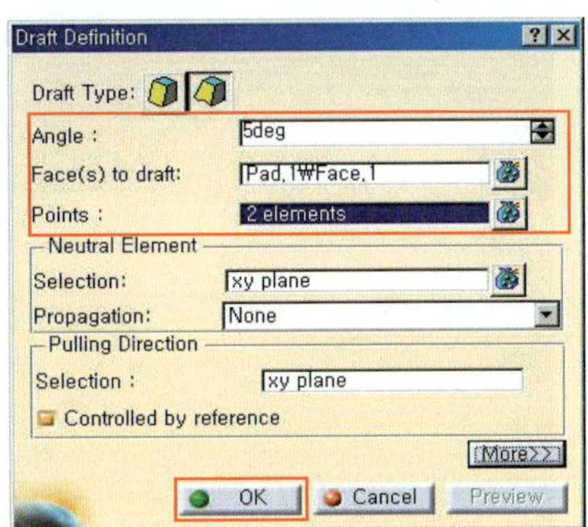

Shell

Solid의 내부를 원하는 일정 두께로 남겨두고 제거하는 기능

① YZ Plane에 아래와 같이 Sketch하고 3D Mode에서 Pad 시켜 Solid를 생성한다.

② 아이콘을 클릭한다.

③ Shell Definition 대화상자에서 Face to remove 영역을 클릭하고 제거할 면을 선택(1, 2)한다.

④ Default inside thickness영역을 클릭하고 안쪽 두께를 3mm 입력하고 OK 버튼을 클릭한다.

⑤ Solid 안쪽으로 3mm 남겨두고 선택한 면을 제거한다.

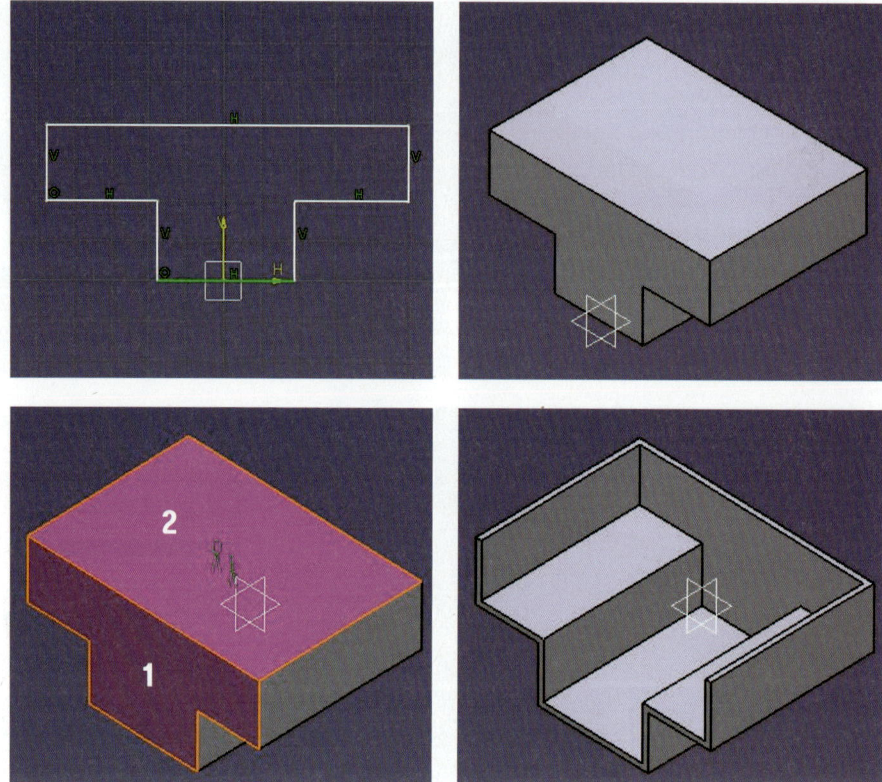

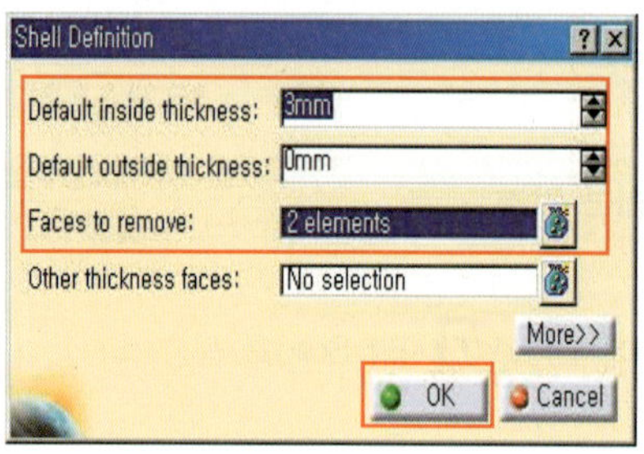

1. Default inside thickness : Solid 안쪽 두께 지정
2. Default outside thickness : Solid 바깥쪽 두께 지정
3. Face to remove : 제거할 면 선택

<Thickness  >

Solid의 선택면을 일정 두께로 연장/축소하는 기능

① YZ Plane에 Sketch하고 3D Mode에서 Pad 시켜 Solid를 생성한다.

② 아이콘을 클릭한다.

③ Thickness Definition 대화상자에서 Default thickness faces 영역을 클릭하고 연장 또는 축소할 면을 선택(1)한다.

④ Default thickness 영역을 선택하고 연장할 길이 10mm를 입력하고 OK 버튼을 클릭한다.

⑤ Solid의 선택한 면이 10mm 연장(2)된다.

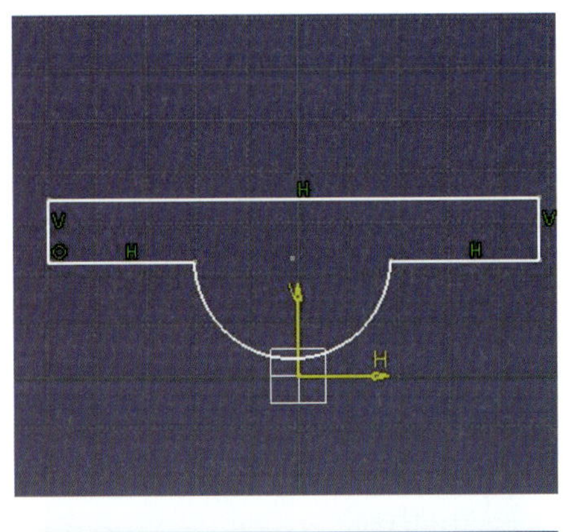

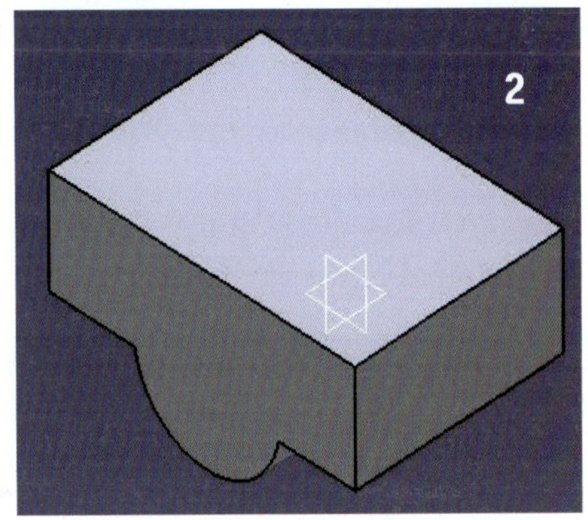

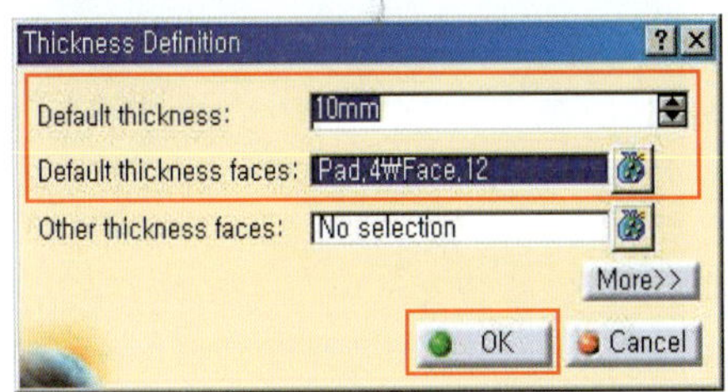

1. Default thickness : 연장(+값) 또는 축소(−값)할 치수를 입력
2. Default thickness face : 연장 또는 축소시킬 면 선택
3. 선택한 면이 연장 또는 축소

⑥ Default thickness 영역에 "-"를 입력하였을 경우 선택한 면이 입력한 길이만큼 축소(3)된다.

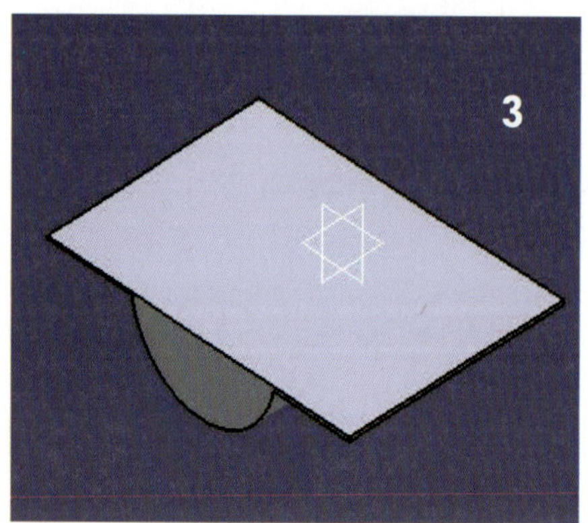

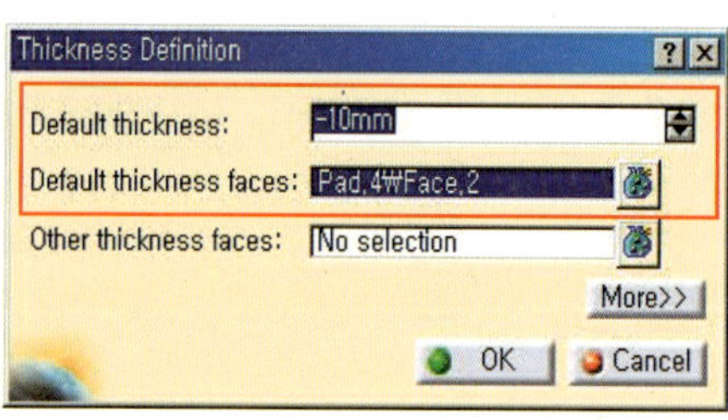

<Remove Face 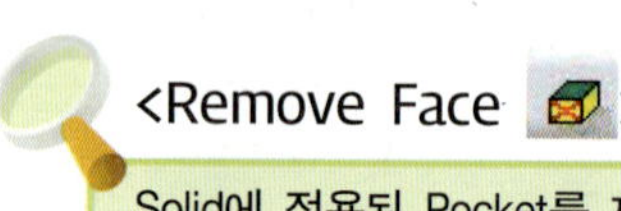 >

Solid에 적용된 Pocket를 제거하여 Solid로 채우는 기능

① YZ Plane에 Sketch하고 Exit Workbench 아이콘을 클릭하여 3D Mode로 전환한다.

② Pad 아이콘을 클릭하여 Solid를 생성한다.

③ Solid의 앞면에 Rectangle을 Sketch하고 Pocket을 적용한다.

④ 아이콘을 클릭한다.

⑤ Remove Face Definition 대화상자에서 Faces to remove 영역을 클릭하고 제거할 Pocket 영역의 모든 면을 선택(1)한다.

⑥ Faces to keep 영역을 클릭하고 남길 부분을 선택(2)하고 OK 버튼을 클릭한다.

⑦ Pocket된 영역을 제거하고 Solid로 채워진다.

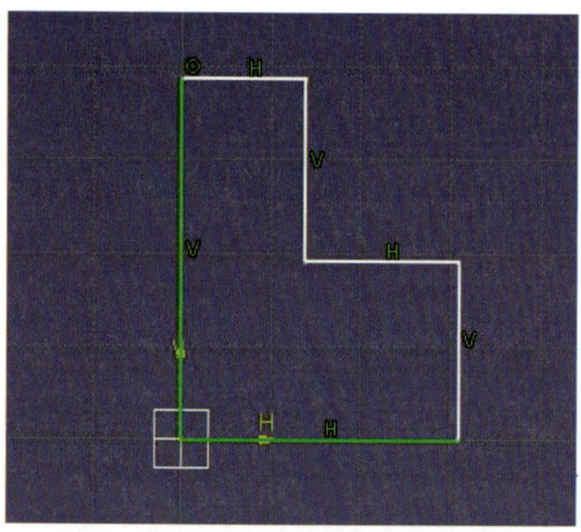

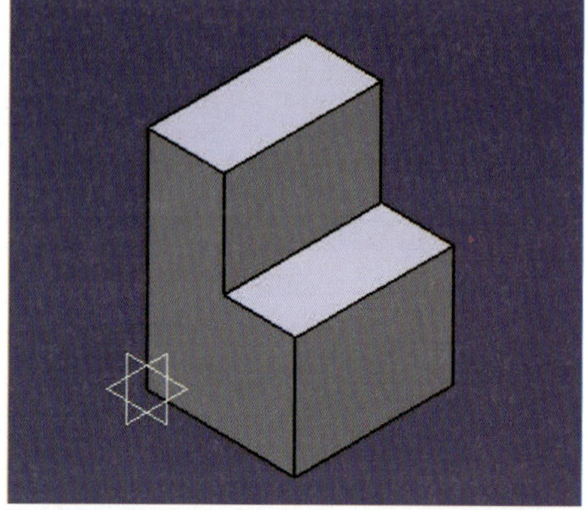

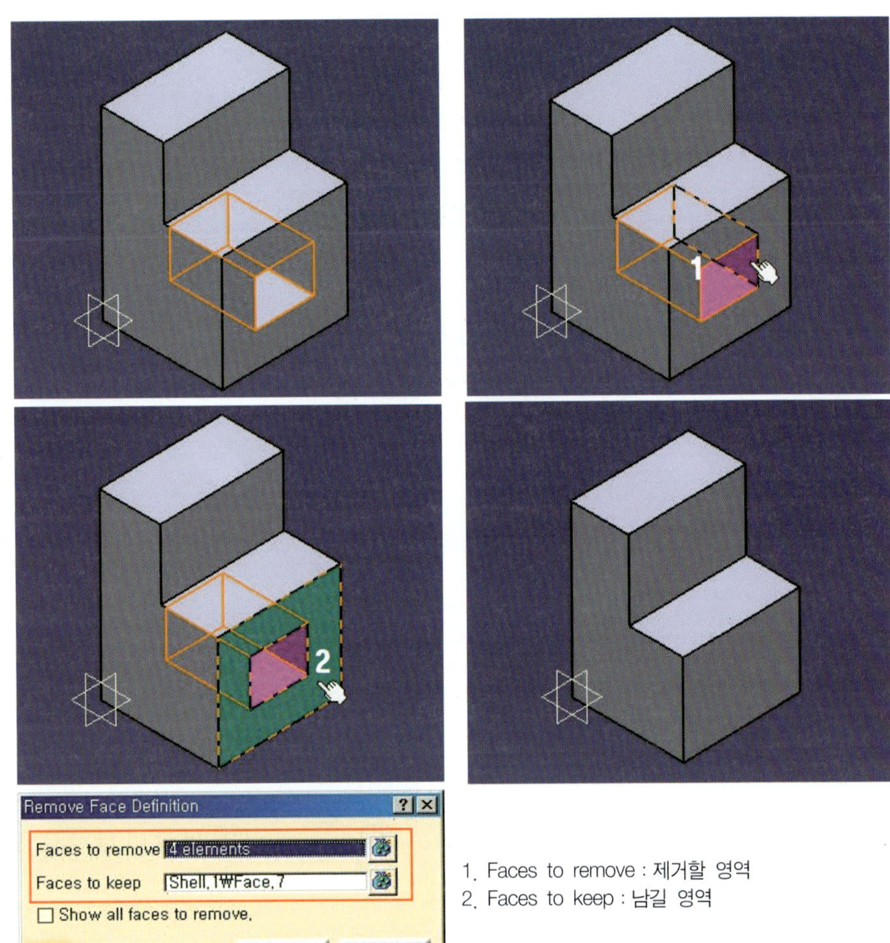

1. Faces to remove : 제거할 영역
2. Faces to keep : 남길 영역

<Replace Face >

Solid와 Surface의 교차 부분을 자르는 기능

① ZX Plane에 아래와 같이 Sketch하고 Exit Workbench 아이콘 을 클릭한다.

② 3D Mode에서 Pad 시켜 Solid를 생성한다.

③ 라운드 영역의 모서리를 선택한 후 Hole 을 클릭하고 Solid의 면을 선택(2)한다.

④ Solid 앞면을 선택하고 Sketch 아이콘 을 클릭하여 Spline 을 생성(3)한다.

⑤ Workbench 아이콘 을 클릭한 후 Wireframe & Surface 아이콘 을 클릭하여 Surface Mode로 전환한다.

⑥ Surfaces 도구막대의 Extrude 아이콘 을 클릭하여 Solid가 감싸지도록 Surface를 생성한다.

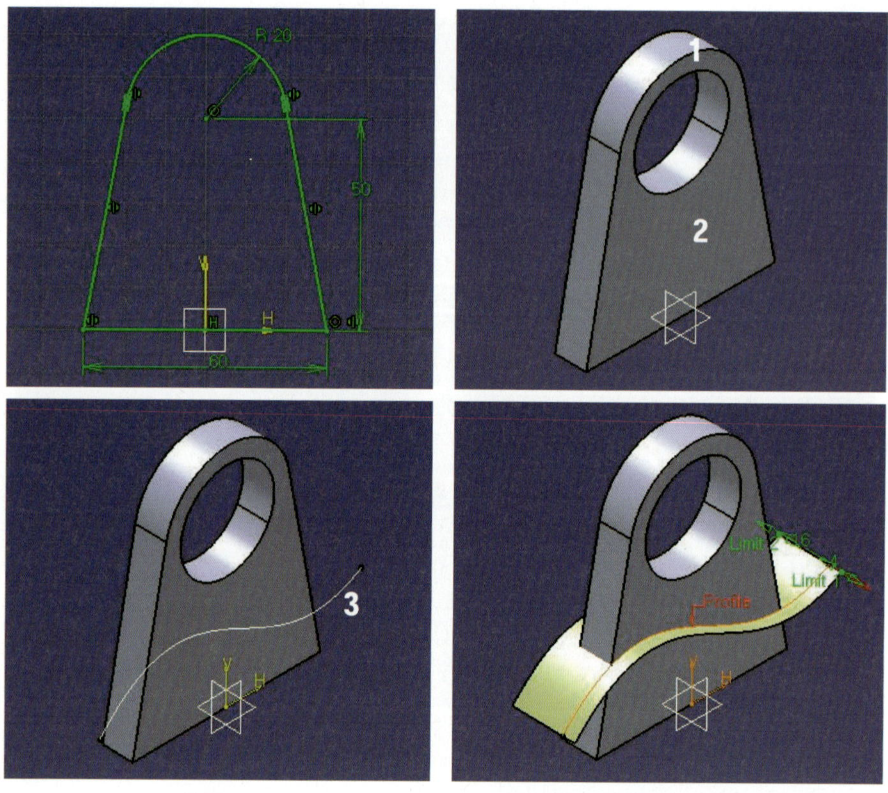

⑦ Workbench 아이콘  을 클릭하고 Part Design 아이콘 을 선택하여 Solid Mode로 전환한다.

⑧ 아이콘을 클릭한다.

⑨ Replace Face Definition 대화상자에서 Replacing surface 영역을 클릭하고 Surface를 선택(4)한다.

⑩ Solid의 남기고자 하는 영역으로 화살표 방향이 향하도록 화살표를 클릭하여 설정한다.

⑪ Faces to remove 영역을 클릭하고 제거할 Solid 영역을 선택(5)하는데, 선택하는 Solid는 Surface와 교차되지 않아야 한다.

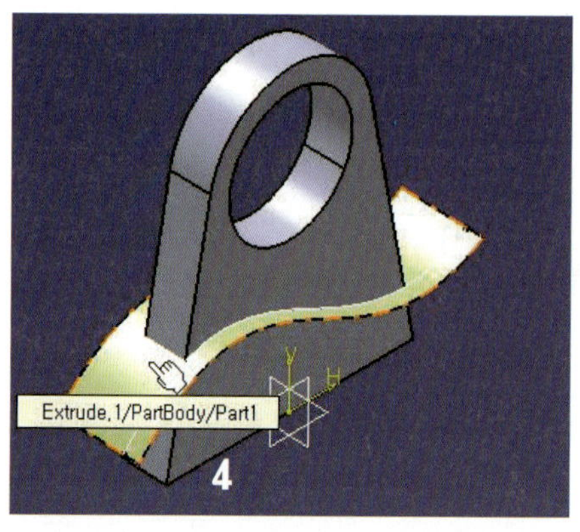

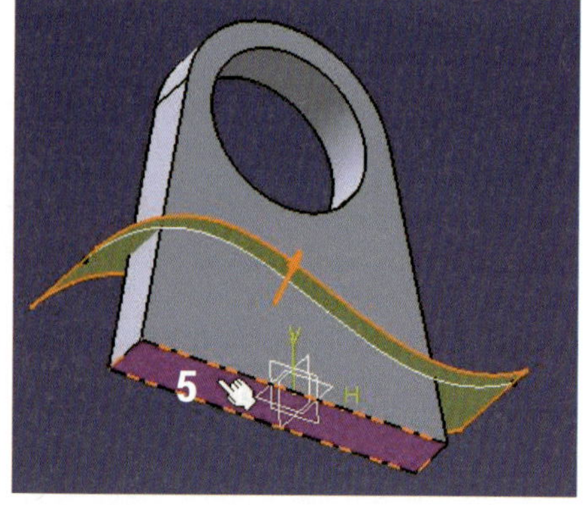

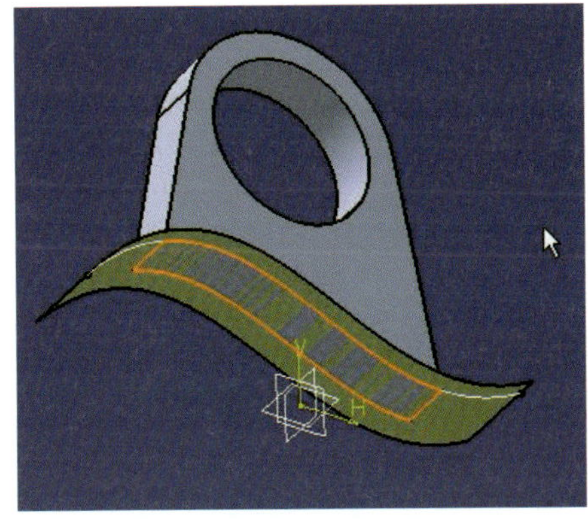

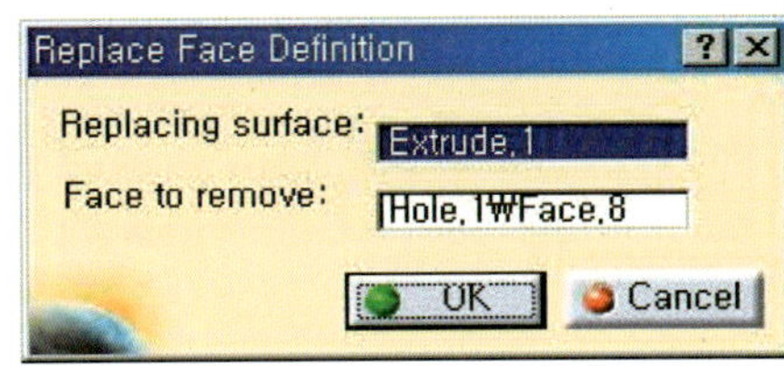

⑫ Faces to remove 영역에 Hole을 선택하고 화살표가 아래쪽 방향을 향하게 할 경우에는 Surface의 아랫부분
이 남는다.

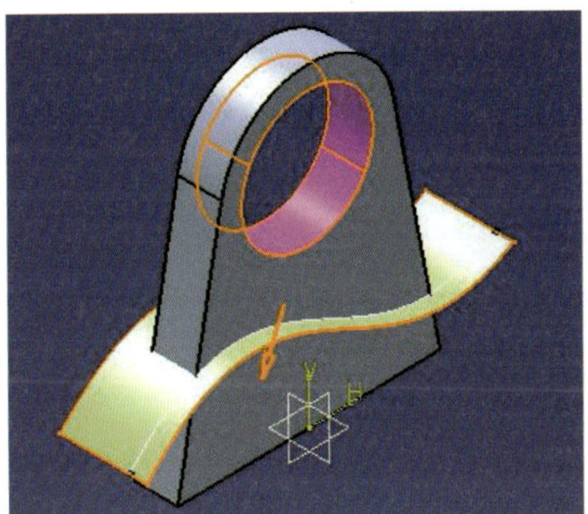

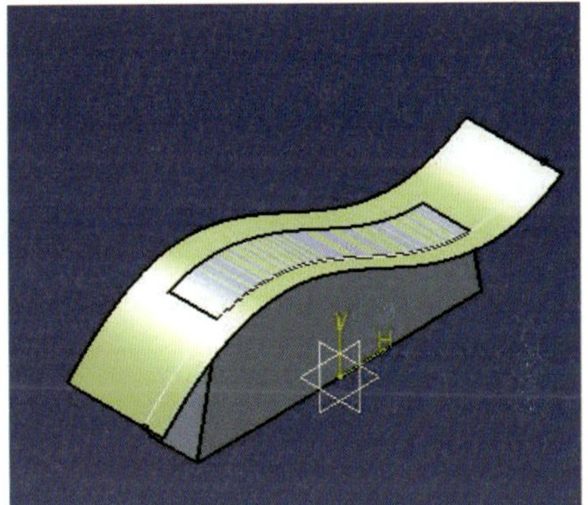

3) Transformation Features

<Translation  >

생성된 Solid를 3D 공간상에서 이동시키는 기능

① XY Plane에 Rectangle 을 Sketch하고 3D Mode에서 Pad 시켜 Solid를 생성한다.

② 아이콘을 클릭한다.

③ Translation Definition 대화상자에서 Direction 영역을 클릭하고 직육면체의 앞면을 선택한다.

④ Distance에 이동하고자 하는 거리를 입력하고 OK 버튼을 클릭한다.

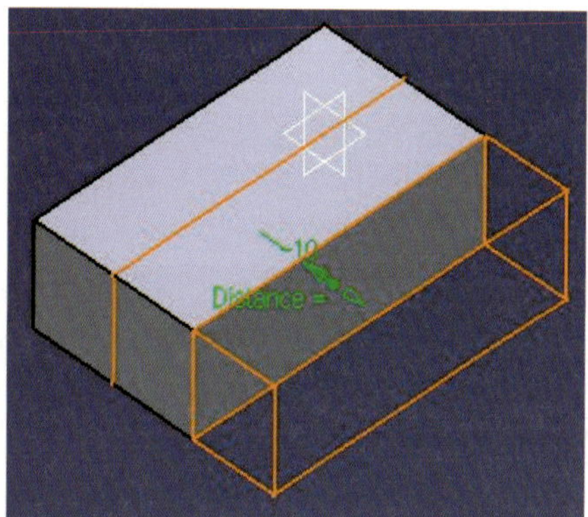

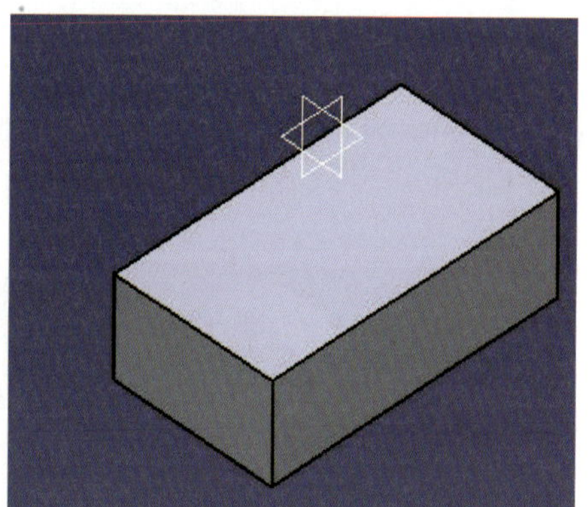

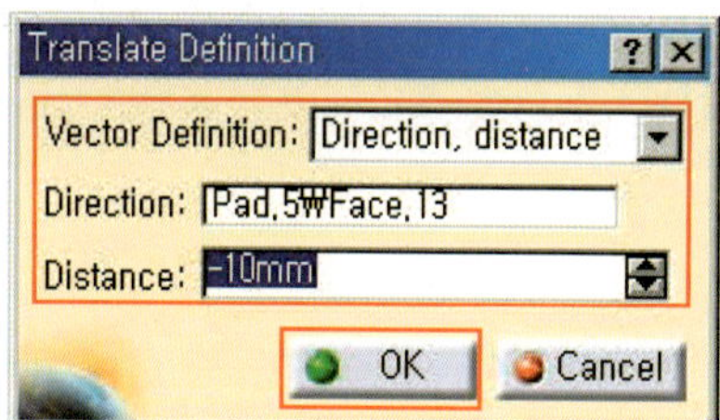

1. Vector Definition
   - Direction, distance : Solid를 이동시킬 방향을 지정
   - Point to Point : Solid를 이동시킬 점을 지정
2. Vector Definition Option에서 지정한 항목을 적용하여 이동
   - 면을 선택하면 선택한 면에 수직한 방향으로 이동
   - 선을 선택하면 선택한 선에 수평한 방향으로 이동

⑤ Vector Definition

- Point to Point

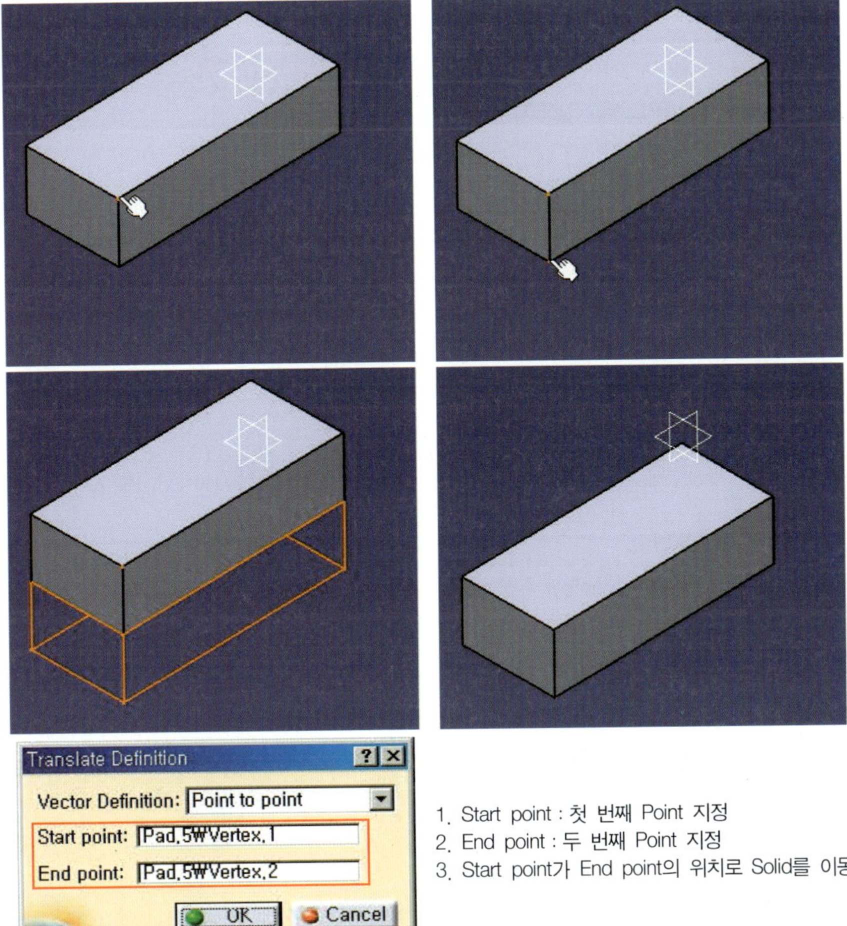

1. Start point : 첫 번째 Point 지정
2. End point : 두 번째 Point 지정
3. Start point가 End point의 위치로 Solid를 이동

- Coordinate

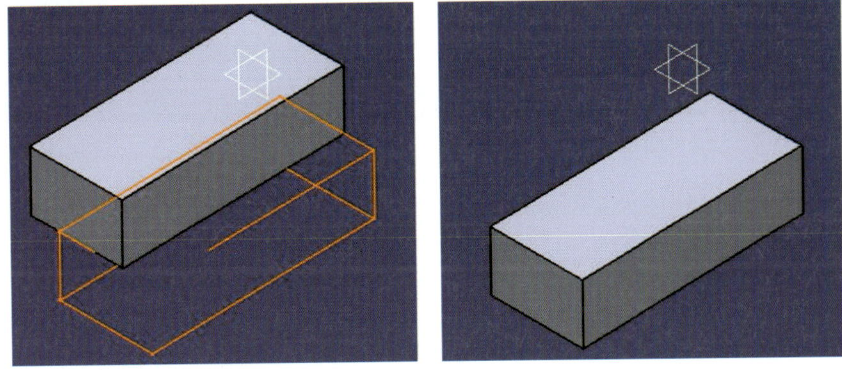

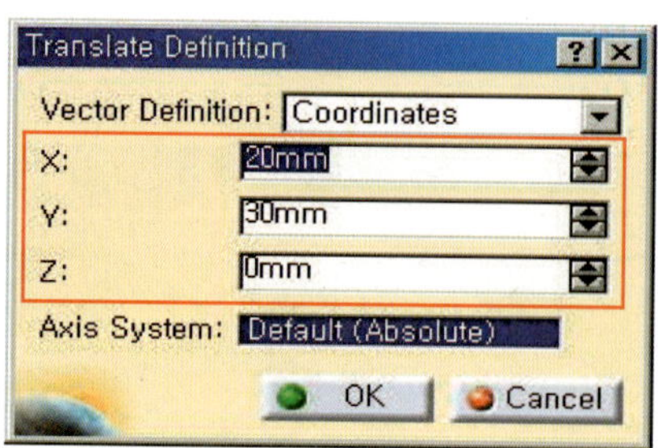

1. X, Y, Z : 좌표축을 기준으로 각 방향으로 이동할 거리 지정
2. Axis System : 좌표축 지정
3. Solid가 X축 방향으로 20mm, Y축 방향으로 30mm만큼 이동

<Rotation >

생성된 Solid를 3D 공간상에서 회전시키는 기능

① XY Plane에 Rectangle을 Sketch하고 3D Mode에서 Pad 시켜 Solid를 생성한다.

② 아이콘을 클릭한다.

③ Rotation Definition 대화상자에서 Axis 영역을 클릭하고 회전축을 모서리로 지정한다.

④ Angle 영역을 클릭하여 60°를 입력하고 OK 버튼을 클릭한다.

⑤ Solid가 Axis를 중심으로 반시계 방향으로 60° 회전된다.

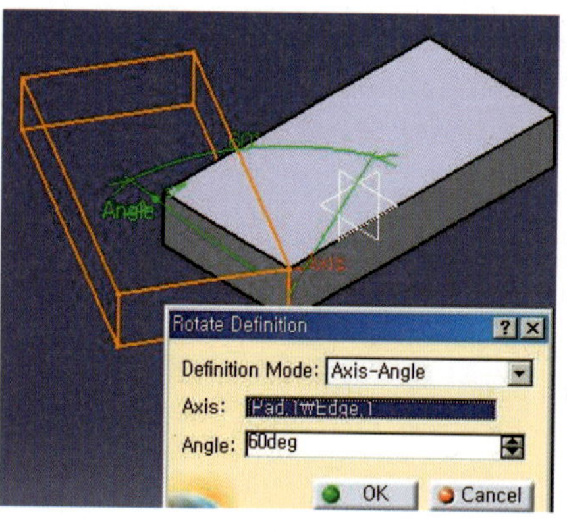

⑥ Definition Mode

• Axis-Two Elements

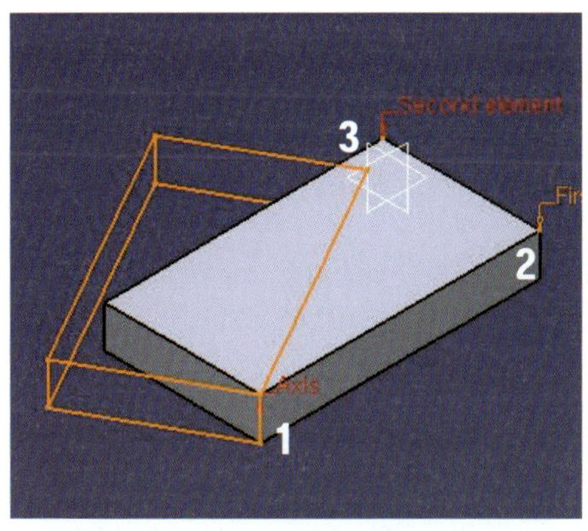

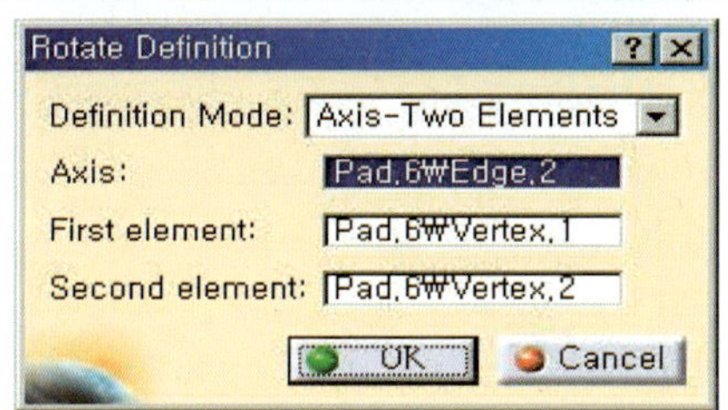

1. Axis 영역을 클릭하고 Solid를 회전시킬 축 지정(1)
2. First element 영역을 클릭하고 Point를 선택(2)
3. Second element 영역을 클릭하고 Point를 선택(3)
4. Axis를 중심으로 First element가 Second element 위치로 회전

• Three Points

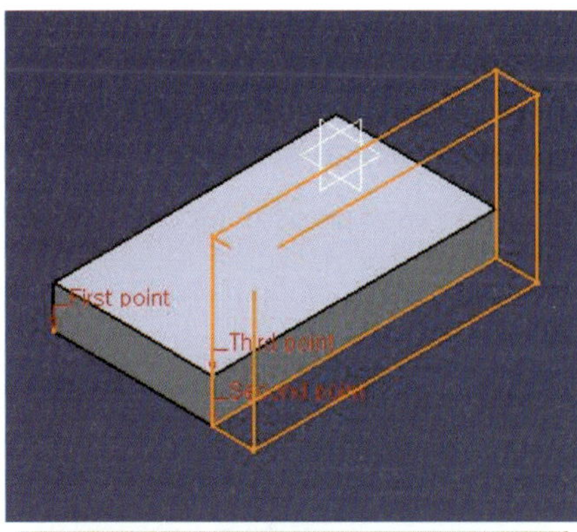

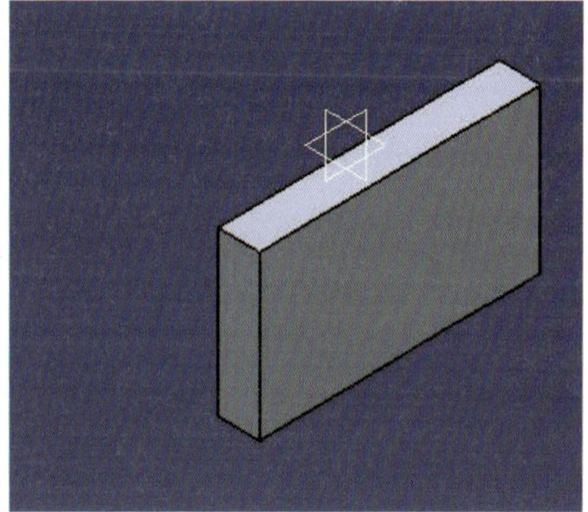

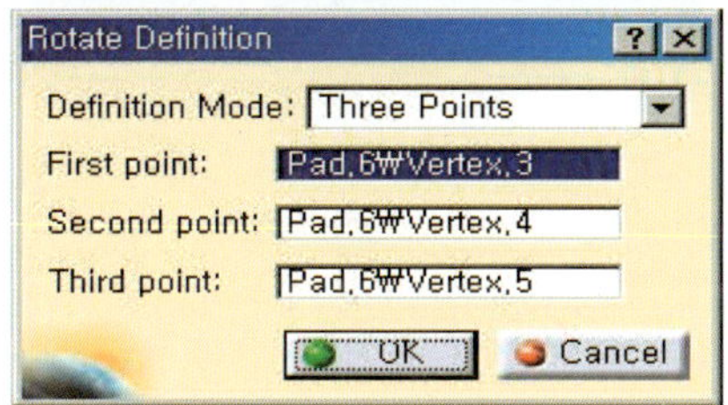

1. First point : 첫 번째 Point 선택
2. Second point : 두 번째 Point 선택
3. Third point : 세 번째 Point 선택
4. Solid를 Second point를 중심으로 First point가 Third point로 이동

<Symmetry>

Solid를 3D 공간상에서 대칭 이동시키는 기능

① XY Plane에 Rectangle 을 Sketch하고 3D Mode에서 Pad 시켜 Solid를 생성한다.

② 아이콘을 클릭한다.

③ Symmetry Definition 대화상자에서 Reference 영역을 클릭하고 대칭시킬 기준면을 선택(1)하고 OK 버튼을 클릭한다.

④ Solid가 대칭면을 기준으로 대칭 이동된다.

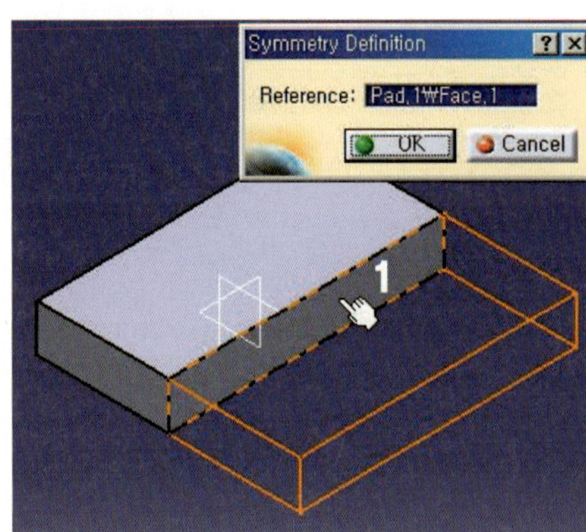

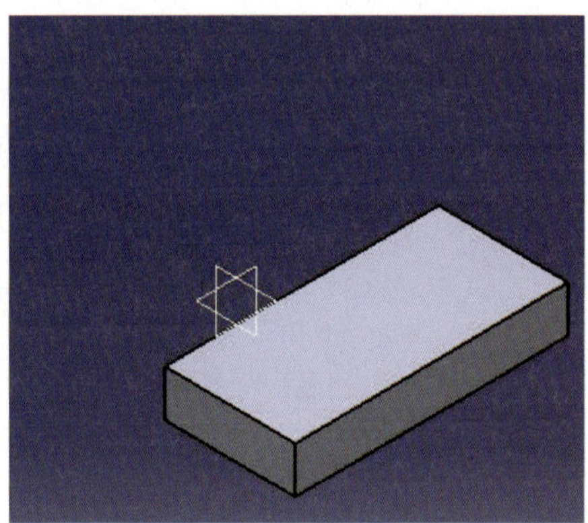

<Axis to Axis>

Solid를 3D 공간상에서 좌표계를 이용하여 이동시키는 기능

① XY Plane에 Rectangle 을 Sketch하고 3D Mode에서 Pad 시켜 Solid를 생성한다.

② Tools 도구막대의 Axis 아이콘 을 이용하여 2개의 사용자 좌표계를 생성(1, 2)한다.

③ 아이콘을 클릭한다.

④ Axis to Axis Definition 대화상자에서 Reference와 Target 영역을 클릭하고 Axis System을 각각 선택하고 OK 버튼을 클릭한다.

⑤ Solid가 Axis System.3 좌표계에서 Axis System.4 좌표계로 이동 복사된다.

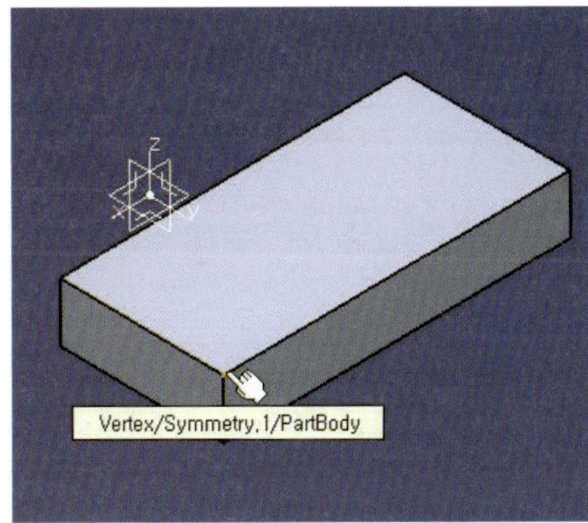
Axis System Definition
Axis system type: Standard
Origin: Symmetry,1₩Vertex,3
X axis: Symmetry,1₩Edge,5 Reverse
Y axis: Symmetry,1₩Edge,6 Reverse
Z axis: No Selection Reverse
Current   Right-handed   More...
Under the Axis Systems node
OK   Cancel
Vertex/Symmetry,1/PartBody

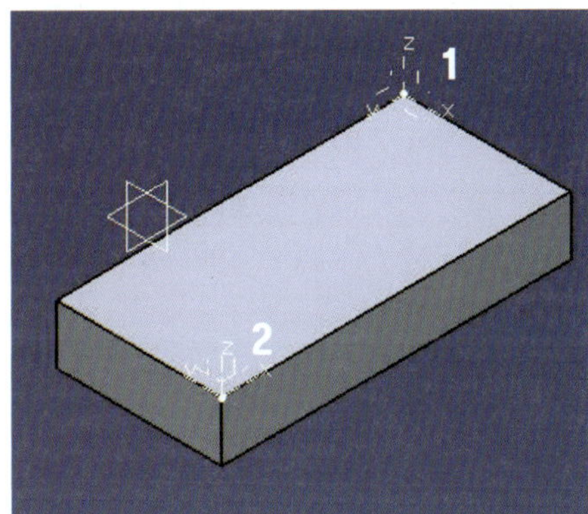
1
2

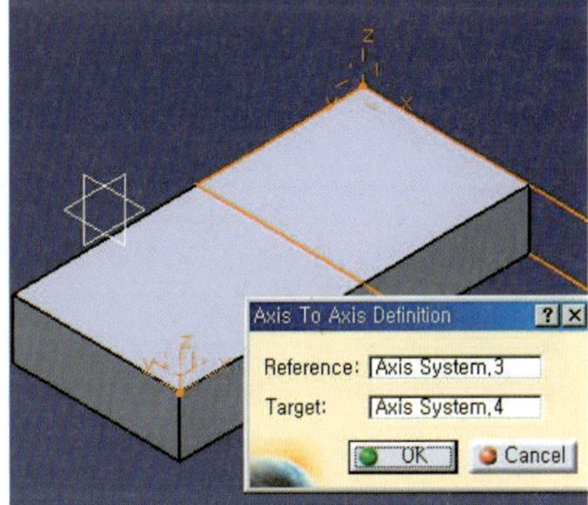
Axis To Axis Definition
Reference: Axis System,3
Target: Axis System,4
OK   Cancel

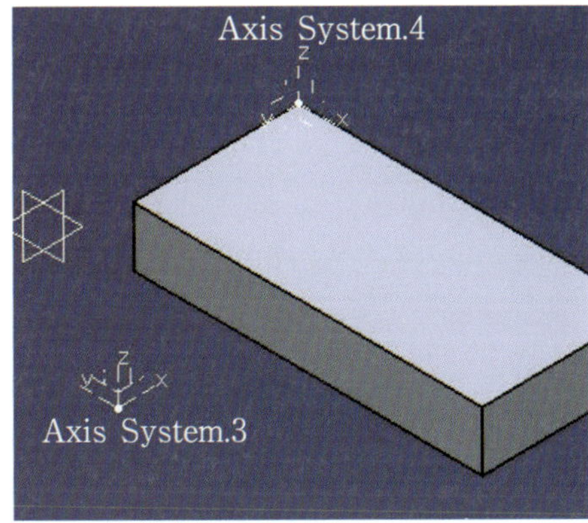
Axis System.4
Axis System.3

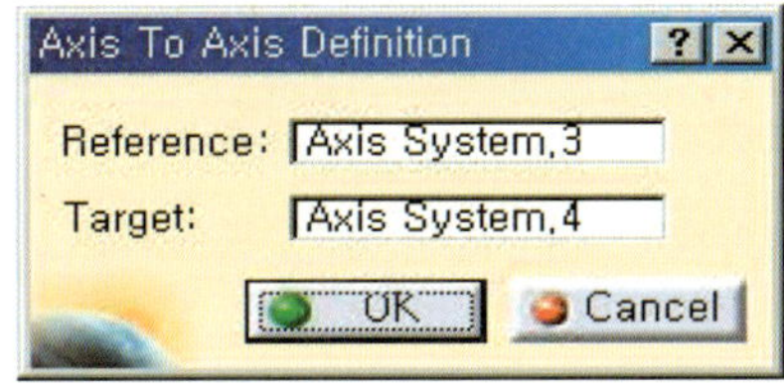
Axis To Axis Definition
Reference: Axis System,3
Target: Axis System,4
OK   Cancel

<Mirror  >

생성된 Solid를 기준면에 대칭이 되도록 복사하는 기능

① XY Plane에 Rectangle 을 Sketch하고 3D Mode에서 Pad 시켜 Solid를 생성한다.

② 아이콘을 클릭한다.

③ Mirror Definition 대화상자에서 Mirroring element영역을 클릭하고 Solid의 윗면을 선택(1)하고 OK 버튼을 클릭한다.

④ Solid가 대칭면을 기준으로 대칭 복사된다.

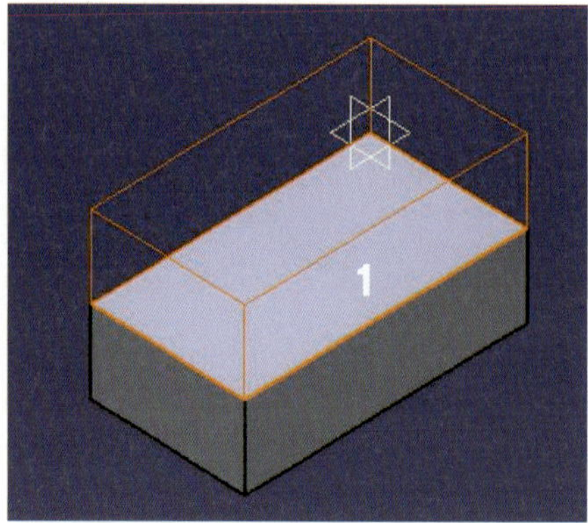

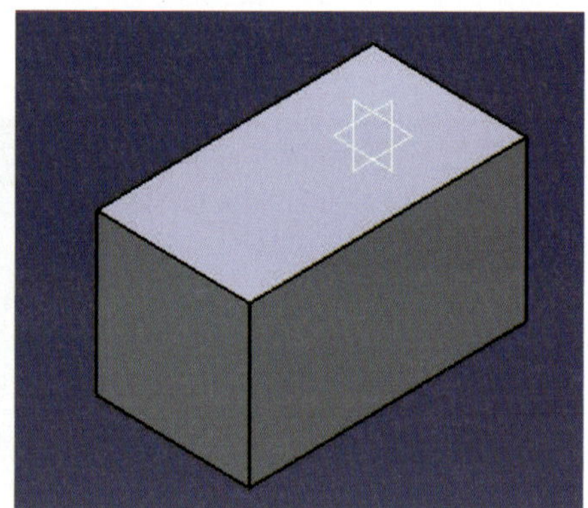

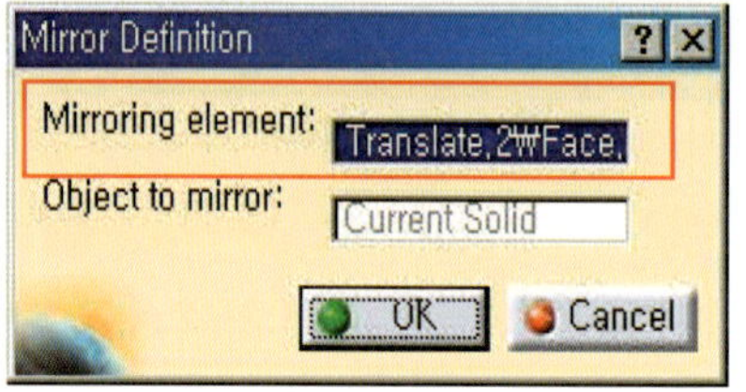

1. Mirroring element : Solid를 대칭시킬 기준면 선택

<Rectangular Pattern  >

선택한 Solid를 직사각형 형상으로 배열하는 기능

① XY Plane에 Rectangle 을 Sketch하고 3D Mode에서 Pad 시켜 Solid를 생성한다.

② Solid의 윗면에 Circle 을 Sketch하고 3D Mode에서 Pad 시켜 원기둥의 Solid를 생성한다.

③ 아이콘을 클릭한다.

④ Rectangular Pattern Definition 대화상자의 First Direction탭을 선택하여 Instance(s) & Spacing Parameters를 선택한다.

⑤ Instance(s)영역에 배열시킬 수로 3을 입력하고 Spacing영역에 생성할 Solid 사이의 거리로 30mm를 입력한다.

⑥ Reference Direction/Reference element영역을 클릭하고 배열시킬 방향인 가로방향 모서리를 선택(1)한다.

⑦ Object영역을 클릭하고 배열시키고자 하는 원기둥을 선택(2)한다.

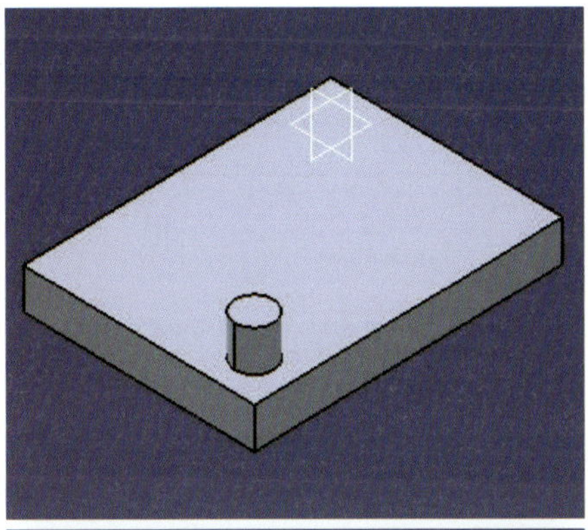
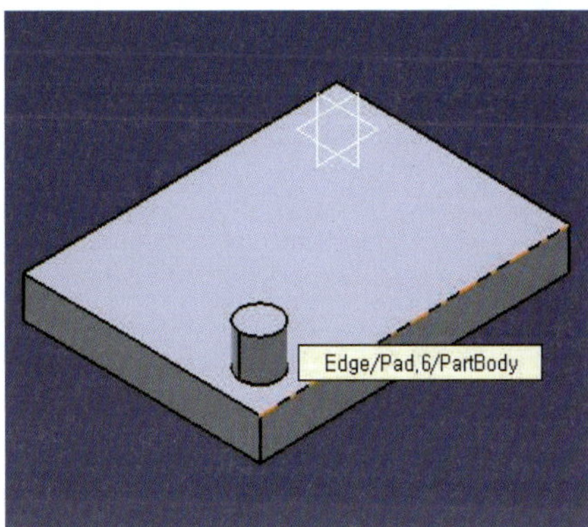

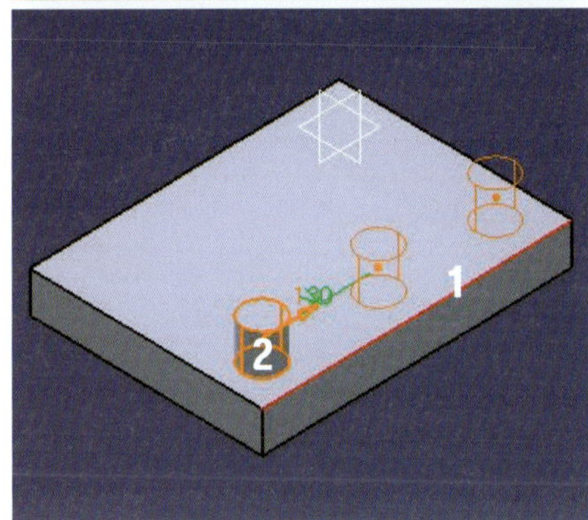
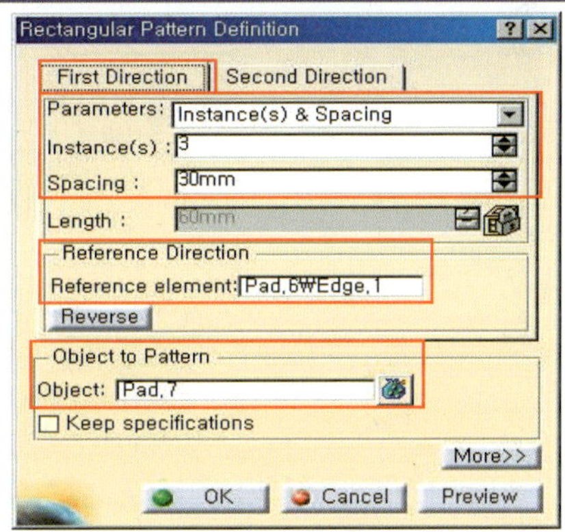

⑧ Second Direction탭을 선택하여 Instance(s) & Spacing Parameters를 선택한다.

⑨ Instance(s)영역에 배열시킬 수로 3을 입력하고 Spacing영역에 생성할 Solid 사이의 거리로 15mm를 입력한다.

⑩ Reference element영역을 클릭하고 배열시킬 방향을 세로방향 모서리를 선택(3)하고 OK버튼을 클릭한다.

⑪ 원기둥 Solid를 가로방향으로 30mm 간격으로 3개, 세로방향으로 15mm간격으로 3개의 Solid가 생성된다.

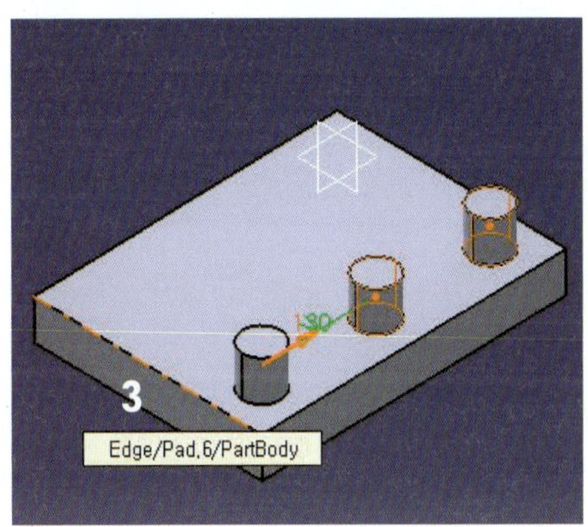

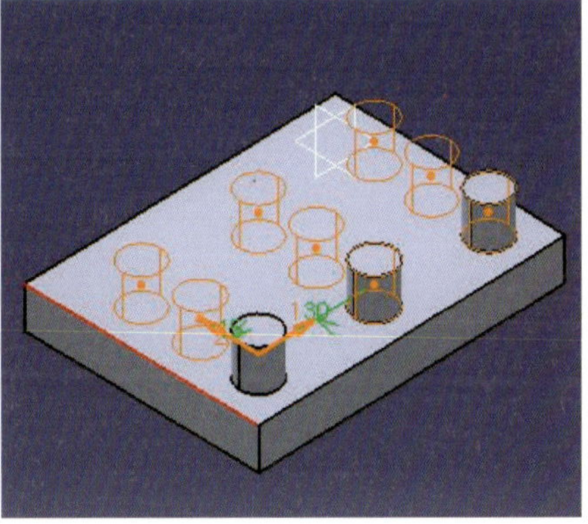

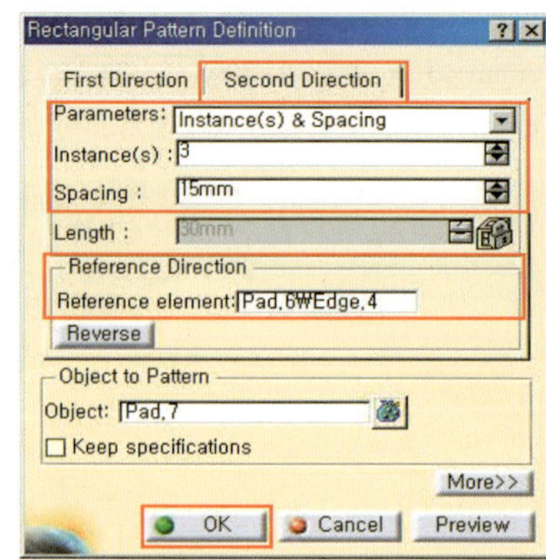

⑫ Parameters

• Instance(s) & Length : 전체 길이(length)에 instance개 배열한다.

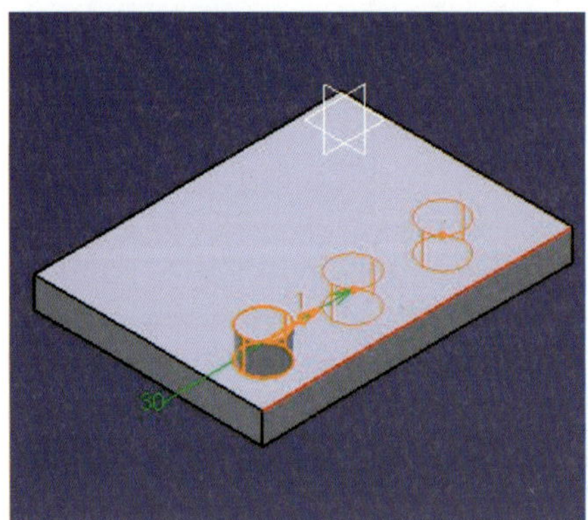

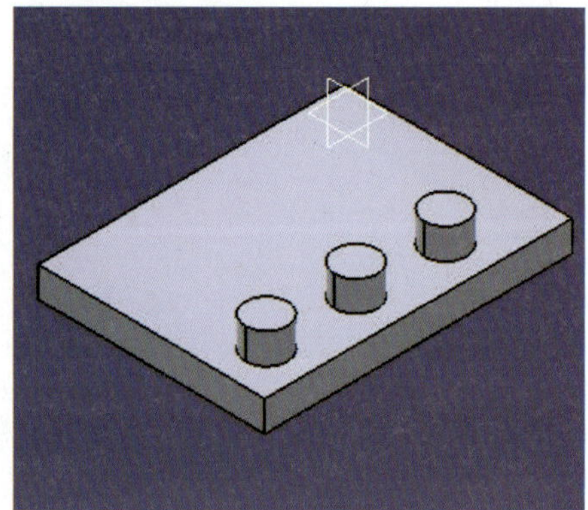

Instance(3)/Length(60mm)을 적용한 경우

• Instance(s) & Spacing : Spacing 간격으로 Instance개 배열한다.

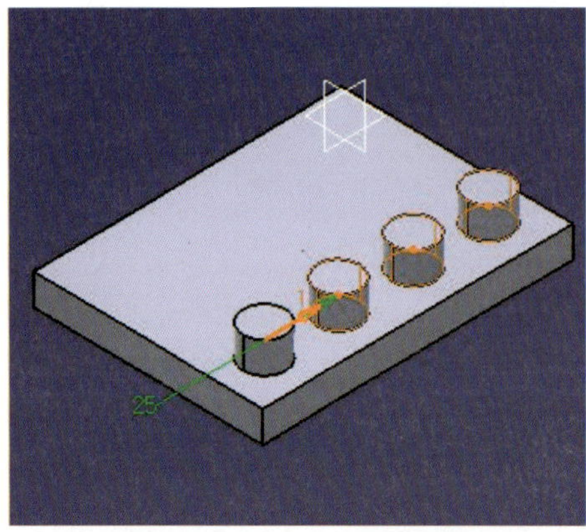

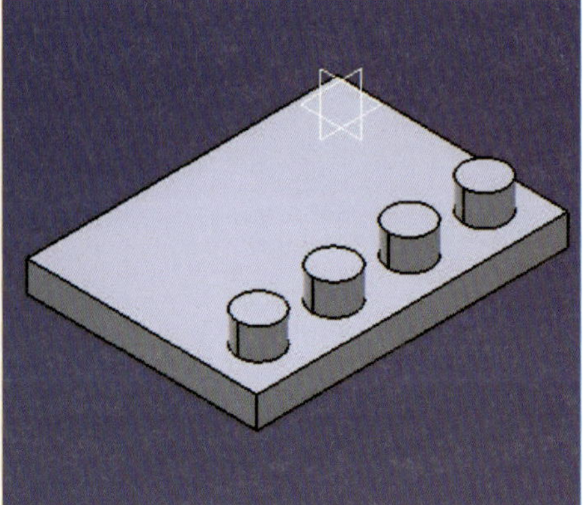

Instance(4)/Spacing(25mm)을 적용한 경우

- Spacing & Length : 전체 길이(length) 안에 Spacing 간격으로 배열한다.

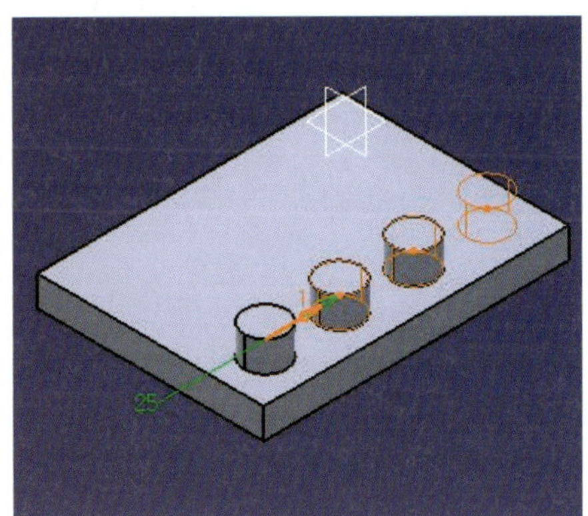
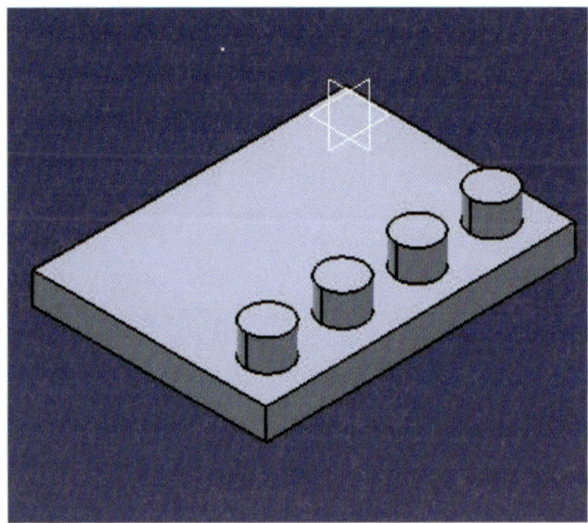

Spacing(25mm)/Length(80mm)을 적용한 경우

- Instance(s) & Unequal Spacing : Instance개를 다른 spacing 간격으로 배열한다.(Spacing 영역에 25를 입력하고 간격을 변경하고자 하는 위치의 숫자를 더블클릭하여 치수를 변경)

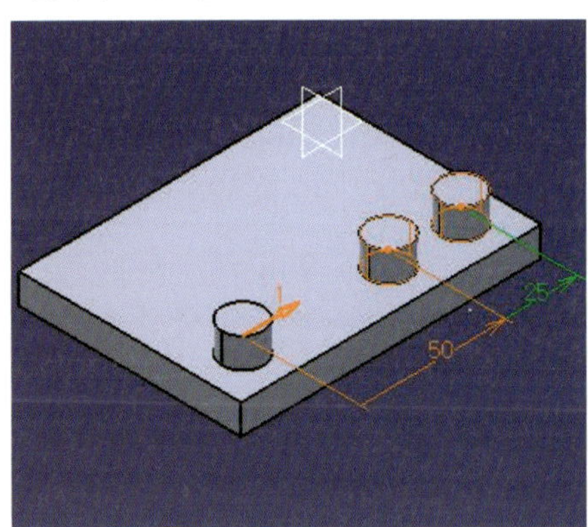
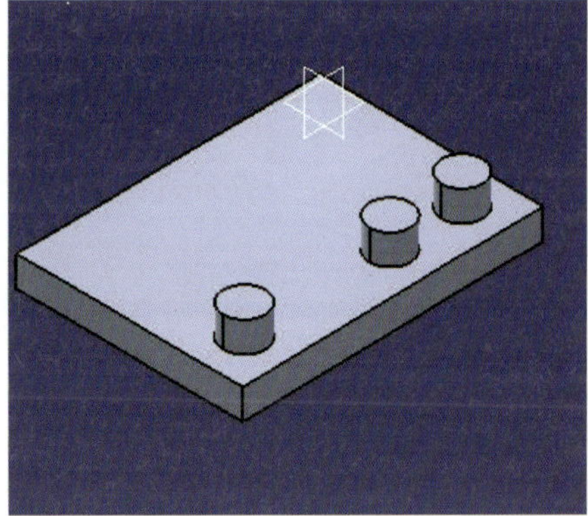

Instance(3)/Spacing(25mm)을 적용한 경우

배열로 생성된 Solid 중에서 일부분을 제거하기

① 앞의 예제에서 가로×세로 (4x3)개의 Solid를 생성할 수 있도록 각 항목을 입력한다.

② 제거하고자 하는 Solid를 마우스로 선택한다.

③ 직사각형 형태의 Pattern에서 제거하고자 하는 항목을 제외하고 Solid가 생성된다.

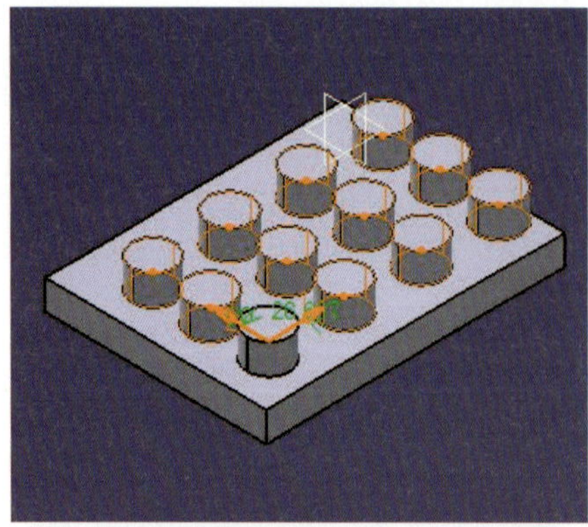

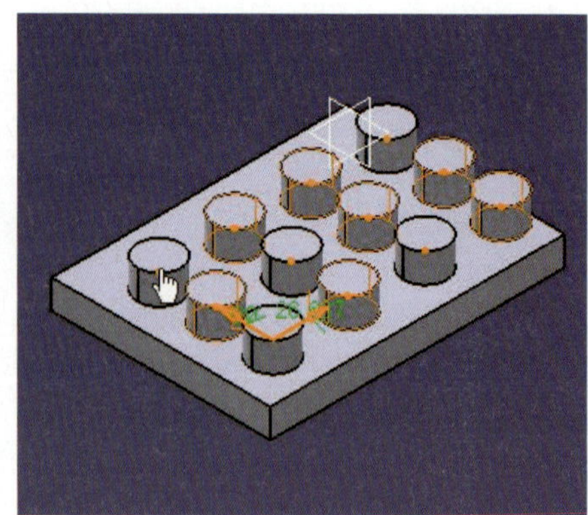

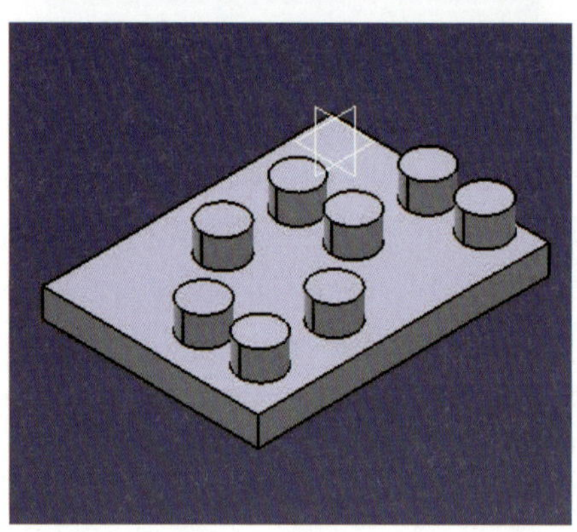

<Circular Pattern>

선택한 Solid를 원형 형상으로 배열하는 기능

① XY Plane에 Circle 을 Sketch하고 3D Mode에서 Pad 시켜 Solid를 생성한다.

② Solid의 윗면에 Circle 을 Sketch하고 3D Mode에서 Pad 시켜 원기둥의 Solid를 생성한다.

③ 아이콘을 클릭한다.

④ Circular Pattern Definition 대화상자에서 Axial Reference탭을 선택한다.

⑤ Instance(s) & angular spacing Parameters를 선택하고 Instance(s) 영역에 배열시킬 수를 6 입력하고 angular spacing 영역에 사이 각도를 60° 입력한다.

⑥ Reference element 영역을 클릭하고 배열시킬 방향으로 원주를 선택(1)한다.

⑦ Object 영역을 클릭하고 배열시킬 원기둥의 Solid 선택(2)한다.

⑧ OK 버튼을 클릭한다.

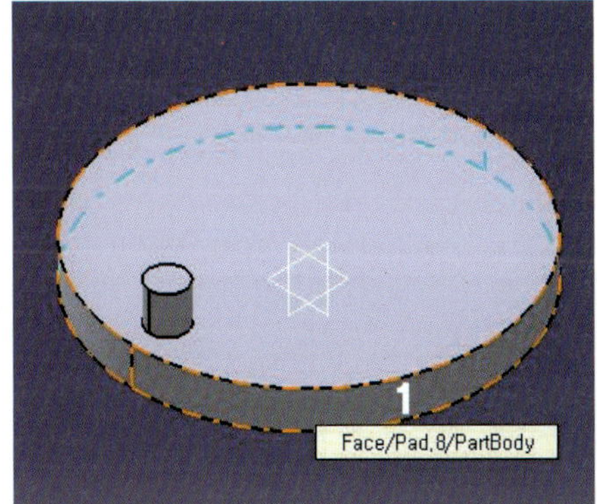

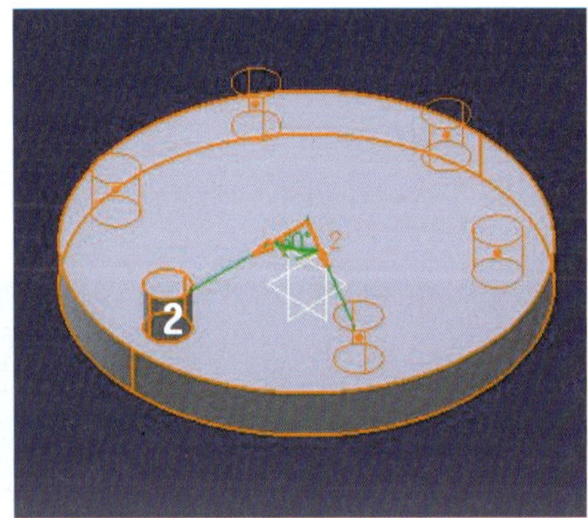

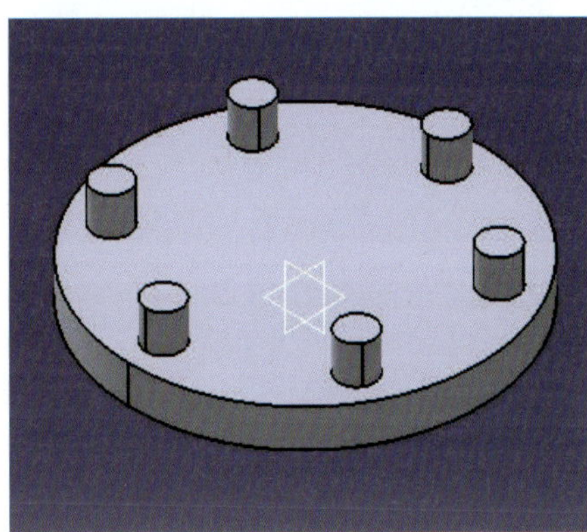

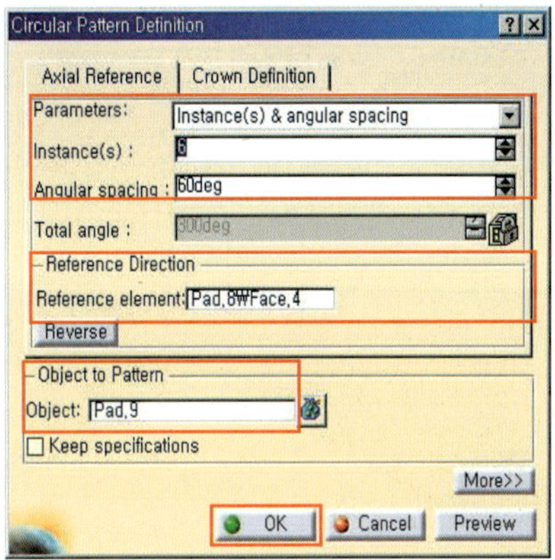

<User Pattern >

설계자가 원하는 위치에 Pattern시켜주는 기능

① XY Plane에 Rectangle 을 Sketch하고 3D Mode에서 Pad 시켜 Solid를 생성한다.

② Solid 윗면을 선택하고 Sketch 아이콘 을 클릭한 후 Circle 을 Sketch하고 Exit workbench 아이콘 을 클릭하여 3D Mode로 전환한다.

③ Pad 아이콘 을 클릭하여 원기둥의 Solid를 생성한다.

④ Sketch 아이콘 을 클릭하고 직육면체의 윗면을 선택한다.

⑤ Pattern시킬 위치에 Point 아이콘 을 더블클릭하여 Point를 생성한 후 Exit Workbench 아이콘 을 선택하여 3D Mode로 전환한다.

⑥ 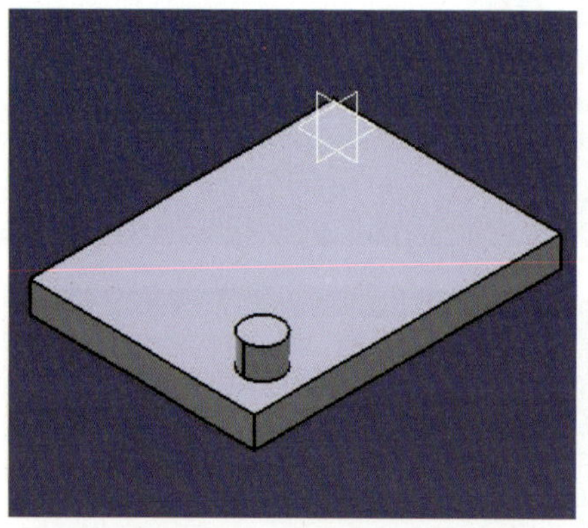 아이콘을 클릭한다.

⑦ User Pattern Definition 대화상자에서 Instance Position 영역을 클릭하고 생성한 Point를 선택한다.

⑧ Object 영역을 클릭하고 배열시킬 원기둥을 선택하고 OK 버튼을 클릭한다.

⑨ 원기둥이 Point의 위치에 배열되어 생성된다.

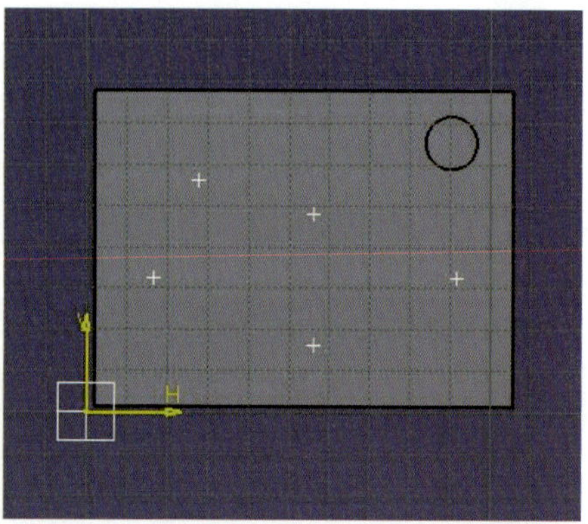

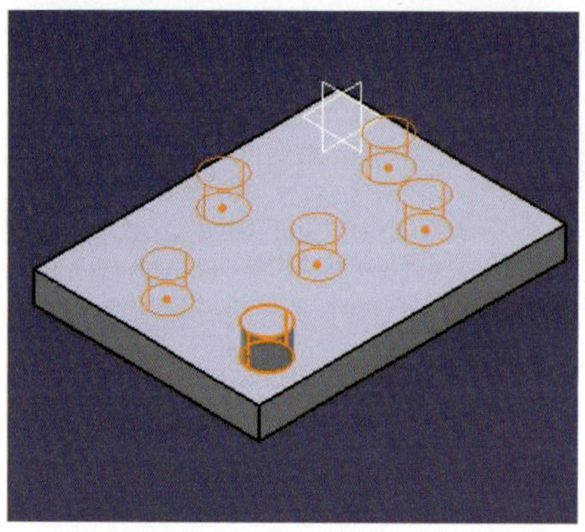

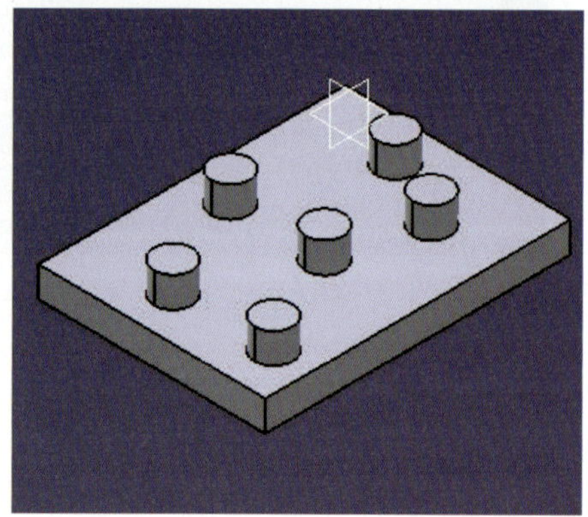

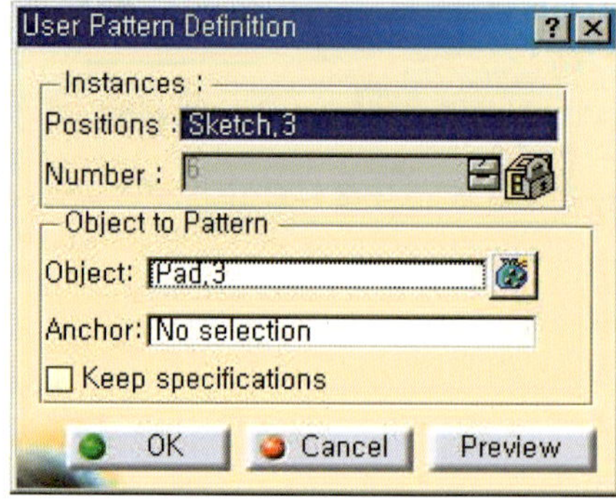

1. Instance
   - Positions : 배열시킬 위치로 Point를 포함한
     Sketch 선택
2. Object to Pattern
   - Object : Pattern시킬 Solid
   - Anchor : Object에서 일정 거리 떨어진 기준점
   - Keep specifications : Object에 적용된 옵션을
     Pattern된 Solid에도 적용

Anchor를 적용한 Pattern하기

① 기준점에서 Object to Pattern까지의 간격을 생성한 Point에도 동일하게 적용시키기 위해 Anchor를 이용한다.

② Anchor 영역을 클릭하고 기준점으로 꼭짓점을 선택(1)한다.

③ 기준점과 원기둥과의 거리가 Point에서 생성될 Solid 사이에 적용되어 Pattern된다.

④ OK 버튼을 클릭한다.

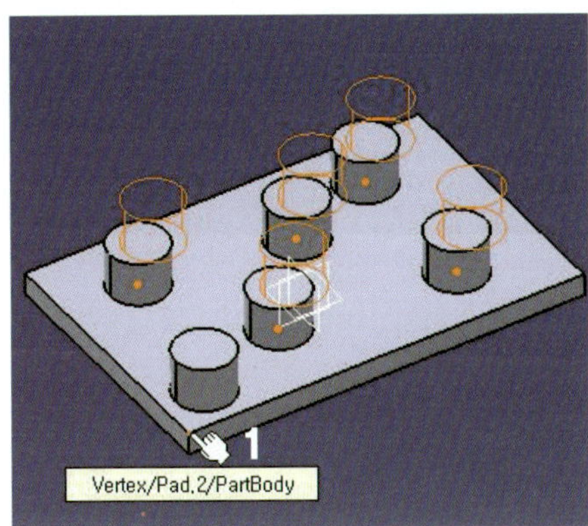

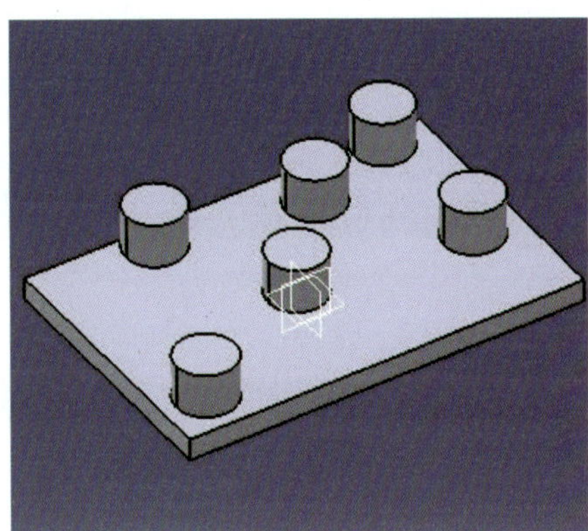

<Scaling>

Solid를 확대 또는 축소시키는 기능

① YZ Plane에 Profile 아이콘 을 클릭하여 Sketch하고 3D Mode에서 Pad 시켜 Solid를 생성한다.

② 아이콘을 클릭한다.

③ Scaling Definition 대화상자에서 Reference 영역을 클릭하고 면을 선택한다.

④ Ratio 영역을 클릭하고 2를 입력하고 OK 버튼을 클릭한다.

⑤ 선택한 Solid가 선택한 면 방향으로 2배 확대된다.

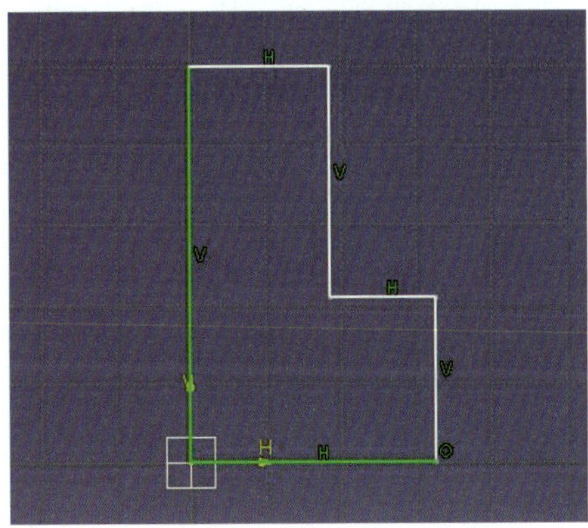

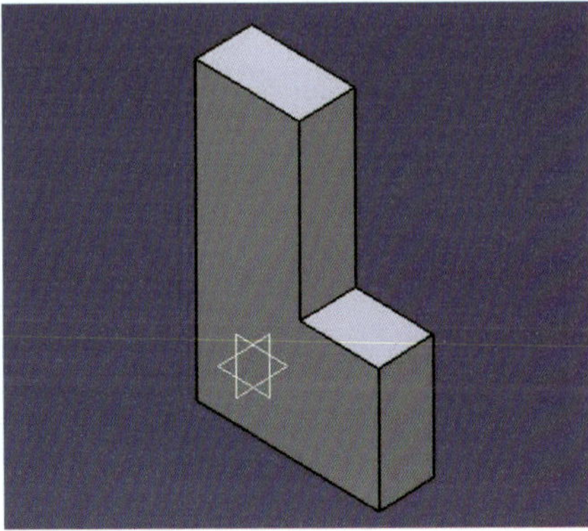

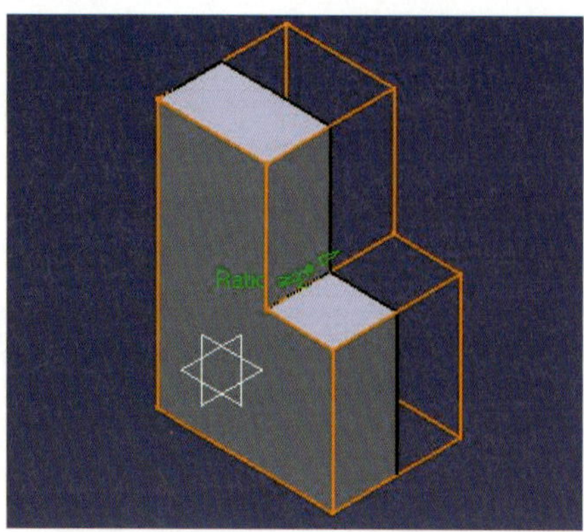

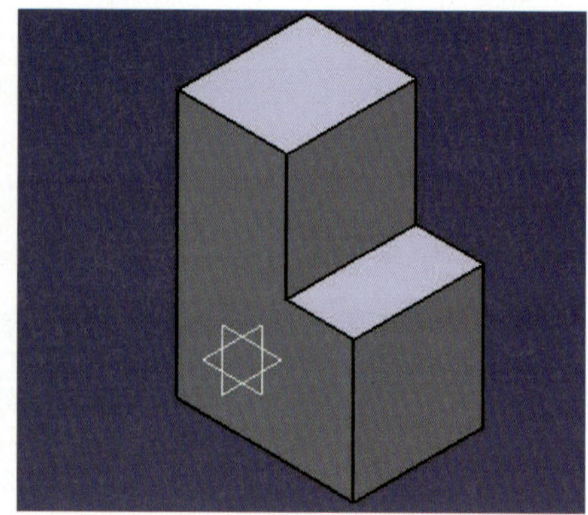

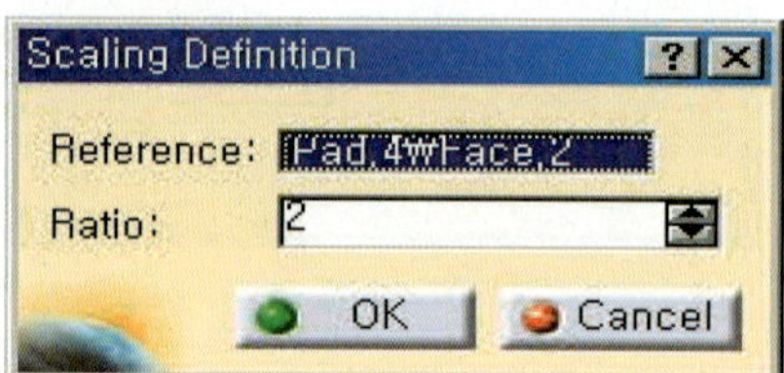

1. Reference : 확대/축소시킬 기준면
   - 면 선택 : 선택한 면과 수직한 방향으로 확대/축소
   - 선 선택 : 지정한 선의 방향으로 확대/축소
2. Ratio : 확대/축소 비율 지정
   - 1을 기준으로 1보다 크면 확대, 작으면 축소

점을 기준으로 Scaling 적용하기

① Scaling Definition 대화상자에서 Reference 영역을 클릭하고 Solid의 꼭짓점을 선택한다.

② Ratio 영역을 클릭하고 1.5를 입력하고 OK 버튼을 클릭한다.

③ 꼭짓점을 기준으로 모든 방향으로 1.5배 확대된 Solid가 생성된다.

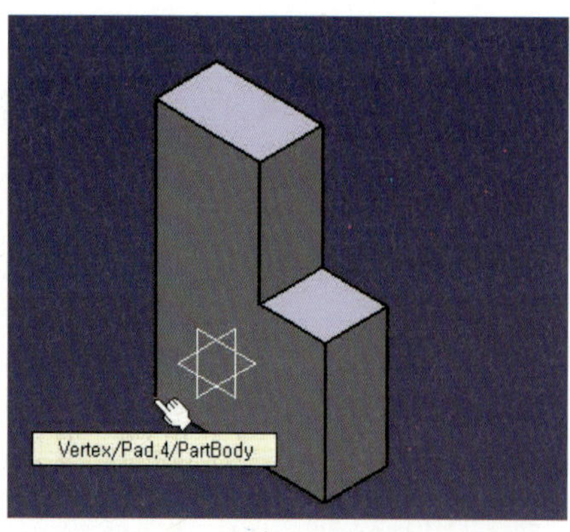

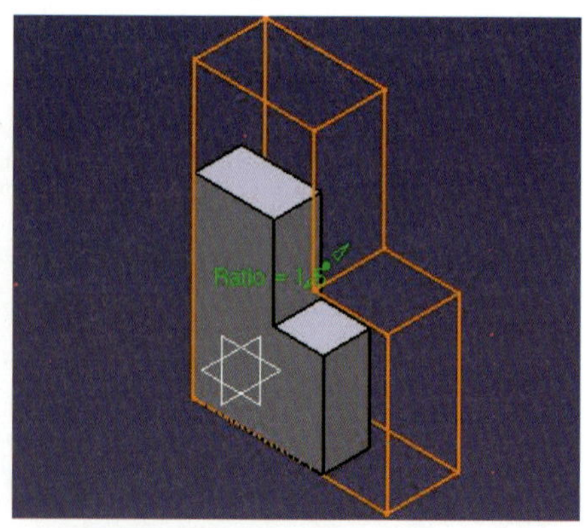

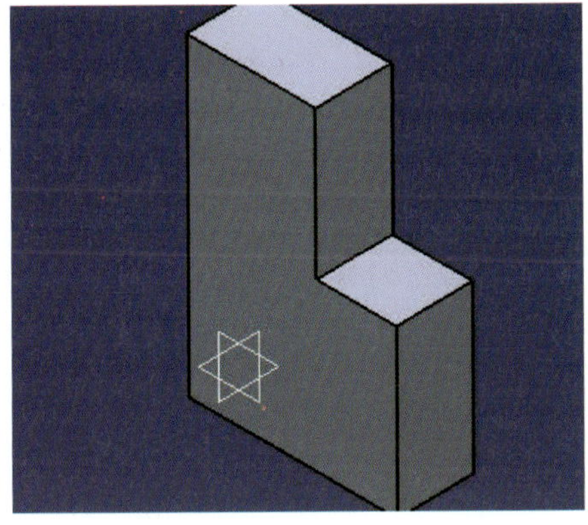

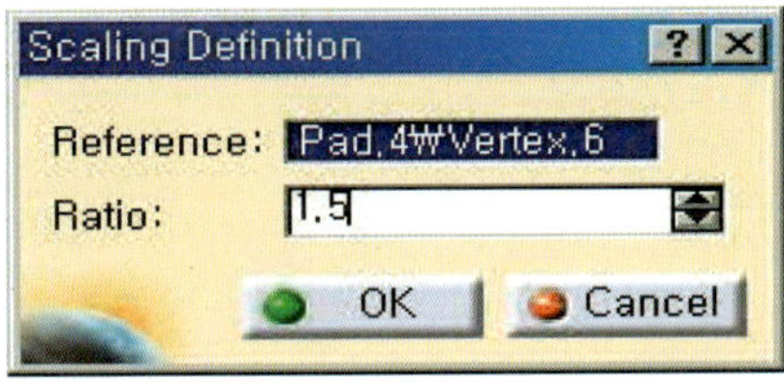

<Affinity >

Solid를 축마다 다른 비율로 확대 또는 축소시키는 기능

① YZ Plane에 Sketch하여 3D Mode에서 Pad 시켜 Solid를 생성한다.

② 아이콘을 클릭한다.

③ Affinity Definition 대화상자에서 Axis system/Origin 영역을 클릭하고 확대 또는 축소시킬 기준점을 선택(1)한다.

④ Ratios 영역의 각 방향으로 확대 또는 축소 비율을 지정하고 OK 버튼을 클릭한다.

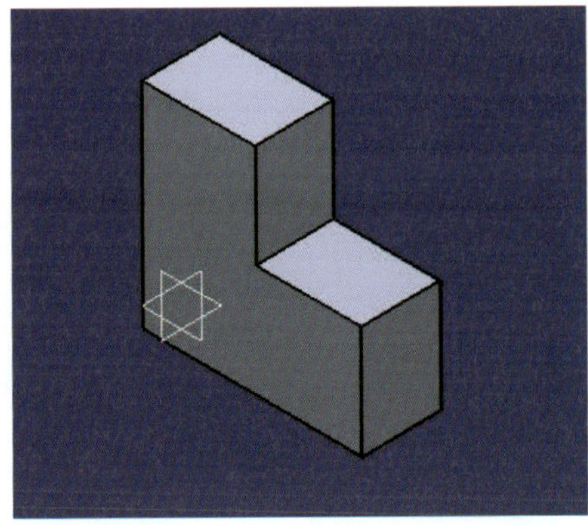

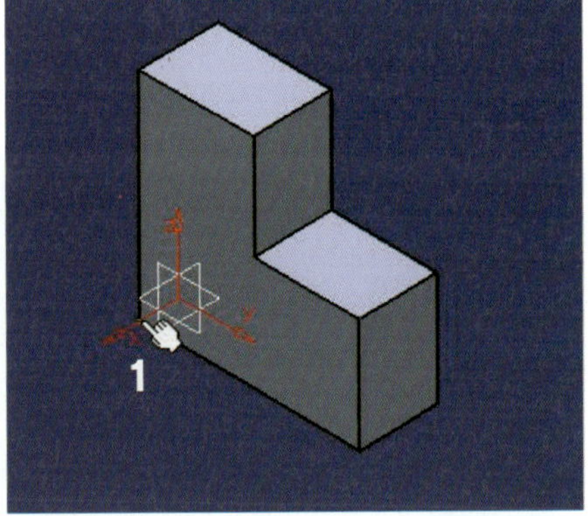

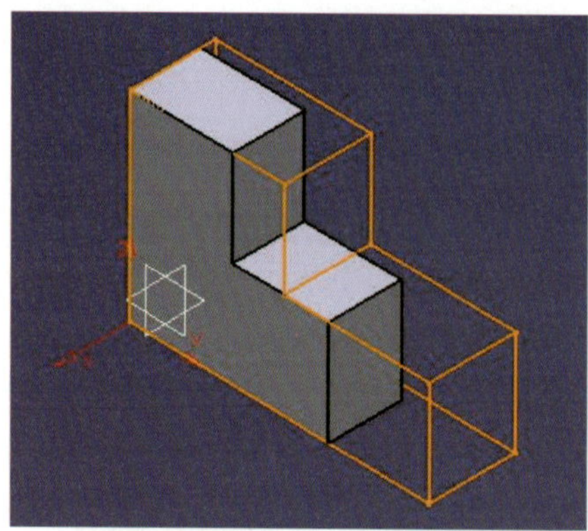

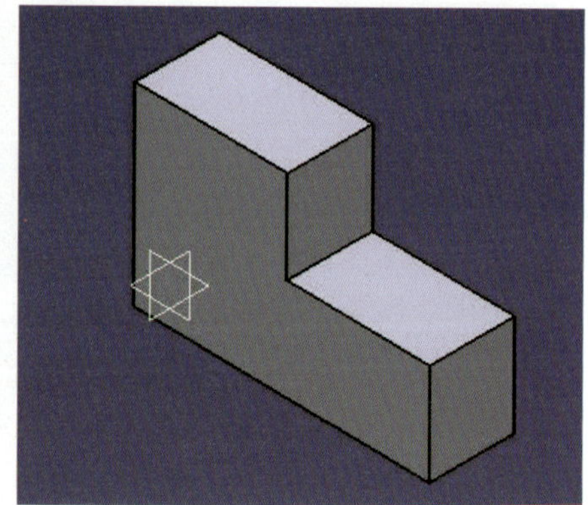

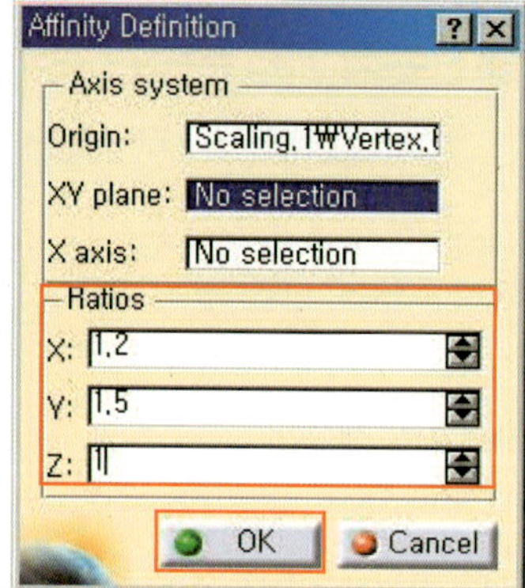

1. Axis System
   - Origin : 좌표축의 원점 지정
   - XY plane : 좌표축에서 XY 평면 지정
   - X axis : 좌표축에서 X축 지정
2. Ratios
   - X, Y, Z : 각 축 방향으로 확대/축소 비율 입력

Axis system에서 XY Plane과 X axis를 지정하여 적용하기

① XY Plane 영역을 클릭하여 Solid의 면을 선택(1)한다.

② X axis 영역을 클릭하고 X축으로 지정할 Solid의 모서리를 선택(2)한다.

③ 새롭게 지정한 Axis system에 의한 Ratios가 적용되어 확대/축소된 Solid가 생성된다.

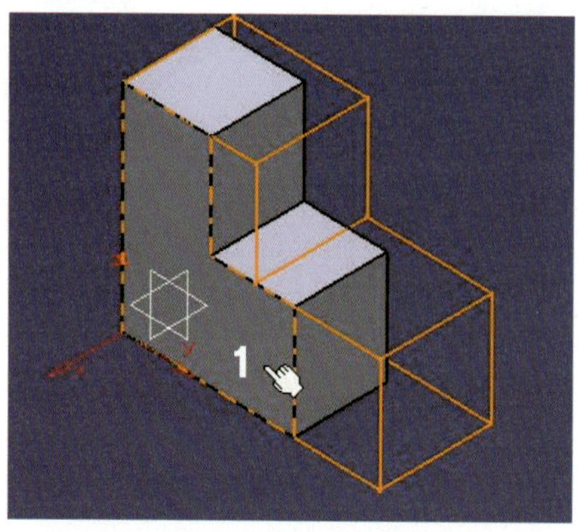

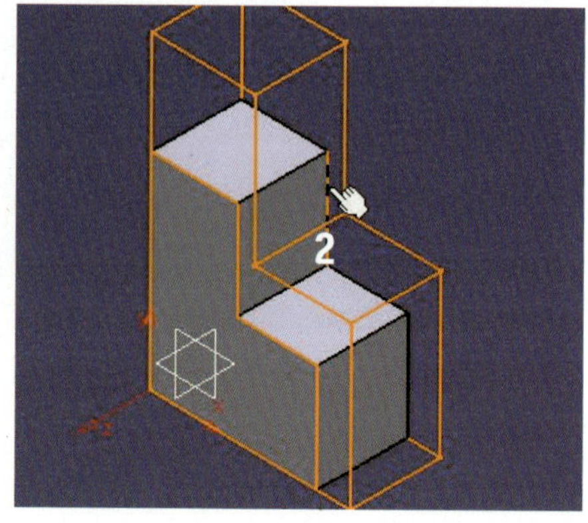

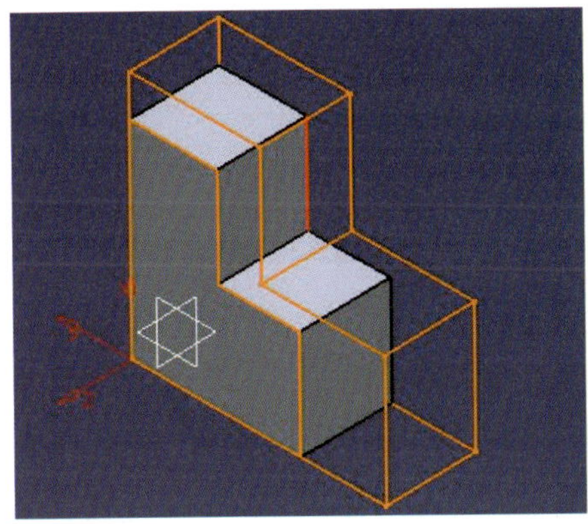
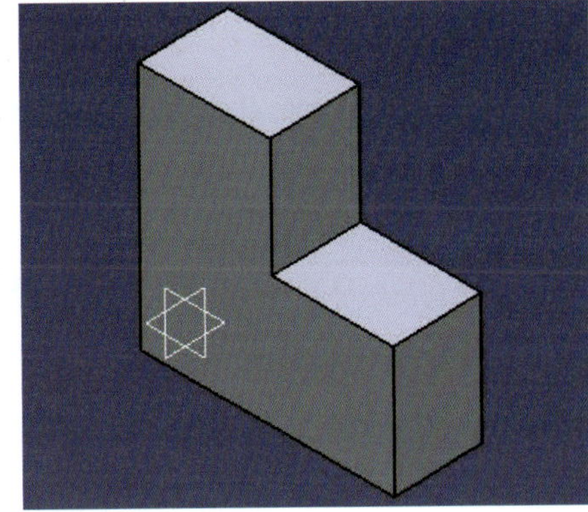

4) Surface-Based Features

마우스 포인터를 도구막대 빈 곳(1)에 위치시키고 오른쪽 버튼을 클릭한 후 Surface-Based Features (Extended)를 선택한다.

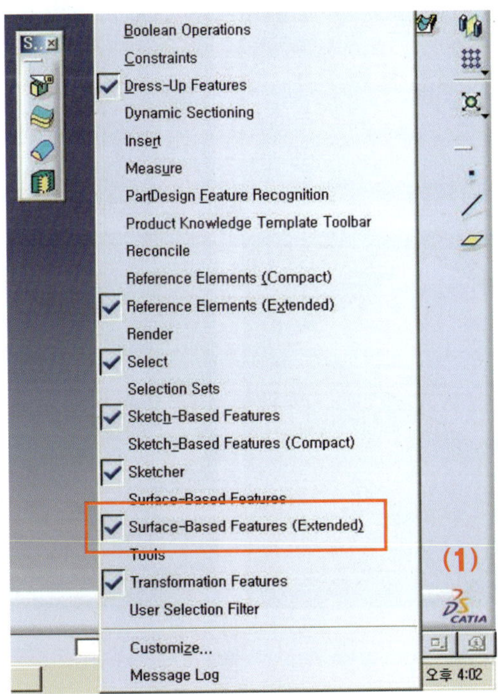

<Split>

생성된 Solid를 요소(Plane, Surface)를 경계로 잘라서 제거하는 기능

① XY Plane에 Rectangle 을 Sketch하고 3D Mode에서 Pad 시켜 Solid를 생성한다.

② Workbench 도구막대의 Part Design 아이콘 을 클릭한 후 Wireframe and Surface Design 아이콘 을 선택하여 Surface Mode로 전환한다.

③ Solid 앞면을 선택하고 아이콘을 클릭하여 Curve를 Sketch(1)한다.

④ Exit Workbench 아이콘 을 클릭하여 3D Mode로 전환한다.

⑤ Surfaces 도구막대의 Extrude 아이콘 을 클릭하여 Solid를 완전히 감싸도록 치수를 조정하여 Surface를 생성한다.

⑥ Wireframe and Surface Design 아이콘 클릭한 후 Part Design 아이콘 을 선택하여 Solid Mode로 전환한다.

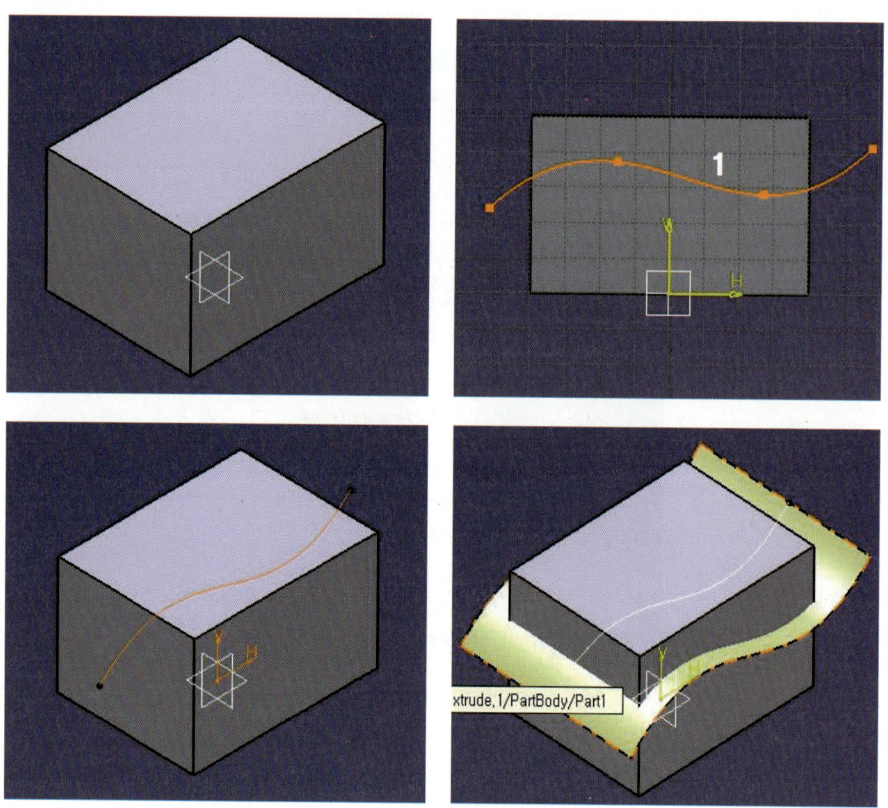

⑦ 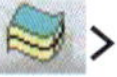 아이콘을 클릭한다.

⑧ Split Definition 대화상자에서 Splitting Element 영역을 클릭하고 Surface를 선택(2)한다.

⑨ 화살표 방향은 Solid의 남기고자 하는 쪽으로 향하도록 클릭하여 조정하고 OK 버튼을 클릭한다.

⑩ Surface와 Curve를 선택하고 마우스 오른쪽버튼을 클릭한다.

⑪ Hide/Show를 선택하여 Hide 영역으로 이동시킨다.

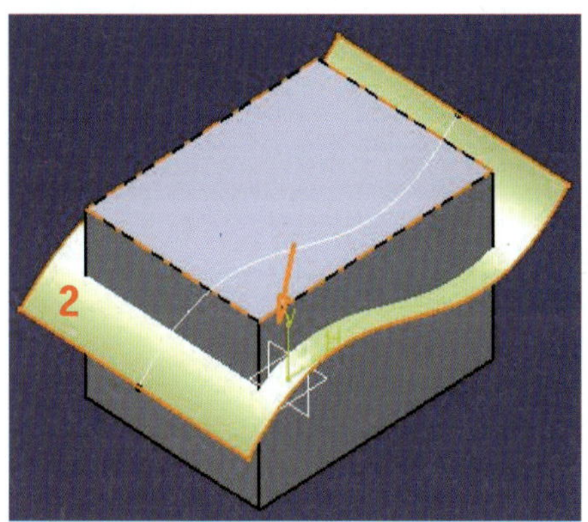
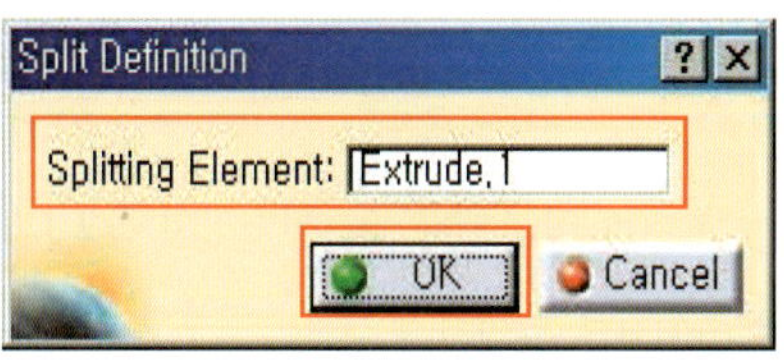

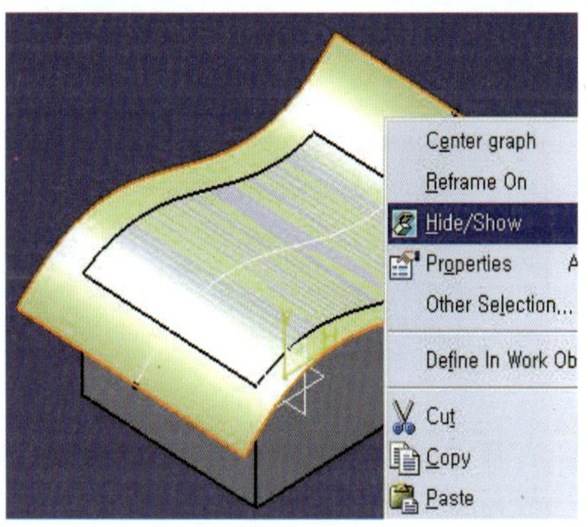

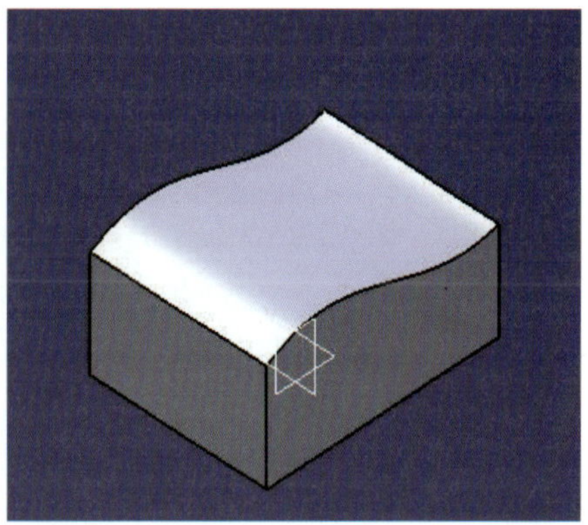

<Thick Surface >

Surface에 두께를 주어 Solid를 생성하는 기능

① ZX Plane을 선택하고 Sketch 아이콘 을 클릭하여 Sketch Mode로 전환한다.

② Spline 아이콘 을 클릭하여 Sketch한 후 3D Mode로 전환한다.

③ Part Design 아이콘 을 클릭한 후 Wireframe and Surface Design 아이콘 을 선택하여 Surface Mode로 전환한다.

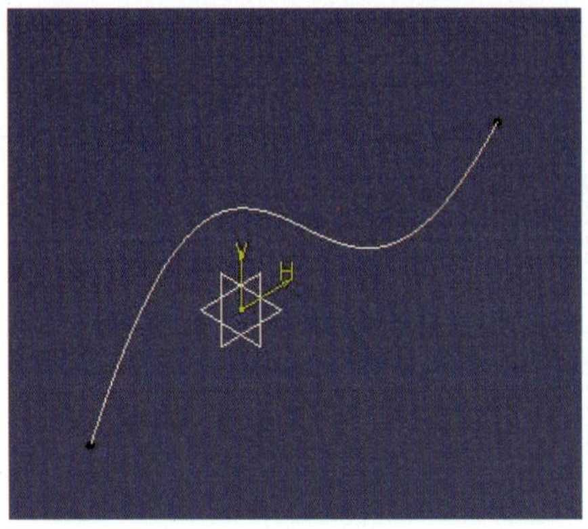
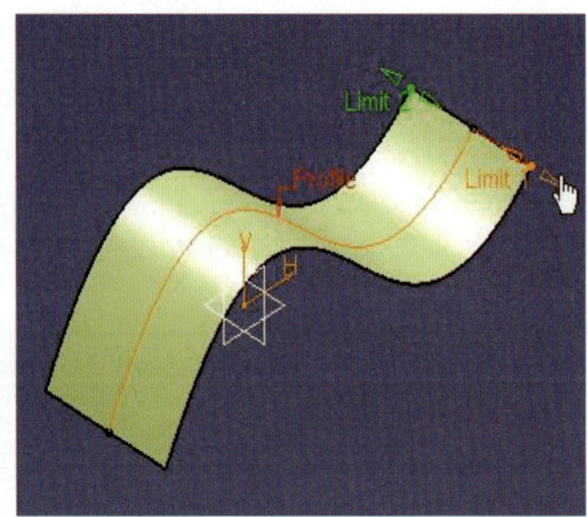

④ Part Design 아이콘 을 클릭하여 Solid Mode로 전환한다.

⑤ 아이콘을 클릭한다.

⑥ Thick Surface Definition 대화상자에서 First/Second Offset 영역을 클릭하고 생성할 Solid의 두께로 10mm 를 입력한다.

⑦ Object to offset 영역을 클릭하고 Surface를 선택하고 OK 버튼을 클릭한다.

⑧ Specifications Tree 영역에서 Sketch와 Extrude된 Surface을 선택하고 마우스 오른쪽버튼을 클릭해 Hide/Show를 선택하여 Hide시킨다.

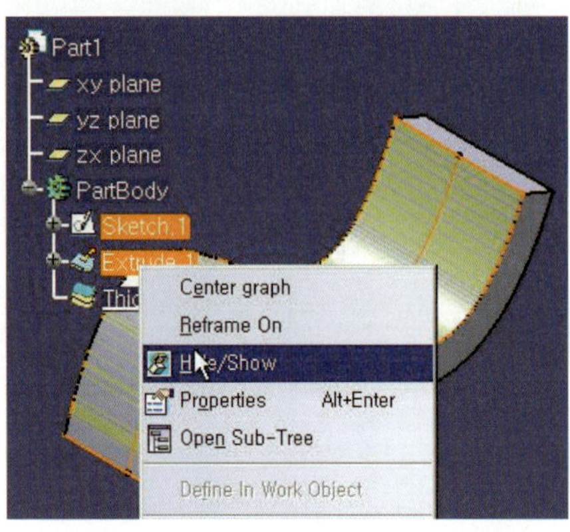

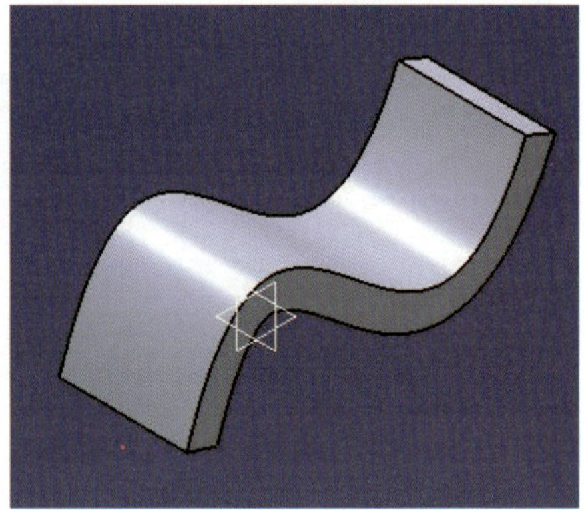

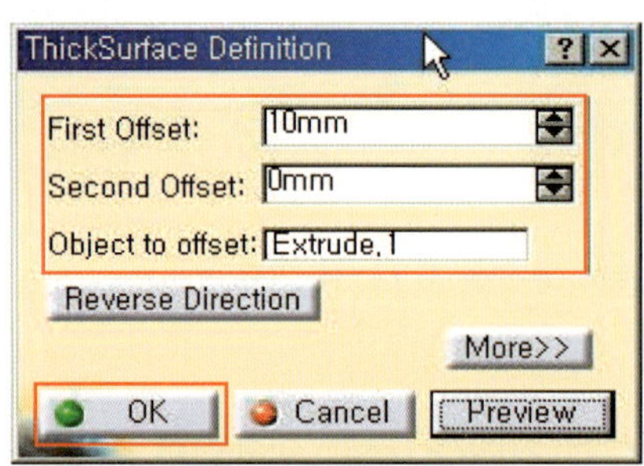

1. First Offset : 화살표 방향 두께
2. Second Offset : 화살표 반대 방향 두께
3. Object to offset : Surface 선택
4. Reverse Direction : First Offset 방향을 변경

<Close Surface 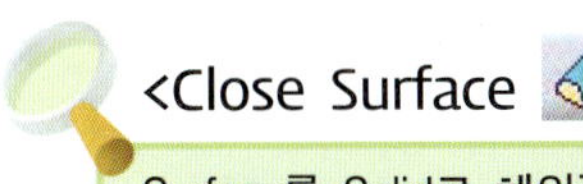 >

Surface를 Solid로 채워주는 기능

① XY Plane에 Surface를 생성할 Rectangle 를 생성한다.

② Workbench 도구막대의 Part Design 아이콘 을 클릭한 후 Wireframe and Surface Design 아이콘 을 선택하여 Surface Mode로 전환한다.

③ Extrude 아이콘 을 클릭하여 Surface를 생성한 후 Solid Mode로 전환한다.

④ 아이콘을 클릭한다.

⑤ Close Surface Definition 대화상자에서 Object to close 영역을 클릭하고 Surface를 선택한다.

⑥ Surface의 안쪽 영역을 채운 Solid가 생성(3)된다.

⑦ Specifications Tree 영역에서 Sketch와 Surface을 선택하고 마우스 오른쪽버튼을 클릭해 Hide/Show를 선택하여 Hide시킨다.

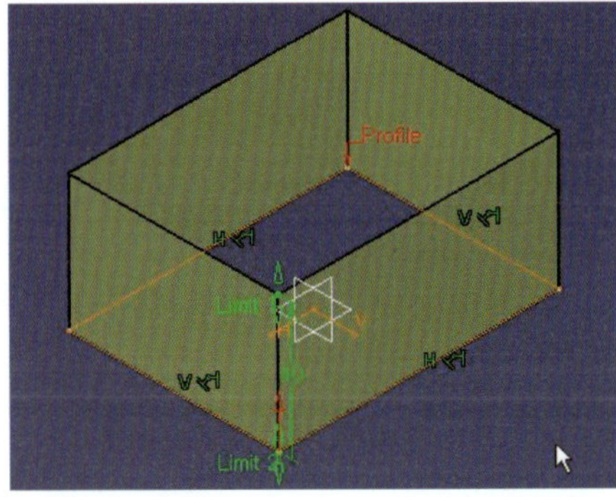

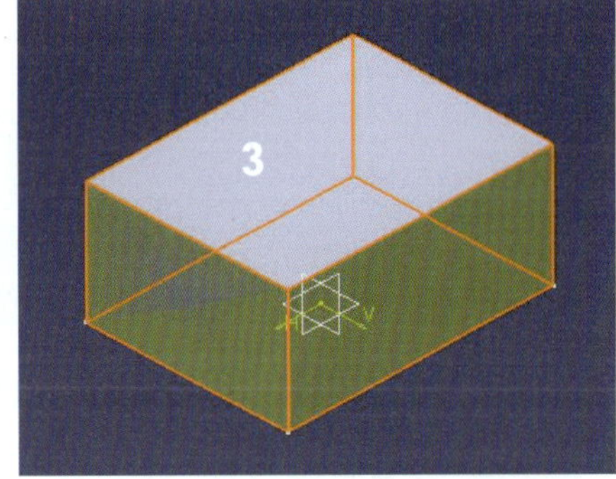

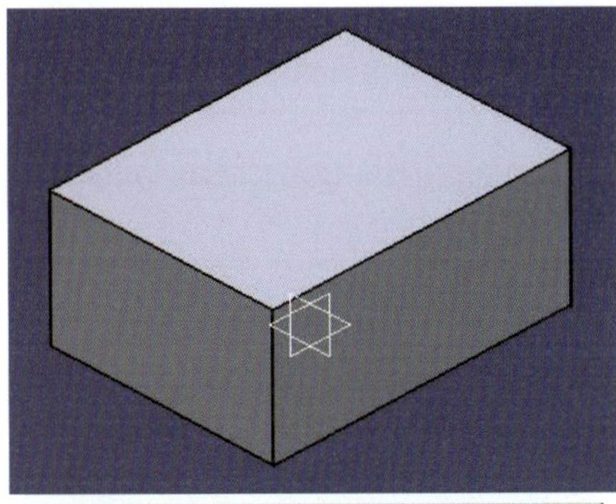

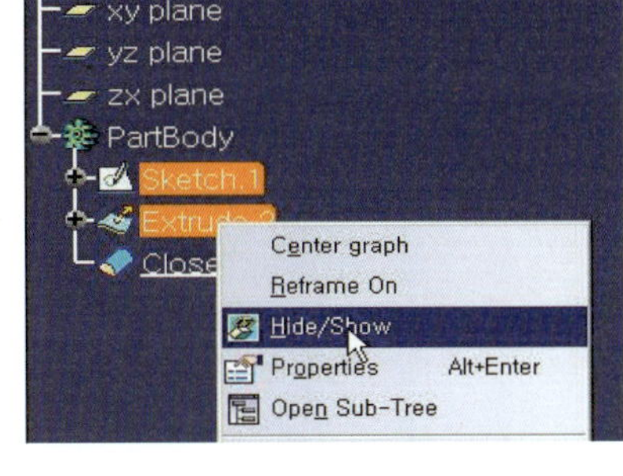

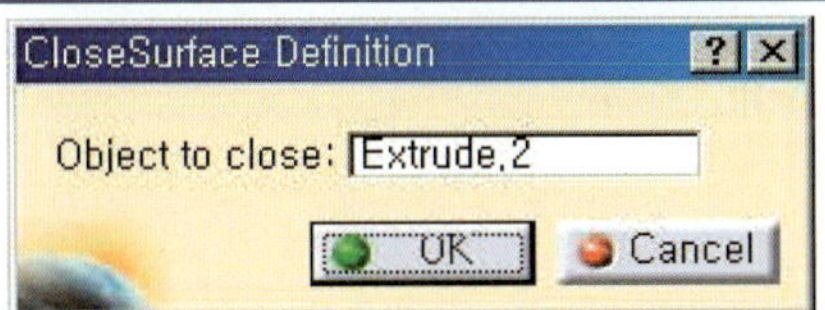

1. Object to close : Solid로 채울 Surface 선택

<Sew Surface  >

Surface를 기준으로 Solid와 겹치는 부분은 제거하고 빈 공간은 채워서 Solid를 생성시키는 기능

① XY Plane에 Rectangle 을 Sketch하고 3D Mode에서 Pad 시켜 Solid를 생성한다.

② Shell 아이콘 을 클릭하여 윗면을 제거한다.

③ Sketch 아이콘 을 클릭하고 Solid의 앞면을 선택하여 Sketch Mode로 전환한 후 Surface를 생성하기 위한 Curve를 Sketch한다.

④ Surface Mode로 전환하여 Extrude 아이콘 을 클릭하여 Solid를 관통하도록 Surface를 생성한다.

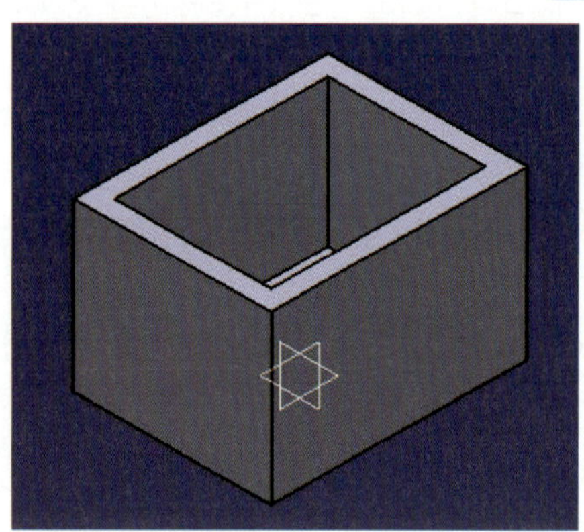
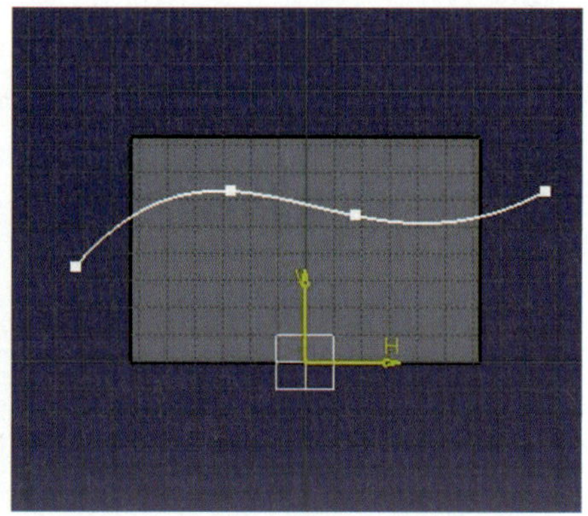

⑤ Workbench 도구막대의 Part Design 아이콘 을 클릭하여 Solid Mode로 전환한다.

⑥ 아이콘을 클릭한다.

⑦ Sew Surface Definition 대화상자에서 Object to sew 영역을 클릭하고 Cut시킬 기준으로 Surface를 선택(4)하고 화살표 방향을 Solid의 남기고자 하는 방향으로 향하도록 클릭하여 조정한다.

⑧ Intersection Body를 체크하고 OK 버튼을 클릭한다.

⑨ Specifications Tree 영역에서 Sketch와 Surface를 선택하고 마우스 오른쪽버튼을 클릭하여 Hide/Show를 선택하여 Hide시킨다.

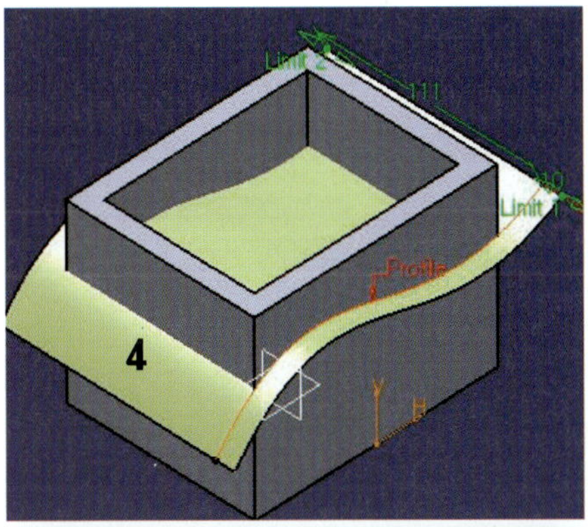

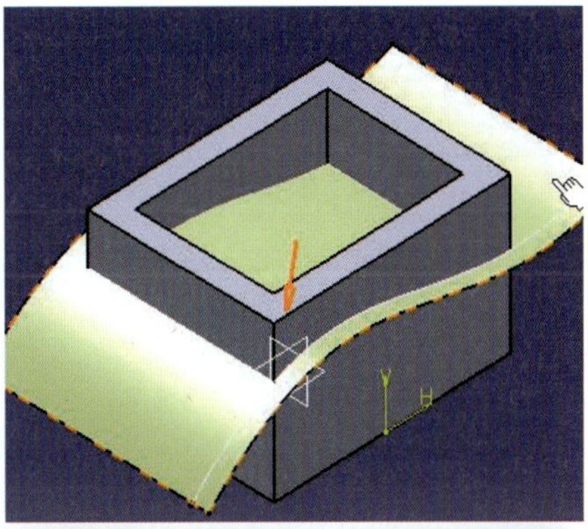

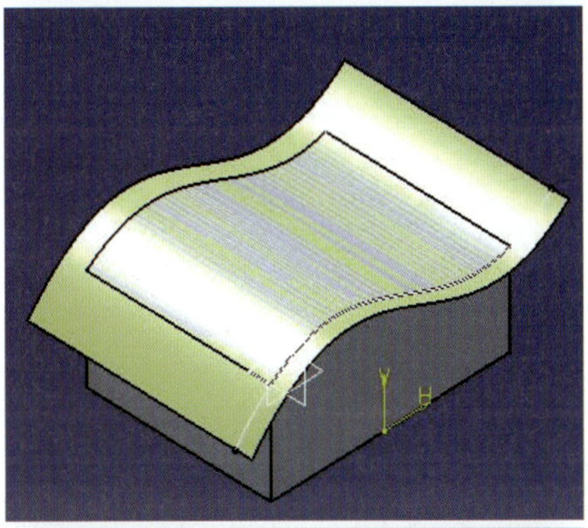

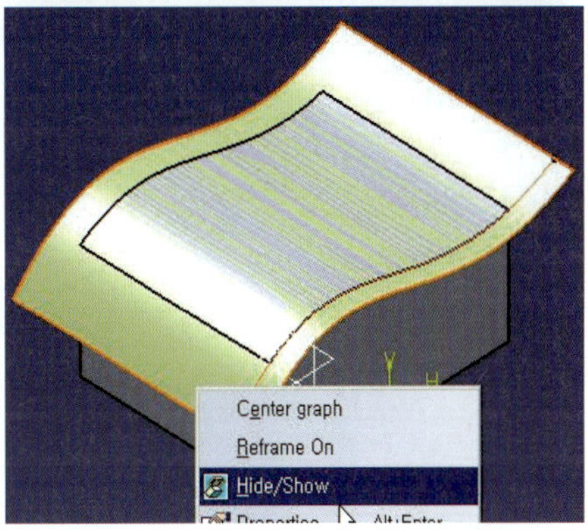

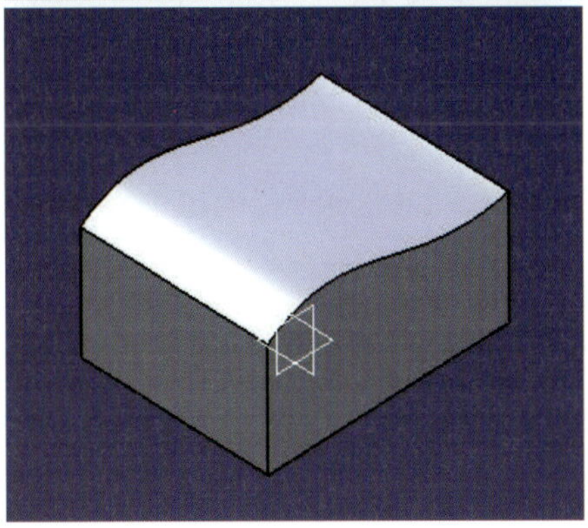

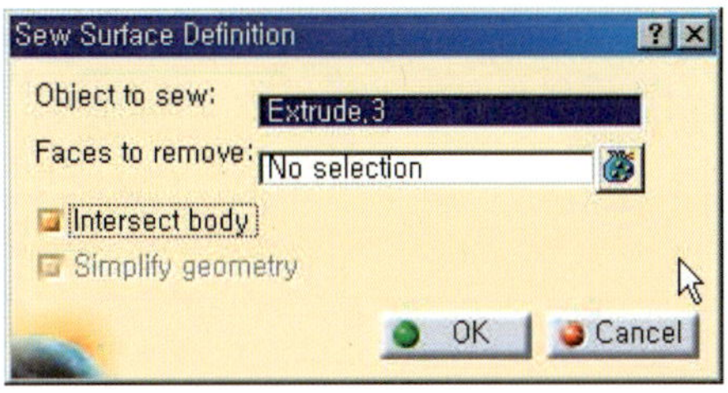

Solid의 빈 공간을 채우지 않고 자르기

① ⑦단계에서 Face to remove 영역을 클릭하고 Solid의 윗부분을 체크한다.

② Surface를 기준으로 빈 공간을 채우지 않고 Solid를 Cut시킨다.

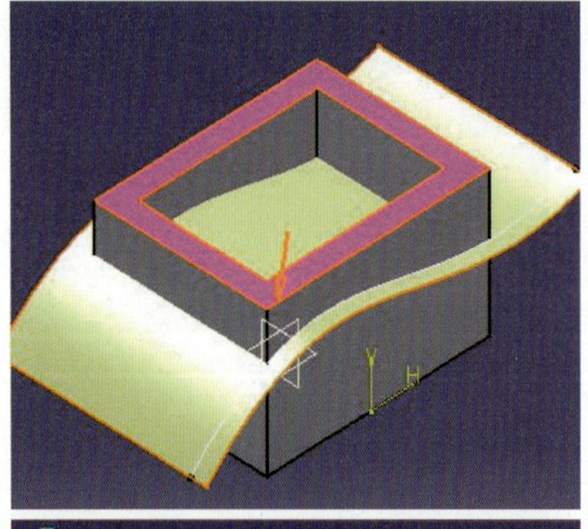

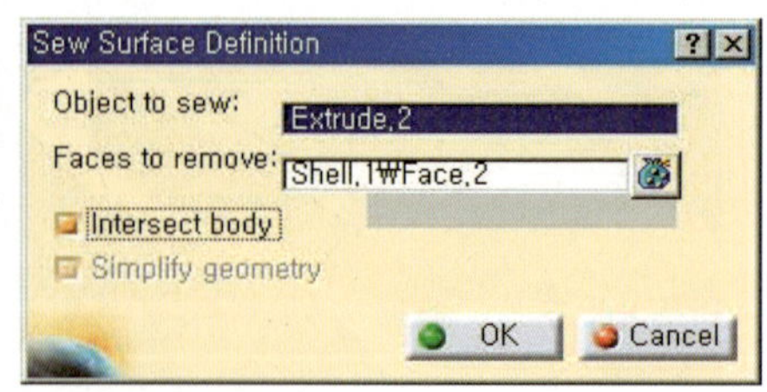

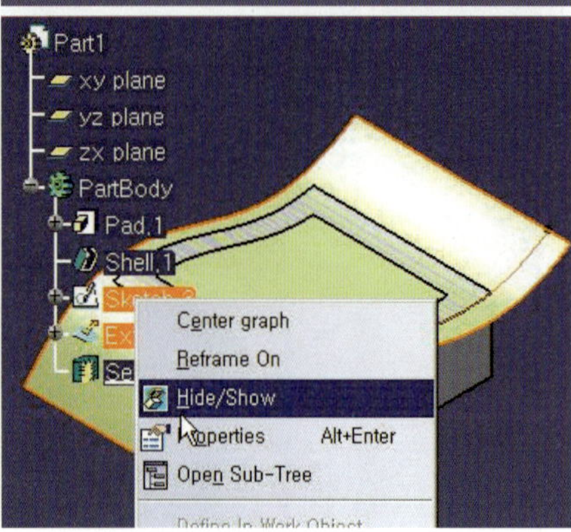

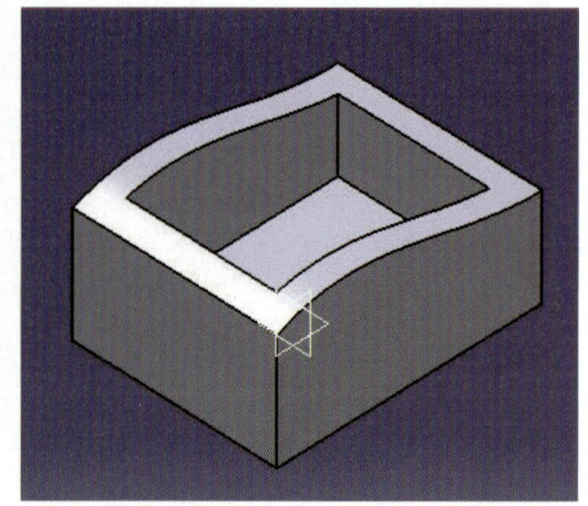

5) Reference Elements(Extended)

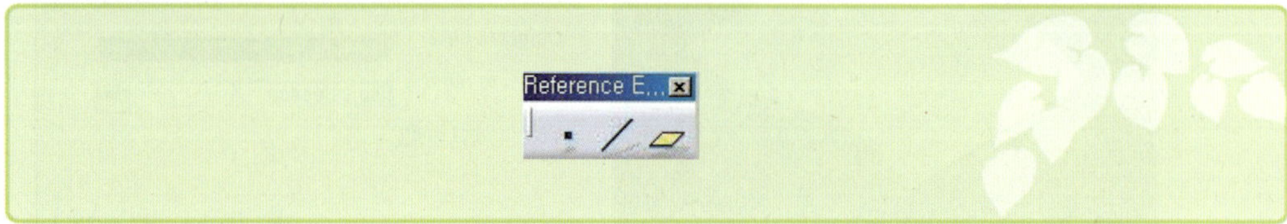

<Point  >

3D 공간상에 Point를 생성하는 기능

① 아이콘을 클릭한다.

② Point Definition 대화상자에서 Point type을 선택하고 type에 적합한 조건을 지정하여 Point를 생성한다.

③ Point type

③-1. Coordinate : 좌표계를 이용하여 Point를 생성한다.

  • X, Y, Z 영역에 원점에서 Point의 위치를 입력하고 OK 버튼을 클릭한다.

  • 원점에서 Z축으로 50mm 위치에 Point를 생성한다.

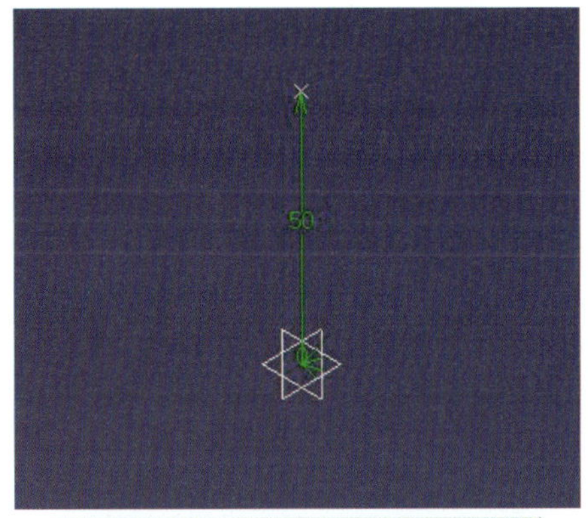

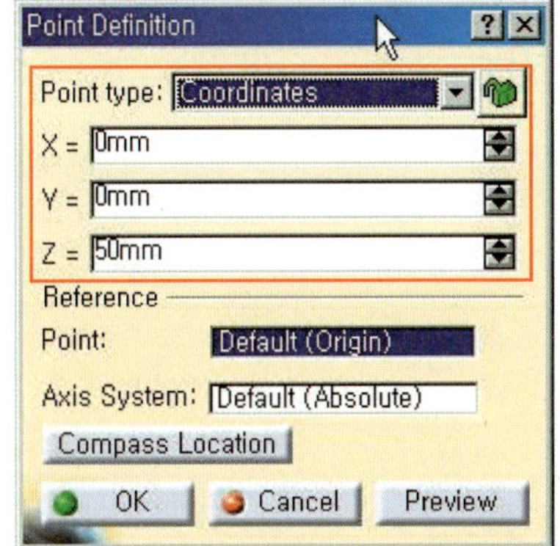

1. X,Y,Z축에 생성할 Point의 좌표를 입력
2. Reference : 좌표의 기준 선택
   - Point : 이미 생성된 점을 기준으로 좌표만큼 떨어
     진 위치에 Point 생성
   - Axis System : 좌표계 지정

③-2. On Curve : Curve 위에 Point를 생성한다.

- ZX Plane에서 Spline 아이콘 을 클릭하여 Curve를 생성하고 3D Mode로 전환한다.
- Point Definition 대화상자에서 Distance to reference/Distance On Curve를 선택하고 Geodesic/Length영
  역에 50을 입력한다.
- Curve의 기준점에서 곡선거리로 50mm 위치에 Point를 생성한다.

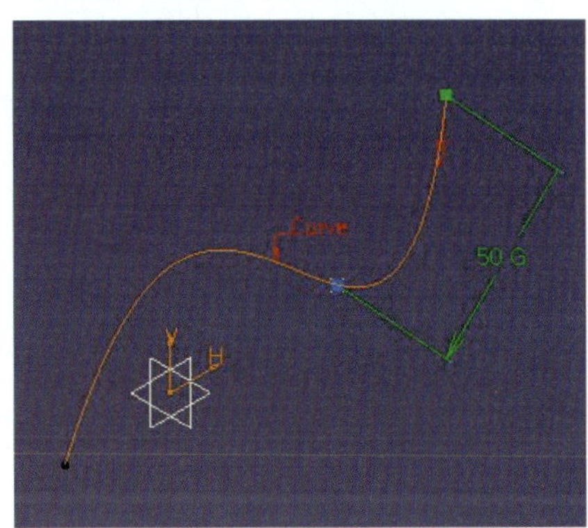

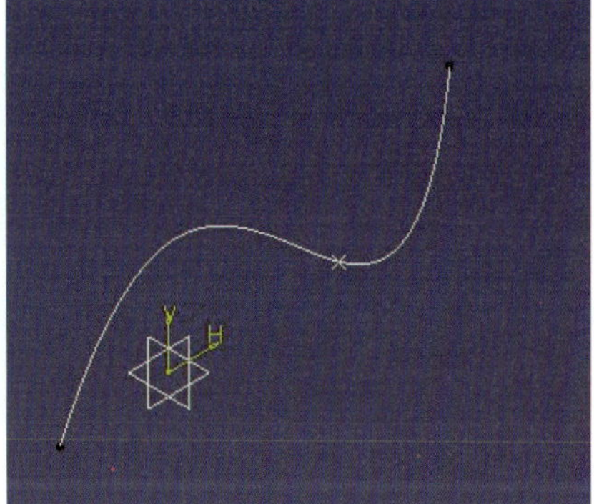

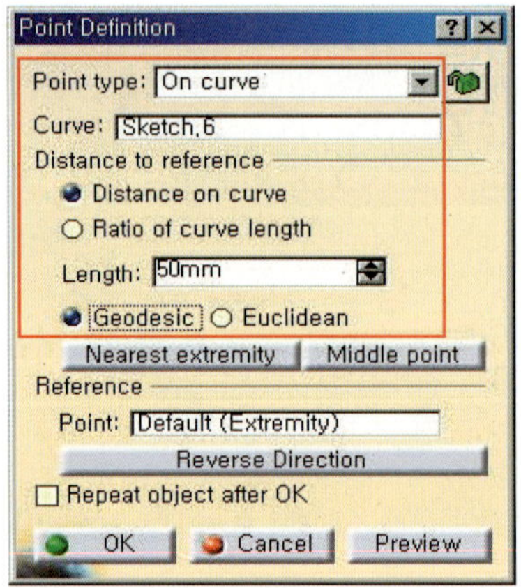

1. Curve : Point를 생성할 Curve
2. Distance to reference : 기준점에서 거리 또는 비율로 위치 지정
   - Geodesic : 기준점에서 곡선거리
   - Euclidean : 기준점에서 직선거리
   - Nearest extremity : Curve의 끝에 Point 생성
   - Middle Point : Curve의 중앙에 Point 생성
3. Reference/Point : Curve의 끝점이 아닌 임의 Point를 기준점으로 선택

• Distance to reference

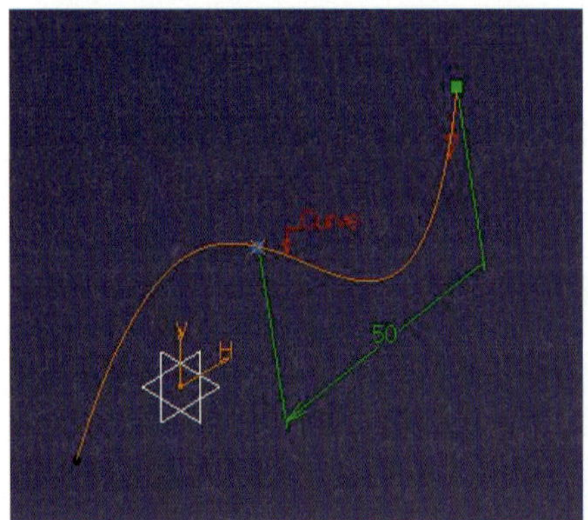

Euclidean : 50mm 적용한 경우

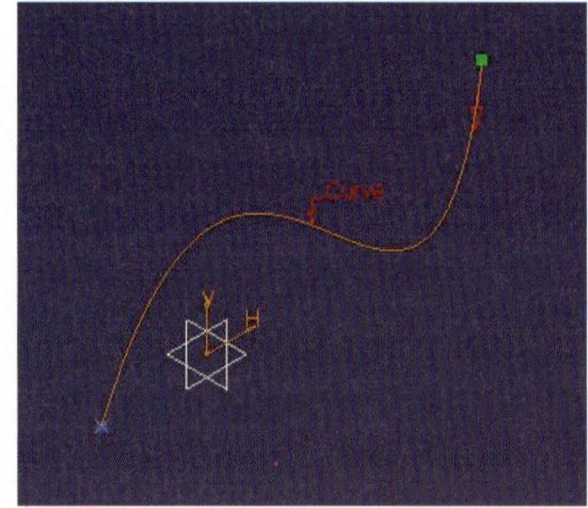

Nearest extremity를 적용한 경우

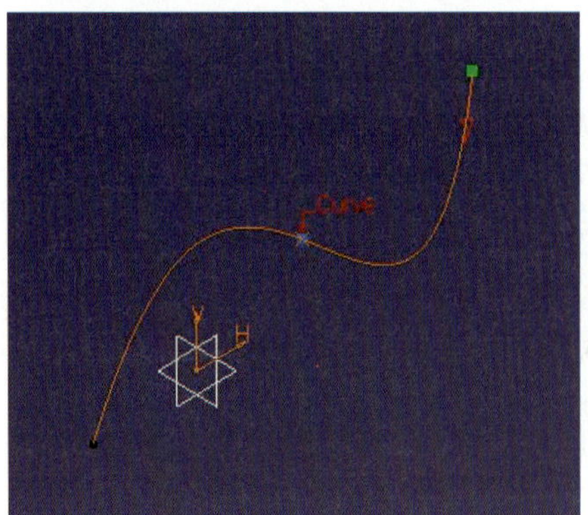

Middle Point를 적용한 경우

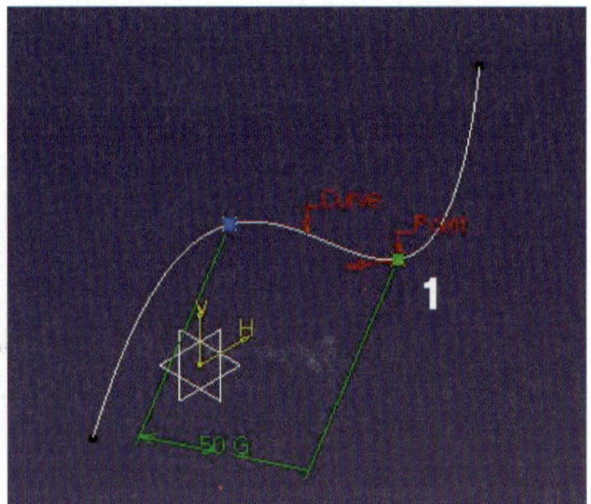

Reference/Point(1)를 선택한 경우

③-3. On Plane : Plane 위에 Point를 생성한다.

- Point Definition 대화상자에서 Plane 영역을 선택하고 마우스 오른쪽버튼을 클릭하여 XY Plane을 선택한다.

- H 영역을 클릭하여 35mm, V 영역을 클릭하여 25mm를 입력한다.

- XY Plane에 H(35mm), V(25mm) 위치에 Point가 생성된다.

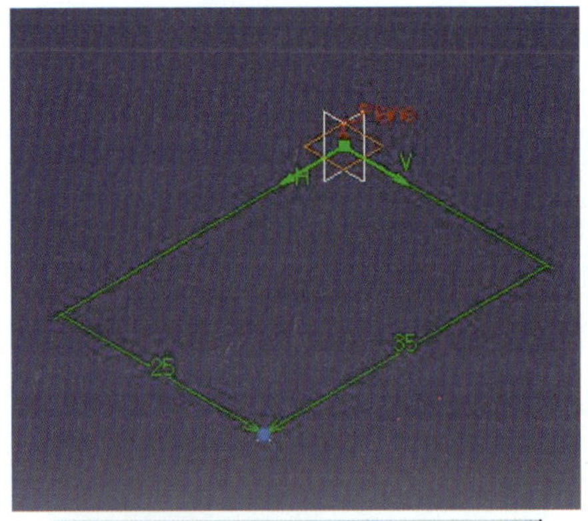

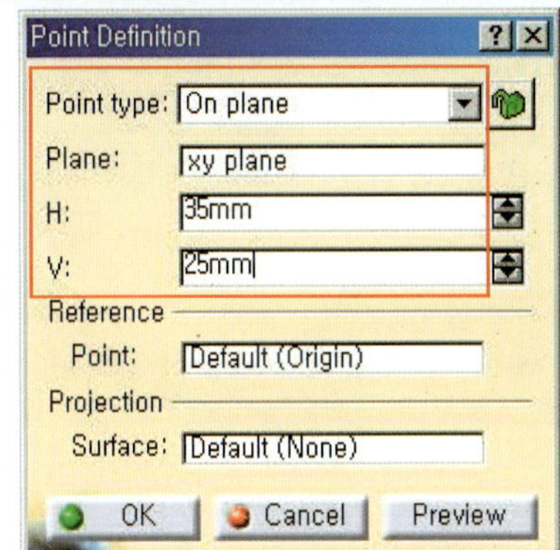

1. Plane : Point를 생성할 Plane 선택
2. H, V : Plane 위의 좌표계 지정
3. Reference/Point : 기준점 선택
4. Projection/Surface : Point를 Surface에 투영시켜 생성

- Reference/Point : Reference/Point(2)에서 H, V 좌표만큼 떨어진 위치에 새로운 Point가 생성(3)된다.

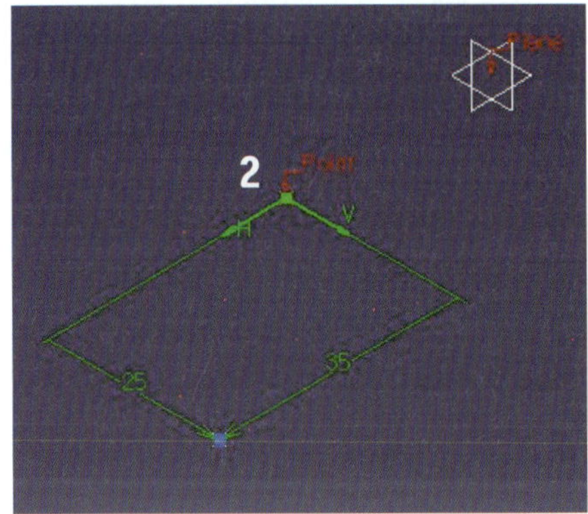

• Projection/Surface

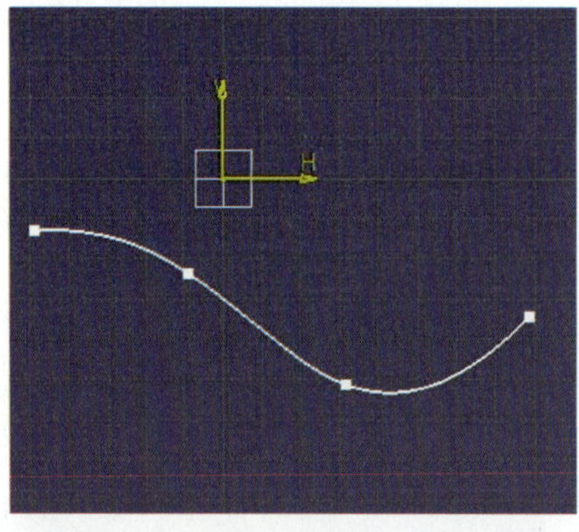

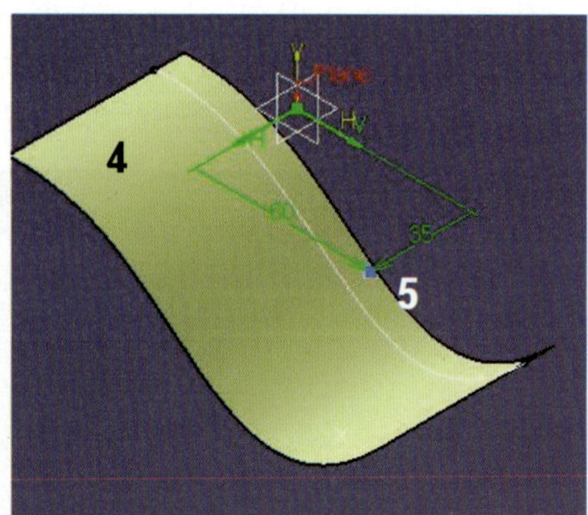

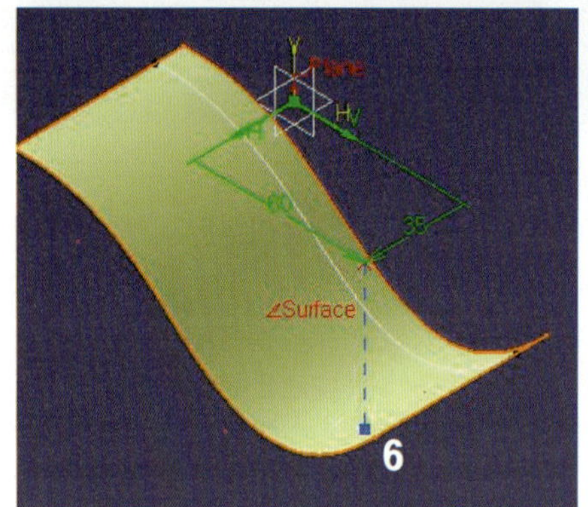

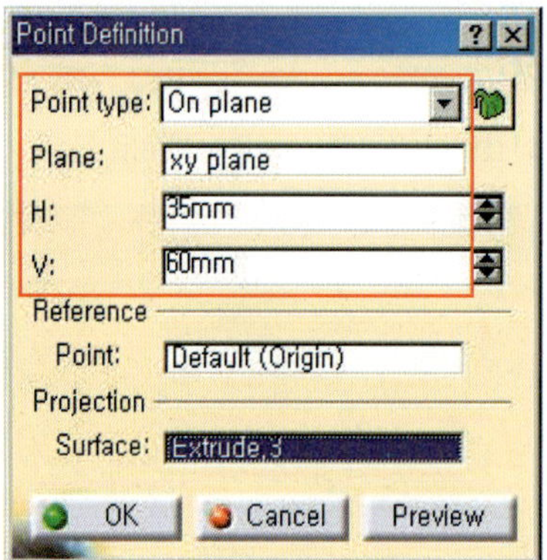

1. YZ Plane에 Curve를 Sketch하고 3D Mode로 전환
2. Workbench 아이콘을 클릭하고 Wireframe & Surface 아이콘을 클릭하여 Surface Mode로 전환
3. Extrude 아이콘을 클릭하고 Surface를 생성(4)
3. Point 아이콘을 클릭
4. Projection/Surface 영역을 클릭하고 생성한 Surface 선택
5. Plane에 생성될 Point(5)가 Surface에 투영되어 생성(6)된다.

③-4. On Surface : Surface 위에 Point를 생성한다.

- Projection/Surface 옵션에서 적용한 예제
- Point Definition 대화상자에서 Surface 영역을 클릭하고 생성한 Surface를 선택한다.
- Surface의 중앙에서 Direction 방향으로 30mm 위치에 Point가 생성된다.

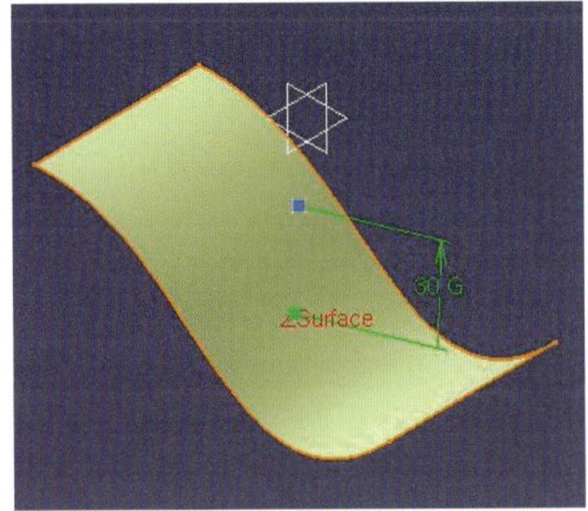

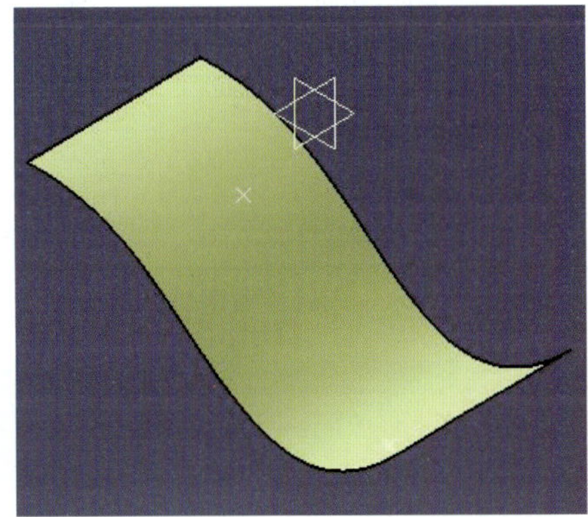

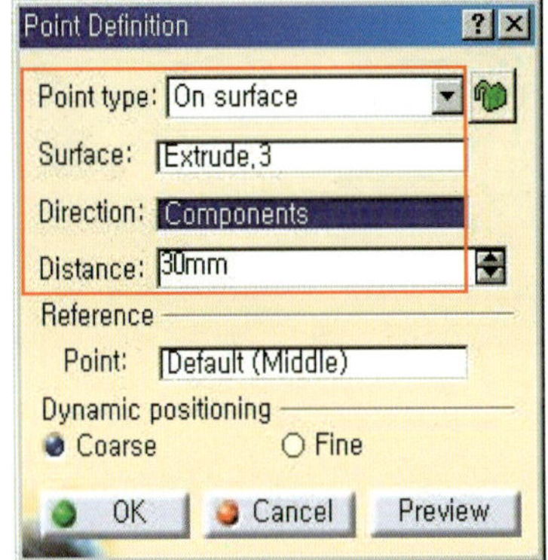

1. Surface : Point를 생성할 Surface
2. Direction : 생성한 Point 방향 지정
3. Distance : Reference점에서 생성할 Point의 거리 지정
4. Reference/Point : 기준점 선택
5. Dynamic positioning
   - Coarse : 생성위치의 거리를 표시
   - Fine : 거리 표시 없이 위치만 표시

- Direction : Direction 영역에 생성할 Point 방향을 지정한다.

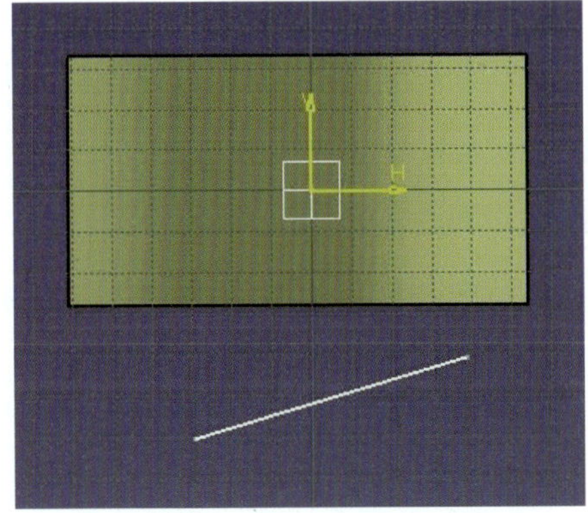

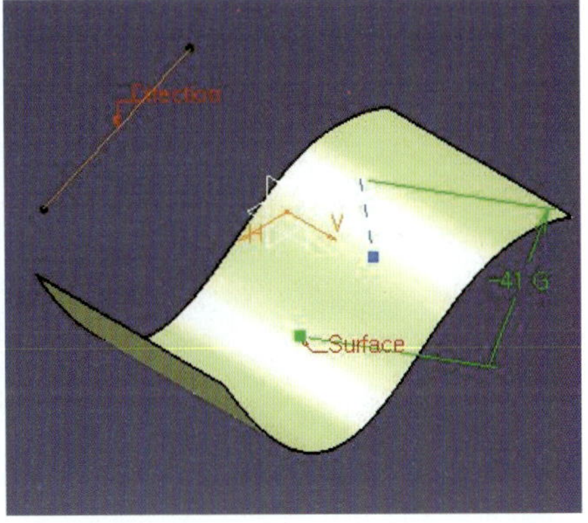

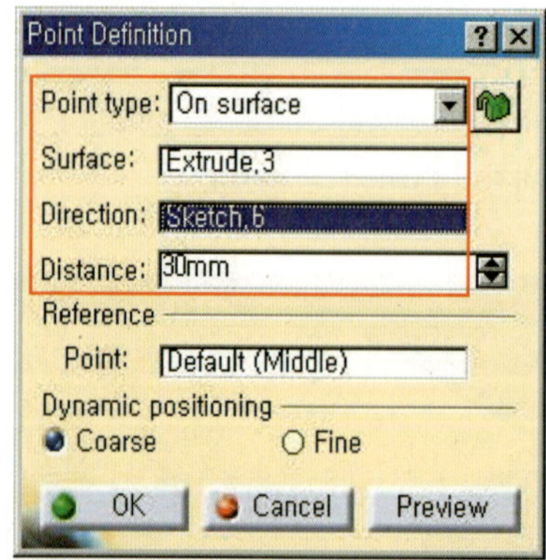

1. XY Plane에 Line을 생성
2. Direction 영역을 클릭하여 Line 선택
3. Line 방향으로 Distance만큼 떨어진 위치에 Point 생성

• Dynamic positioning

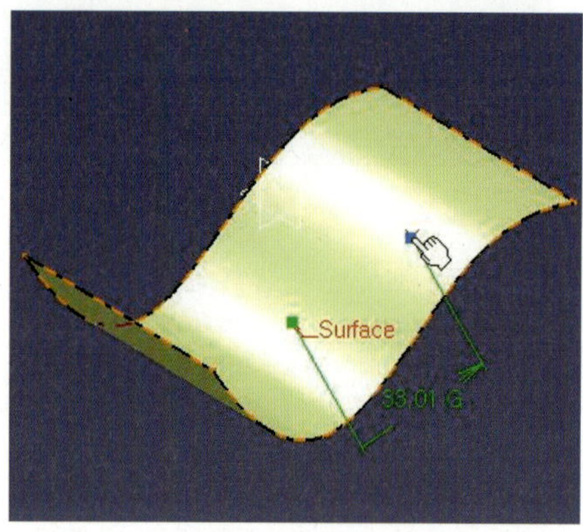

Coarse 선택   Fine 선택

③-5. Circle/Sphere/Ellipse Center : Circle/Sphere/Ellipse의 중앙에 Point를 생성한다.

• XY Plane에 Circle을 Sketch하고 3D Mode로 전환한다.

• Point Definition 대화상자에서 Circle/Sphere/Ellipse 영역을 클릭하여 Circle을 선택한다.

• Circle의 중앙 위치에 Point가 생성된다.

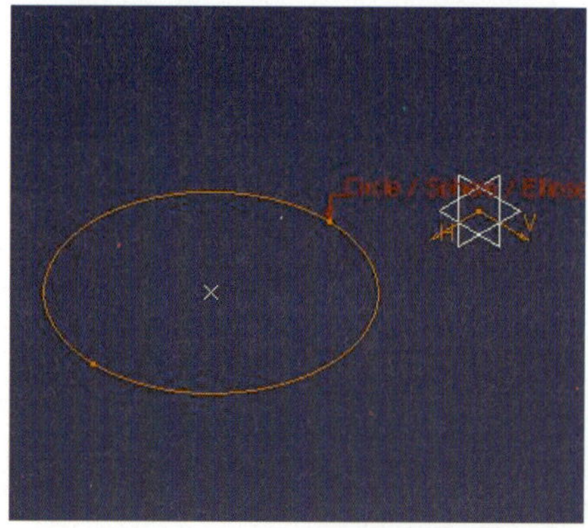
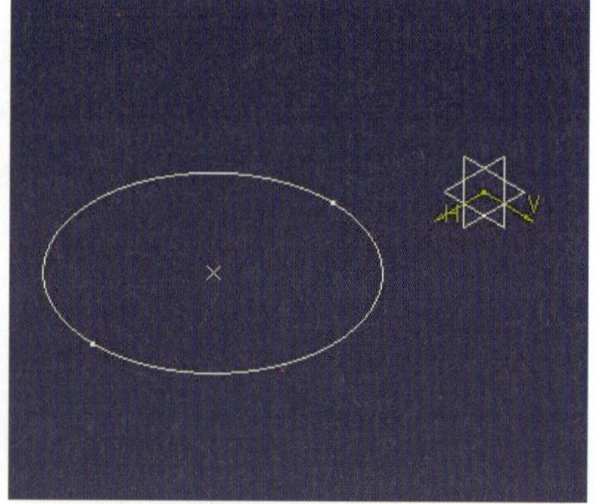

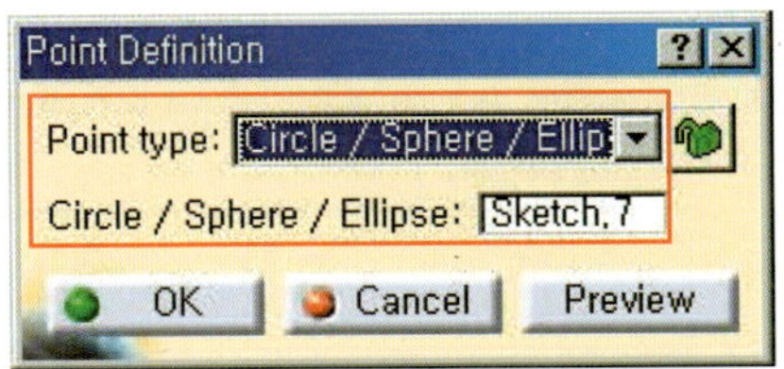

1. Circle/Sphere/Ellipse : Point를 생성할 객체 선택
2. 선택한 객체의 중앙 위치에 Point가 생성

• Sphere/Ellipse : 구와 타원의 중앙에 Point를 생성한다.

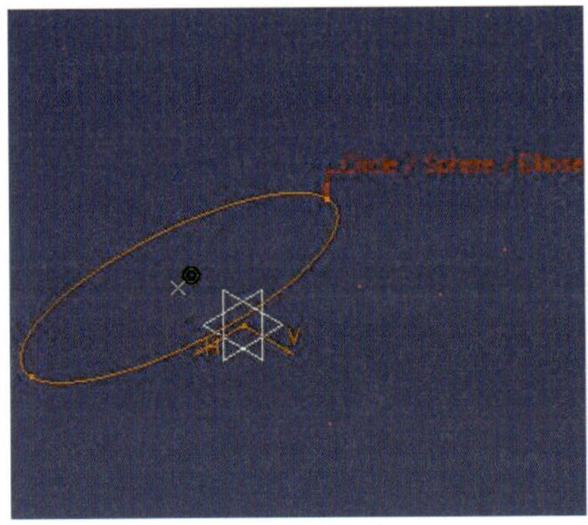

Ellipse 선택

Sphere 선택

③-6. Tangent on Curve : Curve에 접하는 위치에 Point를 생성한다.

• YZ Plane에 Spline 아이콘 을 클릭하여 Curve를 Sketch하고 3D Mode로 전환한다.

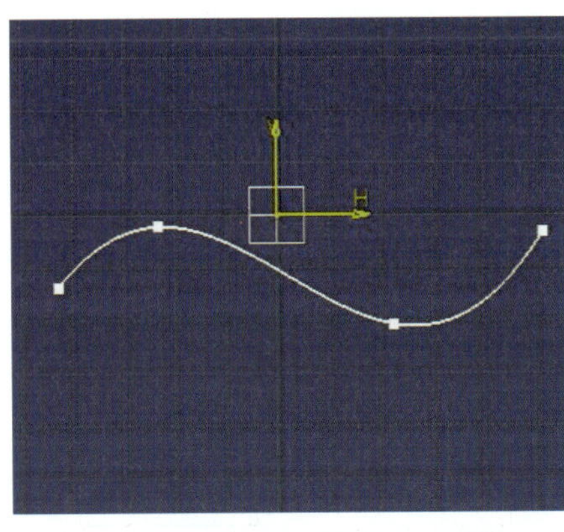

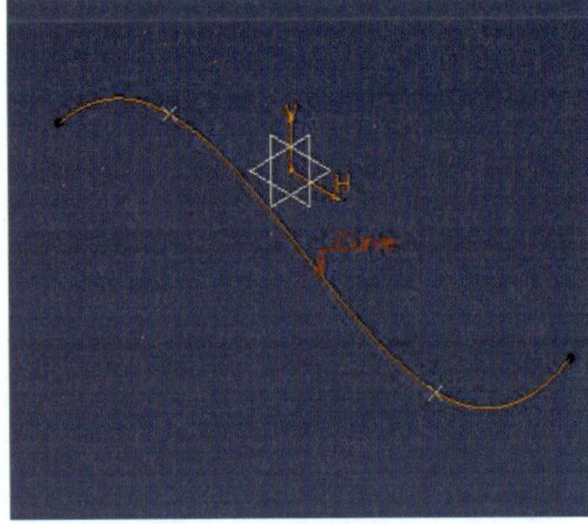

• Point Definition 대화상자에서 Curve 영역을 클릭하고 생성한 Curve를 선택한다.
• Direction 영역을 클릭하고 마우스 오른쪽버튼을 눌러서 Curve 방향으로 Y Component를 선택한다.
• Multi-Result Management 대화상자가 생성된다.
• Keep all the sub-elements 옵션을 선택한다.
• Curve에 접하는 Y축 방향의 Point가 모두 생성된다.

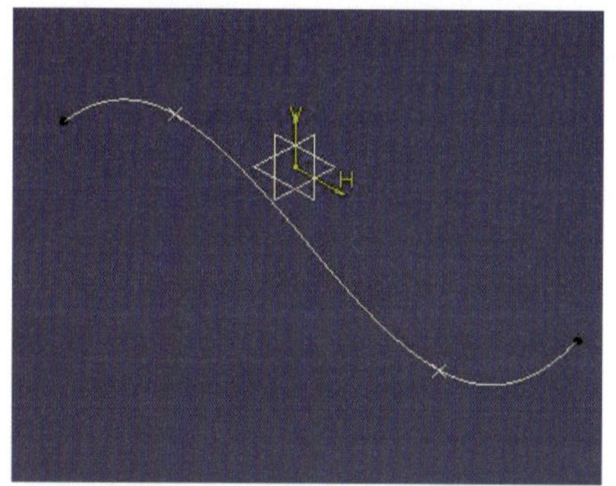

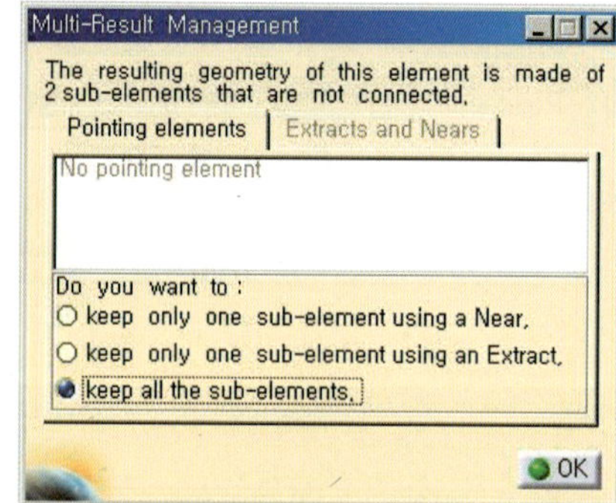

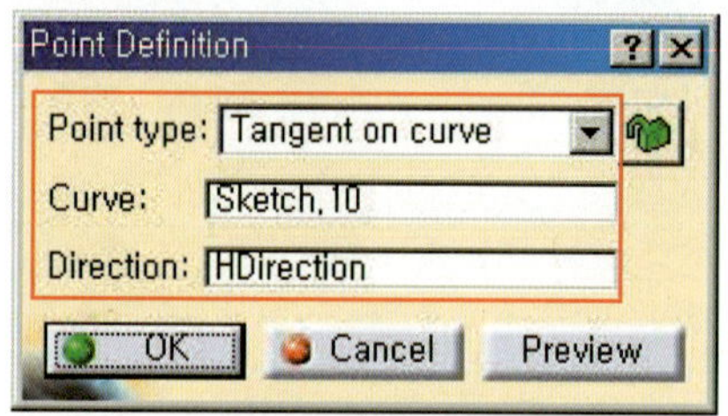

1. Curve : Point를 생성할 Curve 선택
2. Direction : Point 생성 방향 선택
3. Multi-Result Management 대화상자에서 생성할
   Point의 조건을 선택

• Multi-Result Management 대화상자

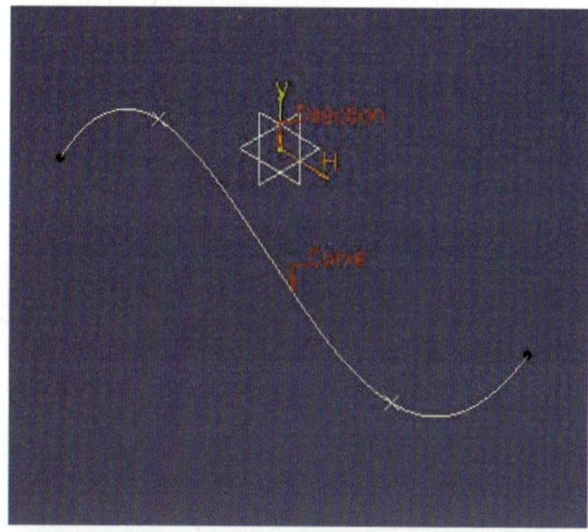

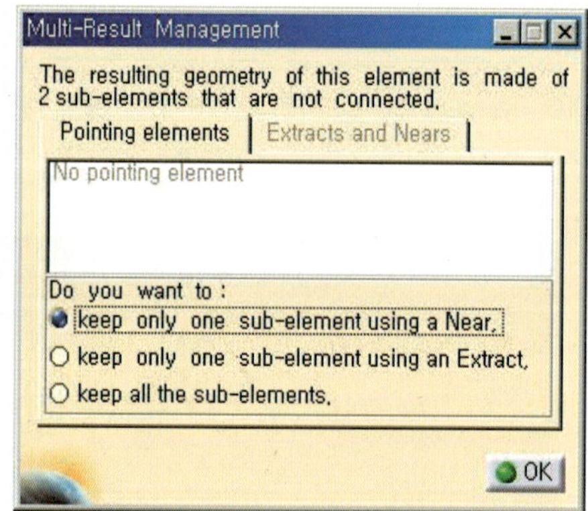

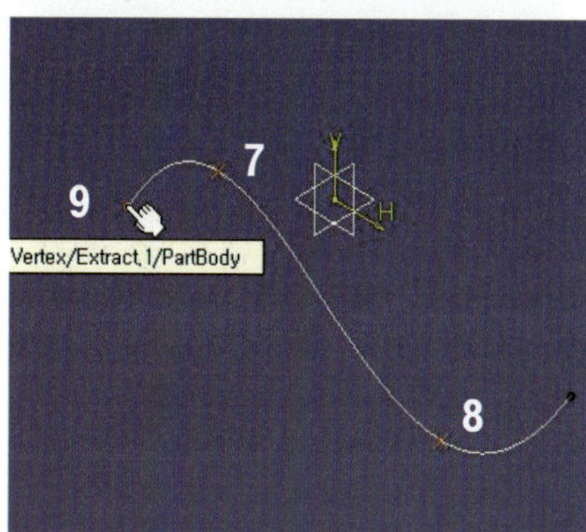

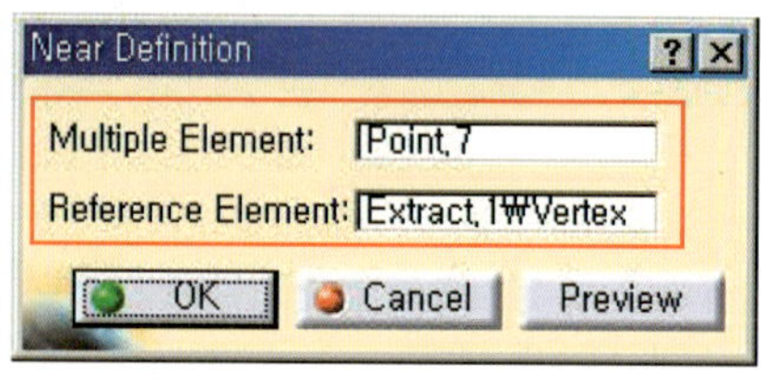

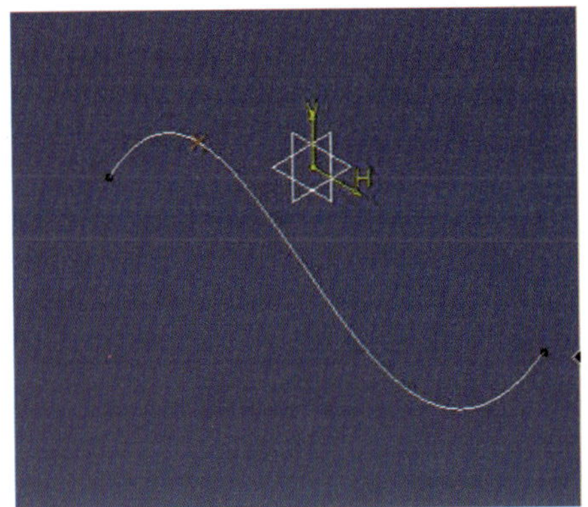

1. Multi-Result Management 대화상자의 Keep only sub-element using a Near를 선택하고 OK 버튼 클릭
2. Near Definition 대화상자가 나타남
3. Reference Element 영역을 클릭하고 Curve에 접한 2개의 Point(7, 8) 중에 생성하고자 하는 Point와 가까운 Curve의 끝점을 선택(9)
4. Curve에 접하는 2개의 Point 중에 기준에서 가까운 Point만 생성

③-7. Between : 점과 점 사이에 Point를 생성한다.

- Point 아이콘 ▪ 을 클릭하고 Coordinate Point type을 선택하여 (50, 0, 0)와 (0, 0, 50)위치에 2개의 Point를 생성(10, 11)한다.
- Point Definition 대화상자에서 Point1과 Point2 영역을 클릭하여 생성한 Point를 각각 선택한다.
- Ratio 영역에 두 Point 사이에 생성할 새로운 Point 위치를 Point1을 기준으로 비율로 0.8을 입력한다.
- Point1에서 80% 위치에 새로운 Point가 생성된다.

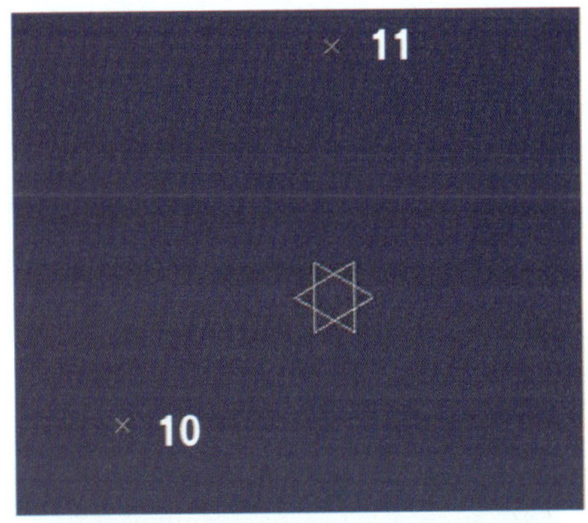

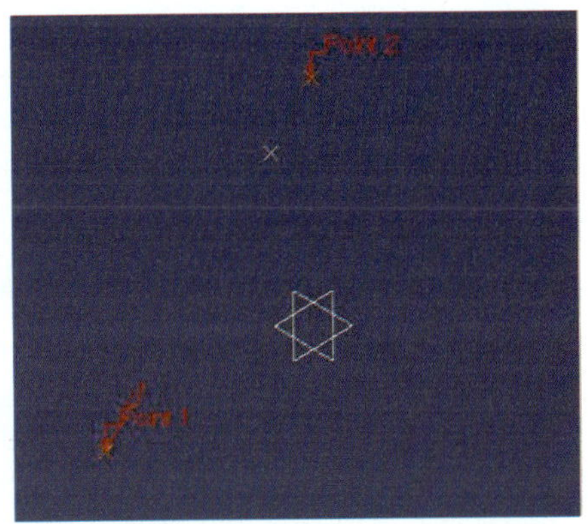

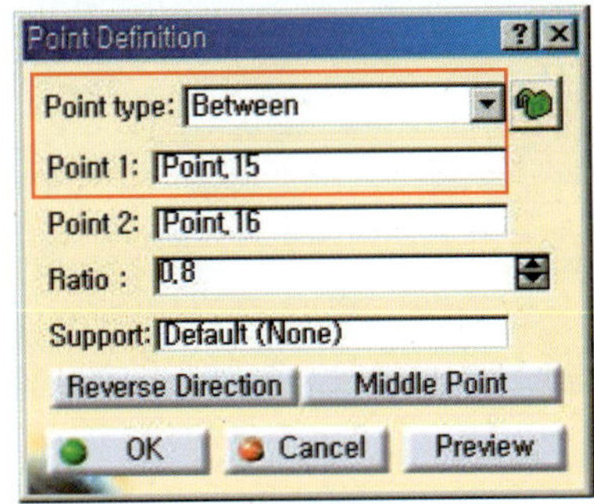

1. Point1, 2 : 기준 Point 선택
2. Ratio : 기준점에서 화살표 방향으로 Point 위치를 비율로 지정
3. Middle Point : Point1과 2의 중앙에 Point를 생성

<Line ⁄ >

3D 공간상에 직선을 생성하는 기능

① ⁄ 아이콘을 클릭한다.

② Line Definition 대화상자에서 Line type을 선택하고 type에 적합한 조건을 지정하여 Line을 생성한다.

③ Line type

③-1. Point-Point : 두 Point를 연결하여 Line을 생성한다.

- Point 아이콘 ▪ 을 클릭하고 Coordinate Point type을 선택하여 (0, 50, 0)와 (0, 50, 50) 위치에 2개의 Point를 생성한다.

- Line 아이콘 ⁄ 을 클릭한다.

- Line Definition 대화상자에서 Point1 영역과 Point2 영역을 클릭하고 Point(1, 2)를 각각 선택하여 Line을 생성한다.

- Line 아이콘 ⁄ 을 클릭하고 Point1 영역과 Point2 영역에 Point(2, 3)를 각각 선택하여 Line이 생성된다.

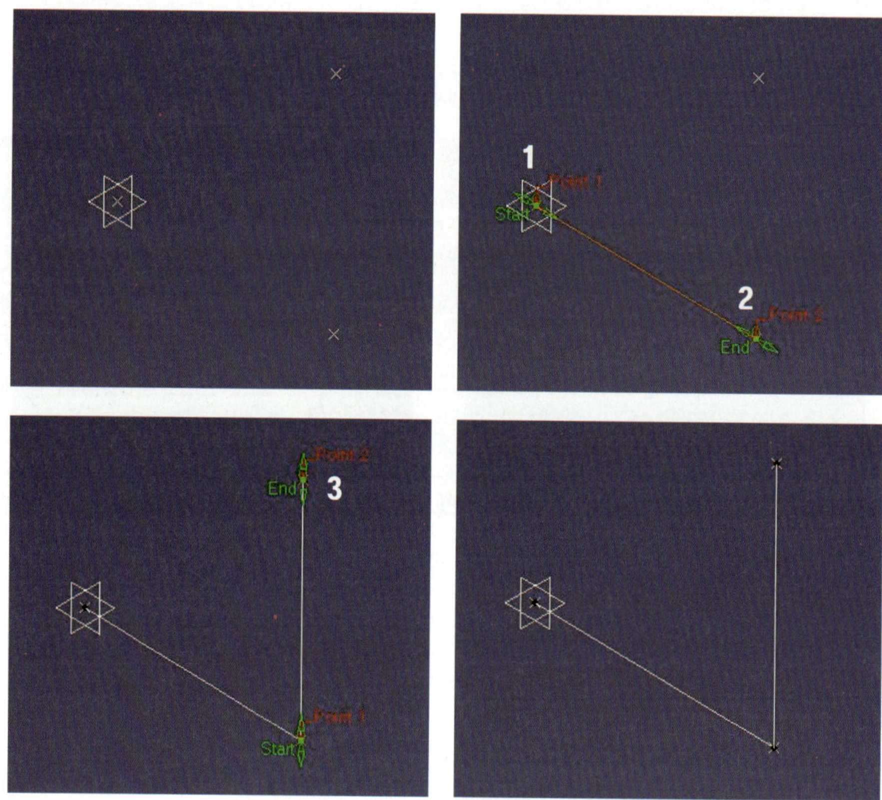

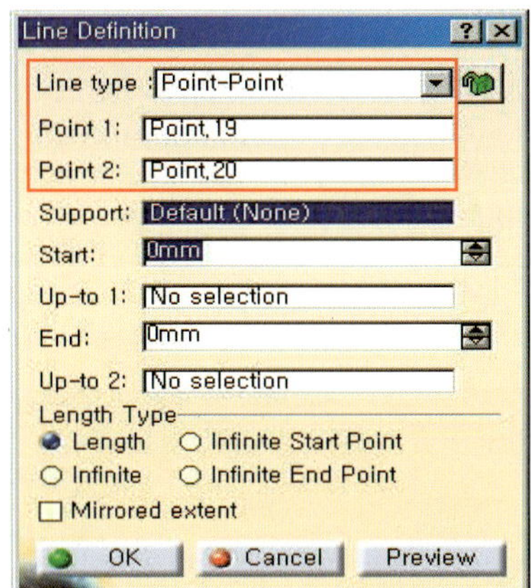

1. Point1과 Point2 : 생성할 Line의 시작점과 끝점 선택
2. Start, End : Line을 연장할 길이
3. Length Type : 생성할 Line 형태
   - Length : 길이 지정
   - Infinite Start/End Point : 생성할 Line의 시작/끝부분이 무한하게 연장
4. Mirrored extent : End 길이를 대칭이 되도록 Line 생성

• Length Type

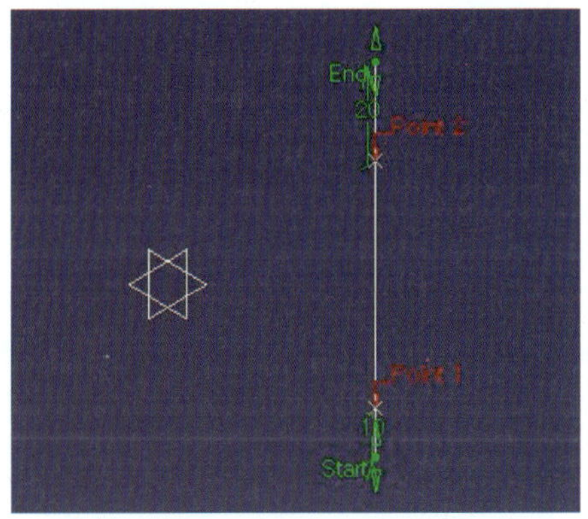

Start 10mm, End 20mm 적용

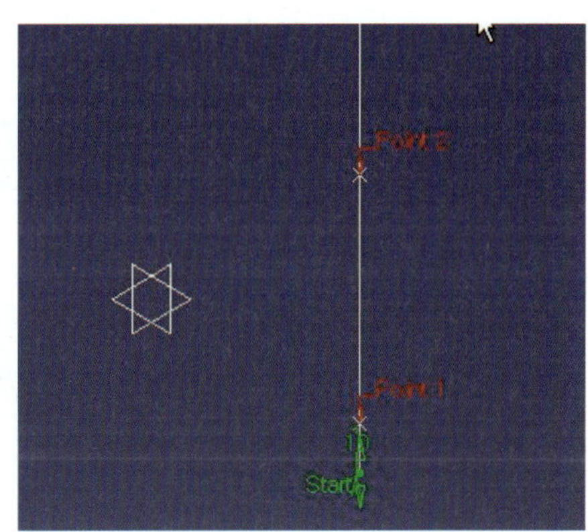

Infinite End Point 적용

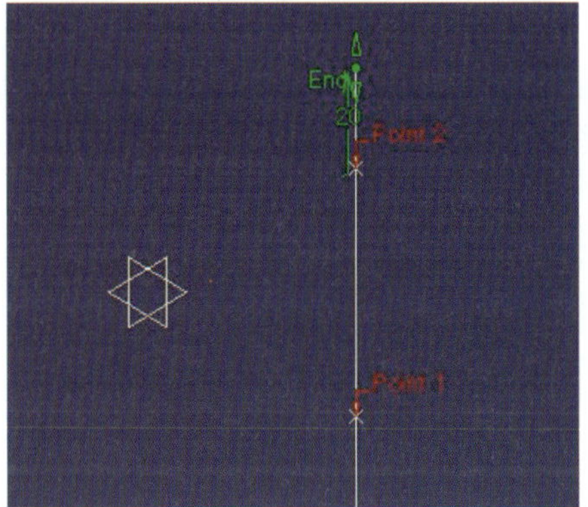

Infinite Start Point 적용

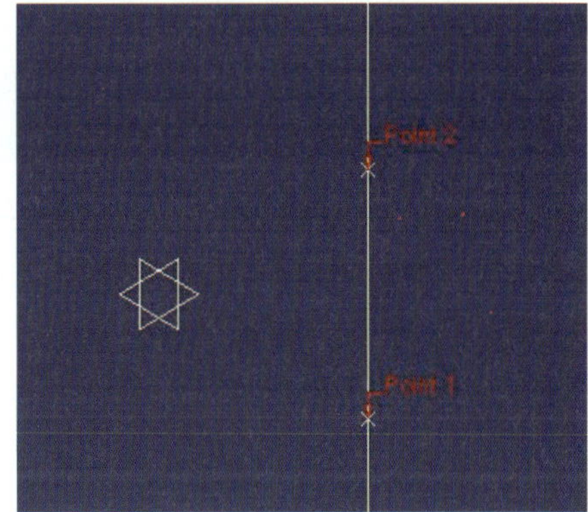

Infinite 적용한 경우(양쪽 무한선)

③-2. Point-Direction : Point를 지나고 방향을 지정하여 Line을 생성한다.

- Point 아이콘 ■ 을 클릭하여 Coordinate Point type을 선택하여 (0, 20, 0) 위치에 Point를 생성(4)한다.

- Line 아이콘 ╱ 을 클릭한다.

- Line Definition 대화상자에서 Point 영역을 클릭하여 생성한 Point를 선택한다.

- Direction 영역을 클릭하고 XY Plane을 선택(5)한다.

- XY Plane에 수직하게 빨간색 화살표 방향으로 End 길이 20mm의 Line이 생성된다.

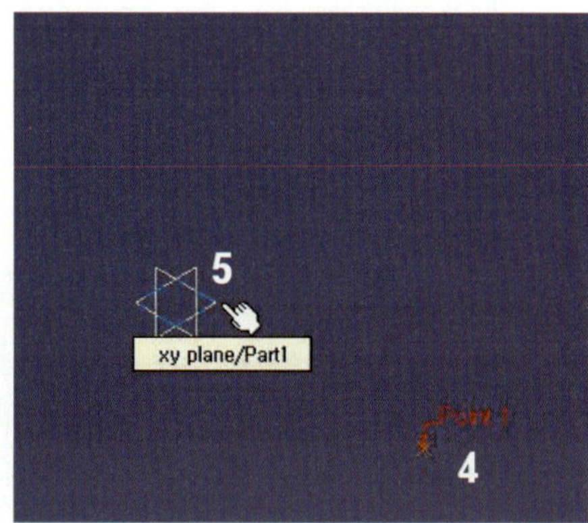

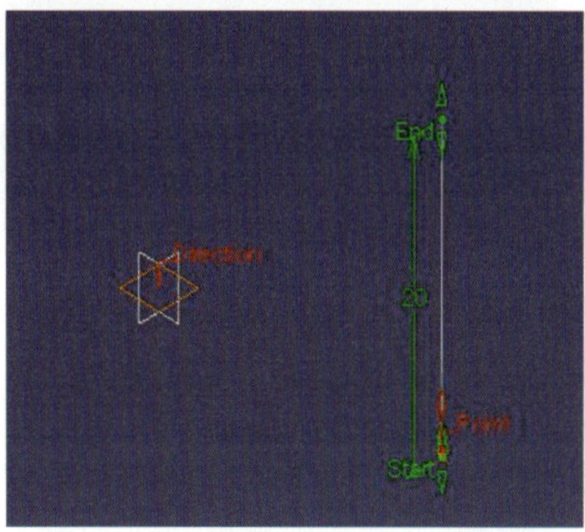

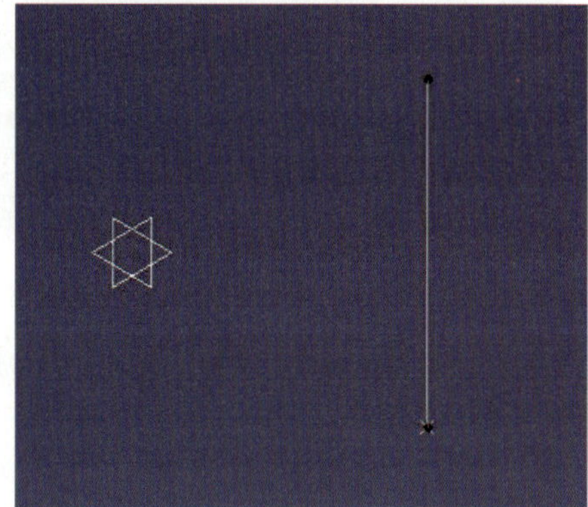

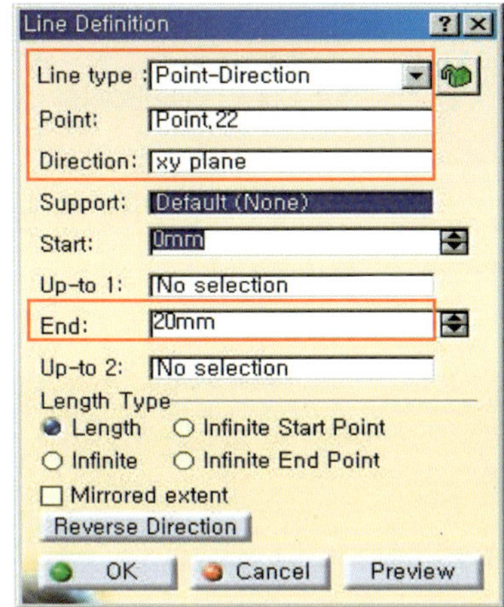

1. Point : 생성할 Line의 시작점
2. Direction : Line의 방향지정
   - 직선 : 직선 방향으로 Line 생성
   - 평면 : 평면과 수직 방향으로 Line 생성
3. Length Type : Point-Point Line Type 참조

• Direction

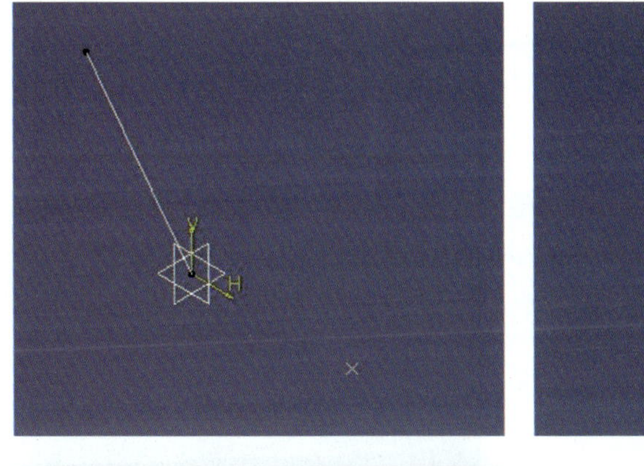

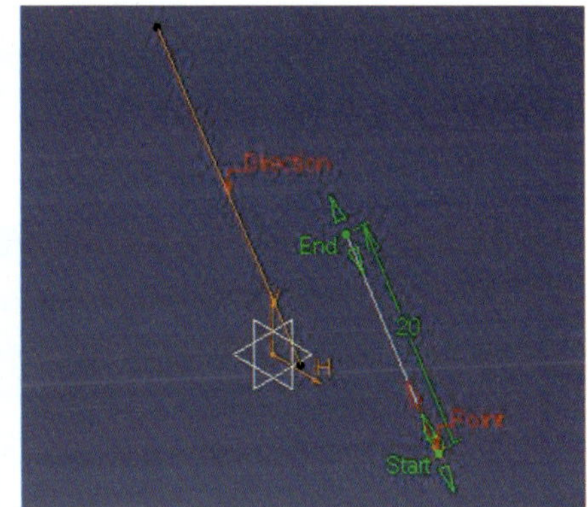

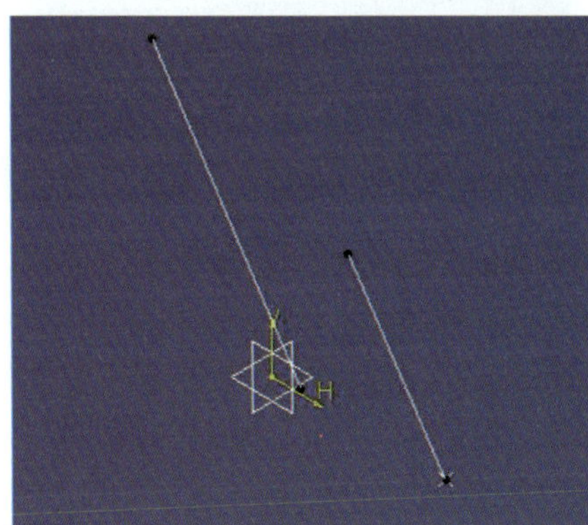

1. Point 아이콘 ■ 을 클릭하고 Coordinate Point
   type을 선택하여(0, 20, 0) 위치에 Point생성
2. YZ Plane에 Line을 Sketch
3. Point 영역을 클릭하고 점 선택
4. Direction 영역을 클릭하여 Line 선택
5. Point를 시작점으로 End 길이만큼 Line 방향으로 새
   로운 Line 생성

③-3. Angle/Normal to Curve : Curve에 일정한 각도 또는 직각인 Line을 생성한다.

- YZ Plane에 Spline 아이콘 을 클릭하여 Curve를 Sketch한다.

- Point 아이콘 을 클릭하고 On Curve Point type을 선택하여 Curve 위에 Point를 생성(6)한다.

- Line 아이콘 을 클릭한다.

- Line Definition 대화상자에서 Curve 영역과 Point 영역을 클릭하여 Curve와 Point를 각각 선택한다.

- Angle 영역을 클릭하여 Curve와 이루는 Line의 각도를 45°로 입력한다.

- Curve 위의 Point에서 Curve와 45°의 각을 이루는 Line이 생성된다(7).

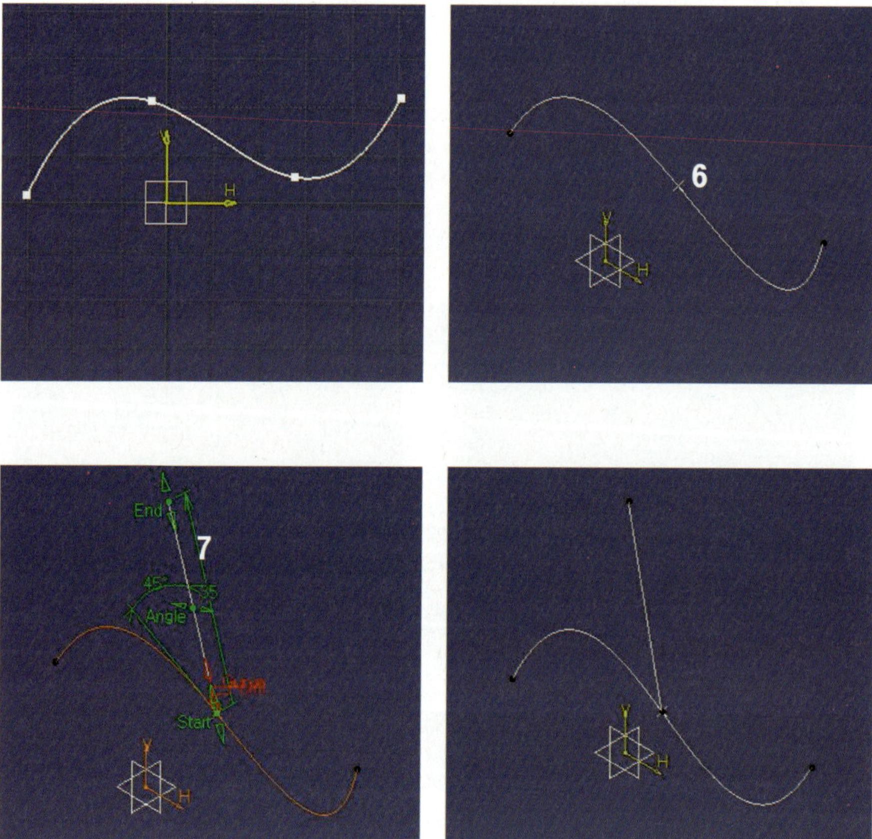

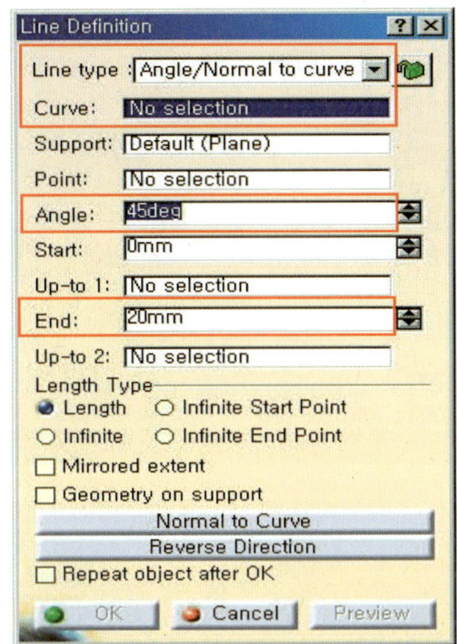

1. Curve : 곡선을 선택
2. Point : Curve상에 있는 점
3. Angle : Point를 지나고 Curve와 이루는 각도 지정
4. Start, End : Line의 길이
5. Length Type : Point-Point Line Type 참조
   - Normal to Curve : Point를 지나면서 Curve에 수직인 Line 생성
   - Reverse Direction : Line 생성 방향을 전환

• Length Type

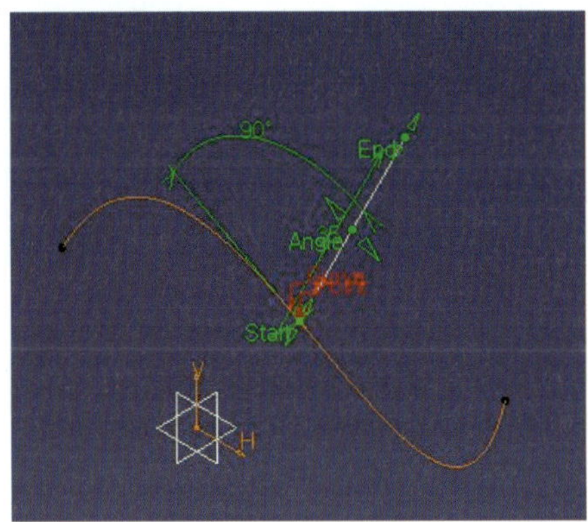

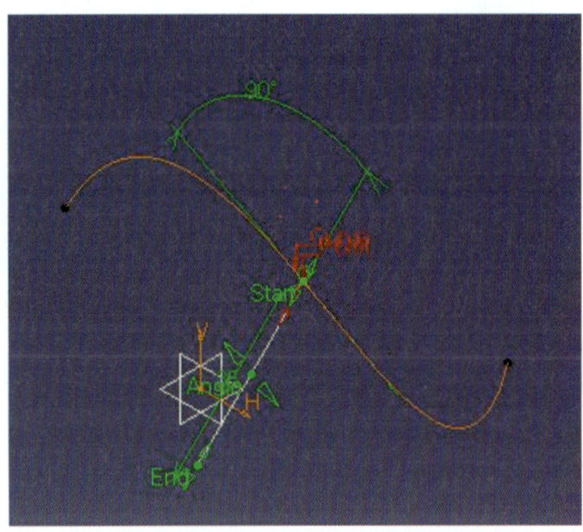

Normal to Curve 적용   Reverse Direction 적용

• Geometry on Support

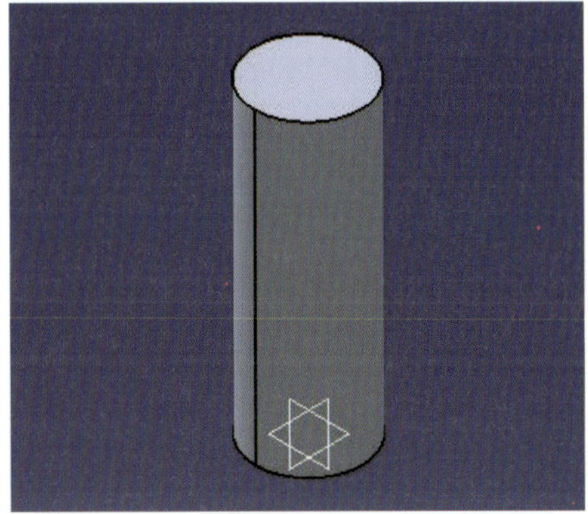

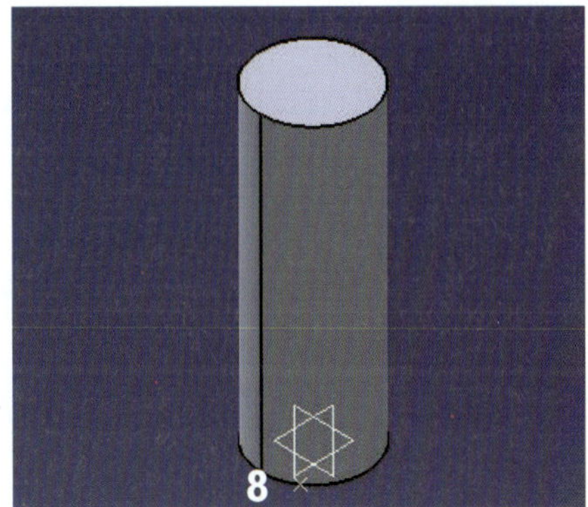

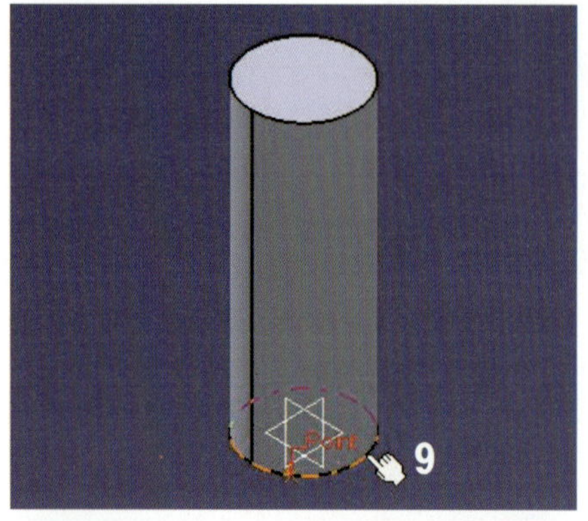

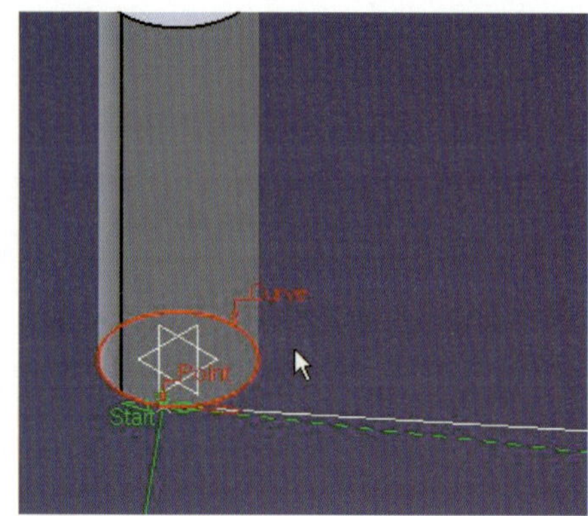

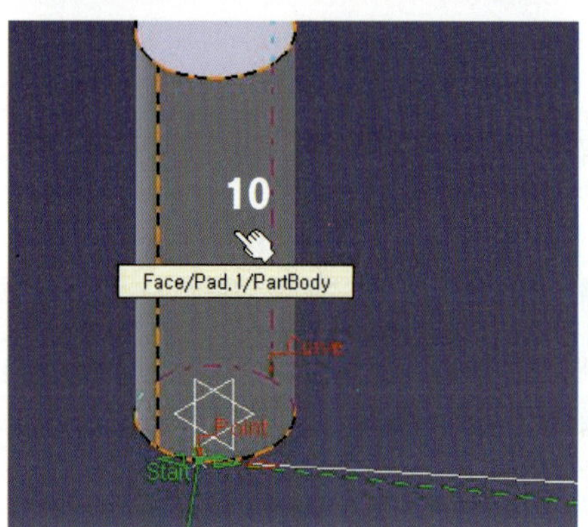

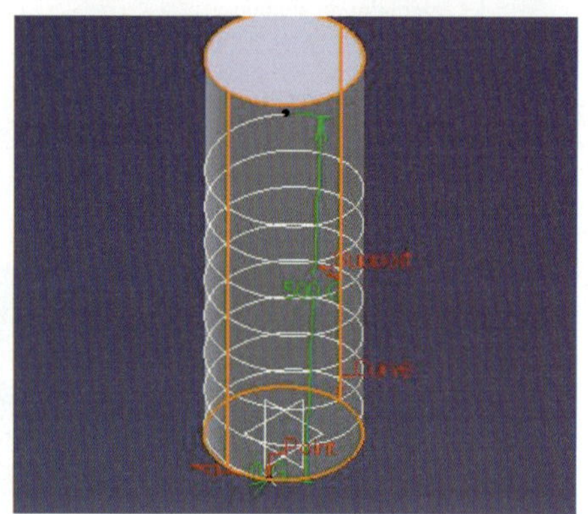

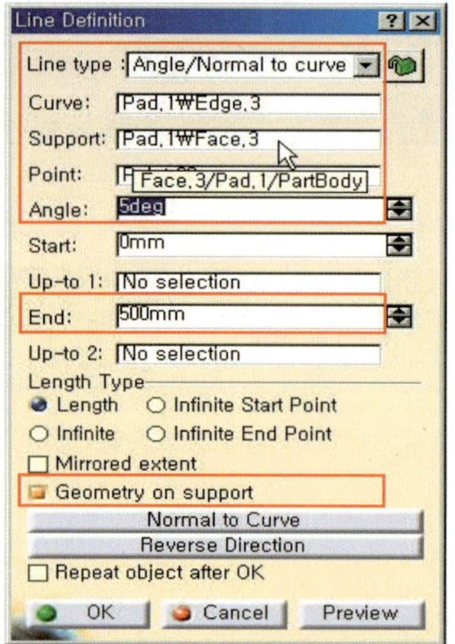

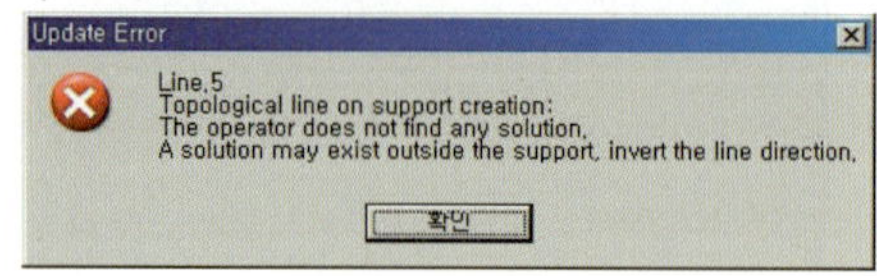

1. XY Plane에 Circle을 Sketch하고 3D 영역에서 Pad 시켜 원기둥을 생성

2. 원기둥의 아래 원주에 Point 생성(8)

3. Line 아이콘 을 클릭하여 Point와 원주를 선택(9)

4. Angle 영역에 작은 각도를 입력(5°)

5. Geometry on Support를 체크

6. Support 영역을 클릭하고 원기둥을 선택(10)(만약 Update Error 메시지가 나타나면 Reverse Direction 클릭)

7. 생성한 Line이 원기둥에 투영

③-4. Tangent to Curve : Curve에 접하는 Line을 생성한다.

- YZ Plane에 Spline 아이콘 을 클릭하여 Curve를 Sketch하고 3D Mode로 전환한다.

- Point 아이콘 을 클릭하여 Type을 On curve를 선택하여 Curve 위에 Point를 생성한다.

- Line 아이콘 을 클릭한다.

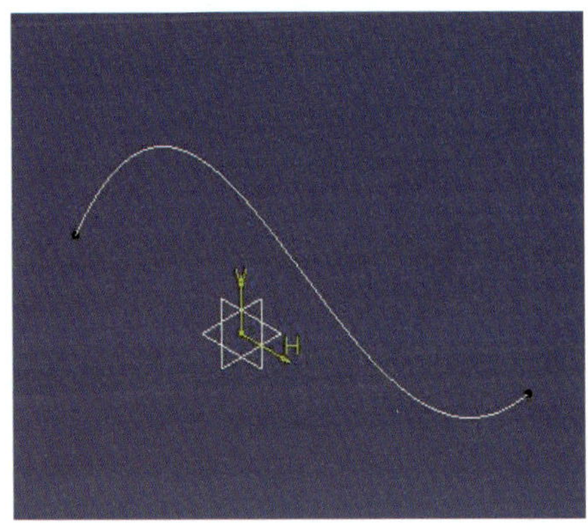
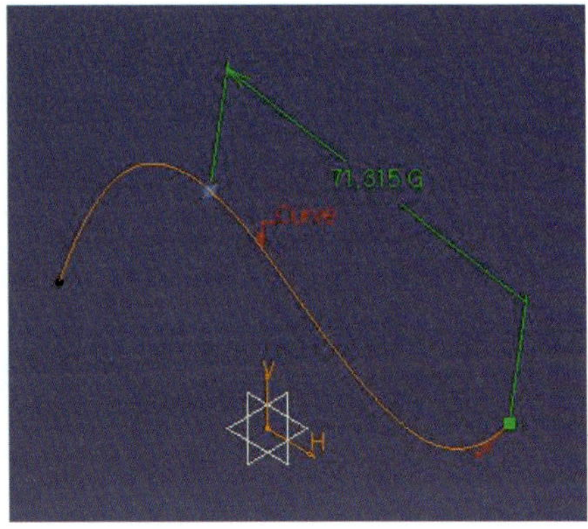

- Line Definition 대화상자에서 Curve 영역을 클릭하여 생성한 Curve를 선택한다.
- Element2 영역을 클릭하여 Curve 위의 Point를 선택한다.
- Tangency options의 Start(-30mm), End(20mm) 영역에 길이를 각각 입력하고 OK 버튼을 클릭한다.
- Curve 위의 Point를 지나고 Curve에 접하는 Line이 생성된다.

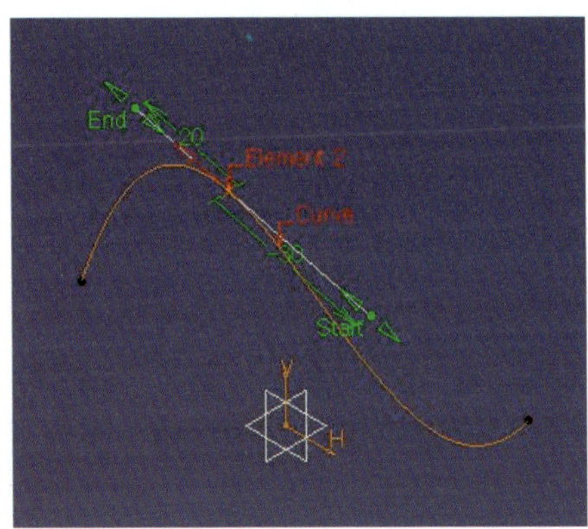
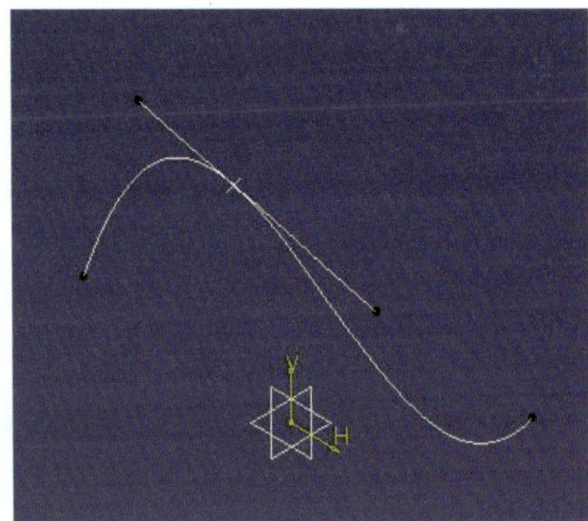

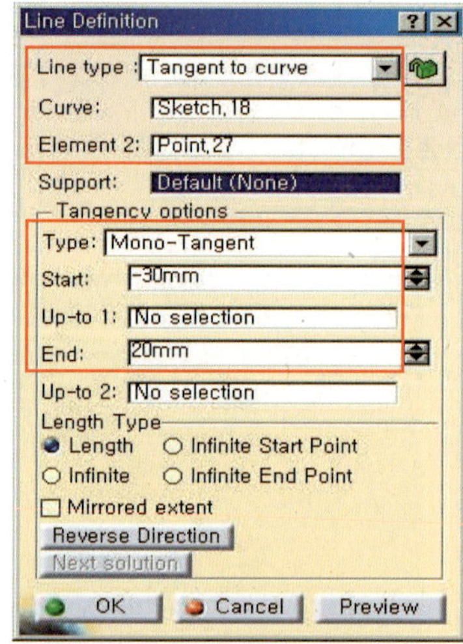

1. Curve : Line이 접할 곡선
2. Element2 : Curve상의 Point
3. Tangency options
   - Start/End : Line의 길이 지정
4. Length Type : 앞의 내용 참조

③-5. Normal to Surface : Surface에 수직한 Line을 생성한다.

- YZ Plane에 Spline 아이콘 을 Sketch하여 Curve를 생성하고 3D를 영역으로 전환한다.

- Workbench 도구막대에서 Wireframe and Surface 아이콘 을 선택하여 Surface Mode로 전환한다.

- Surfaces 도구막대의 Extrude 아이콘 을 클릭하여 Surface를 생성한다.

- Point 아이콘 을 클릭하고 On Surface type을 선택하여 Surface 위에 Point를 생성한다.

- Line 아이콘 을 클릭한다.

- Line Definition 대화상자에서 Surface 영역을 클릭하여 생성한 Surface를 선택(11)한다.

- Point 영역을 클릭하여 Surface 위에 존재하는 Point를 선택(12)한다.

- Start(-30mm), End(20mm) 영역에 Line의 길이를 입력한다.

- Surface 위의 Point를 지나고 Surface에 수직인 Line이 생성된다.

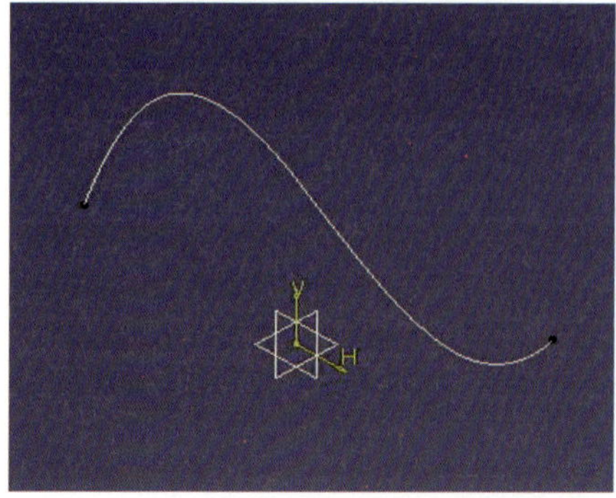

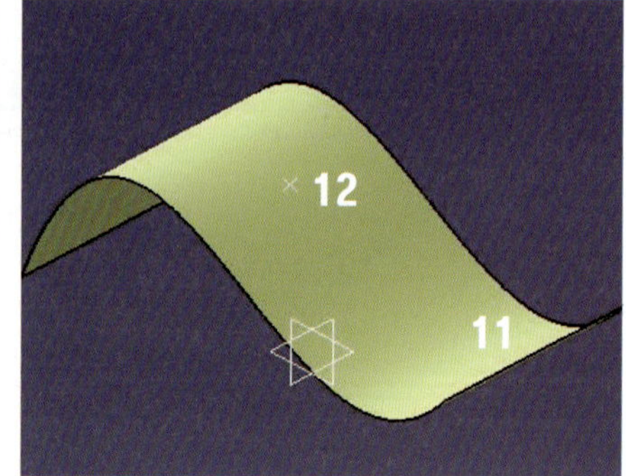

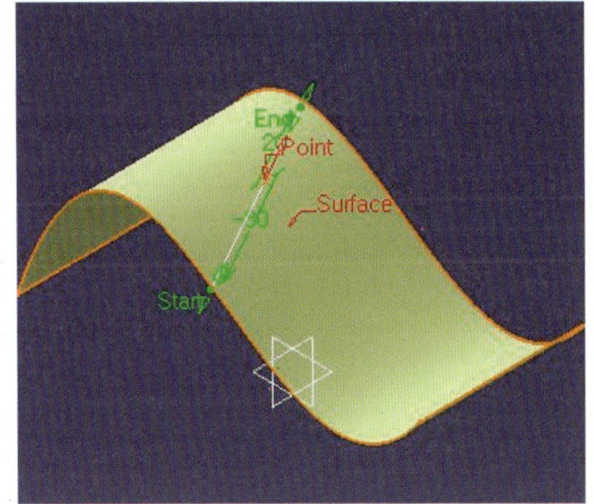

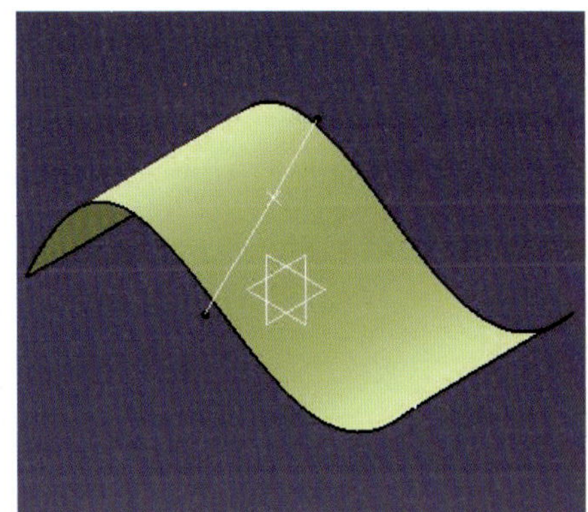

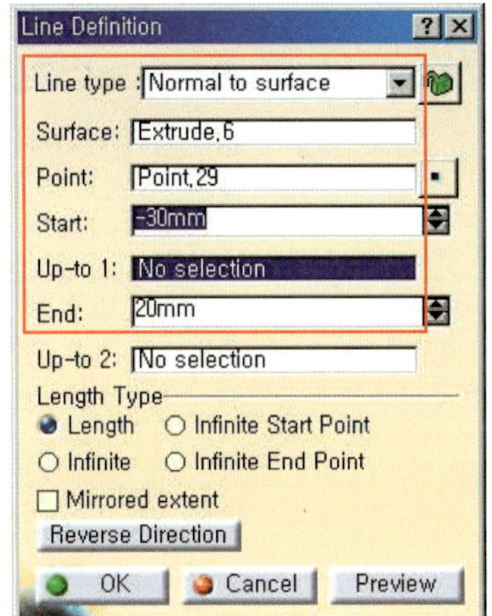

1. Surface : Surface 선택
2. Point : Surface상에 있는 Point 선택
3. Start/End : Line의 시작점과 끝점 부분의 길이 지정
4. Length Type : 앞의 내용 참조

③-6. Bisecting : 두 Line을 이등분하는 새로운 Line을 생성한다.

- Point 아이콘 을 클릭하고 Coordinate type을 선택하여 (0, 0, 0), (0, 20, 0), (20, 0, 0) 위치에 각각 Point를 생성한다.

- Line 아이콘 을 클릭하고 Point to Point type을 선택하여 Point를 지나는 2개의 Line을 생성(13, 14)한다.

- Line 아이콘 을 클릭한다.

- Line Definition 대화상자에서 Line1 영역과 Line2 영역을 클릭하여 생성한 Line을 각각 선택한다.

- Start, End 영역에 Line의 길이를 입력하면 이등분하는 2개의 Line이 보이는데, OK를 클릭하면 주황색으로 보이는 Line이 생성(15)된다.(Next Solution 버튼을 클릭하여 생성할 Line을 변경할 수 있다.)

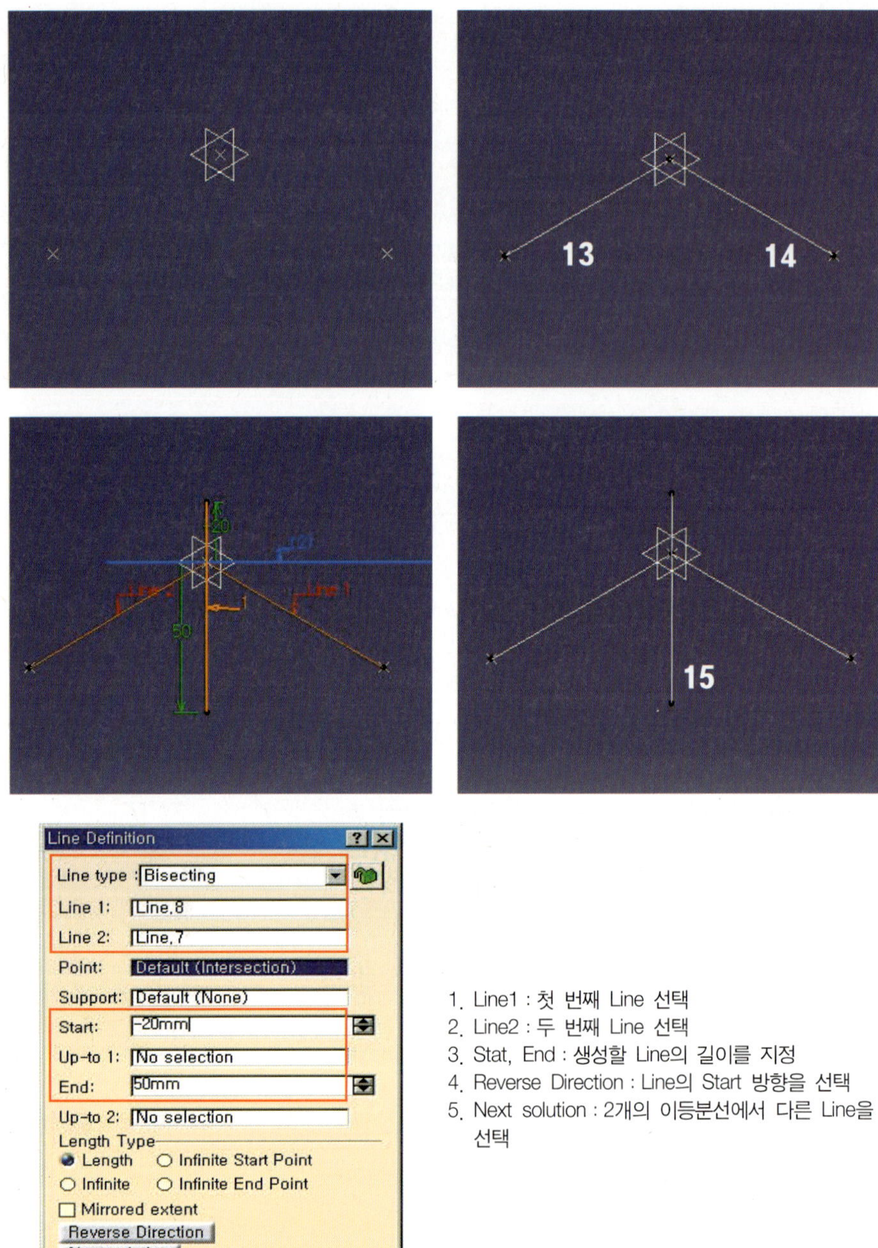

1. Line1 : 첫 번째 Line 선택
2. Line2 : 두 번째 Line 선택
3. Stat, End : 생성할 Line의 길이를 지정
4. Reverse Direction : Line의 Start 방향을 선택
5. Next solution : 2개의 이등분선에서 다른 Line을 선택

• Mirrored extent : End 길이가 대칭되도록 Line이 생성된다.

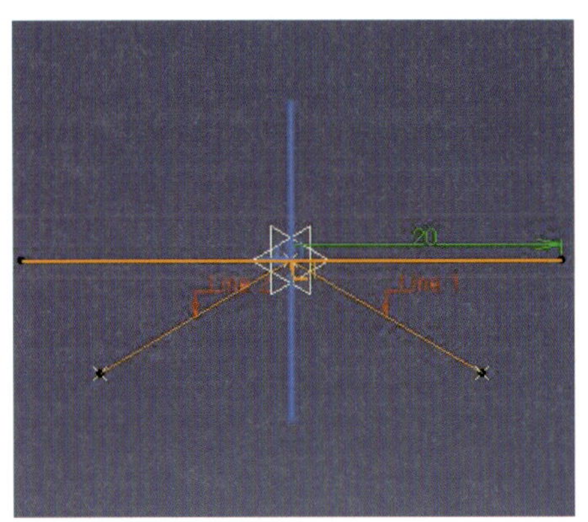

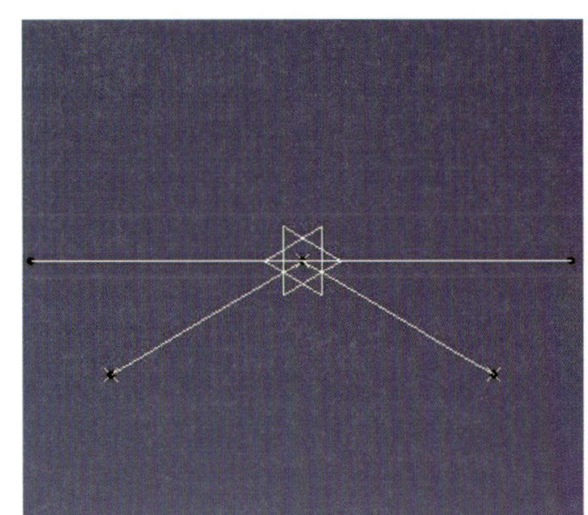

• Next Solution

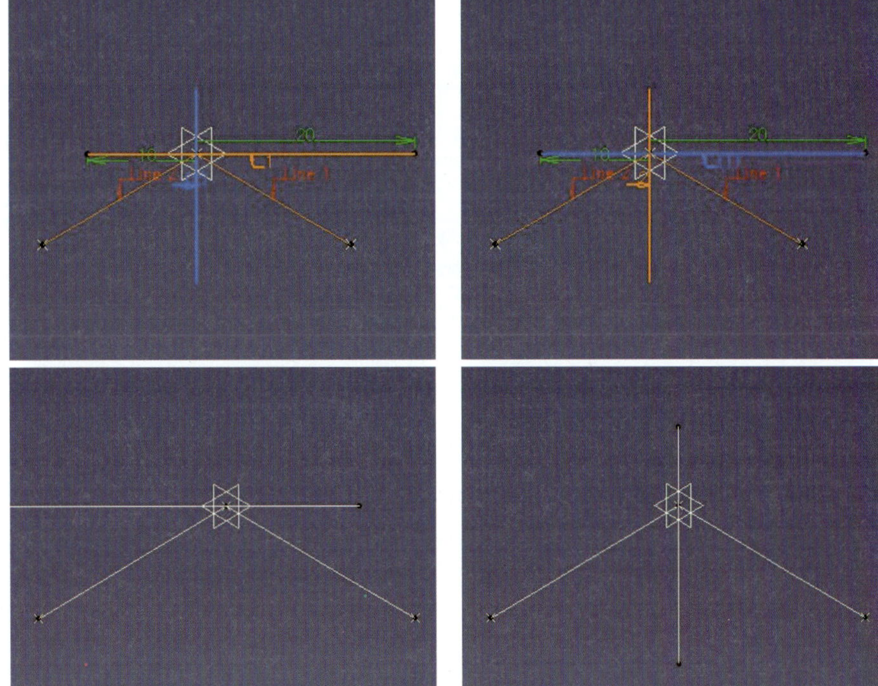

Next Solution 적용 전   Next Solution 적용 후

<Plane>

3D 공간상에 평면을 생성하는 기능

① 아이콘을 클릭한다.

② Plane Definition 대화상자에서 Plane type을 선택하고 알맞은 조건을 지정하여 Plane을 생성한다.

③ Plane type

③-1. Offset from Plane : Plane과 평행하게 일정거리 떨어진 위치에 새로운 Plane을 생성한다.

- Plane Definition 대화상자에서 Reference 영역을 클릭하고 XY Plane을 선택한다.
- Offset 영역을 클릭하고 50mm를 입력한다.
- XY Plane에 평행하게 50mm 떨어진 위치에 새로운 Plane이 생성된다.

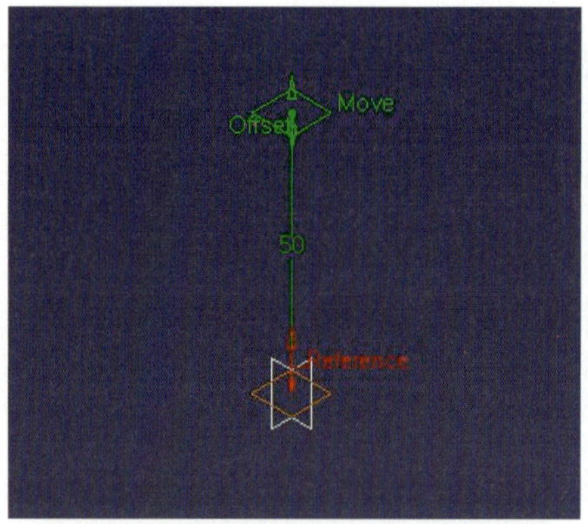

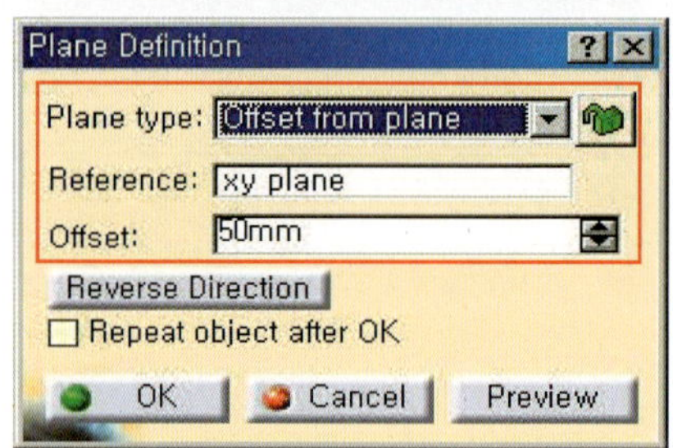

1. Reference : 기준 평면 선택
2. Offset : 생성할 평면의 거리
3. Reverse Direction : Plane의 위치를 반대 방향으로 전환
4. Repeat object after OK : Offset 거리만큼 복수개의 Plane을 생성

- Repeat object after OK

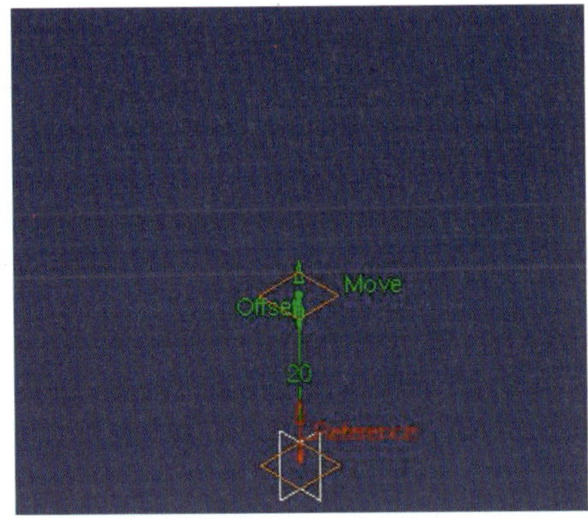

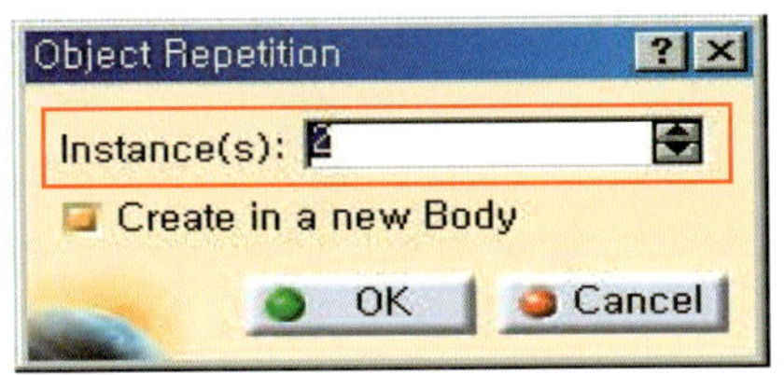

1. Offset 영역에 20mm를 입력한 후 Repeat object after OK 체크
2. OK 버튼 클릭
3. Object Repetition 대화상자에서 Instance(s) 영역을 클릭하고 추가시킬 Plane의 항목에 2를 입력
4. XY Plane에서 20mm 간격으로 3개의 Plane이 생성

③-2. Parallel through Point : 기준의 평면과 평행하고 Point를 지나는 Plane을 생성한다.

- XY Plane에 Rectangle □ 을 Sketch하여 3D Mode로 전환하고 Pad 시켜 Solid를 생성한다.

- Rotate 아이콘 을 클릭하고 모서리를 축(1)으로 30° 회전시킨다.

- Plane 아이콘 을 클릭한다.

- Plane Definition 대화상자에서 Reference 영역을 클릭하고 기준 Plane으로 YZ Plane을 선택(2)한다.

- Point 영역을 클릭하고 기준 Plane이 지나갈 Solid의 꼭짓점(3)을 선택한다.

- YZ Plane과 평행하면서 Solid의 꼭짓점을 지나는 Plane이 생성된다.

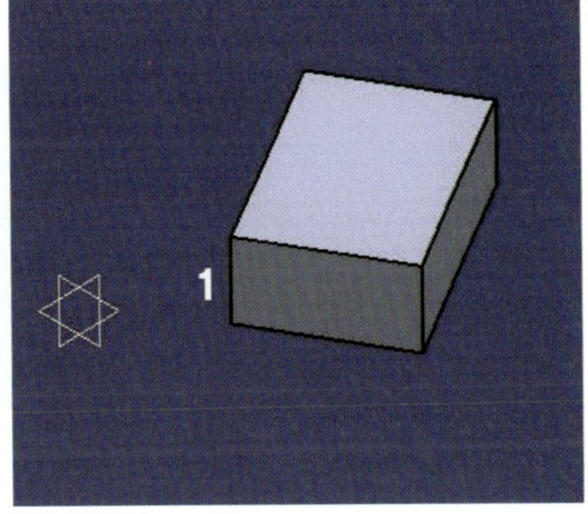

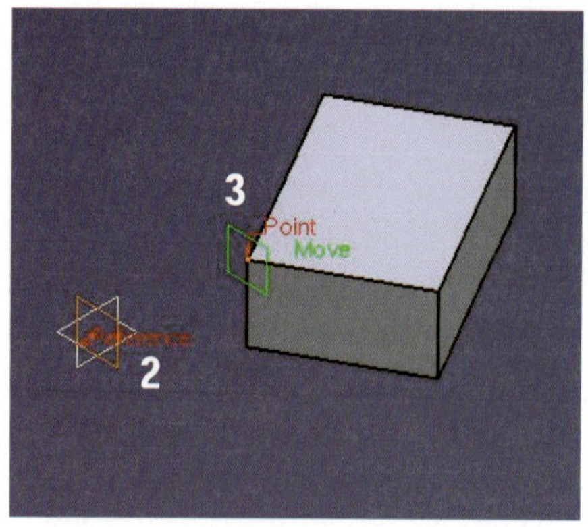

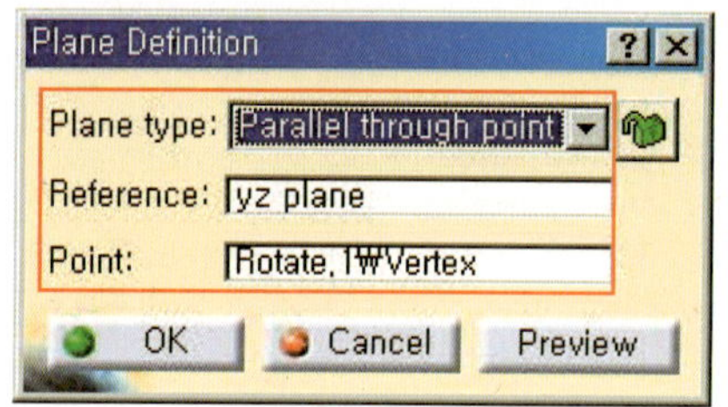

1. Reference : 기준평면 선택
2. Point : 생성할 Plane이 지날 점을 선택

- 생성한 Plane을 선택하고 Sketch 아이콘 을 클릭하여 Sketch Mode로 전환한 후 Circle 을 Sketch 한다.

- Exit Workbench 아이콘 을 클릭하여 3D Mode로 전환한 후 Pad 아이콘 을 클릭하여 20mm 두께의 Solid를 생성한다.

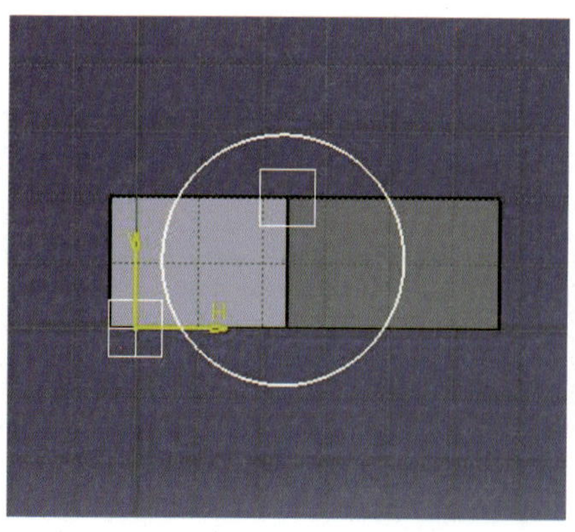

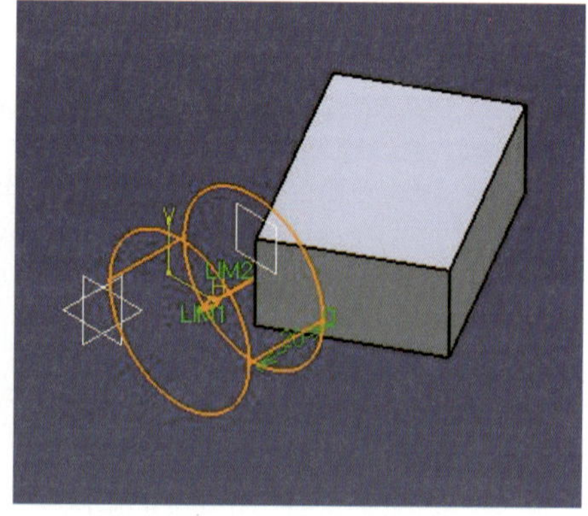

③-3. Angle/Normal to Plane : 기준 평면과 일정한 각도 또는 수직한 Plane을 생성한다.
- Parallel through Point type의 예제 활용
- Plane Definition 대화상자에서 Rotation axis 영역을 클릭하고 Solid의 모서리를 선택(4)한다.

• Reference 영역을 클릭하고 회전 기준평면을 선택(5)한다.

• Angle 영역을 클릭하고 45°를 입력한다.

• Rotation axis를 중심으로 Solid의 Reference 평면에서 45° 기울어진 Plane이 생성된다.

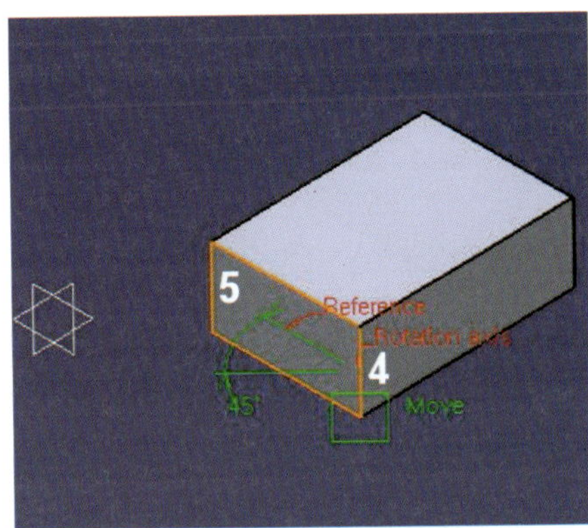
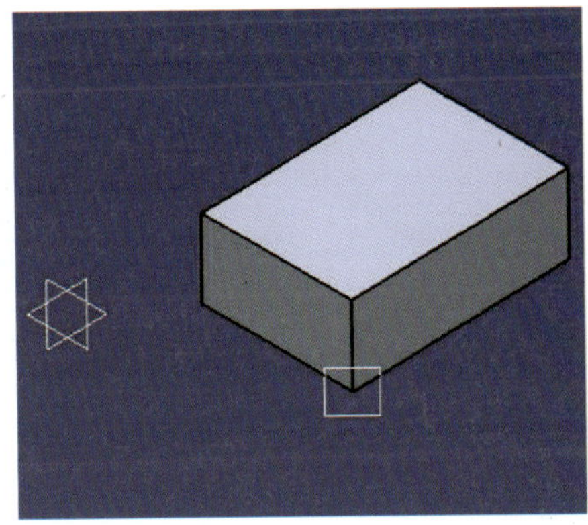

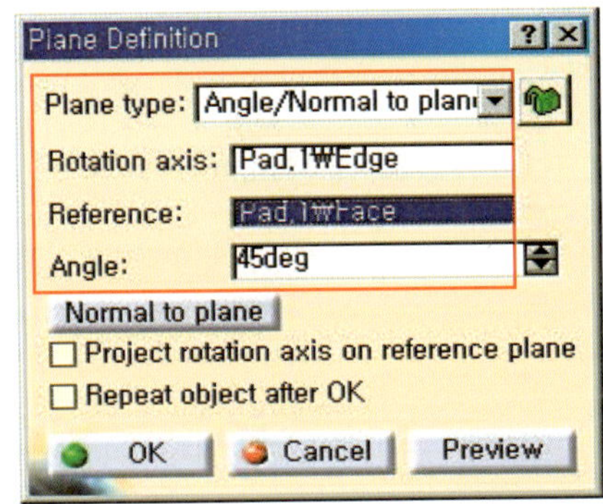

1. Rotation axis : 회전축 선택
2. Reference : 기준평면 선택
3. Angle : Reference와 이루는 각도
4. Normal to plane : Reference와 수직인 Plane 생성
5. Repeat object after OK : 복수개의 Plane을 생성

• Normal to plane 버튼을 클릭하면 Reference영역에서 선택한 직육면체의 앞면과 수직한 Plane이 생성된다.

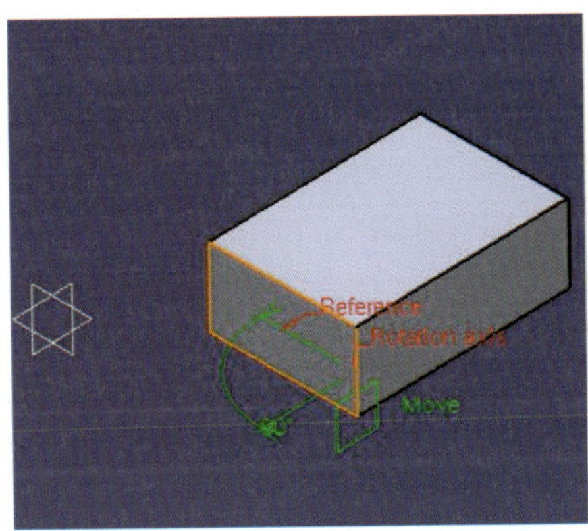
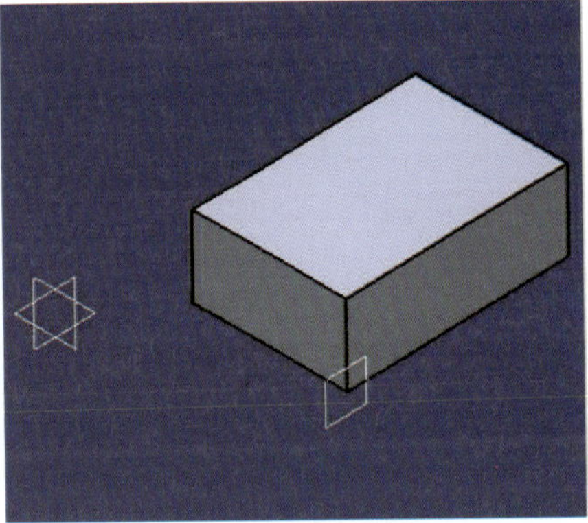

③-4. Through Tree Points : 3개의 Point를 지나는 Plane을 생성한다.

- Parallel through Point type의 예제 활용
- Plane Definition 대화상자에서 Point1, Point2, Point3 영역을 클릭하고 각각 Plane이 지날 Point로 Solid의 꼭짓점(6, 7, 8)을 선택한다.
- 선택한 꼭짓점을 지나는 Plane이 생성된다.

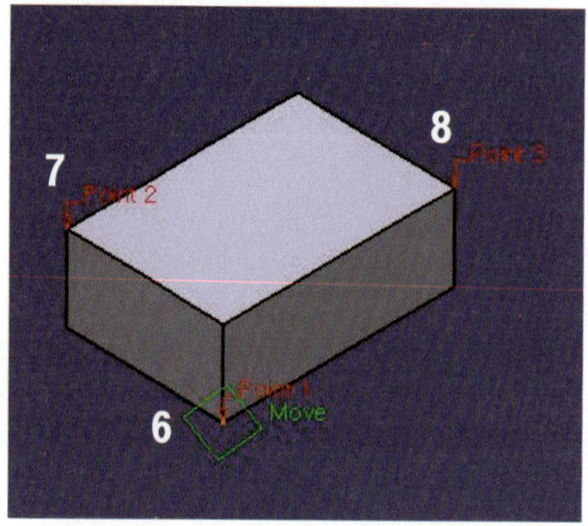

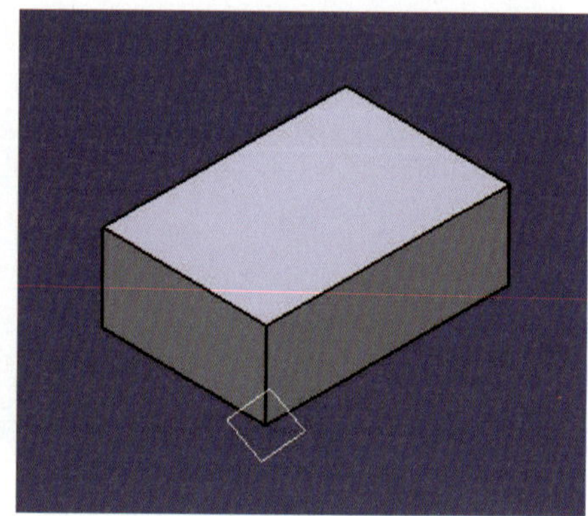

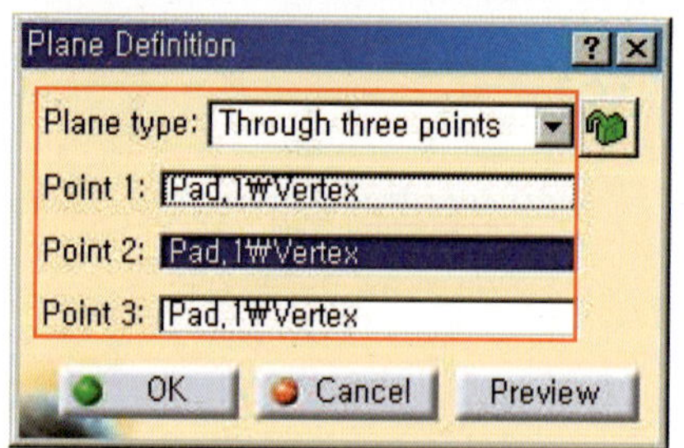

1. Point1 : Plane이 지나갈 첫째 Point
2. Point2 : Plane이 지나갈 둘째 Point
3. Point3 : Plane이 지나갈 셋째 Point

③-5. Through Two Lines : 두 Line을 지나는 Plane을 생성한다.

- Parallel through Point type의 예제 활용
- Plane Definition 대화상자에서 Line1, Line2 영역을 클릭하고 Solid의 모서리(9, 10)를 선택한다.
- 선택한 2개의 Line을 지나는 Plane이 생성된다.

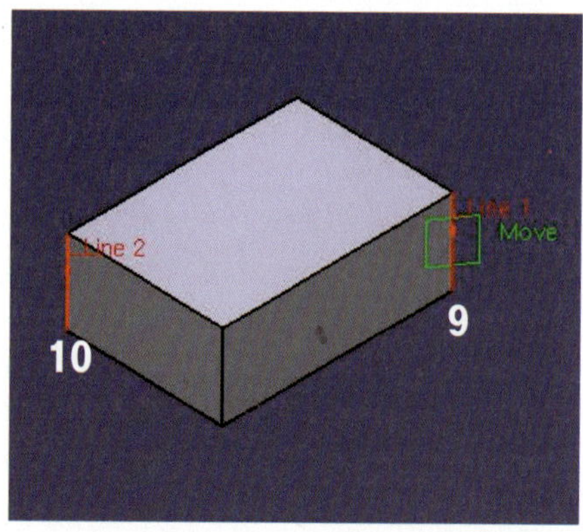

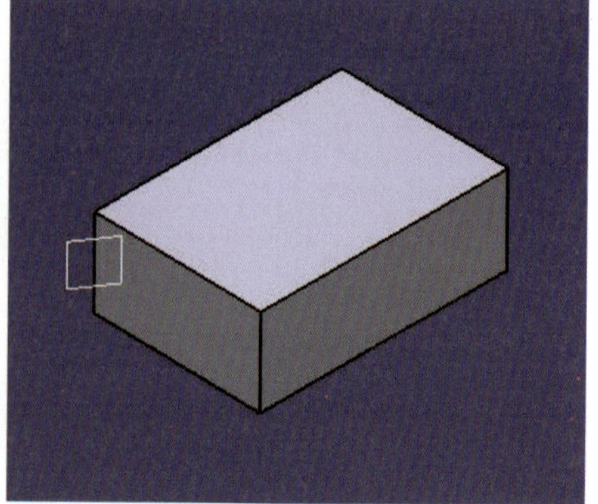

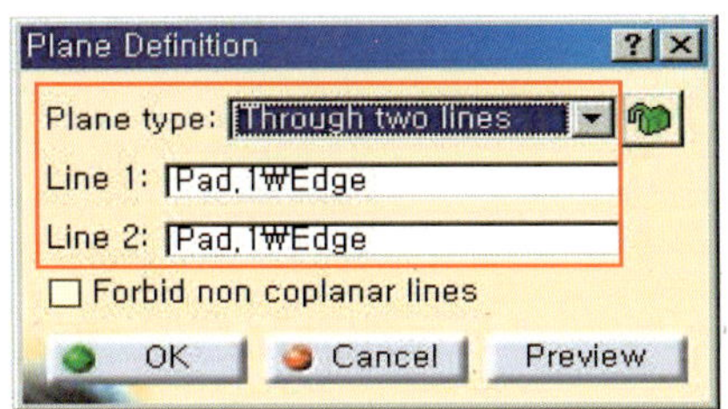

1. Line1 : Plane이 지날 Line 선택
2. Line2 : Plane이 지날 Line 선택

③-6. Through Point and Line : 1개의 Line과 Point를 지나는 Plane을 생성한다.

- Parallel through Point type의 예제 활용

- Point 아이콘을 클릭하여 원점에 Point를 생성한다.

- Line 아이콘을 클릭하여 Point-Point type을 선택하고 원점에 생성한 Point와 Solid의 꼭짓점을 선택하여 Line을 생성(11)한다.

- Plane 아이콘을 클릭한다.

- Plane Definition 대화상자에서 Point 영역과 Line 영역을 클릭하고 생성한 Line과 Solid의 한 꼭짓점(12)을 선택한다.

- 선택한 Line과 Point를 지나는 Plane이 생성된다.

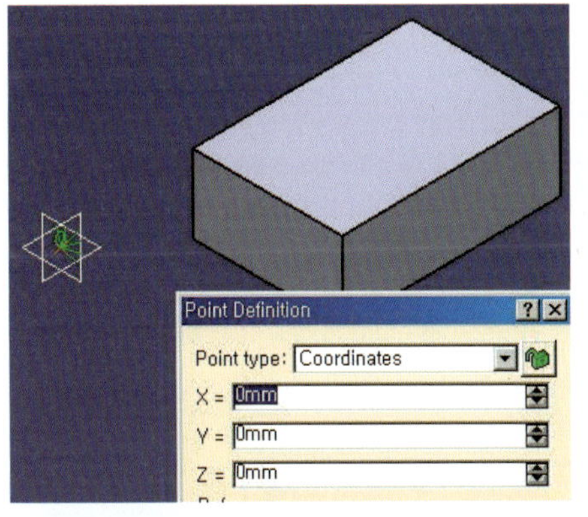

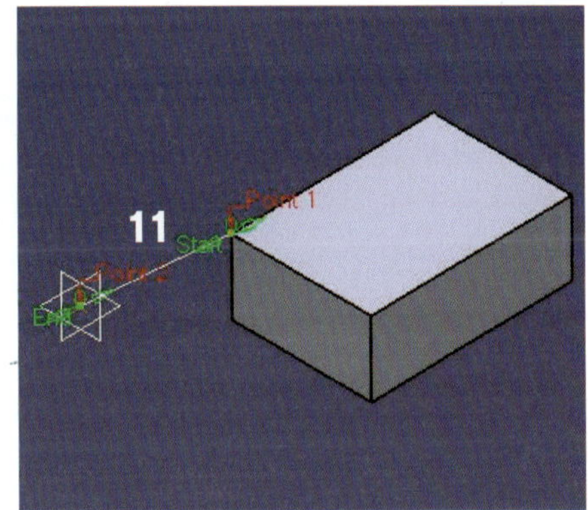

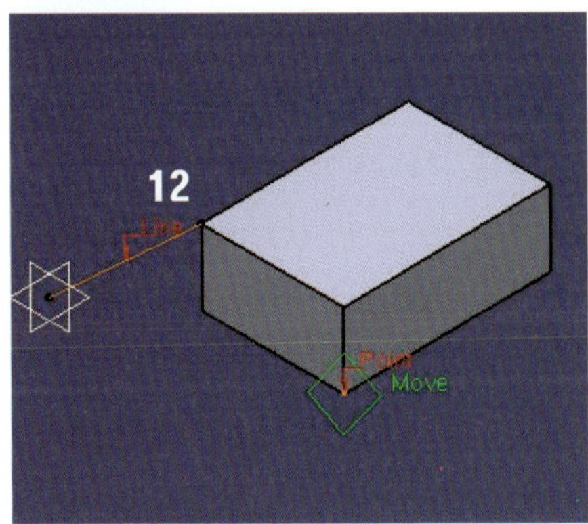

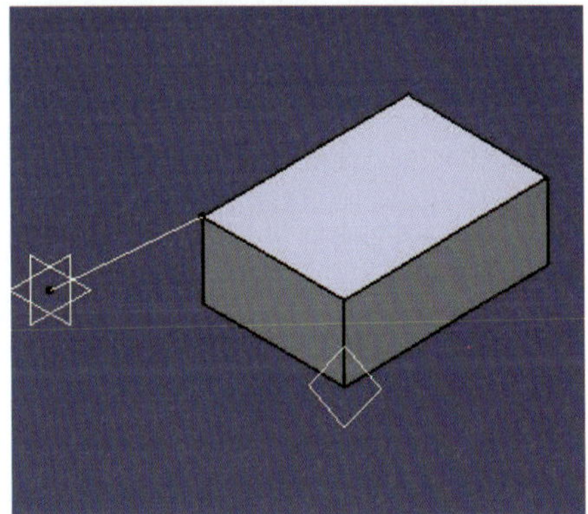

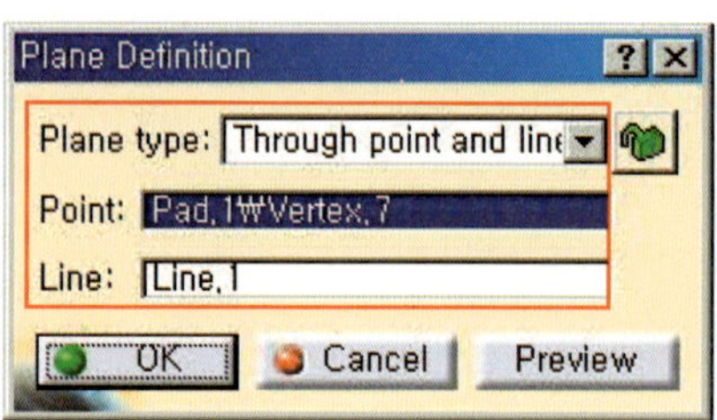

1. Point : Plane이 지나 갈 Point
2. Line : Plane이 지나 갈 Line

③-7. Through Planar Curve : Curve를 포함한 Plane을 생성한다.

• ZX Plane에 Spline 아이콘 을 클릭하여 Curve를 생성하고 3D Mode로 전환한다.

• Plane 아이콘 을 클릭한다.

• Plane Definition 대화상자에서 Curve 영역을 클릭하고 생성한 Curve를 선택한다.

• 선택한 Curve를 포함하는 Plane이 생성된다.

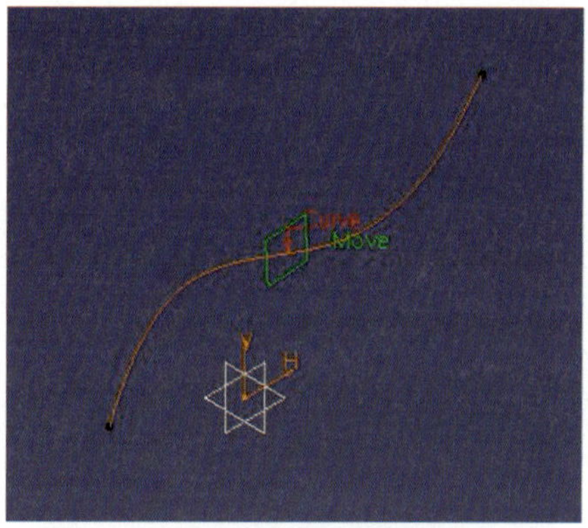

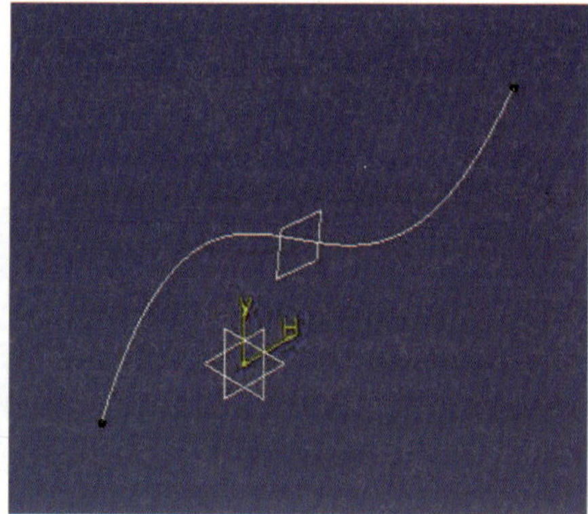

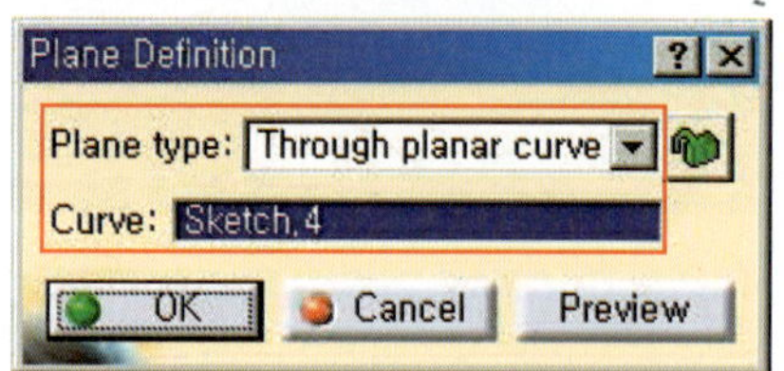

1. Curve : 공간상의 Curve 선택

③-8. Normal to Curve : Curve에 수직하고 Point를 지나는 Plane을 생성한다.

• ZX Plane에 Spline 아이콘 을 클릭하여 Curve를 생성하고 3D Mode로 전환한다.

• Point 아이콘 을 클릭하고 On Curve Point type을 선택하여 Curve 위에 Point를 생성(13)한다.

• Plane 아이콘 을 클릭한다.

• Plane Definition 대화상자에서 Curve와 Point 영역을 클릭하고 생성한 Curve와 Point를 각각 선택한다.

• Point를 지나면서 Curve에 수직한 Plane이 생성된다.

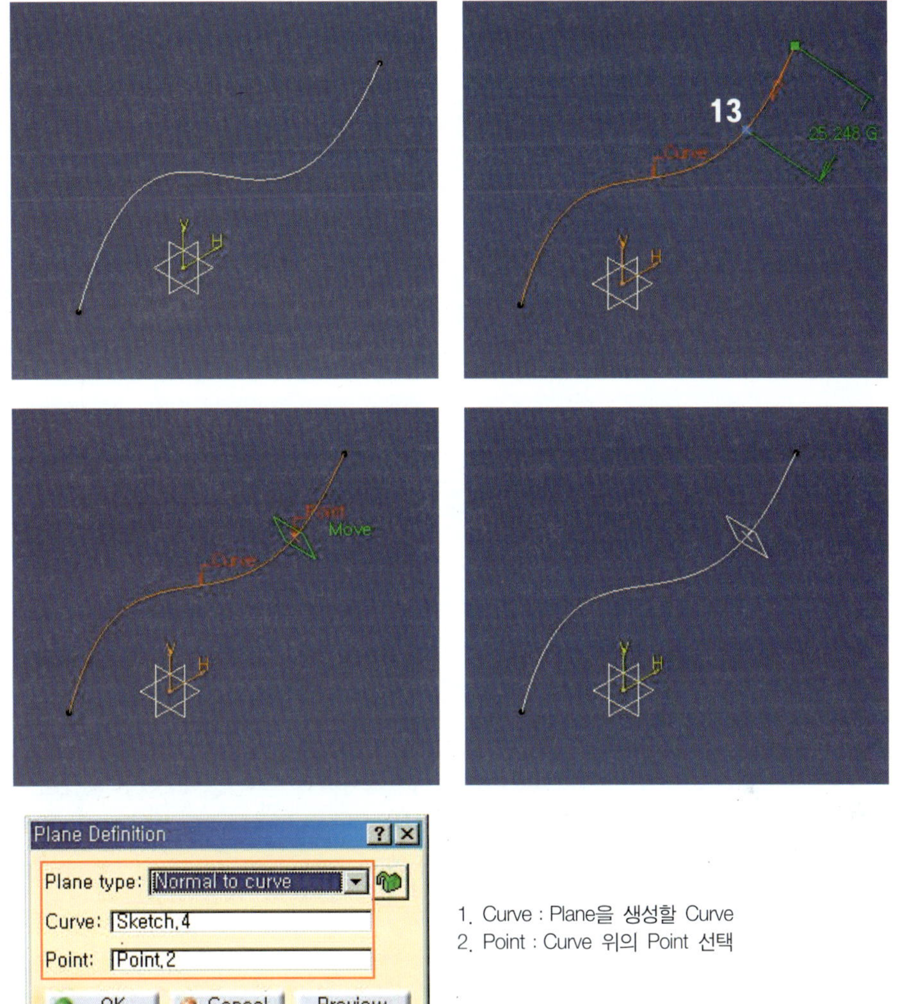

1. Curve : Plane을 생성할 Curve
2. Point : Curve 위의 Point 선택

③-9. Tangent to Surface : Surface에 접하는 Plane을 생성한다.

- Normal to Curve type 예제의 Curve를 이용하여 Surface Mode로 전환 후 Extrude 아이콘 을 클릭하여 Surface를 생성한다.

- Point 아이콘 을 클릭하고 On Surface type을 선택하여 Surface 위에 Point를 생성한다.

- Plane 아이콘 을 클릭한다.

- Plane Definition 대화상자에서 Surface와 Point 영역을 클릭하여 생성한 Surface와 Point를 선택한다.

- Point를 지나면서 Surface에 접하는 Plane이 생성된다.

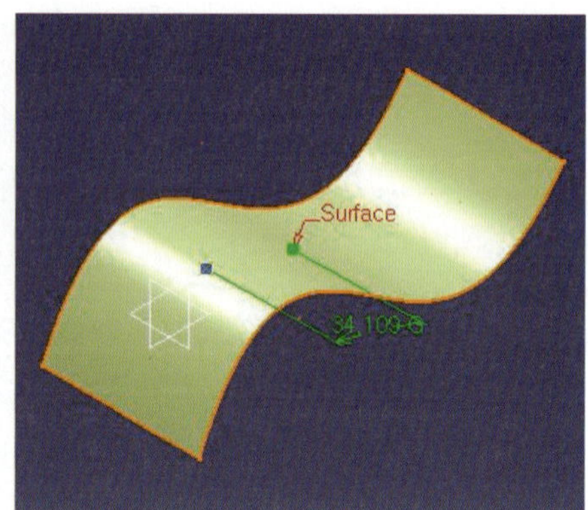

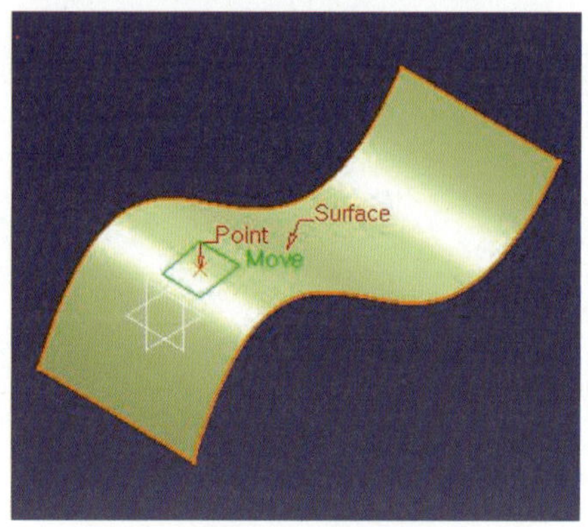

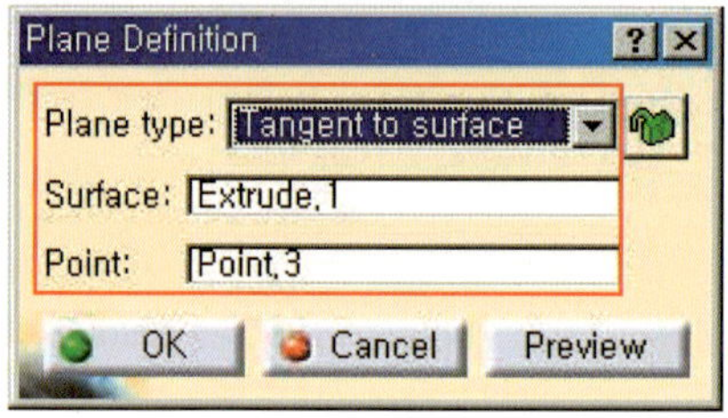

1. Surface : Plane을 생성할 Surface
2. Point : Surface 위의 Point

③-10. Equation : 방정식에 만족하는 Plane을 생성한다.

- Plane 아이콘 을 클릭한다.

- Plane Definition 대화상자에서 방정식 Ax+By+Cz=D의 상수를 각각 2, 3, 5, 5를 입력한다.

- 입력한 방정식에 적합한 Plane이 생성된다.

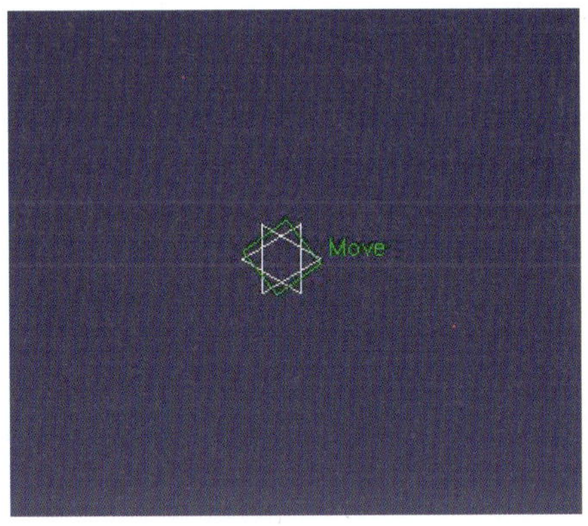

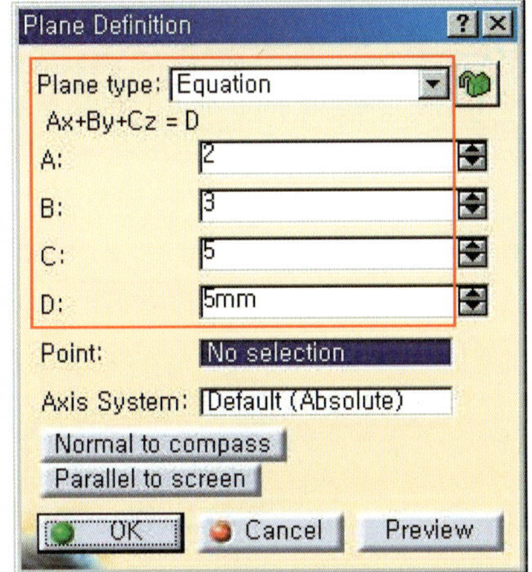

1. Ax+By+Cz=D 방정식의 A, B, C, D를 입력
2. Point : 생성할 Plane이 지나는 점
3. Parallel to screen : 화면과 평행한 Plane을 생성

• Point : Point를 지나고 방정식을 만족하는 Plane을 생성한다.

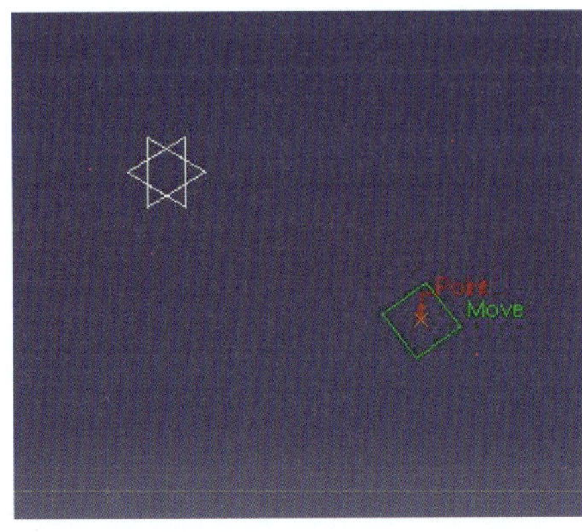

• Parallel to screen : Point를 지나고 화면과 평행하도록 방정식의 상수가 결정되어 Plane이 생성된다.

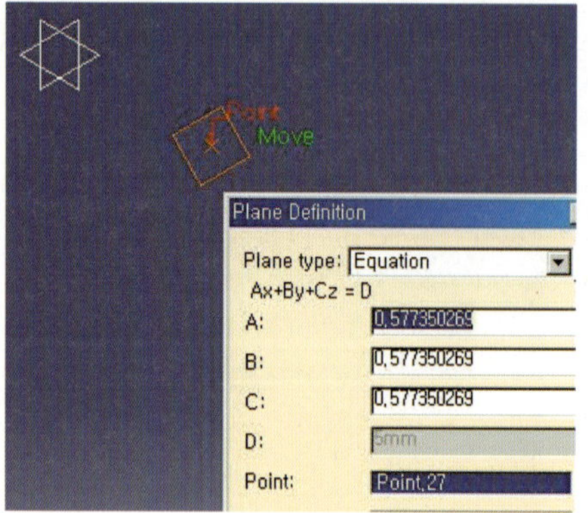

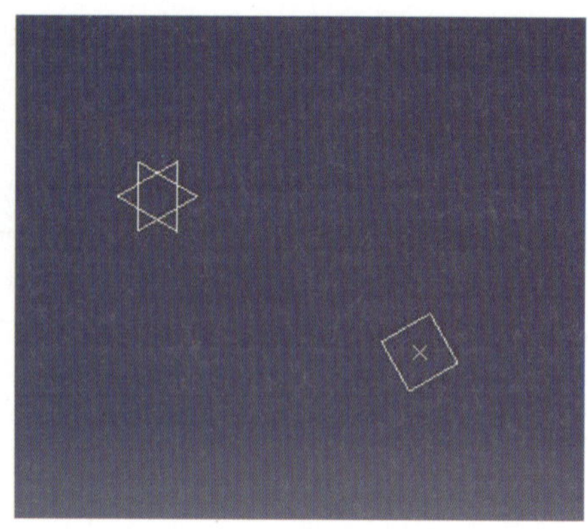

③-11. Mean through Points : 3개 이상의 Point 중간위치에 Plane을 생성한다.

- Point 아이콘 을 클릭하고 Coordinate Point type을 선택하여 여러 개의 Point를 생성한다.

- Plane 아이콘 을 클릭한다.

- Plane Definition 대화상자에서 Points 영역을 클릭하고 생성한 Point를 선택한다.

- 선택한 Point의 중간위치에 Plane이 생성된다.

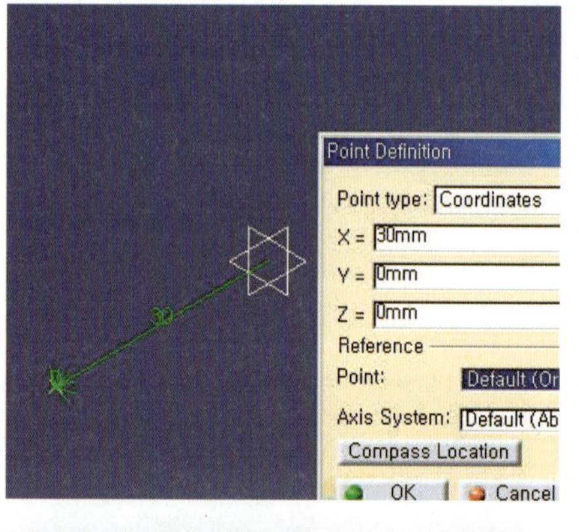

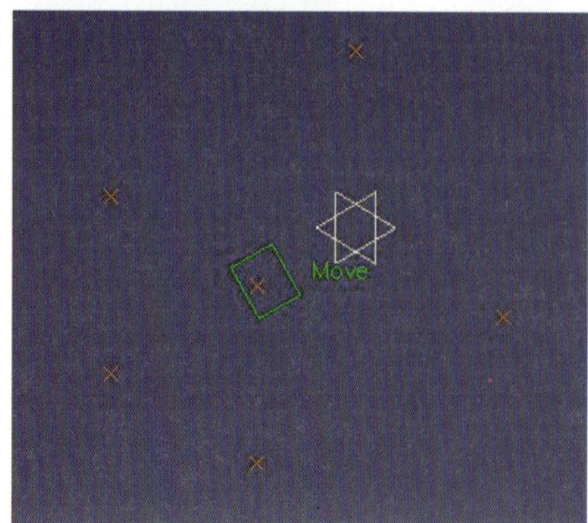

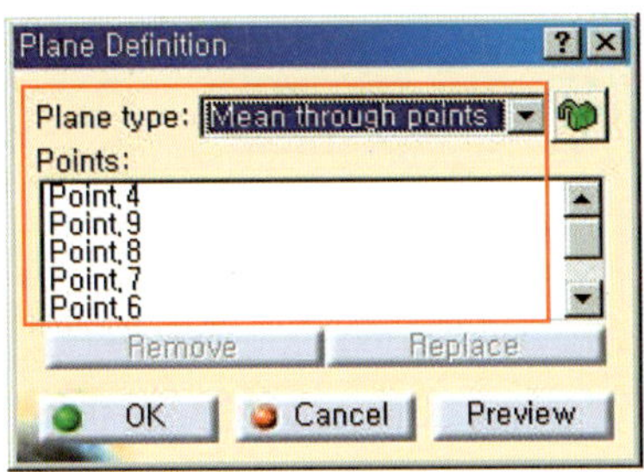

1. Points : 여러 개의 Point 선택

6) Insert

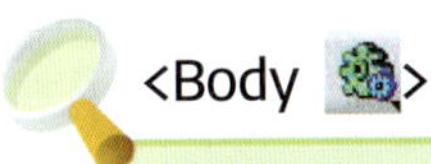

Body

Specifications Tree에 새로운 Body를 생성시키는 기능

① 아이콘을 클릭하거나 Insert - Body를 선택하면 PartBody 아래에 새로운 Body가 생성된다.

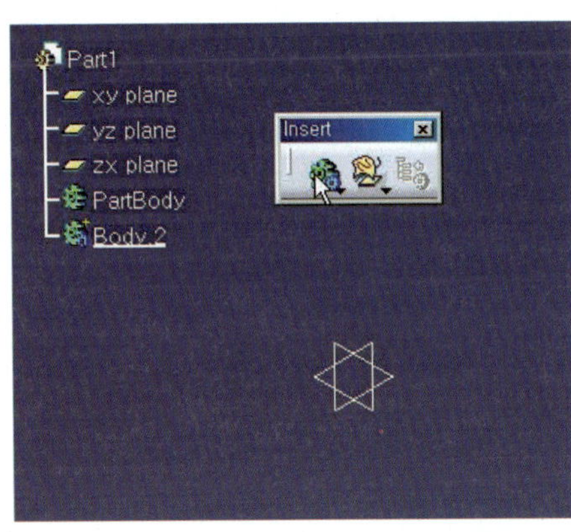

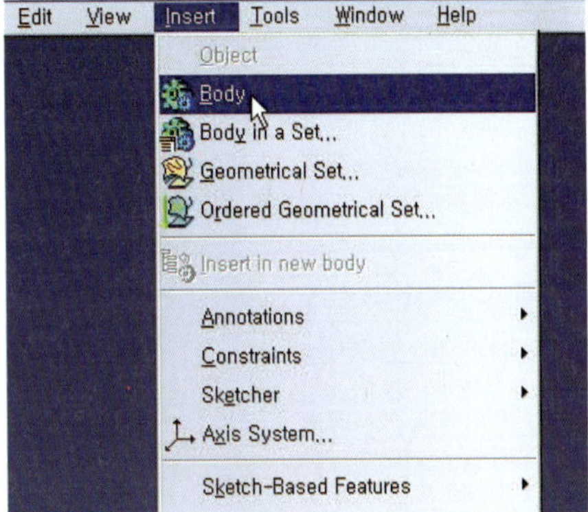

② 생성한 Body의 Name을 변경하기 위해 Body를 선택하고 마우스 오른쪽버튼을 클릭하여 Properties를 선택한다.

③ Properties 대화상자의 Feature Properties 탭을 선택한다.

④ Feature Name 영역을 클릭하고 내용을 수정하고 OK 버튼을 클릭한다.

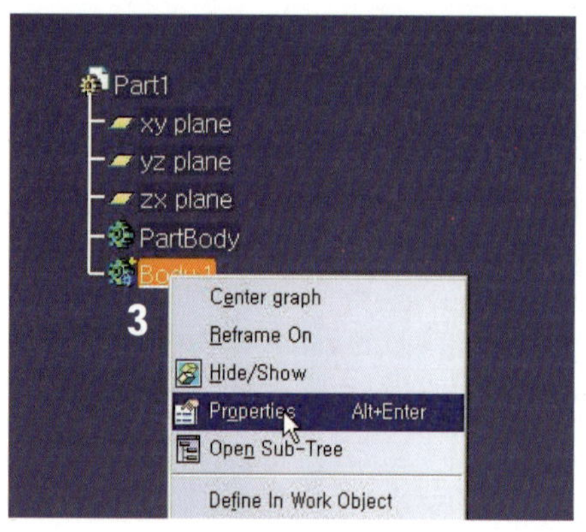

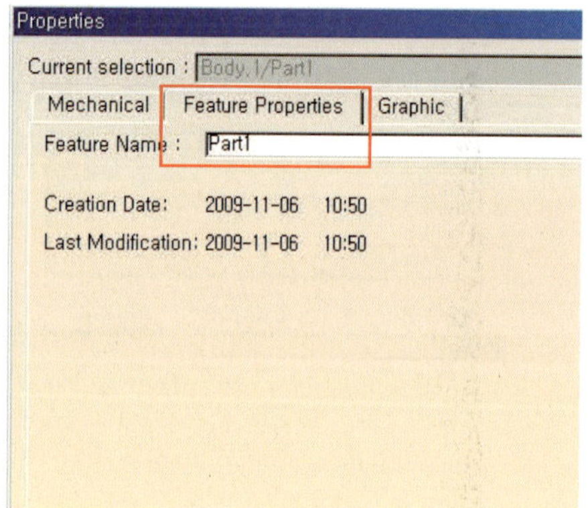

⑤ 생성한 Solid의 Graphic을 변경하기 위해 Properties 대화상자의 Graphic탭을 선택한다.

⑥ Fill 영역에서 변경하고자 하는 색상을 선택하고 OK 버튼을 클릭하면 Solid의 초기색상이 변경된다.

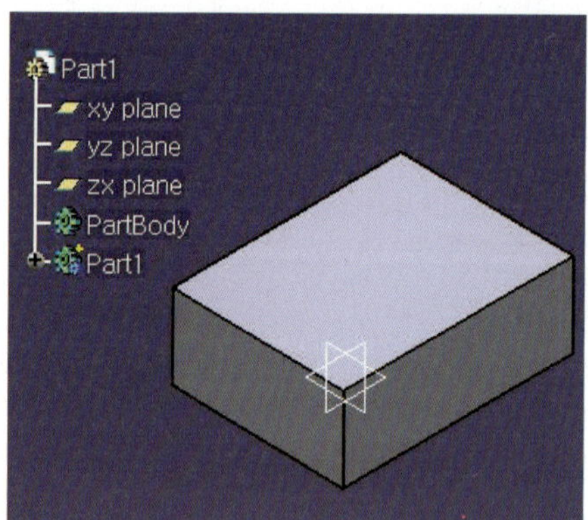

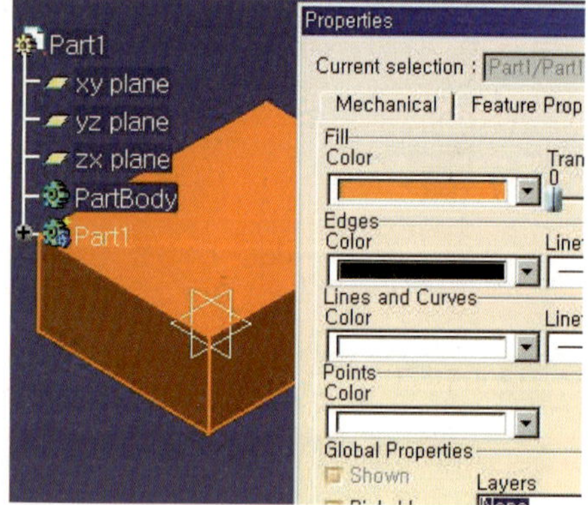

7) Boolean Operation

마우스 포인터를 도구막대 빈 곳(1)에 위치시키고 오른쪽 버튼을 클릭한 후 Boolean Operations를 선택한다.

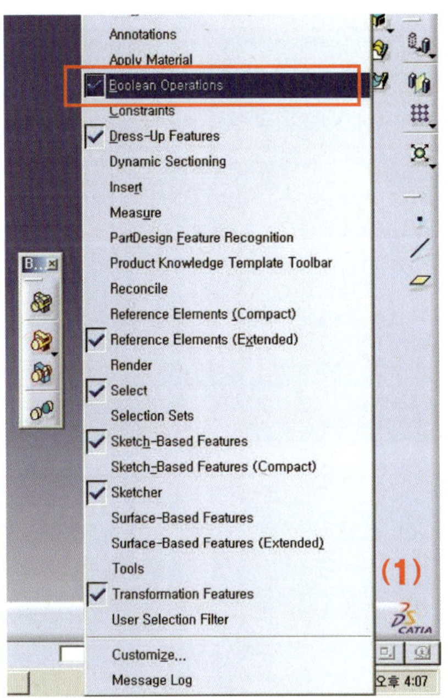

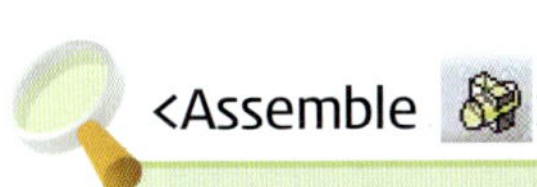

<Assemble >

Body의 속성을 유지하면서 합해주는 기능

① XY Plane에 Rectangle 을 Sketch하고 3D Mode에서 Pad 시켜 Solid를 생성한다.

② Insert - Body를 클릭하여 새로운 Body를 생성(1)한다.

③ 생성시킨 Body.3에서 Solid 윗면을 선택하고 Sketch 아이콘 을 클릭하여 Circle 을 Sketch한다.

④ Exit Workbench 아이콘 을 클릭하여 3D Mode로 전환하고 Pocket 아이콘 을 클릭하여 직육면체에 관통되도록 치수를 설정하고 OK 버튼을 클릭(2)한다.

⑤ 직육면체는 Pad, 원기둥은 Pocket의 속성을 갖는 Solid가 생성되었다.

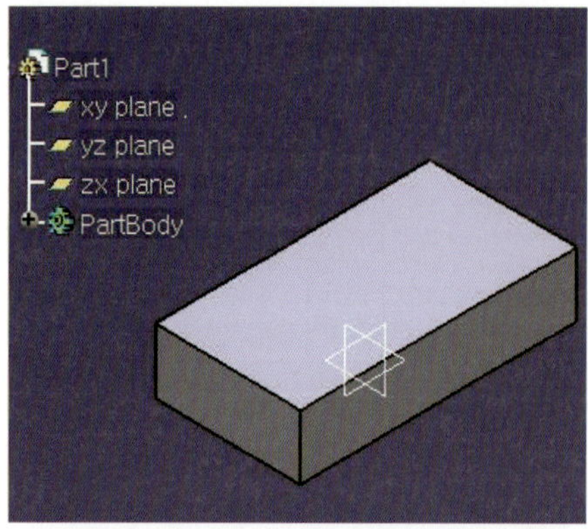
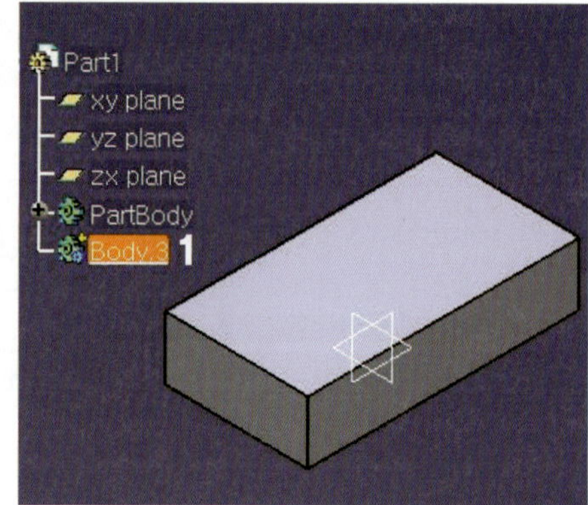

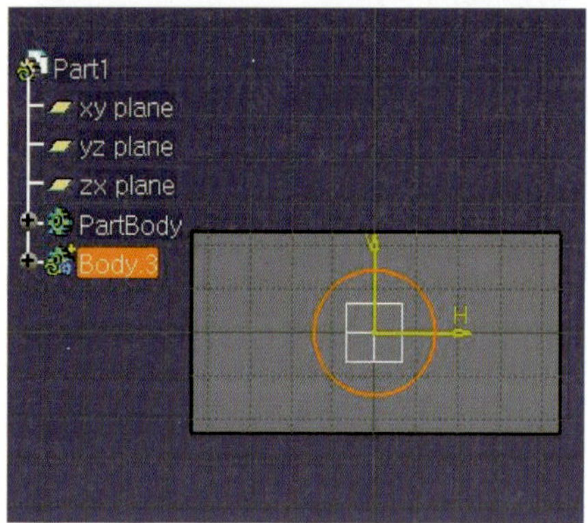
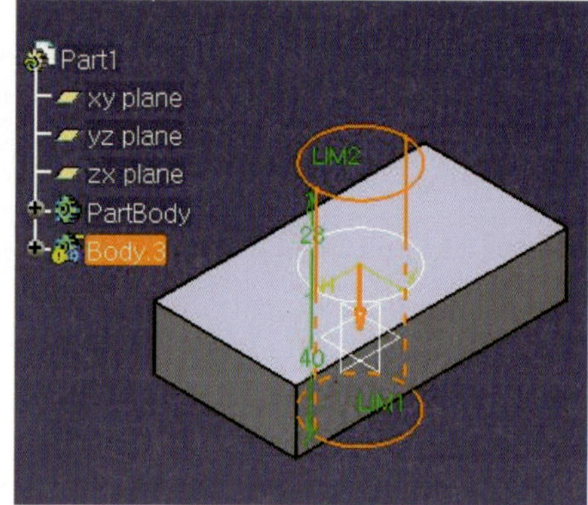

⑥ Body.3을 선택하고 Assemble 아이콘 을 클릭한다.

⑦ Body.3이 PartBody 밑으로 삽입되면서 두 Solid의 속성인 Pad와 Pocket이 적용되어 합해진 새로운 Solid가 생성(3)된다.

⑧ PartBody 앞의 +를 클릭하면 Body.3이 Assemble되어 PartBody와 합해졌음을 확인할 수 있다.(4)

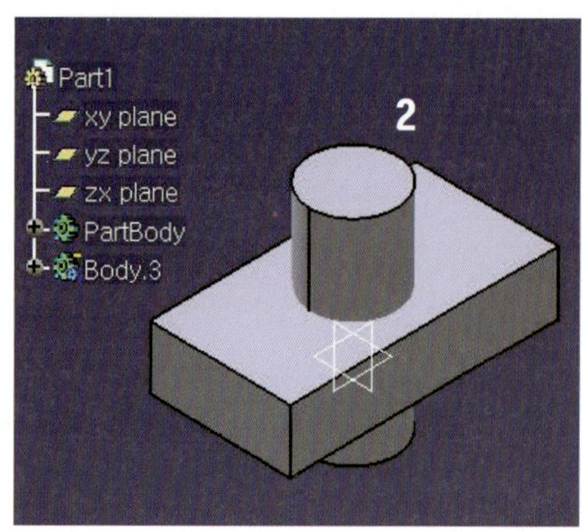
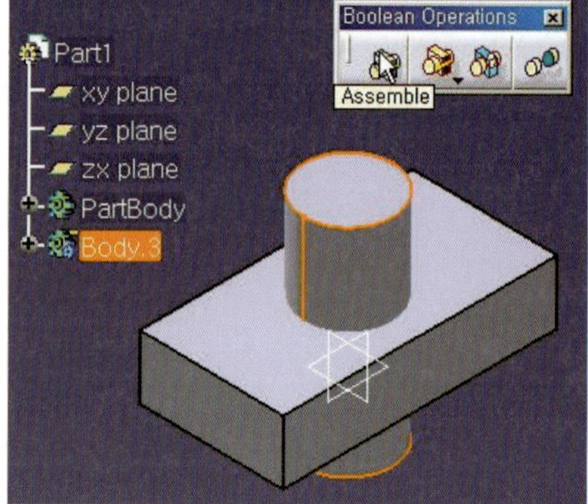

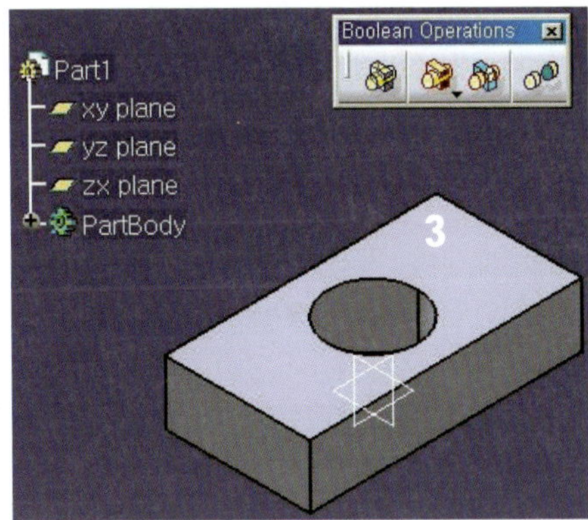

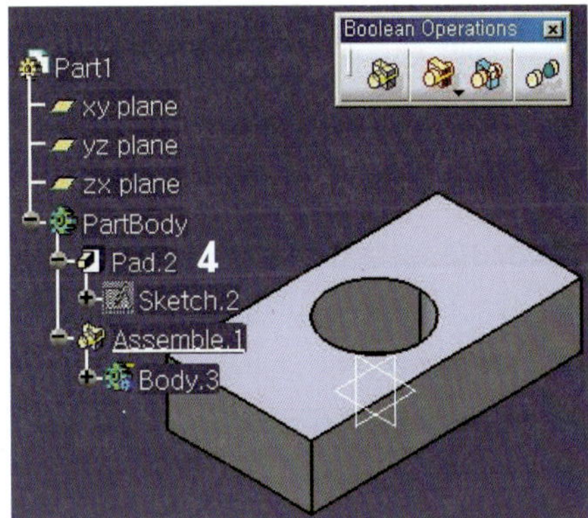

다른 방법으로 Assemble 적용하기

① Specifications Tree에서 Assemble하고자 하는 Body를 마우스로 선택하고 마우스 오른쪽버튼을 클릭한다.

② 선택한 Body.3 object - Assemble...을 클릭한다.

③ Body.3이 PartBody 밑으로 삽입되면서 두 Solid의 속성인 Pad와 Pocket이 적용되어 합해진 새로운 Solid가 생성된다.

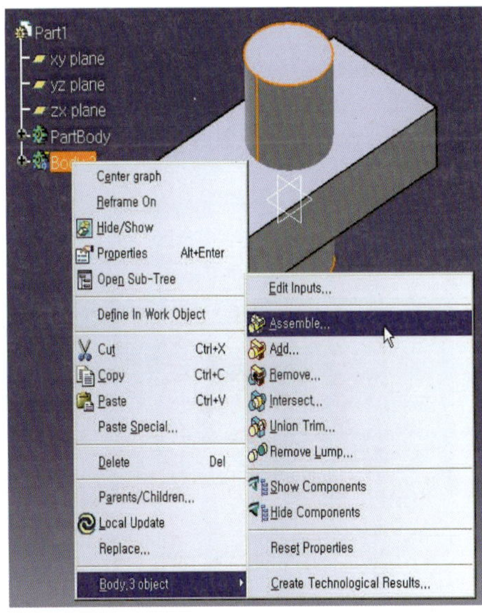

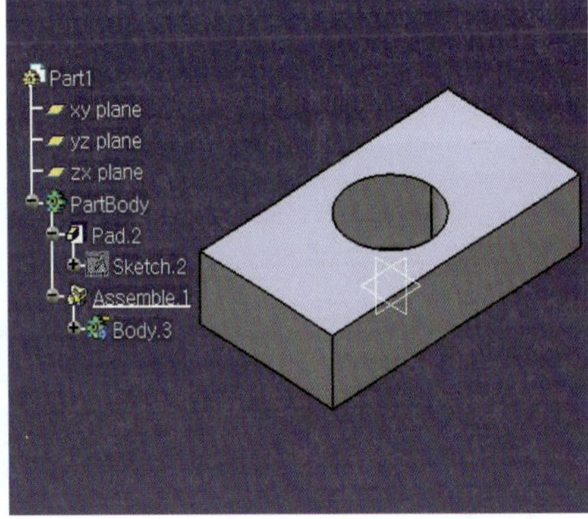

<Add>

Body의 속성을 무시하고 화면에 보이는 대로 합해주는 기능

① Assemble 기능의 ①~⑤ 화면에 과정을 실행한다.

② Body.3을 선택하고 Add 아이콘 을 클릭한다.

③ Body.3이 PartBody 밑으로 삽입되면서 두 Solid의 속성인 Pad와 Pocket이 무시되면서 보이는 대로 합해진 Solid가 생성된다.

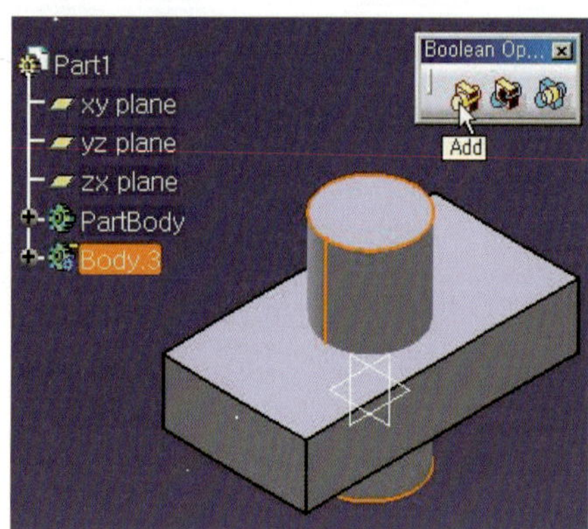

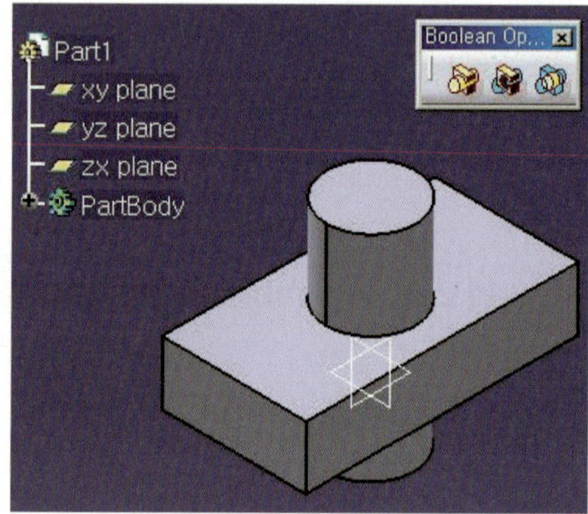

다른 방법으로 Add 적용하기

① Specifications Tree에서 Add하고자 하는 Body를 마우스로 선택하고 마우스 오른쪽버튼을 클릭한다.

② 선택한 Body.3 object - Add...을 클릭한다.

③ Body.3이 PartBody 밑으로 삽입되면서 두 Solid의 속성인 Pad와 Pocket이 무시되면서 보이는 대로 합해진 Solid가 생성된다.

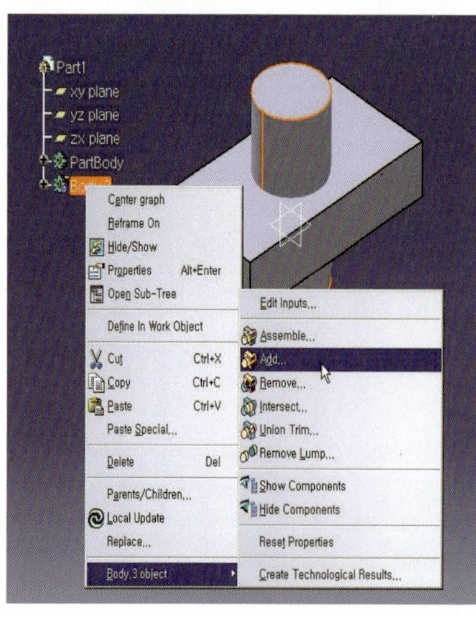

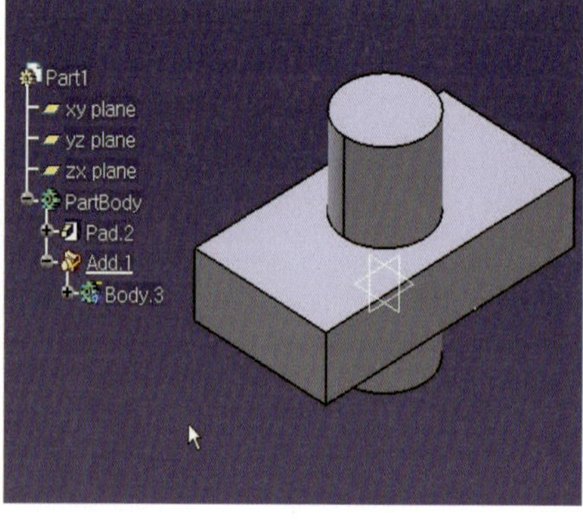

<Remove 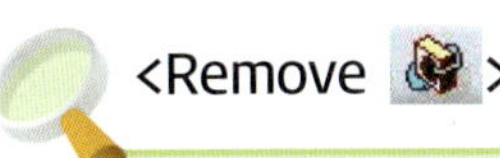 >

서로 겹친 Body가 있을 때 한 Body에서 다른 Body를 제거하는 기능

① XY Plane에 Rectangle □ 을 Sketch하고 3D Mode에서 Pad 시켜 Solid를 생성한다.

② Insert - Body를 클릭하여 새로운 Body를 생성(1)한다.

③ 생성시킨 Body에서 Solid 윗면을 Sketch면으로 하여 Circle을 생성한다.

④ Exit Workbench 아이콘 을 클릭하여 3D Mode로 전환하고 Pad 아이콘 을 클릭하여 직육면체를 관통하도록 치수를 설정하고 OK 버튼을 클릭한다.

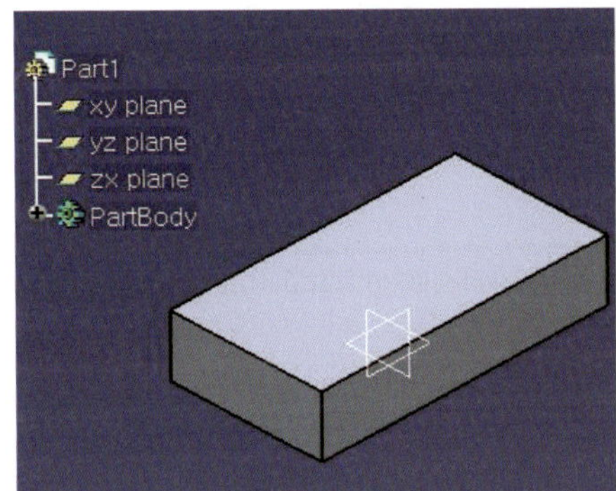

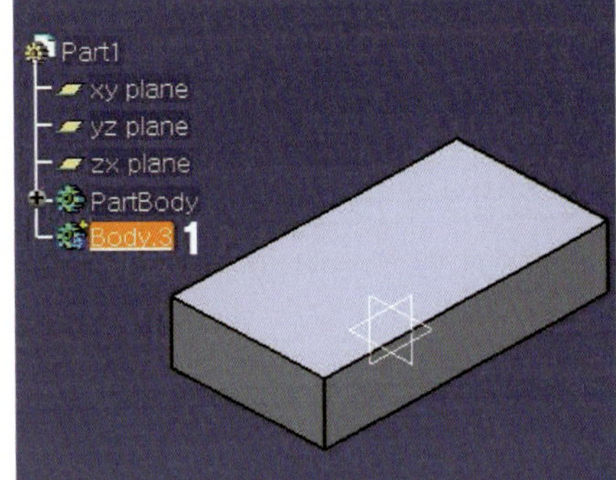

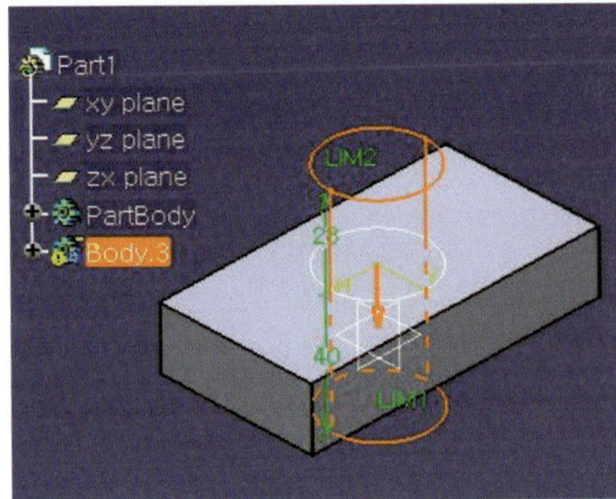

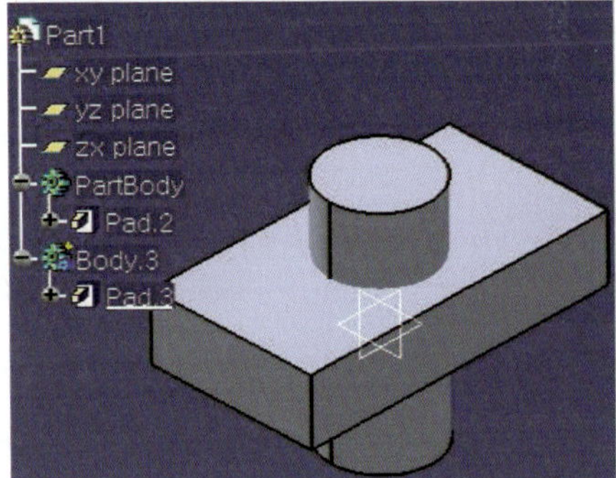

⑤ Body.3을 선택하고 Remove 아이콘 을 클릭하면 PartBody에서 Body.3이 제거된 Solid가 생성된다.

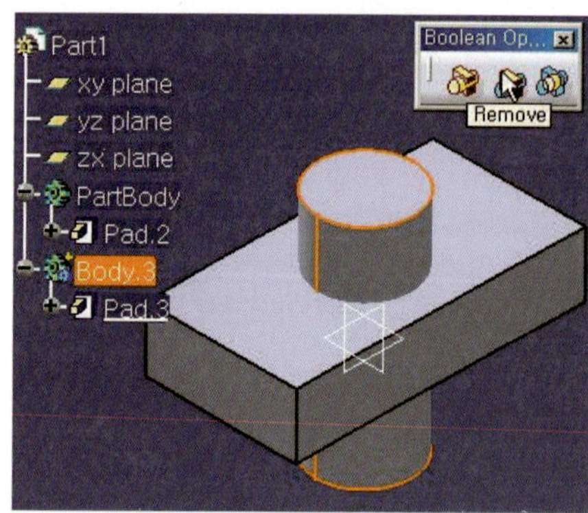

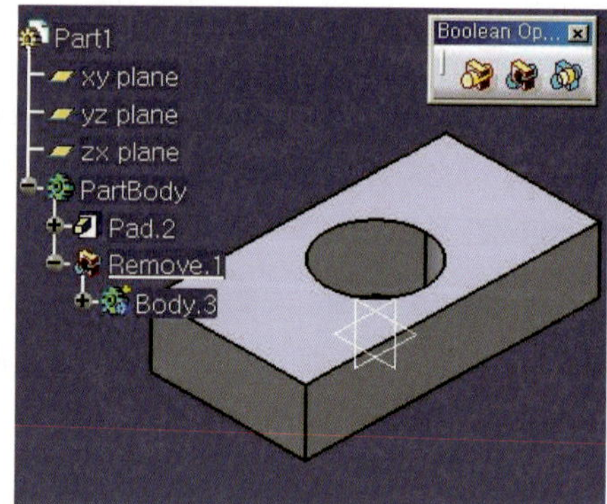

다른 방법으로 Remove 적용하기

① Specifications Tree에서 Remove하고자 하는 Body를 마우스로 선택하고 마우스 오른쪽버튼을 클릭한다.

② 선택한 Body.3 object - Remove...을 클릭한다.

③ Body.3이 PartBody 밑으로 삽입되면서 PartBody에서 Body.3이 제거된 Solid가 생성된다.

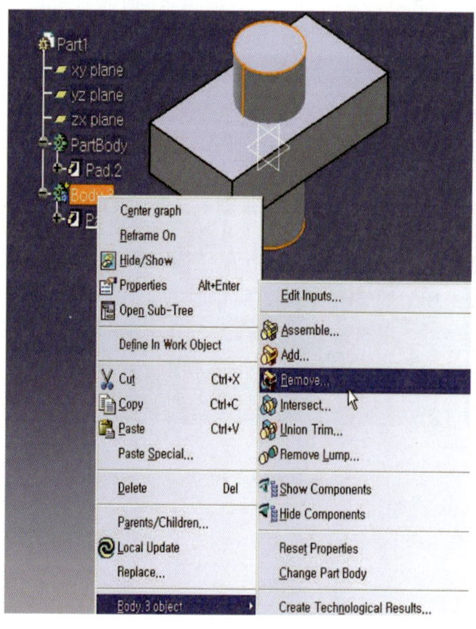

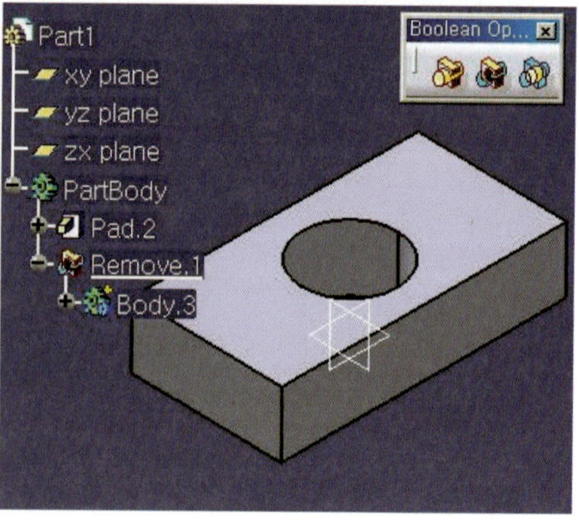

<Intersect  >

서로 겹친 Body가 있을 때 교차한 부분만 남겨두고 다른 부분은 제거하는 기능

① Remove 기능의 ①~④ 과정을 통해 2개의 Body에 Solid를 생성한다.

② Body.3을 선택하고 Intersect 아이콘 을 클릭하면 PartBody와 Body.3이 서로 교차된 부분의 Solid만 남게 된다.

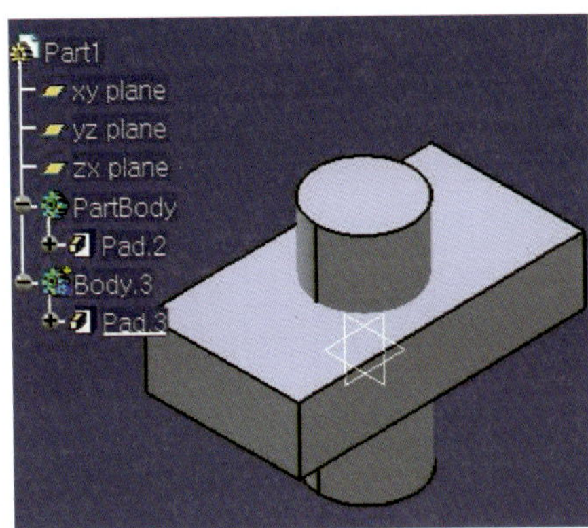

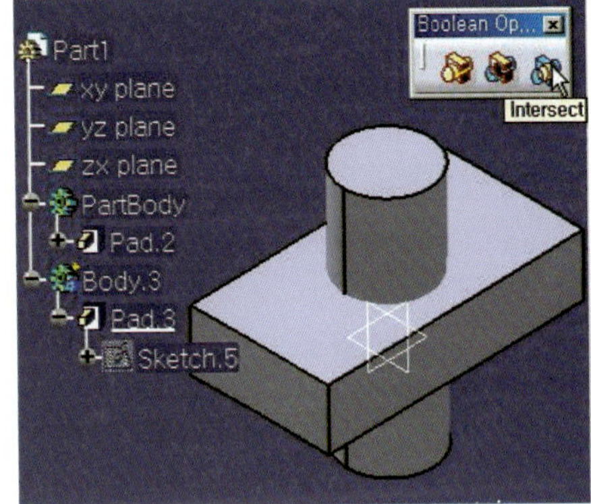

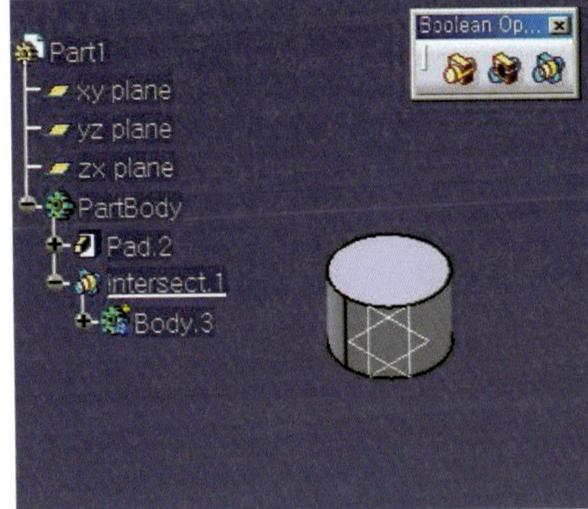

다른 방법으로 Intersect 적용하기

① Specifications Tree에서 Intersect하고자 하는 Body를 마우스로 선택하고 마우스 오른쪽버튼을 클릭한다.

② 선택한 Body.3 object - Intersect...을 클릭한다.

③ Body.3이 PartBody 밑으로 삽입되면서 PartBody와 Body.3이 교차하는 영역의 Solid가 생성된다.

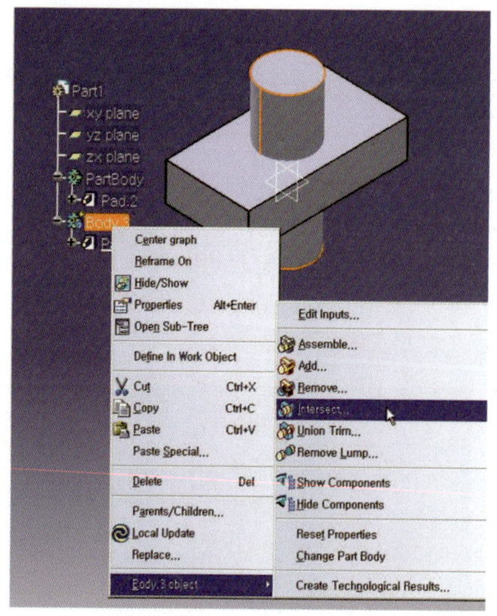

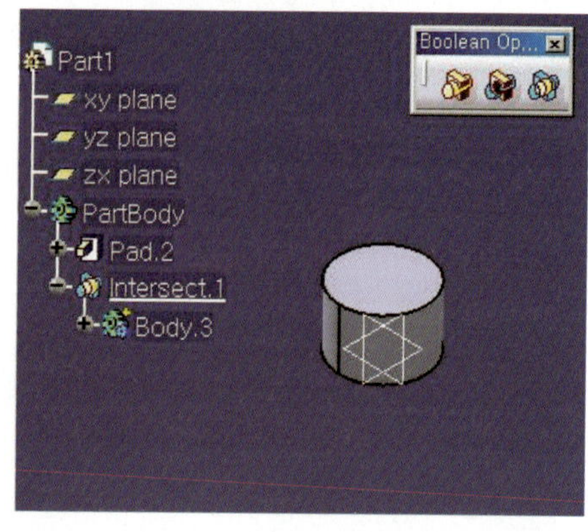

< Union Trim >

서로 겹친 Body가 있을 때 불필요한 부분을 제거하면서 합하는 기능

① PartBody에서 XY Plane을 Sketch평면으로 선택하고 Rectangle 을 Sketch하고 3D Mode전환한다.

② Pad 아이콘 을 클릭하여 10mm 높이의 Solid를 생성한다.

③ Insert Body 아이콘 을 클릭하여 새로운 Body를 생성한다.

④ 생성시킨 Body.4에서 XY Plane에 Rectangle 을 Sketch한다.

⑤ Exit Workbench 아이콘 을 클릭하여 3D Mode로 전환하고 Pad 아이콘 을 클릭하여 10mm 높이의 Solid를 생성한다.

⑥ 아이콘을 클릭한다.

⑦ 자르고자 하는 Body의 임의 점을 클릭(1)한다.

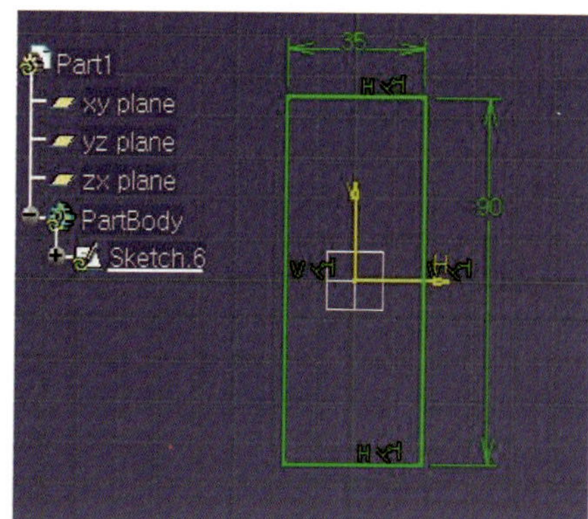

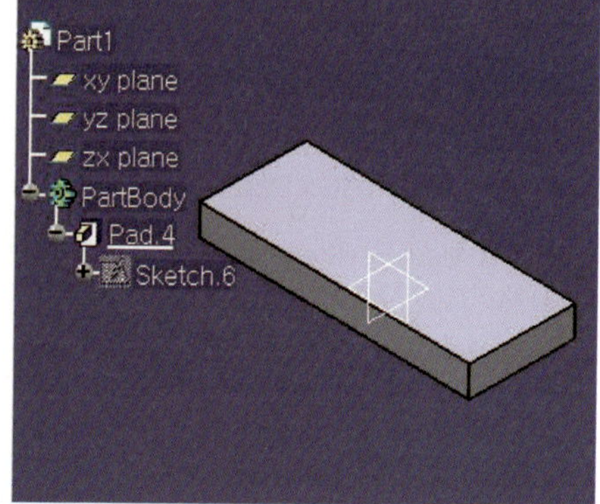

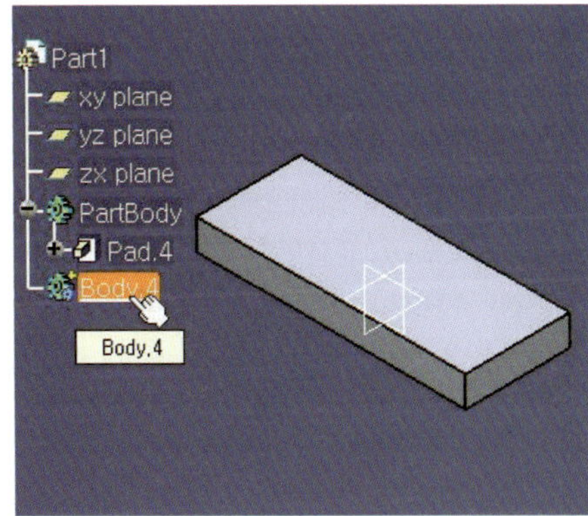
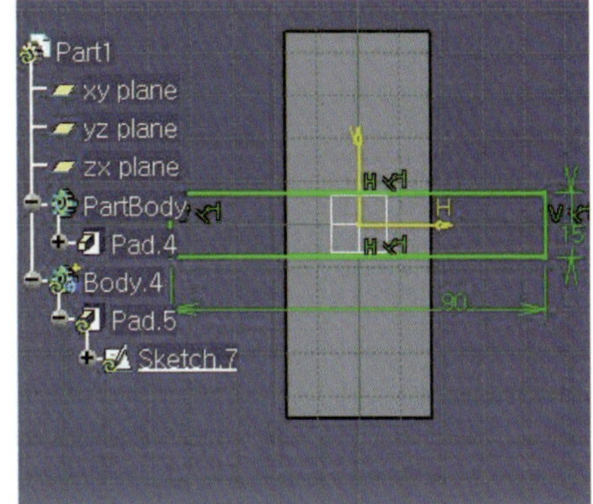

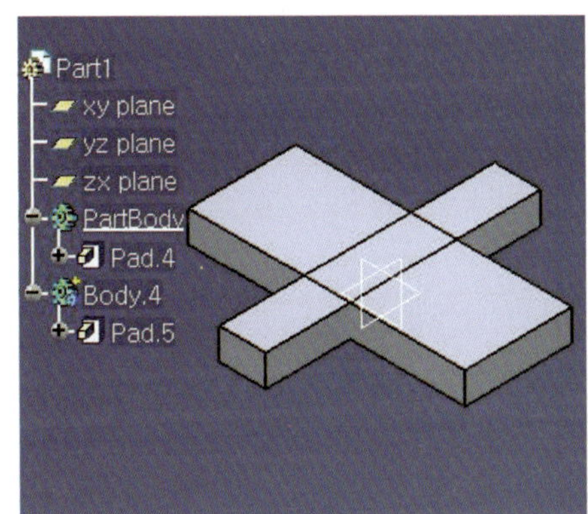
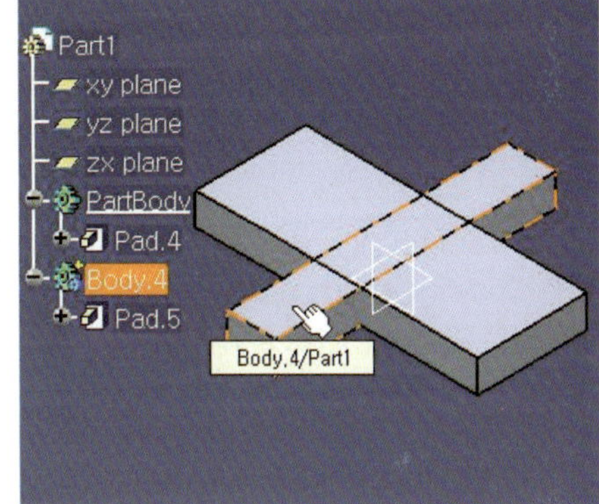

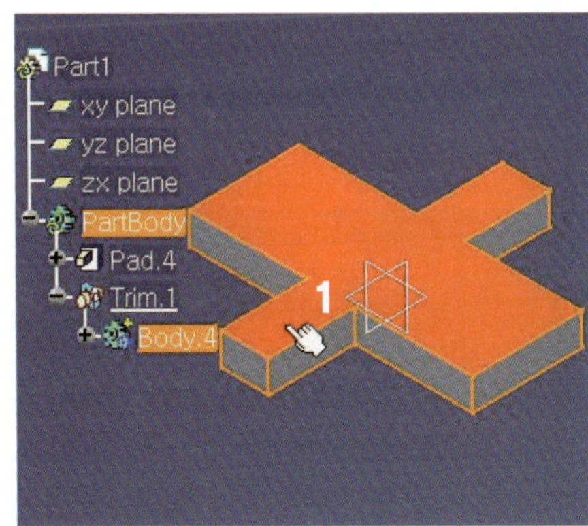
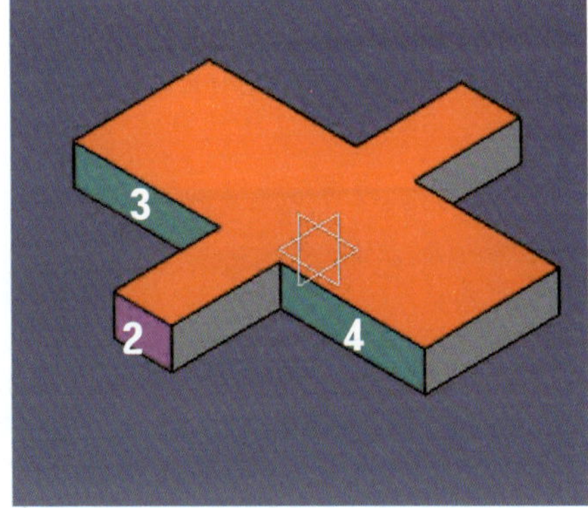

⑧ Trim Definition 대화상자에서 Faces to remove 영역을 선택하고 삭제하고자 하는 면을 선택(2)한다.

⑨ Faces to keep 영역을 선택하고 남기고자 하는 면을 선택(3, 4)한다.

⑩ Faces to keep면을 기준으로 Faces to remove 부분을 제거하면서 두 Body를 합한 Solid를 생성한다.

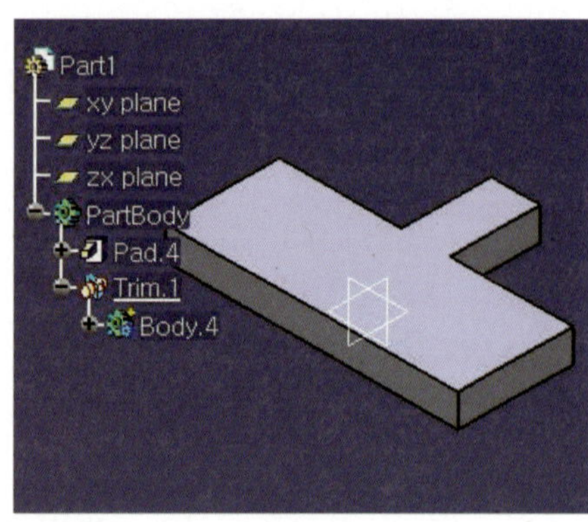
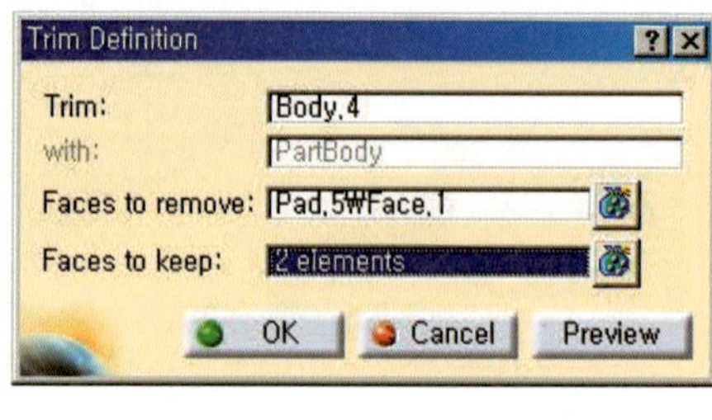

<Remove Lump  >

Body를 Remove한 후 기하학적으로 불필요한 부분을 제거하는 기능

① PartBody에서 XY Plane에 Rectangle 을 Sketch하고 3D Mode로 전환하여 Pad 시켜 Solid를 생성한다.

② Insert Body 아이콘을 클릭하여 새로운 Body를 생성(1)한다.

③ 생성된 Body.5에서 Plane 아이콘을 클릭하여 XY Plane과 수평한 방향으로 20mm 떨어진 위치에 새로운 Plane을 생성(2)한다.

④ 생성한 Plane을 Sketch Plane으로 선택하고 Rectangle을 Sketch한 후 Exit Workbench 아이콘을 클릭하여 3D Mode로 전환한다.

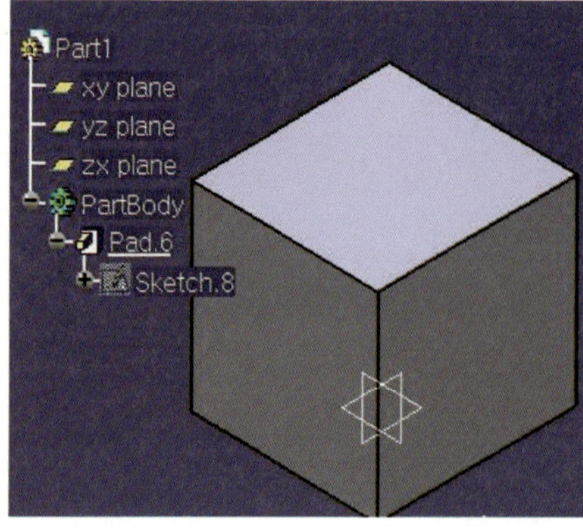
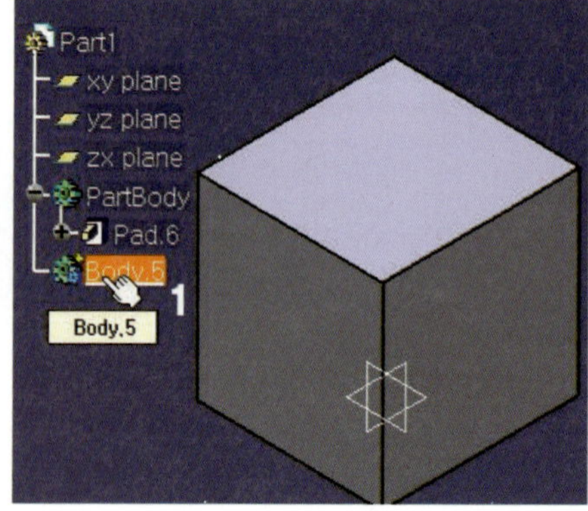

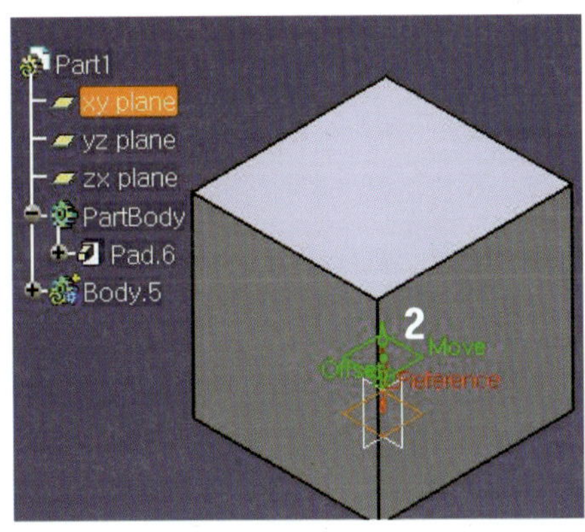

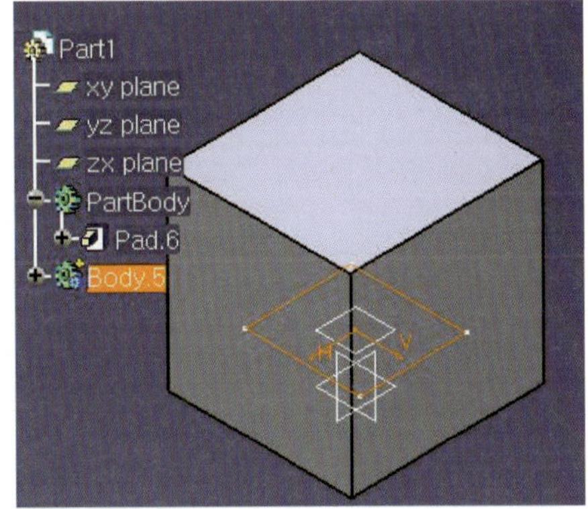

⑤ Body.5를 PartBody의 Solid보다 높게 Pad 시켜 Solid를 생성(3)한다.

⑥ Shell 아이콘 을 클릭하여 윗면을 제거(4)한다.

⑦ Body.5를 선택하고 Remove 아이콘 을 클릭하여 PartBody에서 Body.5를 제거한 Solid가 생성된다.

⑧ ZX Plane을 선택하고 Sketch 아이콘 을 클릭하여 Sketch Mode로 전환한 후 Visualization 도구막대의

Cut Part by Sketch Plane 아이콘 을 클릭(5)한다.

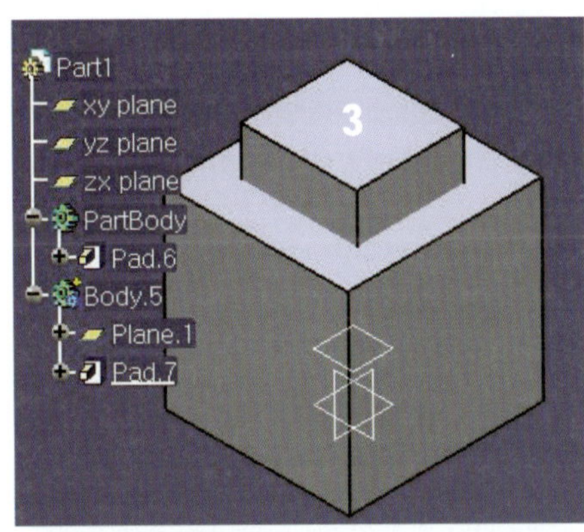

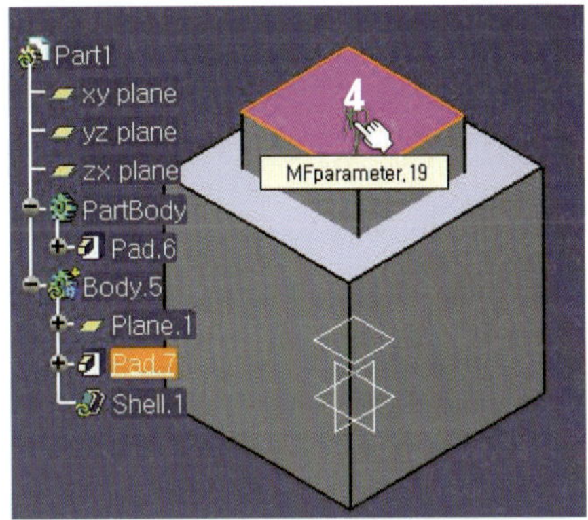

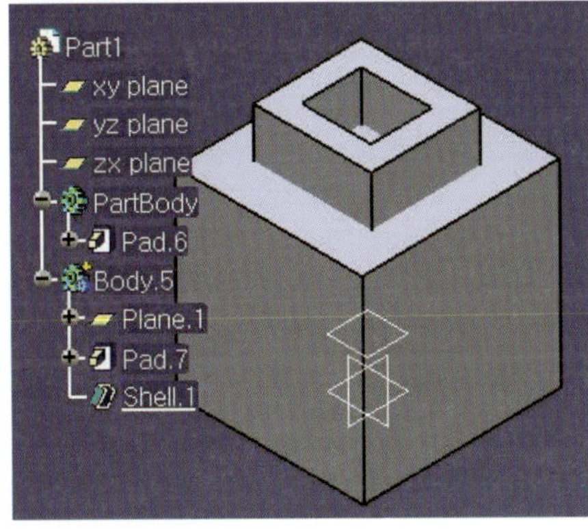

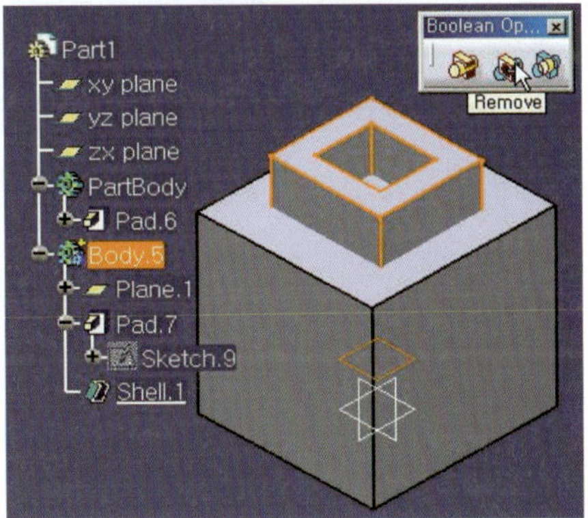

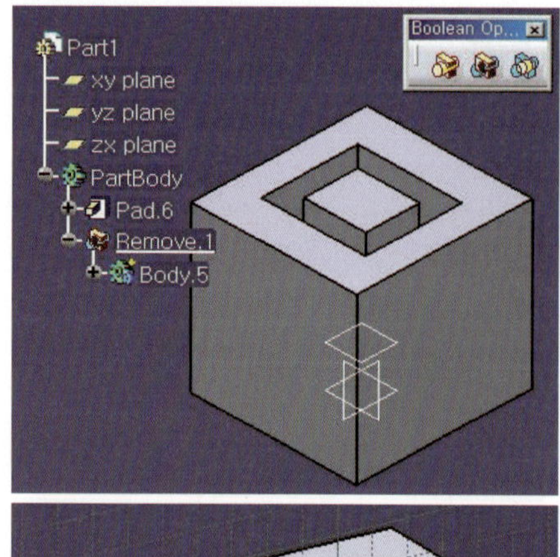

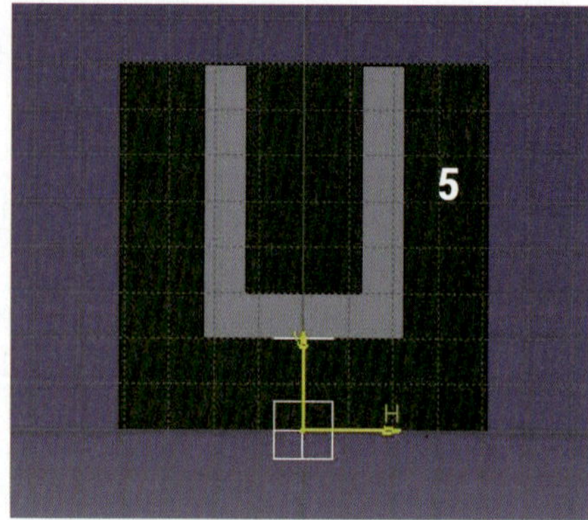

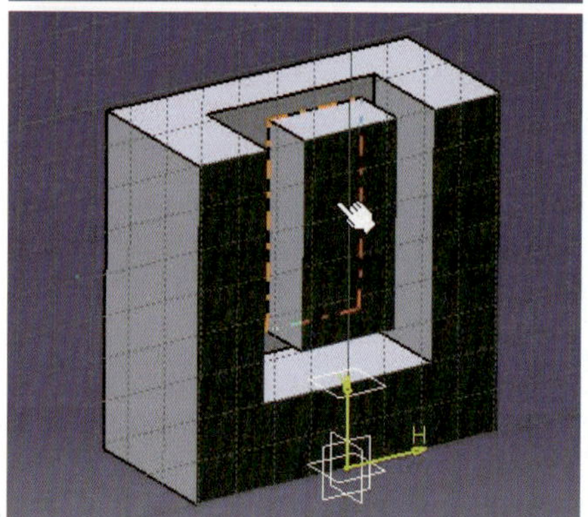

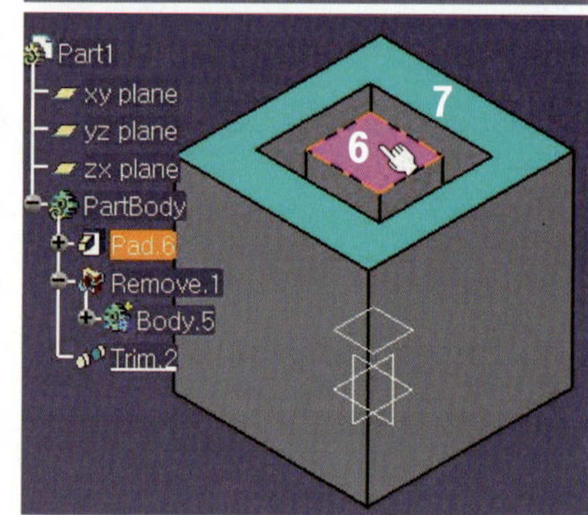

⑨ Solid의 가운데 영역은 기하학적으로 불필요한 부분이어서 제거해야 하는데, 이를 Remove Lump를 이용하여 실행한다.

⑩  아이콘을 클릭하고 Solid의 임의 점 위치를 선택한다.

⑪ Remove Lump Definition(Trim) 대화상자에서 Face to remove 영역을 클릭하고 제거할 영역인 안쪽 Solid를 선택(6)한다.

⑫ Faces to keep 영역을 클릭하고 남길 영역인 바깥쪽 Solid를 선택(7)한다.

⑬ 서로 다른 Body에 존재하는 Solid를 Remove시켰을 때 남게 되는 불필요한 부분이 제거된다.

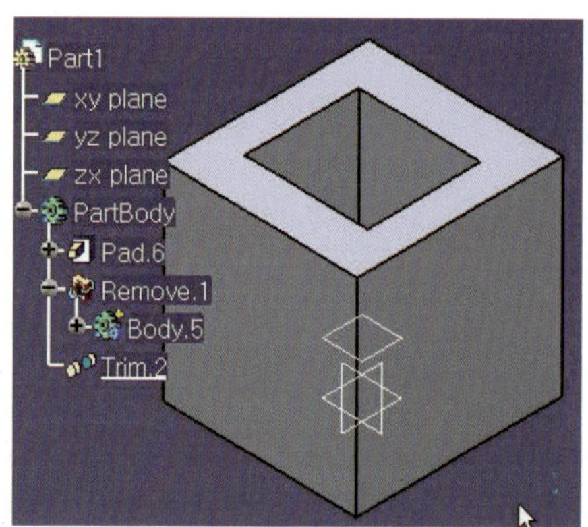

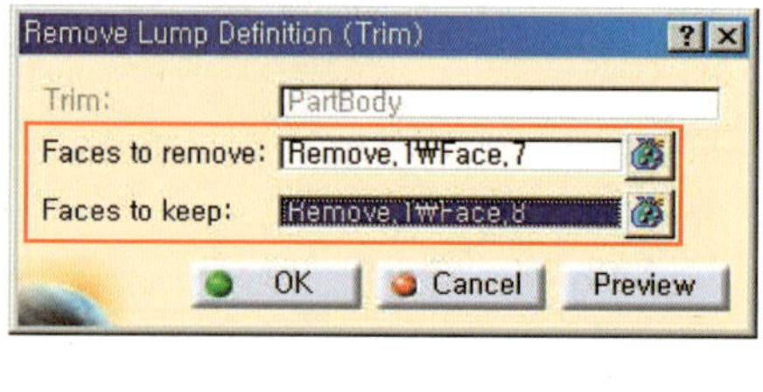

3. Part Design 예제 따라하기

1) 따라하기 예제1

1-1) Part Design 도면

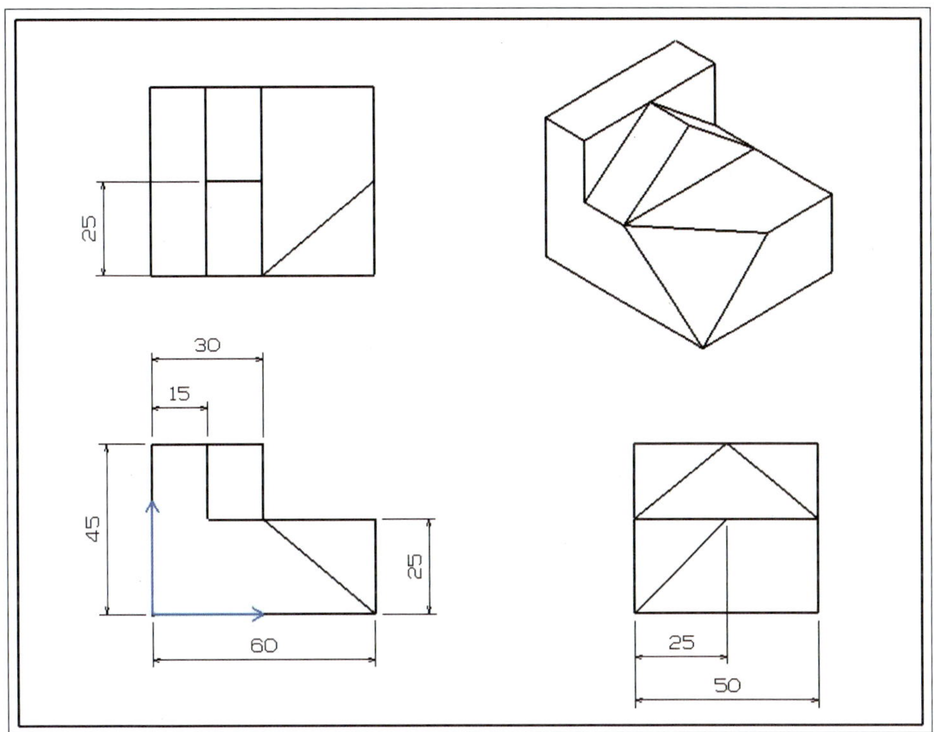

1-2) Part Design 실습예제 따라하기

① YZ Plane을 Sketch 평면으로 선택하고 Profile 아이콘 으로 Sketch한다.

② Constraint 아이콘 을 더블클릭하여 치수를 구속한다.

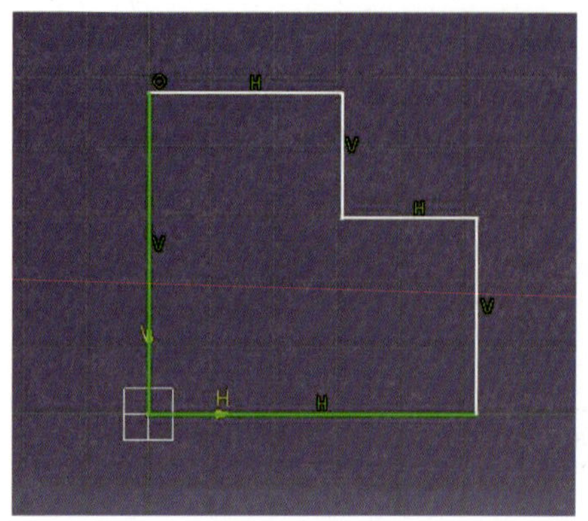 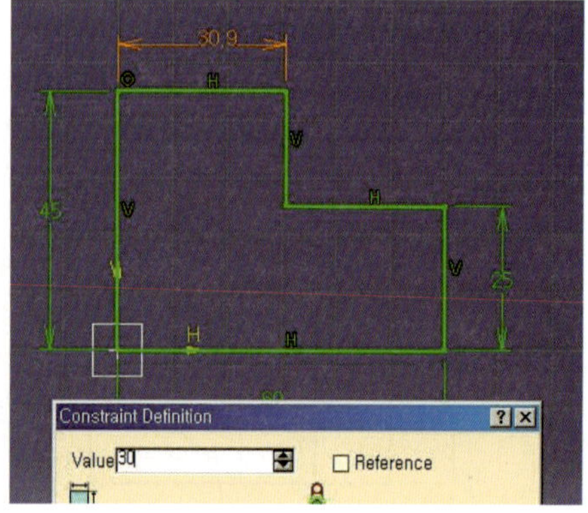

③ 생성한 치수를 더블클릭하여 L60, L45, L30, L25의 치수를 적용한다.

④ Exit Workbench 아이콘 을 클릭하여 3D Mode로 전환한다.

⑤ Pad 아이콘 을 클릭하고 Dimension type를 선택하여 Length 영역에 50mm를 입력하고 OK 버튼을 클릭하여 Solid를 생성한다.

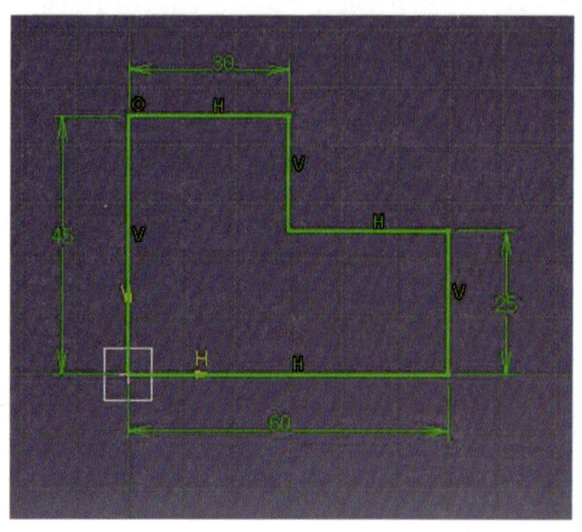 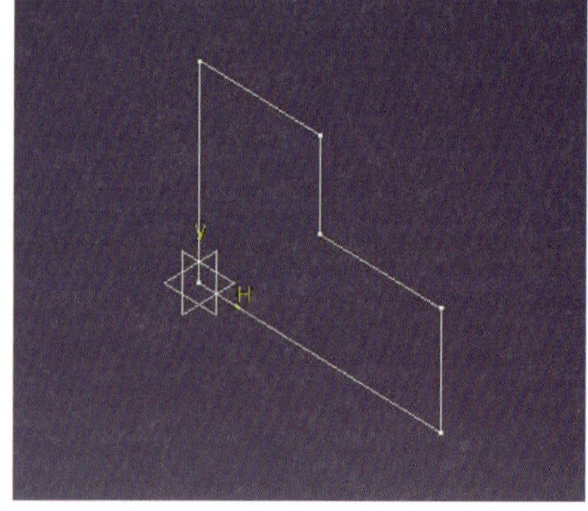

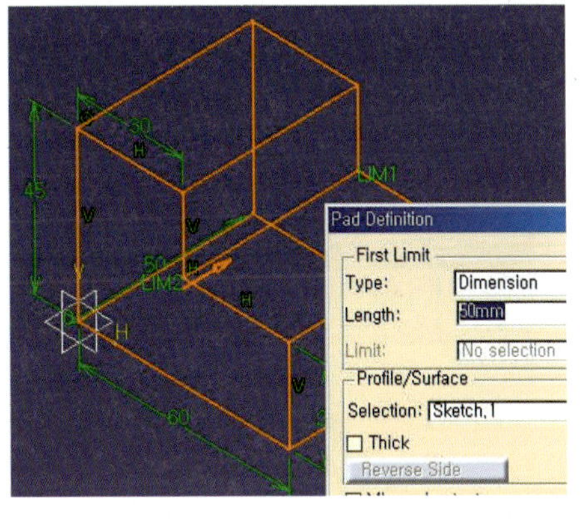

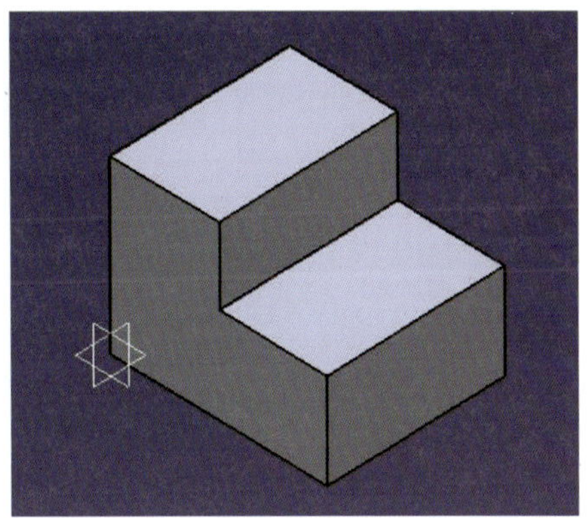

⑥ Solid의 한 면을 선택하고 Sketch 아이콘 을 클릭하여 Sketch Mode로 전환한다.

⑦ Line 아이콘 을 클릭하고 아래와 같이 V축 위에 Line의 끝점이 위치하도록 Sketch한다.

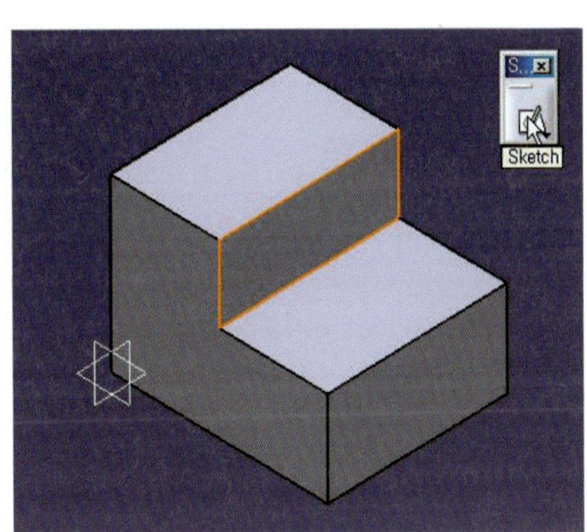

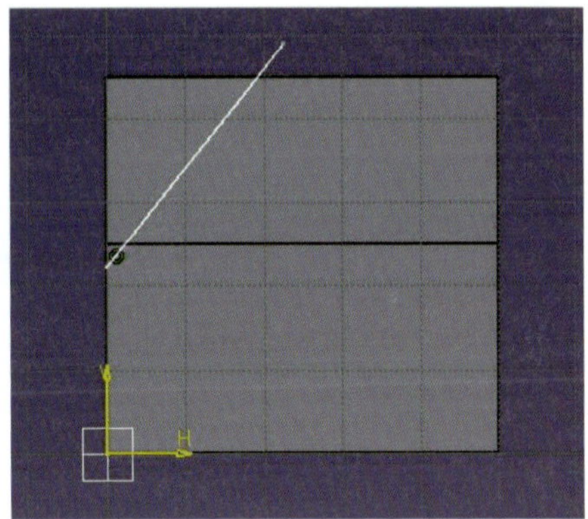

⑧ Constraint 아이콘 을 더블클릭한다.

⑨ Line의 위쪽 끝점과 Solid의 윗면을 선택하고 마우스 오른쪽버튼을 클릭한다.

⑩ Coincidence를 선택하여 Line을 Solid의 윗면에 일치시킨다.

⑪ Line의 아래쪽 끝점과 Solid의 중간면을 선택하고 마우스 오른쪽버튼을 클릭하여 Coincidence
를 선택한다.

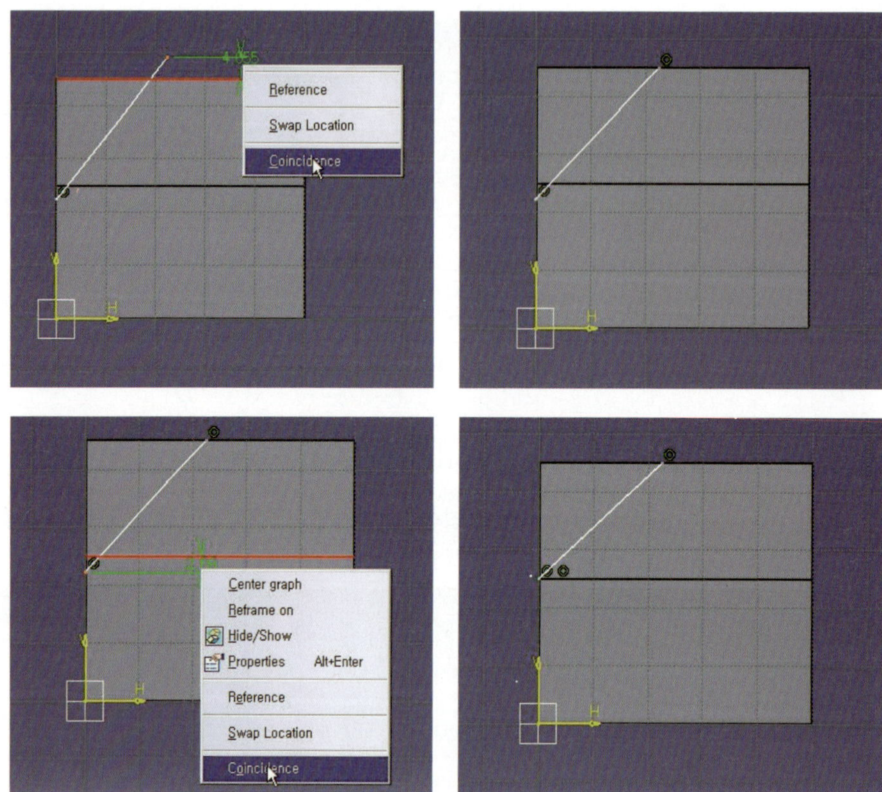

⑫ Line의 위쪽 끝점과 Solid의 옆면을 클릭하여 치수를 구속하고 치수를 더블클릭하여 25mm
를 적용시킨다.

⑬ Line 아이콘 ╱ 을 클릭하고 Line을 생성하고 위의 과정을 거쳐 아래와 같이 구속시킨다.

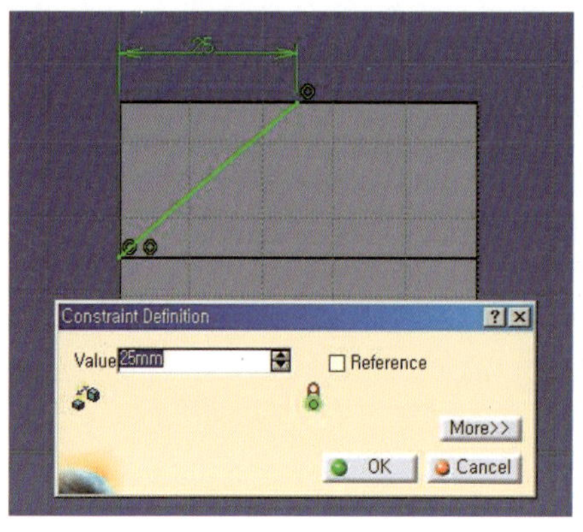

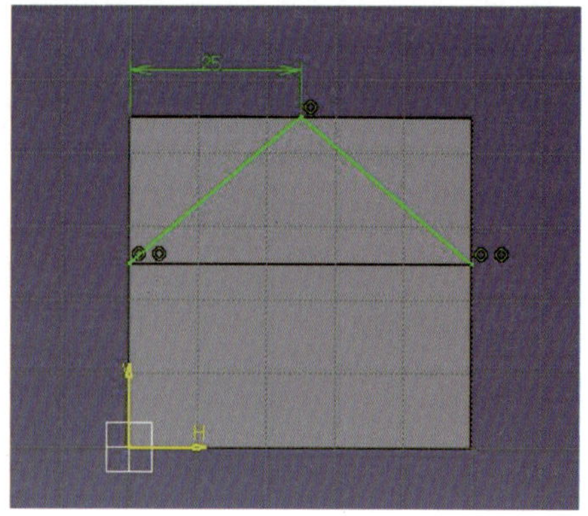

⑭ Exit Workbench 아이콘 ⬆ 을 클릭하여 3D Mode로 전환한다.

⑮ Pocket 아이콘▣을 클릭하고 Dimension type을 선택하여 Depth 영역에 15mm를 입력하고 OK 버튼을 클릭한다.

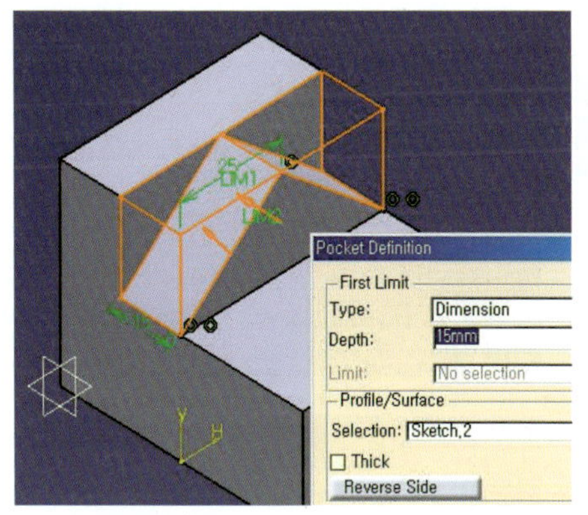

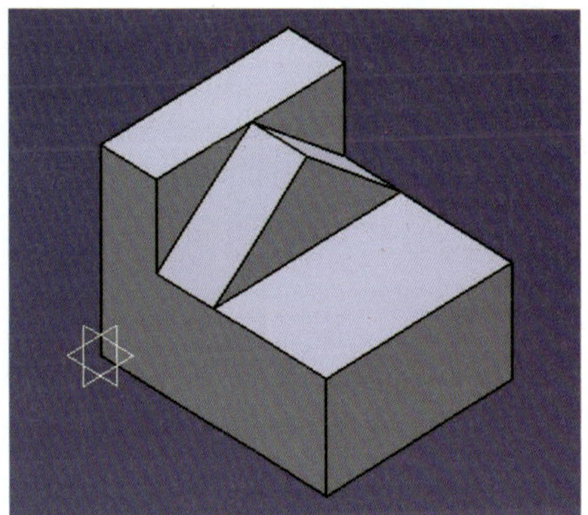

⑯ Solid의 윗면을 선택하고 Sketch 아이콘▨을 클릭하여 Sketch Mode로 전환한다.

⑰ Line 아이콘╱을 클릭하고 아래와 같이 V축 위에 Line의 끝점이 위치하도록 Sketch한 후 Constraint 아이콘▣을 더블클릭한다.

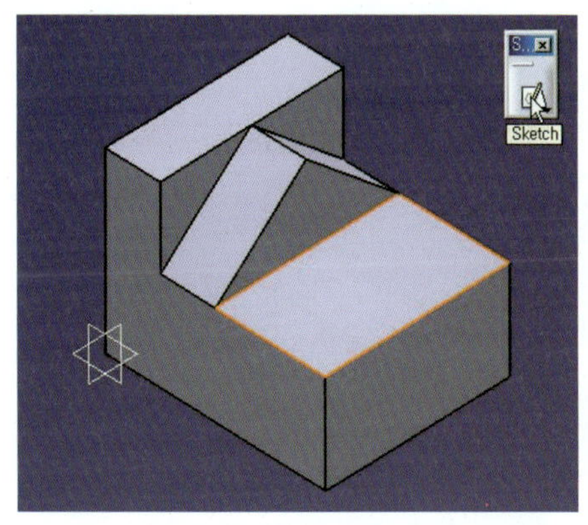

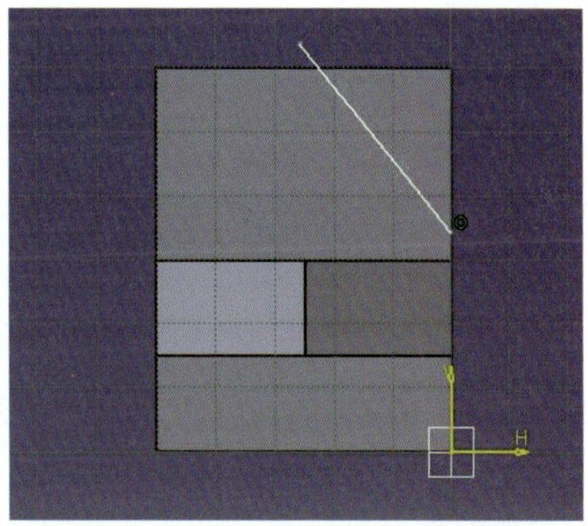

⑱ Line의 위쪽 끝점과 Solid의 윗면을 선택하고 마우스 오른쪽버튼을 클릭한다.

⑲ Coincidence를 선택하여 Line을 Solid의 윗면에 일치시킨다.

⑳ Line의 위쪽 끝점과 Solid의 오른쪽 중간면을 선택하여 치수를 적용하고 더블클릭하여 25mm를 입력한다.

㉑ Line의 아래쪽 끝점과 Solid의 옆면을 선택하고 마우스 오른쪽버튼을 클릭하여 Coincidence를 선택한다.

㉒ Exit Workbench 아이콘▲을 클릭하여 3D Mode로 전환한다.

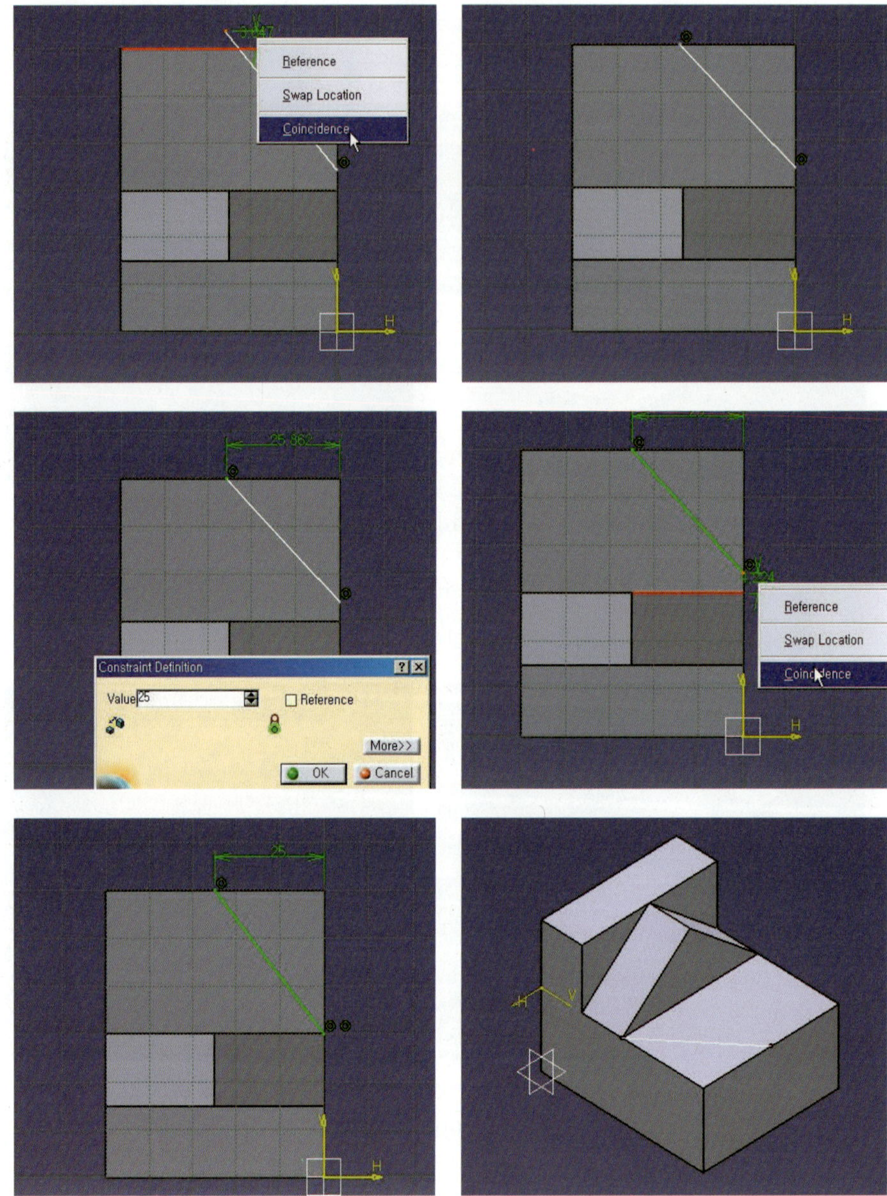

㉓ Solid의 앞면을 선택하고 Sketch 아이콘을 클릭한다.

㉔ Line 아이콘을 클릭하고 다음과 같이 V축 위에 Line의 끝점이 위치하도록 Sketch한 후 Constraint 아이콘을 더블클릭한다.

㉕ Line의 위쪽 끝점과 Solid의 중간면을 선택하고 마우스 오른쪽버튼을 클릭한다.

㉖ Coincidence를 선택하여 Line을 Solid의 중간면과 일치시킨다.

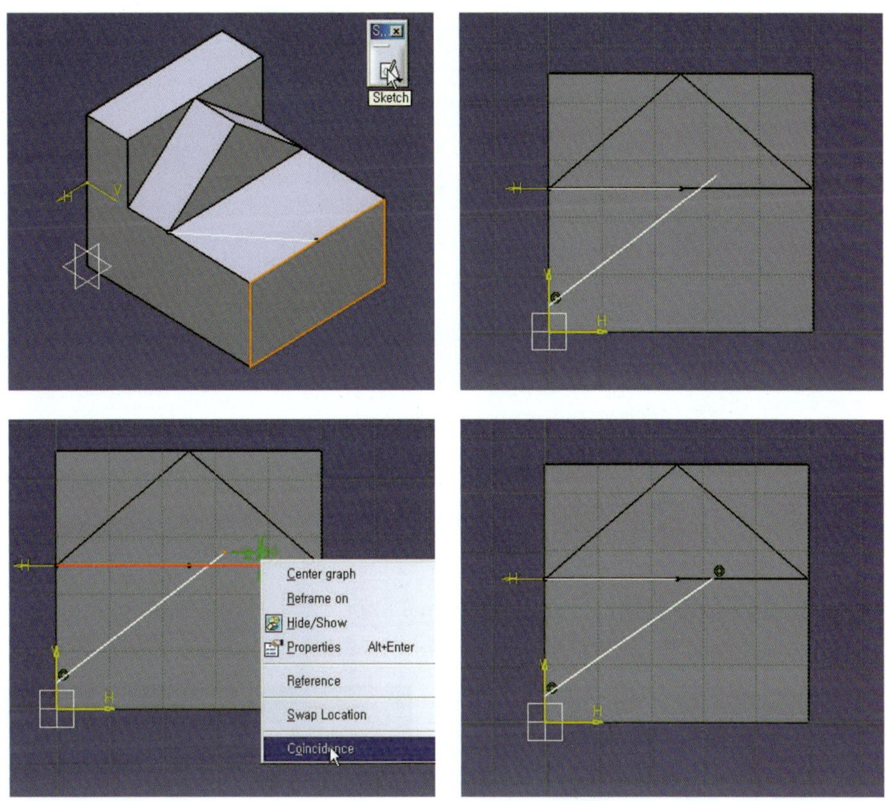

㉗ Line의 위쪽 끝점과 앞에서 생성한 Line의 끝점을 선택하고 마우스 오른쪽버튼을 클릭하여 Coincidence를 선택하여 일치시킨다.

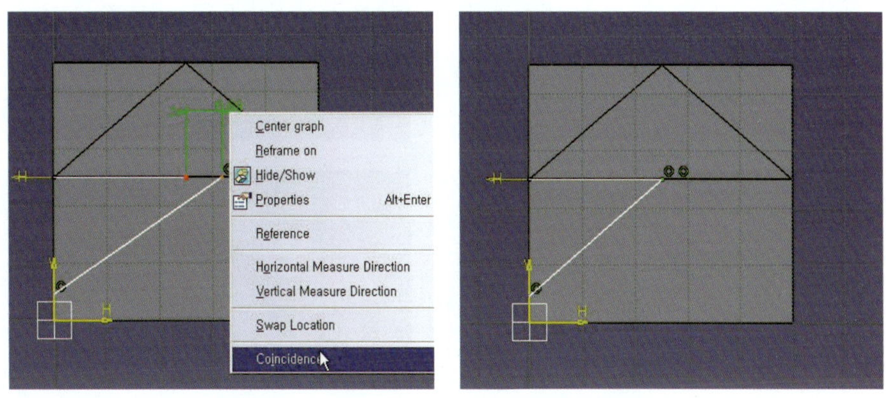

㉘ Line의 아래쪽 끝점과 Solid의 아래면(H축)을 선택하고 마우스 오른쪽버튼을 클릭하여 Coincidence를 선택하여 일치시킨다.

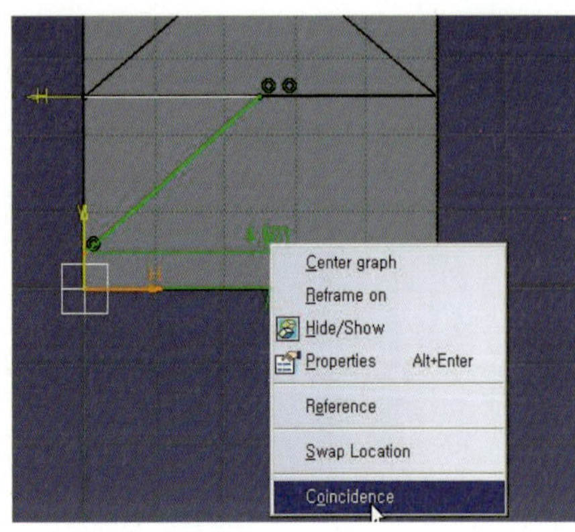
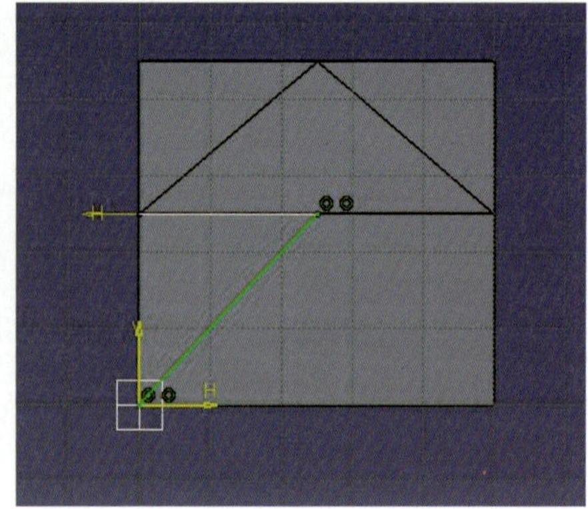

㉙ Exit Workbench 아이콘 을 클릭하여 3D Mode로 전환한다.

㉚ Pocket 아이콘 을 클릭하고 Up to Next type을 선택하고 Profile/Surface의 Selection영역을 클릭하고 Solid의 중간면에 생성한 Line을 선택한다.

㉛ More>> 를 클릭하여 Direction의 Normal to profile의 체크를 해제한 후 Reference 영역을 클릭하고 Solid의 앞면에 생성한 Line을 선택한다.

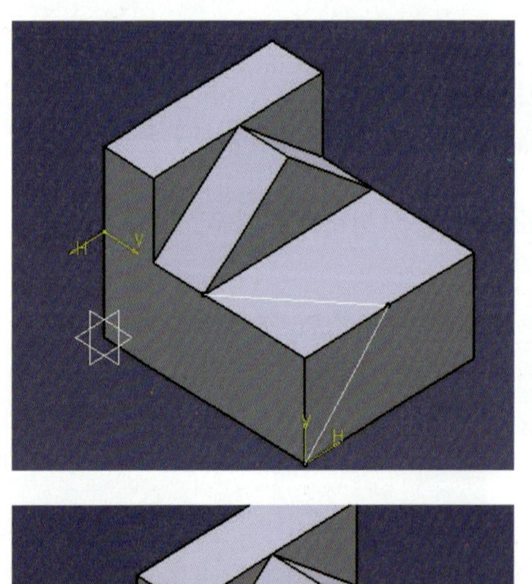
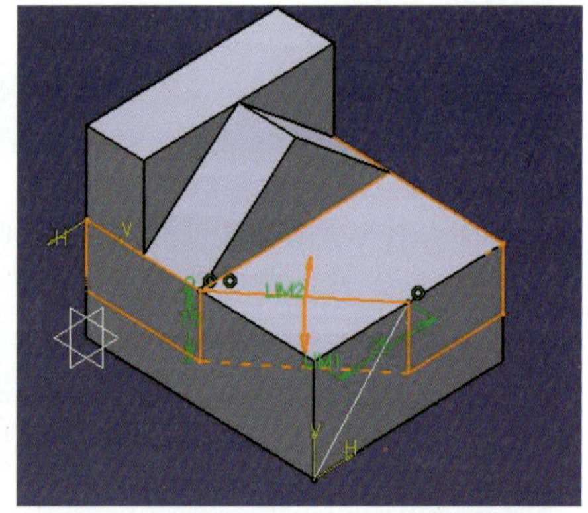
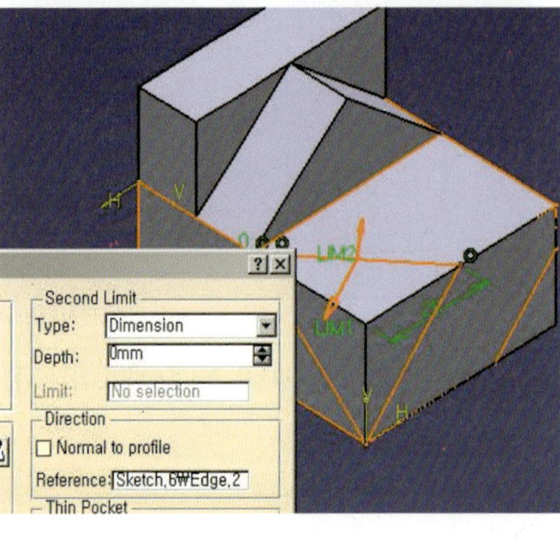
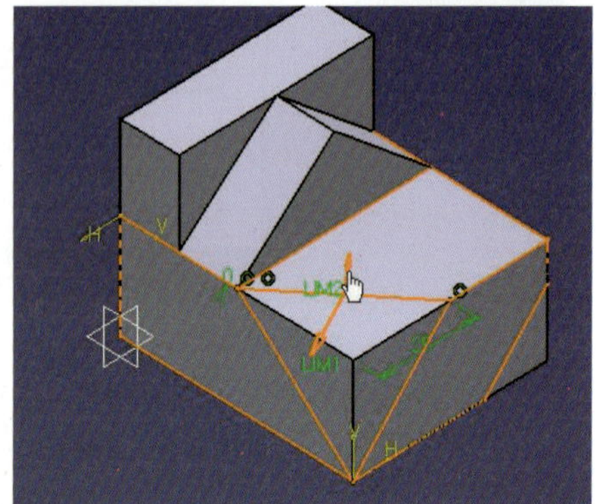

㉜ Pocket 영역이 잘못 지정되었다면 화살표를 클릭하여 영역을 다시 지정한다.

㉝ 선택한 Profile이 지정한 경로를 따라 Pocket이 실행된다.

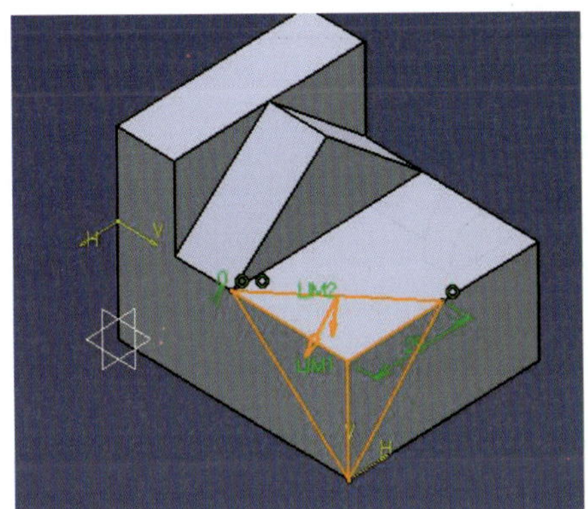
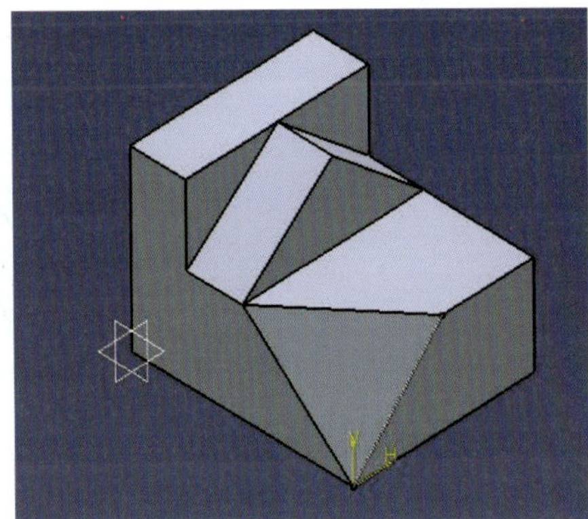

2) 따라하기 예제2

2-1) Part Design 도면

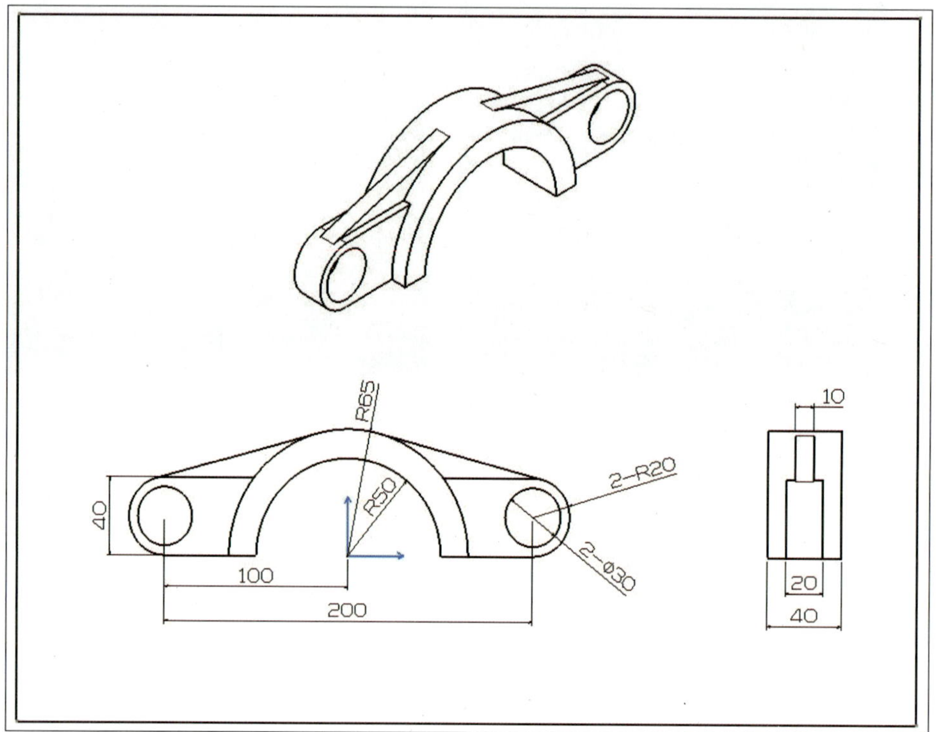

2-2) Part Design 실습예제 따라하기

① ZX Plane을 Sketch 평면으로 선택하고 Arc 아이콘 을 클릭하여 중심이 원점에 위치하도록 Sketch한다.

② Offset 아이콘 을 클릭하고 Arc를 평행하게 임의의 거리가 떨어지도록 Offset시킨다.

③ Line 아이콘 을 클릭하고 Arc의 끝점을 연결시켜 Close시킨다.

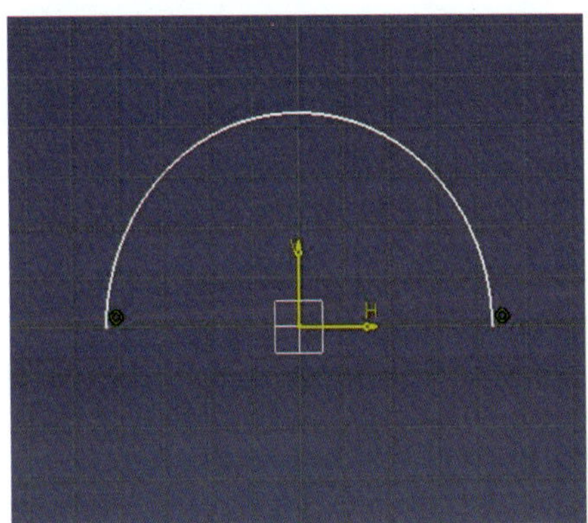
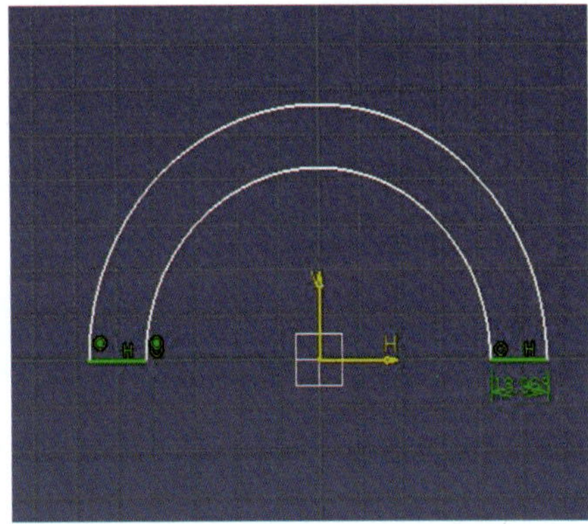

④ Arc 사이의 치수를 더블클릭하여 15mm를 적용한다.

⑤ Constraint 아이콘 을 클릭하고 작은 Arc의 치수를 구속시키고 치수를 더블클릭하여 50mm를 적용시킨다.

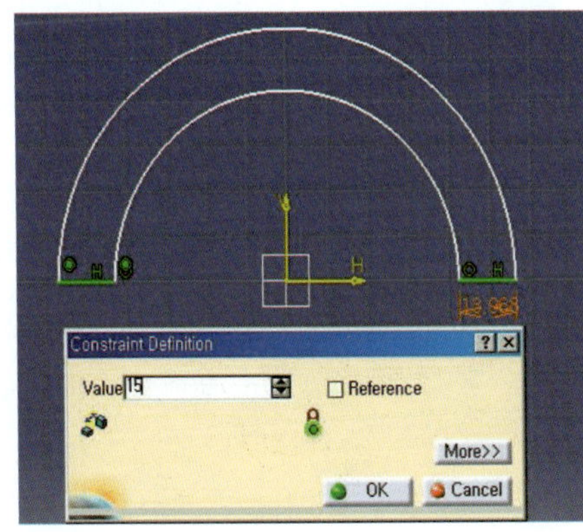
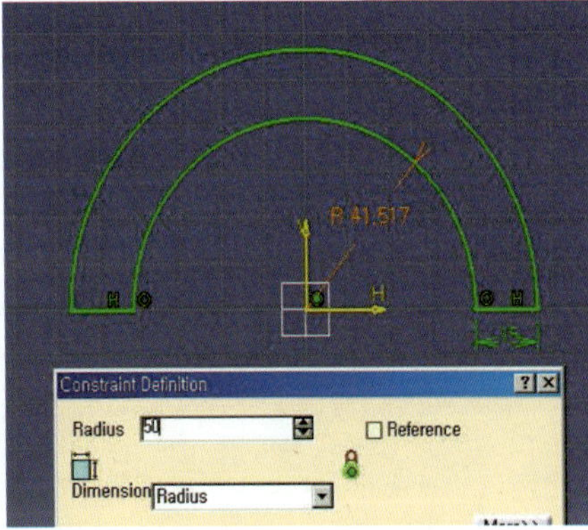

⑥ Exit Workbench 아이콘 을 클릭하여 3D Mode로 전환한다.

⑦ Pad 아이콘 을 클릭하고 Dimension type을 선택한 후 Length 영역에 20mm 입력하고 Mirrored extent를 체크하여 두께 40mm의 Solid를 생성한다.

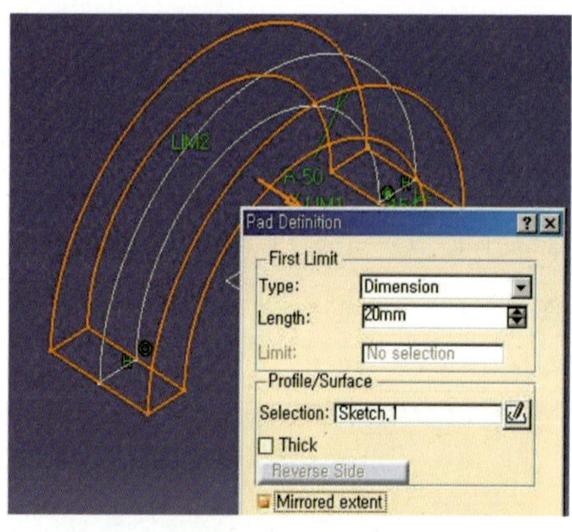
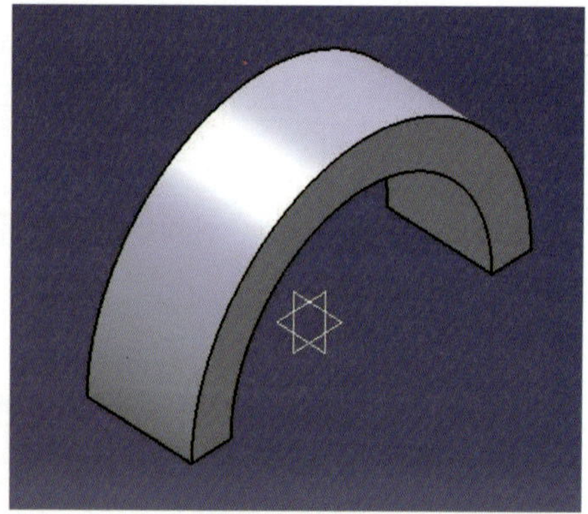

⑧ ZX Plane을 Sketch 평면으로 선택하고 Profile 아이콘 을 클릭하여 아래와 같이 Sketch 하고 화면을 Rotate시킨다.

⑨ 3D Geometry 도구막대의 Project 3D Elements 아이콘 을 클릭하고 Solid의 모서리를 선택하여 Arc를 Sketch하지 않고 Solid의 모서리를 Sketch 평면에 투영시킨다.

⑩ View 도구막대의 Normal View 아이콘 을 클릭한다.

⑪ Quick Trim 아이콘 을 더블클릭하고 불필요한 부분을 제거한다.

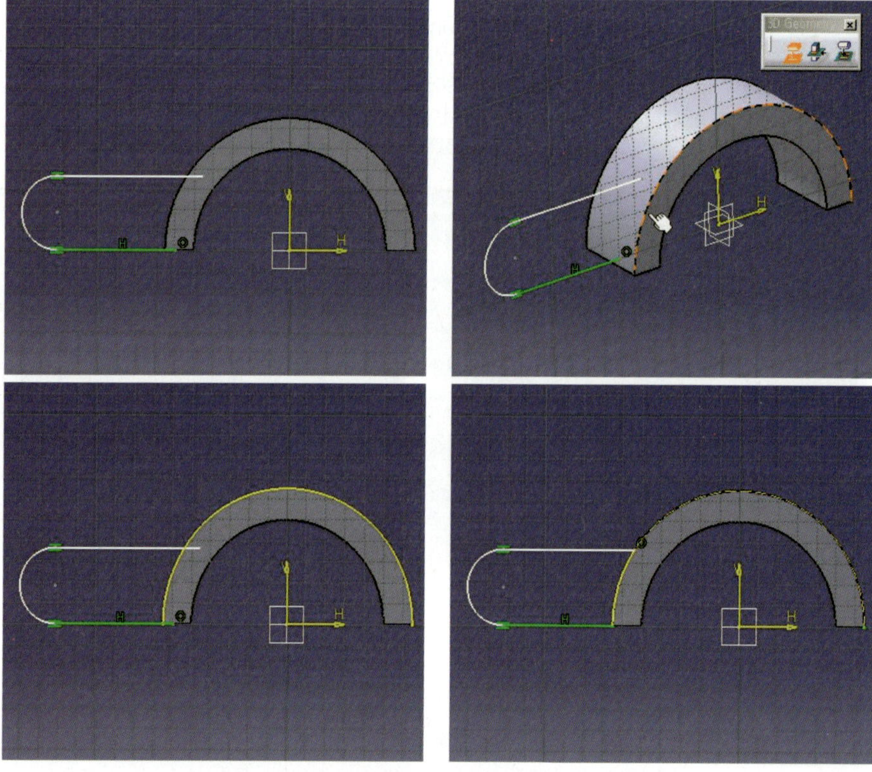

⑫ Constraint 아이콘 을 클릭하고 치수를 구속하고 치수를 더블클릭하여 Arc의 반경 R20, V축과 Arc 중심과의 거리 L100을 적용한다.

⑬ 흰색 직선을 선택하고 Constraints Defined in Dialog Box 아이콘 을 클릭한다.

⑭ Constraint Definition 대화상자에서 Horizontal을 체크하고 OK 버튼을 클릭하면 구속이 완료되어 녹색으로 변한다.

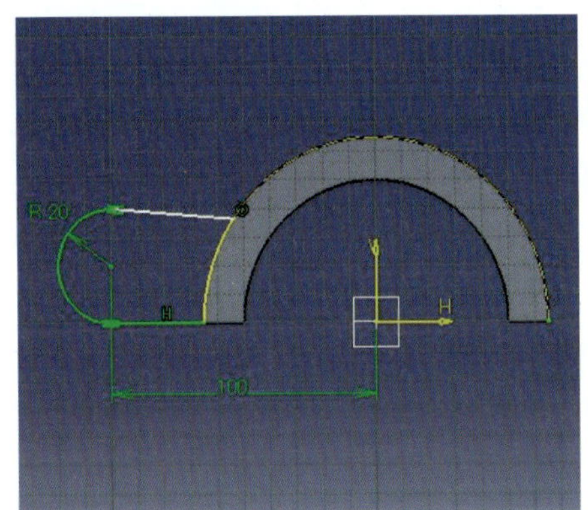
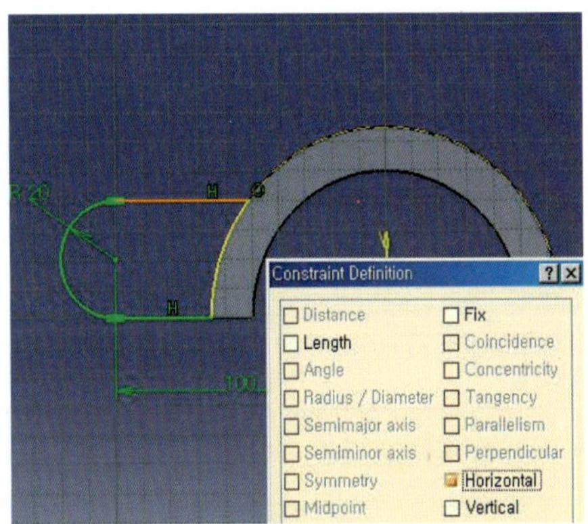

⑮ Exit Workbench 아이콘 을 클릭하여 3D Mode로 전환한다.

⑯ Pad 아이콘 을 클릭하고 Dimension type을 선택하여 Length 영역에 10mm 입력하고 Mirrored extent를 체크하여 두께 20mm의 Solid를 생성한다.

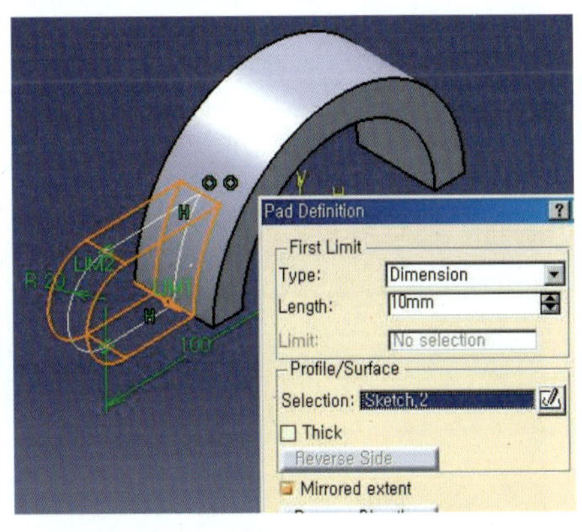
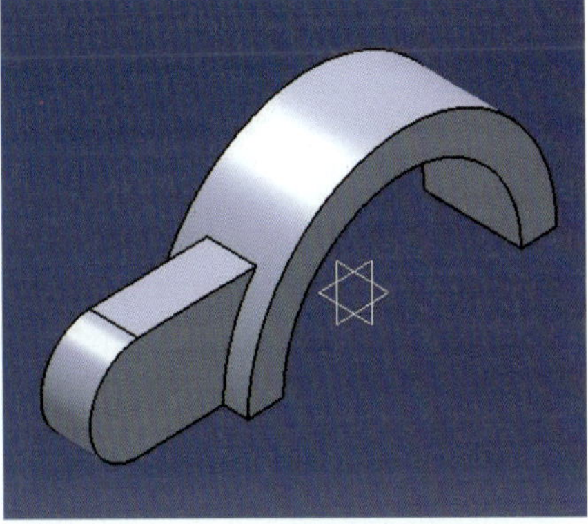

⑰ ZX Plane을 Sketch 평면으로 선택하고 Project 3D Elements 아이콘 을 더블클릭한다.

⑱ Rotate 아이콘 을 클릭하여 회전시키고 Solid의 모서리를 선택하여 Sketch 평면에 투영시킨다.

⑲ View 도구막대의 Normal View 아이콘 을 클릭한다.

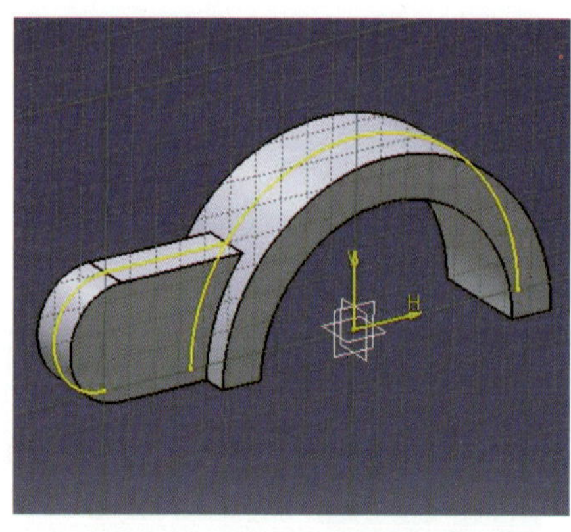
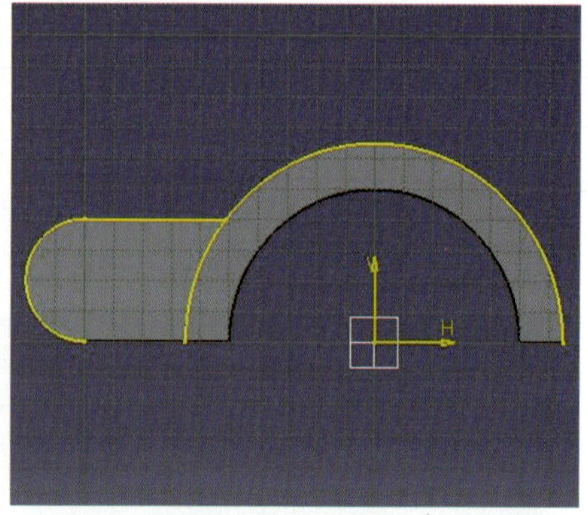

⑳ Bi-Tangent Line 아이콘 을 클릭하고 Arc를 차례로 선택하여 접하는 Line을 생성한다.

㉑ Quick Trim 아이콘 을 더블클릭하고 불필요한 부분을 제거한다.

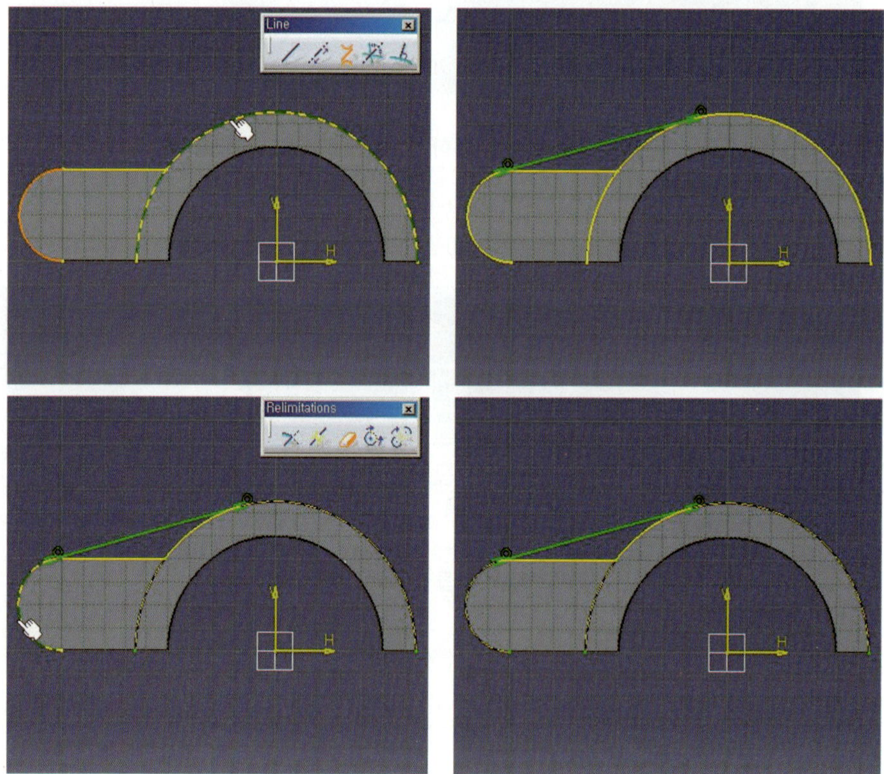

㉒ Exit Workbench 아이콘 을 클릭하여 3D Mode로 전환한다.

㉓ Pad 아이콘 을 클릭하고 Dimension type을 선택하여 Length 영역에 5mm 입력하고
Mirrored extent를 체크하여 두께 10mm의 Solid를 생성한다.

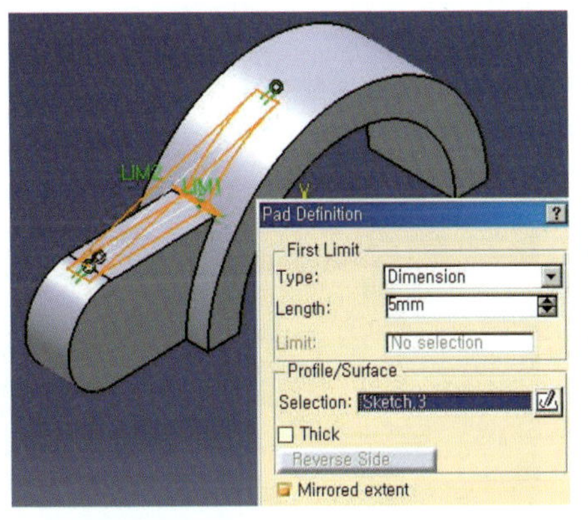

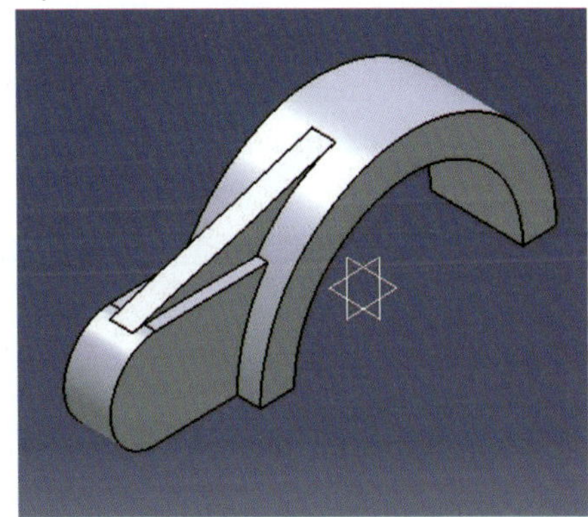

㉔ Solid의 라운드된 모서리를 선택하고 Hole 아이콘 ▣ 을 클릭한다.

㉕ Hole을 생성시킬 Solid의 면을 클릭한다.

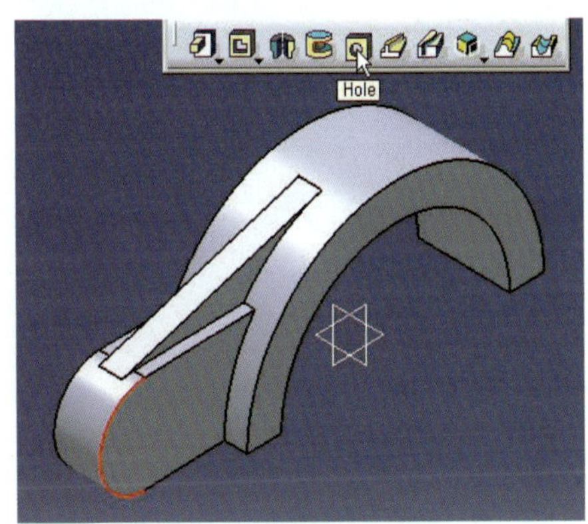

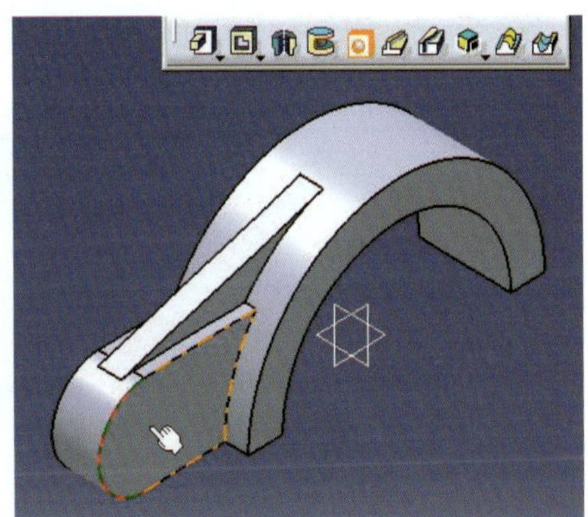

㉖ Hole Definition 대화상자에서 Up To Next type을 선택하고 Diameter 영역을 클릭하여
30mm를 입력하고 OK 버튼을 클릭한다.

㉗ Solid의 라운드된 중심과 일치된 Hole이 생성된다.

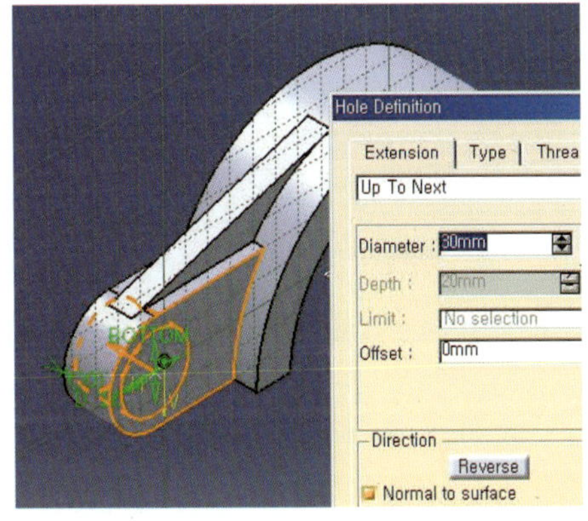

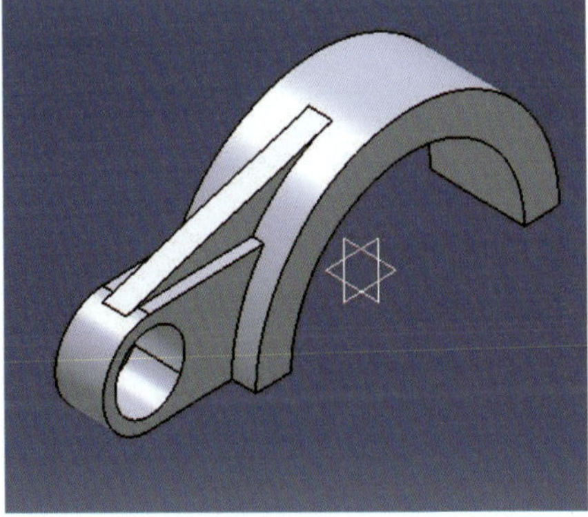

㉘ Specifications Tree에서 Ctrl을 누르고 대칭시킬 객체를 선택한다.

㉙ Mirror 아이콘 을 클릭하고 Mirror Definition 대화상자에서 Mirroring Element 영역을 클릭하여 YZ Plane을 선택한다.

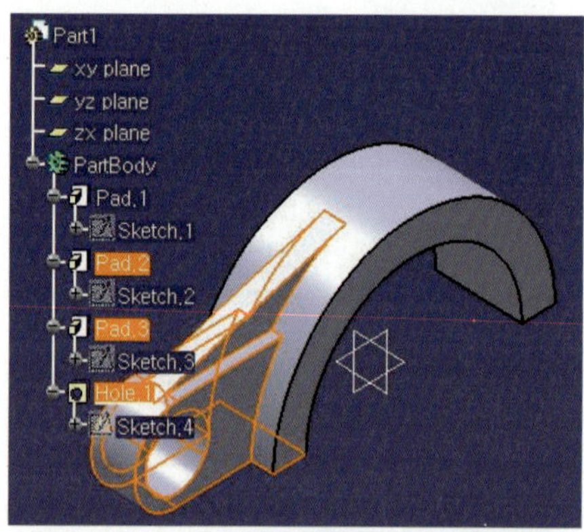
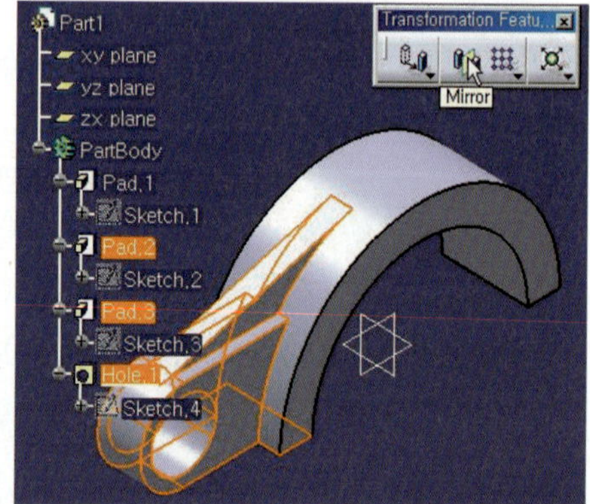
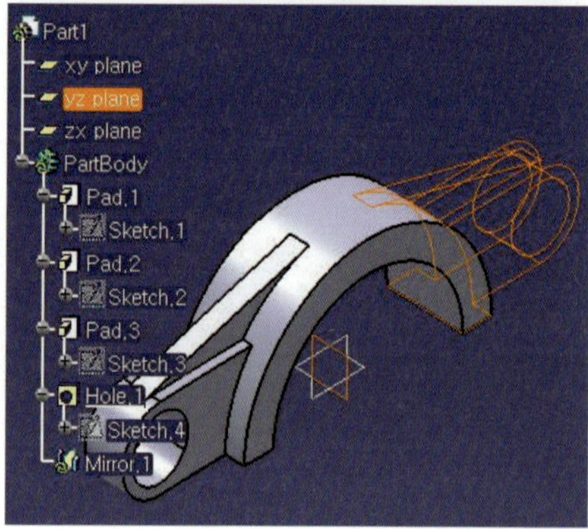
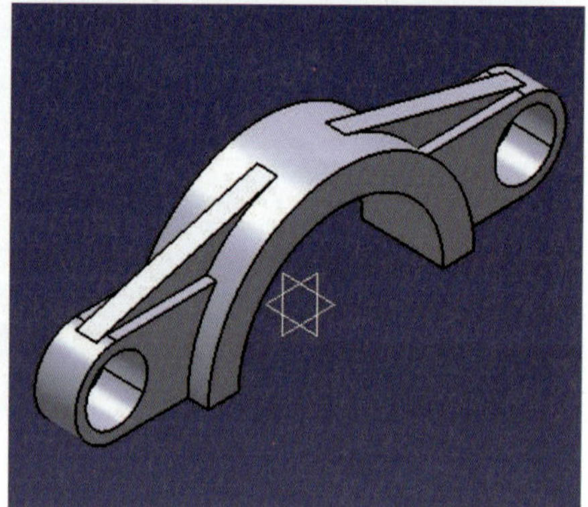

3) 따라하기 예제3

3-1) Part Design 도면

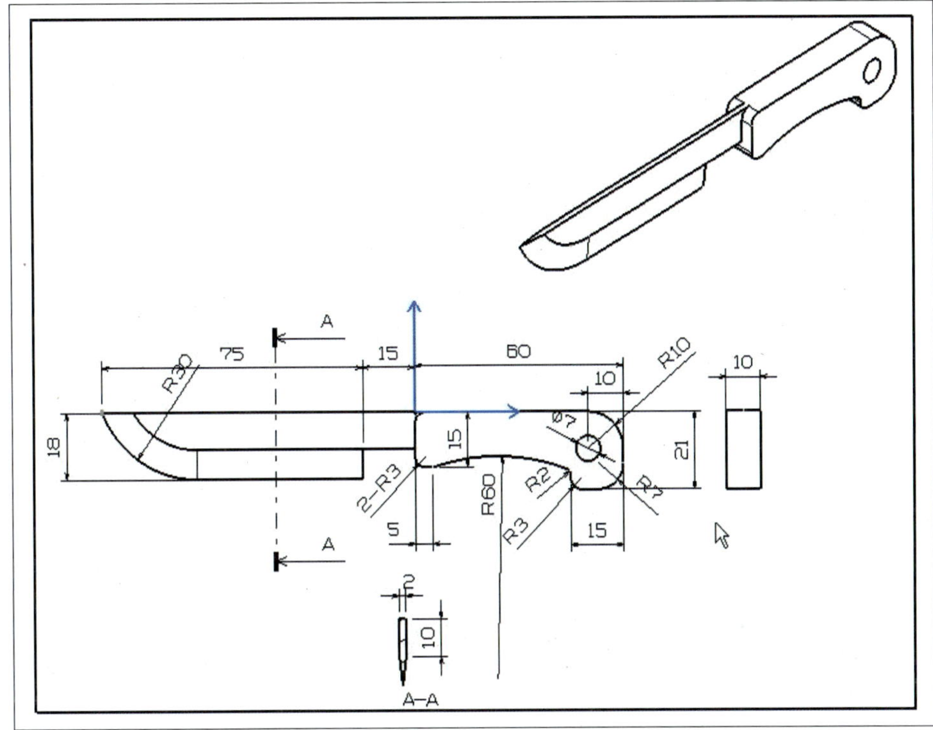

3-2) Part Design 실습예제 따라하기

① ZX Plane을 Sketch 평면으로 선택하고 Profile 아이콘 과 Three Point Arc 아이콘 을
클릭하여 Sketch한 후 Constraint 아이콘 을 더블클릭하여 치수구속을 적용한다.

② Corner 아이콘 을 클릭하여 모서리 부분에 라운드를 생성시키고 치수를 구속한다.

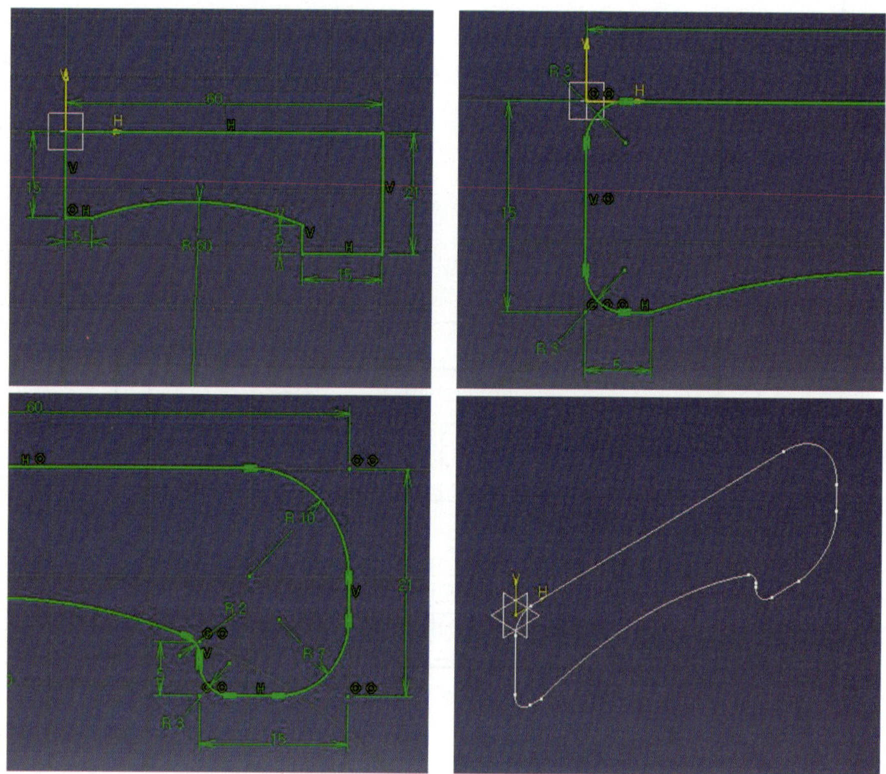

③ Exit Workbench 아이콘 을 클릭하여 3D Mode로 전환한다.

④ Pad 아이콘 을 클릭하여 Dimension Type을 선택하고 Length 영역을 선택하고 5mm를
입력한다.

⑤ Mirrored Extended를 체크하고 OK 버튼을 클릭하여 두께 10mm의 Solid를 생성시킨다.

⑥ 생성한 Solid의 앞면을 Sketch Plane으로 선택하고 Circle 을 Sketch하고 직경이 7mm가
되도록 치수를 구속한다.

⑦ Ctrl키를 누른 상태에서 Circle과 호를 선택한 후 Constraint Defined in Dialog Box 아이콘
을 클릭하고 Concentricity를 체크하여 중심점을 일치시킨다.

⑧ Exit Workbench 아이콘 을 클릭하여 3D Mode로 전환한 후 Pocket 아이콘 을 클릭하여 Up to Next type을 선택하고 OK 버튼을 클릭한다.

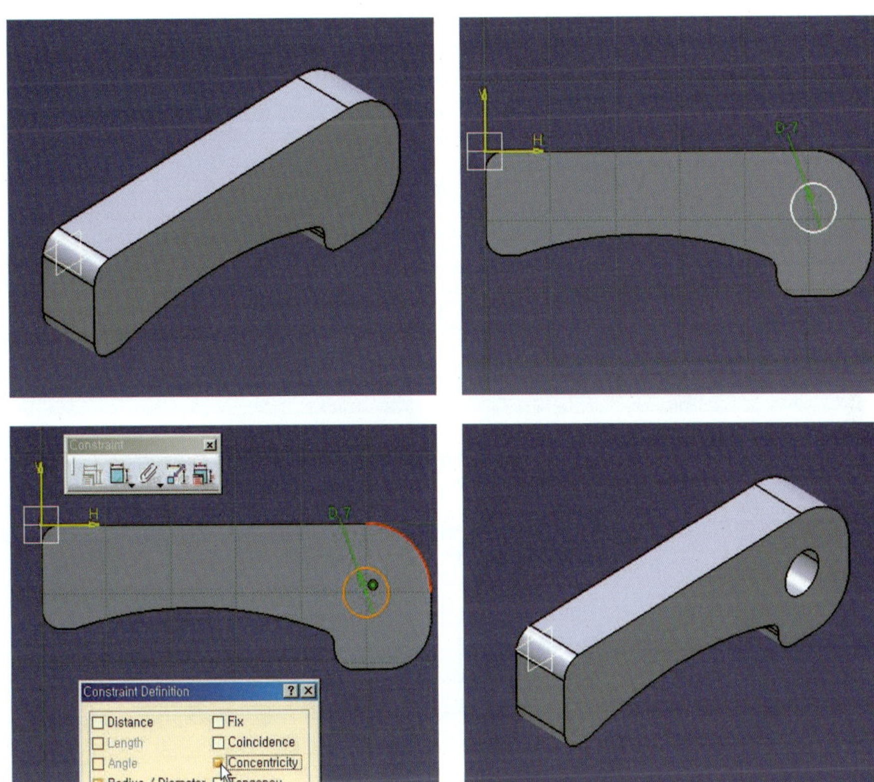

⑨ ZX Plane을 Sketch 평면으로 선택하고 Profile 아이콘 과 Three Point Arc Starting with Limits 아이콘 을 이용하여 Sketch한 후 Constraint 아이콘 을 더블클릭하여 치수를 구속한다.

⑩ Exit Workbench 아이콘 을 클릭하여 3D Mode로 전환한다.

⑪ Pad 아이콘 을 클릭하여 Dimension Type을 선택하고 Length 영역에 1mm를 입력한다.

⑫ Mirrored Extended를 체크하고 OK 버튼을 클릭하여 두께 2mm의 Solid를 생성한다.

⑬ Insert-Body 메뉴를 선택하여 새로운 Body를 생성시킨다.

⑭ ZX Plane을 Sketch 평면으로 선택하고 Sketch Mode로 전환한다.

⑮ Project 3D Elements 아이콘 을 더블클릭하고 Solid 모서리를 선택하여 Curve를 투영시킨다.

⑯ Line 아이콘을 클릭하여 투영된 Curve의 끝점에서 원점까지 이어지는 직선을 생성하고 Exit Workbench 아이콘을 클릭하여 3D Mode로 전환한다.

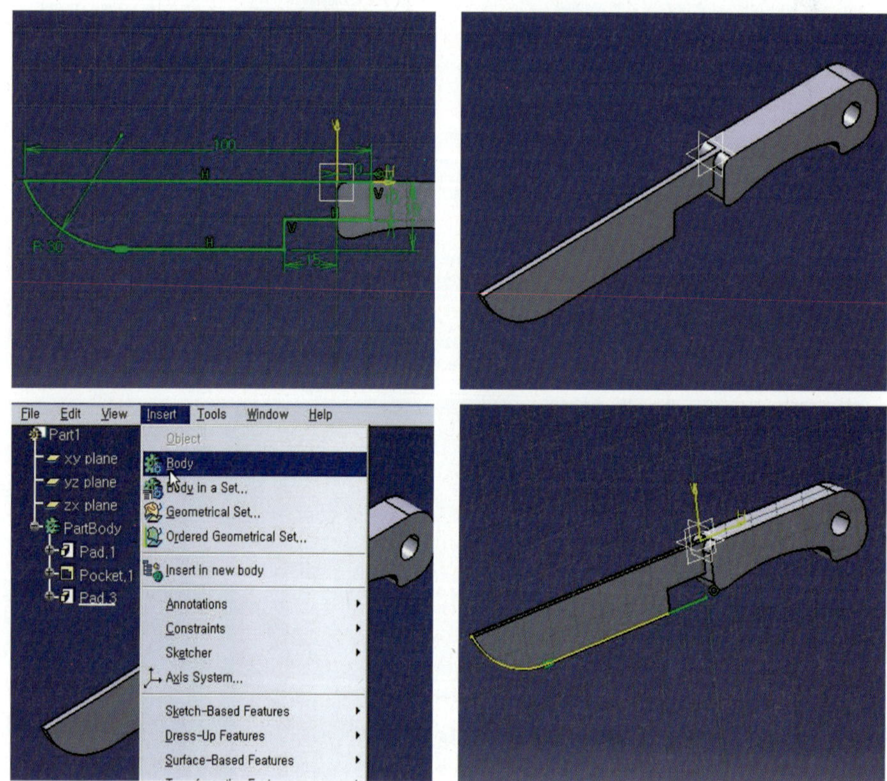

⑰ YZ Plane을 Sketch평면으로 선택하고 Sketch Mode로 전환한다.

⑱ Profile 아이콘을 클릭하여 Sketch하고 Constraint 아이콘을 더블클릭하여 치수를 구속한다.

⑲ Exit Workbench 아이콘을 클릭하여 3D Mode로 전환한 후 Rib 아이콘을 클릭하고 Profile과 Center Curve를 지정하여 Solid를 생성한다.

⑳ PartBody에서 새로 생성한 Body.3을 제거하기 위해서 Body.3을 선택하고 마우스 오른쪽버튼을 클릭하여 Remove...를 클릭한다.

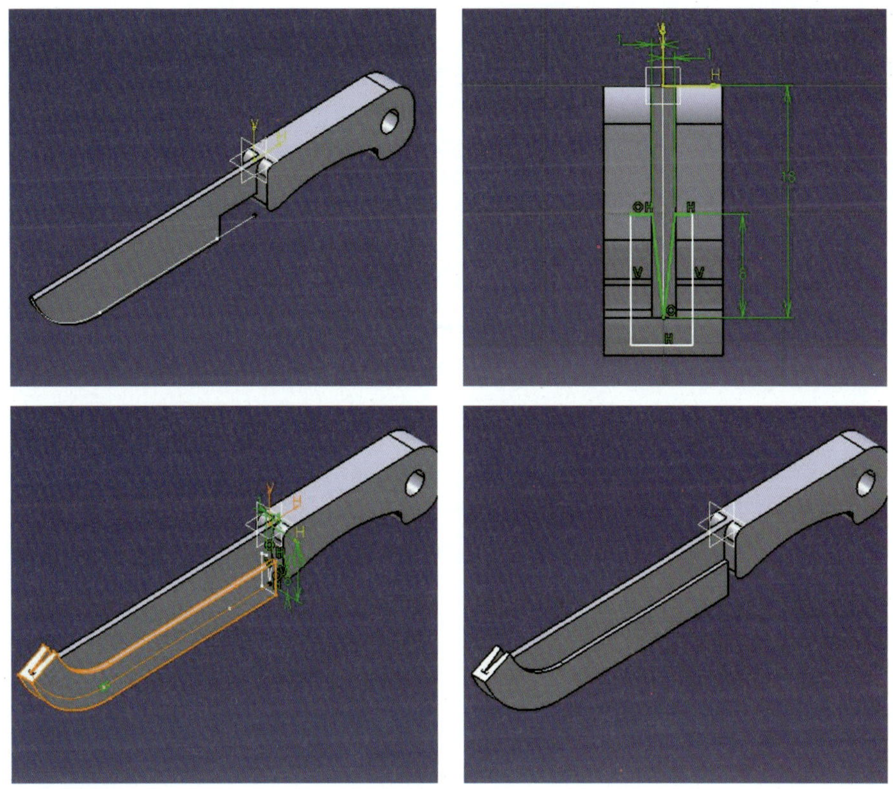

㉑ Pad 시켜 생성한 Solid에서 Rib 시켜 생성한 Solid를 제거하여 PartBody 하나의 Solid로 합해진다.

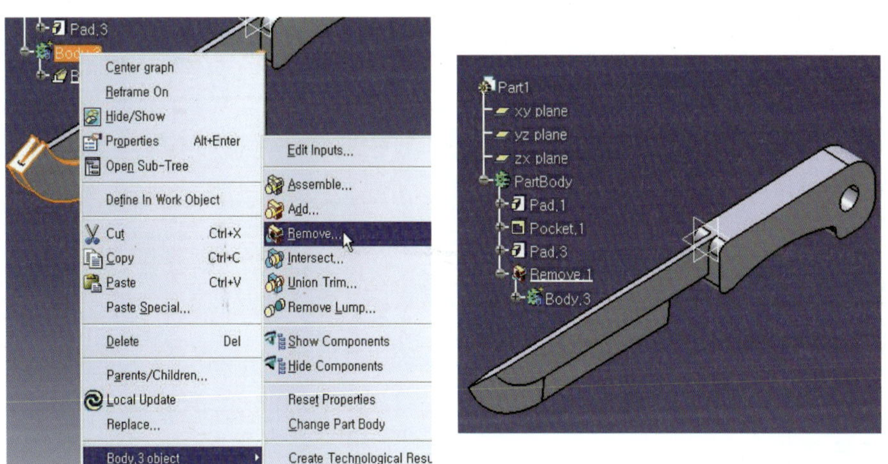

4. Part Design 실습예제

1) 실습예제 1

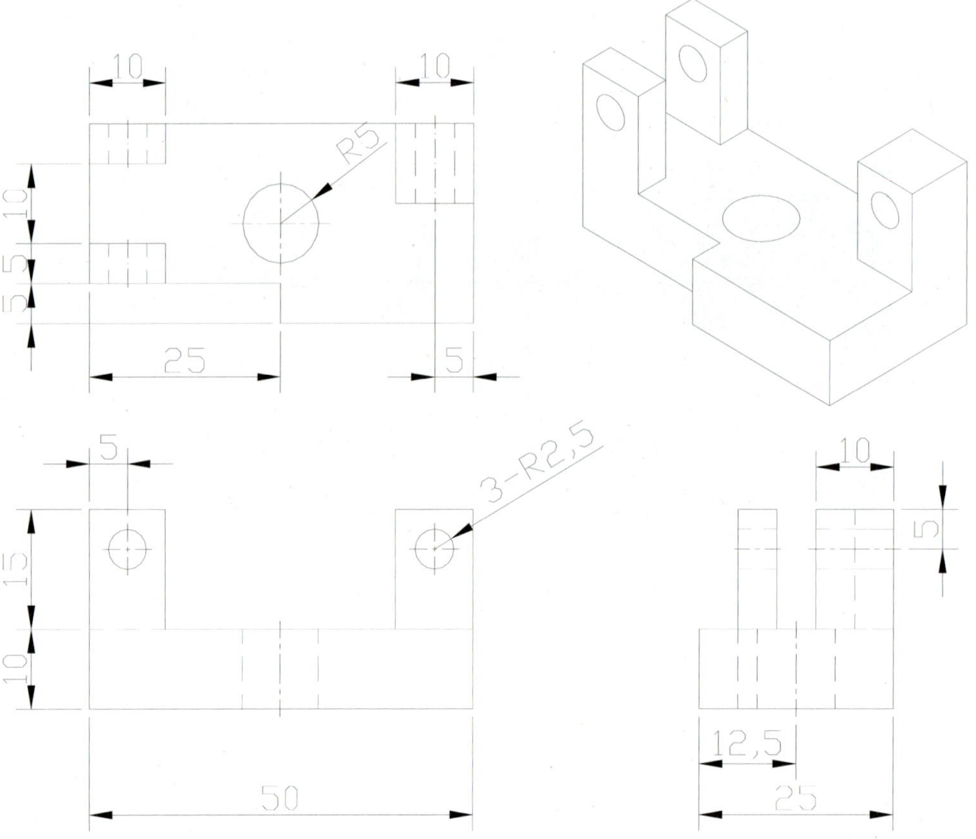

■ 활용 명령어

Pad, Hole, Pocket, RectPattern 등

2) 실습예제 2

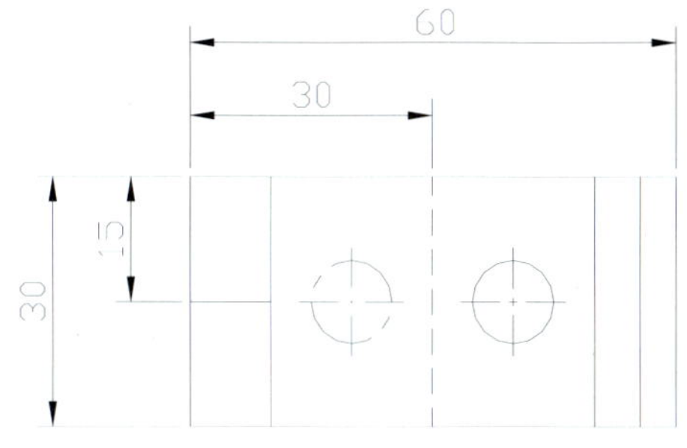

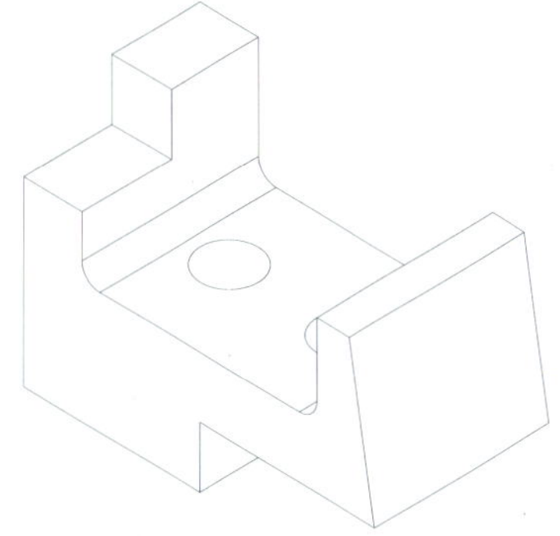

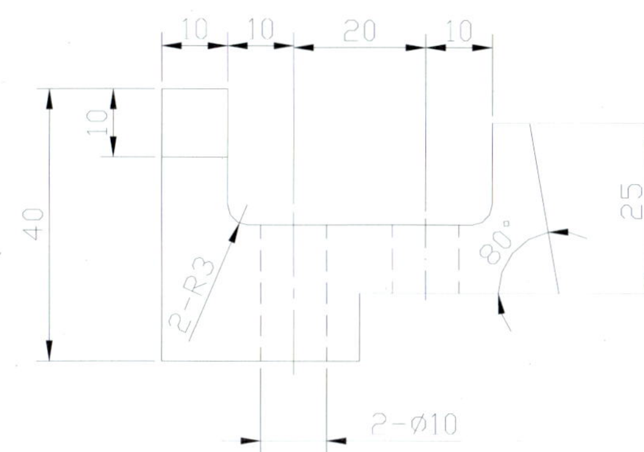

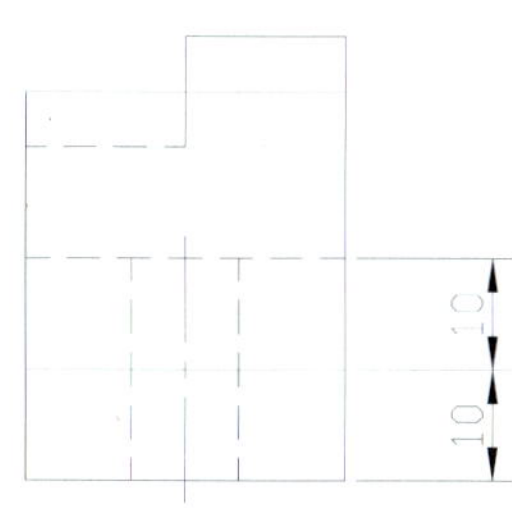

■ **활용 명령어**

Pad, Hole, RectPattern, Draft, Pocket, EdgeFillet 등

3) 실습예제 3

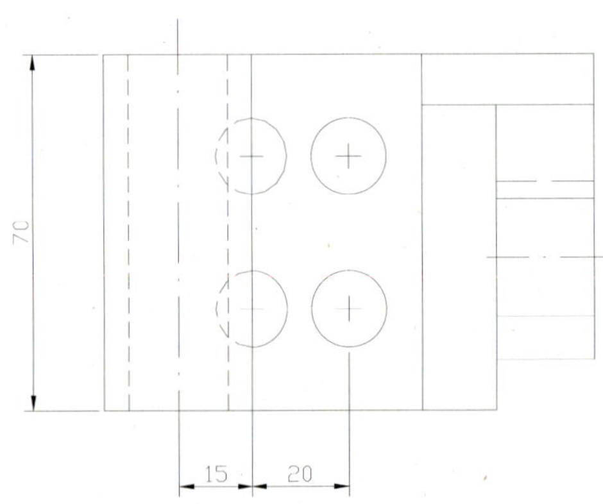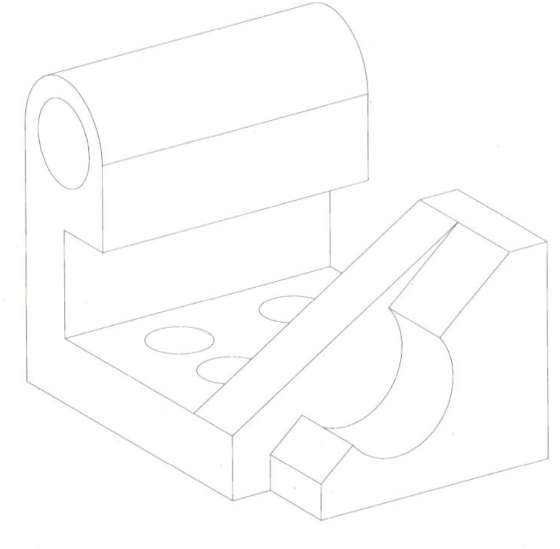

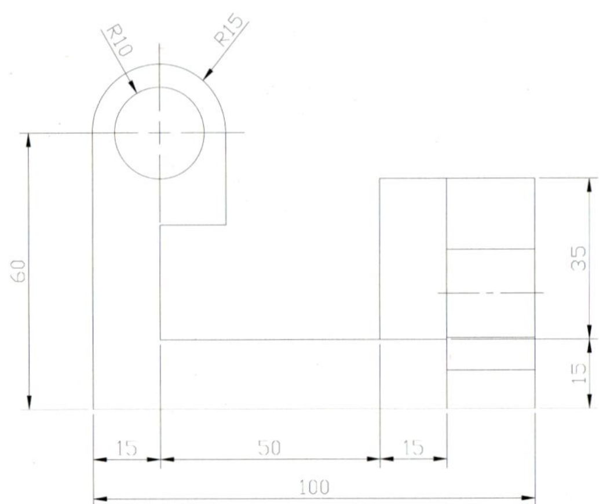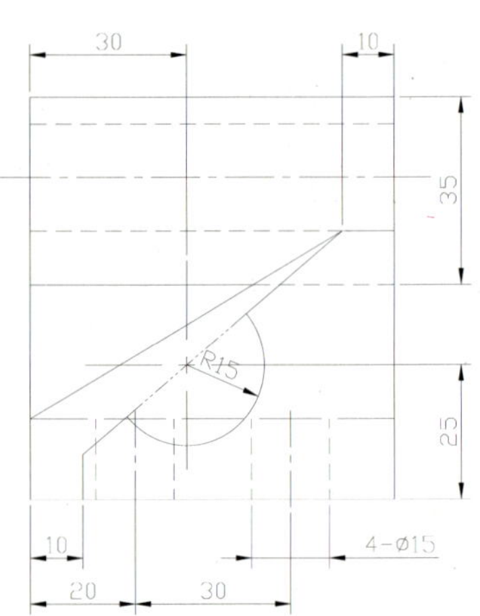

■ **활용 명령어**

Pad, Pocket, Hole, RectPattern 등

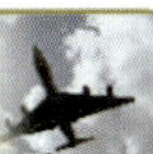

4) 실습예제 4

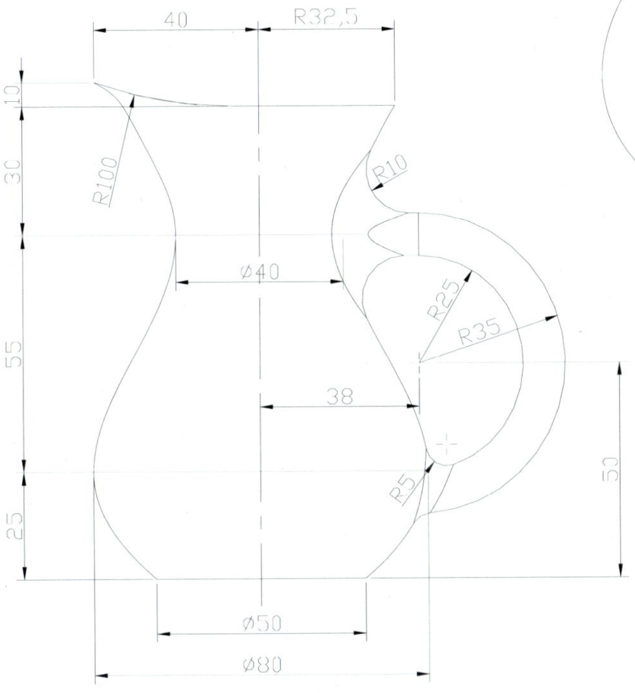

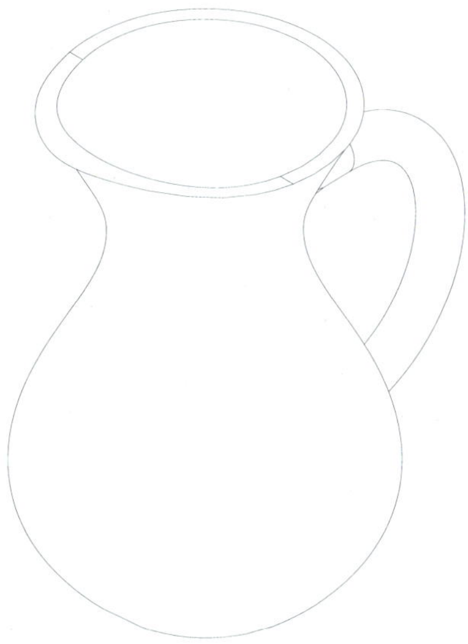

Thickness : 3mm

■ **활용 명령어**

Plane, Multi-Section Solid, Split, Shell, Rib, EdgeFillet,
Extrude(Wireframe and Surface Desing명령어) 등

5) 실습예제 5

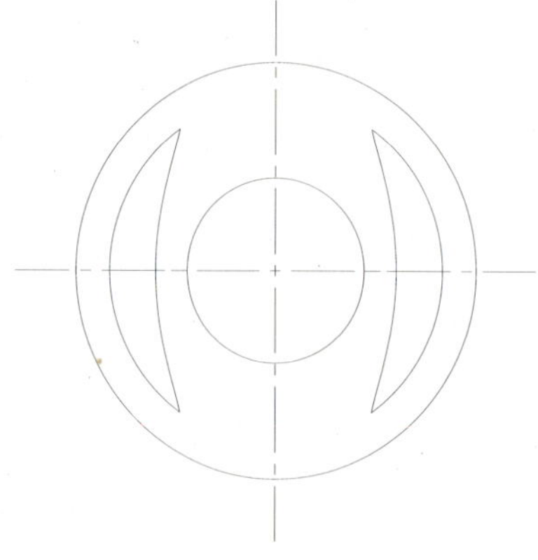

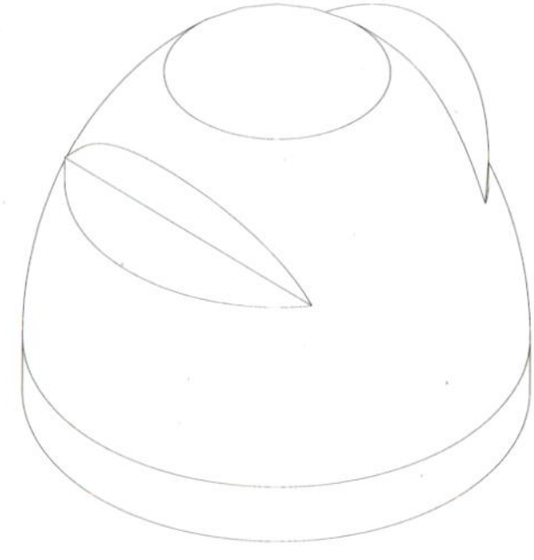

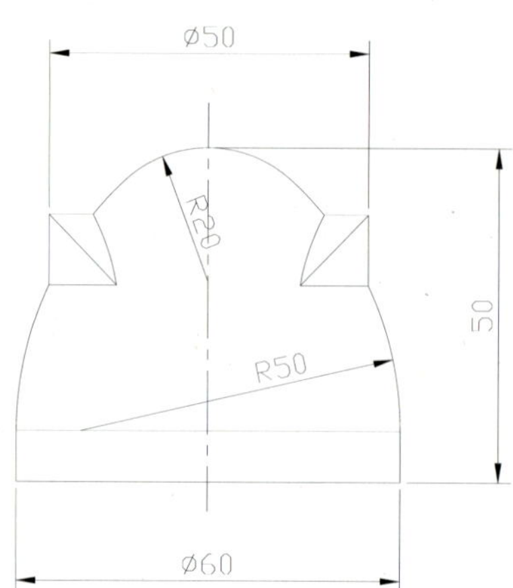

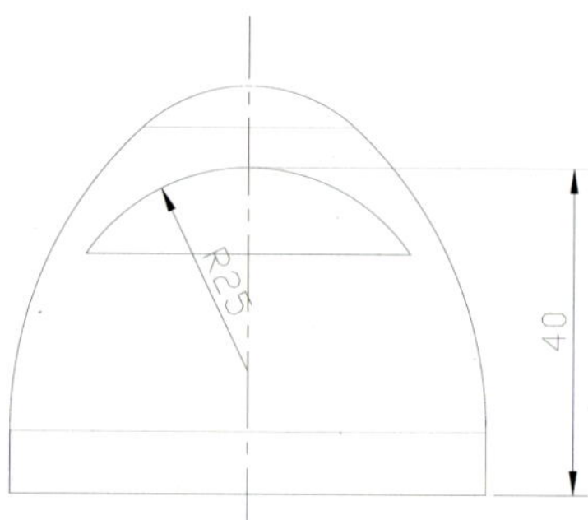

■ 활용 명령어

Pad, Body(Insert-Body), Intersect(Boolean Operations), Shaft 등

chapter

제4장 Surface Design 기능

MEMO

1. Surface Design 실행하기

1) CATIA를 실행하면 Assembly Mode가 실행되는데, ⊠을 눌러 창을 닫고 초기화시킨다.

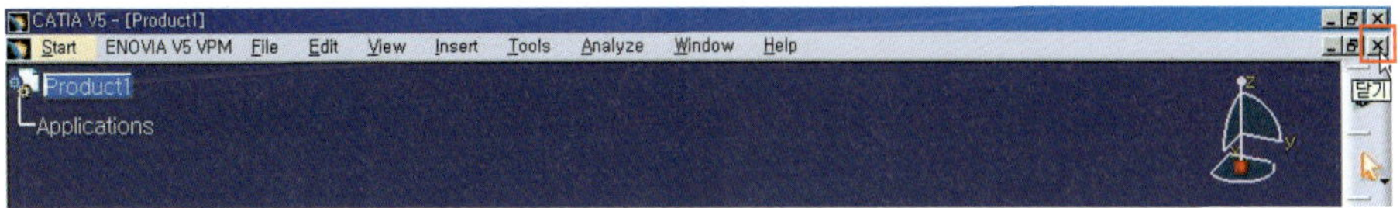

2) Workbench 도구막대의 All general Options 아이콘 ▮을 클릭한 후 Welcome to CATIA V5 대화상자에서 Wireframe and surface Design 아이콘 ▱을 클릭한다.

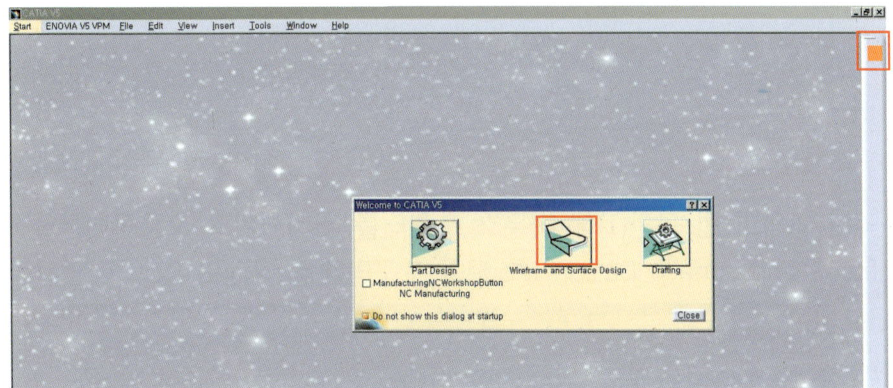

3) Wireframe and surface Design 아이콘 ▱이 나타나지 않을 경우에는 Tools-Customize... 을 선택하여 Start Menu탭의 왼쪽 영역에서 Wireframe and surface Design을 선택하고 ⇒을 클릭하여 오른쪽 영역으로 이동시키고 재실행한다.

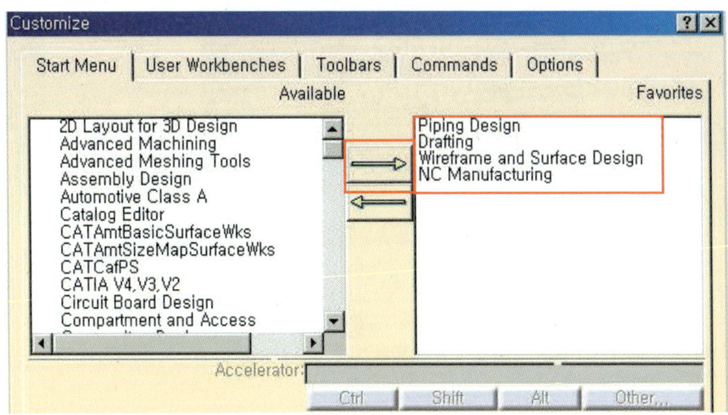

4) 다른 방법으로 Start → Mechanical Design → Wireframe and surface Design을 실행한다.

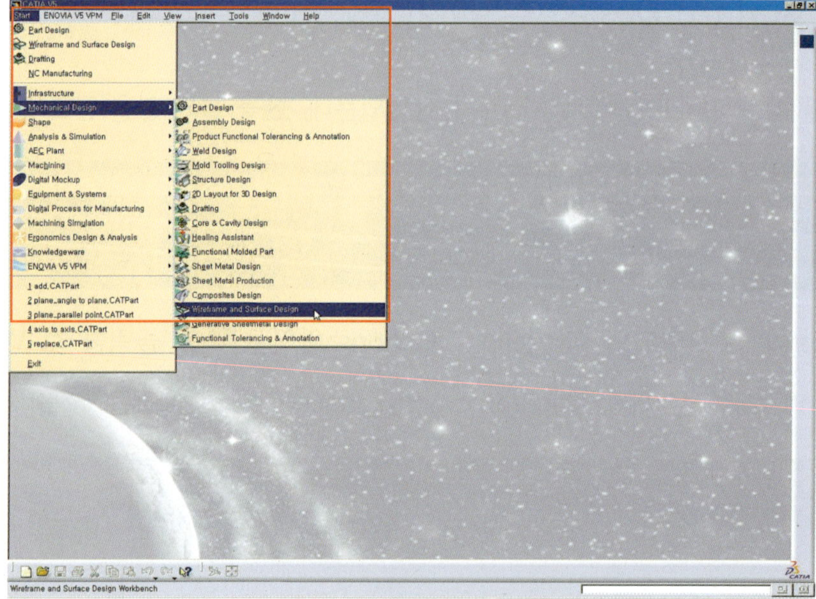

5) 도구막대 영역의 빈 공간(1)에 마우스 포인터를 위치시키고 오른쪽버튼을 클릭하여 Wireframe and surface Design Mode의 도구막대를 아래와 같이 배열시킨다.

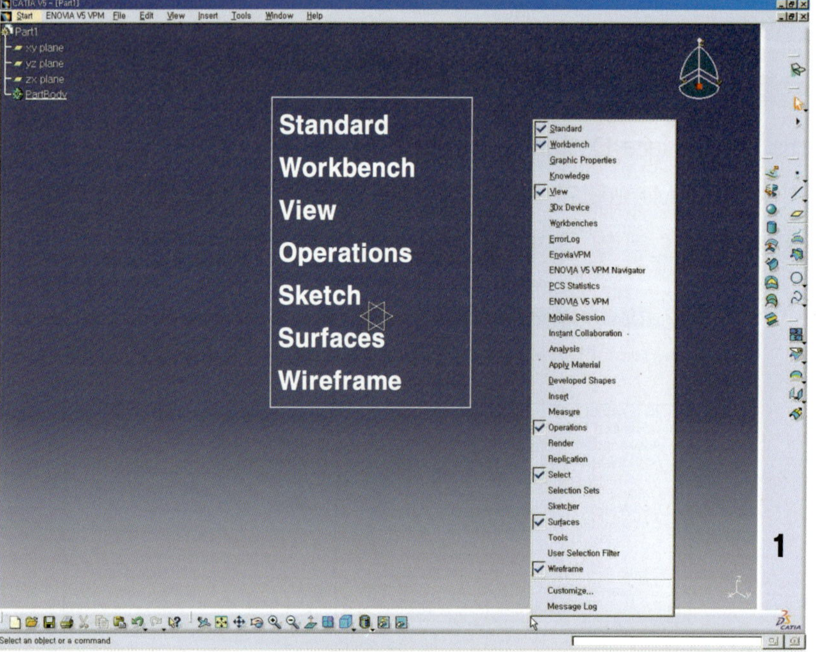

2. Surface Design Toolbar

1) Surfaces

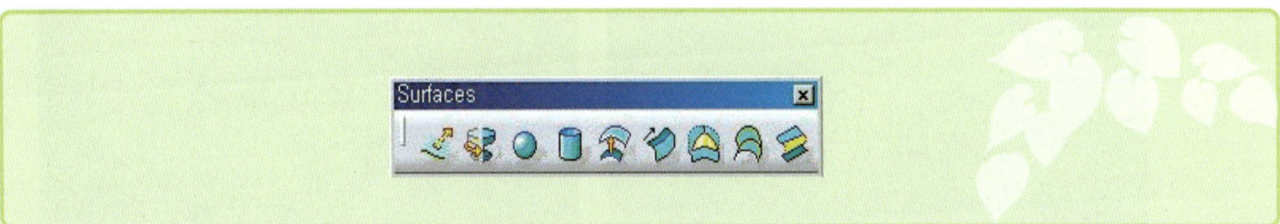

 **＜Extrude＞**

객체를 돌출시켜 Surface를 생성시키는 기능

① XY Plane에 Rectangle ▢ 을 Sketch하고 Exit Workbench 아이콘 을 클릭하여 3D Mode로 전환한다.

② 아이콘을 클릭한다.

③ Extruded Surface Definition 대화상자에서 Direction 영역을 클릭하고 XY Plane을 선택한다.

④ Extrusion Limits의 Type을 Dimension으로 지정하고 Dimension 영역을 클릭하여 20mm를 입력하고 OK 버튼을 클릭한다.

⑤ 화살표 방향으로 20mm 높이의 Surface가 생성된다.

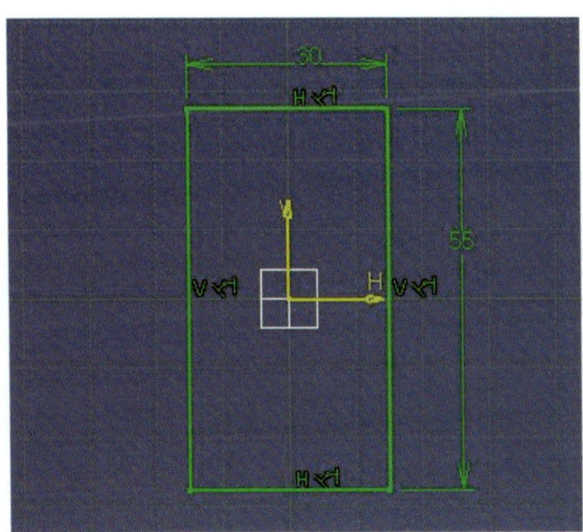
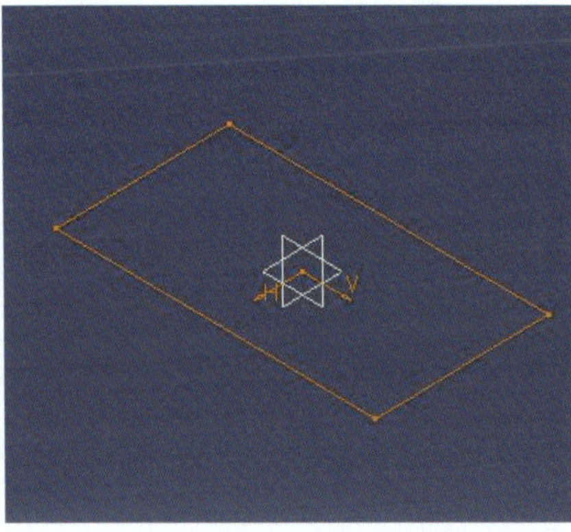

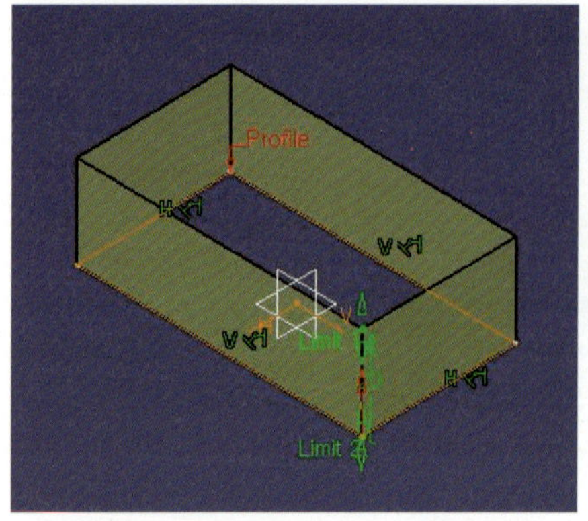

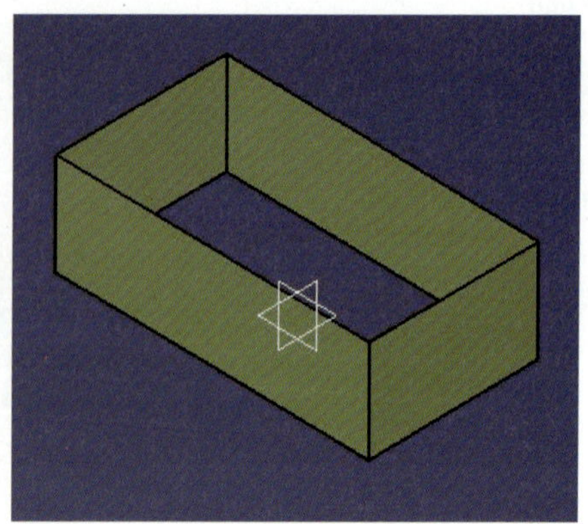

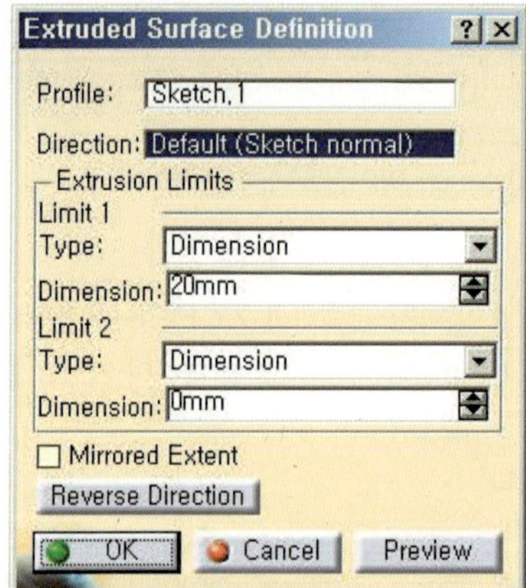

1. Profile : 곡면을 생성시킬 객체
2. Direction : 곡면을 생성시킬 방향
   - 면 선택 : 선택면과 수직한 방향
   - Line이나 Axis선택 : Line이나 Axis과 수평한 방향
3. Extrusion Limits
   - Limit 1/Type : 생성시킬 곡면의 화살표 방향의 Type
   - Limit 2/Type : 생성시킬 곡면의 화살표 반대방향의 Type
4. Mirrored Extent : Limit 1길이를 양방향으로 곡면생성

⑥ Direction

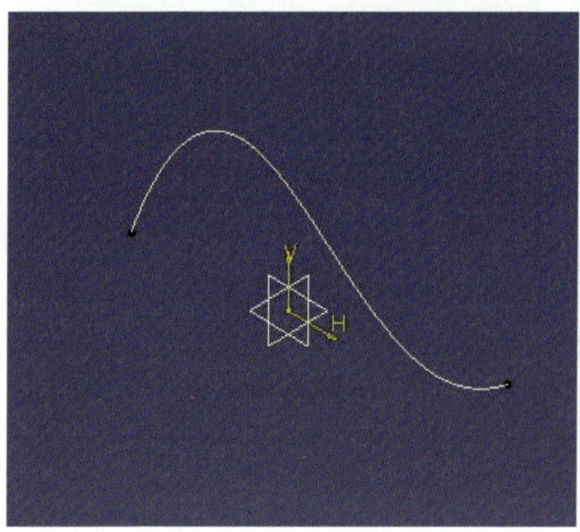

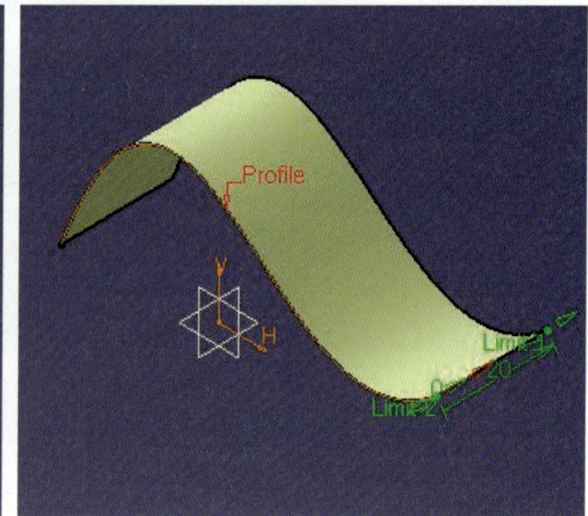

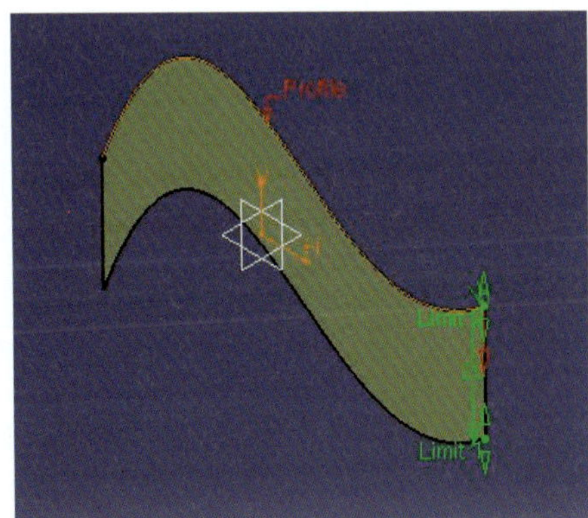
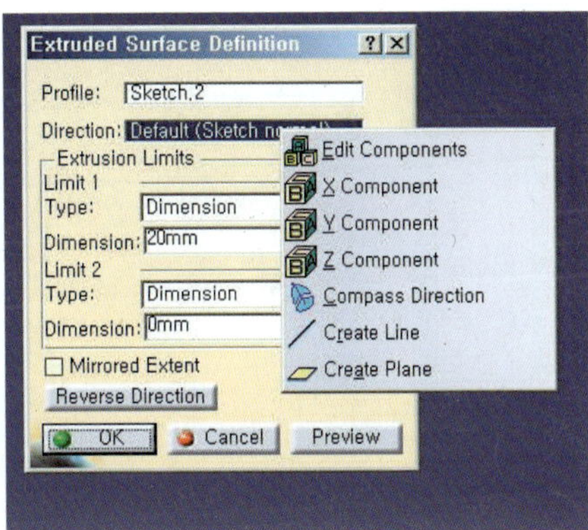

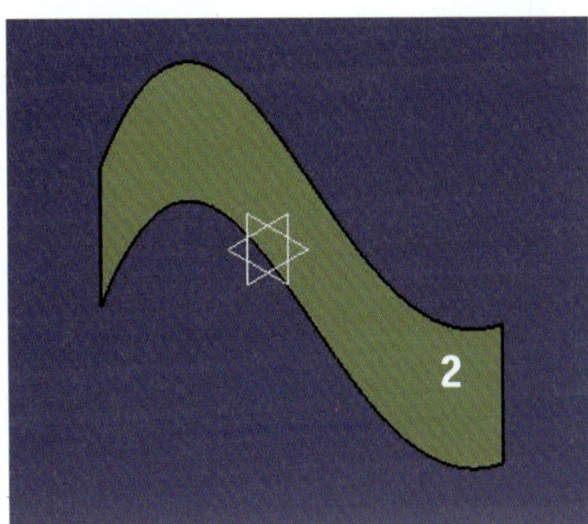

1. Extrude 명령을 실행시키면 Direction 영역에 기본적으로 객체를 포함한 Plane이 선택되어 Plane에 수직한 방향으로 돌출
2. Direction 영역을 선택하고 마우스 오른쪽버튼 클릭하여 Line을 생성시키거나 축을 선택하여 방향을 지정할 수 있음(1)
3. YZ Plane에 Spline을 Sketch하고 Z축 방향으로 Extrude된 Surface 생성(2)
4. 임의의 방향으로 돌출시키기 위해서는 돌출방향으로 Line을 Sketch하고 Direction 영역을 선택하여 Sketch를 선택(3)

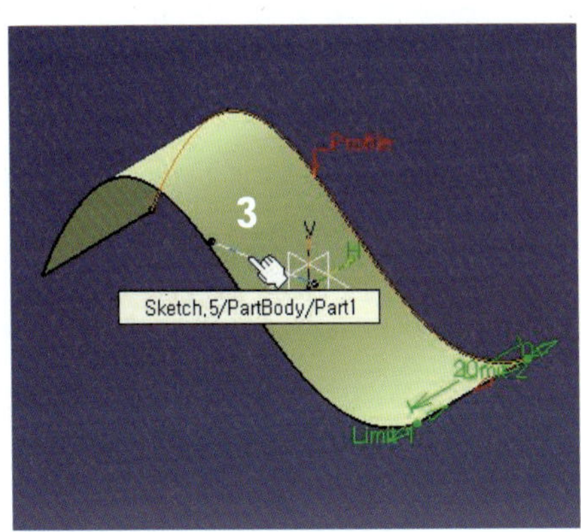
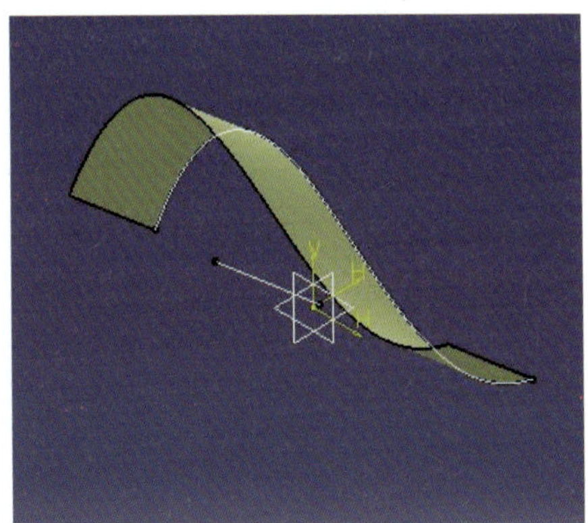

⑦ Extrusion Limits/Type

Up-to element : 선택한 요소까지 Extrude시킨다.

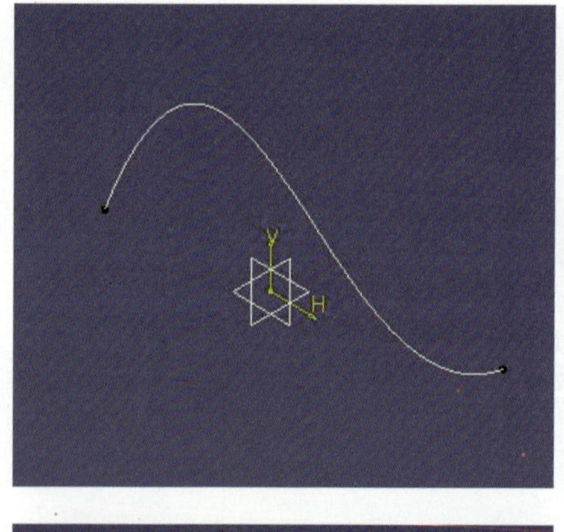

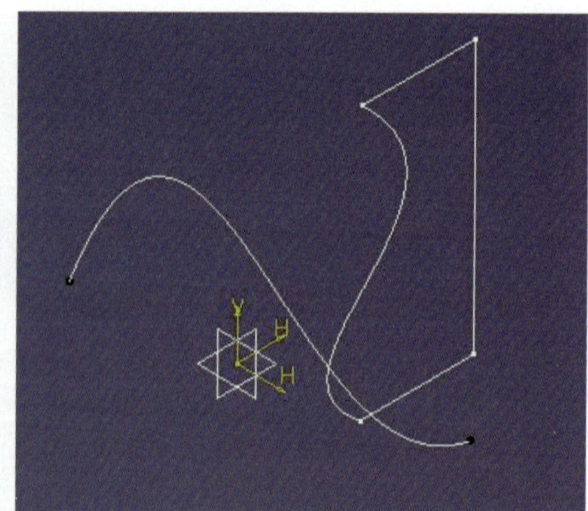

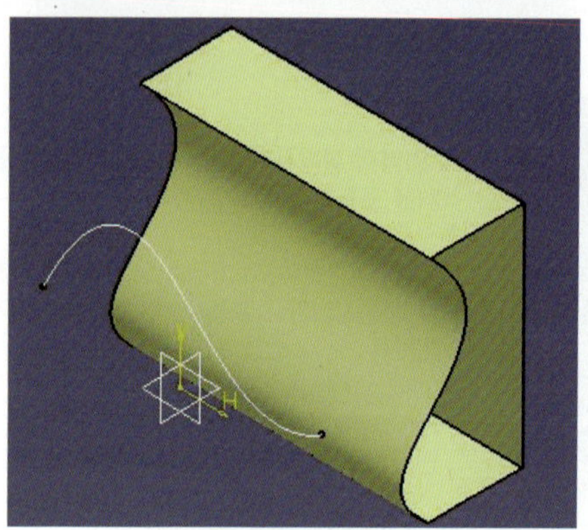

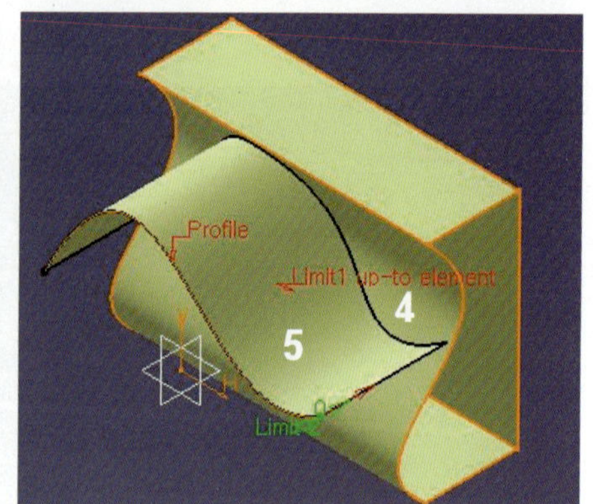

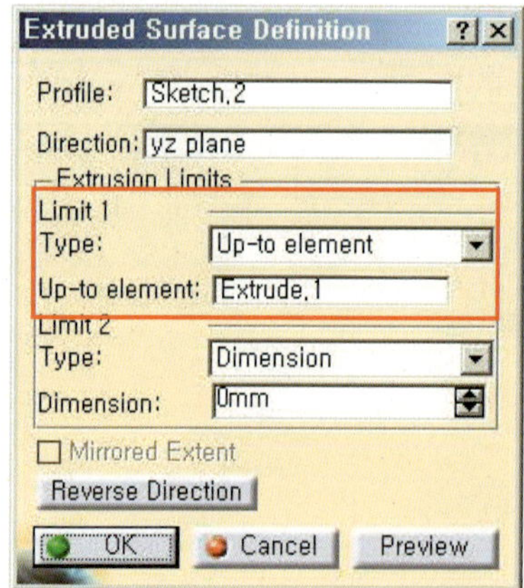

1. YZ Plane에 Spline 곡선을 Sketch

2. ZX Plane에 Sketch하고 Extrude 시켜 Surface를
   생성

3. Extrude 아이콘 을 클릭하고 Profile 영역에 Spline
   곡선을 선택

4. Limit 1/Type을 Up-to element를 선택하고 Up-to
   element영역에 Extrude된 Surface를 선택(4)

5. Spline 곡선이 Extrude된 Surface까지 돌출된 Surface
   를 생성(5)

<Revolve >

Axis을 중심으로 회전시켜 Surface를 생성시키는 기능

① ZX Plane에 Profile 아이콘 을 클릭하여 Sketch(1)하고 V축에 Axis(2)를 생성한 후 Exit Workbench 아이콘을 클릭하여 3D Mode로 전환한다.

② 아이콘을 클릭한다.

③ Revolution Surface Definition 대화상자에서 Revolution axis는 Sketch Mode의 Axis가 자동으로 지정한다.

④ Angular Limits/Angle1 영역을 클릭하여 360deg을 입력하고 OK 버튼을 클릭한다.

⑤ 360° 회전체의 Surface가 생성된다.

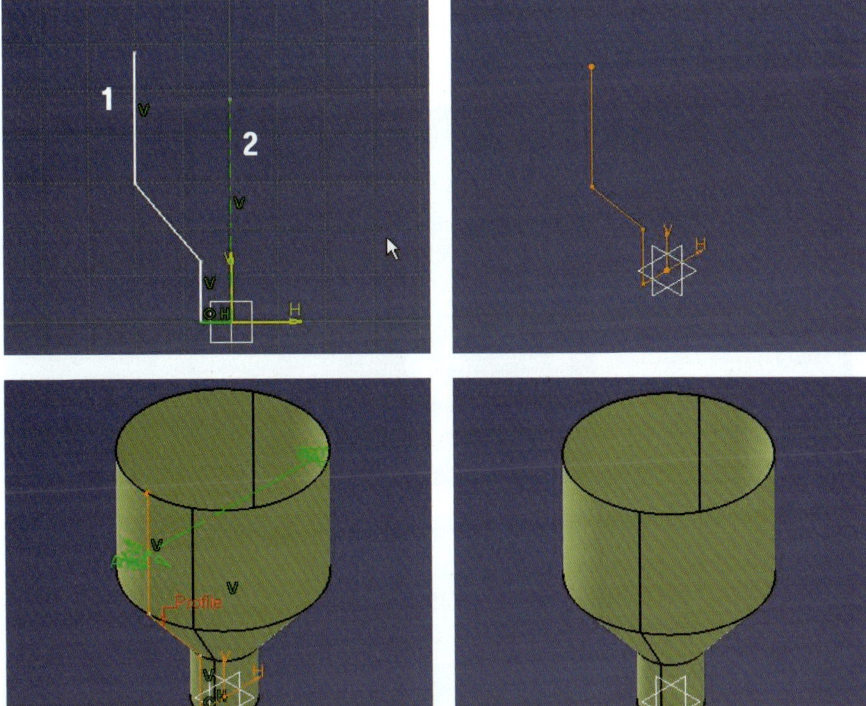

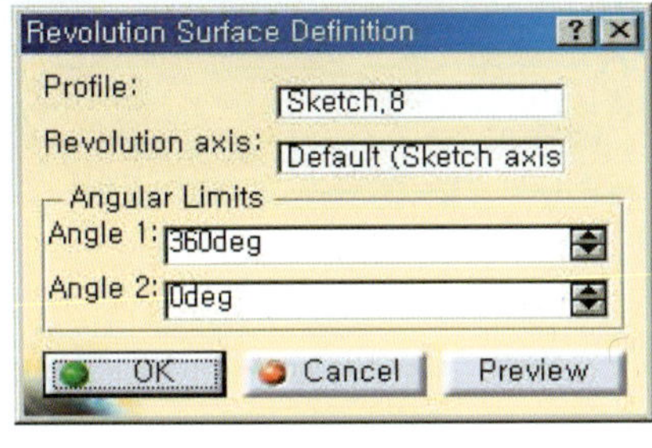

1. Profile : 회전시킬 객체
2. Revolution axis : 회전축
3. Angular Limits
   - Angle 1 : 반시계 방향 각도
   - Angle 2 : 시계 방향 각도
   - Angle 1과 2의 합이 360°를 넘어서면 error 발생

 **Sphere**

Point를 중심으로 하는 Surface형상의 완전한 구 또는 구의 일부를 생성시키는 기능

① Point 아이콘 을 클릭하여 y축으로 30mm 떨어진 위치에 Point를 생성하고 Exit Workbench 아이콘 을 클릭하여 3D Mode로 전환한다.

② 아이콘을 클릭한다.

③ Sphere Surface Definition 대화상자에서 Center 영역을 클릭하고 생성한 Point를 선택한다.

④ Sphere radius 영역을 클릭하고 30mm를 입력한다.

⑤ Sphere Limitations에 생성하고자 하는 구의 각도를 지정하고 OK 버튼을 클릭한다.

⑥ Center Point를 중심으로 각 방향으로 지정한 각도의 구형 Surface가 생성된다.

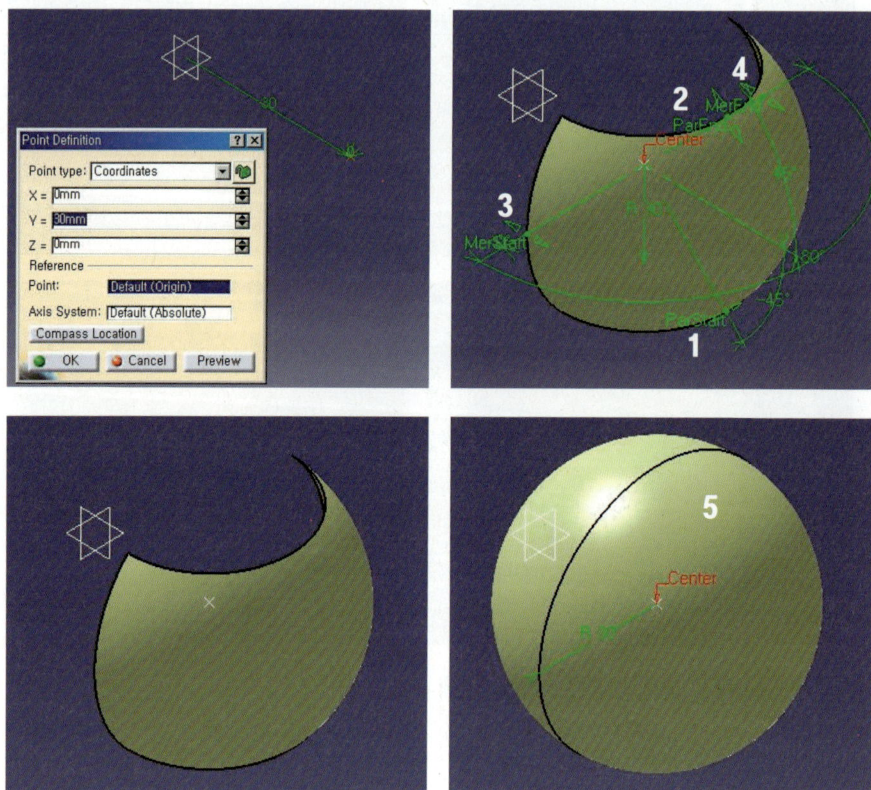

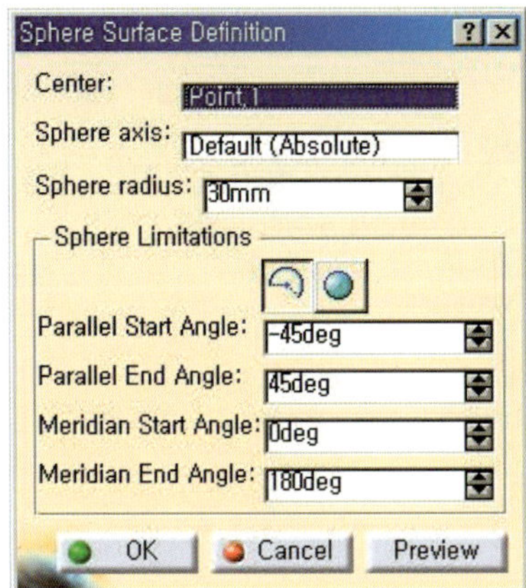

1. Center : 생성할 구의 중심점
2. Sphere radius : 구의 반경입력
3. Sphere Limitations
   - Parallel Start Angle : Z축 방향의 아래쪽 각도(1)
   - Parallel End Angle : Z축 방향의 위쪽 각도(2)
   - Meridian Start Angle : X축 방향의 시계 방향 각도(3)
   - Meridian End Angle : X축 방향의 반시계 방향 각도(4)
   - Create the whole sphere :  아이콘을 선택하면
     완전한 구를 생성(5)

 <Cylinder >

Point를 중심으로 Cylinder를 생성시키는 기능

① Point 아이콘 을 클릭하여 y축으로 30mm 떨어진 위치에 Point를 생성하고 Exit Workbench 아이콘 을 클릭하여 3D Mode로 전환한다.

② 아이콘을 클릭한다.

③ Cylinder Surface Definition 대화상자에서 Point 영역을 클릭하고 생성한 Point를 선택한다.

④ Direction영역을 클릭하고 XY Plane를 선택한 후 Radius 영역을 클릭하고 20mm, Length 1, 2 영역에 각각 20mm를 입력하고 OK 버튼을 클릭한다.

⑤ Point를 중심으로 XY Plane에 수직한 방향으로 반경 20mm, 화살표 방향 및 반대 방향으로 각각 20mm인 원통형 Surface를 생성한다.

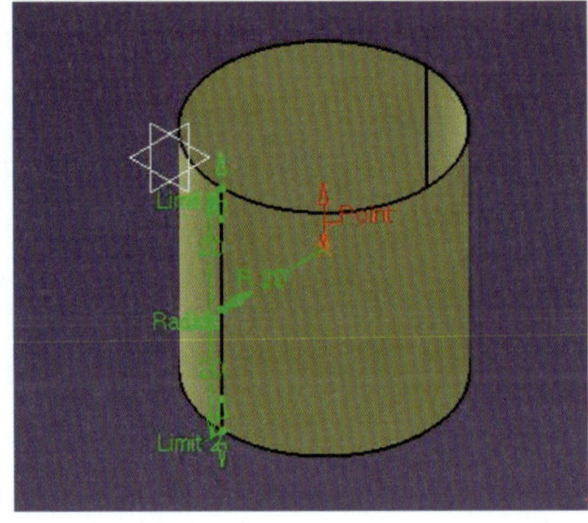
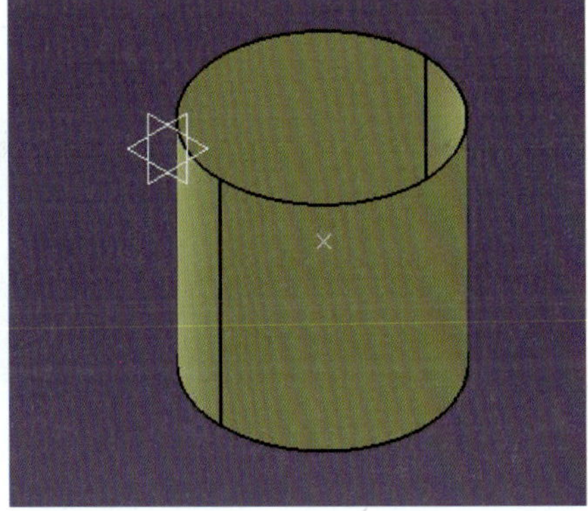

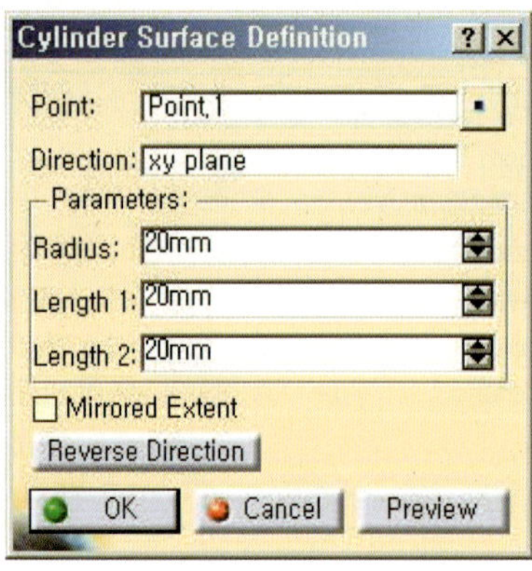

1. Point : Cylinder의 중심점
2. Direction : Plane이나 좌표축을 선택하여 방향 지정
   - Plane : 평면에 수직한 방향으로 생성
   - 좌표축 : 축 방향으로 생성
3. Parameters
   - Radius : Cylinder 반경
   - Length 1,2 : Cylinder 높이
4. Mirrored Extent : Length1길이를 양방으로 돌출

<Offset  >

Surface를 일정거리 평행 이동시켜 생성시키는 기능

① ZX Plane에 Profile 아이콘  으로 Sketch한 후 Corner 를 적용하고 Exit Workbench 아이콘 을 클릭하여 3D Mode로 전환한다.

② Extrude 아이콘 을 클릭하여 Surface를 생성한다.

③ 아이콘을 클릭한다.

④ Offset Surface Definition 대화상자에서 Surface 영역을 클릭하여 생성한 Surface를 선택하고 Offset 영역에 20mm를 입력하고 OK 버튼을 클릭한다.

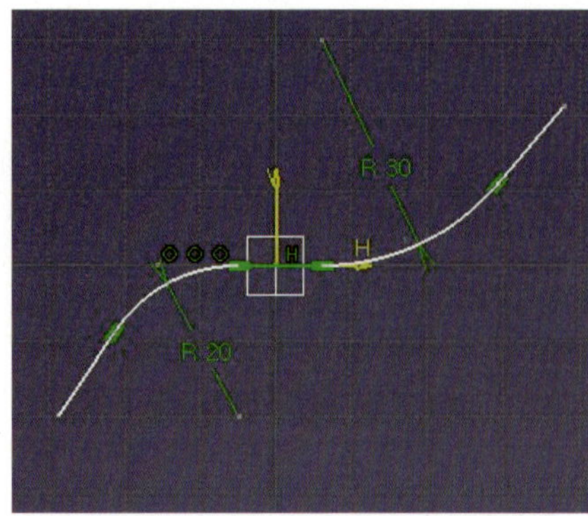

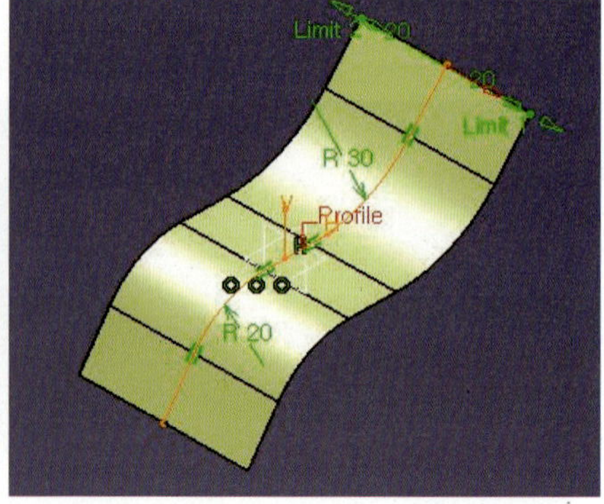

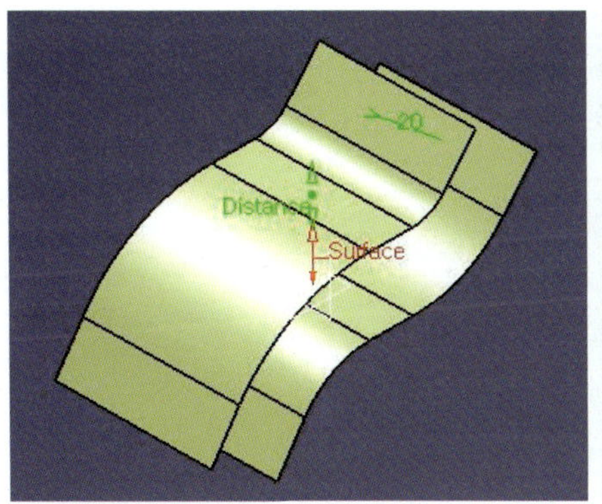

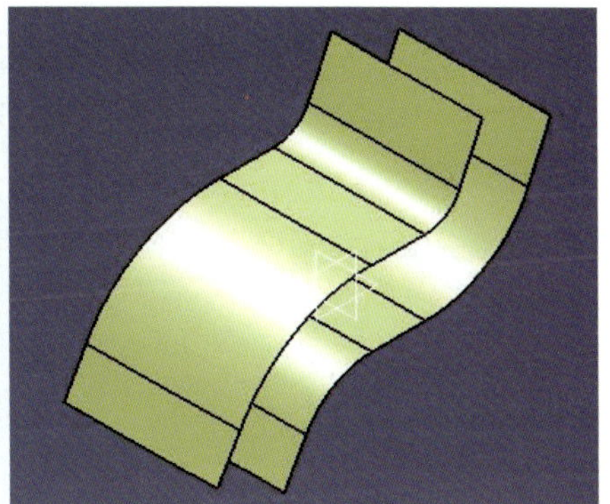

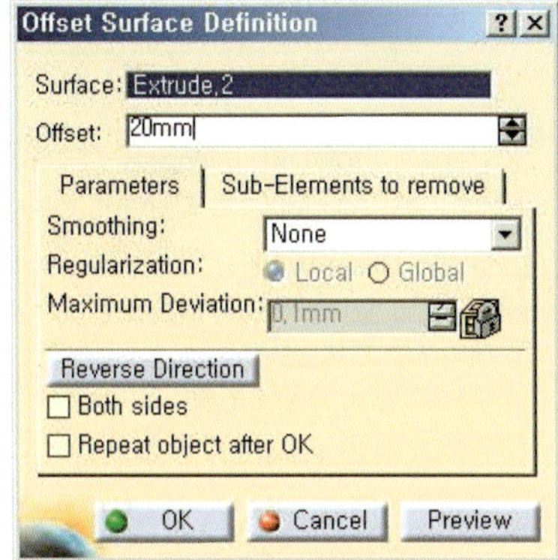

1. Surface : Offset시킬 Surface 선택
2. Offset : Offset 거리 입력
3. Sub-Element to remove : Offset 적용을 제외시킬
   부분 선택
4. Both sides : 양쪽으로 Offset
5. Repeat object after OK : Offset 거리만큼 여러 개
   의 Surface를 생성

⑤ Sub-Element to remove

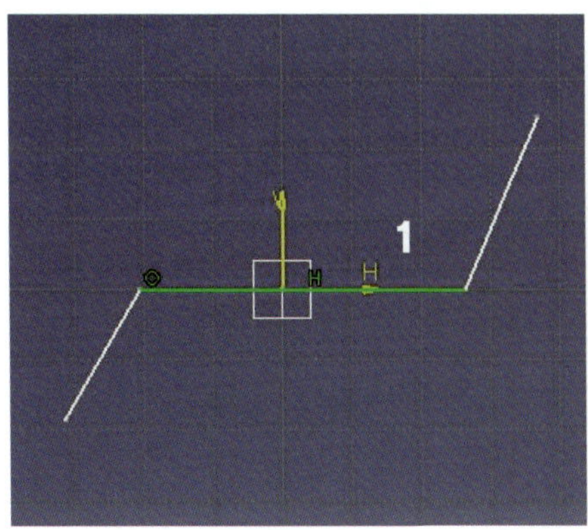

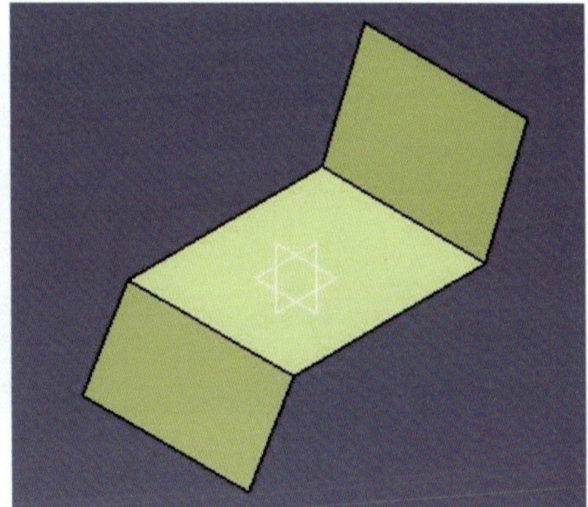

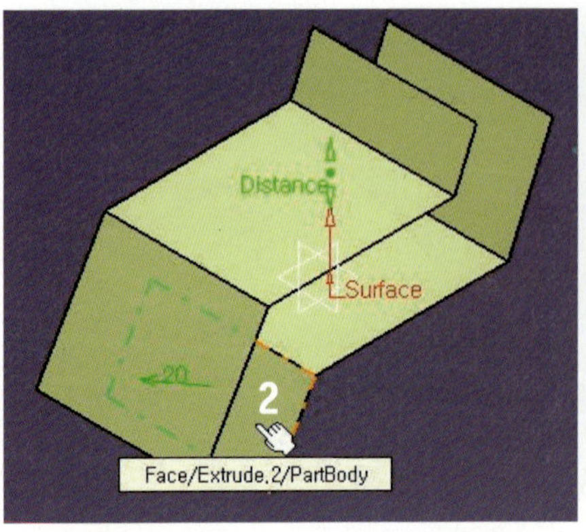

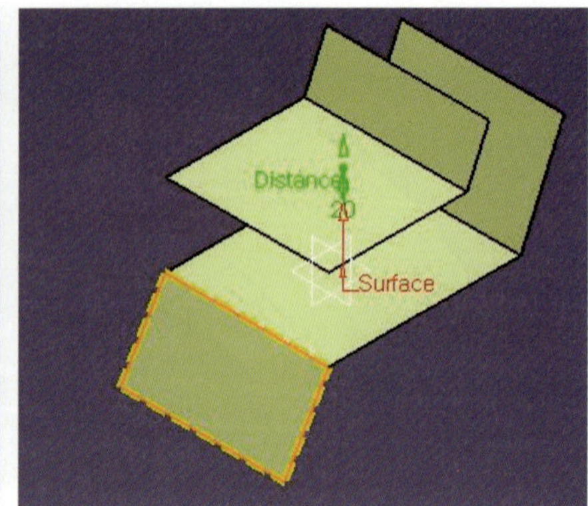

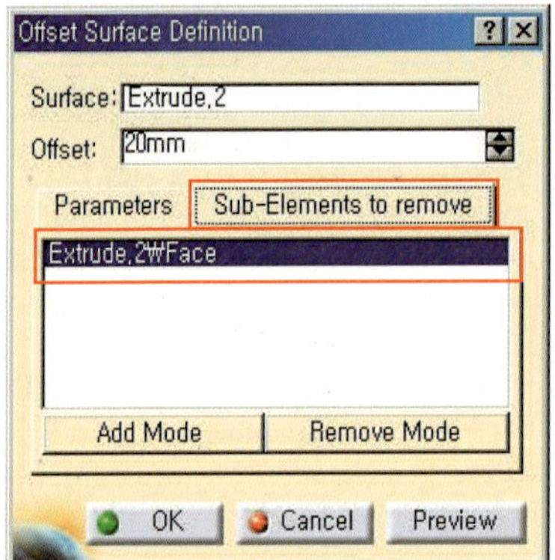

1. ZX Plane에 Profile 아이콘 을 클릭하여 Sketch(1)하고 3D Mode로 전환하여 Surface 생성

2. Surface를 Offset 시키고 Sub-Element to remove탭의 No Selection 영역을 선택하여 Offset 을 제외시킬 부분 선택(2)

3. Preview 버튼을 클릭하여 확인하고 OK 버튼 클릭

⑥ Both sides : 체크하면 양쪽으로 Offset된다.

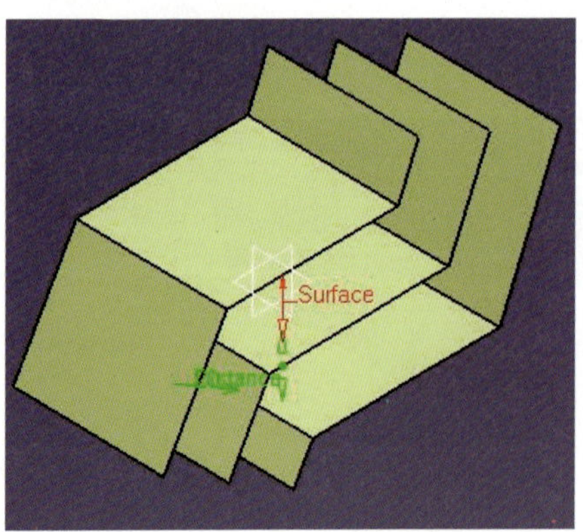

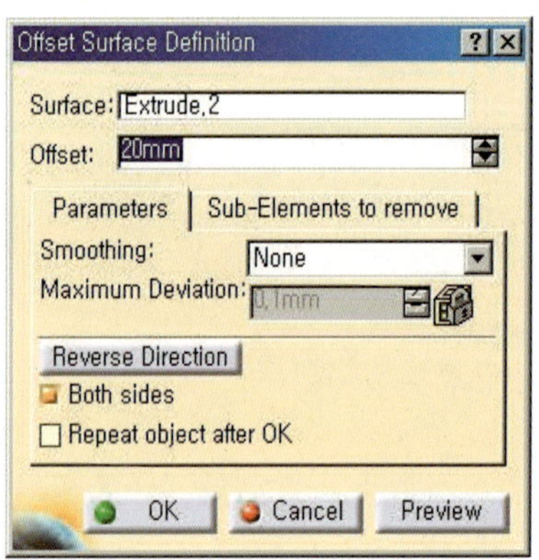

⑦ Repeat object after OK : 추가적으로 Surface를 생성한다.

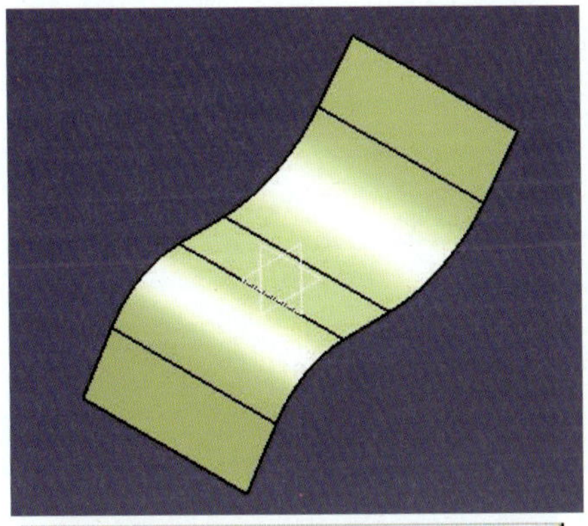
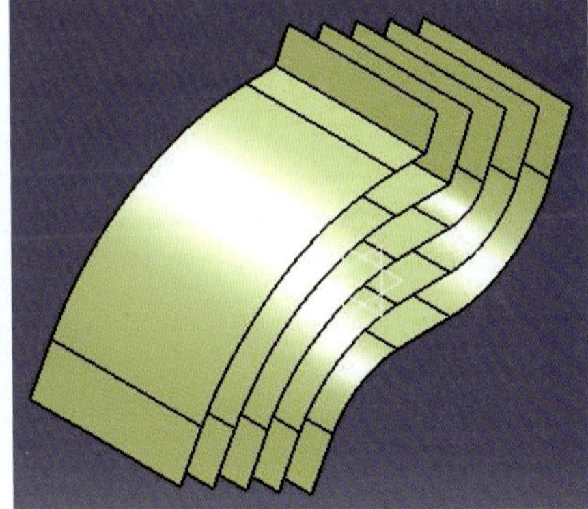

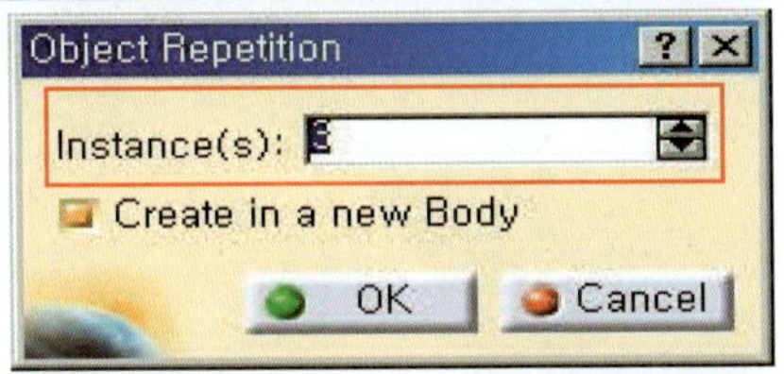

1. Surface를 생성

2. Offset 아이콘을 클릭

3. Repeat object after OK를 체크하고 OK 버튼을 클릭

4. Object Repetition 대화상자에서 Instance(s) 영역에
   생성할 Surface 개수로 3을 입력하고 OK 버튼 클릭

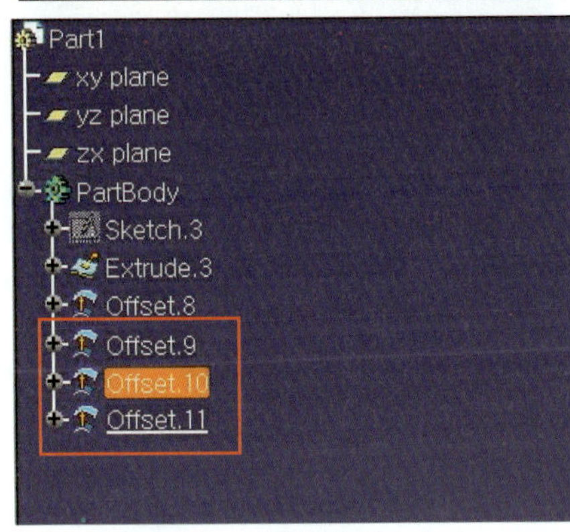

Object Repetition 대화상자 : Create in a new Body 해제

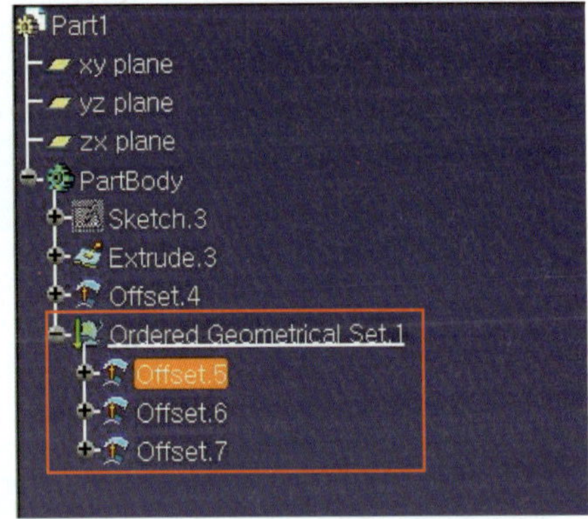

Object Repetition 대화상자 : Create in a new Body 체크

＜Sweep＞

임의의 객체가 경로를 따라 Surface를 생성시키는 기능

① YZ Plane과 ZX Plane에 각각 Spline 아이콘을 클릭하여 Sketch하고 3D Mode로 전환한다.

② 아이콘을 클릭한다.

③ Sweep Surface Definition 대화상자에서 Profile 영역을 클릭하여 Sketch를 선택(1)하고 Guide curve 영역을 클릭하여 경로로 적용할 Sketch를 선택(2)하면 Profile이 Guide Curve를 따라 Surface가 생성된다.

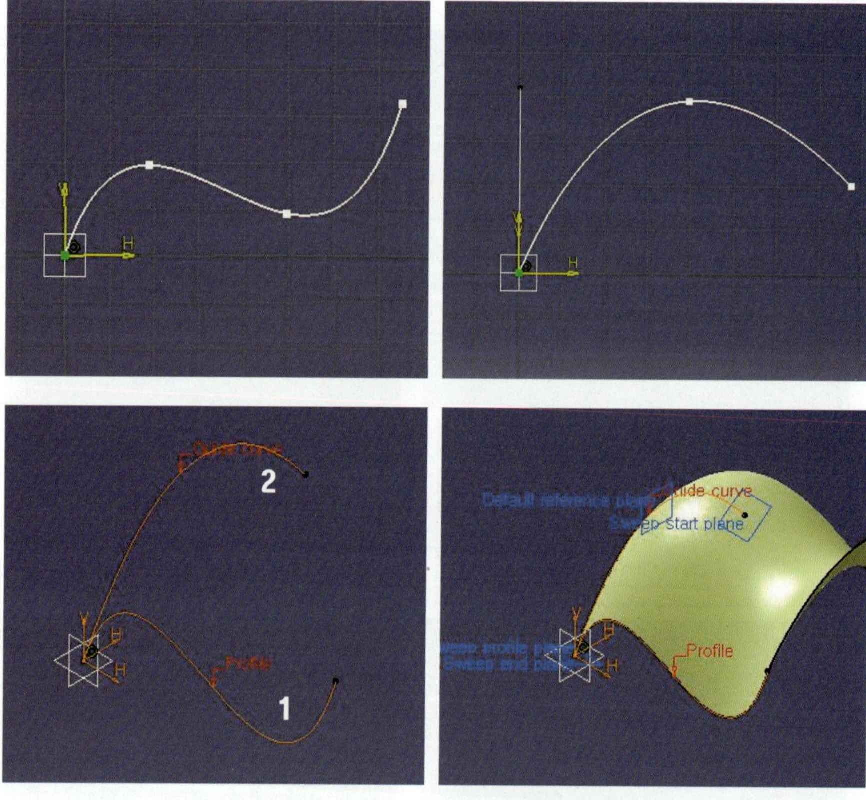
Guide curve
2
Profile
1
Default reference plane
Guide curve
Sweep start plane
Sweep profile plane
Sweep end plane
Profile

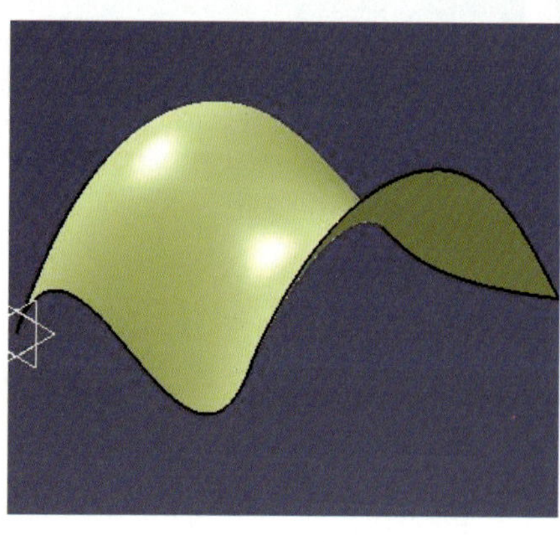

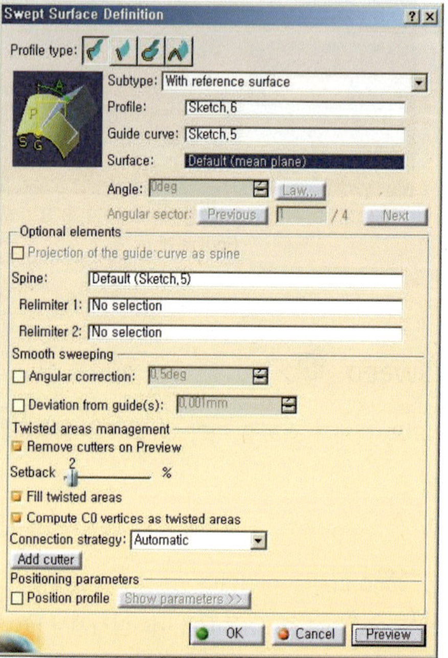
Swept Surface Definition
Profile type:
Subtype: With reference surface
Profile: Sketch.6
Guide curve: Sketch.5
Surface: Default (mean plane)
Angle: 0deg   Law...
Angular sector: Previous   1   / 4   Next
Optional elements
Projection of the guide curve as spine
Spine: Default (Sketch.5)
Relimiter 1: No selection
Relimiter 2: No selection
Smooth sweeping
Angular correction: 0.5deg
Deviation from guide(s): 0.001mm
Twisted areas management
Remove cutters on Preview
Setback   2   %
Fill twisted areas
Compute C0 vertices as twisted areas
Connection strategy: Automatic
Add cutter
Positioning parameters
Position profile   Show parameters >>
OK   Cancel   Preview

④ Profile Type

④-1. Explicit : Profile과 Guide curve로 Surface를 생성한다.

④-1-1. With reference surface : 하나의 Profile과 Guide curve로 Surface를 생성한다.(위의 예제 참고)

④-1-2. With two guide curves : 하나의 Profile이 2개의 Guide curve를 따라가면서 Surface를 생성한다.

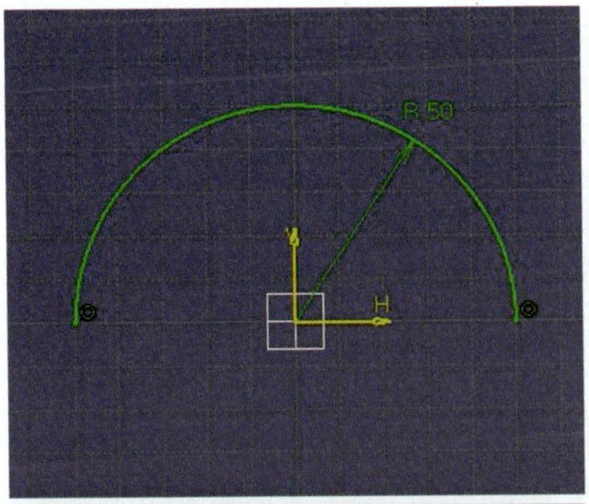

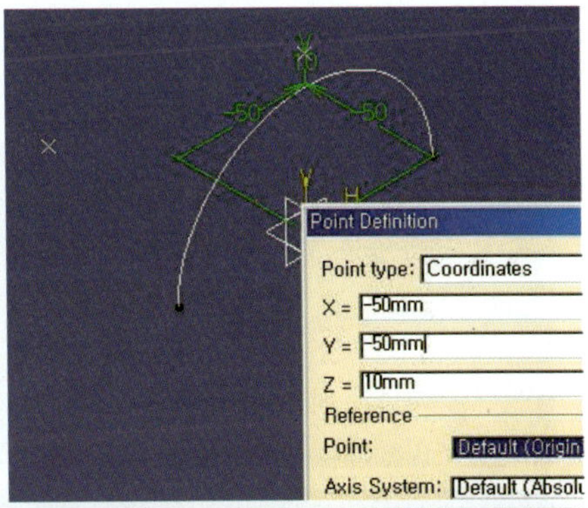

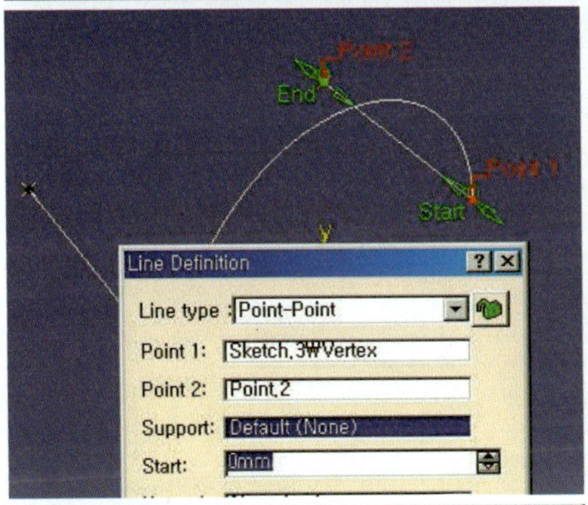

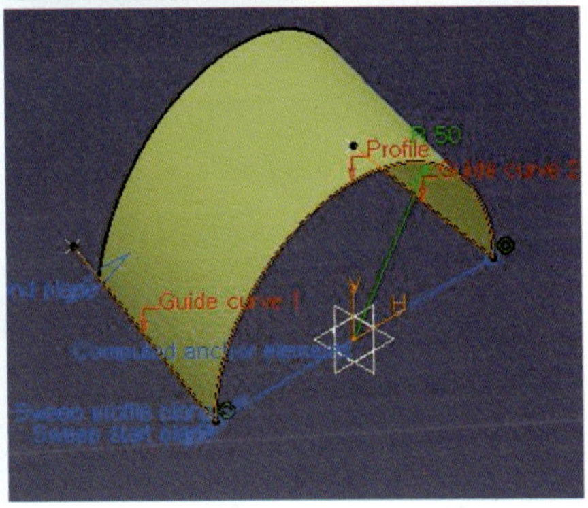

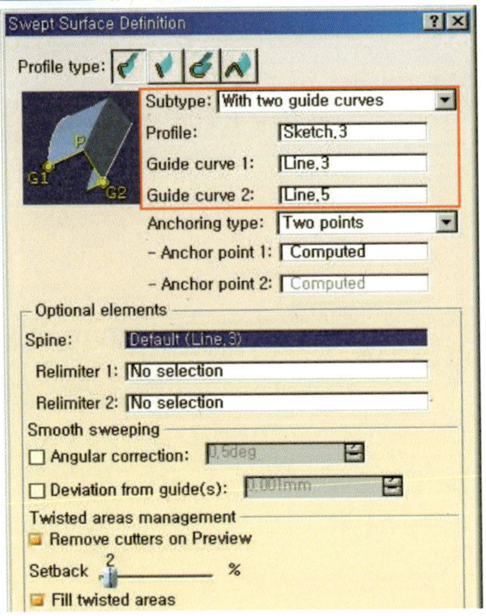

1. ZX Plane에 R50인 Arc를 Sketch

2. 3D에서 Point 아이콘 ■ 을 (-50, -50, 10)과 (50, -50, 30) 위치에 생성

3. 생성한 Point와 Arc의 끝점을 연결한 Line 생성

4. 아이콘을 클릭

5. Subtype를 With two guide curves 선택

6. Profile 영역에 Arc를 선택하고 Guide curve1, 2 영역에 Line을 선택하여 OK 버튼 클릭

7. Arc가 두 Line의 경로를 지나는 Surface를 생성

④-1-3. With pulling direction : 하나의 Profile이 Guide curve를 따라가면서 일정 각도만큼 기울어진 Surface를 생성한다.

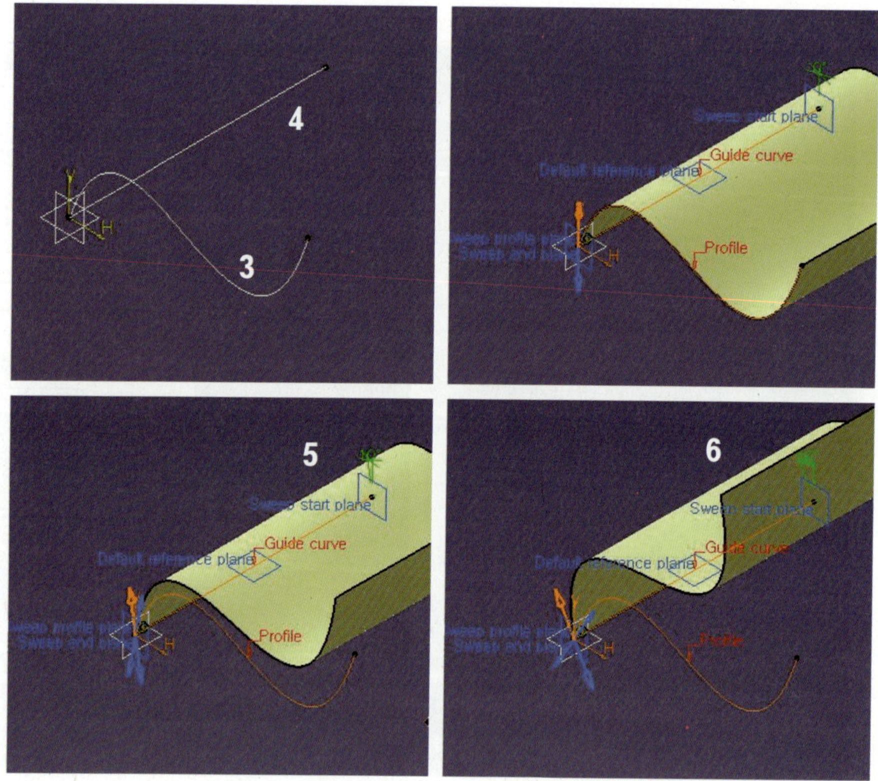

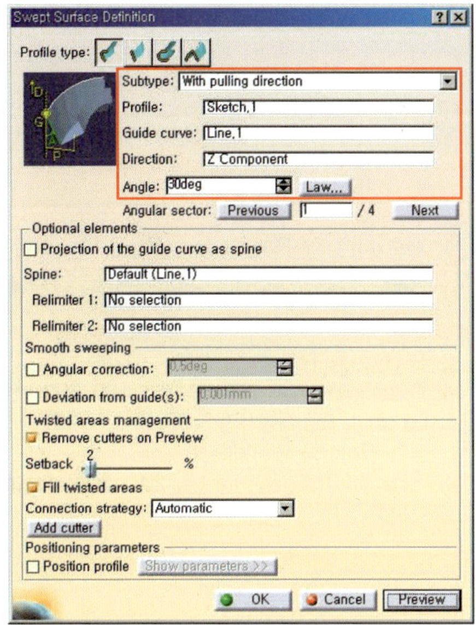

1. YZ Plane에 Spline을 Sketch(3)하고 아이콘의 Point-Direction을 이용하여 Line 생성(4)

2. 아이콘을 클릭

3. Subtype를 With pulling direction 선택

4. Profile 영역에 Spline을 선택하고 Guide curve 영역에 Line을 선택

5. Direction 영역에서 마우스 오른쪽버튼을 클릭하여 Z축을 선택

6. Angle과 Angular sector를 선택하고 OK 버튼 클릭

7. Angle을 10°(5)와 30°(6)를 적용한 경우 생성된 Surface 형상

④-2. Line : Line을 이용하여 Surface을 생성한다.

④-2-1. Two limits : 선택한 2개의 Line을 지나는 Surface를 생성한다.

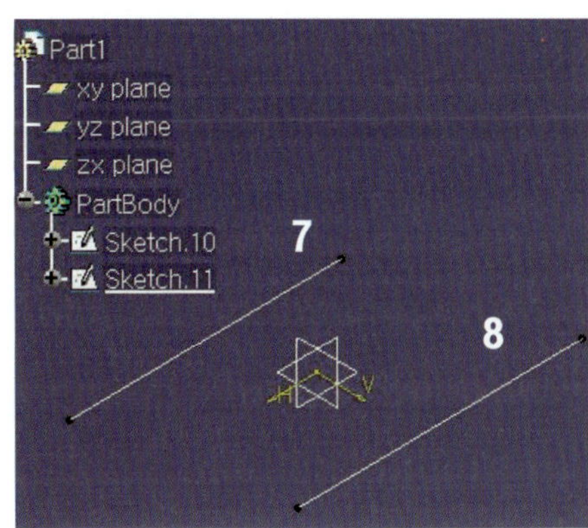

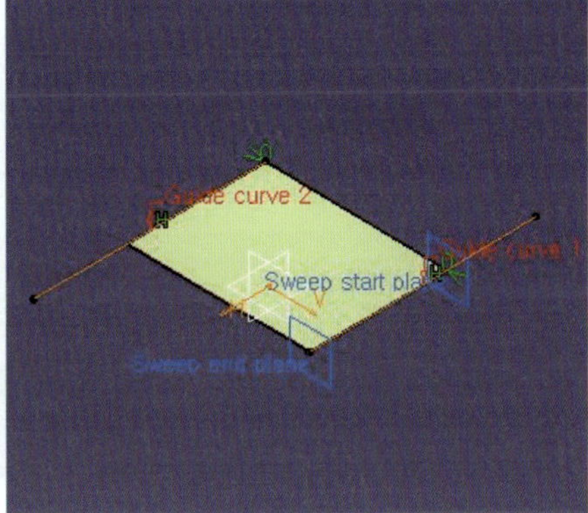

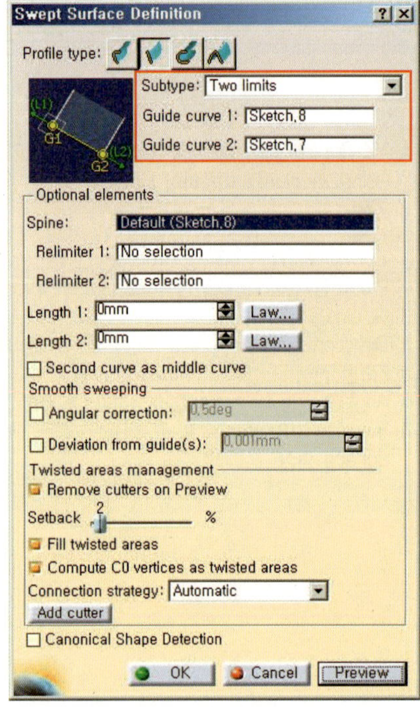

1. 서로 다른 XY Plane에 Line ∕ 을 Sketch(7, 8)

2. 아이콘을 클릭하고 Profile type을 Line ∕ 선택

3. Subtype을 Two limits 선택

4. Guide curve 1과 2에 생성한 Line을 각각 선택

5. Length 1, 2를 지정하면 Surface가 Line으로부터 지정한 길이만큼 연장됨(9)
   - Length 1(20mm), Length 2(10mm)을 적용한 경우

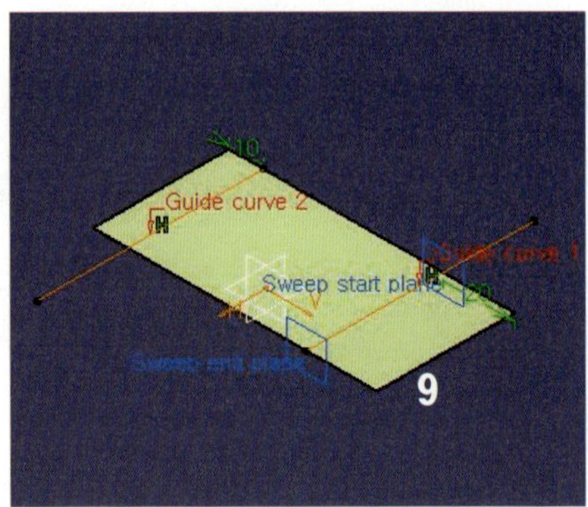

④-2-2. Limit and middle : Guide curve 2를 기준으로 대칭으로 Surface을 생성한다.

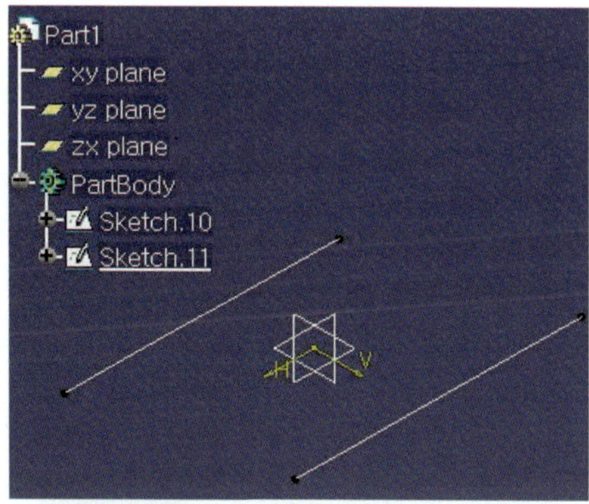

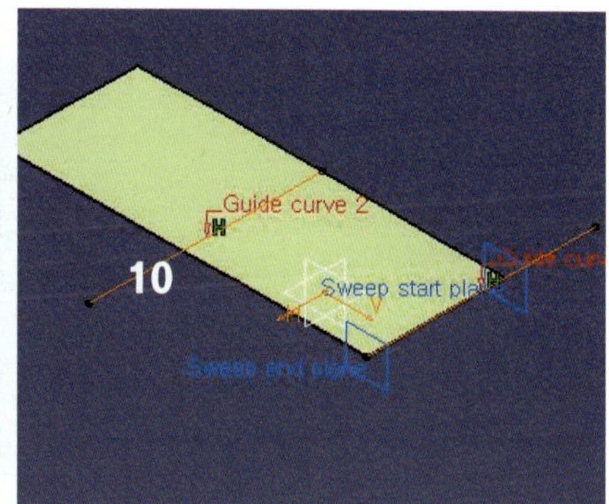

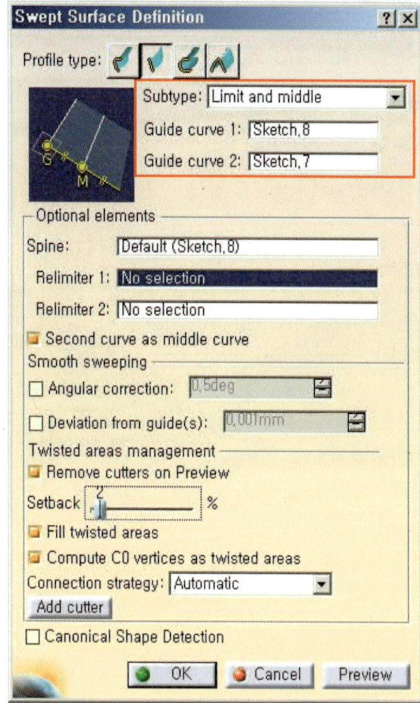

1. 서로 다른 XY Plane에 Line을 Sketch

2. 아이콘을 클릭하고 Profile type을 Line 선택

3. Subtype을 Limit and Middle 선택

4. Guide curve 1과 2(10)에 2개의 Line을 하나씩 선택

5. Guide curve 2에 선택된 Line을 중심으로 대칭인 Surface 생성

④-2-3. With reference surface : Guide curve가 Reference(Surface)에 일정한 각도를 갖는 Surface를 생성한다.

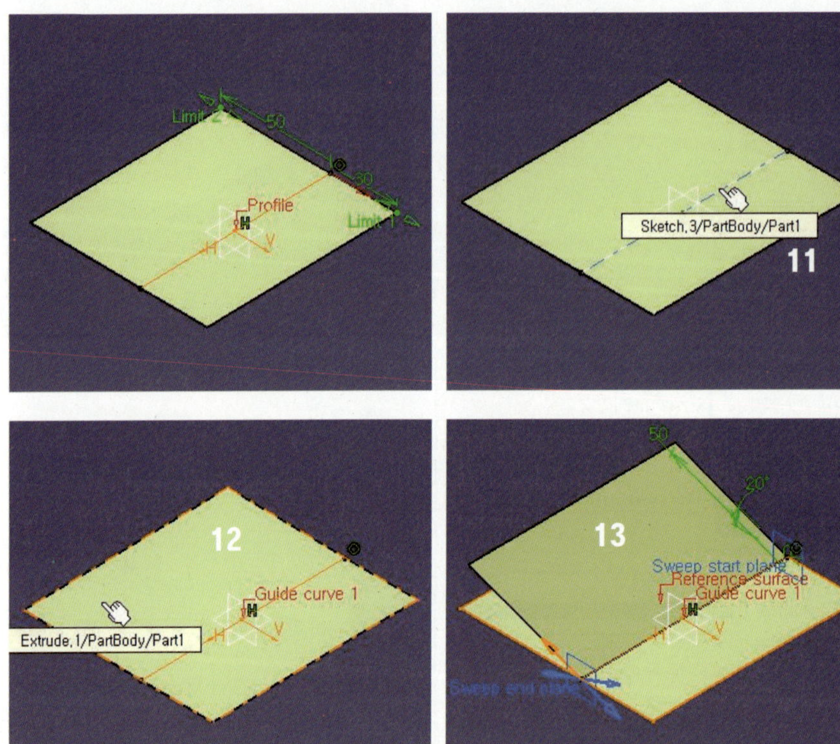

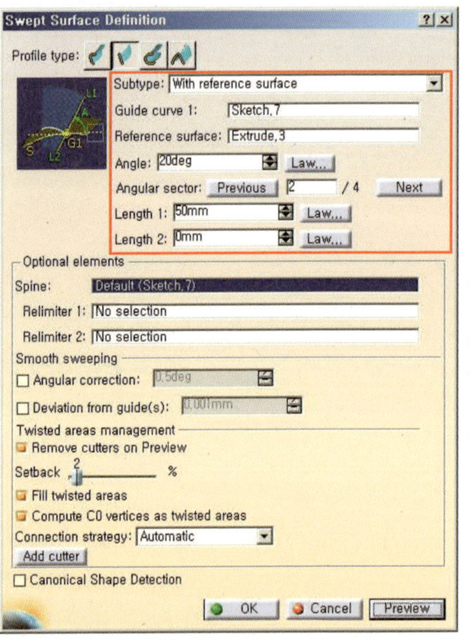

1. XY Plane에 Line을 Sketch하고 Surface를 생성
2. 아이콘을 클릭하고 Profile type을 Line 선택
3. Subtype을 With reference Surface 선택
4. Guide curve 1에 XY Plane에 생성한 Line(11), reference surface에 생성한 Surface(12) 선택
5. Guide curve 1이 Surface에 20° 기울어진 50mm 길이의 Surface가 생성(13)

④-2-4. With reference curve : Guide curve가 기준 Reference(Curve)에 일정한 각도를 갖는 Surface를 생성한다.

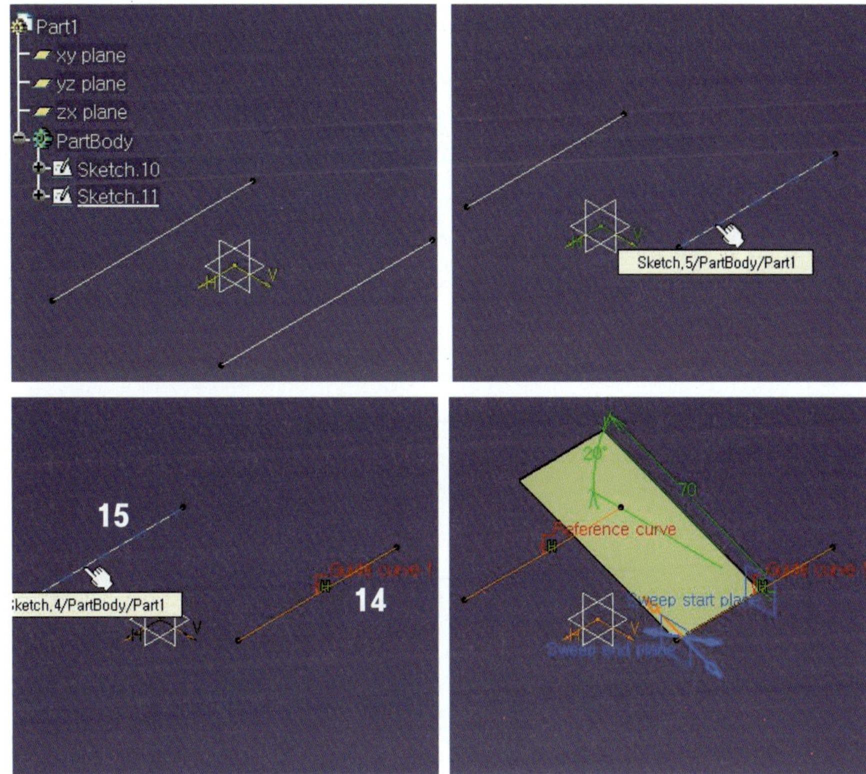

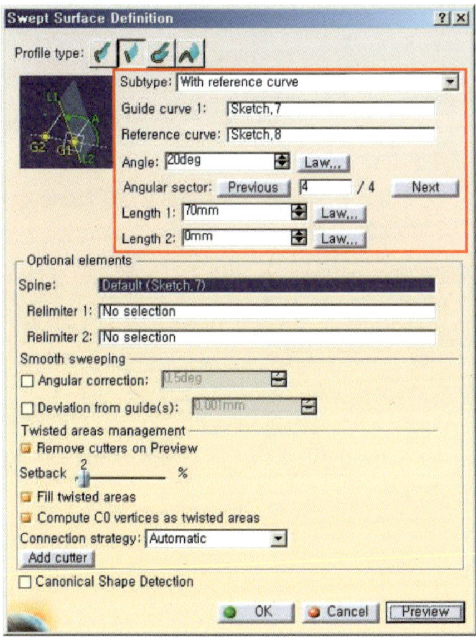

1. 서로 다른 XY Plane에 Line ╱ 을 Sketch

2. 아이콘을 클릭하고 Profile type을 Line 선택

3. Subtype을 With reference curve 선택

4. Guide curve 1(14)과 reference curve(15)를 선택

5. Guide curve 1이 reference curve에서 20°만큼 기울어진 Length 1(70mm)의 길이를 갖는 Surface가 생성

④-2-5. With tangency surface : Guide curve에서 기존에 생성된 Surface에 접하는 새로운 Surface를 생성한다.

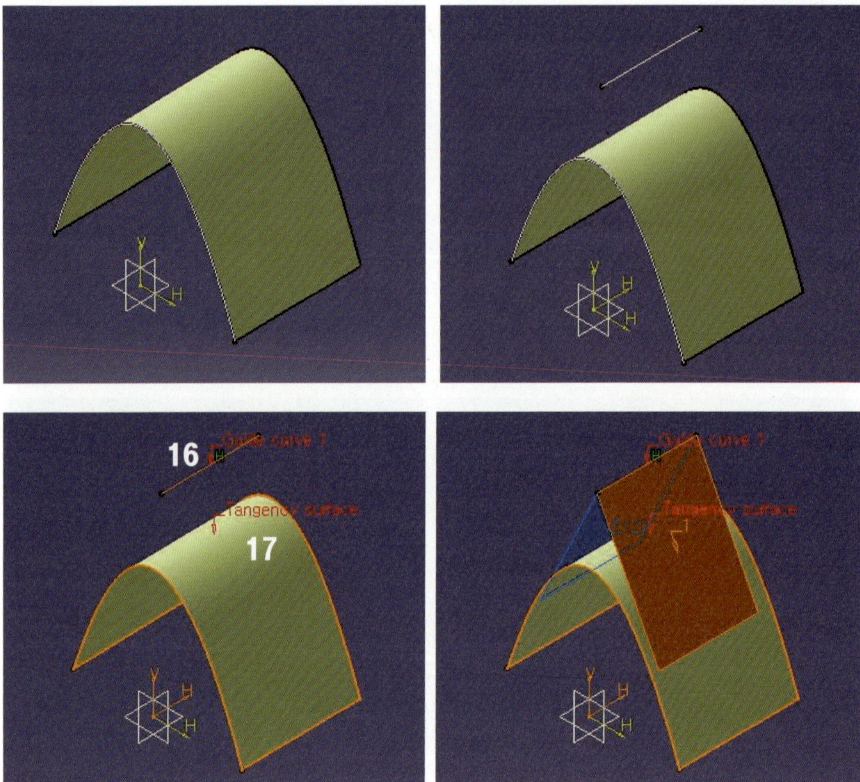

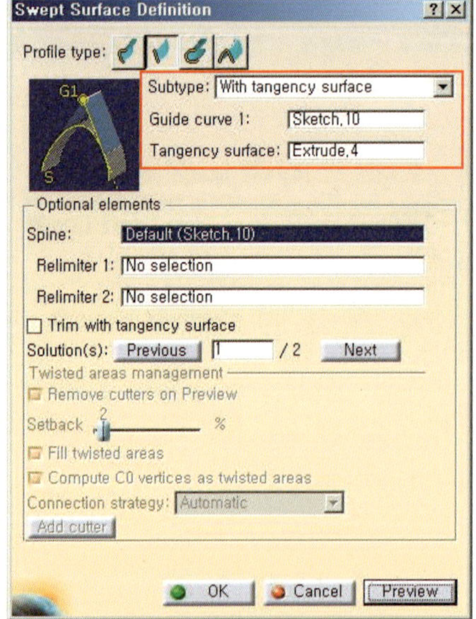

1. XZ Plane에 Spline을 Sketch하고 3D Mode에서 Surface를 생성

2. ZX Plane에 Surface 위쪽에 Line을 생성

3. 아이콘을 클릭하고 Profile type을 Line 선택

4. Subtype을 With tangency surface 선택

5. Guide curve 1(16)과 tangency surface(17)를 선택

6. Guide curve 1이 surface에 접하는 새로운 Surface 가 생성

④-2-6. With draft direction : Guide curve에서 생성할 Surface의 방향과 각도를 지정하여 새로운 Surface를 생성한다.

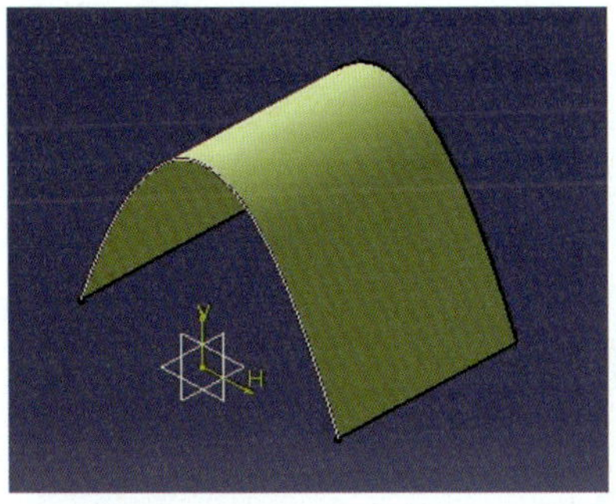

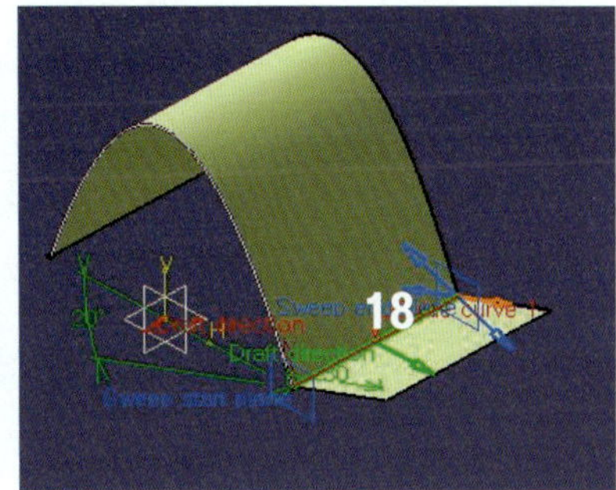

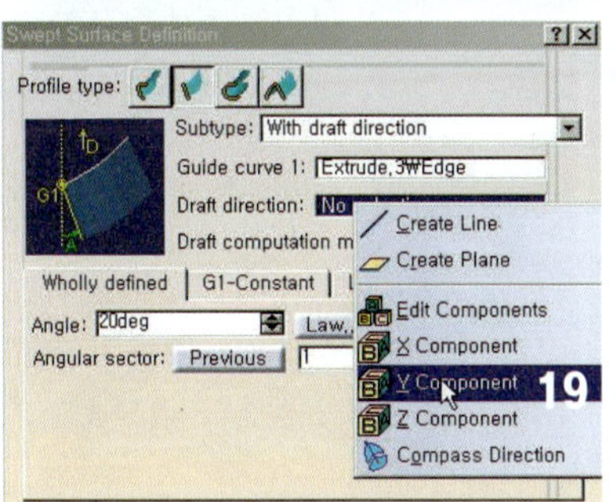

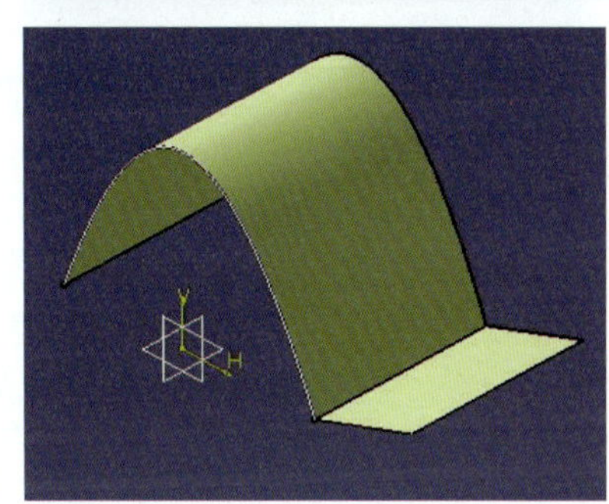

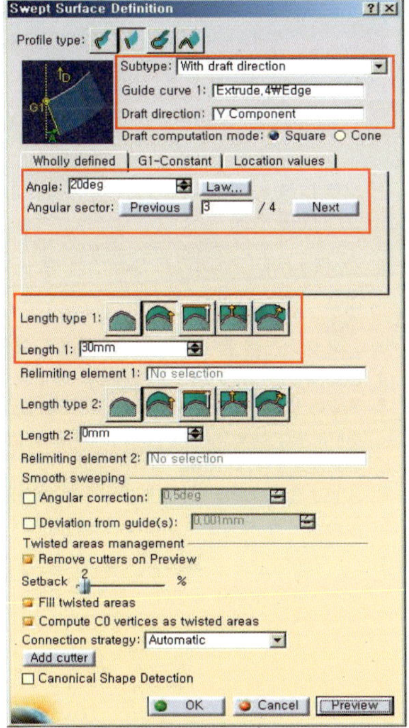

1. XZ Plane에 Spline을 Sketch하고 3D Mode에서 Surface를 생성

2. 아이콘을 클릭하고 Profile type을 Line 선택

3. Subtype을 With Draft Direction을 선택

4. Guide curve 1(18) 영역에 생성할 Surface의 시작 부분을 선택하고 Draft direction 영역은 생성할 Surface의 방향을 선택(19)

5. Guide curve 1이 Y축 방향에서 20° 기울어진 새로운 Surface 생성

④-2-7. With two tangency surfaces : 2개의 Surface에 접하는 새로운 Surface를 생성한다.

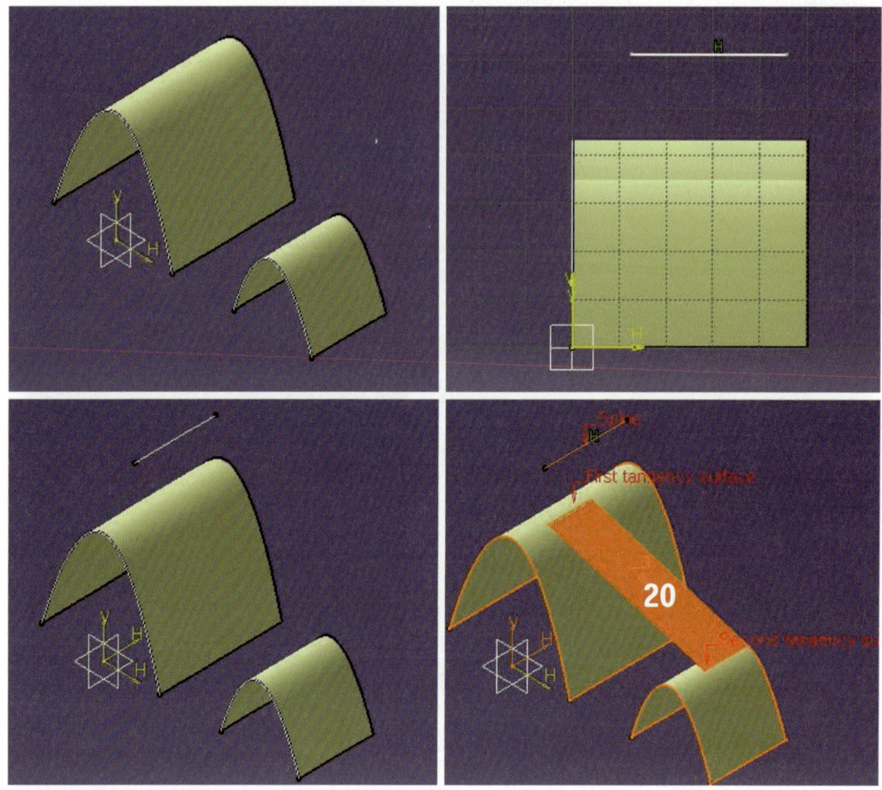

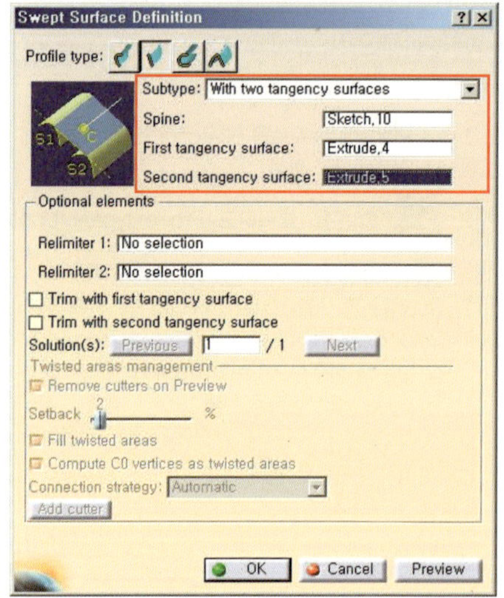

1. 서로 다른 YZ Plane에 Spline을 Sketch하고 2개의 Surface를 생성

2. ZX Plane에 Line을 Sketch한 후 3D Mode로 전환

3. 아이콘을 클릭하고 Profile type Line 선택

4. Subtype을 With two tangency surfaces 선택

5. Spine 영역에 Line을 선택하고, First tangency surface와 Second tangency surface 영역에 Surface를 각각 선택

6. 2개의 Surface에 접하고 Line과 2개의 Surface와 공통영역에 새로운 Surface가 생성(20)

④-3. Circle 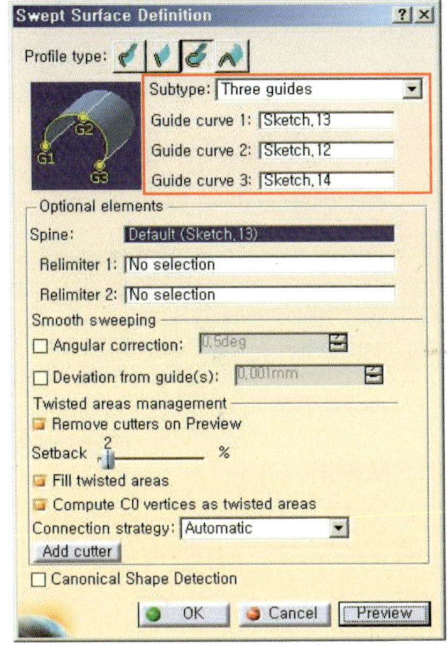 : 원형의 Surface를 생성한다.

④-3-1. Three Guides : 세 곡선을 지나는 원형의 Surface를 생성한다.

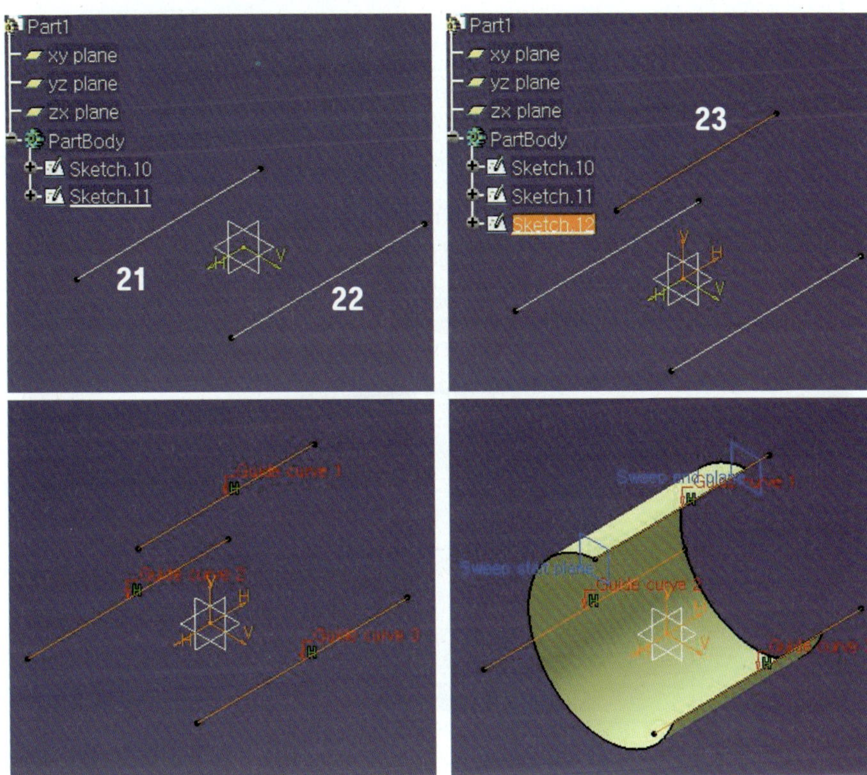

1. 서로 다른 XY Plane에 Line /을 Sketch(21, 22)

2. ZX Plane에 Line /을 Sketch(23)

3. 아이콘을 클릭하고 Profile type을 Circle 선택

4. Subtype을 Three Guides를 선택

5. Guide curve 1, 2, 3 영역에 3개의 Line을 각각 선택

④-3-2. Two guides and radius : 2개의 곡선을 지나고 지정한 반경을 갖는 원형의 Surface를 생성한다.

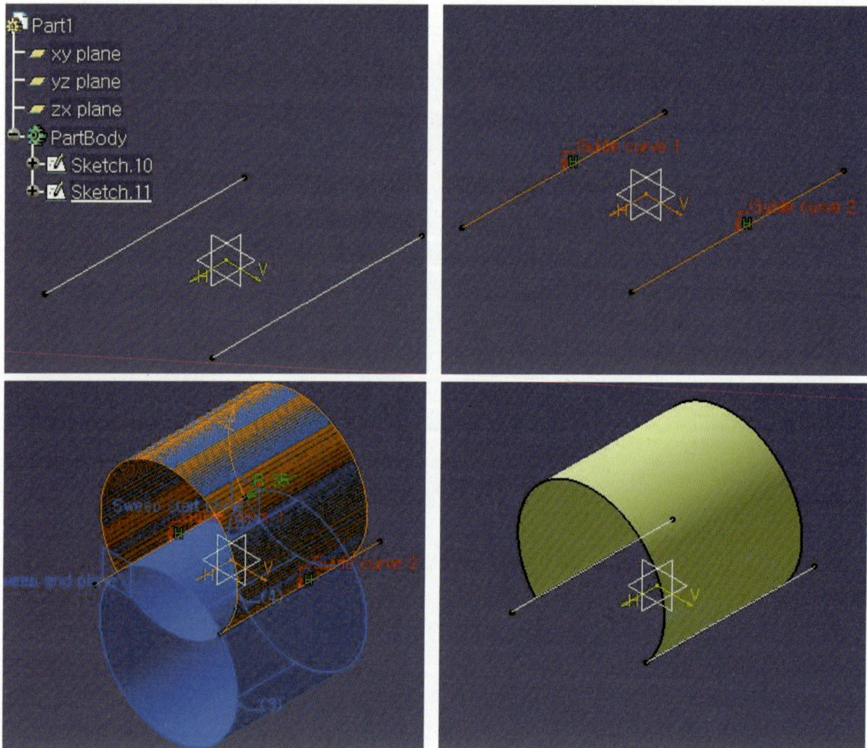

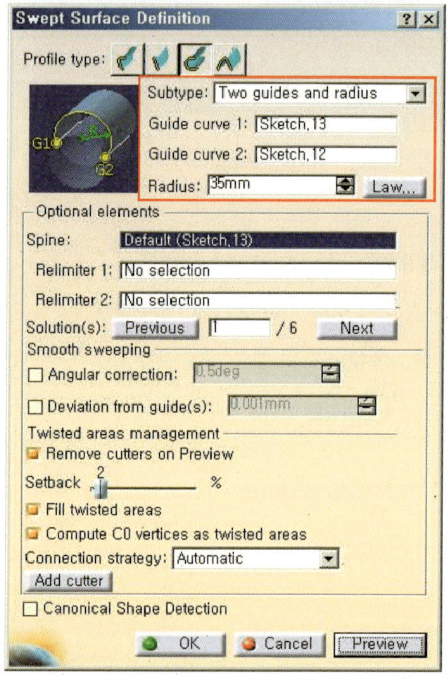

1. 서로 다른 XY Plane에 Line을 Sketch

2. 아이콘을 클릭하고 Profile type을 Circle 선택

3. Subtype을 Two guides and radius 선택

4. Guide curve 1, 2 영역에 Line을 각각 선택하고 Radius 영역에 35mm를 입력

5. Solution(s)에서 생성할 Surface를 선택하면 2개의 Guide curve를 지나고 입력한 반경(35mm)을 갖는 Surface가 생성

6. Radius값이 두 curve 사이의 거리보다 작을 경우 error 발생

④-3-3. Center and two angles : Center curve를 중심으로 Reference curve에서 임의의 각도를 갖는 원형의 Surface를 생성한다.

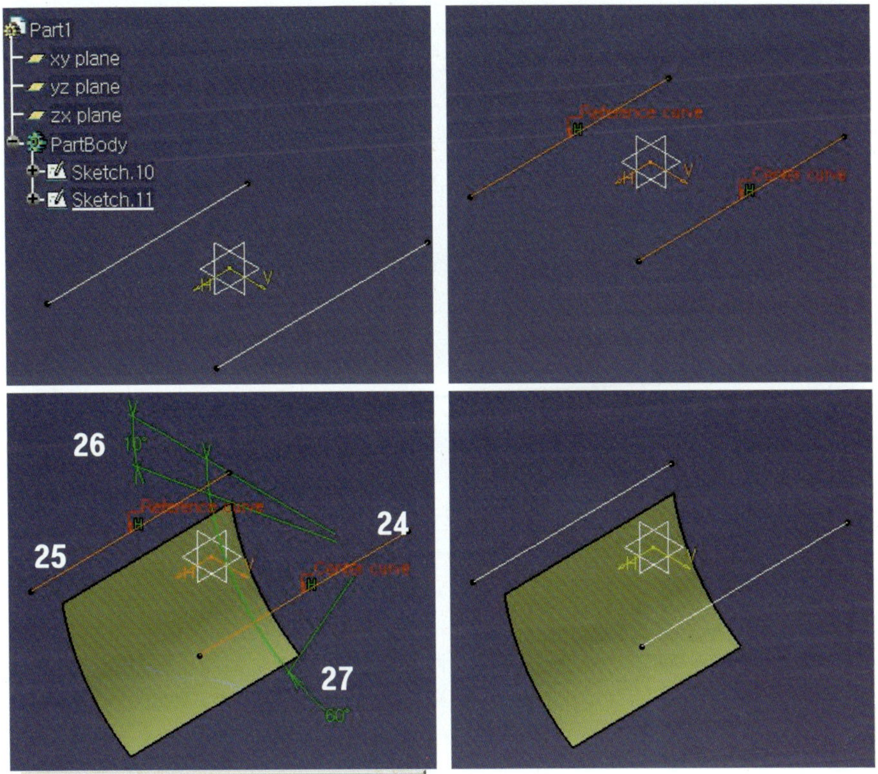

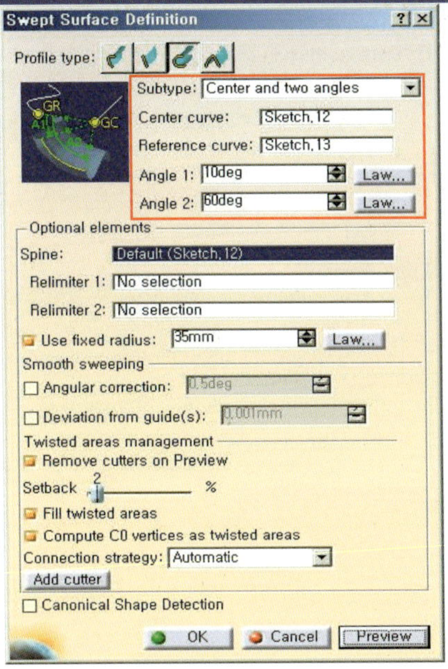

1. 다른 XY Plane에 Line ∕ 을 Sketch

2. 아이콘을 클릭하고 Profile type을 Circle 을 선택

3. Subtype을 Center and two angles 선택

4. Center curve 영역에 생성할 Surface 중심이 될 Curve 선택(24)

5. Reference curve 영역에 기준 curve를 선택(25)하고 Angle 1(26)과 2(27)를 입력

6. Center curve를 중심으로 Reference curve에서 Angle 1과 Angle 2 사이를 지나는 원형의 Surface 를 생성

④-3-4. Center and radius : Center curve를 중심으로 일정한 반경을 갖는 원형의 Surface를 생성한다.

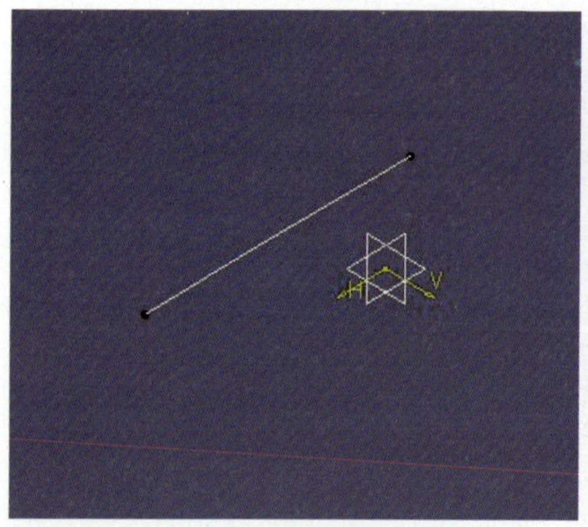

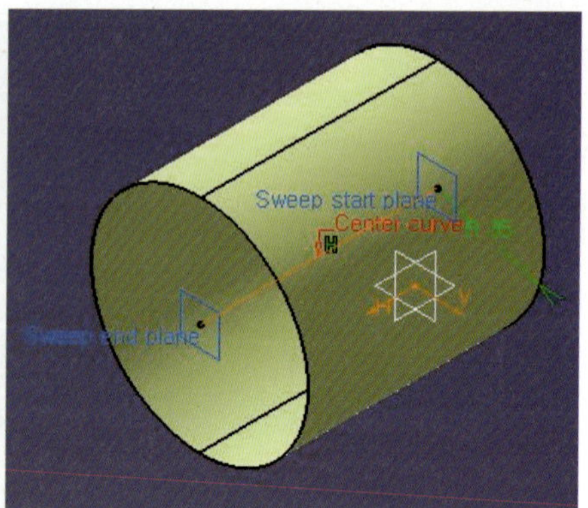

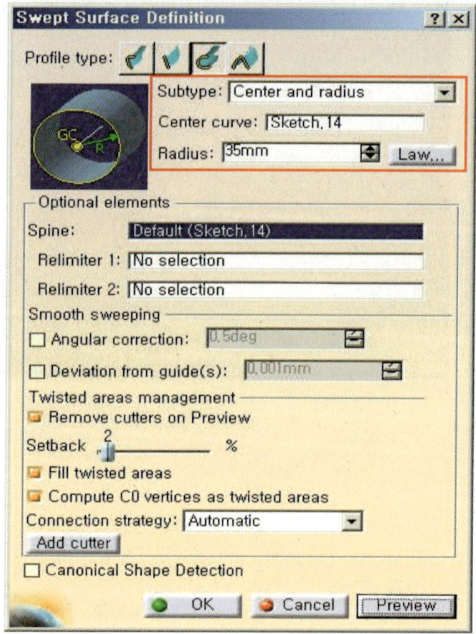

1. XY Plane에 Line 을 Sketch

2. 아이콘을 클릭하고 Profile type을 Circle
   선택

3. Subtype을 Center and radius 선택

4. Center curve 영역에 생성할 Surface 중심이 될
   Curve 선택

5. Radius 영역에 35mm를 입력하여 Surface 생성

④-3-5. Two guide and tangency surface : Limit curve와 Surface상의 곡선을 지나면서 Surface에 접하는 원형의 Surface를 생성한다.

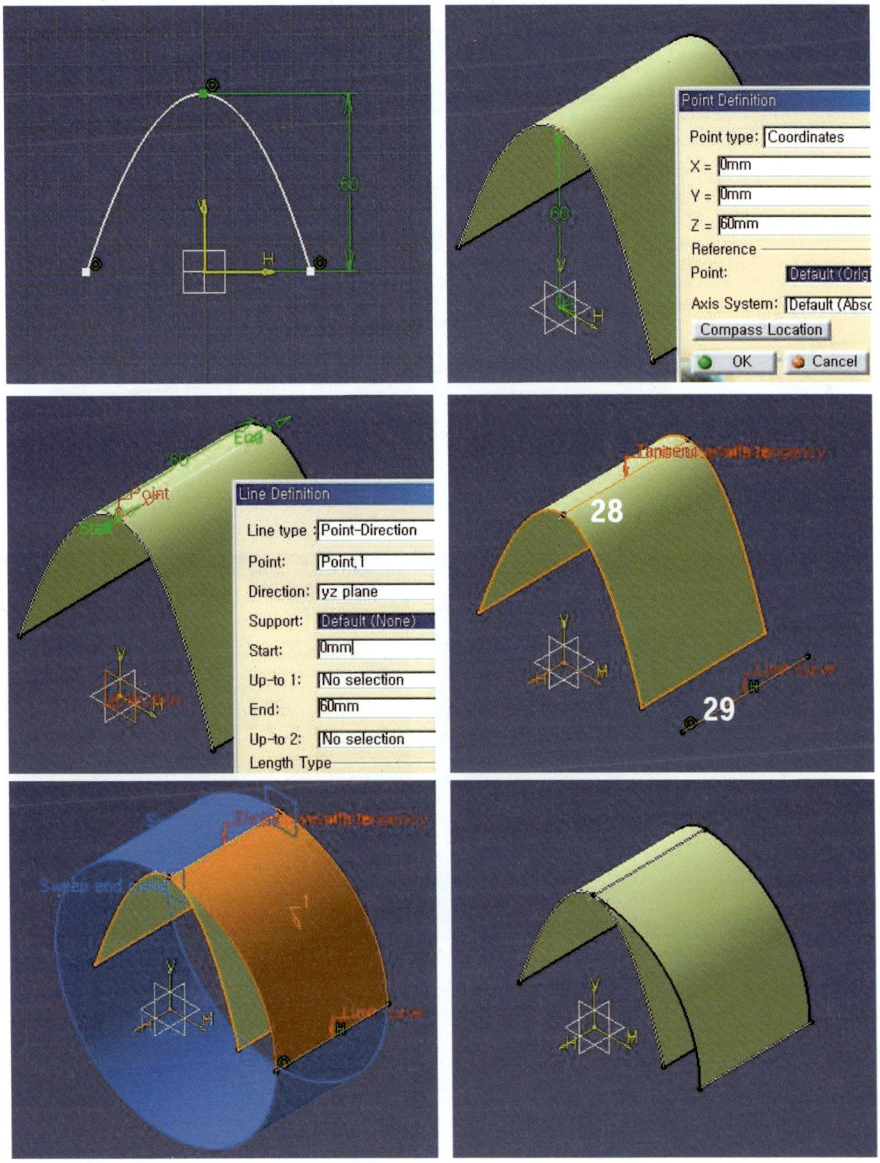

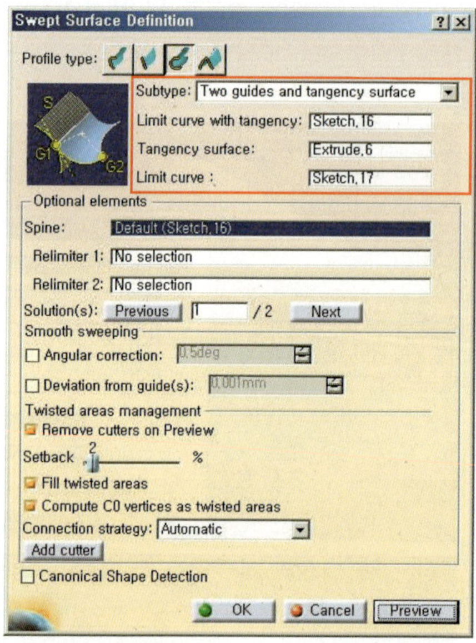

1. YZ Plane에 Spline을 Sketch하고 Surface 생성
2. Curve 위에 Point를 생성하고 Curve 방향으로 Line 생성
3. XY Plane에 Line을 Sketch
4. 아이콘을 클릭하고 Profile type을 Circle 선택
5. Subtype을 Two guide and tangency surface 선택
6. Limit curve with tangency 영역에 Curve 위의 Line을 선택(28)
7. Tangency surface 영역에 생성한 Surface를 선택하고 Limit curve 영역에 XY Plane에 생성한 Line을 선택(29)
8. Limit curve와 Surface 위의 Line을 지나면서 Surface에 접하는 새로운 Surface를 생성

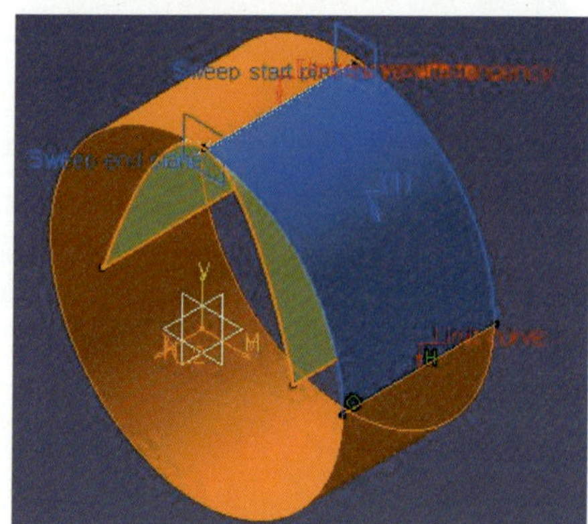
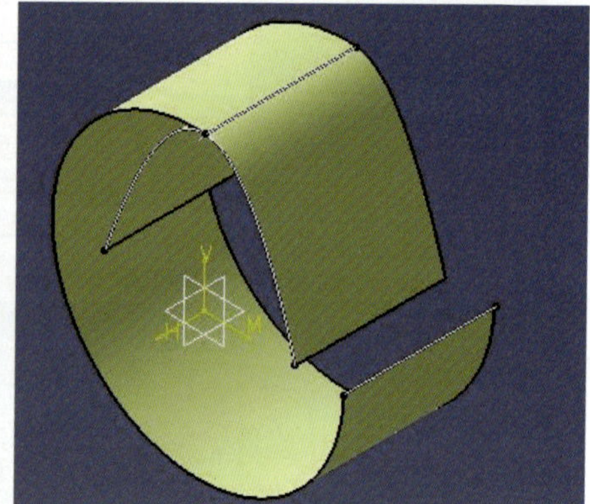

Solution(s)을 이용하여 다른 방향의 Surface를 생성한 경우

④-3-6. One guide and tangency surface : Guide Curve 곡선을 지나고 Surface에 접하는 새로운 원형의 Surface를 생성한다.

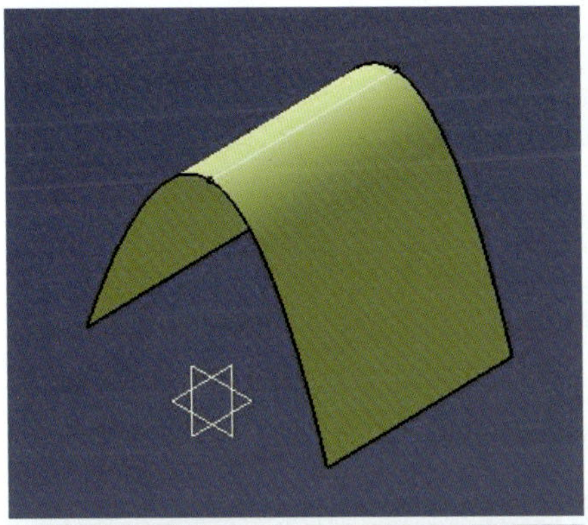

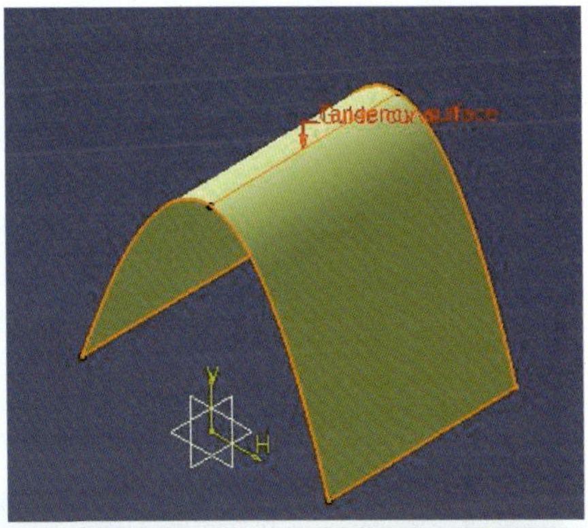

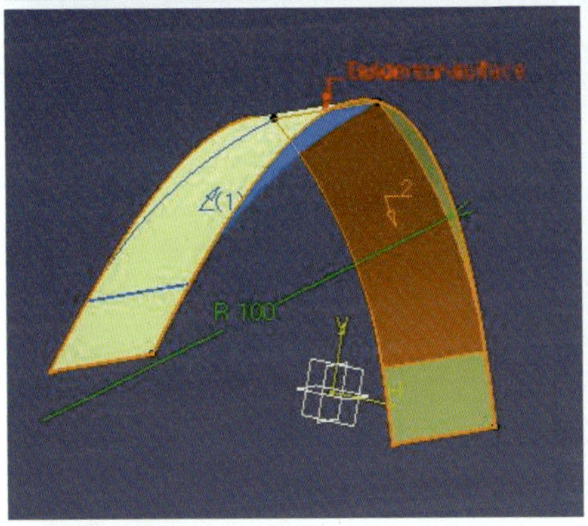

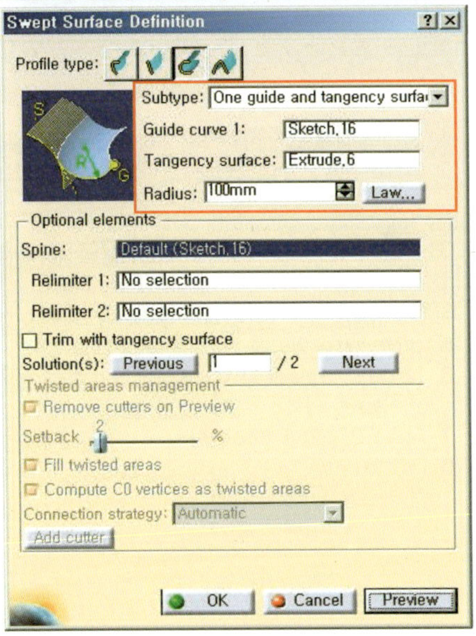

1. YZ Plane에 Spline을 Sketch하고 Surface 생성
2. Curve 위에 Point를 생성하고 Curve 방향으로 Line 생성
3. 아이콘을 클릭하고 Profile type을 Circle 선택
4. Subtype을 One guide and tangency surface 선택
5. Guide curve 1 영역에 Surface 위의 Line 선택
6. Tangency surface 영역에 생성한 Surface을 선택하고 Radius 입력
7. Guide curve를 지나면서 Surface에 접하는 새로운 Surface가 생성

④-3-7. Limit curve and tangency surface : Surface 위에 있는 curve를 지나고 Surface에 접하면서 일정한 각도만큼 새로운 Surface를 생성한다.

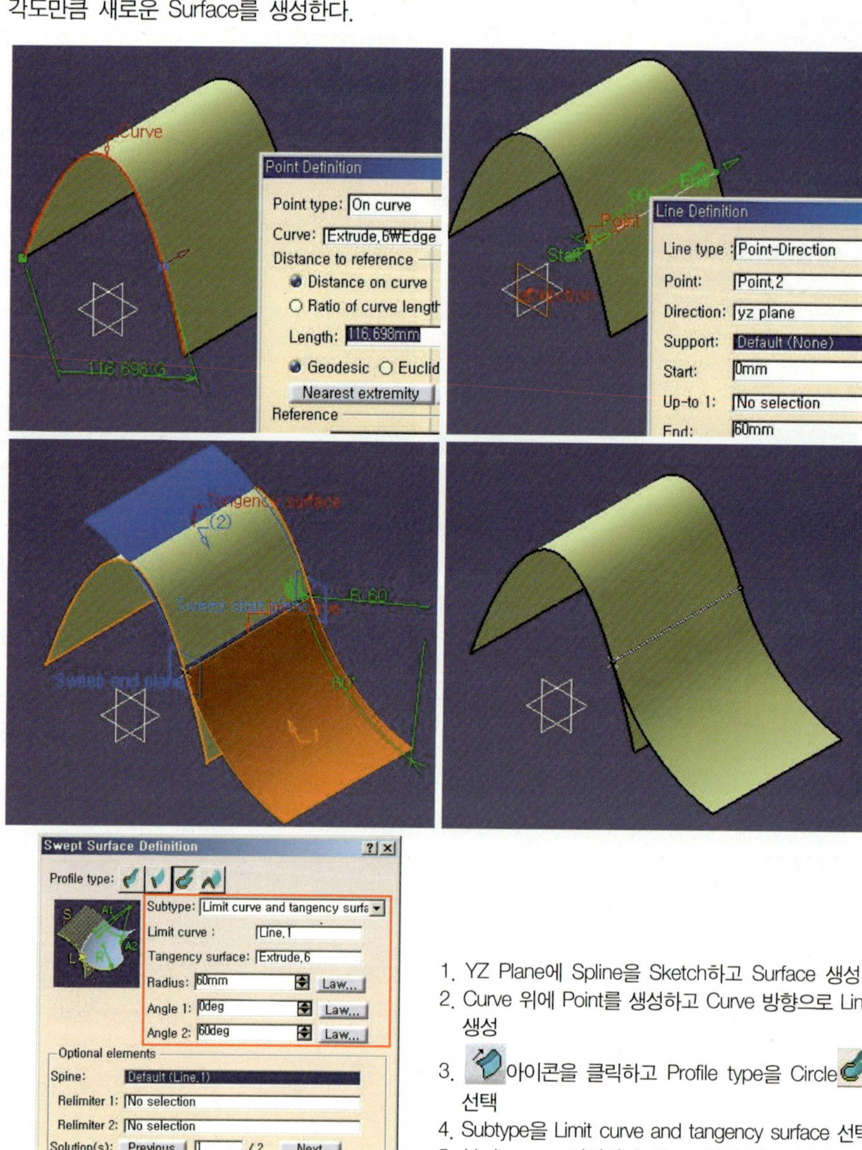

1. YZ Plane에 Spline을 Sketch하고 Surface 생성
2. Curve 위에 Point를 생성하고 Curve 방향으로 Line 생성
3. 아이콘을 클릭하고 Profile type을 Circle 선택
4. Subtype을 Limit curve and tangency surface 선택
5. Limit curve 영역에 Surface 위의 Line 선택
6. Tangency surface 영역에 생성한 Surface을 선택하고 Radius 입력
7. Angle 2 영역에 60° 입력
8. Limit curve를 지나고 Surface에 접하면서 60deg만큼 새로운 Surface 생성

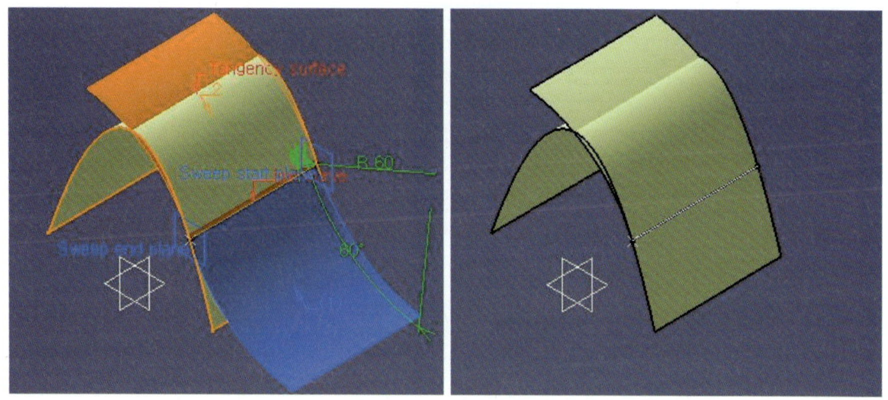

Solution(s)을 이용하여 다른 방향의 Surface를 생성한 경우

④-4 Conic : 원뿔형의 Surface를 생성한다.

④-4-1 Two guide curves : 두 곡선을 지나고 Guide curve에 접하는 원뿔형의 Surface를 생성한다.

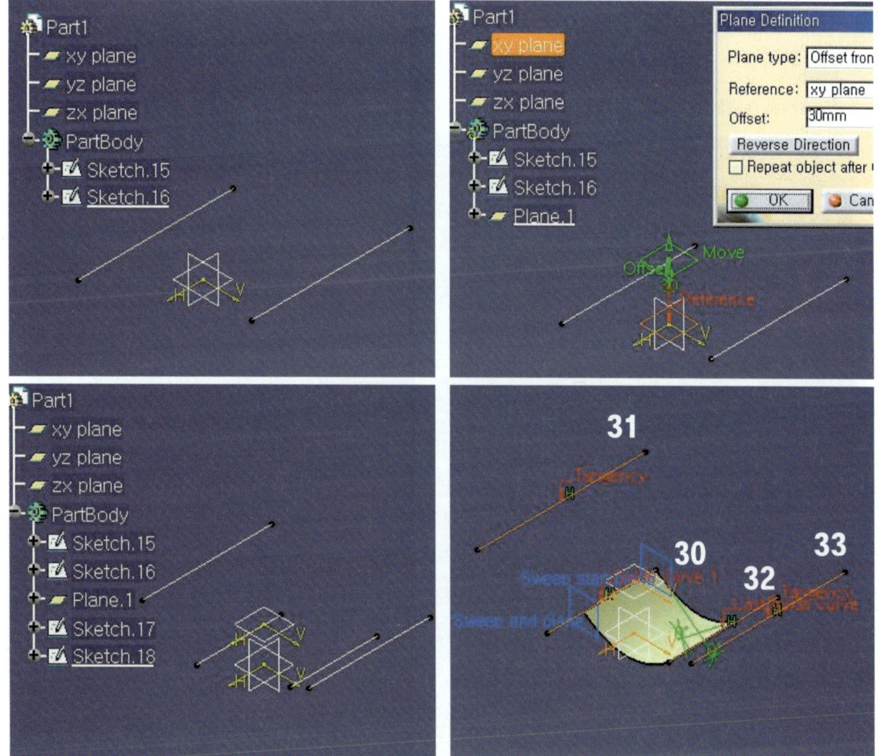

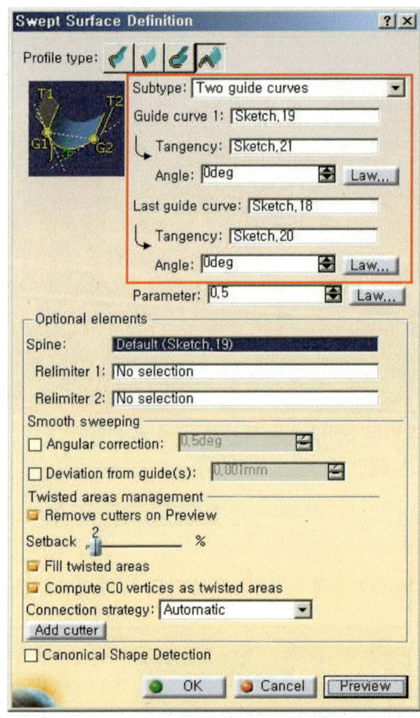

1. 서로 다른 XY Plane에 Line을 생성

2. Plane 아이콘을 클릭하여 XY Plane에 평행한 30mm 위치에 평면 생성

3. 생성한 Plane 위에 서로 다른 Sketch 평면에 2개의 Line을 생성

4. 아이콘을 클릭하고 Profile type을 Conic 선택

5. Subtype을 Two guide curves를 선택

6. Guide curve1과 Tangency 영역을 클릭하고 각각 선택(30, 31)

7. Guide curve2와 Tangency 영역을 클릭하고 각각 선택(32, 33)

8. Guide curve1과 2를 지나고 Tangency curve에 접하는 Surface 생성

④-4-2. Three guide curves : 3개의 Guide curve를 지나고 2개의 curve에 접하는 원뿔형의 Surface를 생성한다.

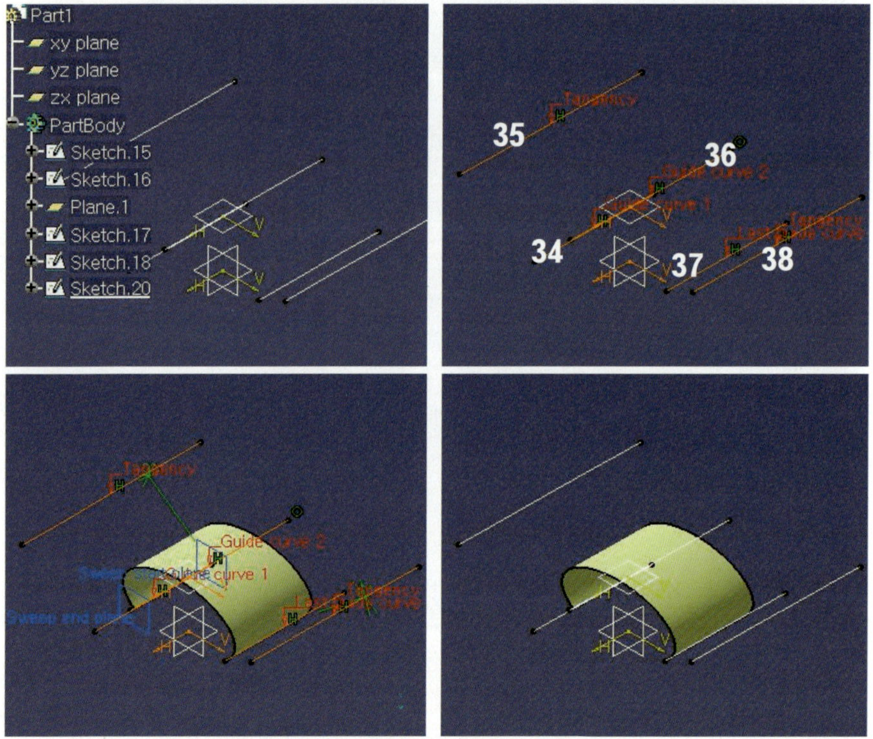

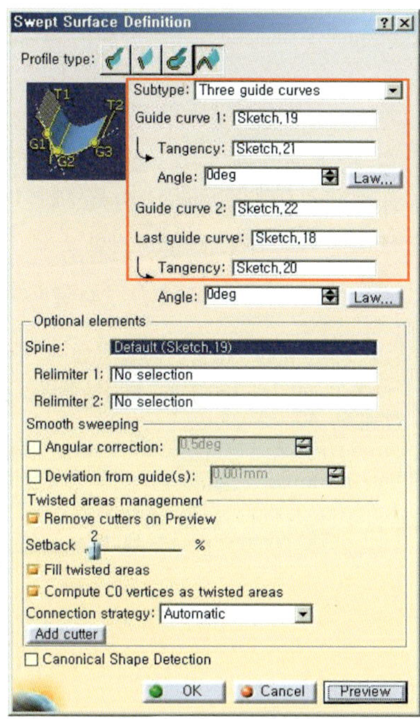

1. '④-4-1 Two guide curves'의 예제에서 생성한 Plane 위에 Line을 추가로 생성
2. 아이콘을 클릭하고 Profile type을 Conic 선택
3. Subtype을 Three guide curves 선택
4. Guide curve 1과 Tangency 영역을 클릭하고 각각 선택(34, 35)
5. Guide curve 2 영역을 클릭하고 위에서 생성한 Line 선택(36)
6. Last guide curve와 Tangency 영역을 클릭하고 각 각 선택(37, 38)
7. Guide curve 1, 2, Last guide curve를 지나고 Tangency curve에 접하는 Surface가 생성

④-4-3. Four guide curves : 4개의 Guide curve와 1개의 Tangency Line을 이용하여 원뿔형의 Surface를 생성한다.

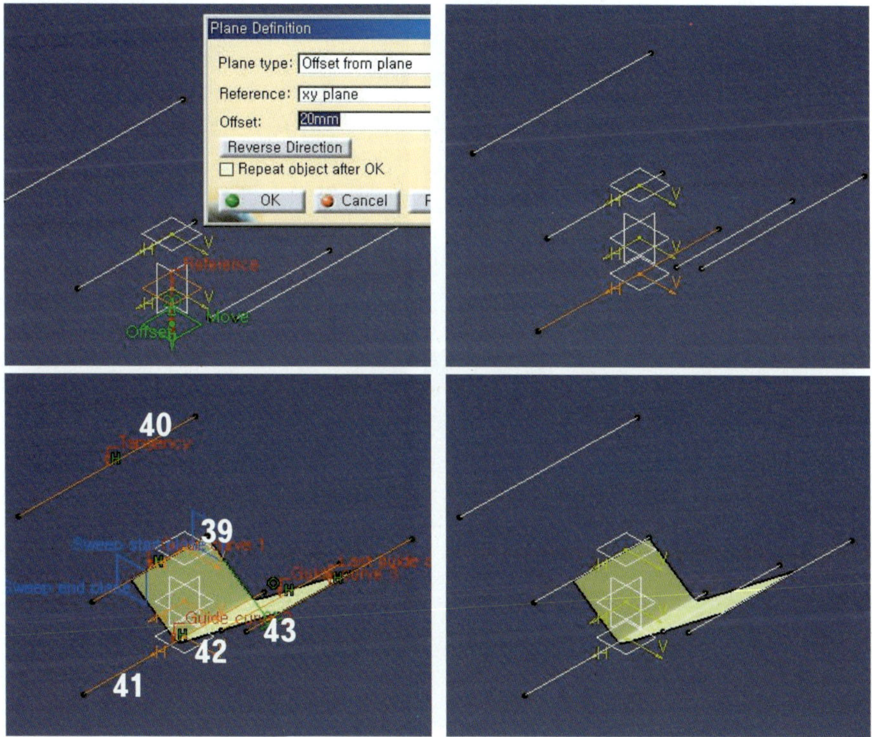

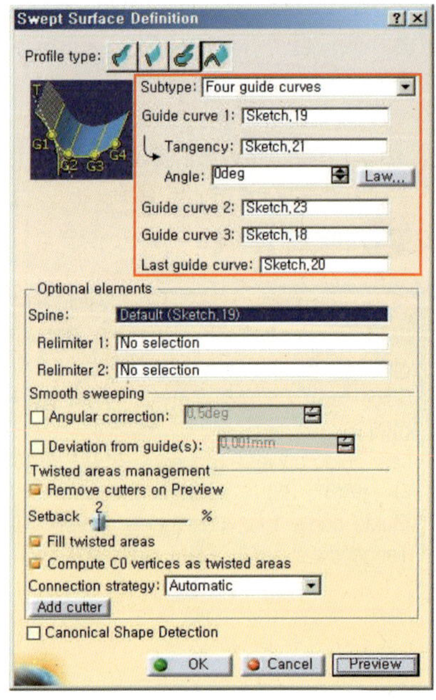

1. '④-4-1 Two guide curves'의 예제에서 XY Plane 에 평행하게 아래방향으로 20mm 위치에 Plane 생성

2. 생성한 Plane 위에 Line 생성

3. 아이콘을 클릭하고 Profile type을 Conic 선택

4. Subtype을 Four guide curves 선택

5. Guide curve 1과 Tangency 영역을 클릭하고 각각 선택(39, 40)

6. Guide curve 2, 3 영역을 클릭하고 Line 선택(41,42)

7. Last guide curve영역을 클릭하고 Line 선택(43)

8. Tangency curve에 접하고 Guide curve 1, 2, 3, Last guide curve를 지나는 Surface 생성

④-4-4. Five guide curves : 5개의 Guide curve를 지나는 원뿔형의 Surface를 생성한다.

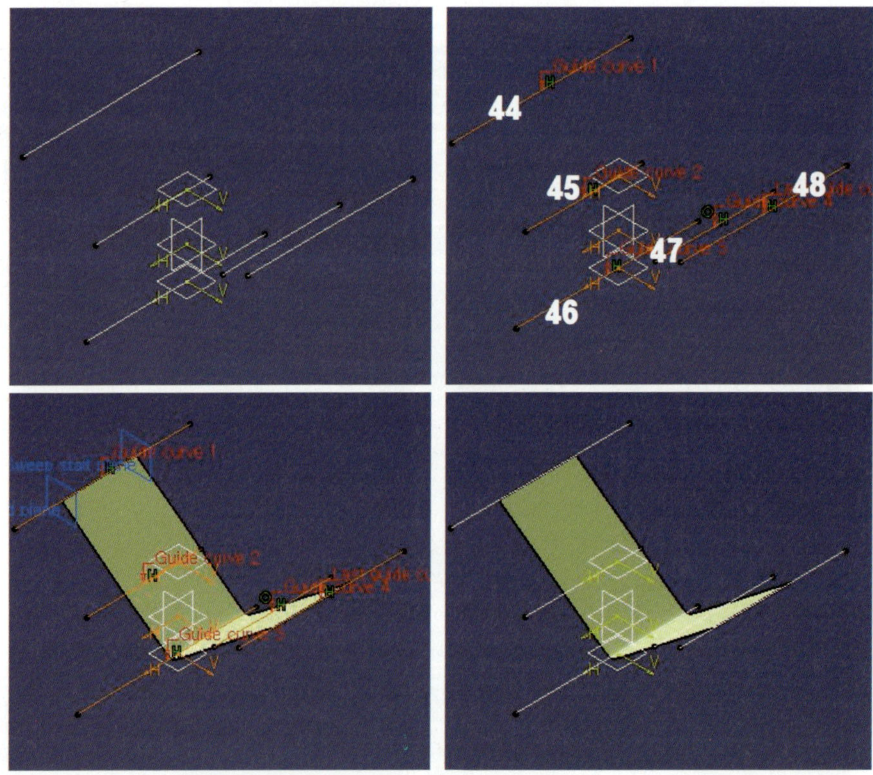

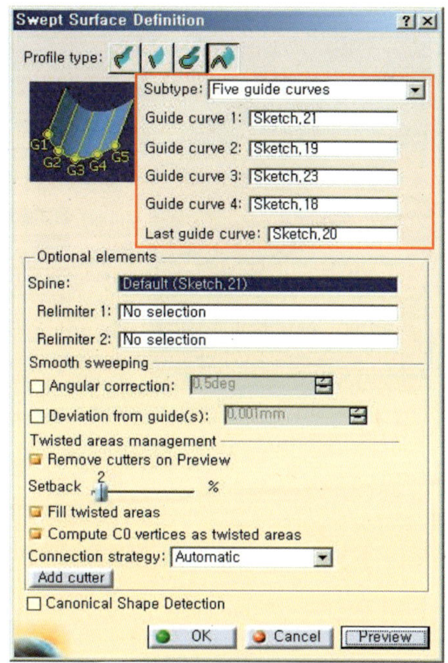

1. '④-4-3. Four guide curves'의 예제를 활용
2. 아이콘을 클릭하고 Profile type을 Conic 선택
3. Subtype을 Five guide curves 선택
4. Guide curve1~4, Last guide curve영역에 생성한 다섯 개의 Line을 차례대로 선택(44~48)
5. 5개의 Guide curve를 지나는 원뿔형의 Surface가 생성

<Fill>

닫혀 있는 폐곡선의 안쪽을 Surface로 채워주는 기능

① XY Plane에 Line 을 생성하고 Exit Workbench 아이콘을 클릭하여 3D Mode로 전환한다.

② Extrude 아이콘 을 클릭하여 Surface를 생성한다.

③ Plane 아이콘 을 클릭하여 XY Plane과 평행한 30mm 위치에 새로운 Plane을 생성한다.

④ 생성한 Plane 위에 Line을 생성하고 Extrude 시켜 Surface를 생성한다.

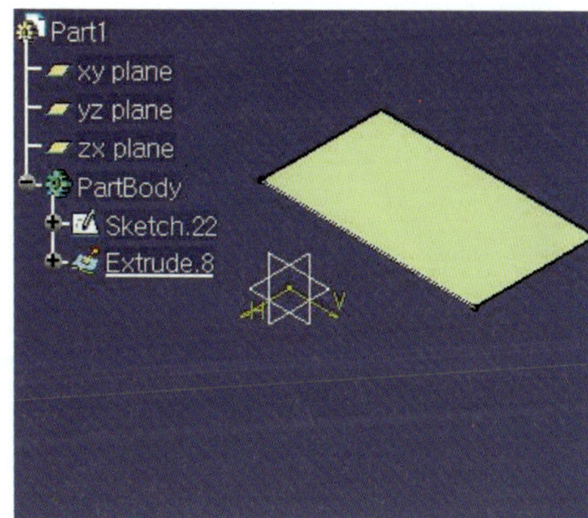

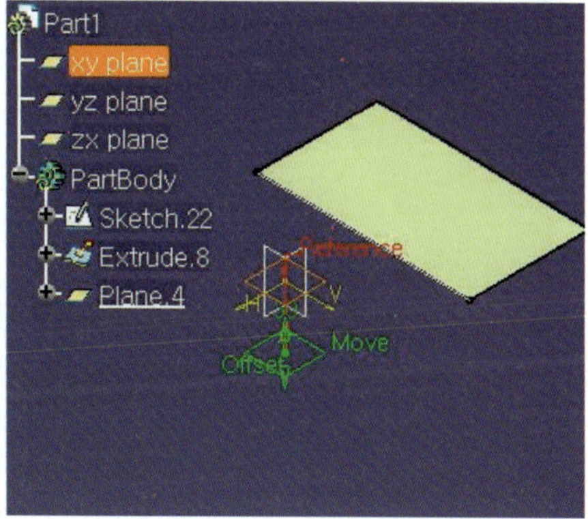

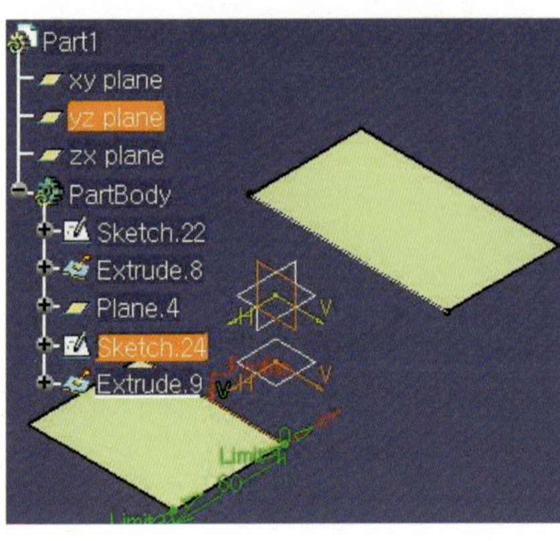 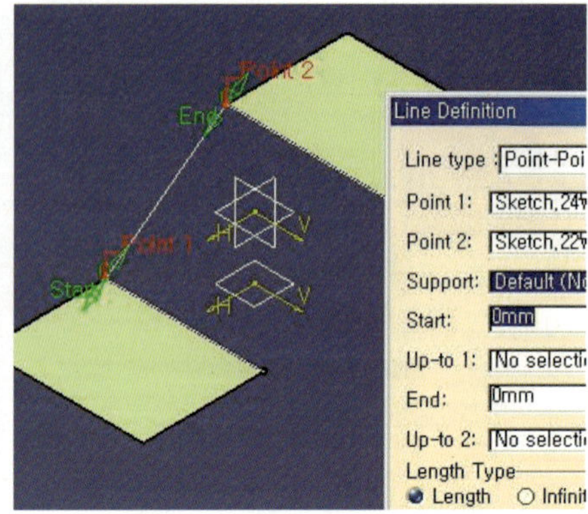

⑤ 생성한 Line의 양끝을 연결하여 Line을 생성한다.

⑥ 아이콘을 클릭한다.

⑦ Fill Surface Definition대화상자의 Outer Boundaries탭을 선택하고 Curve(1~4)를 차례로 선택한 후 OK버튼
을 클릭하면 안쪽 영역이 Surface로 채워진다.

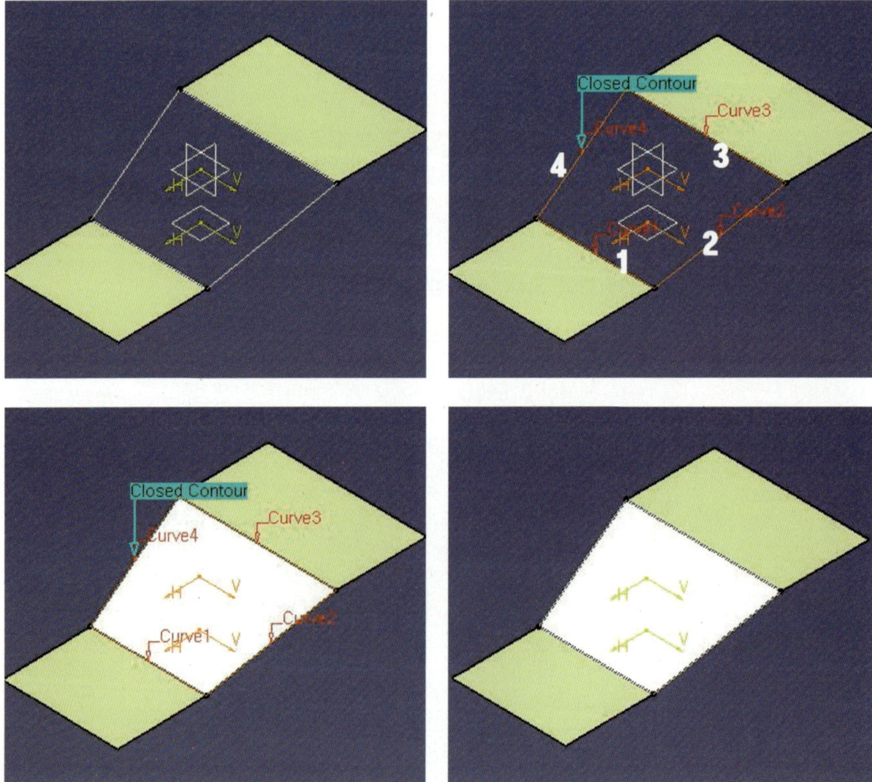

⑧ Inner Boundaries탭을 선택하고 Curve(5~8)를 차례로 선택한 후 OK버튼을 클릭하면 바깥쪽 영역이 Surface로 채워진다.

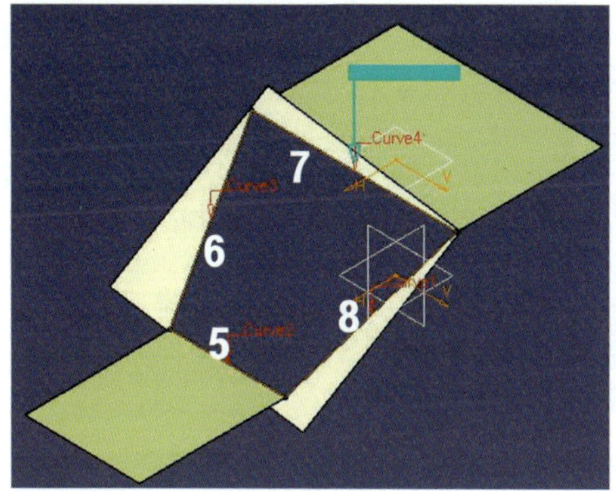

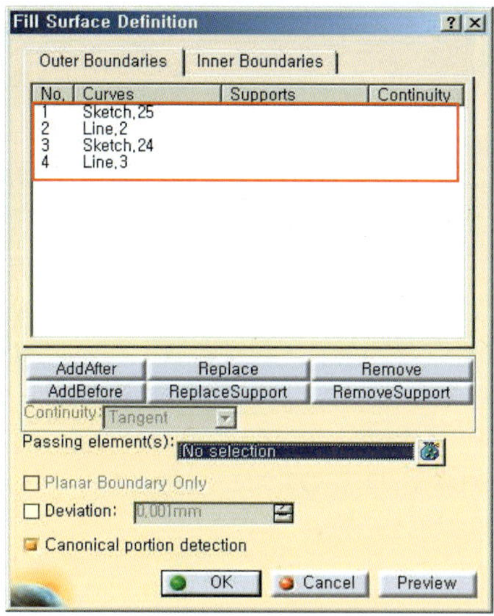

1. Outer Boundaries : 선택한 Curve안쪽 영역을 Surface로 채움
2. Inner Boundaries : 선택한 Curve바깥쪽 영역을 Surface로 채움

<Multi-section Surface >

형상이나 크기가 다른 2개 이상의 Profile을 연결하여 Surface로 채워주는 기능

① YZ Plane에 Profile 아이콘 을 클릭하여 Sketch한다.

② Plane 아이콘 을 클릭하여 YZ Plane과 평행한 70mm 위치에 새로운 Plane을 생성한다.

③ 생성한 Plane 위에 Profile 아이콘 을 클릭하여 Sketch한 후 3D Mode로 전환한다.

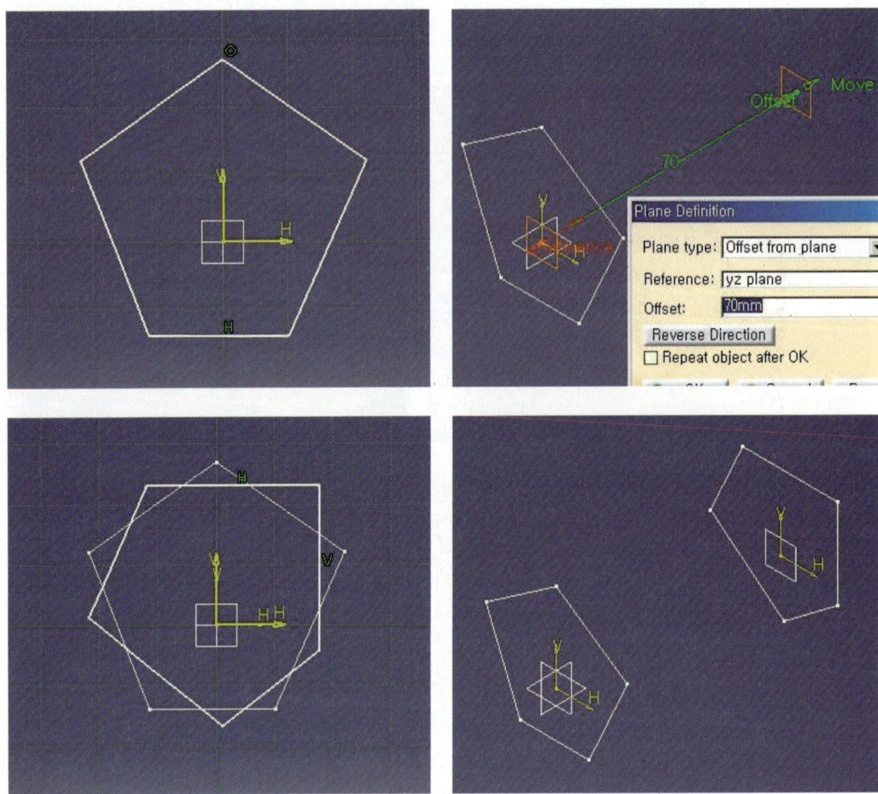

④ 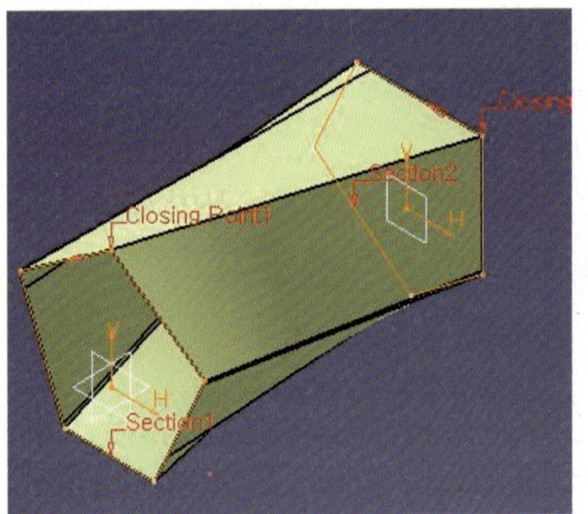 아이콘을 클릭한다.

⑤ Multi-section Surface Definition 대화상자에서 Section 영역을 클릭하고 생성한 2개의 Sketch를 차례로 선택한다.

⑥ Preview를 클릭하여 미리보고 OK 버튼을 클릭한다.

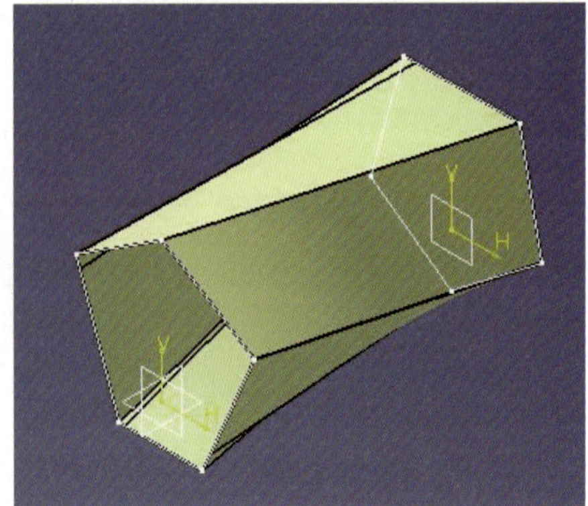

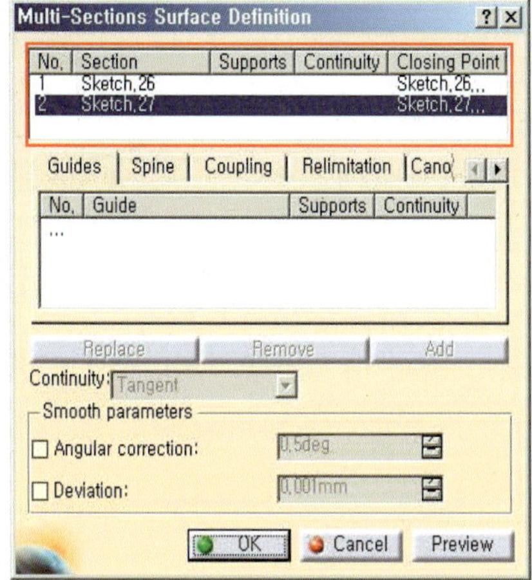

1. Section : 서로 연결할 Sketch를 연속적으로 선택
2. Guides : 연결할 경로를 지정

⑦ Guides

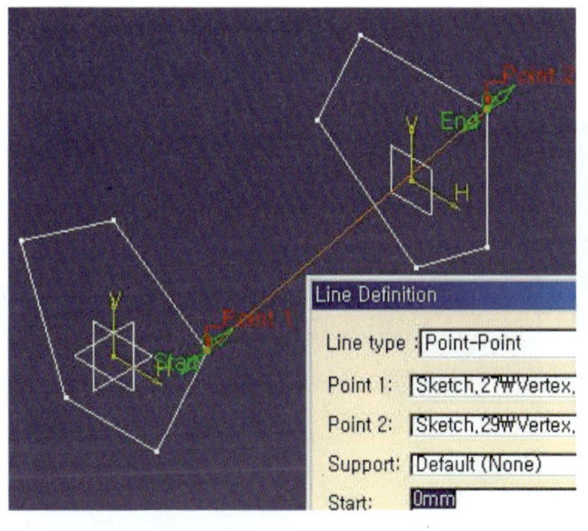

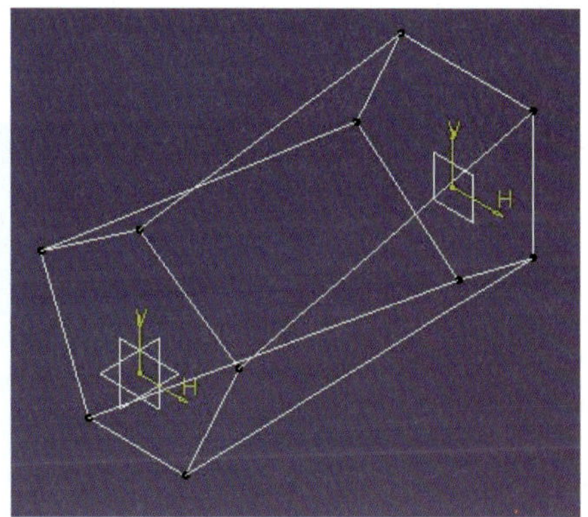

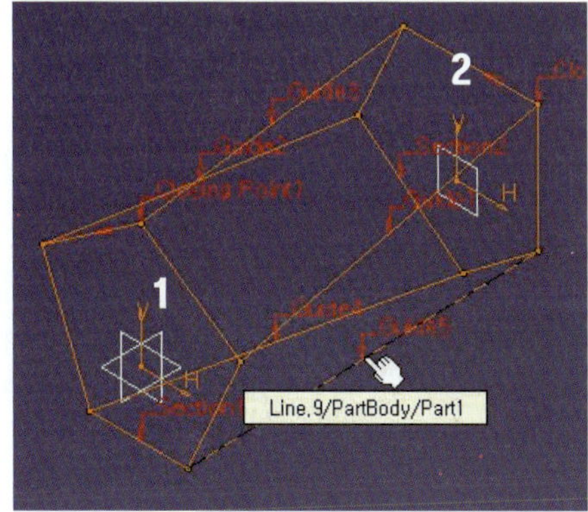

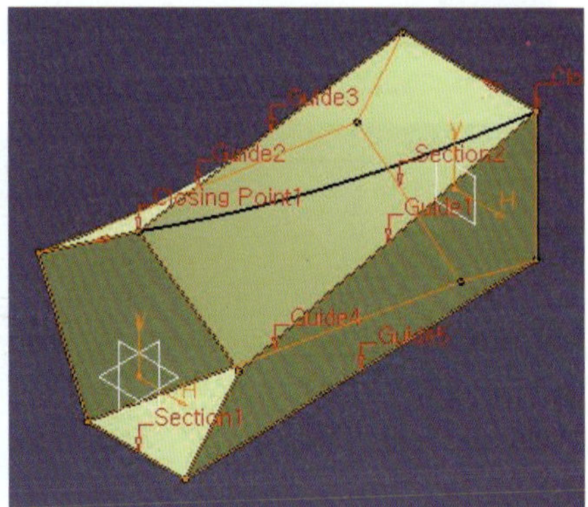

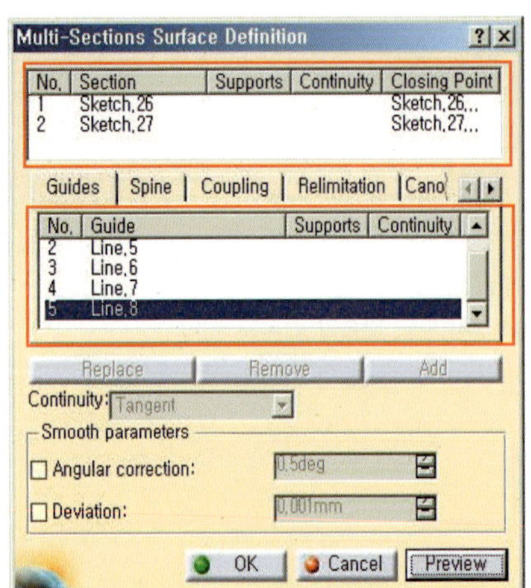

1. 앞의 예제에서 Line 아이콘 을 더블클릭하여 Point와 Point를 연결하여 새로운 Line 생성

2. 아이콘을 클릭하고 Section 영역에 Sketch한 두 객체를 선택(1, 2)

3. Guides 영역을 클릭하고 위에서 생성한 Line을 모두 선택

4. Guide를 따라 Surface가 생성

⑧ Spine

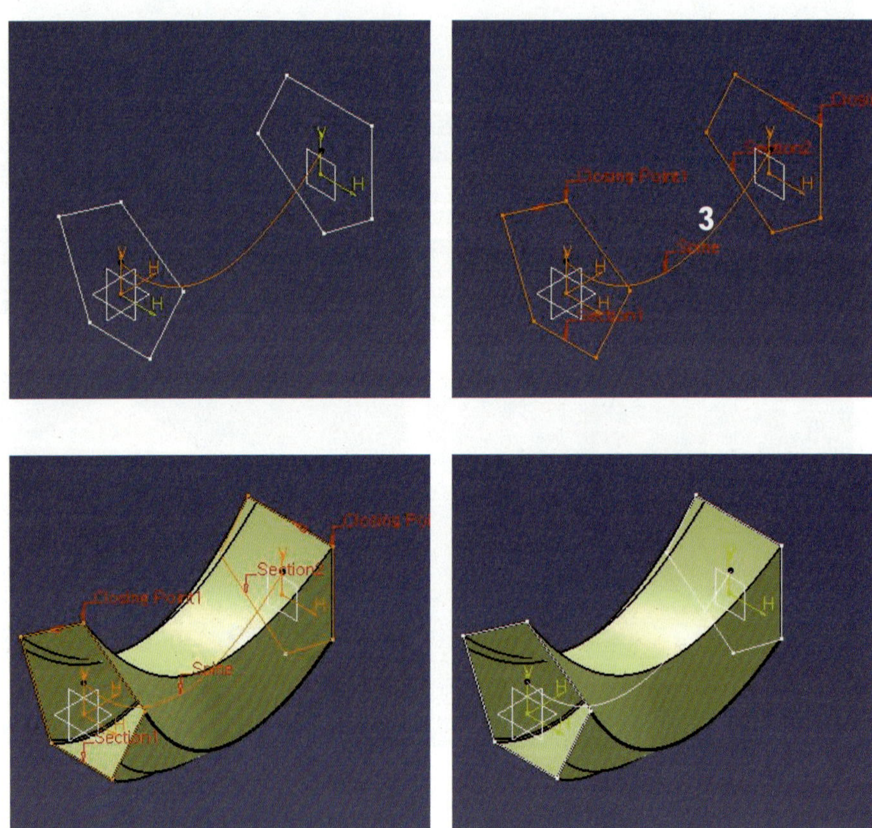

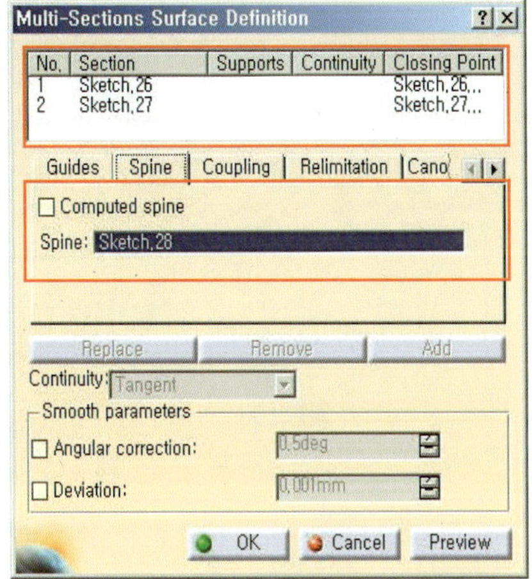

1. 앞 예제에서 ZX Plane에 Spline을 Sketch하고 3D Mode로 전환

2. 아이콘을 클릭하고 Section 영역에 Sketch한 두 객체를 선택

3. Spine 영역을 클릭하고 위에서 생성한 Spline을 선택(3)

4. Spine을 따라 Surface 생성

⑨ Relimitation

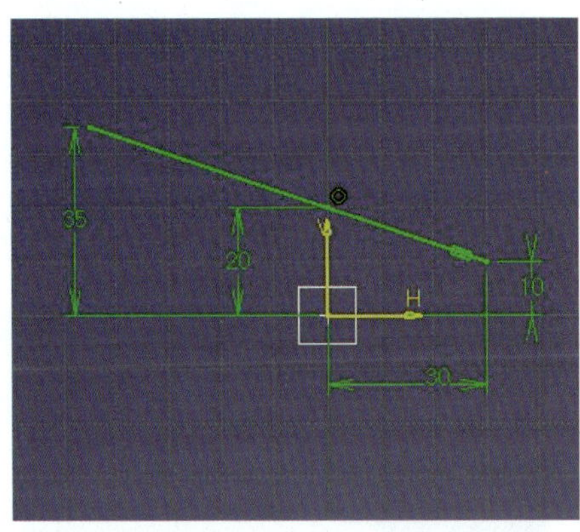

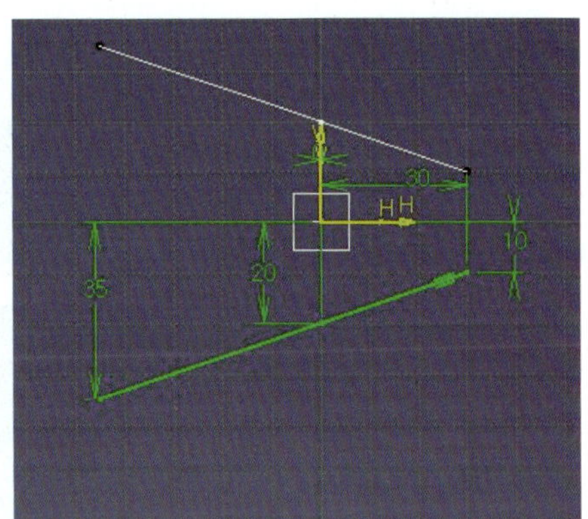

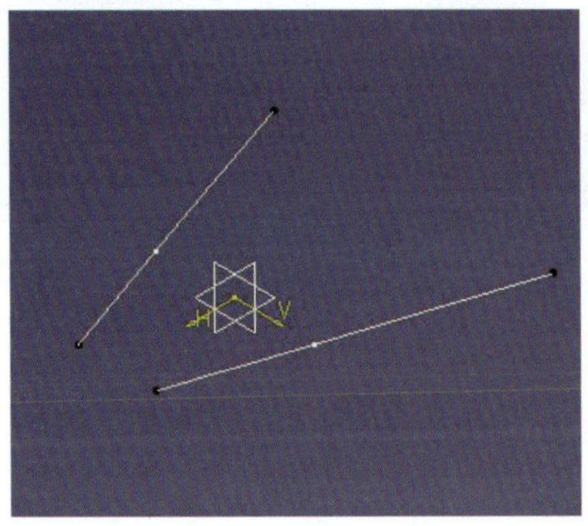

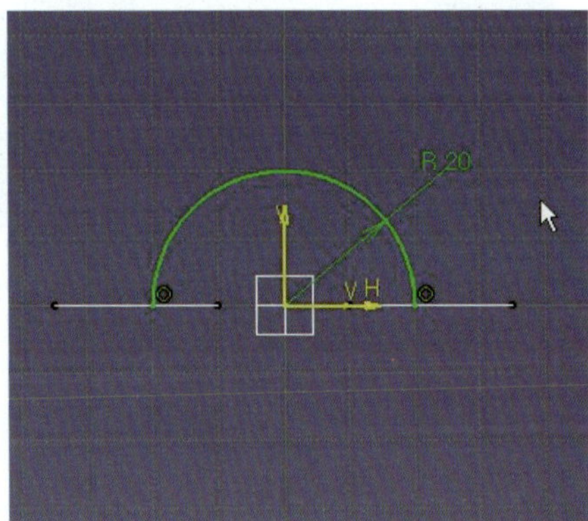

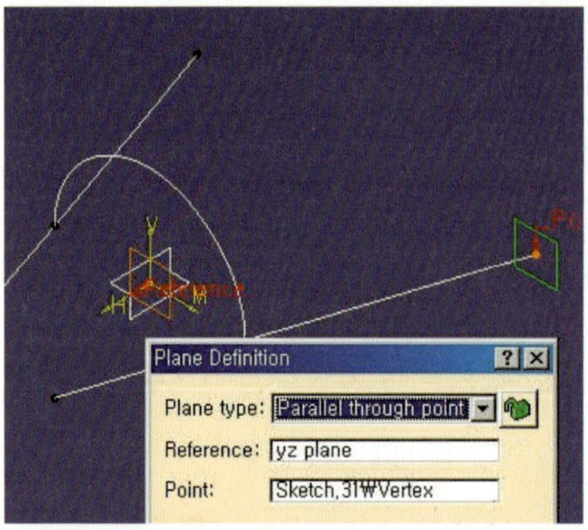
Plane Definition
Plane type:
Parallel through point
Reference:
yz plane
Point:
Sketch.31₩Vertex

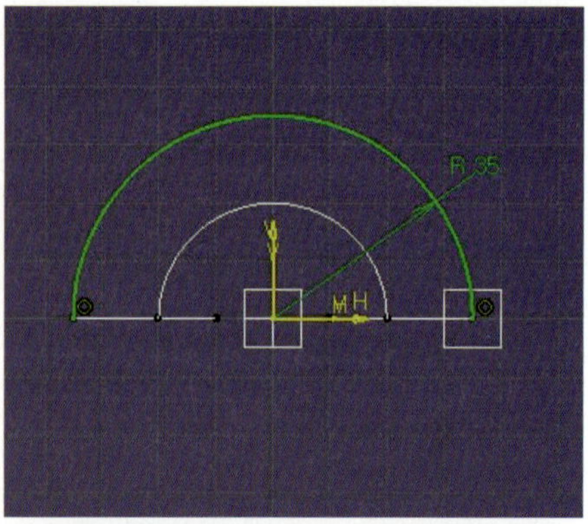
R 35

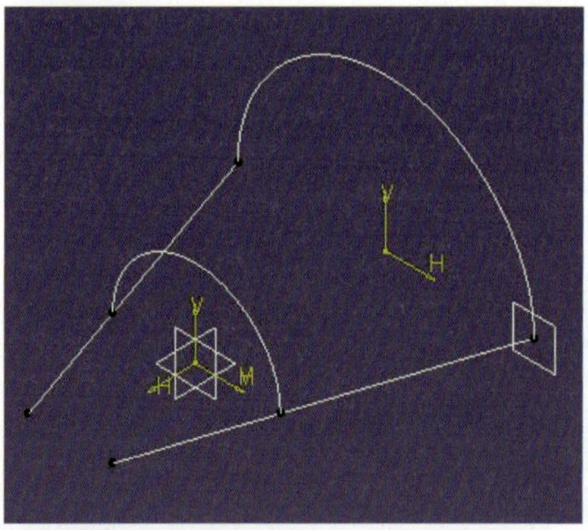

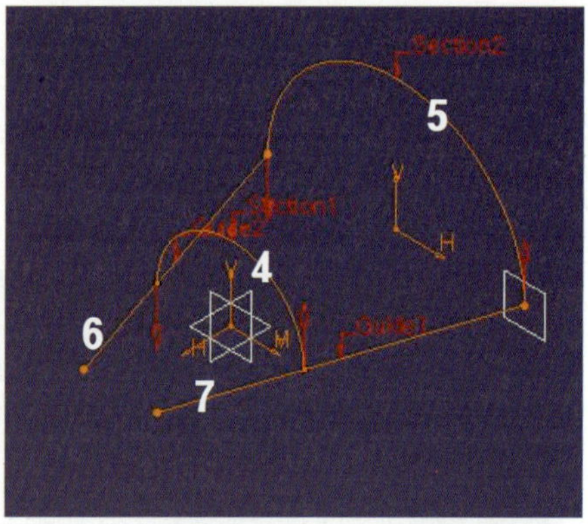
Section2
5
Section1
Guide2
4
6
Guide1
7

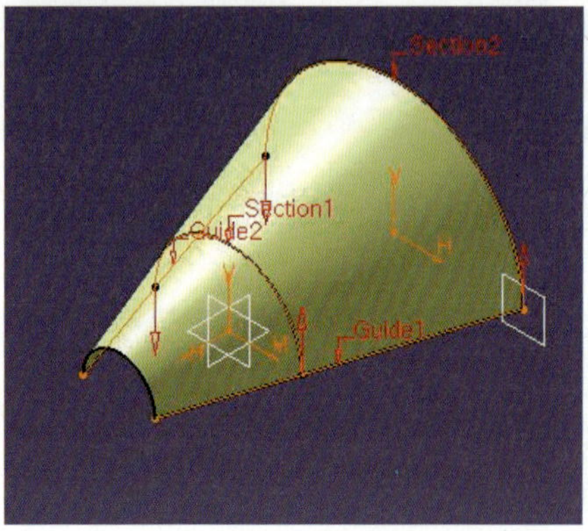
Section2
Section1
Guide2
Guide1

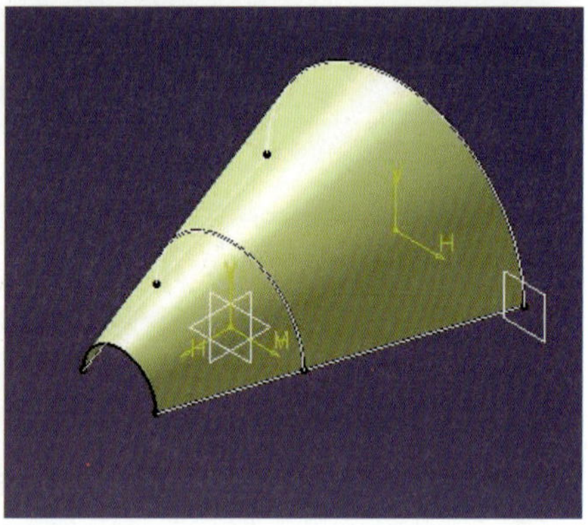

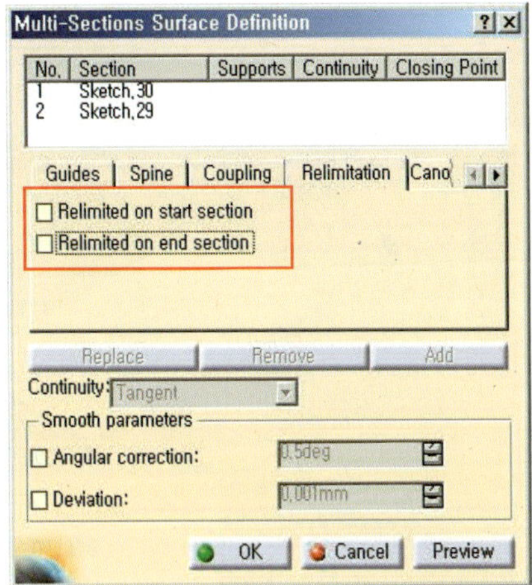

1. 서로 다른 XY Plane에 두 직선 / 을 Sketch
2. YZ Plane에 Arc를 Sketch
3. Plane 아이콘 ▱ 을 클릭하여 YZ Plane에 평행하면서 Line의 끝점을 지나는 Plane을 생성
4. 생성한 Plane을 선택하고 Sketch 아이콘 ✎ 을 클릭하여 Arc를 Sketch
5. ⬭ 아이콘을 클릭하고 Section 영역에 Sketch한 두 Arc 선택(4, 5)
6. Guides영역에 두 Line 선택(6, 7)
7. Relimitation탭의 ...start section과 ...end section을 체크 해제
8. 두 section을 지나 Guide의 끝 영역까지 Surface가 연장되어 생성

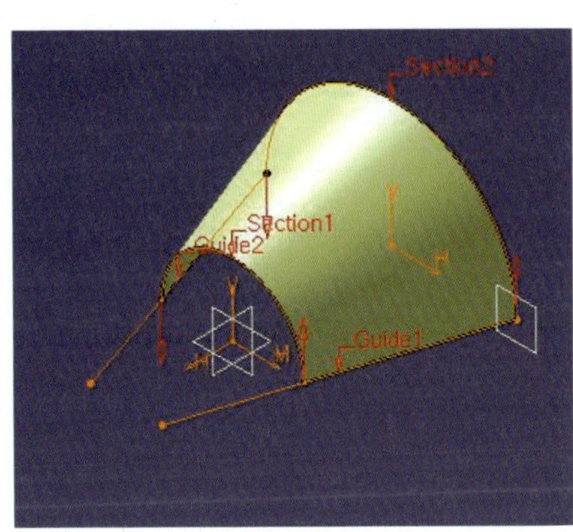

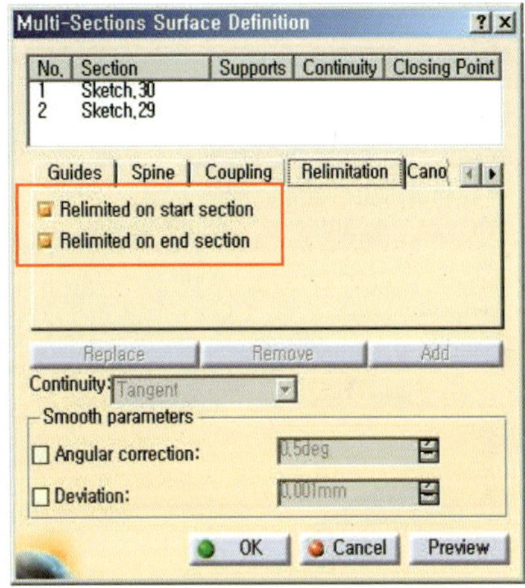

Relimitation 탭의 ...start section과 ...end section을 선택할 경우

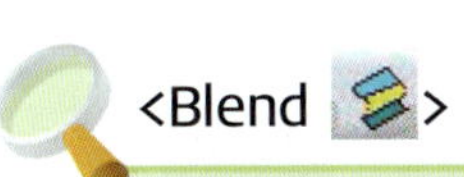

<Blend>

2개의 곡선을 부드럽게 연결하여 Surface를 생성하는 기능

① XY Plane에 Line / 을 Sketch하고 3D Mode에서 Extrude 시켜 Surface을 생성한다.

② Plane 아이콘 ▱ 을 클릭하여 XY Plane과 평행한 30mm 위치에 새로운 Plane을 생성한다.

③ 생성한 Plane 위에 Line / 을 Sketch하고 Extrude 시켜 Surface를 생성한다.

④ 아이콘을 클릭한다.

⑤ Blend Surface Definition 대화상자에서 First curve, First support 영역을 클릭하고 Boundary(1)와 Surface(2)를 선택한다.

⑥ Second curve와 Second support 영역을 클릭하고 Boundary(3)와 Surface(4)를 선택하고 Preview 버튼을 클릭하여 미리보고 OK 버튼을 클릭한다.

⑦ 이때 Boundary의 끝부분에 생성되는 화살표 방향은 같은 방향을 향해야 한다.(5, 6)

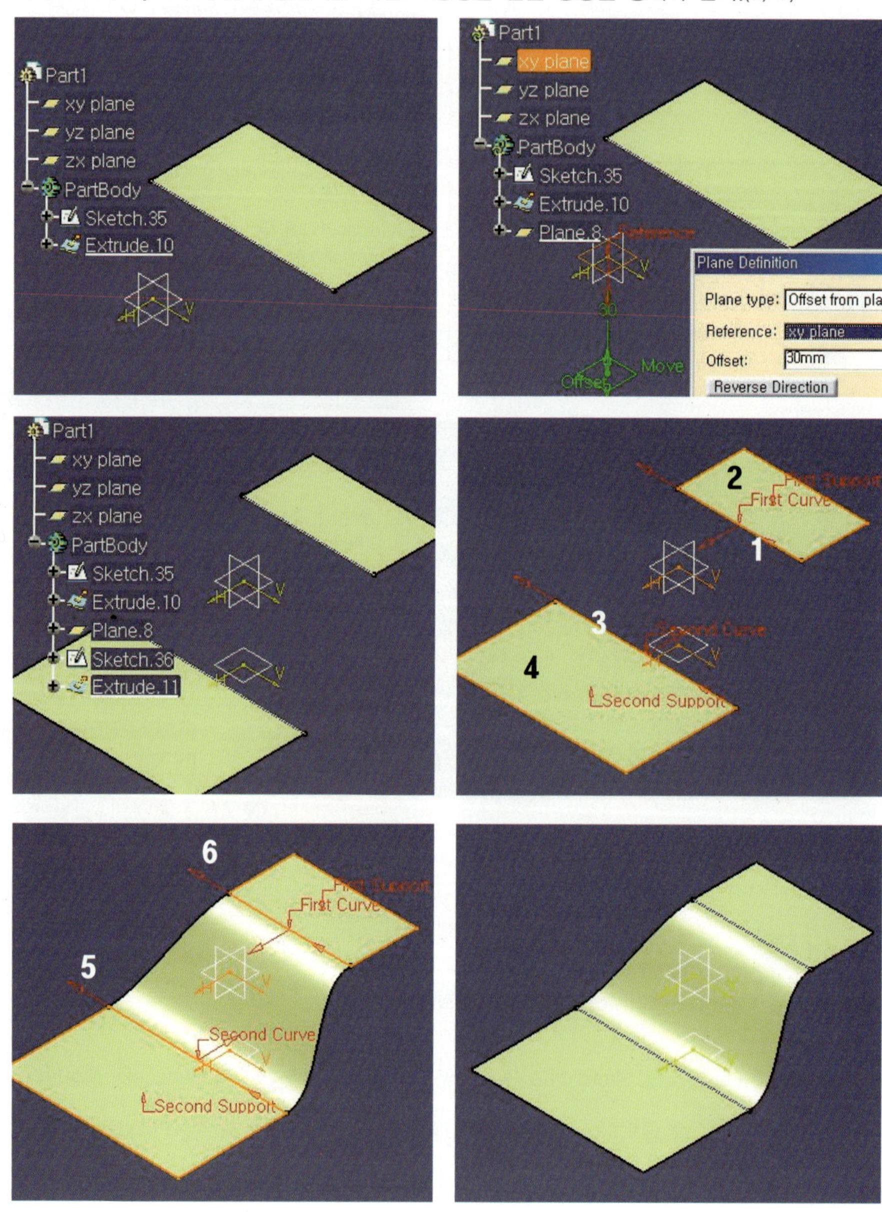

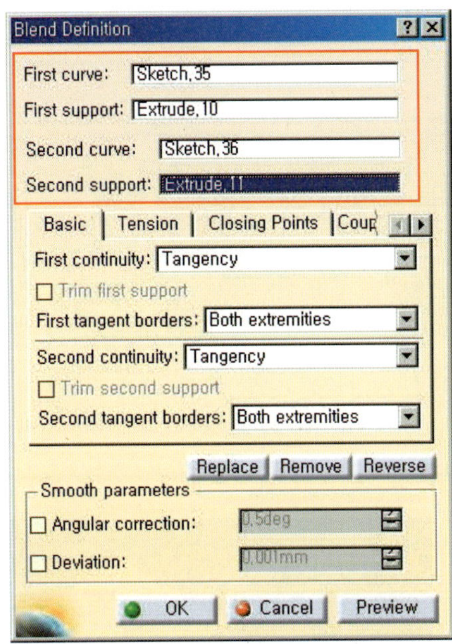

1. First curve : 연결시킬 첫 번째 Curve
2. Firs support : 첫 번째 Curve를 포함하는 Surface 선택
3. Second curve : 연결시킬 두 번재 Curve
4. Second support : 두 번재 Curve를 포함하는 Surface 선택
5. Basic
   - First continuity : First curve와 Surface와의 관계 지정
   - Second continuity : Second curve와 Surface와의 관계 지정

⑧ Basic

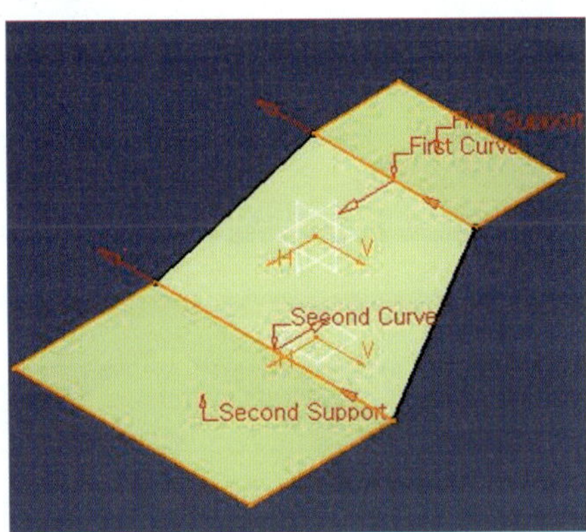

Continuity : Point(직선)

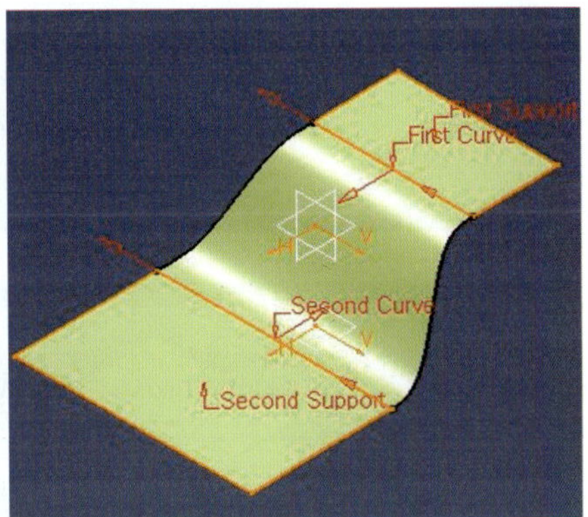

Continuity : Curvature(곡률)

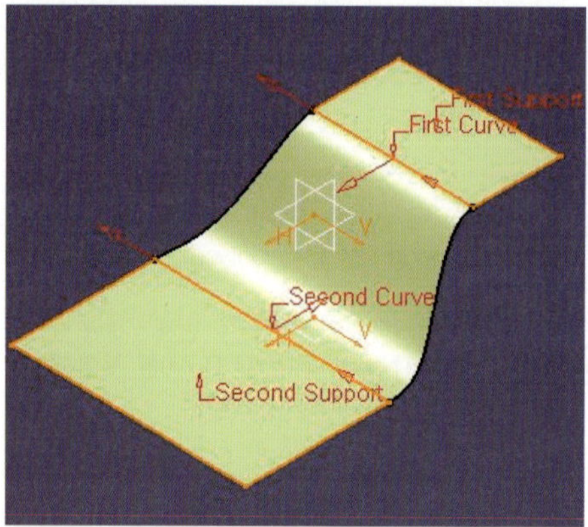

Continuity : Tangency(접선)

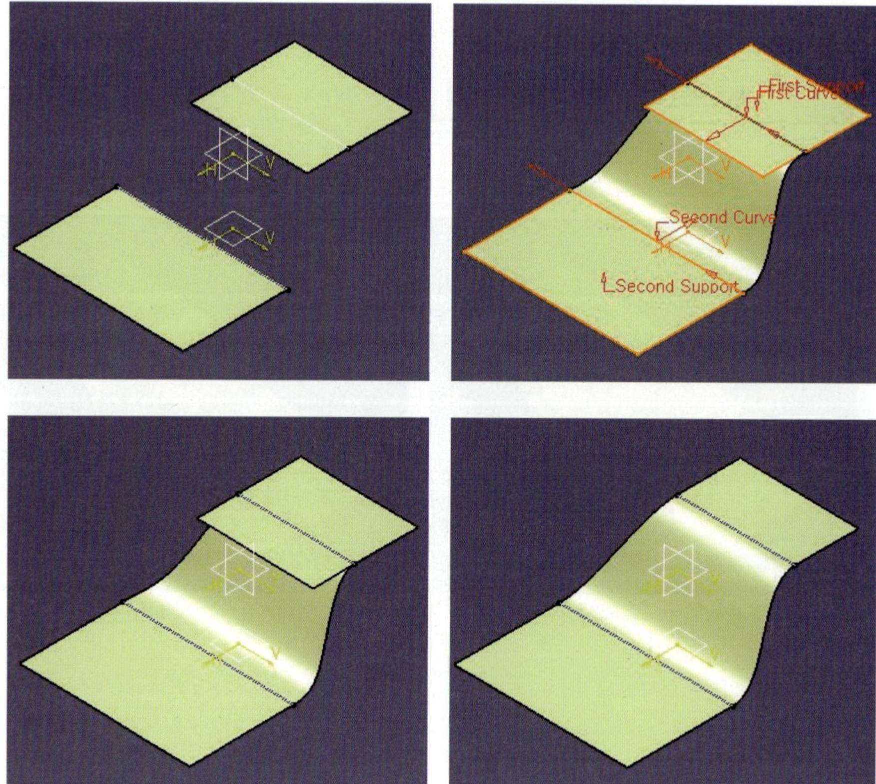

Trim first support 해제 시

Trim first support 체크 시

⑨ Tension : 생성할 Surface에 뒤틀림을 적용한다.

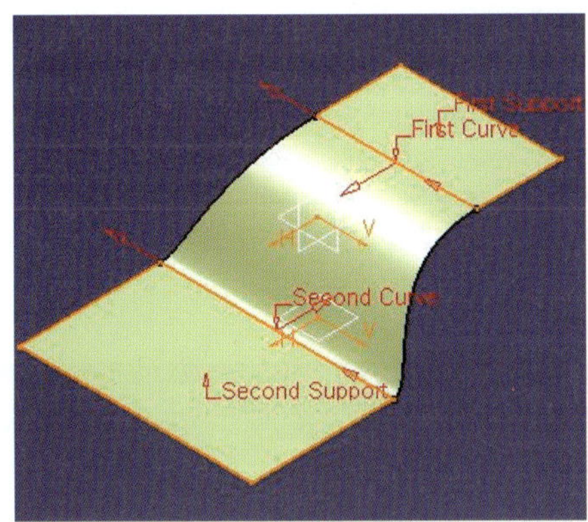
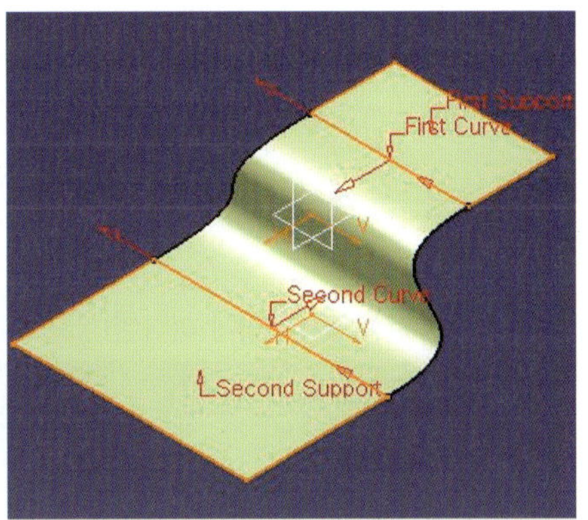

First/Constant : 2
Second/Constant : 0.5

First/Constant : 3
Second/Constant : 3

⑩ Closing Point : 생성할 Surface의 경로를 지정한다.

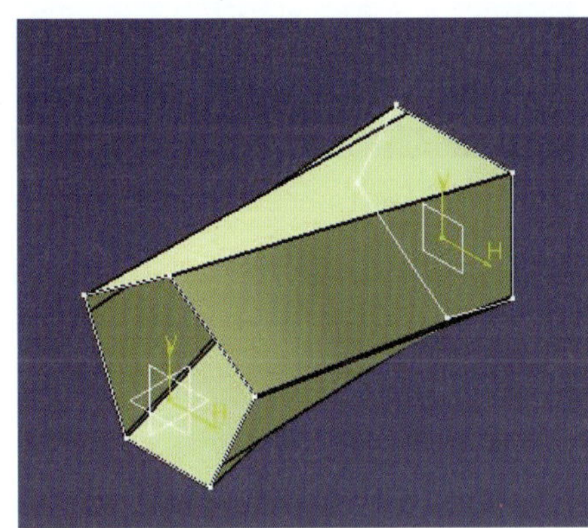
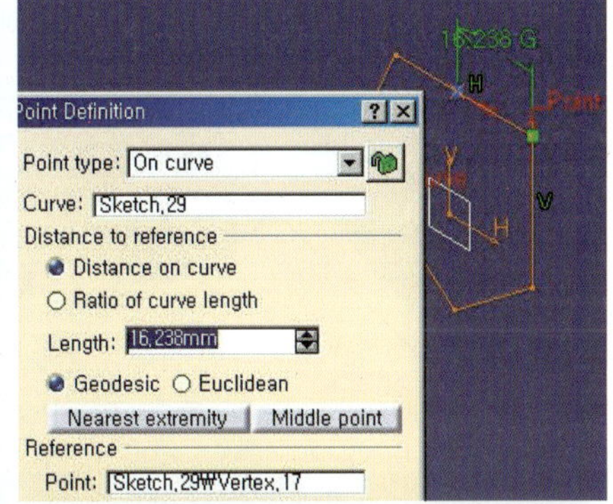

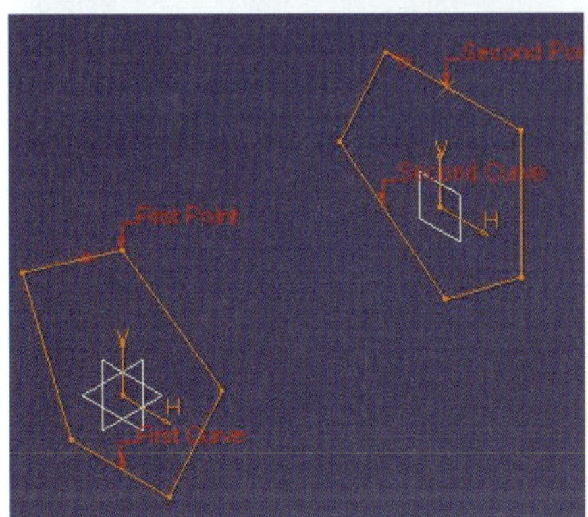
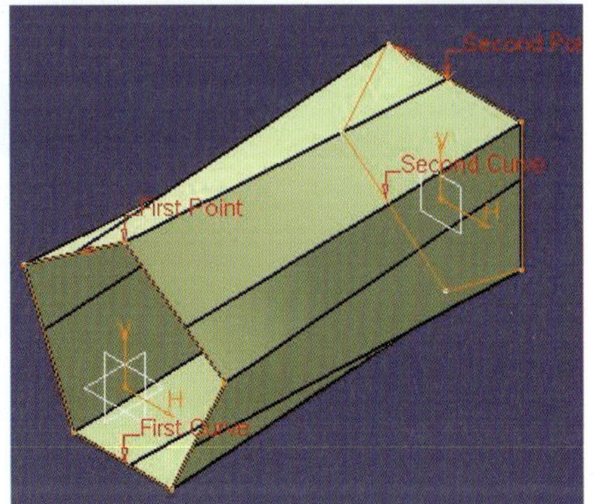

1. Multi-section surface 예제 활용
2. 뒤틀린 Surface가 생성
3. Profile이 뒤틀리지 않은 위치에 Point를 생성
4. 아이콘 클릭하여 First curve와 Second curve를 선택
5. Closing points/Second closing point 영역을 클릭하여 생성한 Point를 선택
6. 뒤틀림이 없이 정렬된 Surface가 생성

⑪ Coupling : 두 curve 사이에 여러 형상으로 Surface를 생성한다.

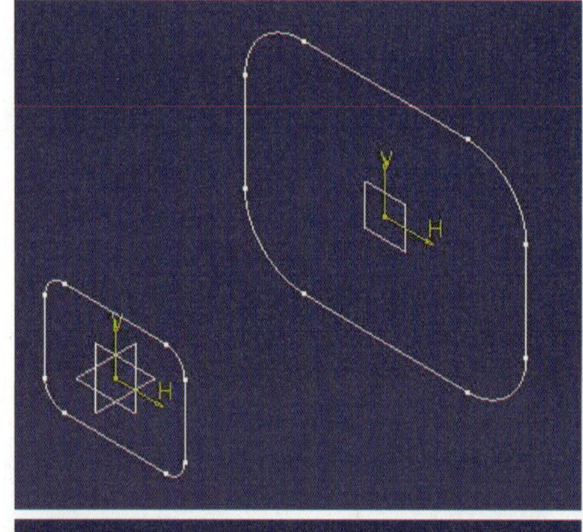

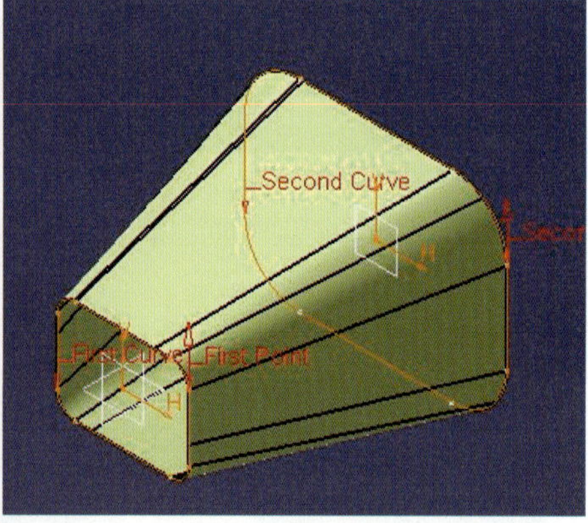

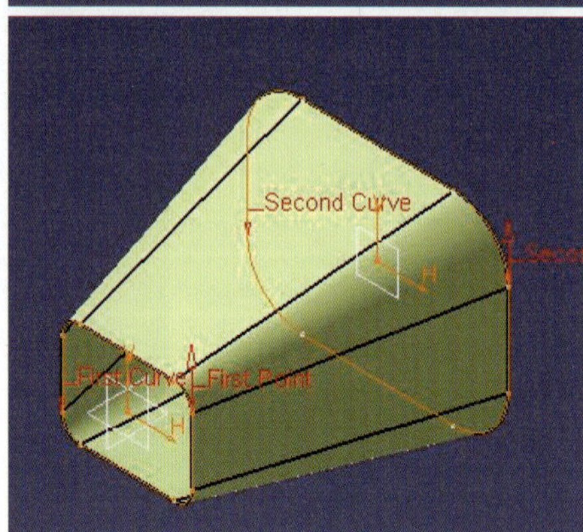

1. YZ Plane과 평행한 위치에 새로운 Plane을 생성
2. YZ Plane과 생성한 Plane에 Elongated Rectangle 을 생성
3. 아이콘 클릭하고 Preview 클릭
4. Coupling/Spline탭에서 vertices를 선택하면 Point끼리 연결하여 Surface 생성(같은 수의 꼭짓점이 있어야 함)

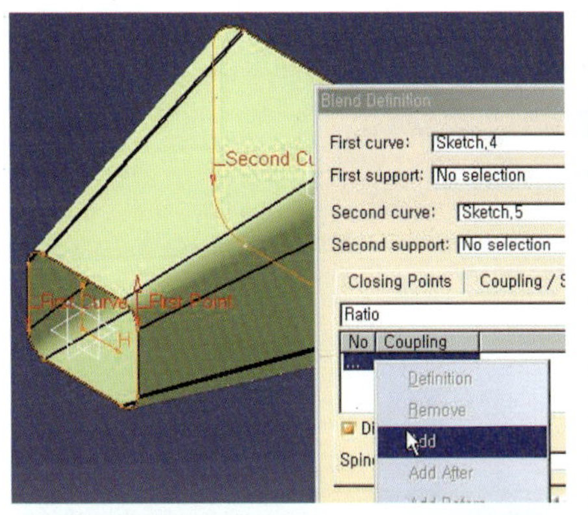

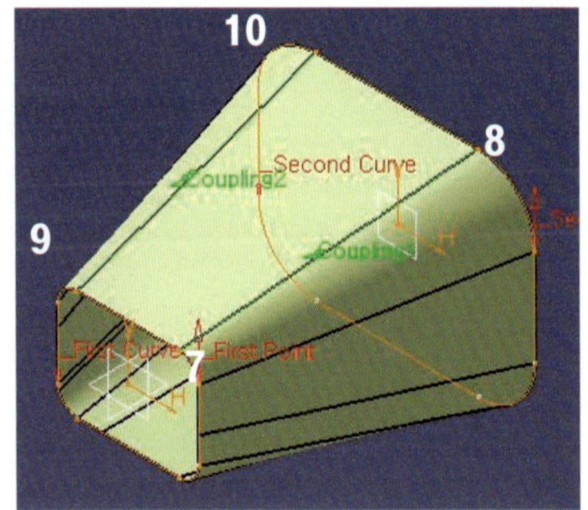

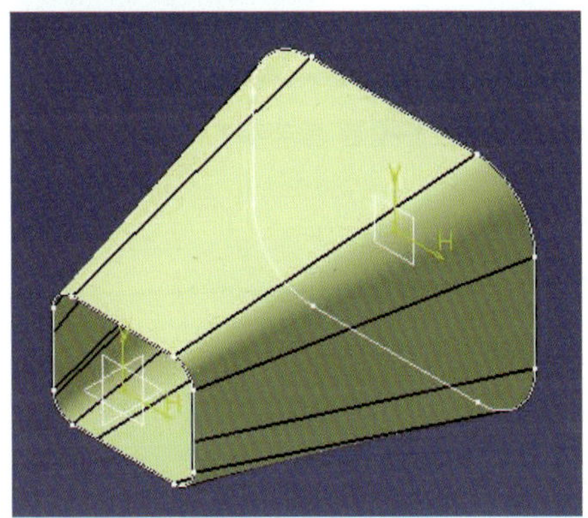

1. Coupling 예제 활용
2. Coupling/Spline탭에서 ratio를 선택하고 Coupling
   영역에서 마우스 오른쪽버튼을 클릭하여 7~10을
   차례로 선택하여 Surface 생성

2) Wireframe

- Point, Line, Plane은 Part Design 참조

<Projection 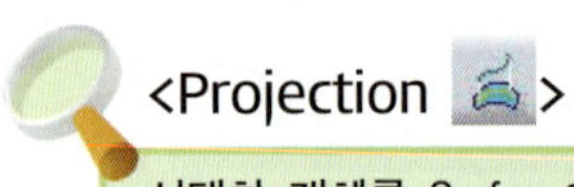 >

선택한 객체를 Surface에 투영시키는 기능

① ZX Plane에 Spline을 Sketch하고 Exit Workbench 아이콘 을 클릭하여 3D Mode로 전환한다.

② Extrude 아이콘 을 클릭하여 Surface를 생성시킨다.

③ Plane 아이콘 을 클릭하여 XY Plane과 평행한 Plane을 생성한다.

④ 생성한 Plane에 Elongated rectangle 을 Sketch한다.

⑤ 아이콘을 클릭한다.

⑥ Projection Definition 대화상자에서 Projected 영역을 클릭하여 투영시키고자 하는 Sketch를 선택(1)하고 Support 영역을 클릭하여 Surface를 선택(2)한다.

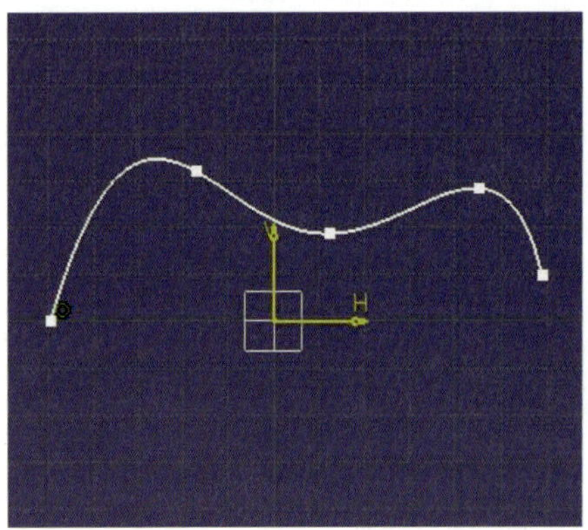

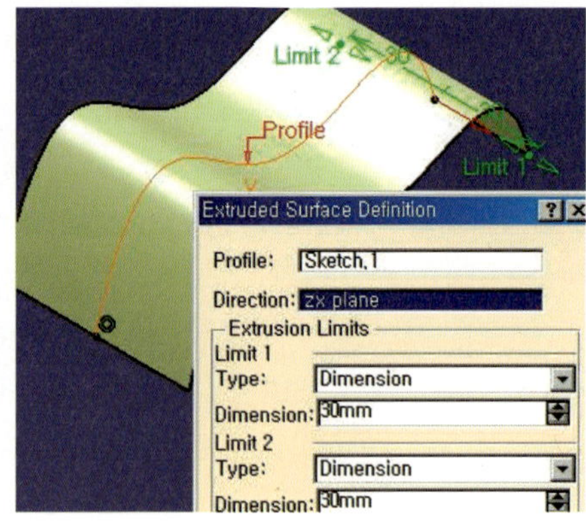

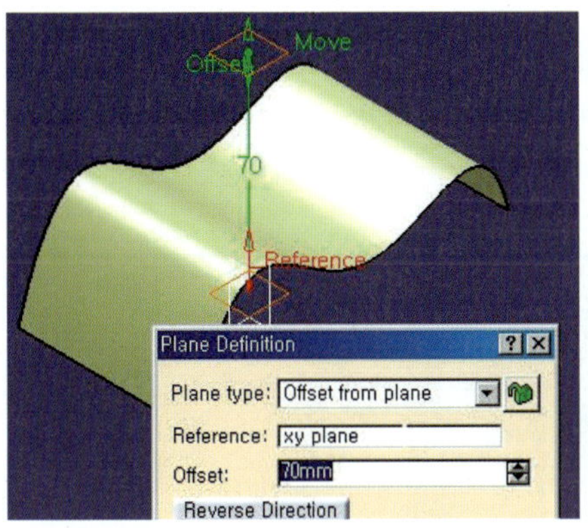

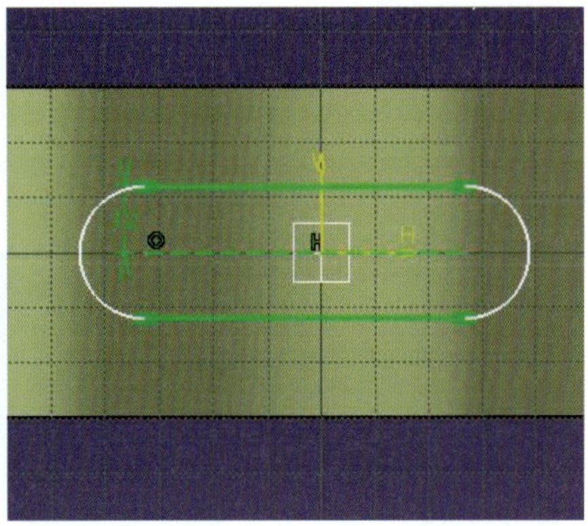

⑦ 선택된 Profile이 Surface에 수직하게 투영(3)된다.

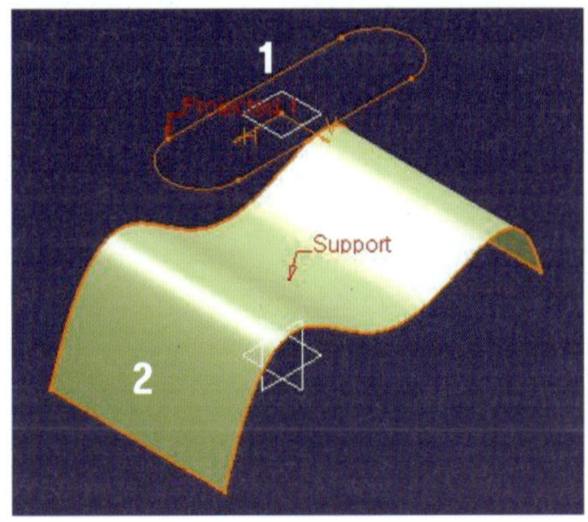

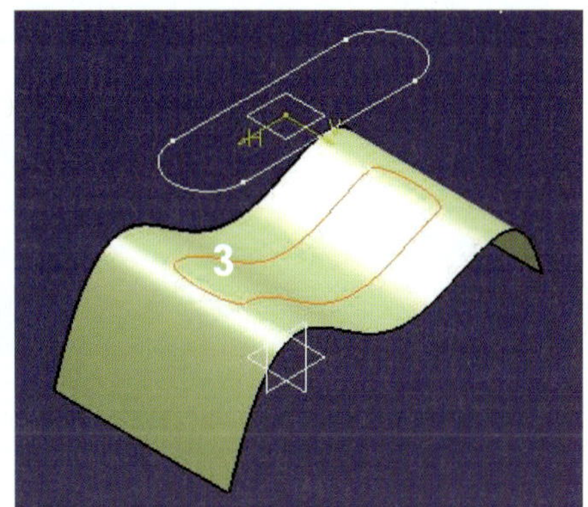

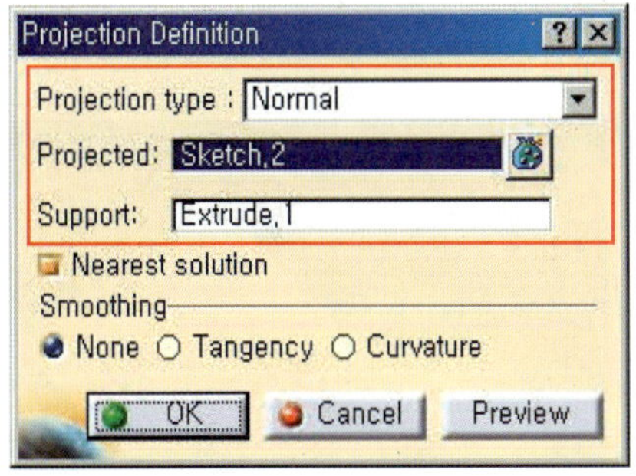

1. Projection type : 투영 type 지정
   - Normal : Surface에 수직하게 투영
   - Along to direction : Surface에 경로를 따라 투영
2. Projected : 투영시킬 객체 선택
3. Support : Surface 선택

⑧ Projection type

- Normal : Profile이 Surface에 수직하게 투영되며 투영 전(4)과 투영 후(5)의 모양이 다르다.
- Along to direction : Profile이 Surface에 설계자가 지정한 방향으로 투영되며 투영 전과 후의 모양(6)이 같다.(Direction을 Z축으로 선택한 경우 예시)

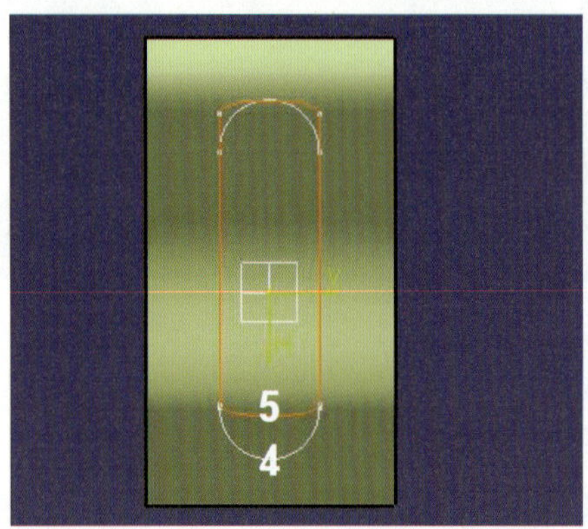
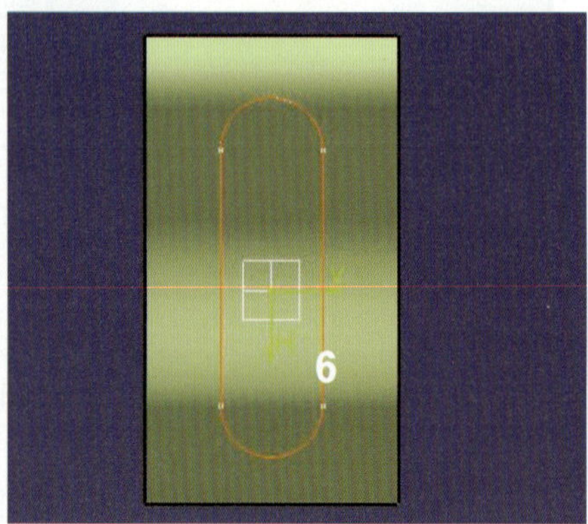

 **Intersection** 

교차하는 Surface에서 교차영역을 추출하는 기능

① Projection 예제의 ①~③ 과정으로 Surface와 Plane을 생성한다.

② 생성한 Plane에 Line을 Sketch하고 Exit Workbench 아이콘을 클릭하여 3D Mode로 전환한다.

③ Extrude 아이콘을 클릭하여 Limit 1 Type을 Up-to element를 선택하고 Up-to element 영역을 클릭하여 Surface를 선택하고 OK 버튼을 클릭한다.

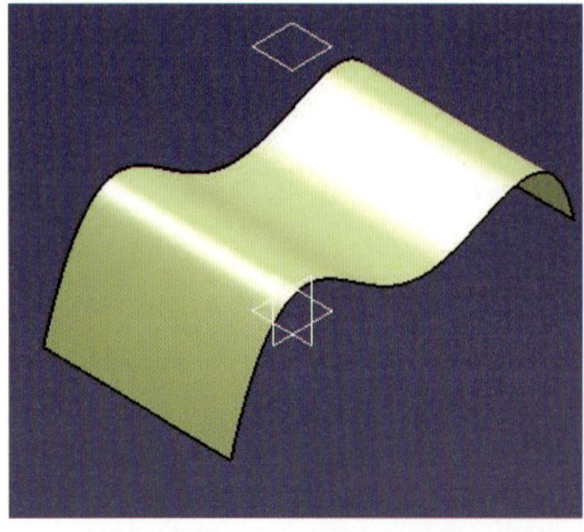
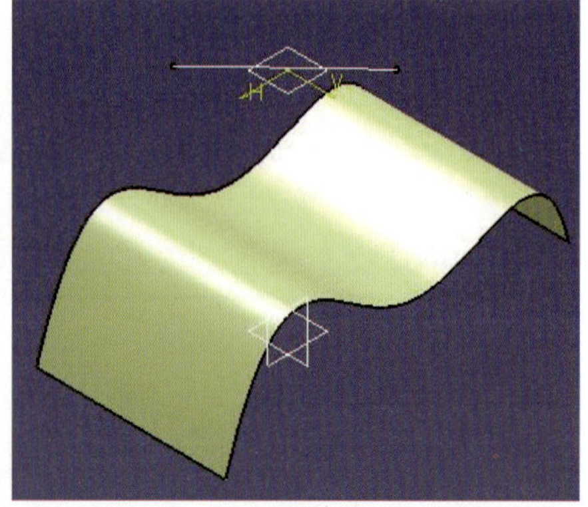

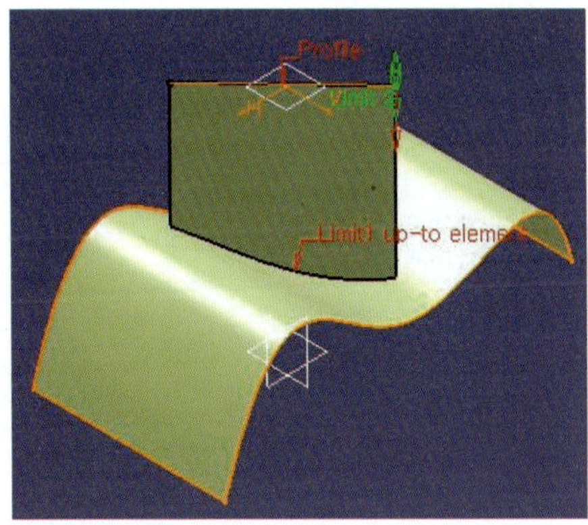

④ 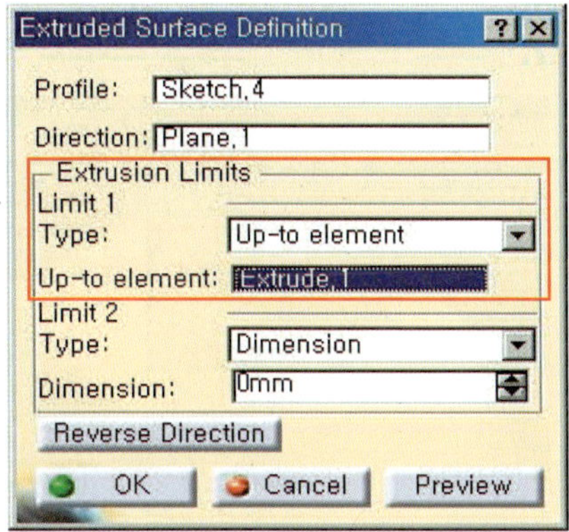아이콘을 클릭한다.

⑤ Intersection Definition 대화상자에서 First Element(1)와 Second Element(2)를 선택하고 Preview 버튼을
클릭한다.

⑥ 2개의 Element가 교차하여 생기는 Curve가 생성된다.(3)

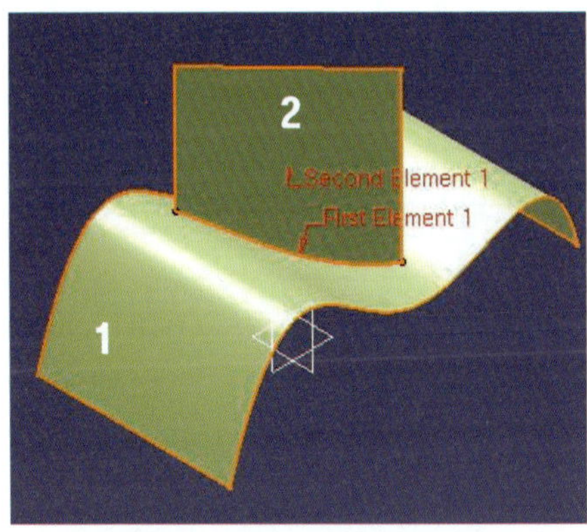

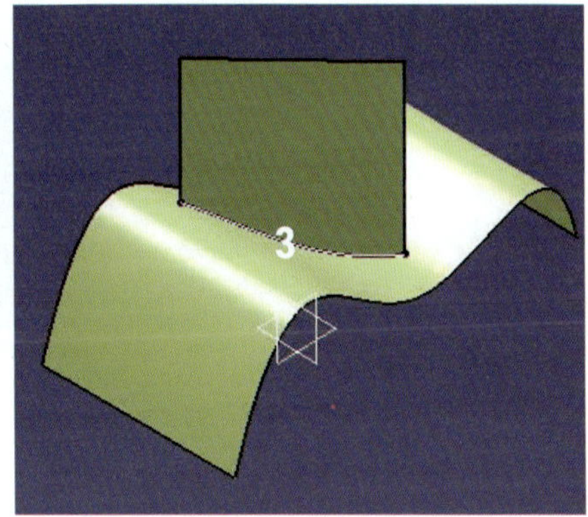

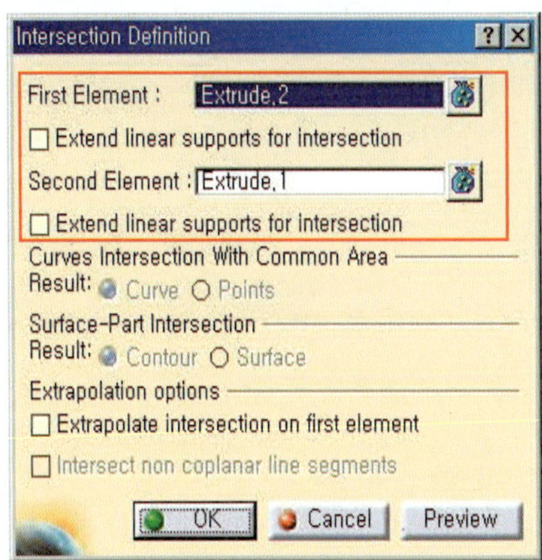

1. First Element : 교차된 첫 번째 Surface를 선택
2. Second Element : 교차된 두 번째 Surface를 선택
3. Extrapolation intersection on first element : 선택할
   경우 교차된 Curve가 연장

⑦ Extrapolation intersection on first element를 체크할 경우 교차하는 Curve가 연장되어 생성(4)된다.

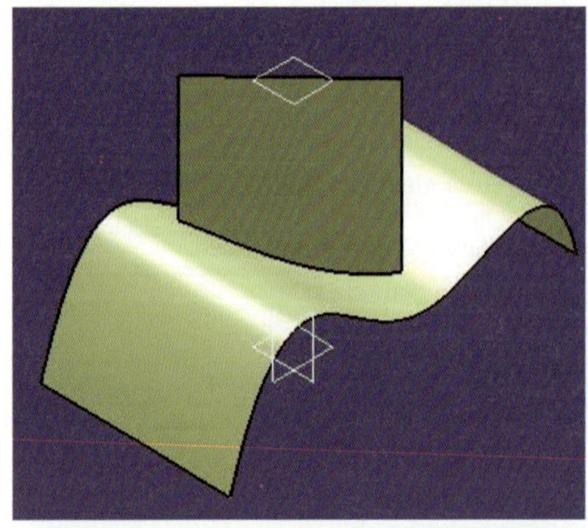
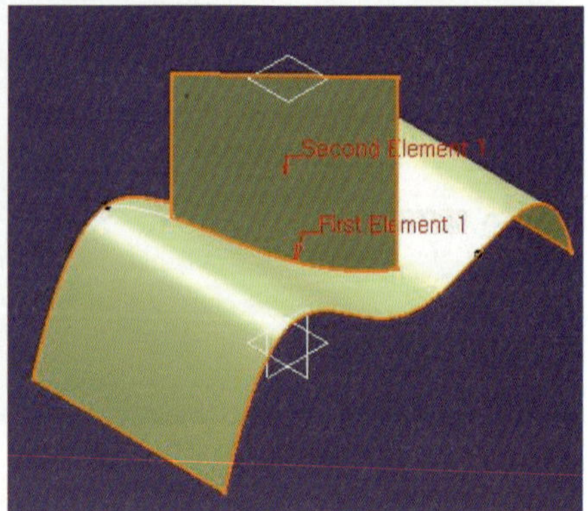

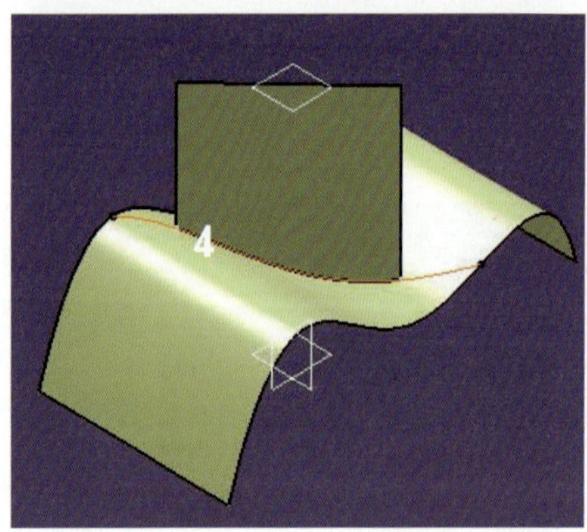
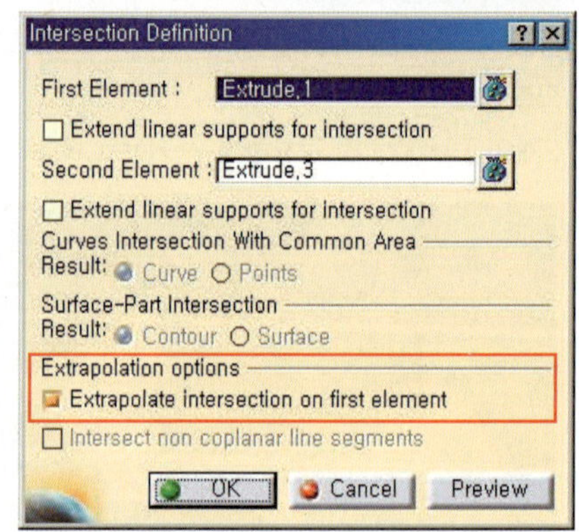

<Circle ◯>

3D 공간상에서 원을 생성하는 기능

① Point 아이콘 ■ 을 클릭하여 원점에 점을 생성한다.

② ◯ 아이콘을 클릭한다.

③ Circle Definition 대화상자에서 Circle type을 Center and radius를 선택한 후 Center 영역을 클릭하고 생성한 점을 선택한다.

④ Support 영역을 클릭하고 ZX Plane을 선택한다.

⑤ Radius 영역을 클릭하고 20mm를 입력하고 OK 버튼을 클릭한다.

⑥ 공간상에 Point를 중심으로 반경 20mm인 Circle이 생성된다.

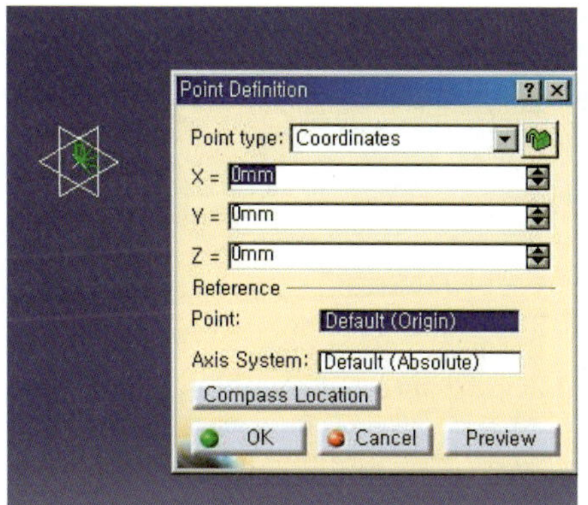

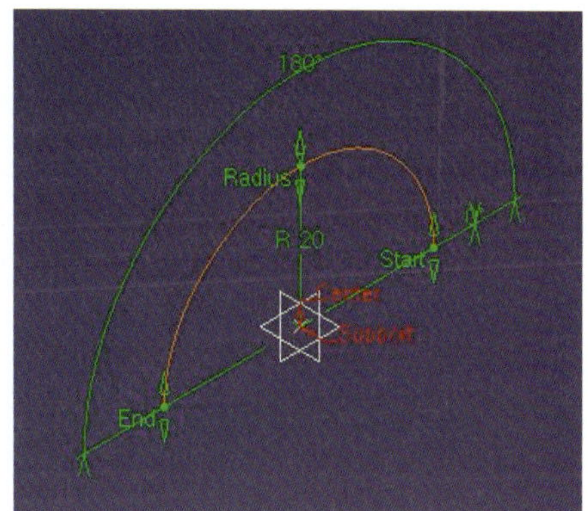

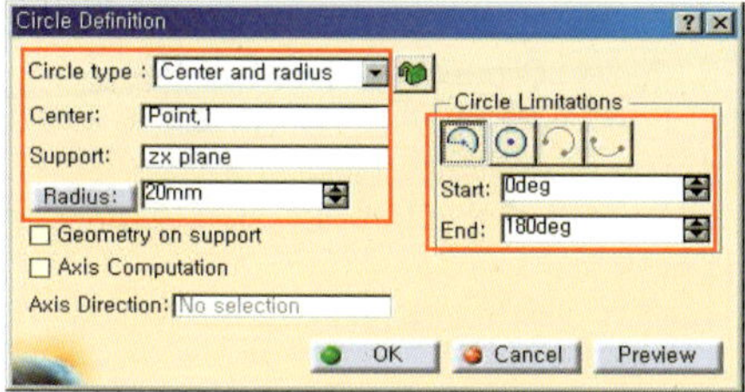

1. Circle type : 생성할 원의 유형을 선택
2. Center : type에서 선택한 유형에 따라 항목을 선택
3. Support : Circle이 생성한 위치
4. Radius : Circle의 반경지정
5. Circle Limitations : 원이나 각도를 입력하여 호를 생성

⑦ Circle type

• Center and Point : 중심점과 Point를 지나는 Circle을 생성한다.

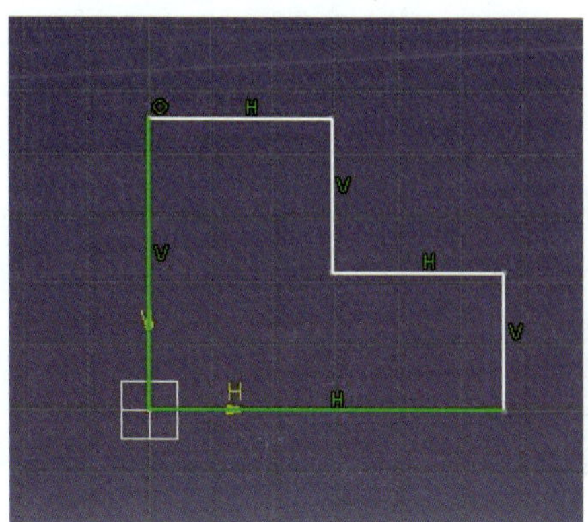

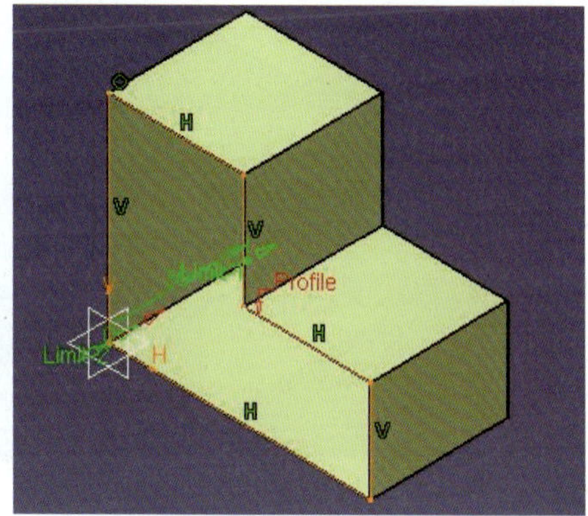

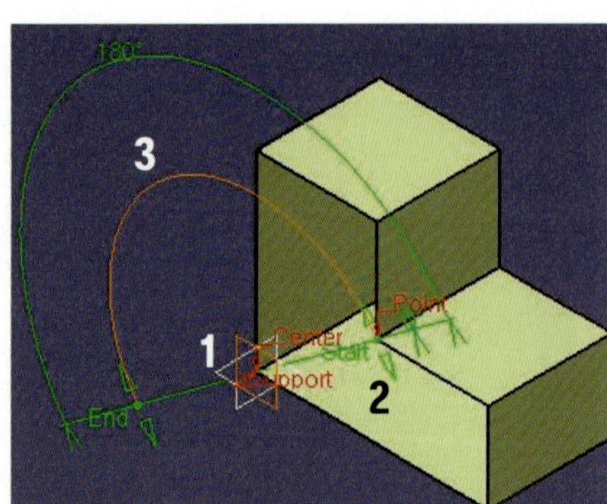

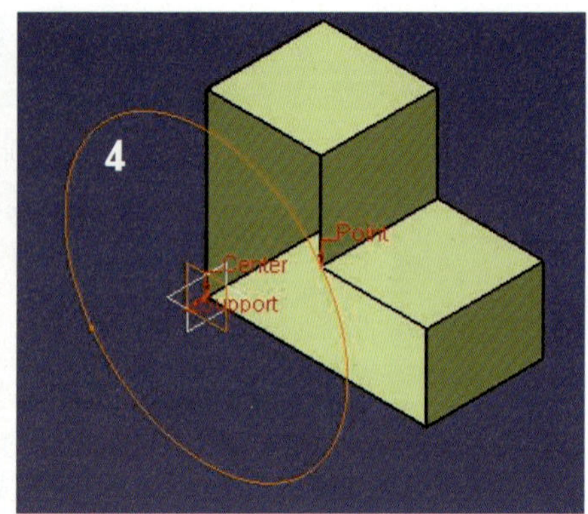

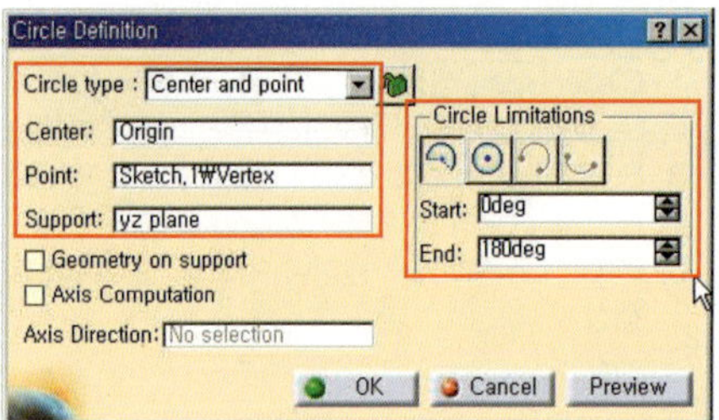

1. YZ Plane에 Sketch하고 3D Mode에서 Surface 생성
2. Center : Circle의 중심점 선택(1)
3. Point : Circle이 지나는 점 선택(2)
4. Support : Circle을 생성할 평면
5. Center를 중심으로 Point를 반경으로 하는 Circle
   생성
   - Circle Limitations/Part Arc : Start와 End 각의 호
     생성(3)
   - Circle Limitations/Whole Circle : 원 생성(4)

• Two Points and Radius : 두 Point와 반경을 지정하여 Circle을 생성한다.

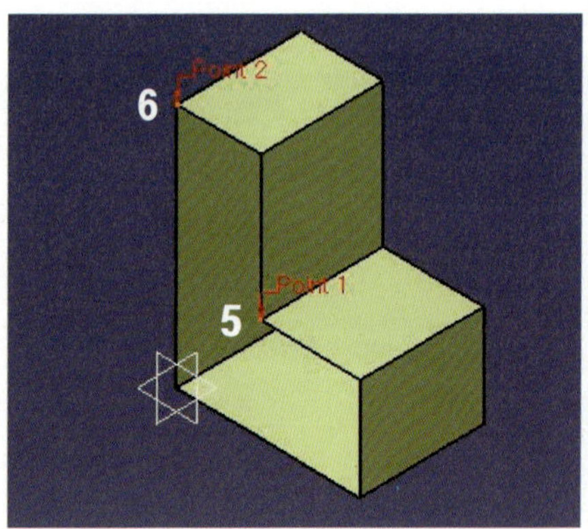

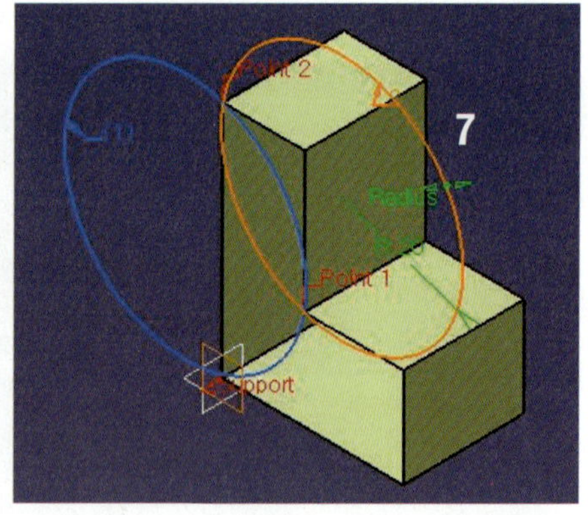

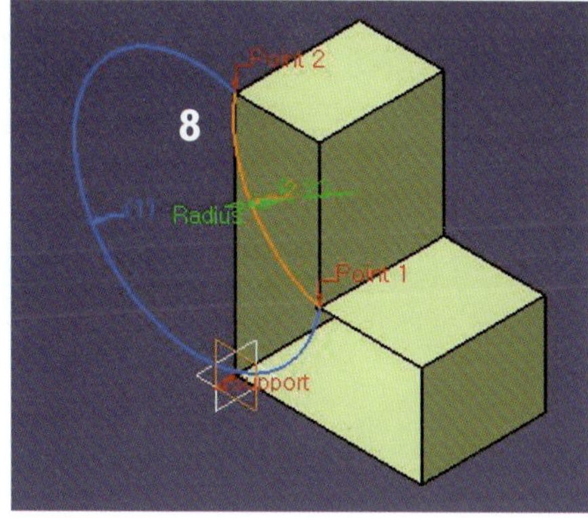 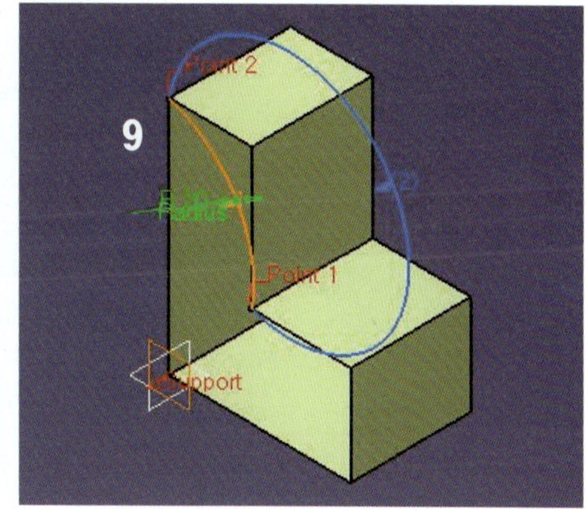

1. Point 1 : Circle의 한 점 선택(5)
2. Point 2 : Circle의 다른 점 선택(6)
3. Support : Circle을 생성할 평면
4. Radius : 생성할 Circle의 반경
5. 두 Point를 지나고 Radius 반경을 갖는 Circle이나 Arc 생성

6. Circle Limitations
   - Whole Circle : 원 생성(7)
   - Trimmed Circle : 두 Point를 지나는 Arc 생성(8)
   - Complementary Circle : Trimmed Circle의 반대 방향, Arc 생성(9)

• Three Points : 세 Point를 지나는 Circle을 생성한다.

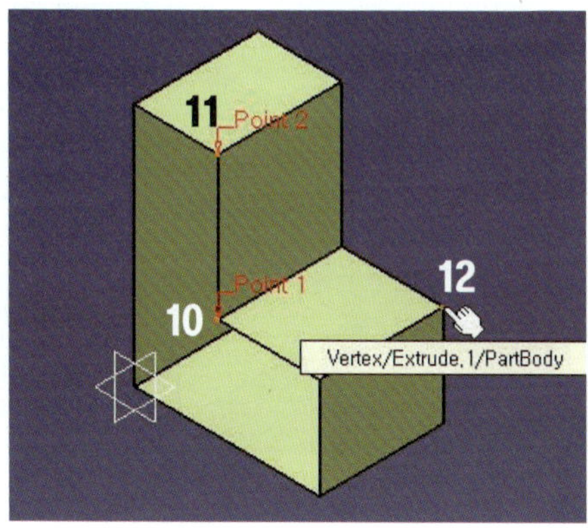 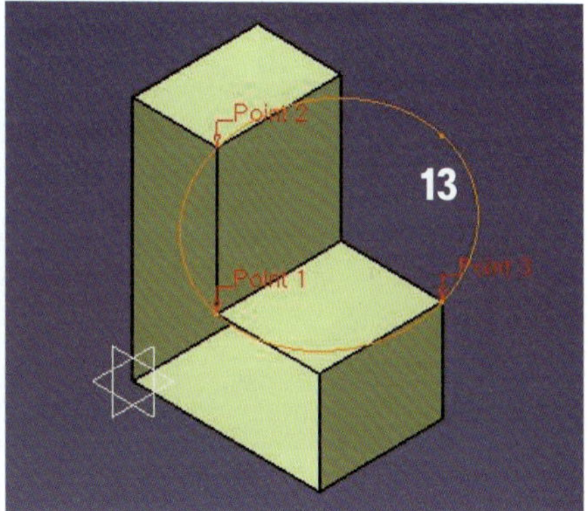

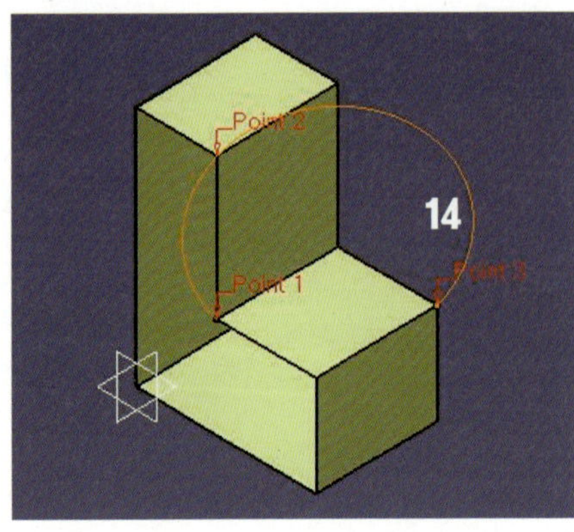

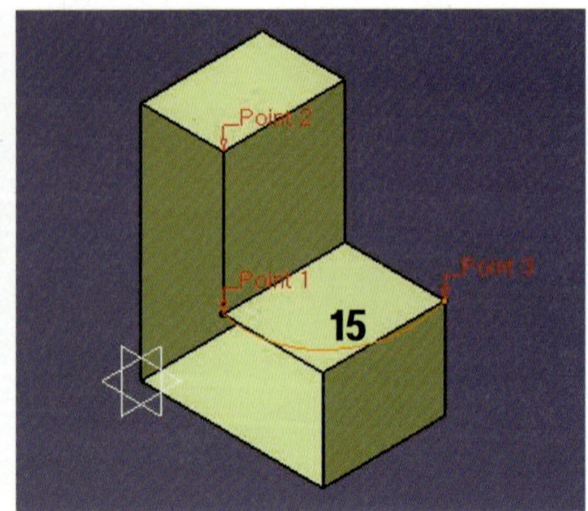

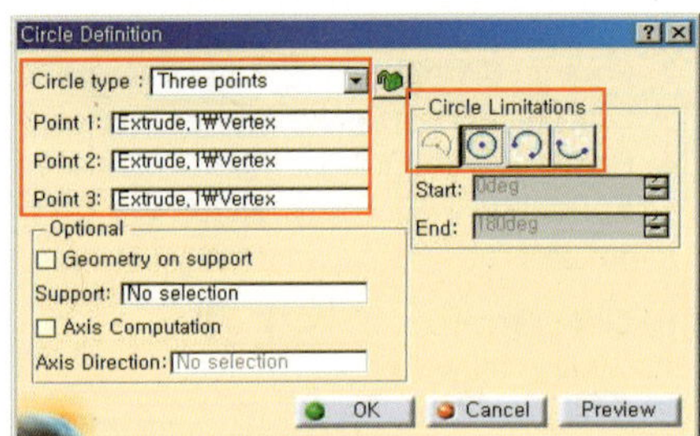

1. Point 1 : Circle의 첫 번째 점(10)
2. Point 2 : Circle의 두 번째 점(11)
3. Point 3 : Circle의 세 번째 점(12)
4. 세 점을 지나는 Circle이나 Arc 생성
5. Circle Limitations
   - Whole Circle : 원 생성(13)
   - Trimmed Circle : 두 Point를 지나는 Arc 생성(14)
   - Complementary Circle : Trimmed Circle의 반대
     방향, Arc 생성(15)

• Center and axis : Axis를 중심으로 선택한 Point의 위치에 Circle을 생성한다.

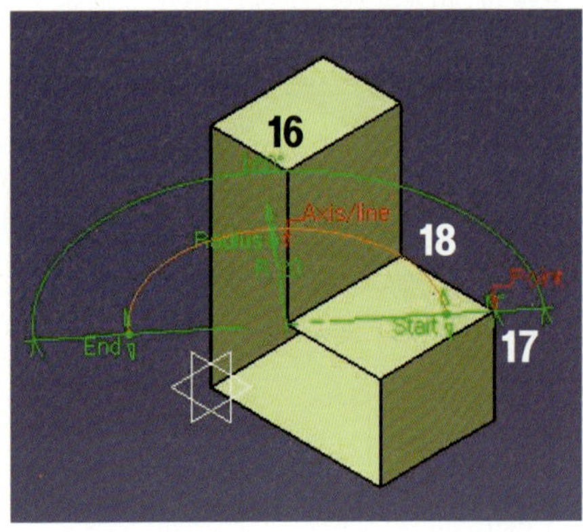

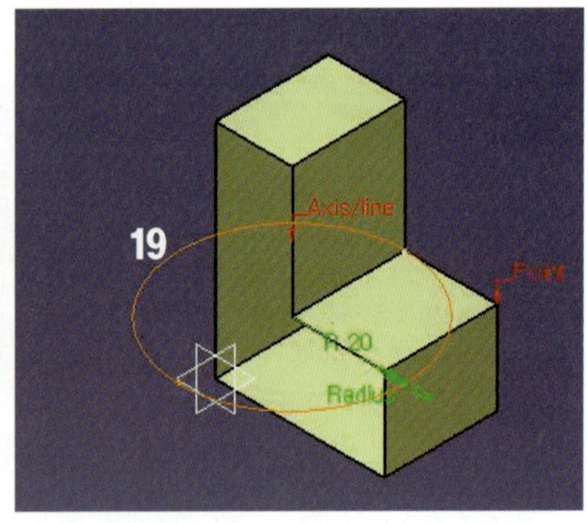

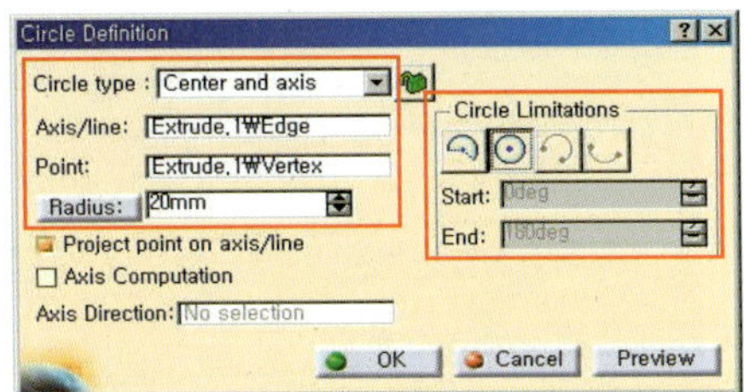

1. Axis/line : Circle의 중심 선택(16)
2. Point : Circle의 한 점 선택(17)
3. Radius : Circle의 반경 지정
4. Circle Limitations
   - Part Arc : 호 생성(18)
   - Whole Circle : 원 생성(19)
5. 모서리를 중심으로 선택한 Point 위치에 R20인
   Circle이 생성

• Bitangent and radius : 두 Curve에 접하고 어떤 반경을 갖는 Circle을 생성한다.

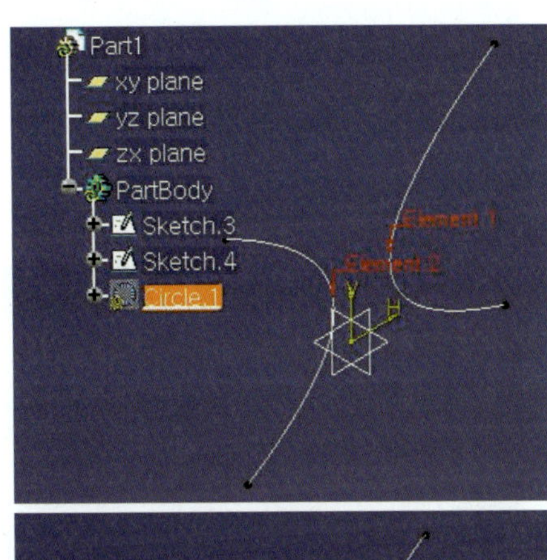

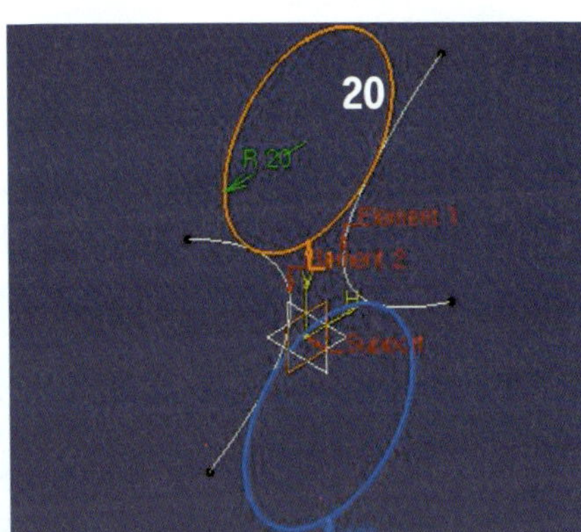

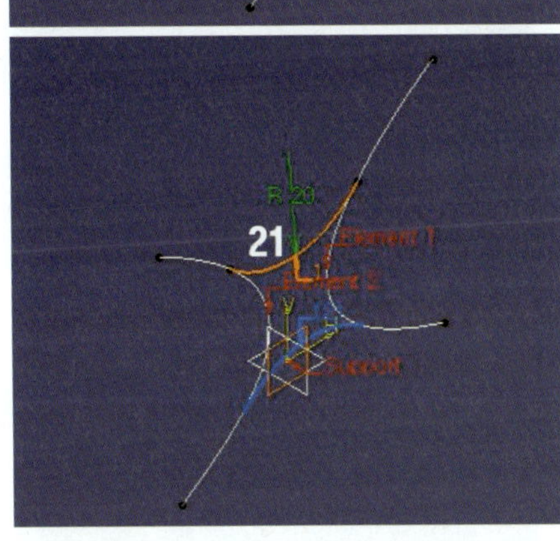

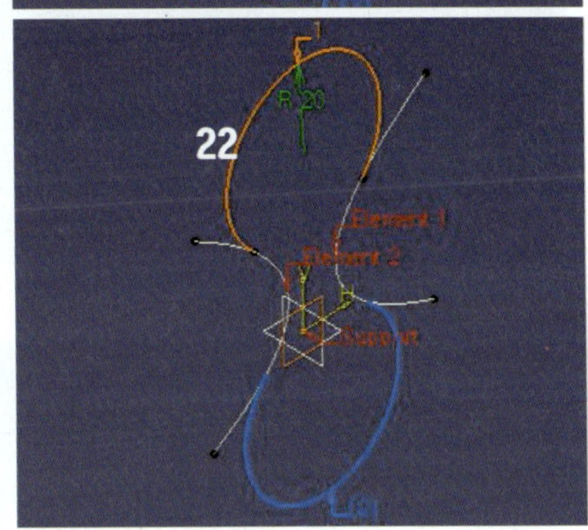

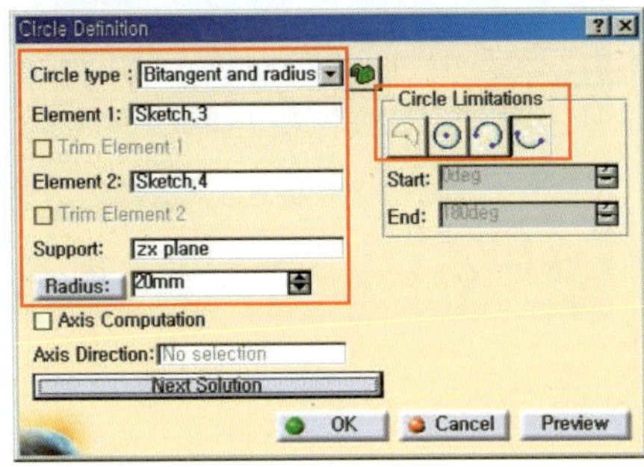

1. 서로 다른 ZX Plane에 Arc를 Sketch
2. Element 1 : 첫 번째 Curve 선택
3. Element 2 : 두 번째 Curve 선택
4. Radius : Circle의 반경 지정
5. Circle Limitations
   - Whole Circle : 원 생성(20)
   - Trimmed Circle : 두 Point를 지나는 Arc 생성(21)
   - Complementary Circle : Trimmed Circle의 반대
     방향 Arc 생성(22)

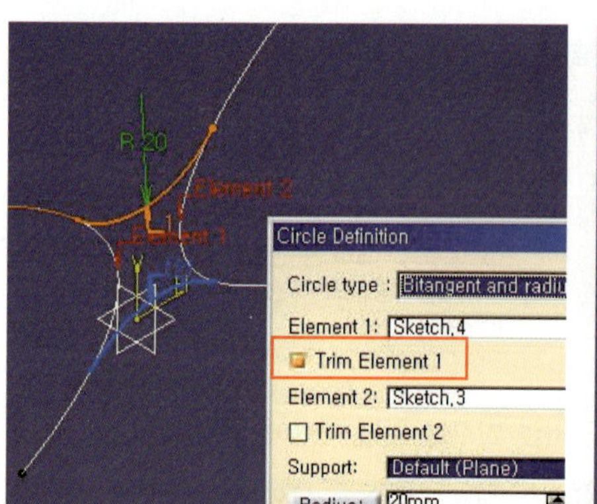 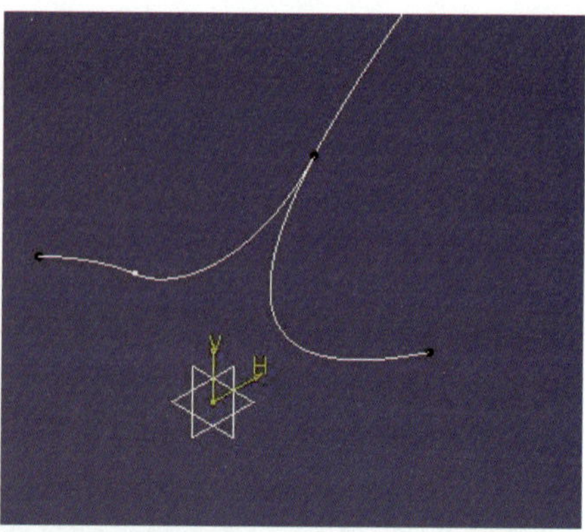

Element 1에 Trim 옵션을 적용할 경우

• Triangent : 세 Curve에 접하는 Circle을 생성한다.

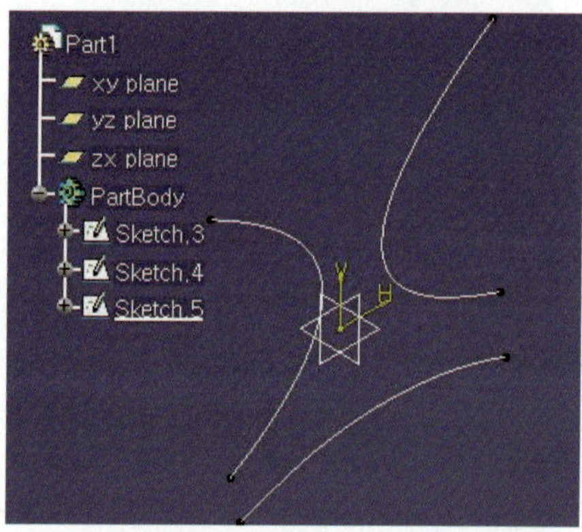 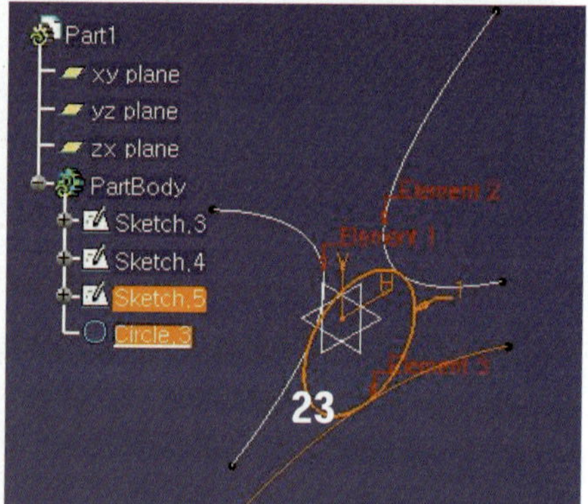

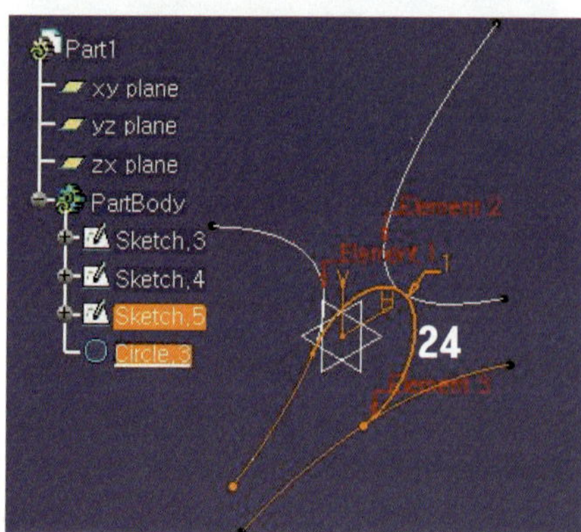 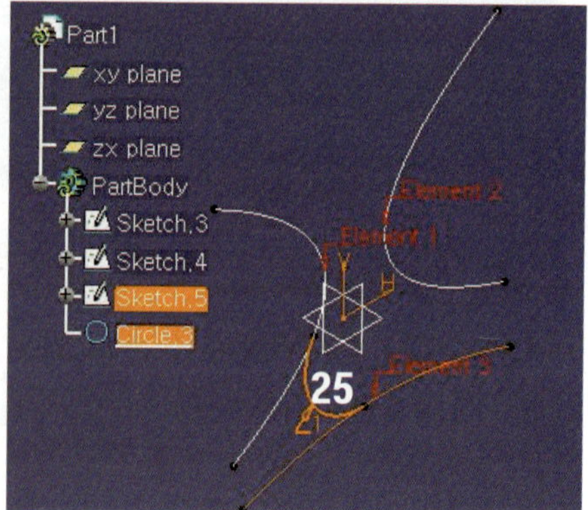

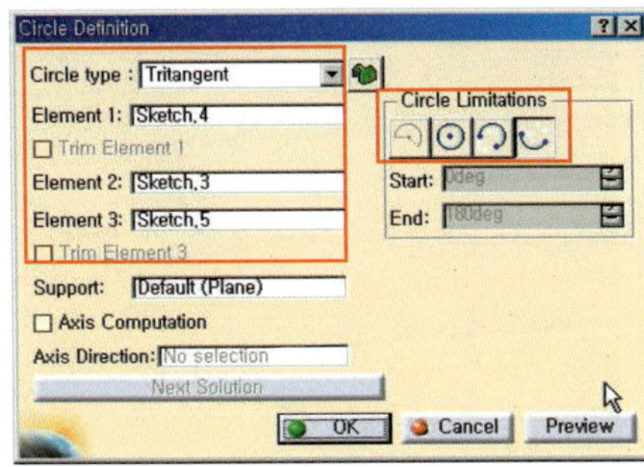

1. 서로 다른 ZX Plane에 Arc를 생성
2. Element 1 : 첫 번째 Curve 선택
3. Element 2 : 두 번째 Curve 선택
4. Element 3 : 세 번째 Curve 선택
5. Circle Limitations
   - Whole Circle : 원 생성(23)
   - Trimmed Circle : 두 Point를 지나는 Arc 생성(24)
   - Complementary Circle : Trimmed Circle의 반대
     방향 Arc 생성(25)

• Center and tangent : Curve에 접하고 Center element를 중심점으로 하는 Circle을 생성한다.

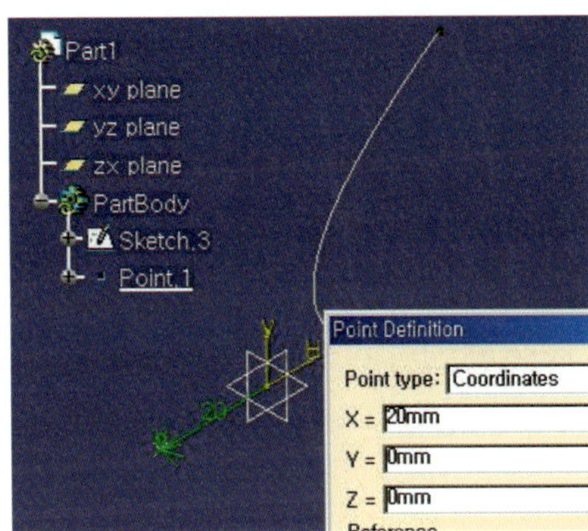
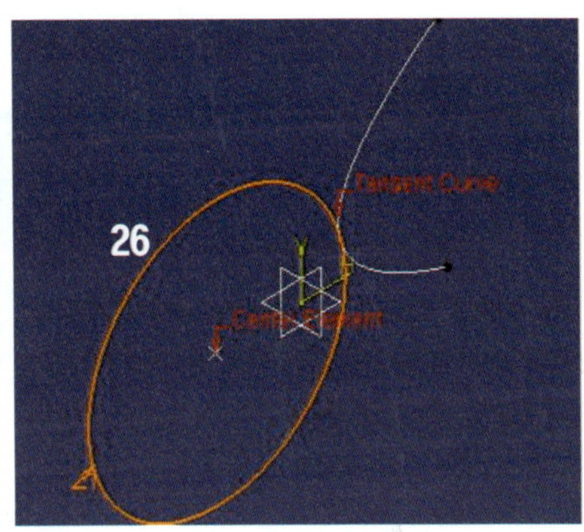

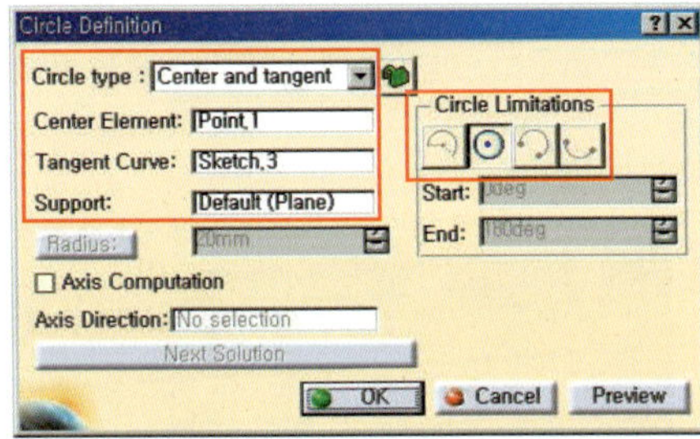

1. ZX Plane에 Arc 생성
2. 원점에서 X축으로 20mm 위치에 Point 생성
3. Center Element : Circle 중심점으로 Point 선택
4. Tangent Curve : Circle이 접할 곡선을 선택
5. Circle Limitations
   - Whole Circle : 원 생성(26)

<Corner 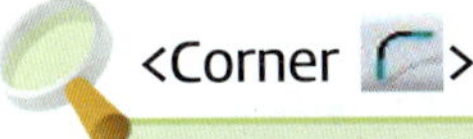>

3D 공간상에서 두 Profile 사이에 라운딩을 생성하는 기능

① 서로 다른 ZX Plane에 2개의 Line 을 Sketch하고 3D Mode로 전환한다.

② 아이콘을 클릭한다.

③ Corner Definition 대화상자에서 Corner type을 Corner on Support를 선택하고 Element 영역에 Line을
각각 선택한다.

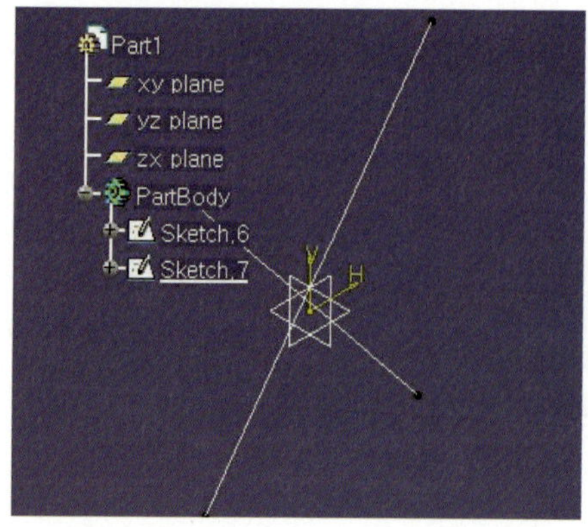

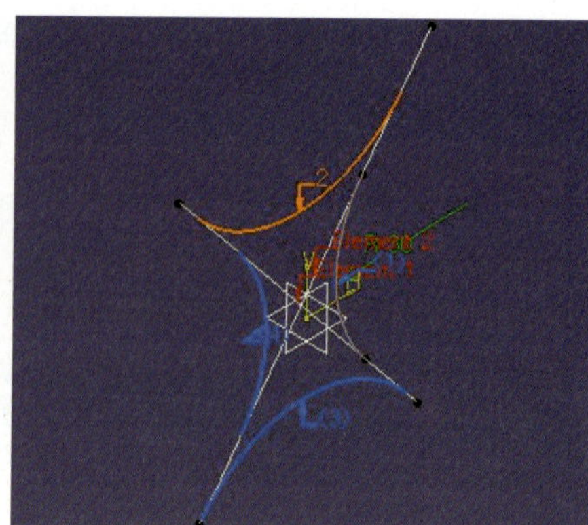

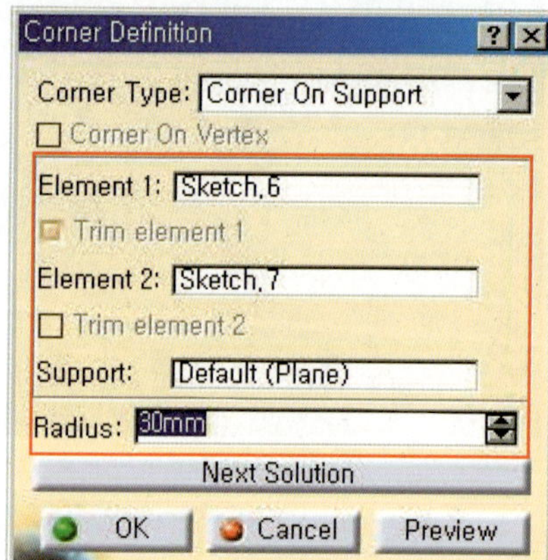

1. Corner Type : 생성할 Corner 유형 선택
2. Element 1, 2 : 2개의 Profile 선택
3. Radius : 생성할 Corner의 반경
4. 두 Element가 존재하는 ZX Plane을 Support로 하여
   Corner 생성

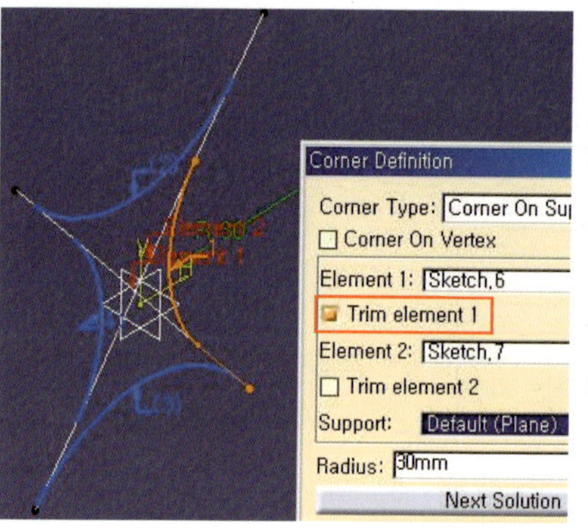

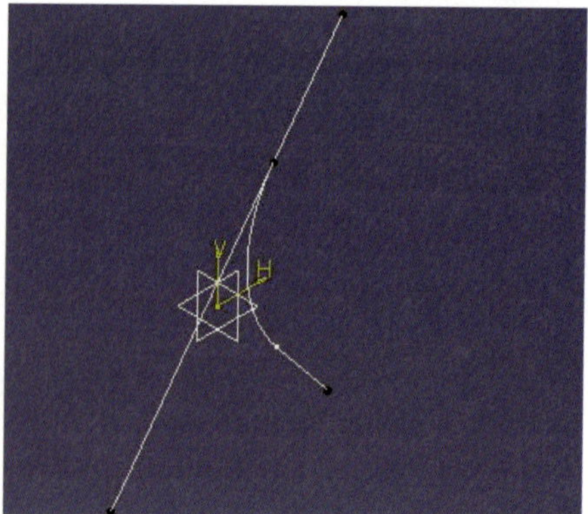

Element 1을 Trim 옵션을 적용했을 경우

④ Corner type

　　3D Corner : 3D 공간상에서 두 Curve 사이에 Corner를 생성한다.

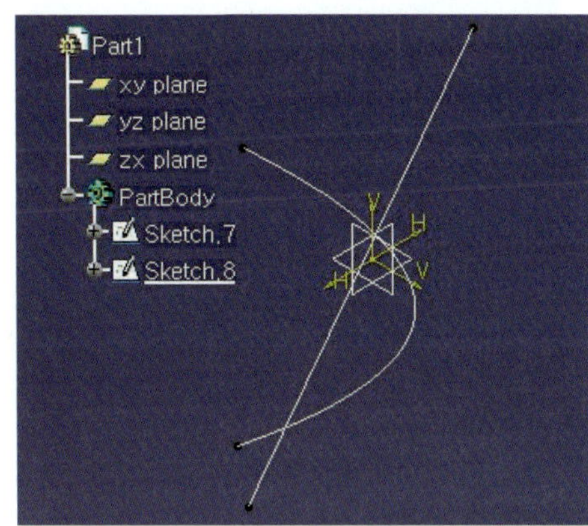

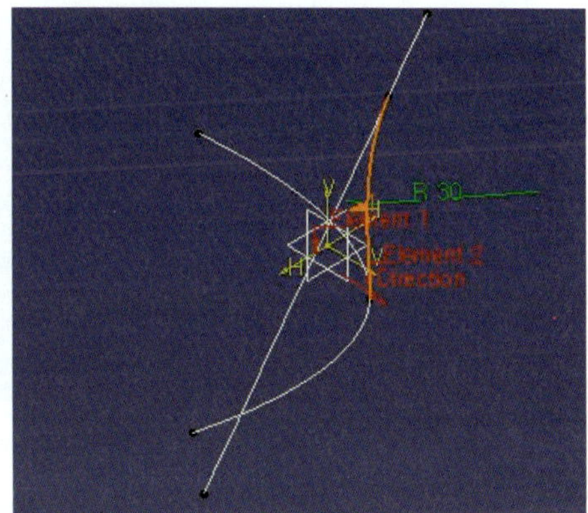

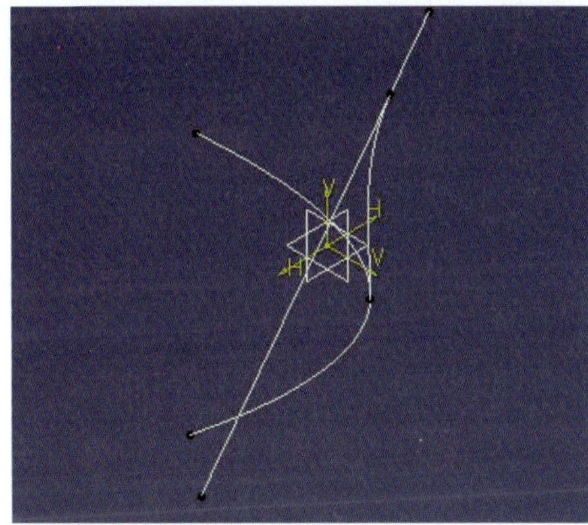

1. ZX Plane에 직선, XY Plane에 곡선을 각각 Sketch
2. Corner type을 3D Corner 선택
3. 공간상에 두 Element를 연결하는 Corner가 생성

<Connect Curve >

3D 공간상에서 두 Curve를 연결하는 새로운 Curve를 생성하는 기능

① ZX Plane과 XY Plane에 Spline 을 Sketch하고 3D Mode로 전환한다.

② 아이콘을 클릭한다.

③ Connect Curve Definition 대화상자에서 Connect type을 Normal로 선택한다.

④ First Curve 영역을 클릭하고 Sketch한 Spline를 선택한 후 Second Curve 영역을 클릭하고 다른 Spline을
　 선택하고 OK 버튼을 클릭한다.

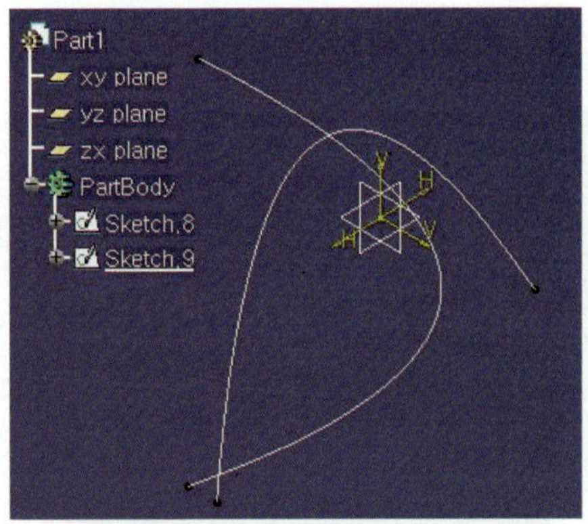

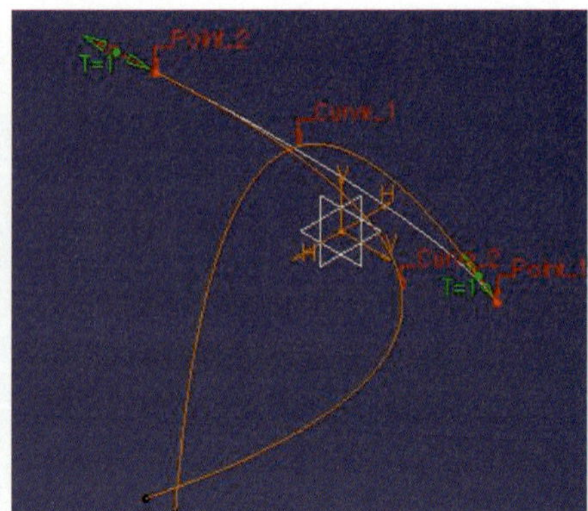

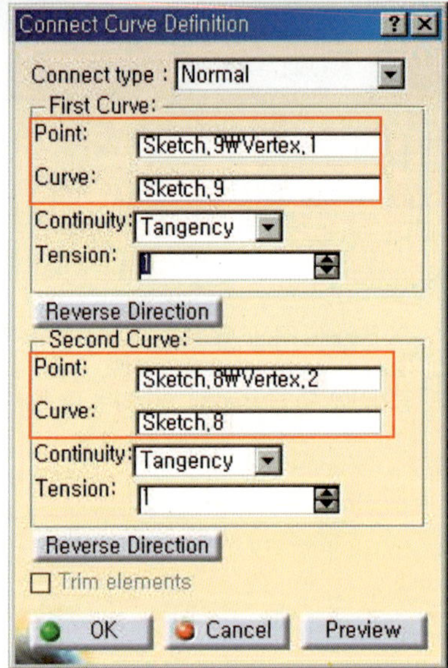

1. Connect type : 생성할 Curve의 유형을 선택
2. First Curve/Second Curve
   - Point : 생성한 Curve 위의 점
   - Point가 존재하는 Curve
3. Continuity
   - Point : First와 Second Curve를 직선 연결
   - Tangency : 접하는 Curve 생성
   - Curvature : 곡률이 있는 Curve 생성
4. Tension : 접선의 모양 지정
5. 두 Curve를 연결하는 새로운 Curve가 생성

⑤ Continuity

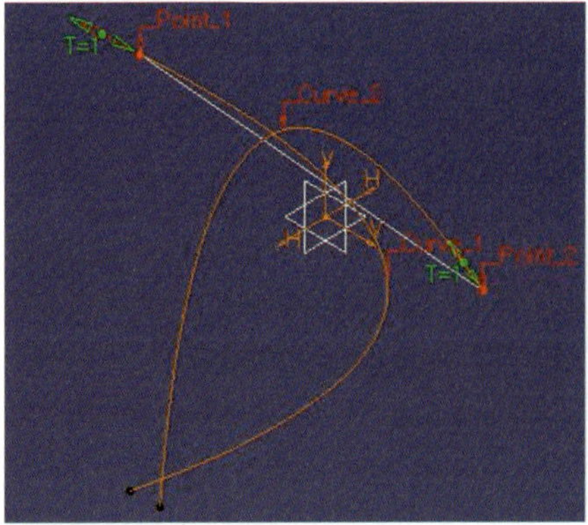

First/Second Curve : Point

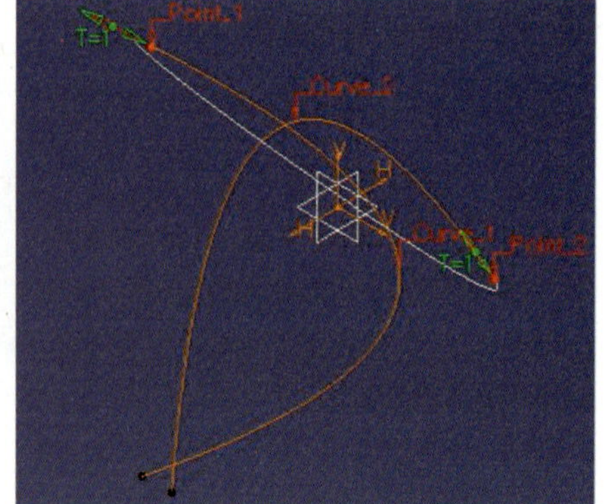

First/Second Curve : Tangency

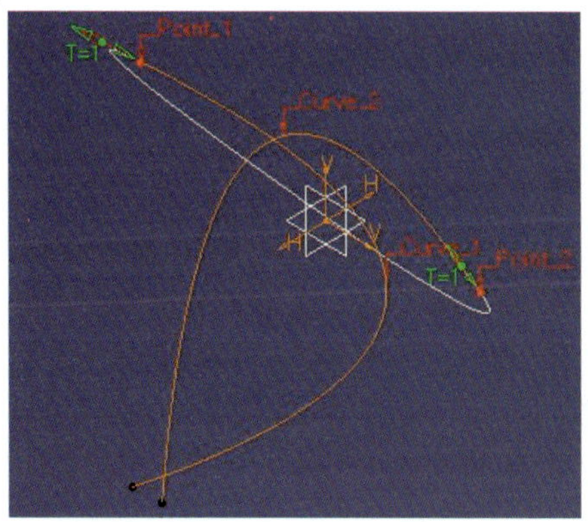

First/Second Curve : Curvature

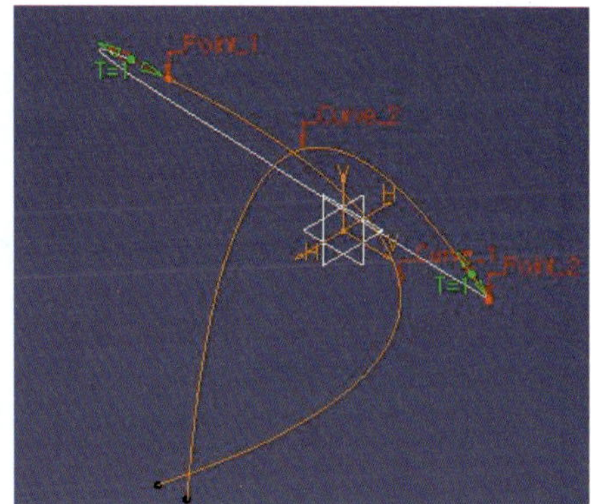

First Curve : Curvature
Second Curve : Point

⑥ Tension

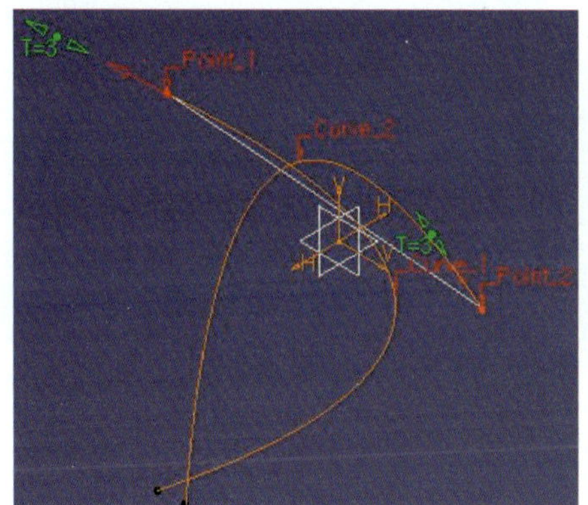

First/Second Curve : Point
First/Second Tension : 3

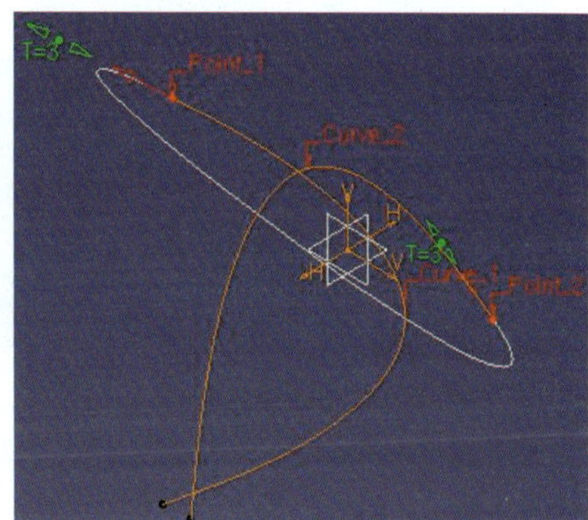

First/Second Curve : Tangency
First/Second Tension : 3

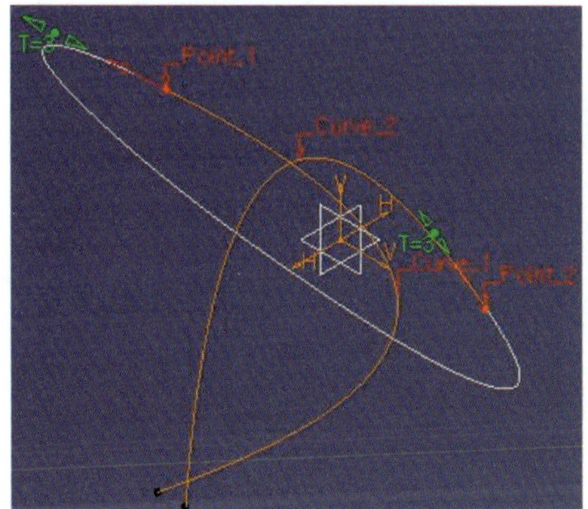

First/Second Curve : Curvature
First/Second Tension : 3

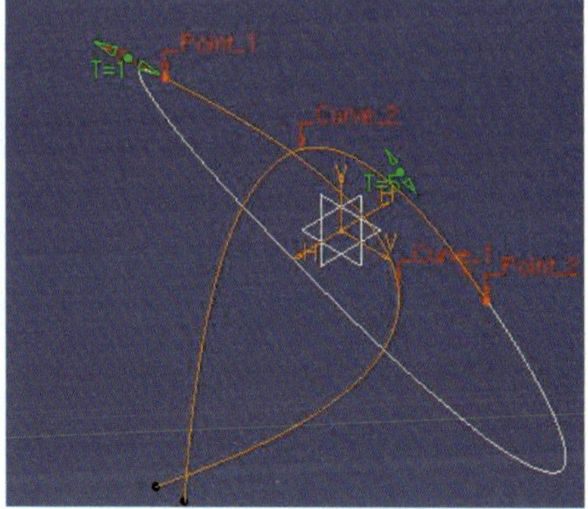

First/Second Curve : Curvature
First Tension : 1,   Second Tension : 5

<Spline 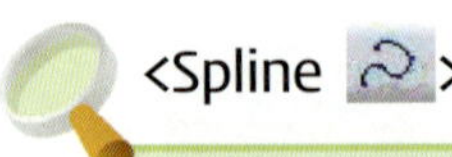 >

3D 공간상에서 Spline을 생성하는 기능

① Point 아이콘 ■을 클릭하여 Spline이 지나갈 (0, 0, 0), (50, 0, 0), (0, 50, 0), (0, 0, 50), (50, 0, 50), (0, 50, 50) 위치에 점을 생성한다.

② 아이콘을 클릭한다.

③ Spline Definition 대화상자에서 생성한 Point를 선택(1~5)하고 OK 버튼을 클릭한다.

④ 선택한 Point를 차례로 연결하는 Spline Curve가 생성된다.

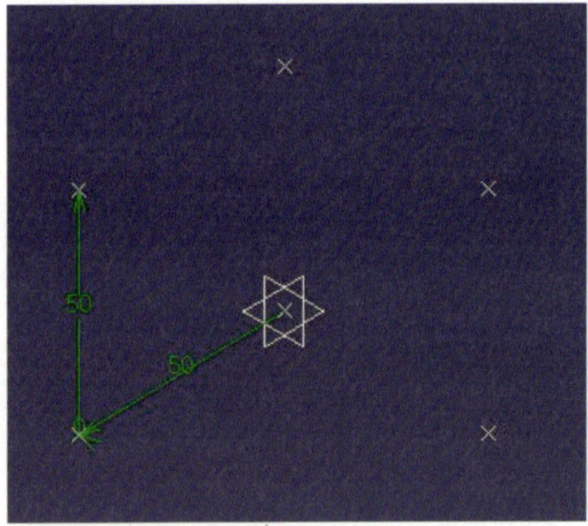

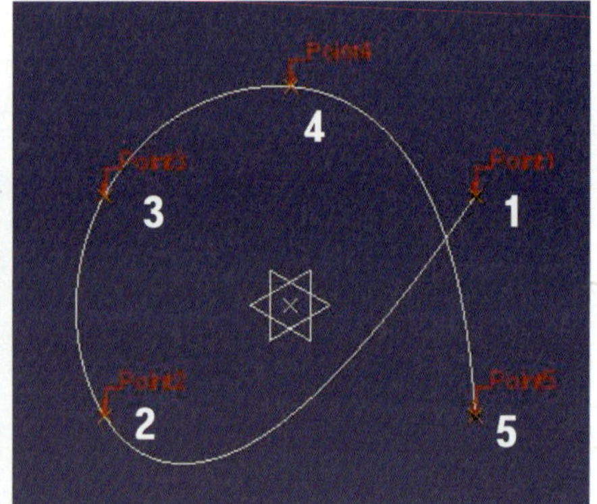

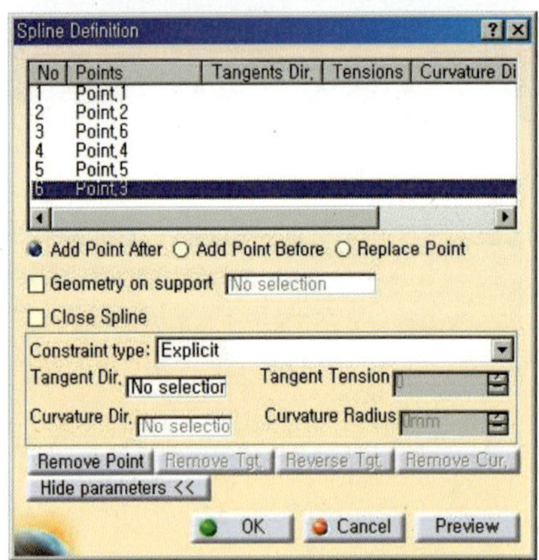

1. Point : 생성할 곡선이 지나는 Point 지정
2. Point 지정 Type
   - Add Point After : 선택 Point를 연속 이어서 Spline을 생성
   - Add Point Before : 두 점을 지나는 Curve 사이에 선택한 Point를 지나는 Spline 생성
   - Replace Point : 생성한 Curve를 지나는 Point를 다른 Point로 대체시켜 Spline 생성
3. Geometry on support : 생성된 Spline이 Surface에 투영
4. Close Spline : Spline을 닫음

⑤ Point 지정 Type

Add Point Before

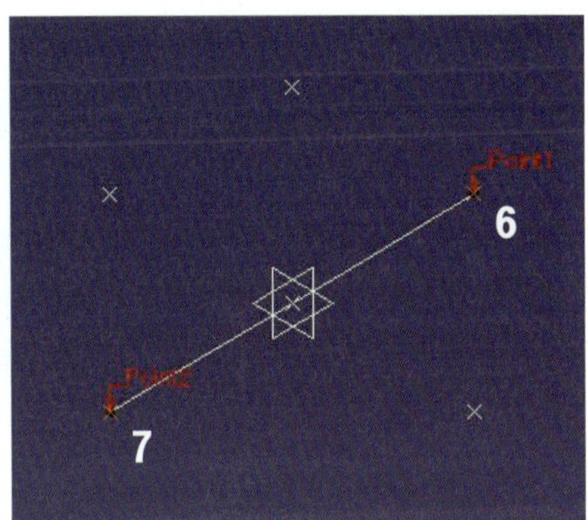

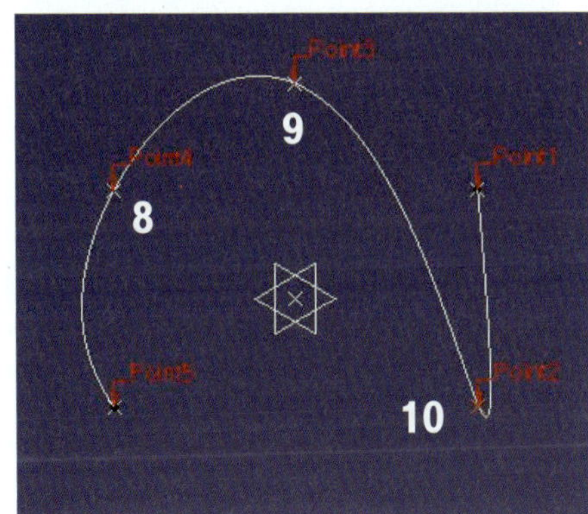

1. 공간상에 여러 개의 Point 생성
2. 아이콘을 클릭하여 Point 지정 Type을 Add Point After 선택
3. 2개의 Point 선택(6, 7)하여 Spline을 생성
4. Point 지정 Type을 Add Point Before로 지정하고 Point를 지정(8, 9, 10)
5. Add Point After Type으로 지정한 Point를 Spline의 양끝 점으로 하고 Add Point Before로 지정하고 선택한 Point를 지나도록 Spline이 생성

Replace Point

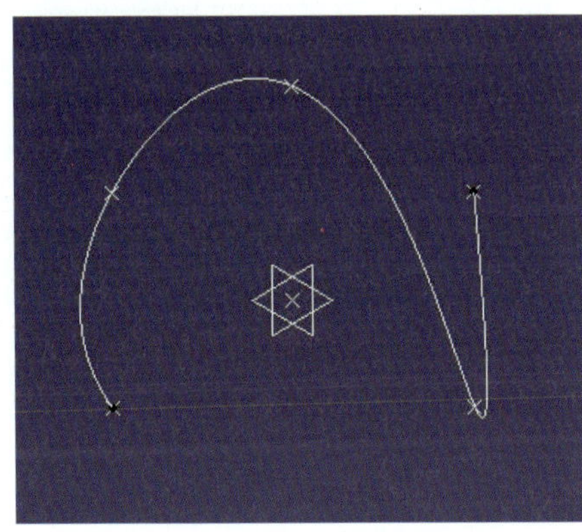

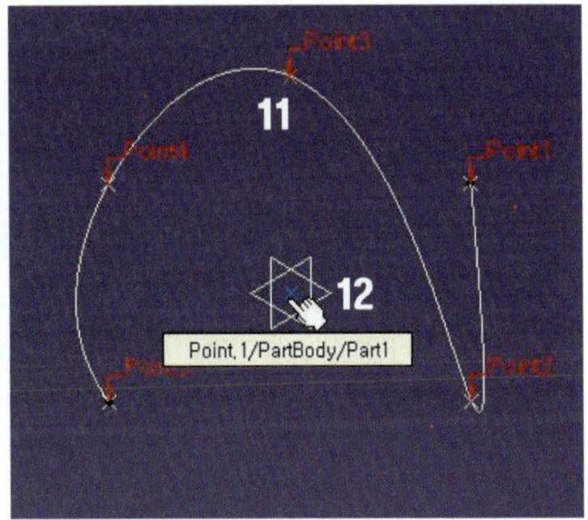

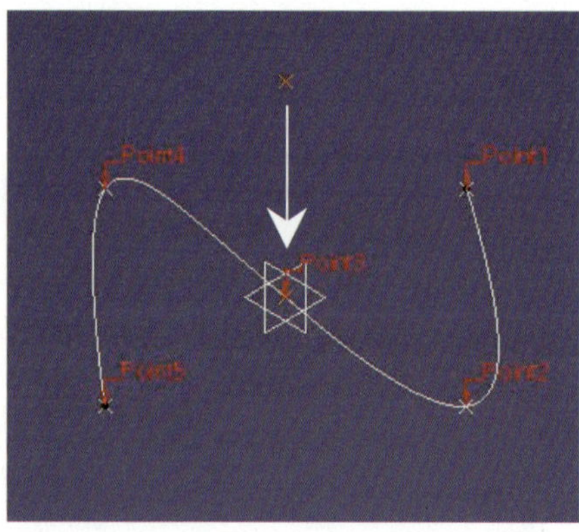

1. 아이콘을 클릭하여 공간상에 여러 Point를 지나
   는 Spline을 생성
2. Point 지정 Type을 Replace Point를 선택하고 경로
   를 변경할 Point.3을 선택(11)
3. 새로운 경로로 지정할 Point를 선택(12)
4. Point.3의 경로가 위에서 선택한 Point(12)점으로 경
   로가 변경되어 새로운 형태의 Spline이 생성

⑥ Geometry on support

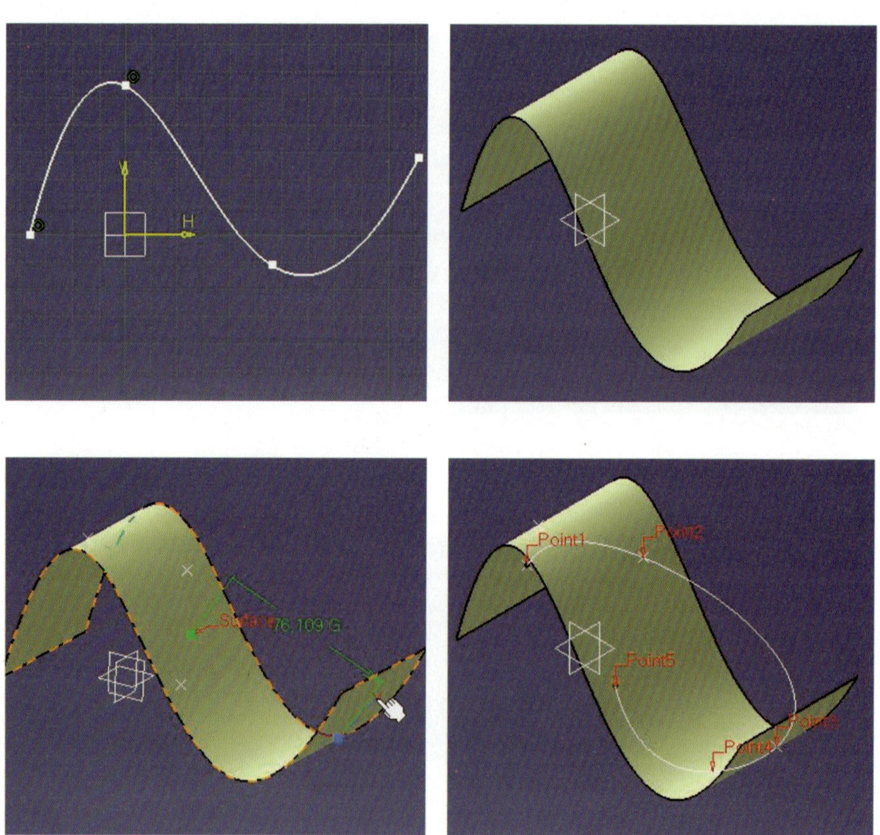

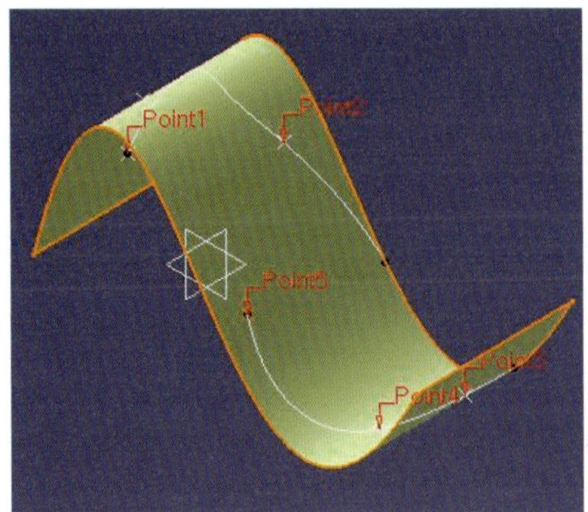

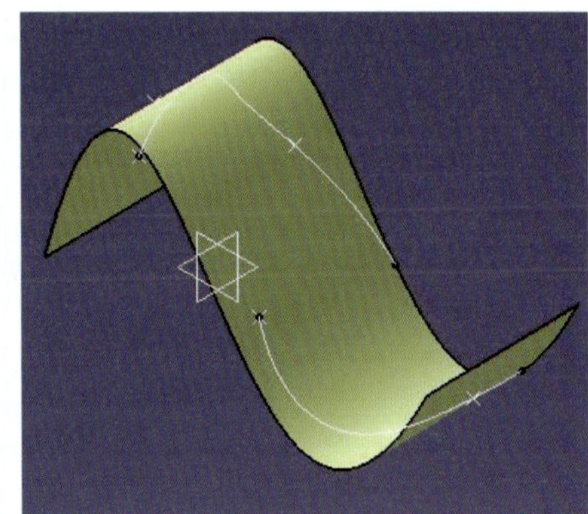

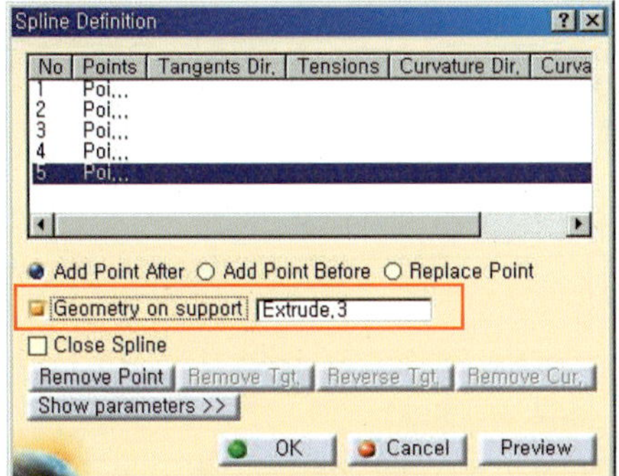

1. YZ Plane에 Spline을 Sketch

2. 3D Mode에서 Extrude 아이콘 을 클릭하여 Surface 생성

3. Point 아이콘 을 클릭하여 Surface 위에 Point를 생성

4. 아이콘을 클릭하여 Point를 선택하면 공간상에 각 Point를 지나는 Spline이 생성

5. Geometry on support를 체크하고 빈 영역을 클릭하여 Surface를 선택하면 공간상에 존재하는 Spline이 Surface에 투영

⑦ Close Spline

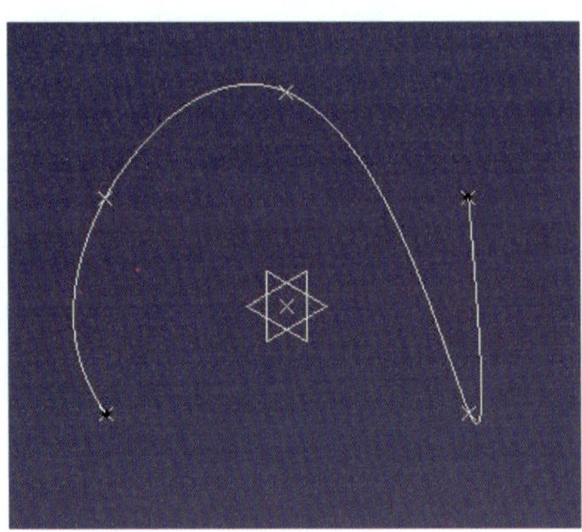

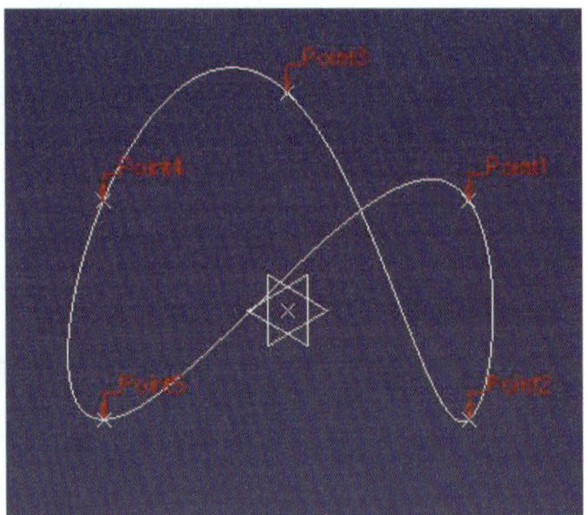

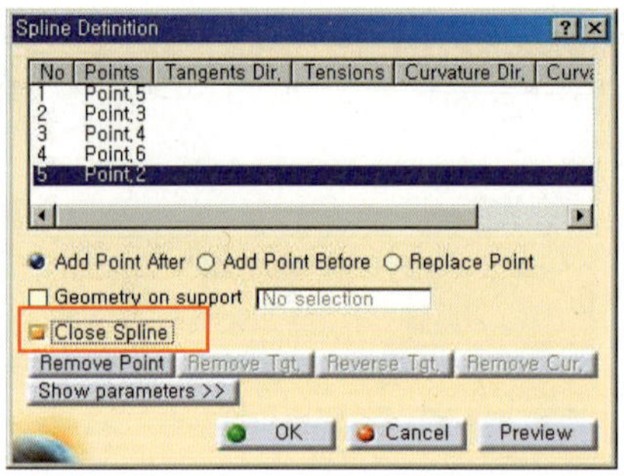

1. 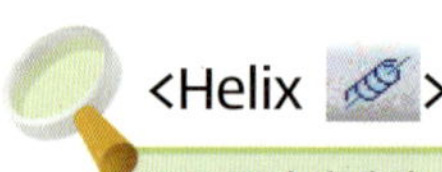 아이콘을 클릭하여 공간상에 여러 Point를 지나는 Spline을 생성
2. Close Spline을 체크하면 Curve의 시작점과 끝점을 연결하여 Close됨

<Helix>

3D 공간상에서 Spring 형상의 Curve를 생성하는 기능

① Point 아이콘을 클릭하여 Spring의 시작점을 (30, 0, 0) 위치에 생성한다.

② 아이콘을 클릭한다.

③ Helix Curve Definition 대화상자에서 Starting Point 영역을 클릭하고 Spring의 시작점으로 Point를 선택한다.

④ Axis 영역에서 마우스 오른쪽버튼을 클릭하여 Z축을 선택한다.

⑤ Pitch 영역을 클릭하고 2mm, Height 영역을 클릭하고 50mm를 입력하고 OK 버튼을 클릭한다.

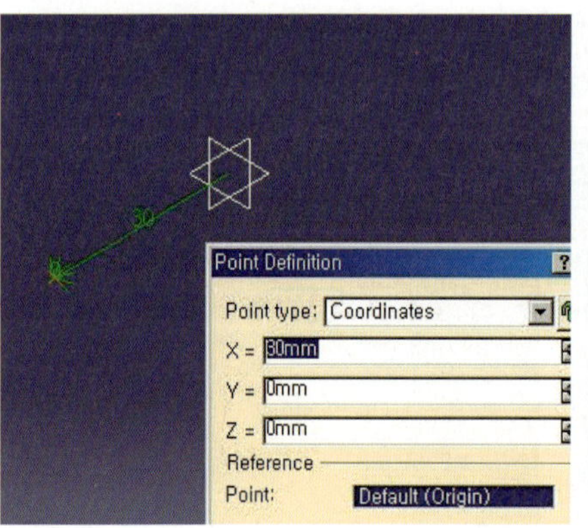

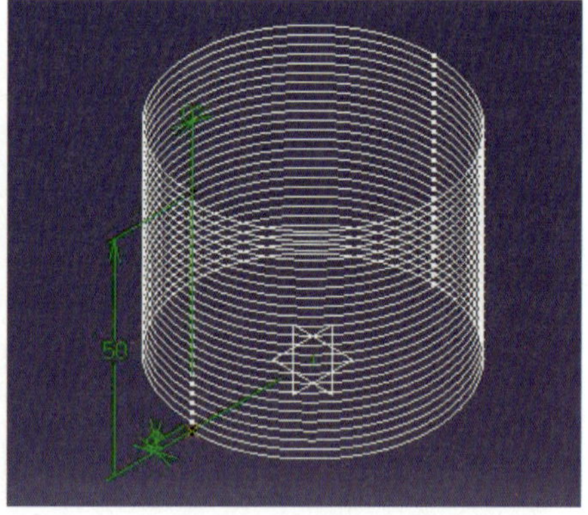

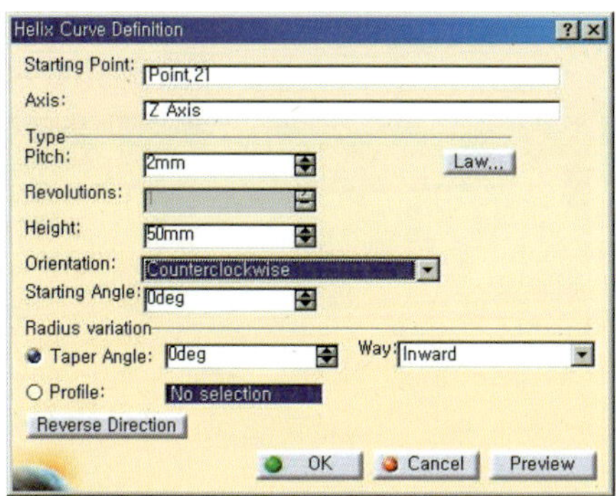

1. Starting Point : Spring 형상 Curve의 시작점 선택
2. Axis : 생성할 Spring 형상 Curve의 축을 지정
3. Type
   - Pitch : 피치 지정
   - Height : 높이 지정
   - Orientation : 생성 방향(시계, 반시계 방향 지정)
   - Starting Angle : Starting Point에서 Spring 형상
     Curve의 생성 각도 지정
4. Radius variation
   - Taper Angle : 테이퍼 각 지정
   - Profile : Spring 형상 Curve의 경로를 지정

⑥ Type

• Orientation

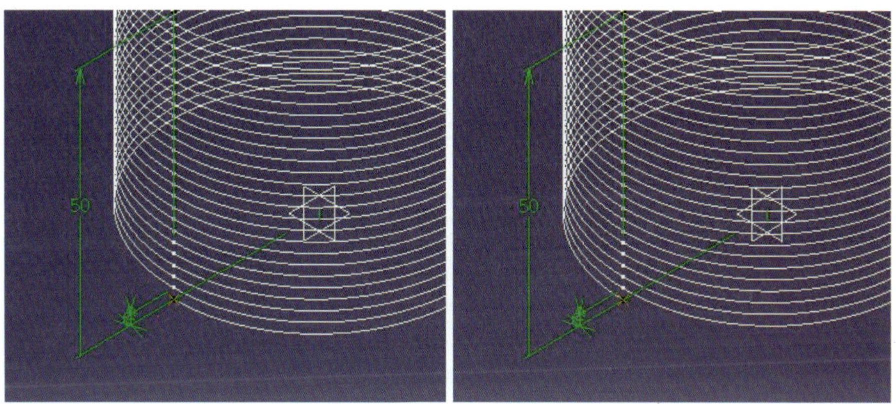

| Counterclockwise | Clockwise |

• Starting Angle

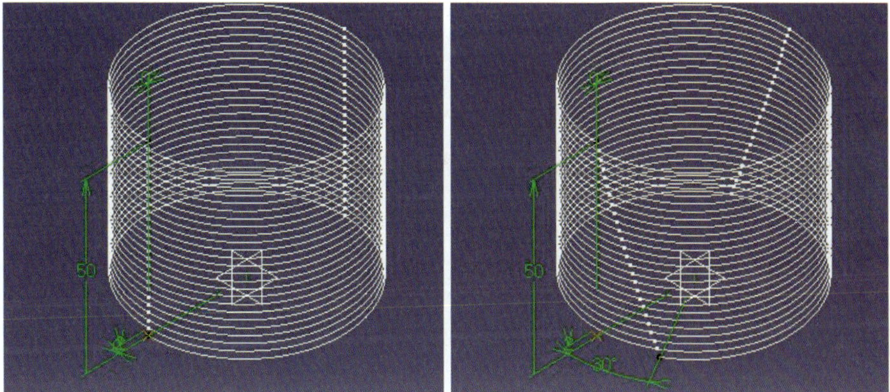

| Starting Angle : 0° | Starting Angle : 30° |

⑦ Radius Variation
  • Taper Angle

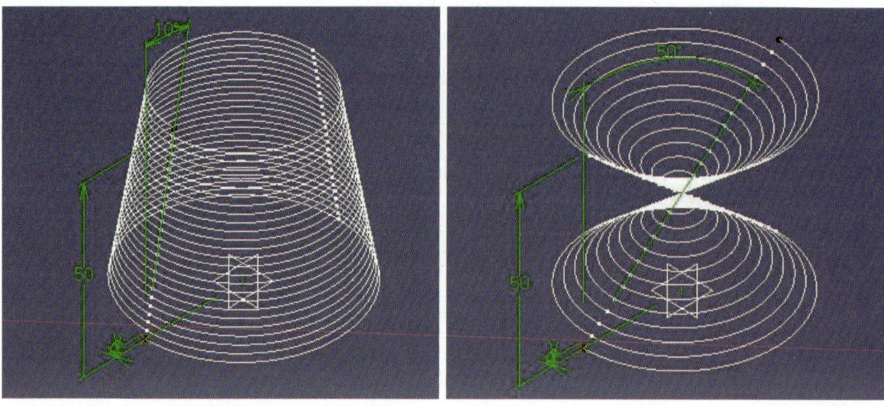

Angle : 10°   Angle : 50°

  • Way

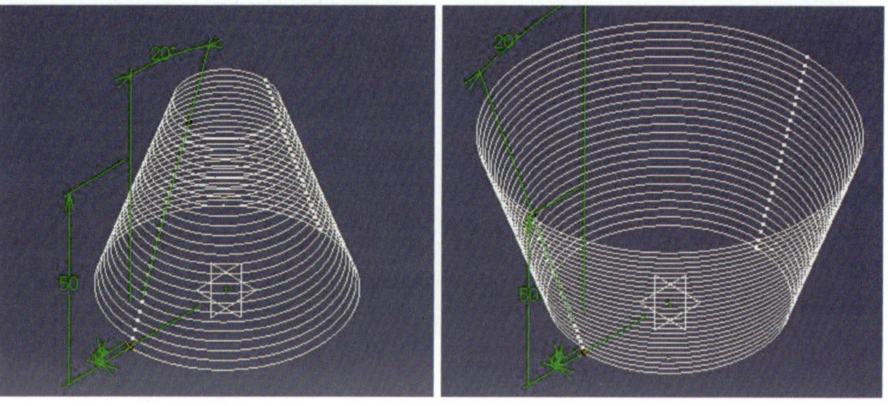

Inward   Outward

  • Profile

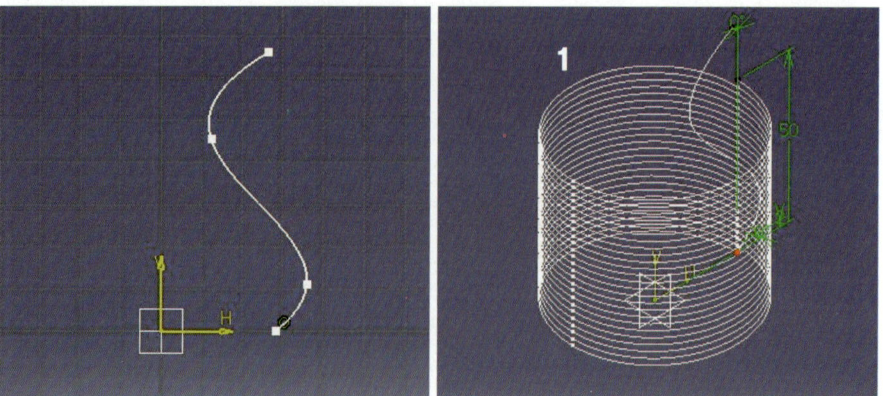

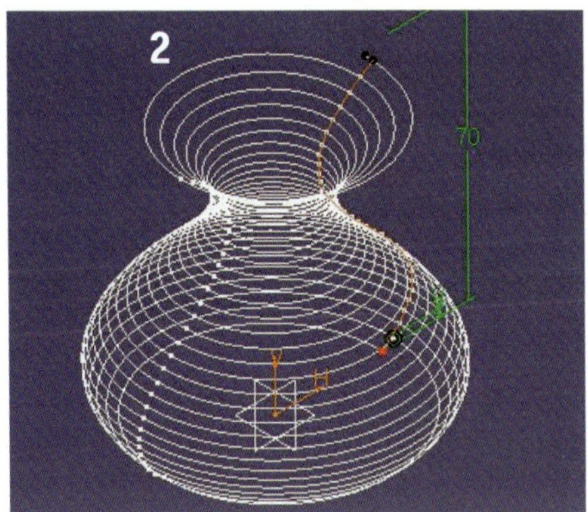

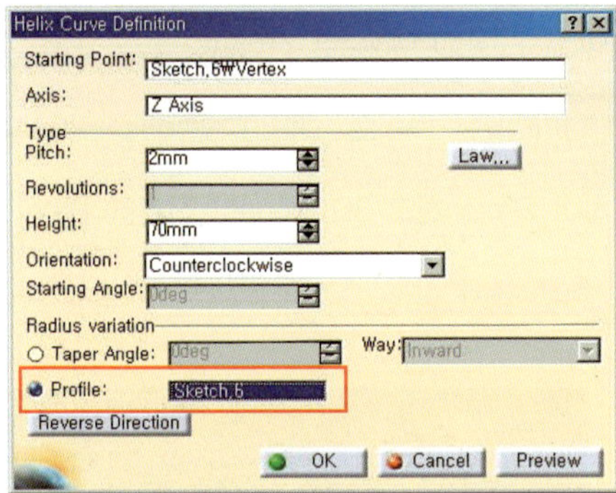

1. ZX Plane을 선택하고 Spline을 Sketch
2. Starting을 Spline의 맨 아랫점을 선택하고 Axis를 Z 축 선택
3. Pitch를 2mm, Height를 70mm 입력하면 기본적인 Helix 생성(1)
4. Profile 영역을 클릭하고 위에서 Sketch한 Spline을 선택
5. Spring 형상 Curve가 Spline 경로를 따라 생성(2)

3) Operations

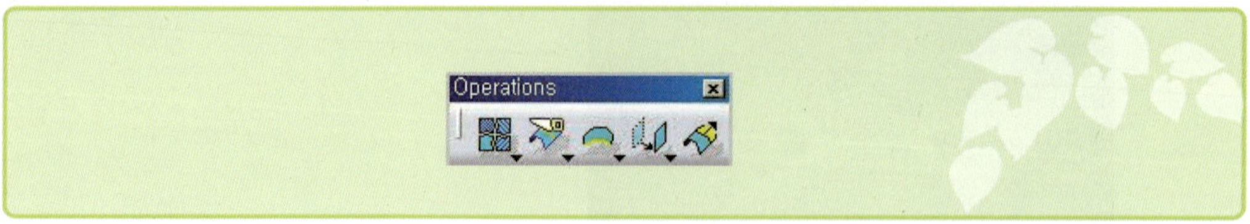

<Join >

서로 분리되어 있는 Surface를 하나로 합해주는 기능

① YZ Plane에 Profile 아이콘 을 클릭하여 Sketch하고 3D Mode로 전환한다.

② Extrude 아이콘 을 클릭하여 Surface를 생성한다.

③ 다른 YZ Plane에서 Profile 아이콘 을 클릭하여 Sketch하고 3D Mode로 전환한다.

④ Extrude 아이콘 을 클릭하여 앞에서 생성한 Surface와 같은 크기의 Surface를 생성한다.

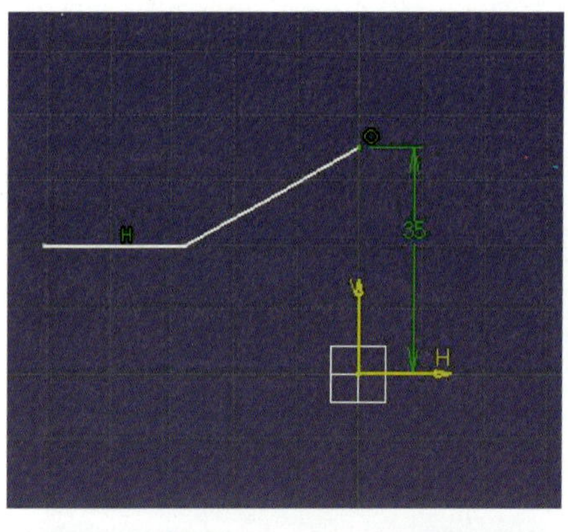

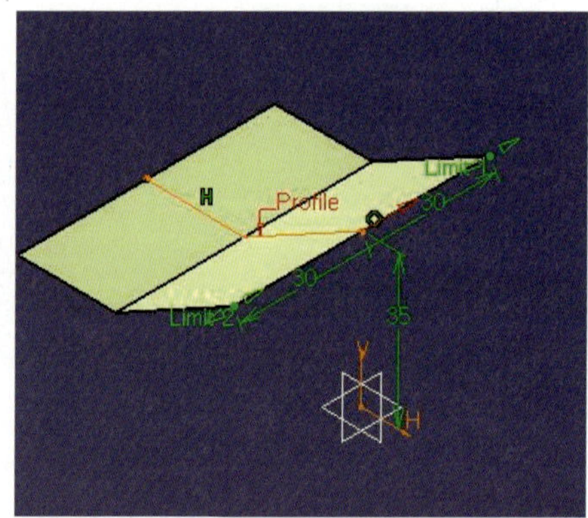

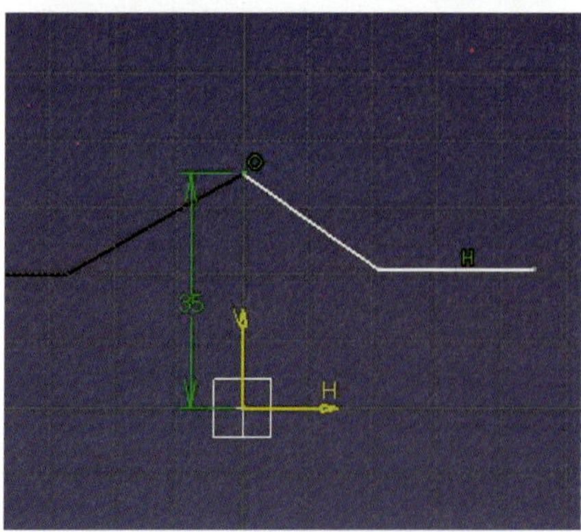

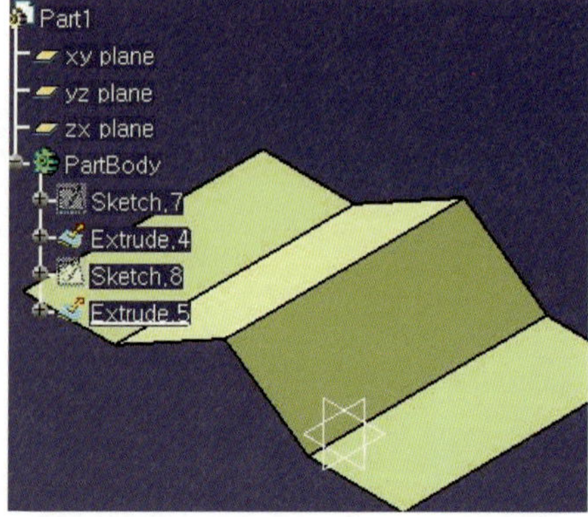

⑤ Start-Shape-Generative Shape Design Mode를 클릭한다.

⑥ Operations 도구막대의 Edge Fillet 아이콘 을 클릭하고 Fillet을 적용시킬 모서리를 선택하고자 하면 서로 분리된 Surface이기 때문에 선택되지 않으므로 Join시켜줘야 한다.

⑦ 아이콘을 클릭한다.

⑧ Join Definition 대화상자에서 합하고자 하는 Surface를 선택하면 하나의 Surface로 합해지고 Specifications tree에 합해진 Join.1이 생성된다.

⑨ Edge Fillet 아이콘 을 클릭하고 Fillet을 적용할 모서리를 선택하면 모서리가 선택(1)된다.

⑩ Radius값을 입력하고 OK 버튼을 클릭한다.

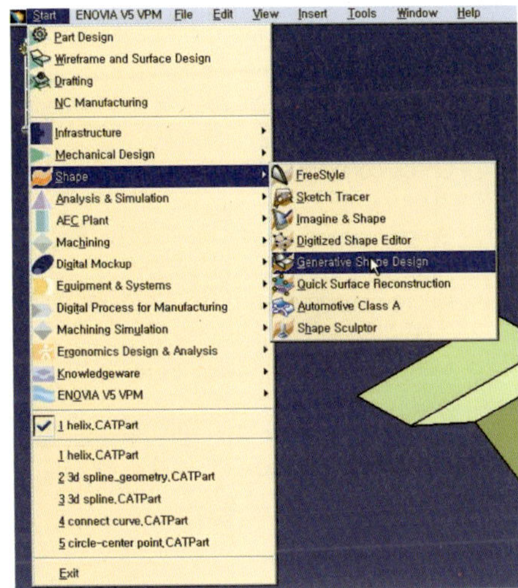

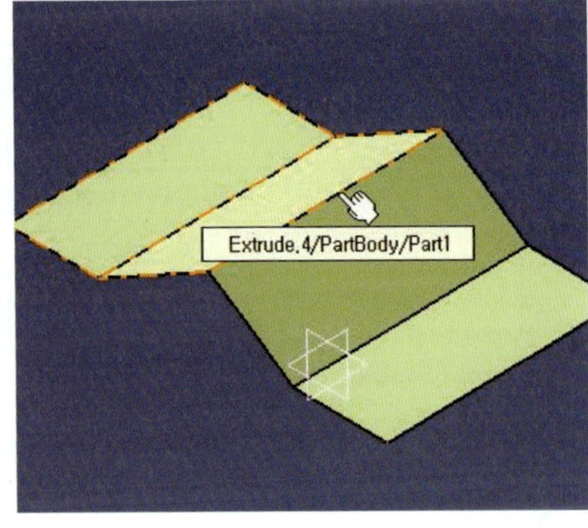

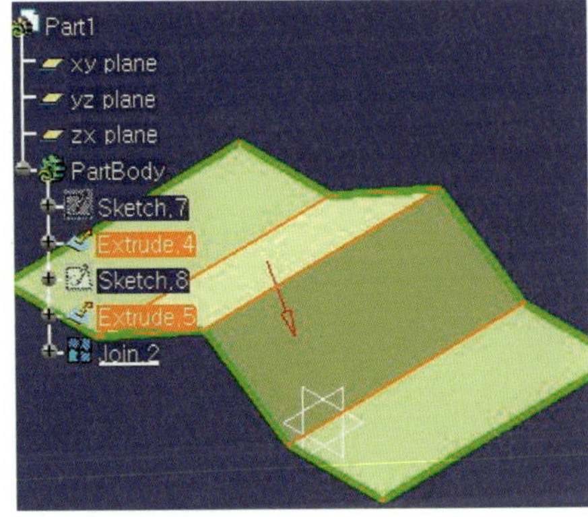

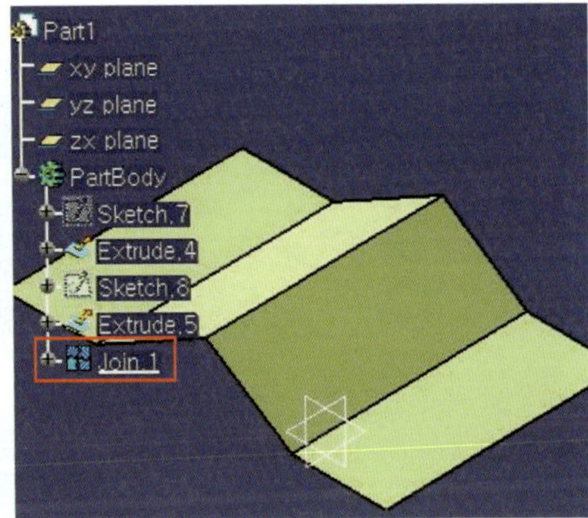

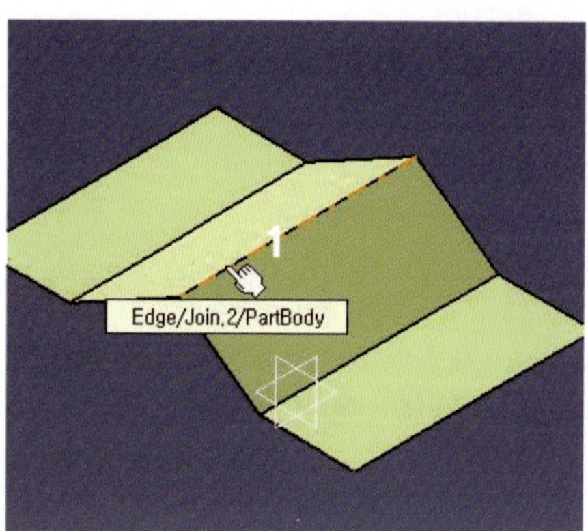

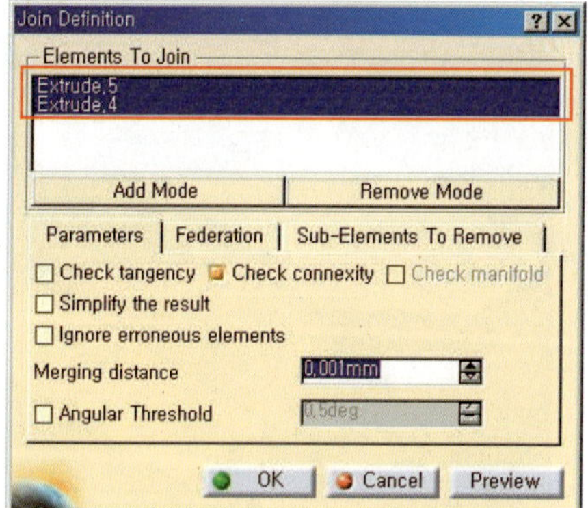

1. Element To Join : 합하고자 하는 Surface 선택
2. Parameters
   - Check tangency : 결합되는 객체의 tangent 여부 검사
   - Check connexity : 결합되는 객체의 Connect 여부 검사
   - Simplify the result : 결합 후 객체의 수를 줄여주는 역할
   - Ignore erroneous elements : 결합하기 어려운 요소를 무시
   - Merging distance : 객체를 인식하는 한계 거리 지정
   - Angular Threshold : 결합시킬 각도의 한계를 지정
3. Sub-Element To Remove : 결합을 제외시킬 객체 선택

⑪ Sub-Element To Remove

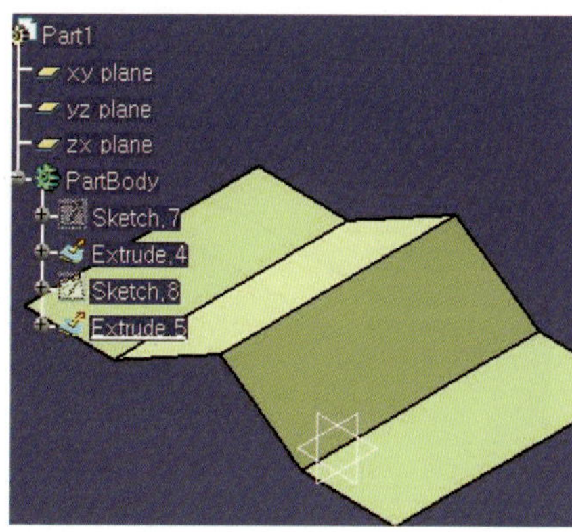

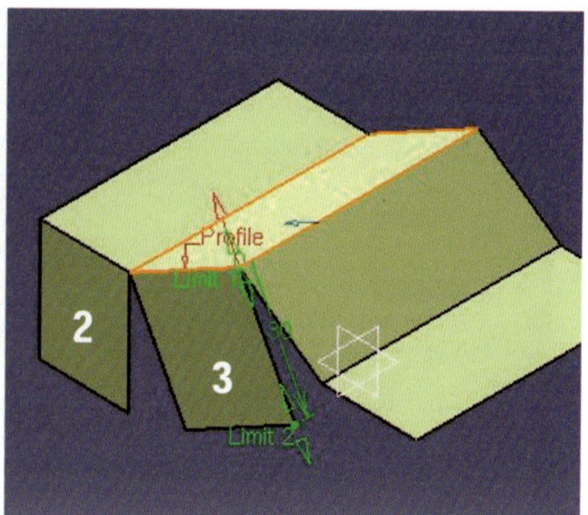

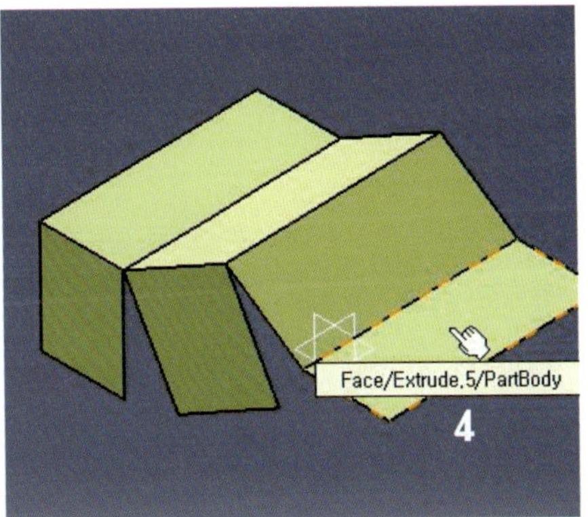

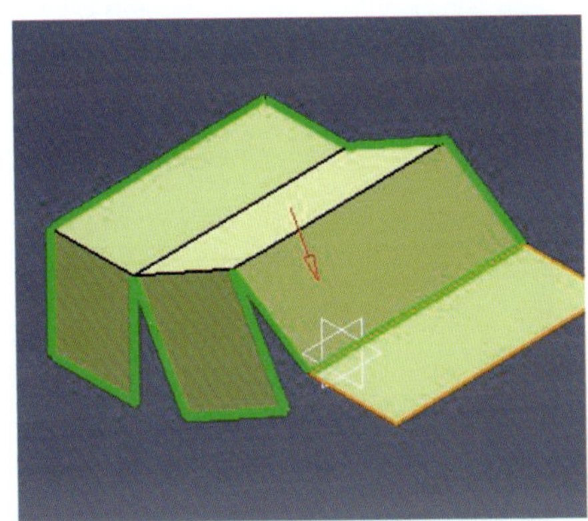

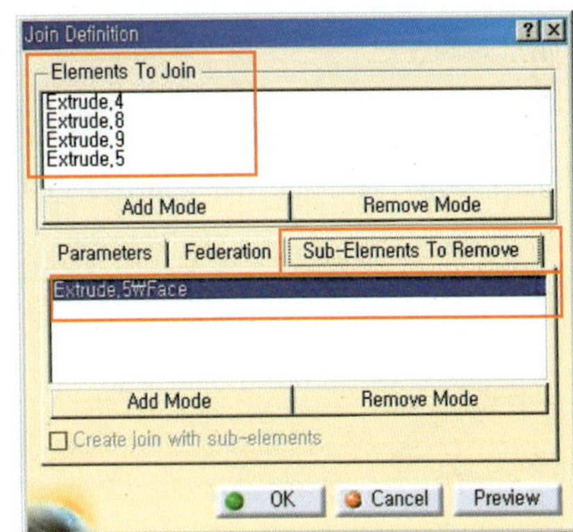

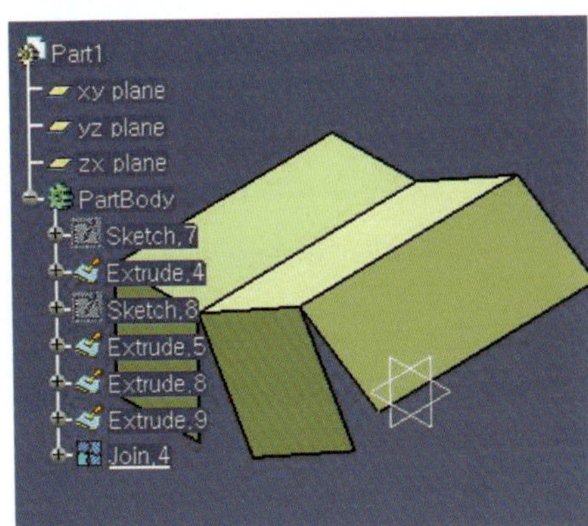

1. Join 명령의 예제 활용

2. 생성된 Surface의 모서리를 선택하고 Extrude 아이콘을 클릭하여 Surface에 수직한 방향으로 Surface를 생성(2, 3)

3. 아이콘을 클릭하고 드래그하여 전체를 선택

4. Sub-Element To Remove탭을 선택하고 결합을 제외시킬 부분을 클릭(4)

5. 생성한 전체 Surface에서 Sub-Element To Remove 영역을 제외하고 결합한 Join.4 생성

<Healing  >

Surface 사이에 떨어져 있는 Gap을 채워주는 기능

① YZ Plane에 Spline 아이콘 을 클릭하여 Sketch하고 치수를 구속하고 Exit Workbench 아이콘 을 클릭하여 3D Mode로 전환한다.

② Extrude 아이콘 을 클릭하여 Surface를 생성(1)한다.

③ 다른 YZ Plane에 Spline 아이콘 을 클릭하여 Sketch하고 Extrude 시켜 또 다른 Surface를 생성(2)한다.

④ 두 Surface 사이에 일정거리의 Gap이 발생한다.

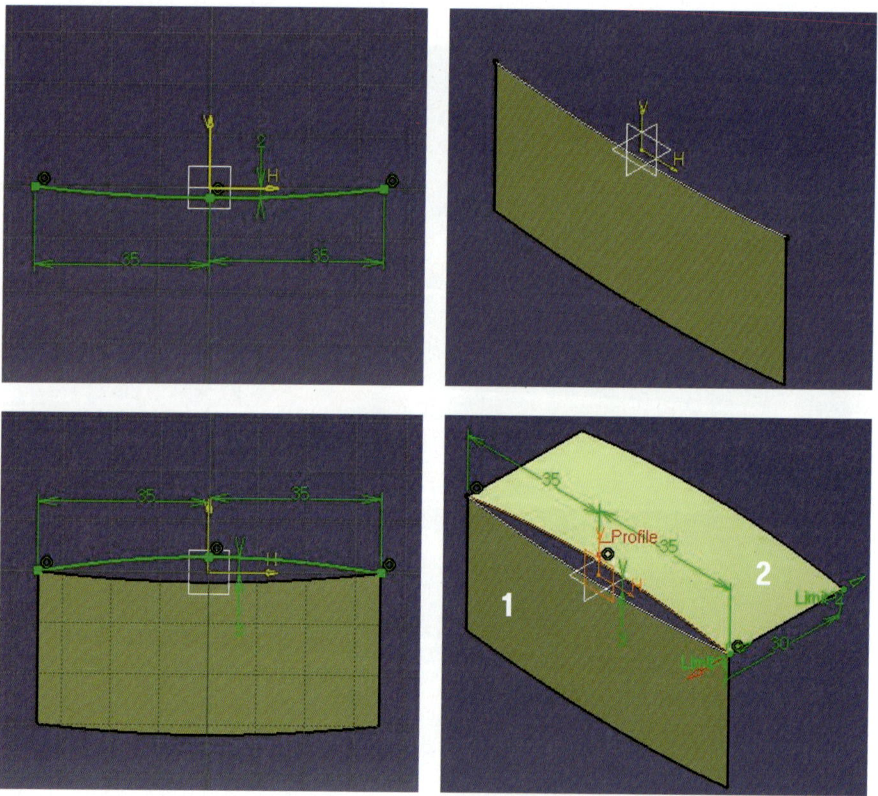

⑤ 아이콘을 클릭한다.

⑥ Healing Definition 대화상자에서 Gap이 발생한 두 Surface를 선택한다.

⑦ Merging distance를 5mm 입력하고 Preview를 클릭하면 Gap이 채워진다.

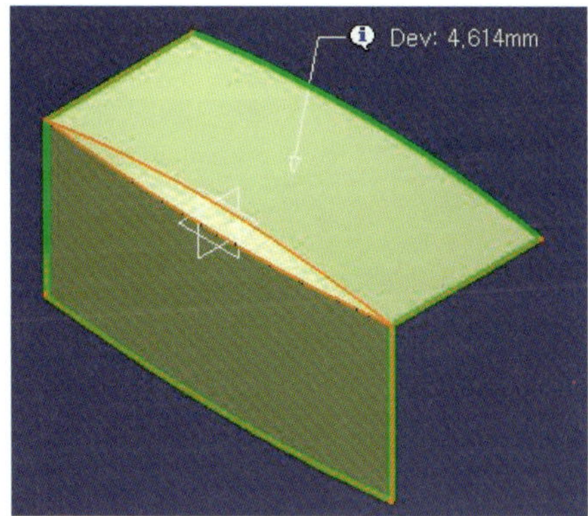

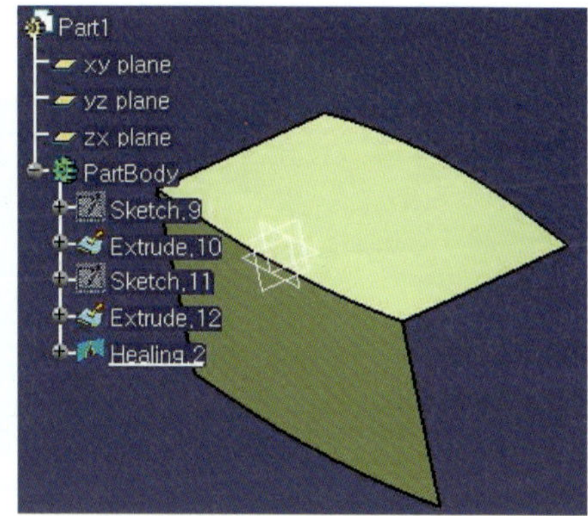

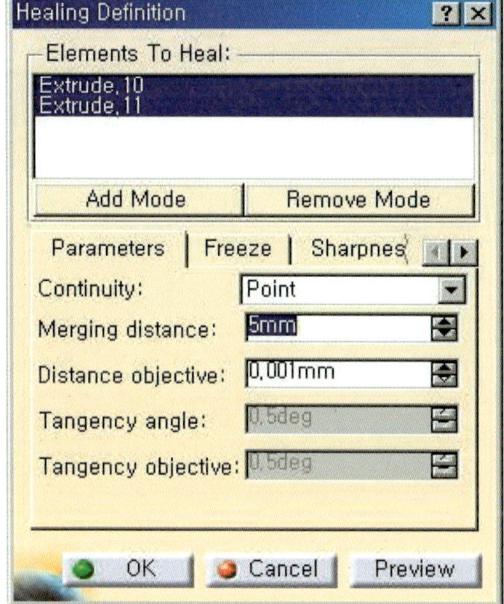

1. Elements to Heal : Gap이 있는 Surface 선택
2. Parameters
   - Continuity : Surface의 연결형태
   - Merging distance : 결합시킬 Gap의 최대거리
   - Distance objective : Healing 작업 후 Gap의 거리
   - Tangency angle : Continuity/Tangency 선택 시
     Tangent deviation의 최소 각도 지정
   - Tangency objective : Tangent deviation의 최대
     각도 지정

<Untrim >

Split을 이용하여 잘려진 영역을 복구하는 기능

① YZ Plane에 Curve를 Sketch하고 Exit Workbench 아이콘 을 클릭하여 3D Mode로 전환하고 Extrude 아이콘 을 클릭하여 Surface를 생성한다.

② Point 아이콘 을 클릭하여 Surface 위의 임의의 위치에 3개의 Point를 생성한다.

③ Spline 아이콘 을 클릭하여 3개의 Point를 지나는 Curve를 생성하고 Surface에 투영한다.

④ Split 아이콘 을 클릭한다.

⑤ Element to Cut 영역을 클릭하여 Surface를 선택하고 Cutting elements 영역을 클릭하여 Spline를 선택하여 안쪽 부분을 제거한다.

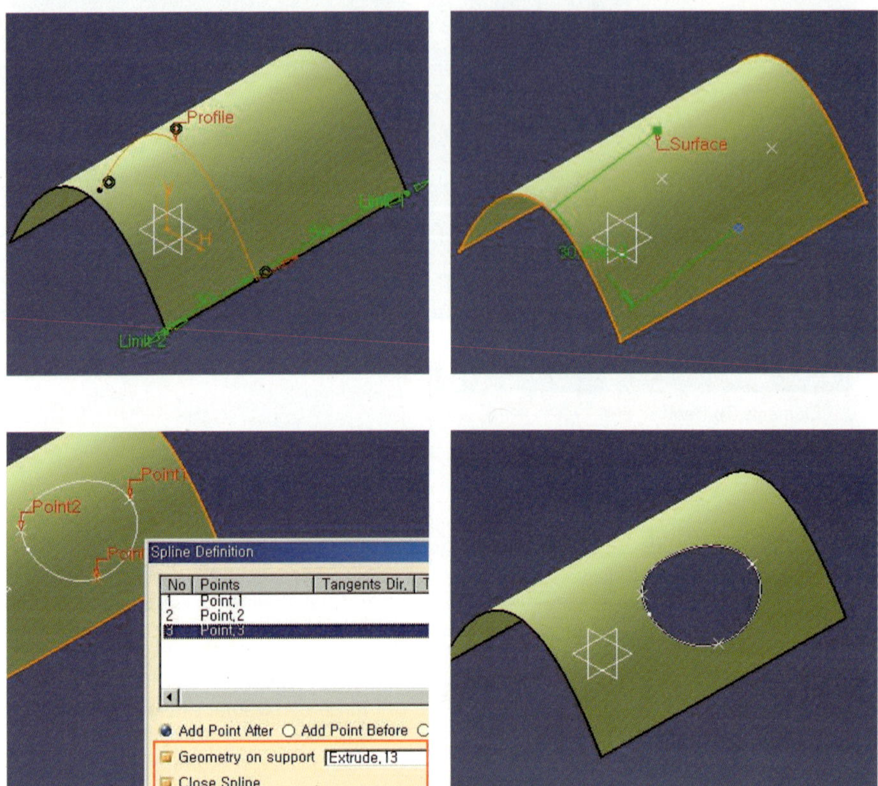

⑥ 아이콘을 클릭한다.

⑦ Untrim Definition 대화상자에서 Elements 영역을 클릭하고 Surface를 선택하고 OK 버튼을 클릭하면 Split된 영역이 복구된다.

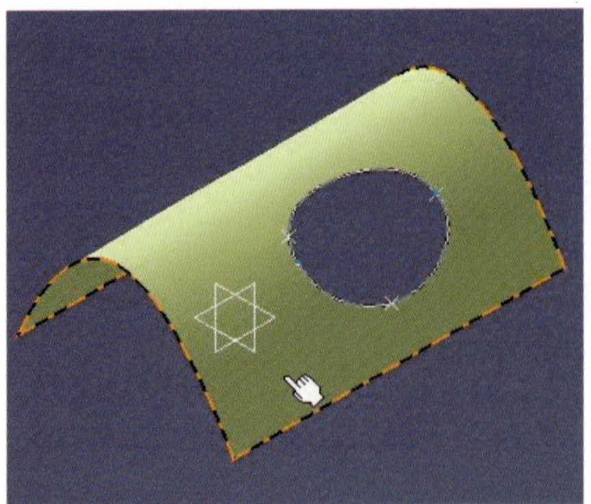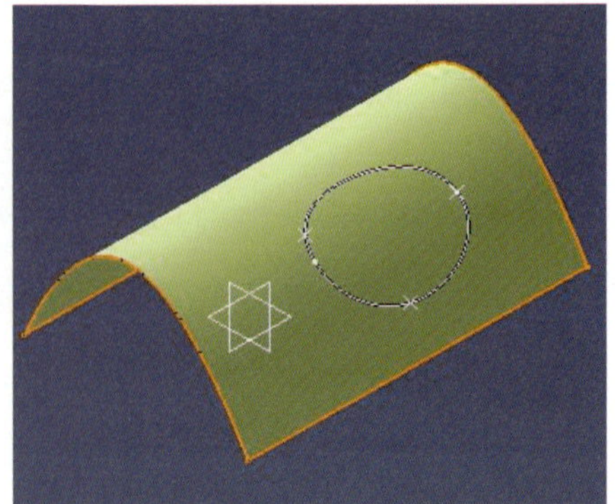

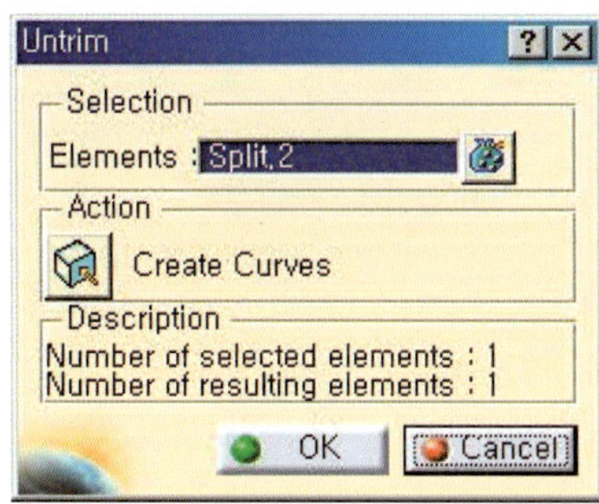

1. Selection
   - Element : 복구시킬 Surface를 선택

<Disassemble  >

연결되어 있는 객체를 끊어서 개별객체로 만드는 기능

① XY Plane에 Spline, Circle, Rectangle을 Sketch하고 3D Mode로 전환한다.

② 아이콘을 클릭한다.

③ Disassemble Definition 대화상자에서 All Cells를 선택하고 OK 버튼을 클릭한다.

④ Sketch.14의 하나의 객체가 Curve.1~Curve.7의 개별객체로 분리된다.

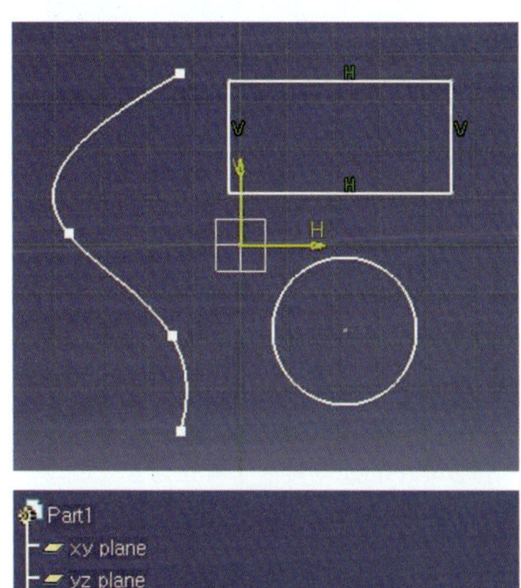

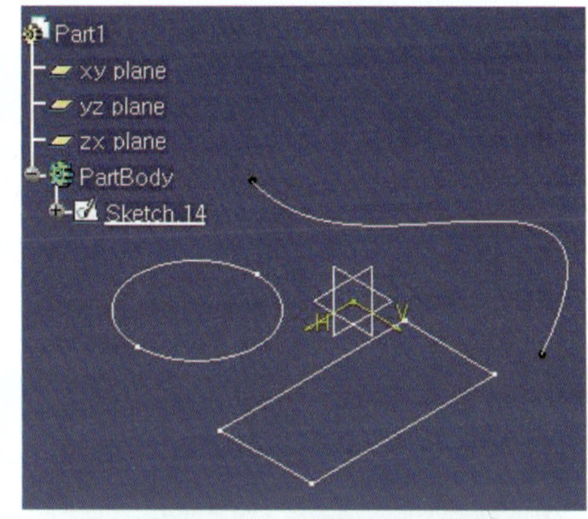

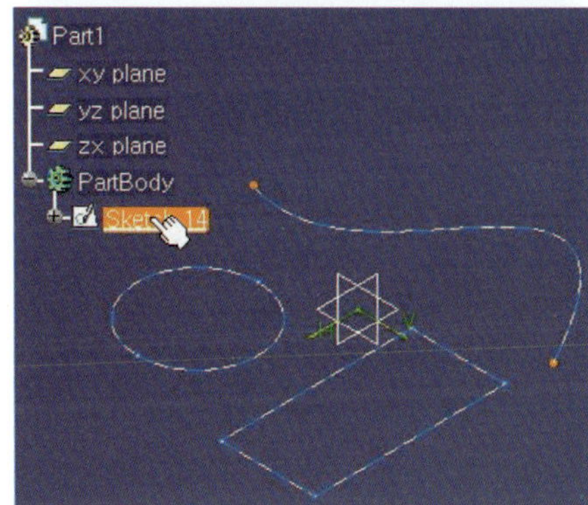

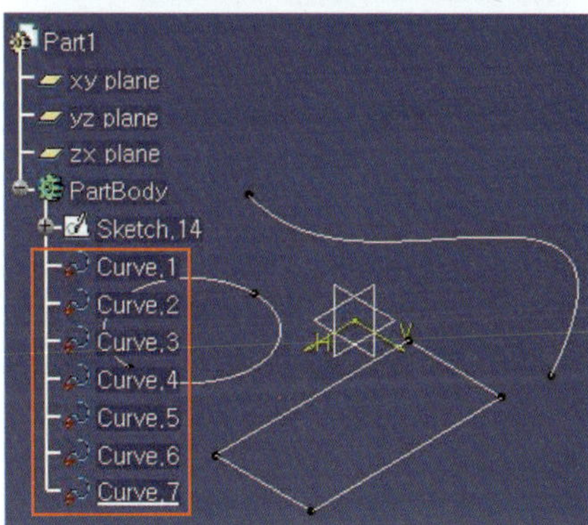

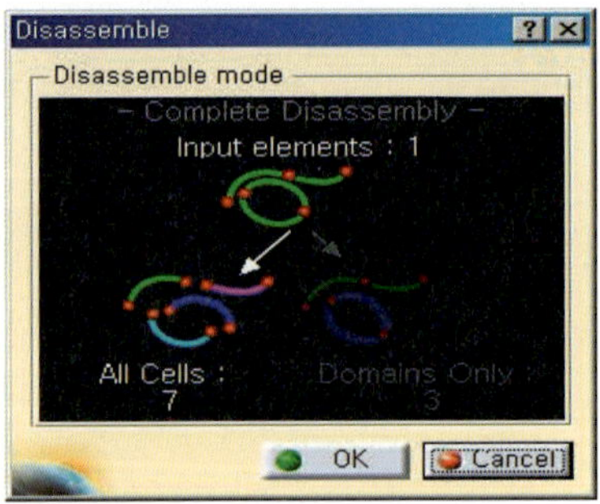

1. Input elements
   - All Cells : 최소의 단위까지 분리
   - Domains Only : 영역단위까지 분리

⑤ Domains Only

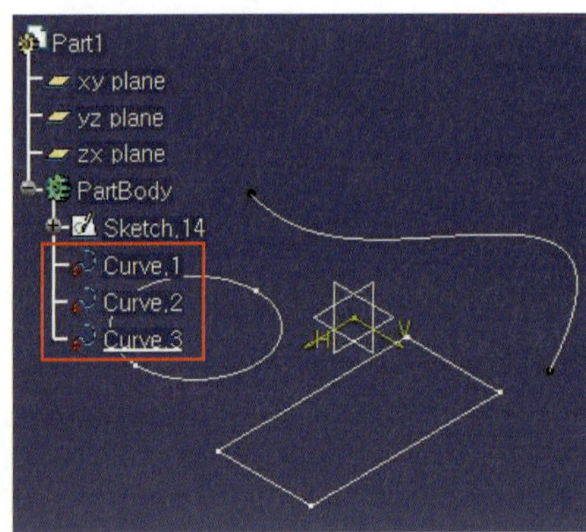

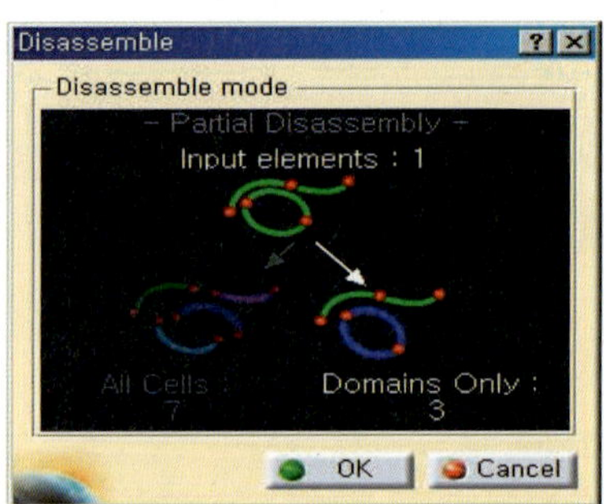

<Split >

객체를 Cutting Element를 기준으로 자르는 기능

① XY Plane에 Line 을 Sketch하고 3D Mode로 전환하여 XY Plane에 수직한 방향으로 Extrude 시켜 Surface를 생성한다.

② Sketch한 Line을 ZX Plane에 수직한 방향으로 Extrude 시켜 직각인 Surface를 생성한다.

③ 아이콘을 클릭한다.

④ Split Definition 대화상자에서 Element to cut 영역을 클릭하고 자르고자 하는 세로 방향의 Surface를 선택한다.

⑤ Cutting elements 영역을 클릭하고 자를 기준이 되는 가로 방향의 Surface를 선택하고 OK 버튼을 클릭한다.

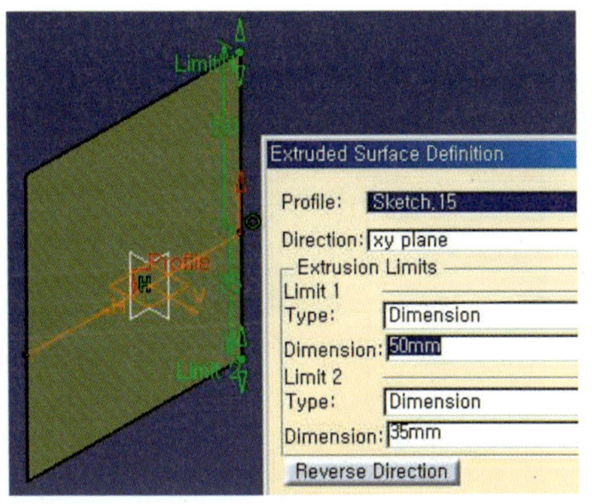

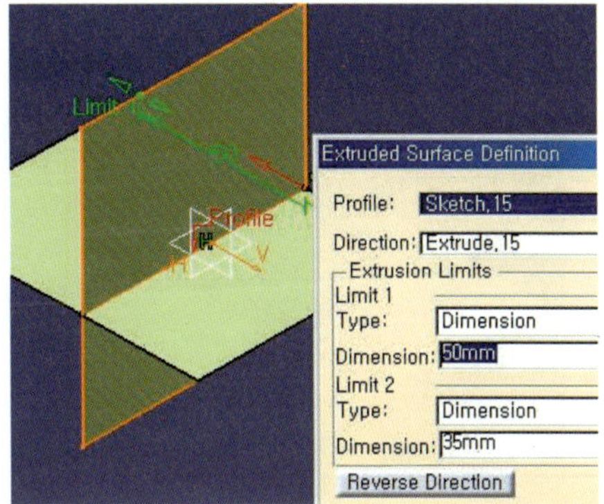

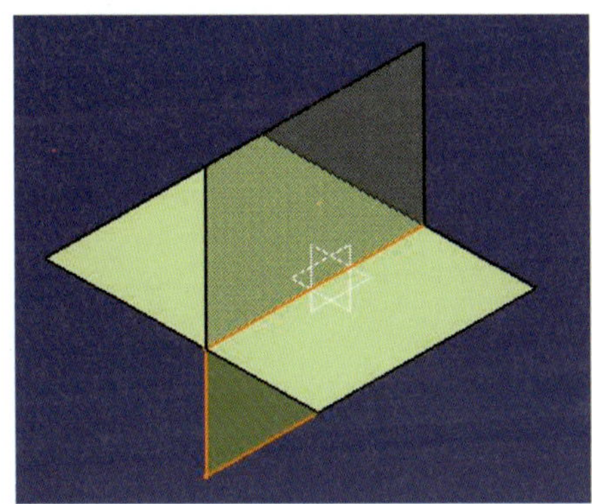

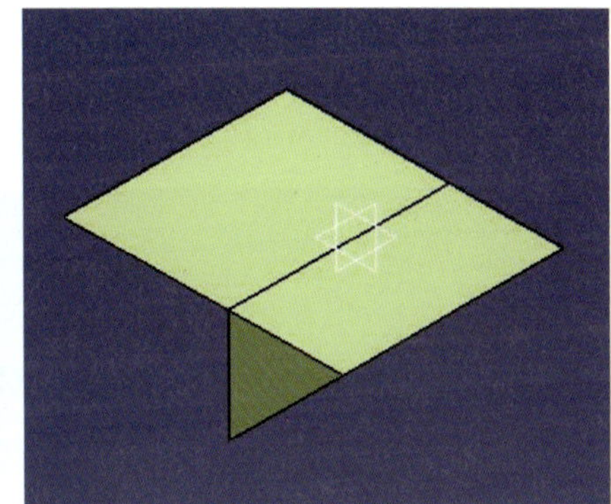

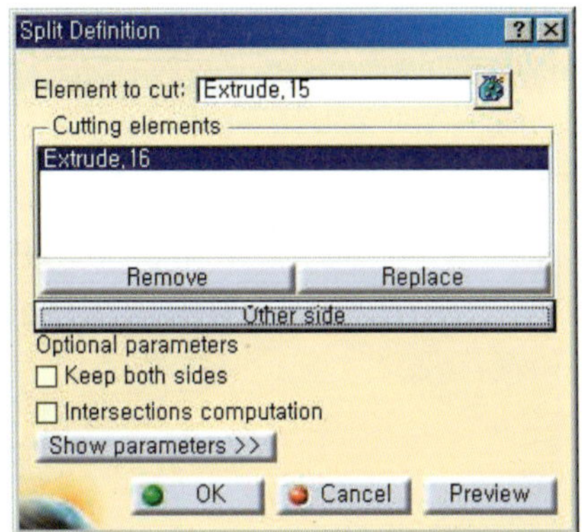

1. Element to cut : 자르고자 하는 객체를 선택
2. Cutting elements : 자를 기준이 되는 객체를 선택
   - Remove : Cutting elements 제거
   - Replace : Cutting elements 대체
   - Other side : 자를 영역을 다른 부분 선택
3. Optional parameters
   - Keep both sides : 자른 후 양쪽 모두를 남김
   - Intersection computation : 교차 지점에 Curve를 생성

⑥ Other side : 자를 영역이 반대쪽이 선택된다.

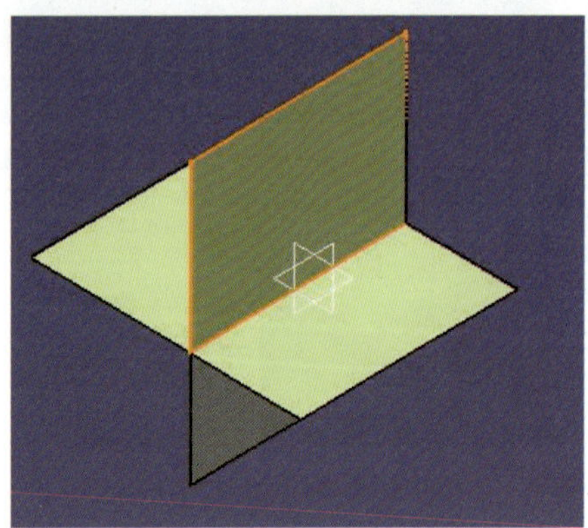 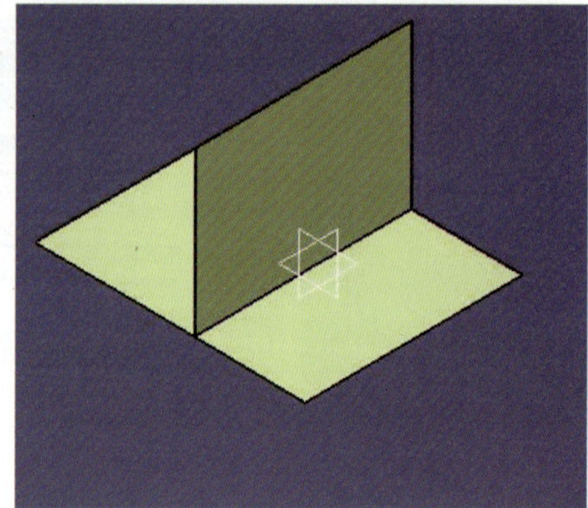

⑦ Optional parameters

• Keep both sides : 자르기 한 후 제거하지 않고 양쪽 모두를 남겨둔다.

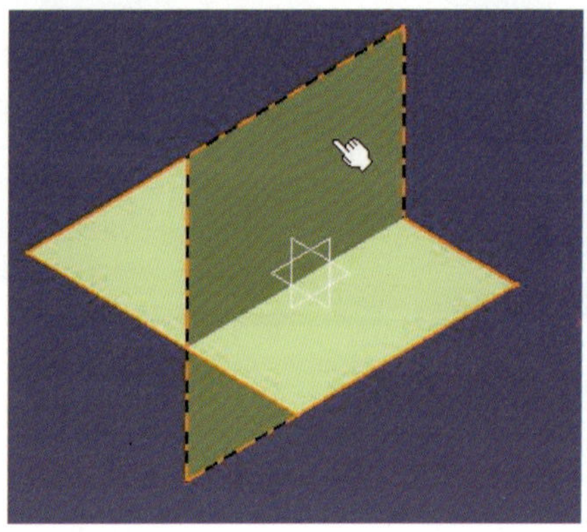 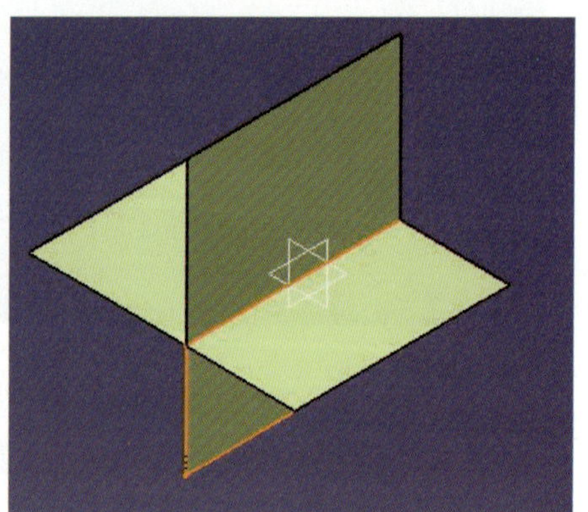

• Intersection computation : 자른 후 교차점에 Curve(1)를 생성한다.

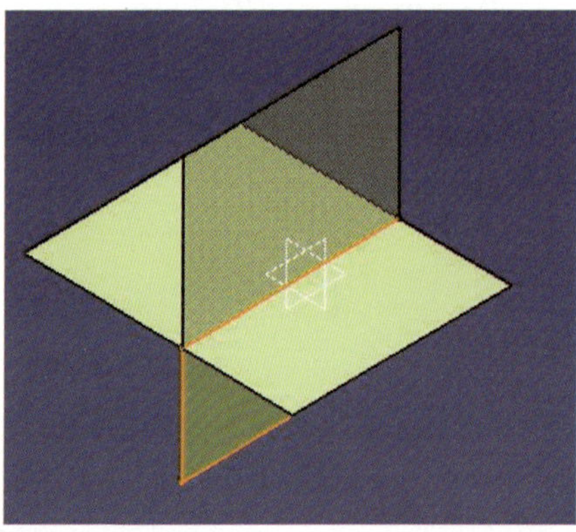 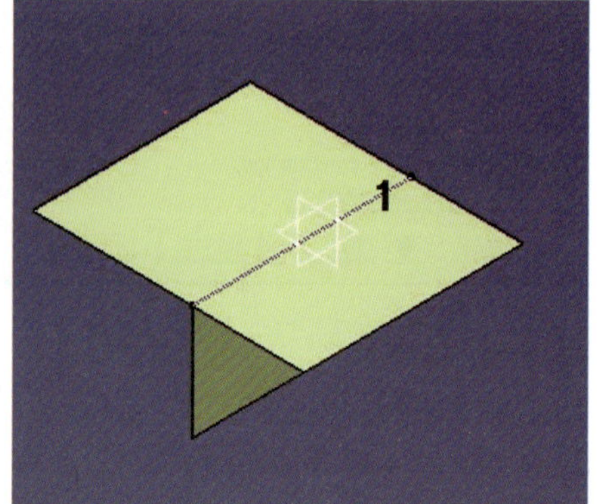

<Trim >

교차하는 두 Element의 양쪽 영역을 자르는 기능

① YZ Plane에 Arc 를 Sketch하고 Extrude 시켜 Surface를 생성한다.

② XY Plane에 Circle 을 Sketch하고 Extrude 시켜 Surface를 생성한다.

③ 아이콘을 클릭한다.

④ Trim Definition 대화상자에서 교차하는 두 Surface를 선택하고 자를 영역을 선택하고 OK 버튼을 클릭한다.

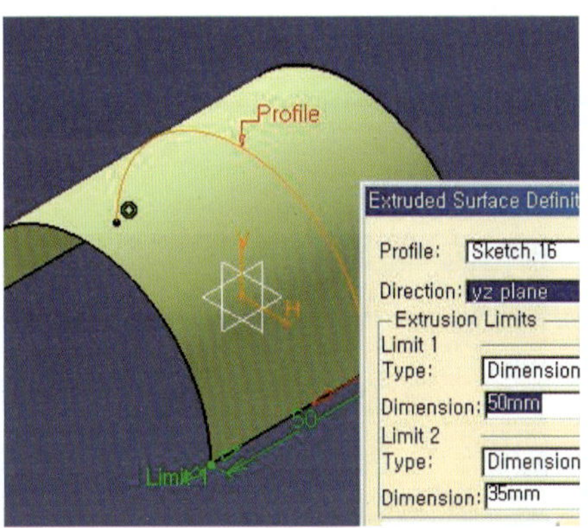

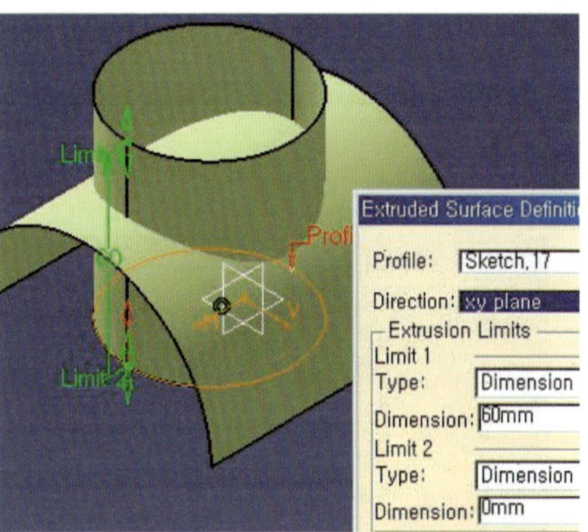

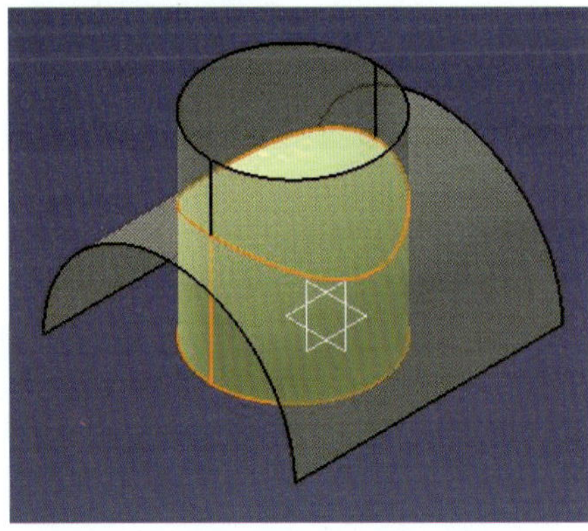

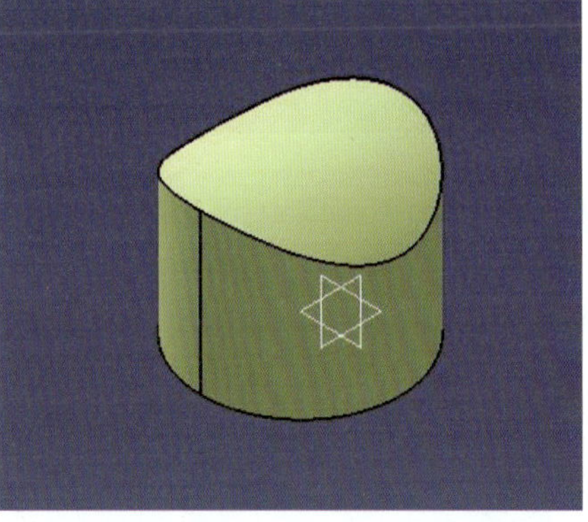

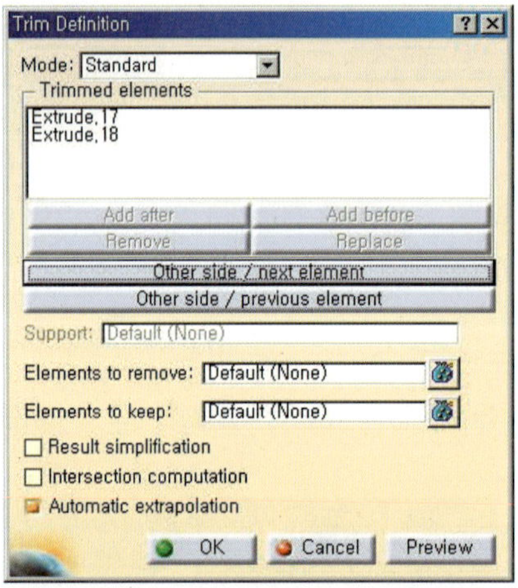

1. Trimmed elements : 자르고자 하는 Surface 선택
   - Other side/next element
   - Other side/previous element : 자르고자 하는 영역
     을 다른 방향 선택
2. Element to remove/keep : 자를 영역 element 선택
3. Result simplification : Face 수를 감소시킴
4. Intersection computation : 교차지점에 Curve 생성

⑤ Other side/next element

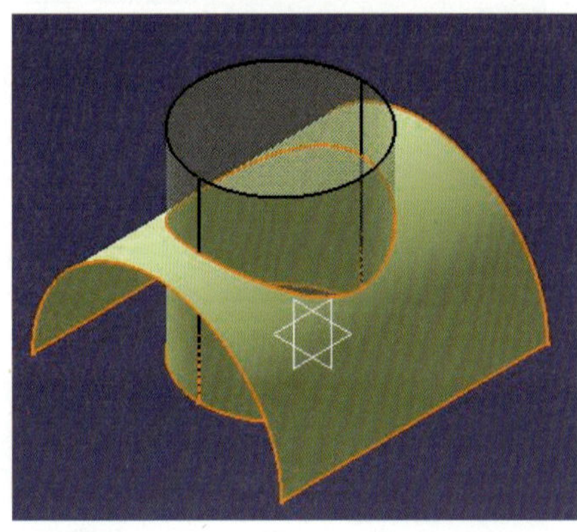

⑥ Intersection computation : 교차지점에 Curve(1)를 생성한다.

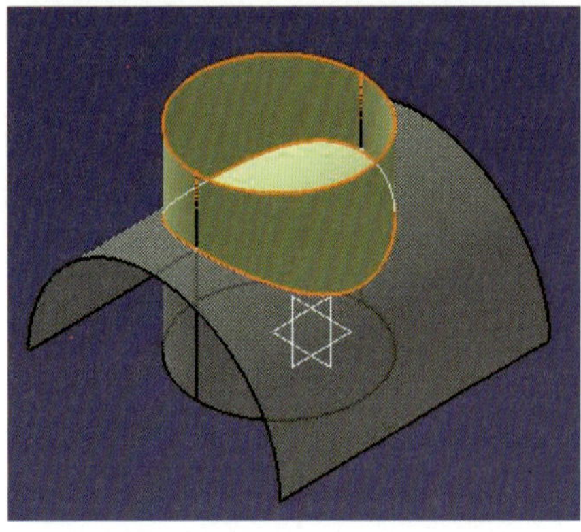
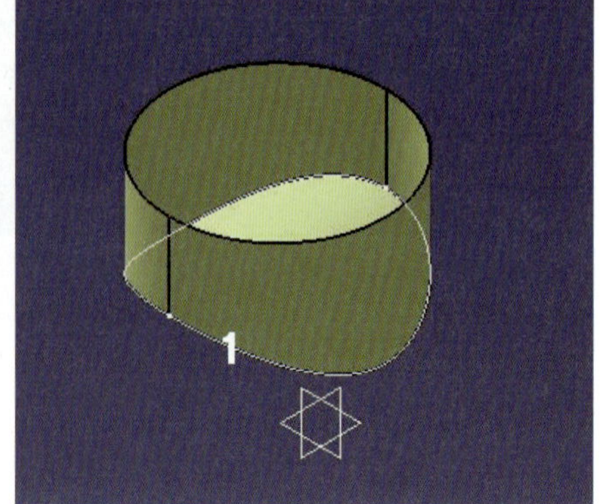

<Boundary  >

Surface의 모서리에서 Curve를 생성하는 기능

① YZ Plane에 Line를 Sketch하고 Extrude 시켜 교차하는 2개의 Surface를 생성한다.

② Trim 아이콘 을 클릭하여 아래와 같은 Surface를 생성한다.

③ 아이콘을 클릭한다.

④ Boundary Definition 대화상자에서 Surface edge를 선택(1)하고 생성할 Curve의 두 지점을 선택(2, 3)한다.

⑤ Surface 모서리에서 선택한 두 지점을 연결하는 Curve가 생성된다.

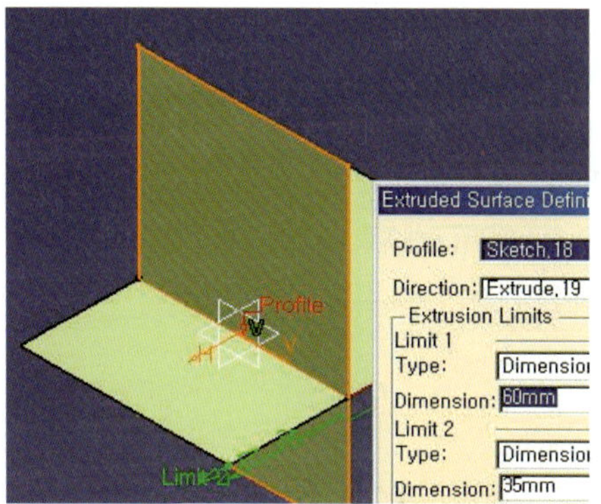

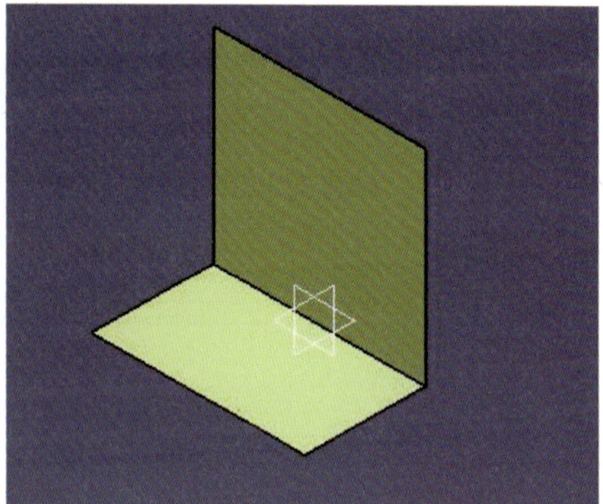

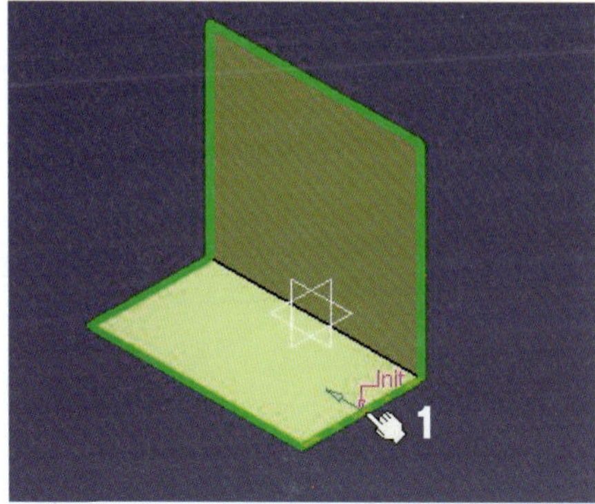

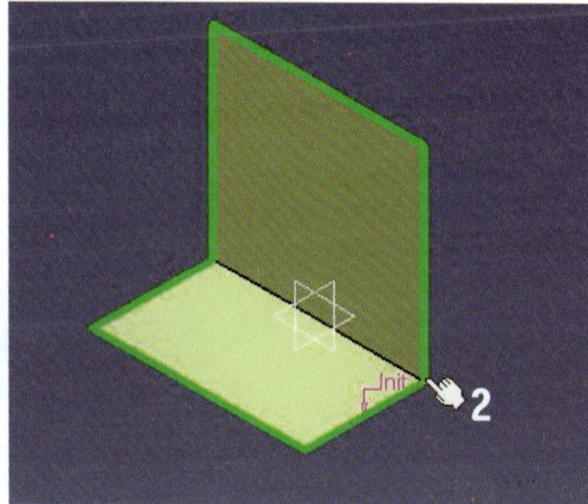

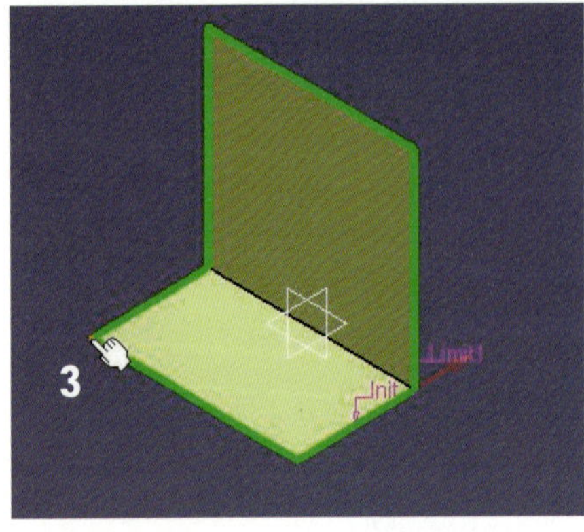
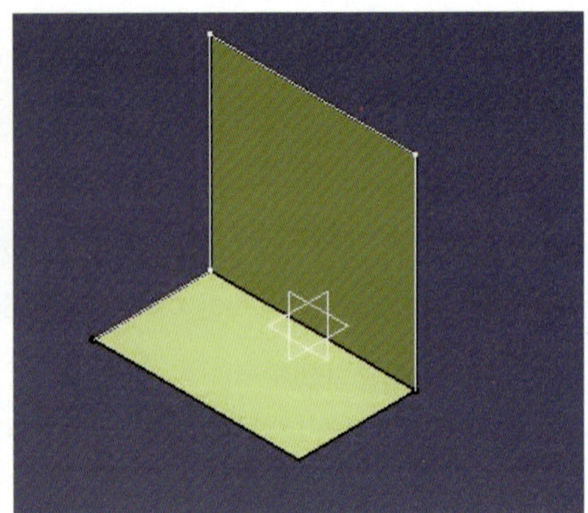

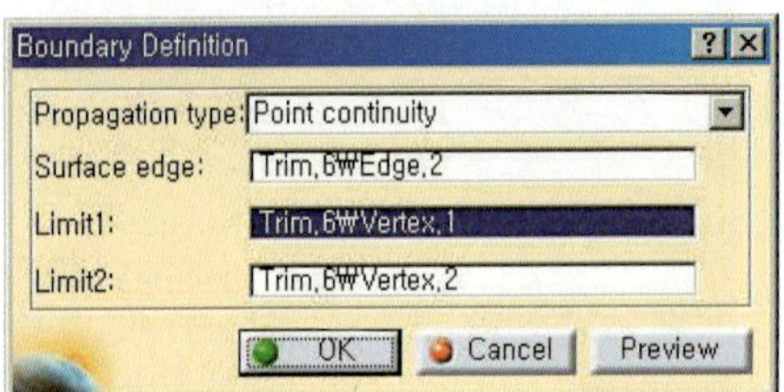

1. Propagation type : Curve 생성 type을 지정
2. Surface edge : 모서리 선택
3. Lmits1 : 생성할 Curve의 시작점을 지정
4. Limits2 : 생성할 Curve의 끝지점을 지정

⑥ Propagation type

• Complete boundary : Surface의 모서리 전체를 연결한 Curve를 생성한다.

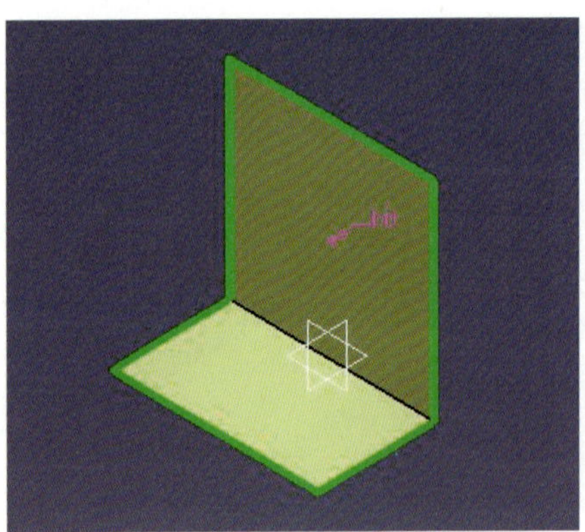
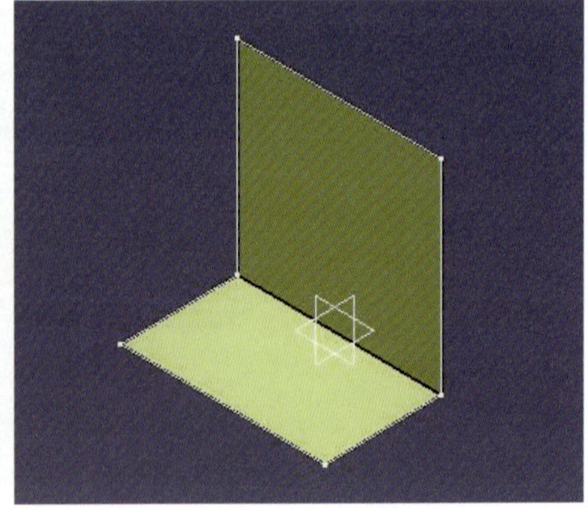

• Tangent Continuity : 선택한 Surface의 모서리와 접하는 영역을 Curve로 생성한다.

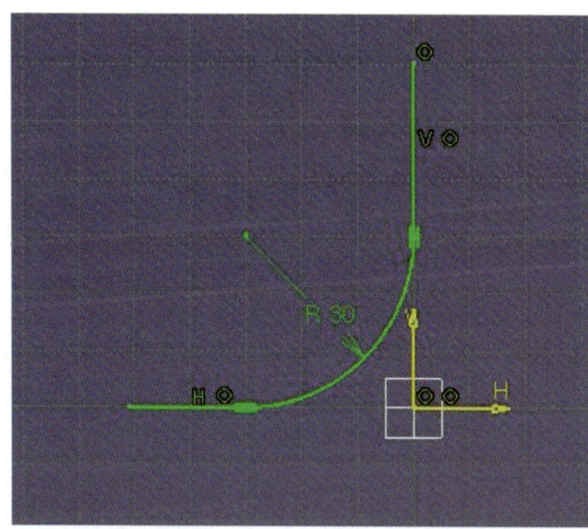

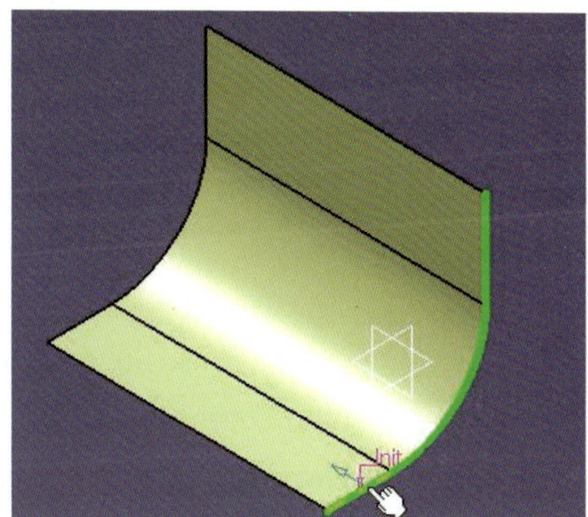

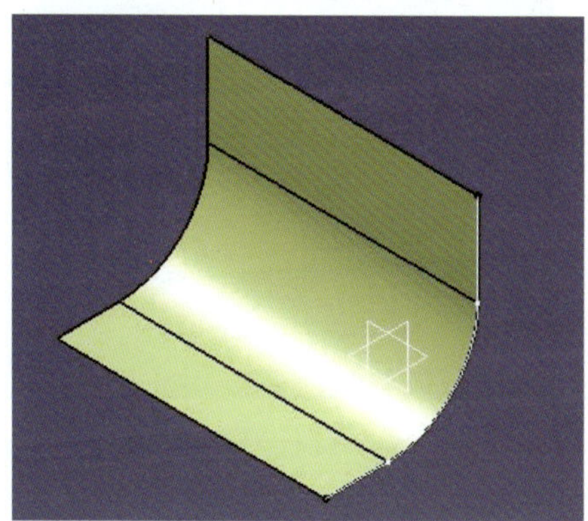

1. ZX Plane에 Profile 을 클릭하여 Sketch하고 3D Mode로 전환
2. Extrude 시켜 Surface를 생성
3. 아이콘을 클릭
4. Propagation type을 Tangent Continuity 선택하고 Surface의 모서리를 선택
5. 선택한 모서리와 접하는 모든 모서리가 Curve로 생성

• No Propagation : 선택한 모서리에만 Curve를 생성한다.

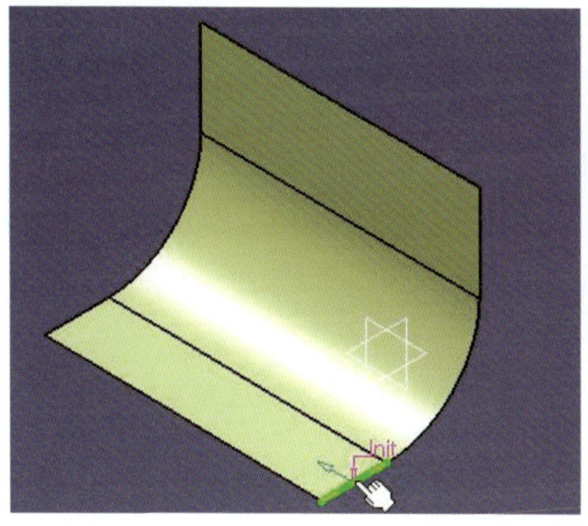

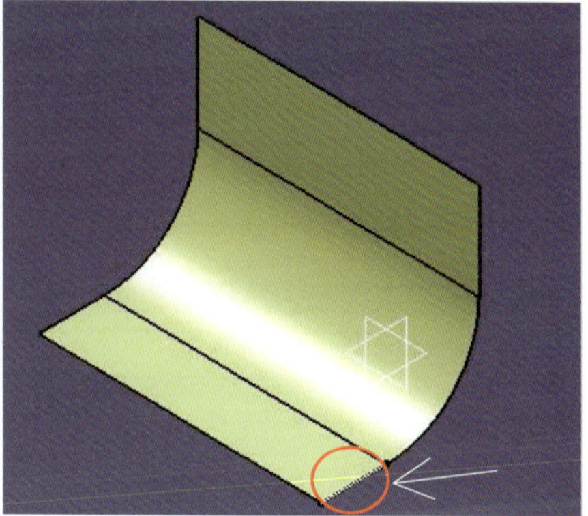

<Extract >

Solid나 Surface에서 Surface, Line, Point 등의 요소를 추출하는 기능

① Part Design Mode에서 ZX Plane에 Sketch하고 Pad 시켜 Solid를 생성한다.

② 아이콘을 클릭한다.

③ Extract Definition 대화상자에서 Element(s) to extract 영역을 클릭하고 요소(Surface, Line, Point)를 추출하고자 하는 영역을 선택하고 OK 버튼을 클릭한다.

④ 선택한 라운드 영역이 Surface로 추출된다.

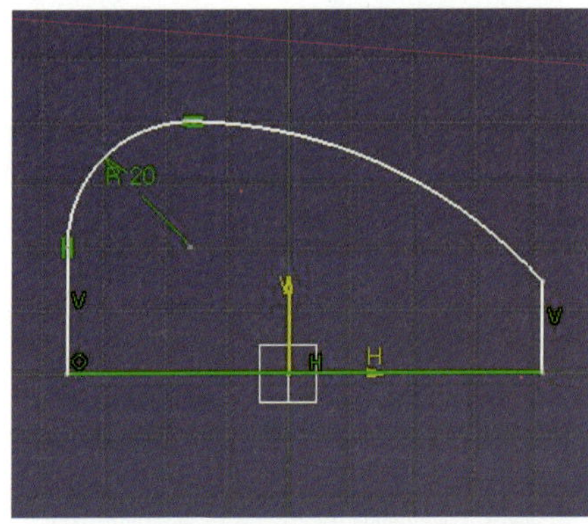

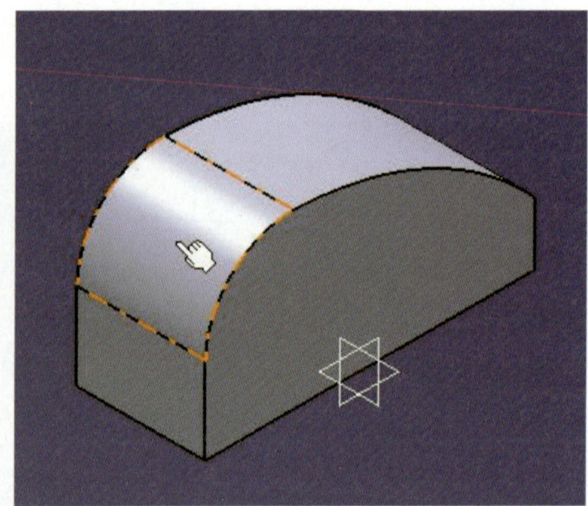

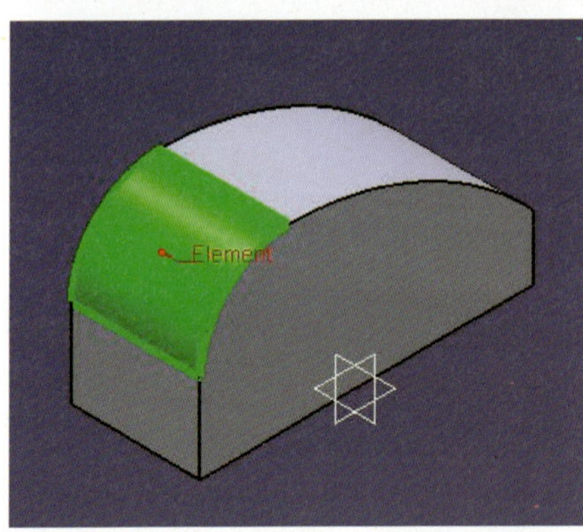

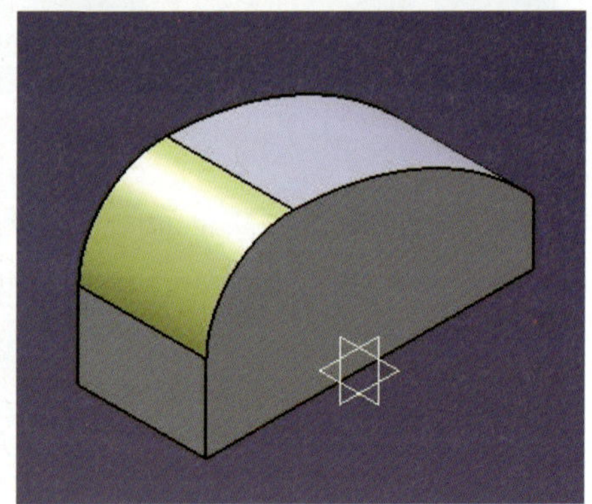

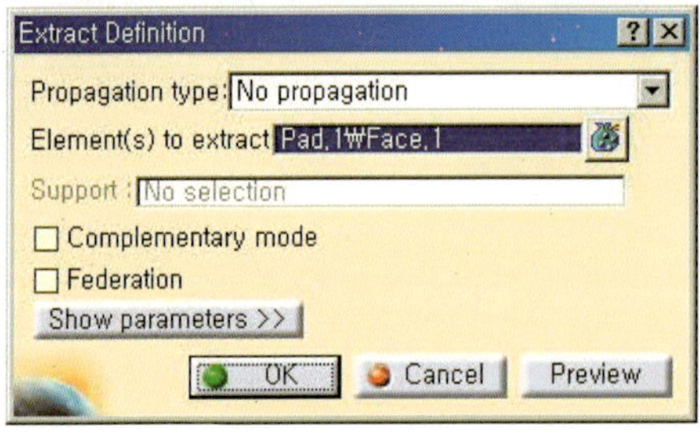

1. Propagation type : 추출할 type
2. Element(s) to extract : 요소를 추출할 영역을 선택
3. Complementary mode : Element(s) to extract에서 선택한 부분을 제외한 모든 영역 선택
4. Federation : 추출된 Surface 중에 하나만 선택해도 모두가 선택됨

⑤ Propagation type
  • Point continuity : 선택부분과 Point로 연결된 모든 요소를 추출한다.

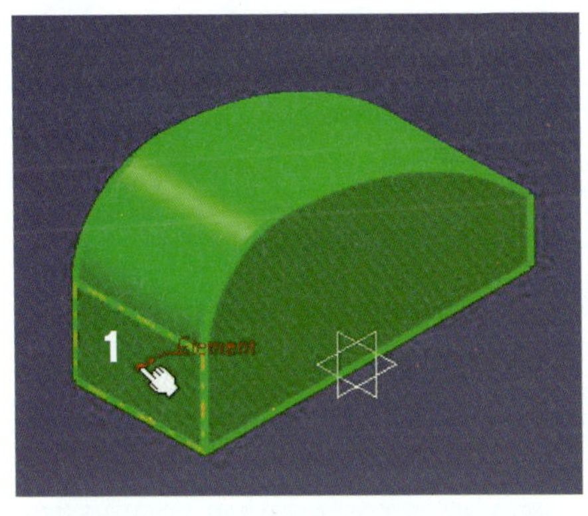

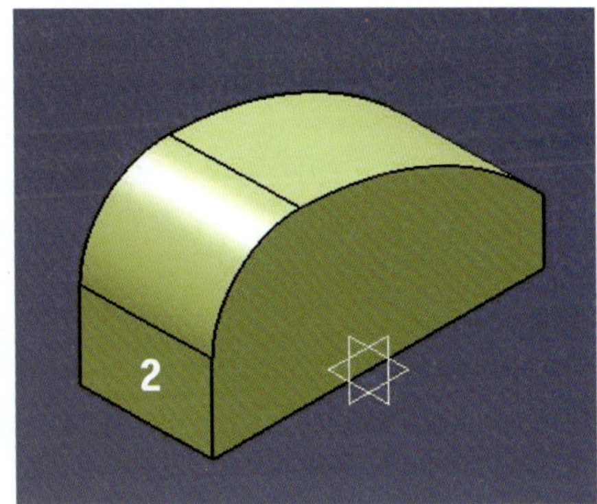

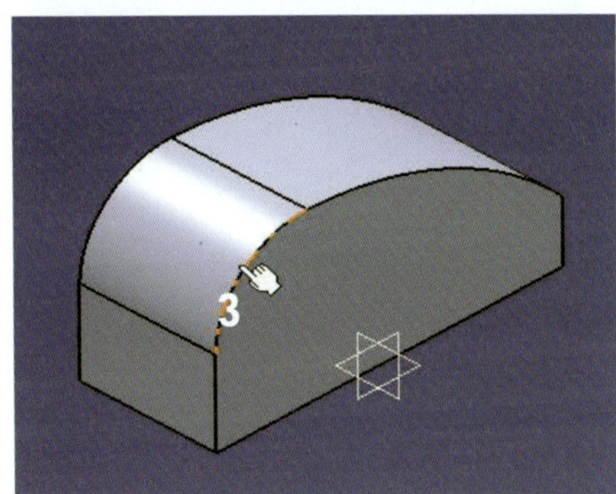

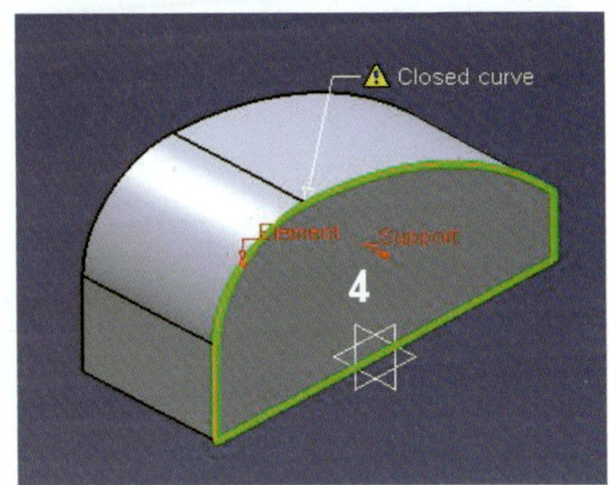

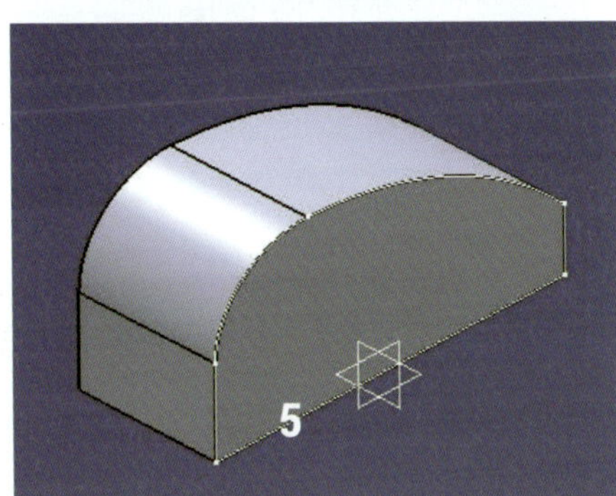

1. Solid 면의 한 점을 클릭(1)
2. 전 영역을 감싸는 Surface가 추출(2)
3. Solid의 모서리를 클릭(3)
4. Support 영역에 선택한 Point가 포함되는 면을
   선택(4)
5. 선택한 Support면을 Close시키는 모서리에 Curve가
   추출(5)

• Tangent continuity : 선택부분과 접하는 모든 요소를 추출한다.

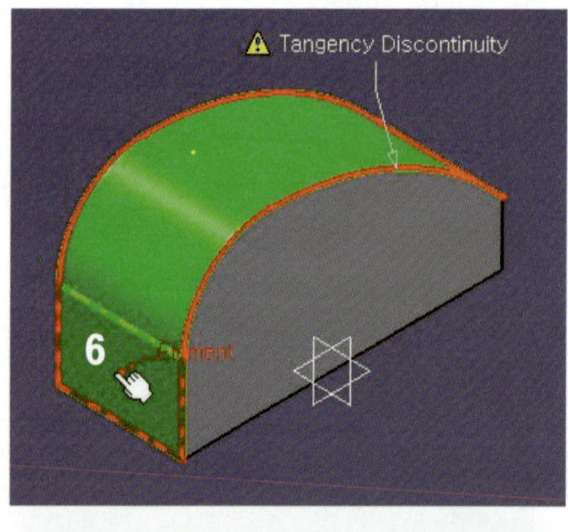

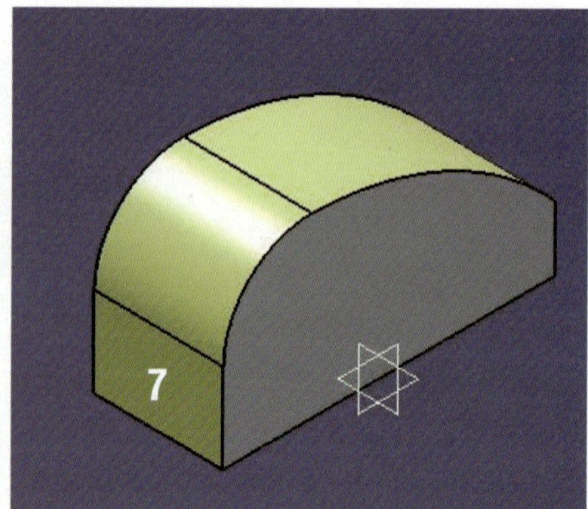

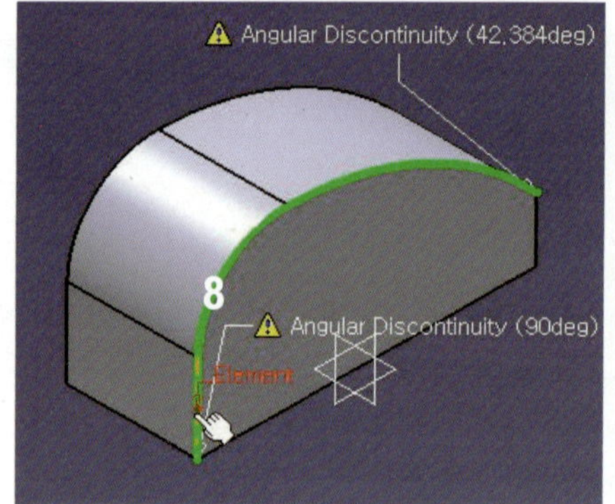

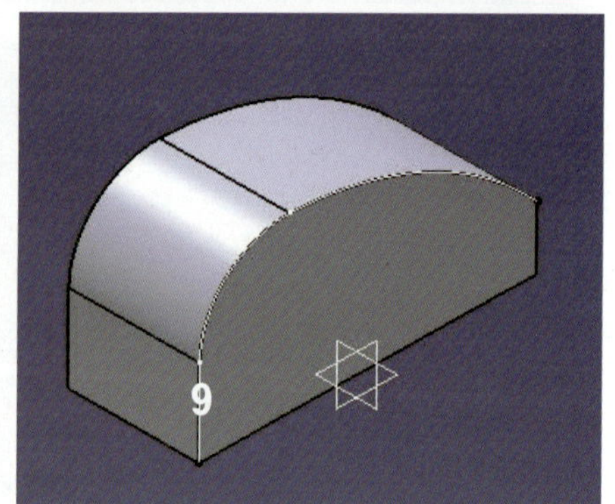

1. Solid의 면을 선택(6)하면 접하는 영역을 Surface로 추출(7)
2. Solid의 모서리를 선택(8)
3. 선택한 모서리와 접하는 영역을 Curve로 추출(9)

• No Propagation : 선택한 부분만 요소를 추출한다.

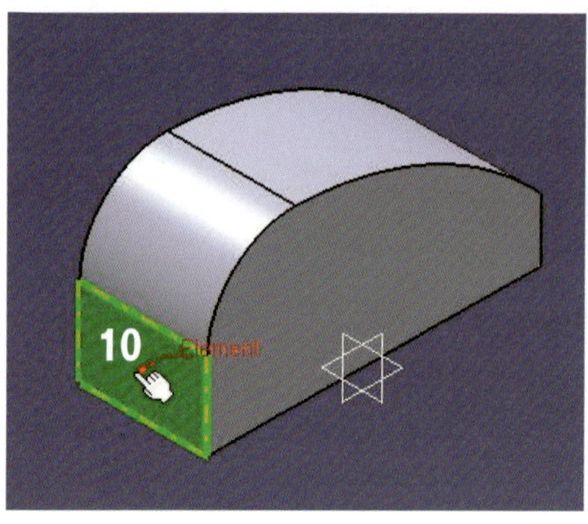

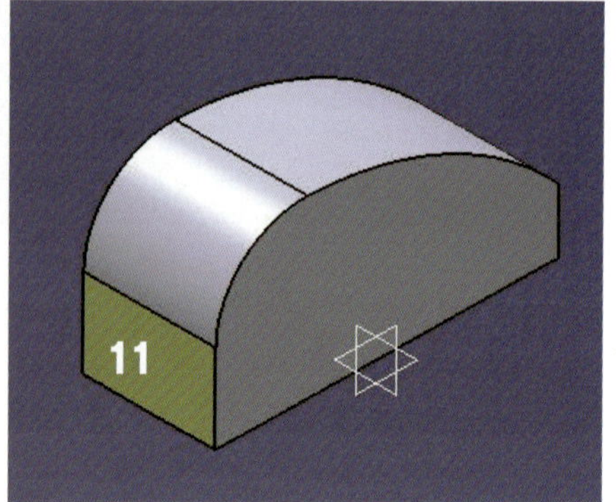

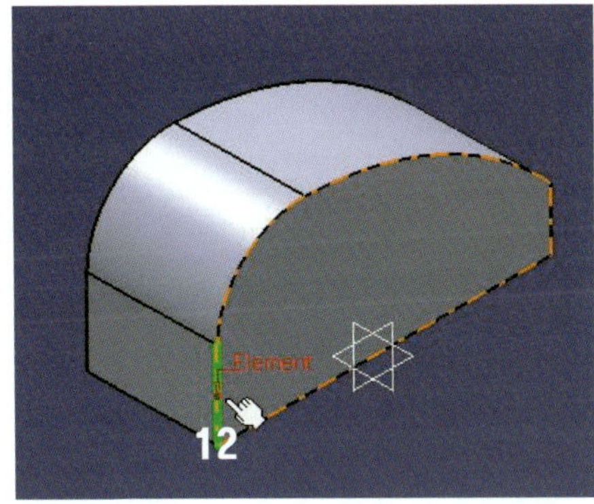

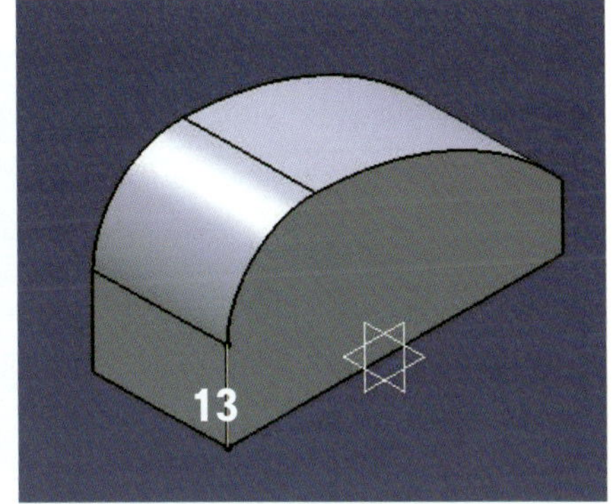

1. Solid의 면을 선택(10)하면 선택한 영역을 Surface로 추출(11)
2. Solid의 모서리를 선택(12)
3. 선택한 모서리를 Curve로 추출(13)

• Curvature continuity : 곡률을 갖는 요소를 추출한다.

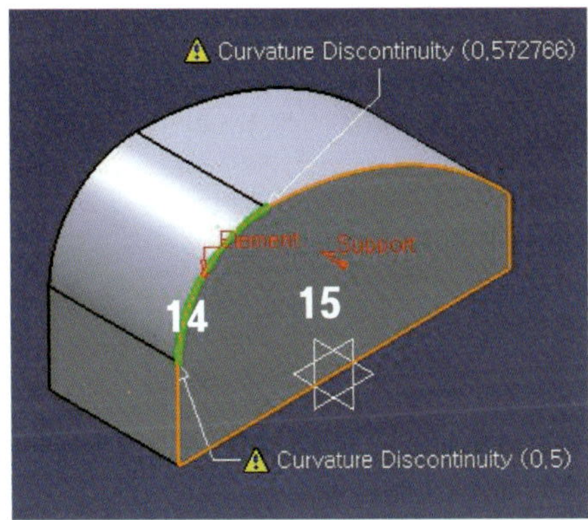

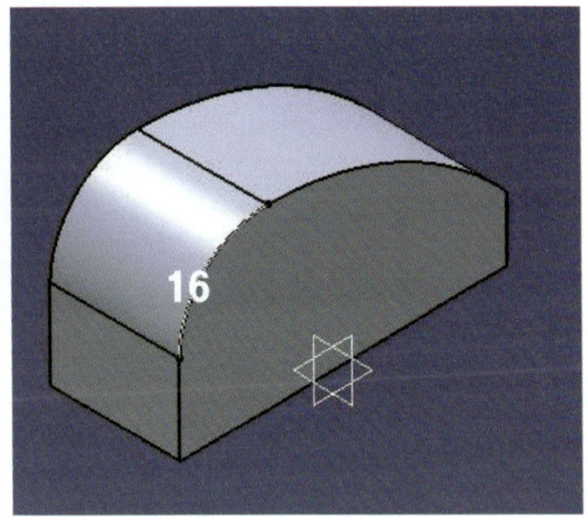

1. Solid의 라운드 영역의 모서리를 선택(14)
2. Solid의 앞면을 Support로 지정(15)
3. 선택한 모서리의 라운드 영역을 Curve로 추출(16)

<Translate  >

Surface를 일정한 거리만큼 이동 복사하는 기능

① YZ Plane에 Circle 을 Sketch하고 3D Mode로 전환하여 Extrude 시켜 Surface를 생성한다.

② 아이콘을 클릭한다.

③ Translate Definition 대화상자에서 Element 영역을 클릭하고 복사하고자 하는 Surface를 선택한다.

④ Direction 영역을 클릭하고 ZX Plane을 선택한다.

⑤ Distance 영역을 클릭하고 64mm를 입력한다.

⑥ Surface가 ZX Plane에 수직한 방향으로 64mm 위치에 이동 복사된다.

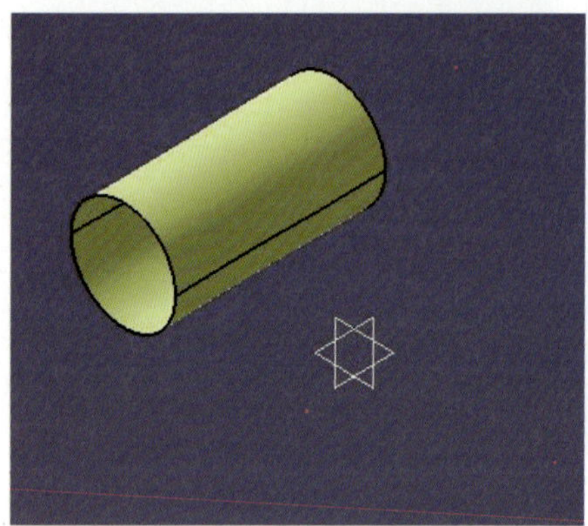
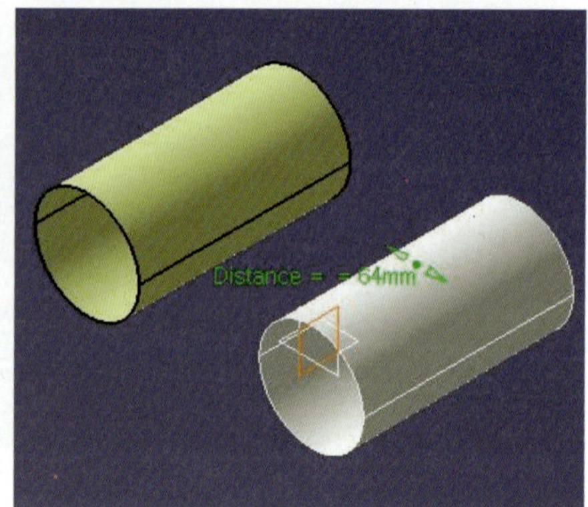

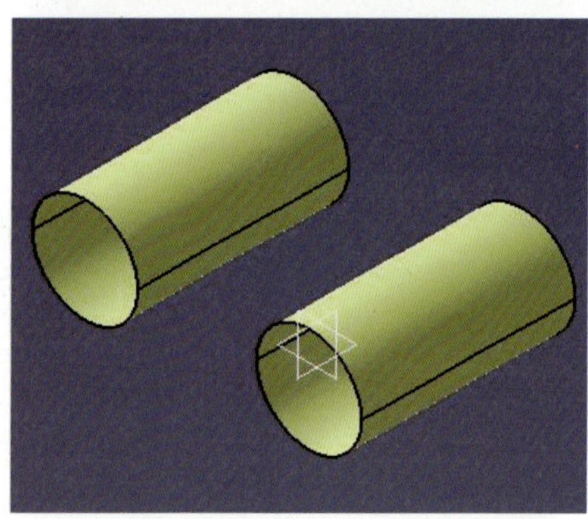

1. Vector Definition : 이동 복사할 Type을 지정
2. Element : 복사시킬 Surface 지정
3. Direction : 복사시킬 방향 지정
   - Plane 선택 : Plane에 수직 방향
   - Line, Axis 선택 : Line, Axis 방향
4. Distance : 이동 복사시킬 거리
5. Hide/Show initial element : 원본 Surface를
   Hide/Show
6. Repeat object after OK : 이동 복사를 적용 후 추가
   로 적용

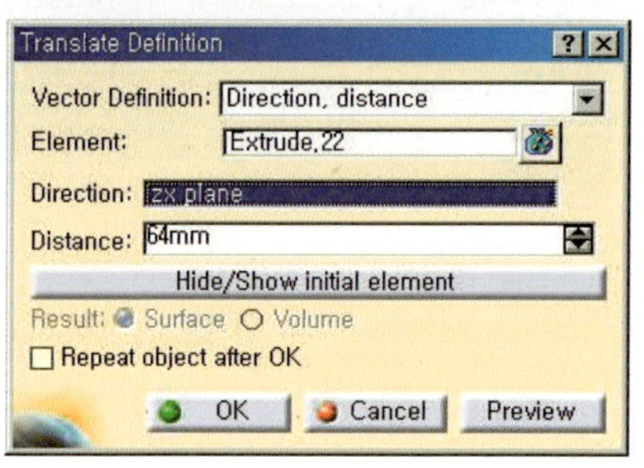

⑦ Vector Definition

• Coordination : 좌표계를 이용하여 이동 복사한다.

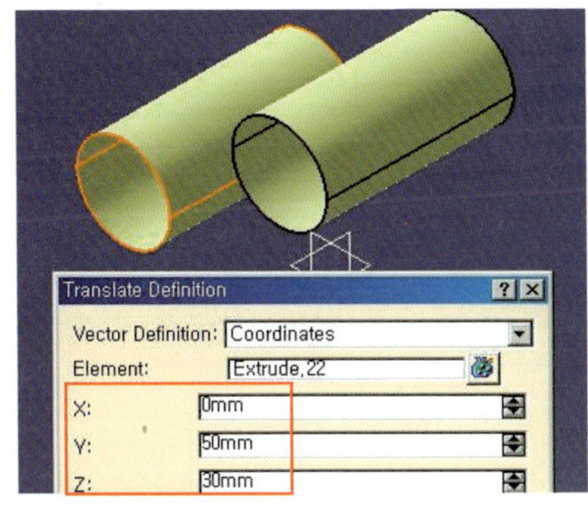

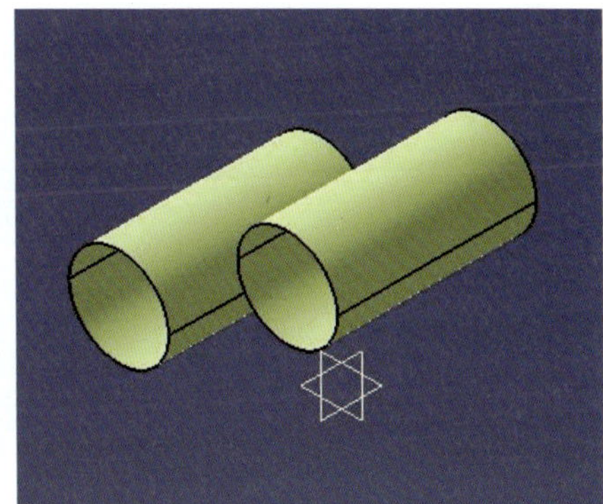

• Point to Point : Surface 위의 한 점을 임의 점으로 이동 복사한다.

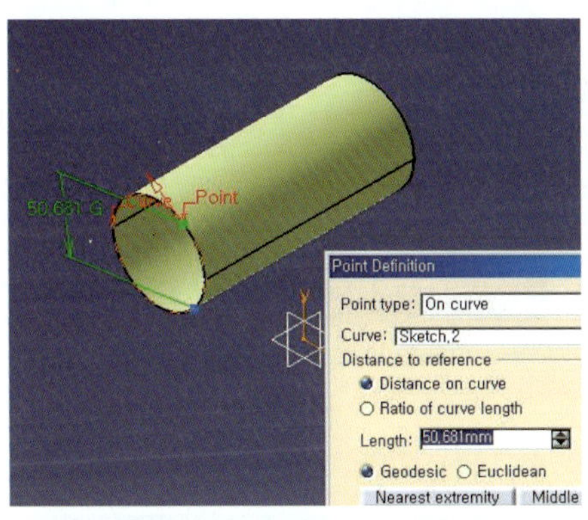

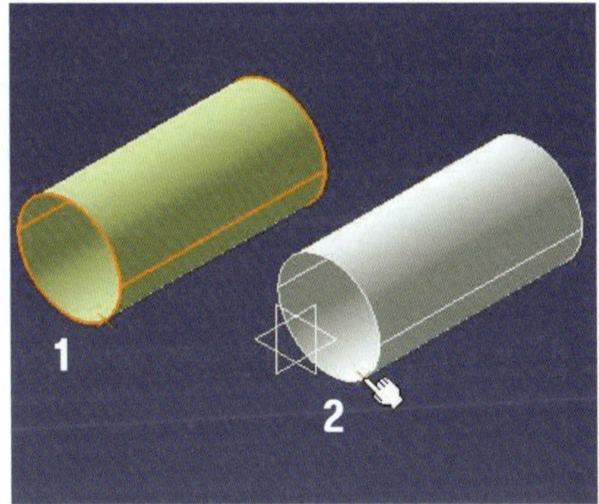

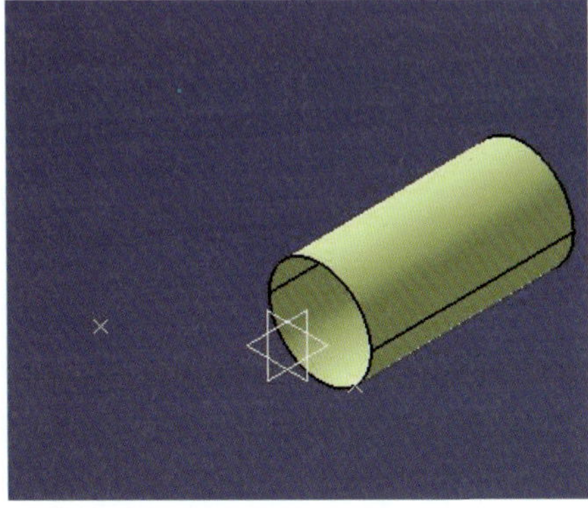

1. Point 아이콘 을 클릭하여 원기둥의 모서리(1)와 공간상의 임의의 위치(2)에 Point 생성

2. 아이콘을 클릭

3. Point1 영역에 Surface상의 Point를 선택

4. Point2 영역에 3D 공간상의 Point를 선택

⑧ Repeat object after OK : 이동 복사를 적용 후 추가로 생성한다.

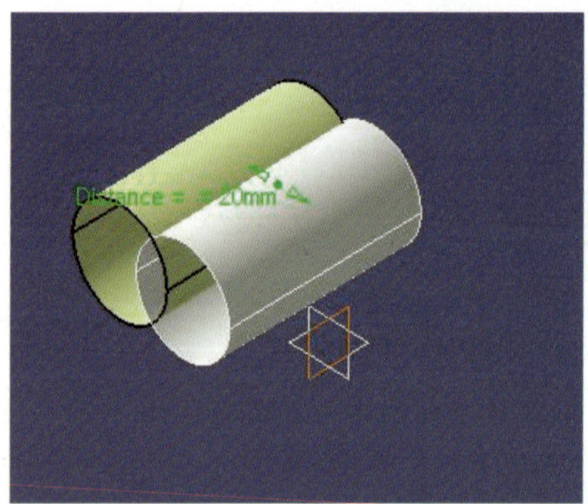
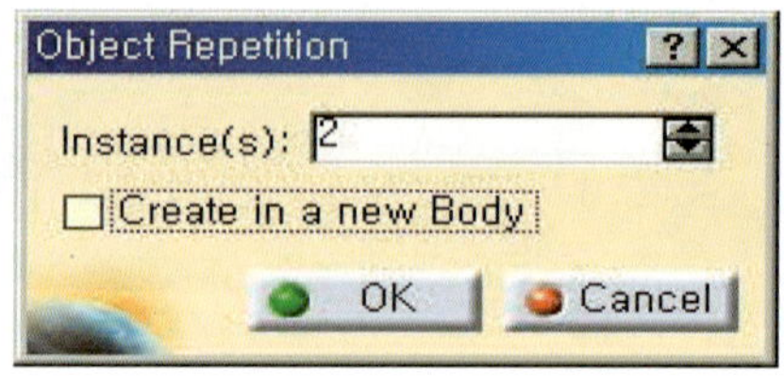

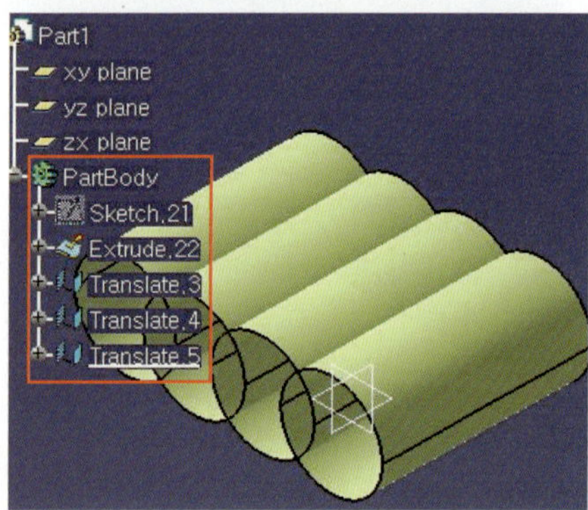

Create in a Body 해제시

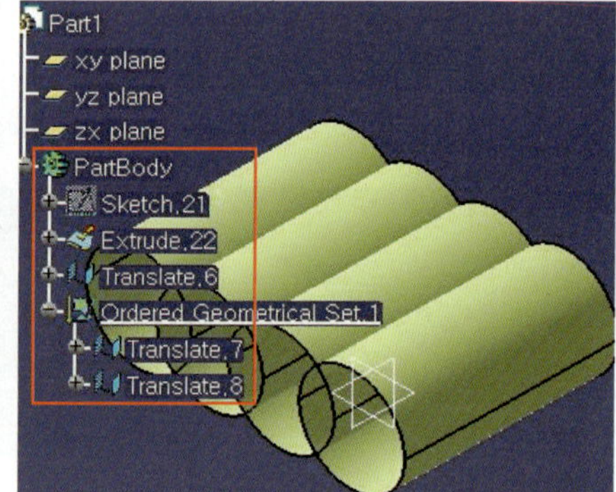

Create in a Body 체크시 Body 생성

⑨ Hide/Show initial element : 원시객체를 Show 또는 Hide시킨다.

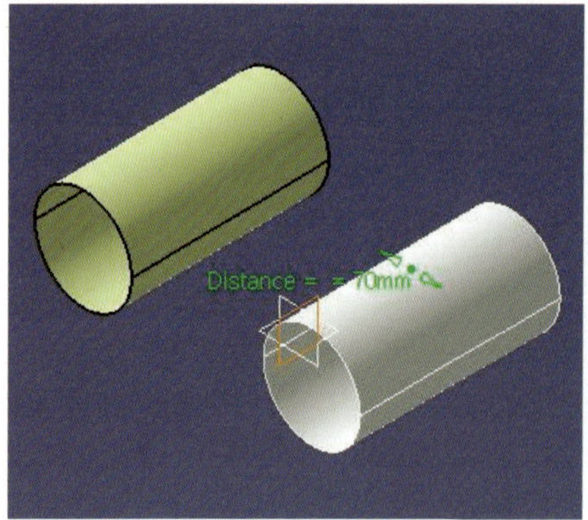

Hide/Show initial element 클릭하지 않음

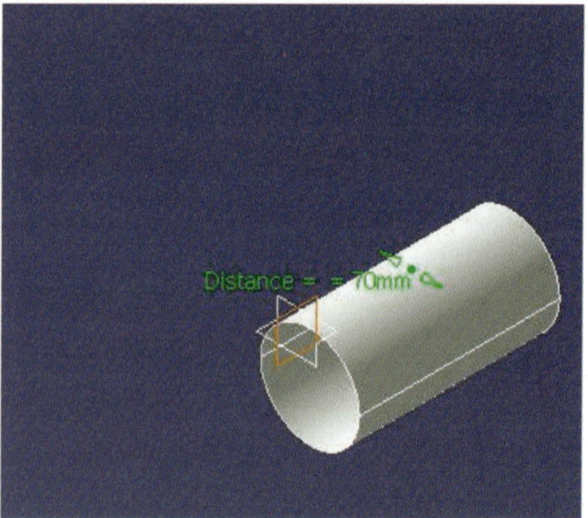

Hide/Show initial element 클릭

<Rotate >

Surface를 Axis를 기준으로 일정한 각도만큼 회전시키는 기능

① YZ Plane에 Circle⊙을 Sketch하고 Extrude시켜 Surface를 생성한다.

② 아이콘을 클릭한다.

③ Rotate Definition 대화상자에서 Element 영역을 클릭하고 회전시키고자 하는 Surface를 선택한다.

④ Axis 영역을 클릭하고 회전축으로 Z축을 선택한다.

⑤ Angle 영역을 클릭하여 회전각도로 80deg를 입력하고 OK 버튼을 클릭한다.

⑥ Surface가 Z축을 기준으로 80°만큼 회전된다.

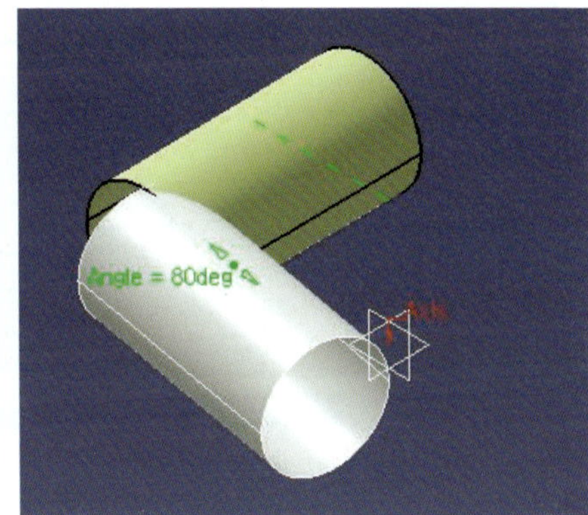

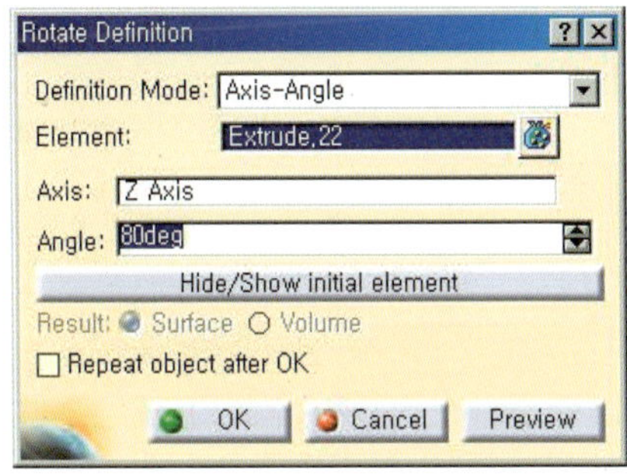

1. Definition Mode : 회전 Type 선택
2. Element : 회전시킬 Surface 선택
3. Axis/Angle : 회전축과 각도 입력
4. Hide/Show initial element : 원본 Surface를 Hide/Show
5. Repeat object after OK : 회전을 적용 후 추가로 회전

<Symmetry >

Surface를 대칭시키는 기능

① YZ Plane에 Circle을 Sketch하고 3D Mode에서 Extrude 시켜 Surface를 생성한다.

② 아이콘을 클릭한다.

③ Symmetry Definition 대화상자에서 Element 영역을 클릭하고 대칭시키고자 하는 Surface를 선택한다.

④ Reference 영역을 클릭하고 대칭기준을 ZX Plane을 지정하면 ZX Plane에 대칭인 Surface가 생성된다.

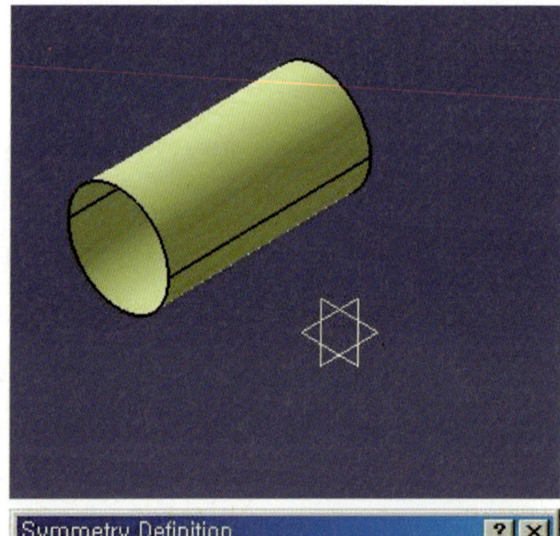

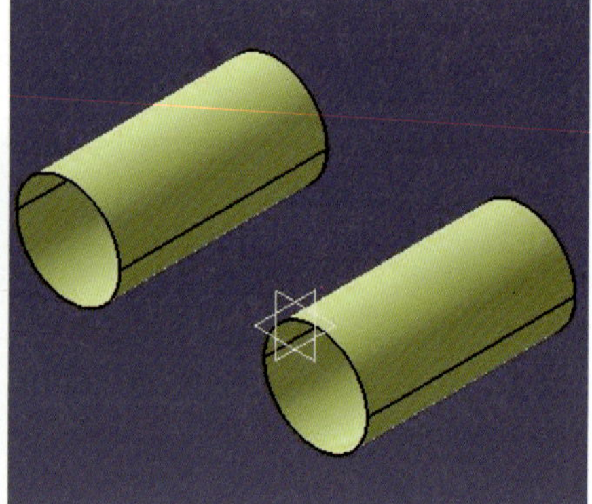

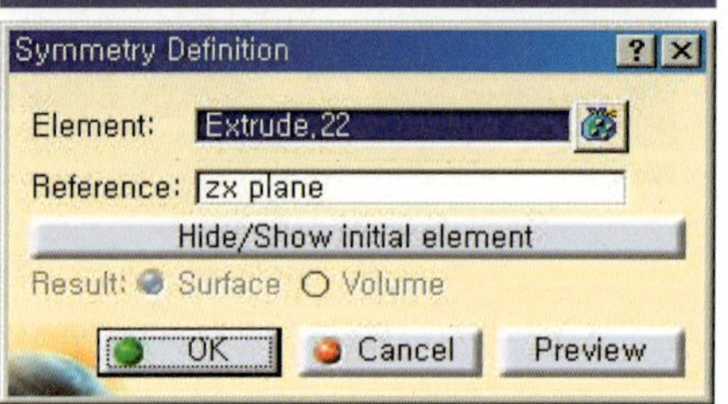

1. Element : 대칭시킬 Surface 선택
2. Reference : 대칭 기준을 지정
3. Hide/Show initial element : 원본 Surface를 Hide/Show

<Scaling >

Surface를 확대 또는 축소시키는 기능

① YZ Plane에 Circle을 Sketch하고 3D Mode에서 Extrude 시켜 Surface를 생성한다.

② Point 아이콘을 클릭하여 Coordinate type을 선택하고 (0, 0, 0) 위치에 Point를 생성한다.

③ 아이콘을 클릭한다.

④ Scaling Definition 대화상자에서 Element 영역을 클릭하고 확대/축소시키고자 하는 Surface를 선택한다.

⑤ Reference 영역을 클릭하고 기준점으로 생성한 Point를 선택하고 Ratio 영역을 클릭하고 1.5를 입력하고 OK 버튼을 클릭한다.

⑥ Surface가 Point를 기준으로 전체적으로 1.5배 확대된 Surface가 생성된다.

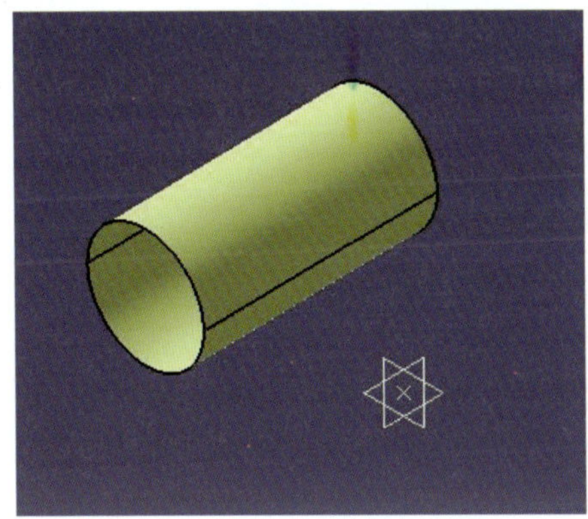

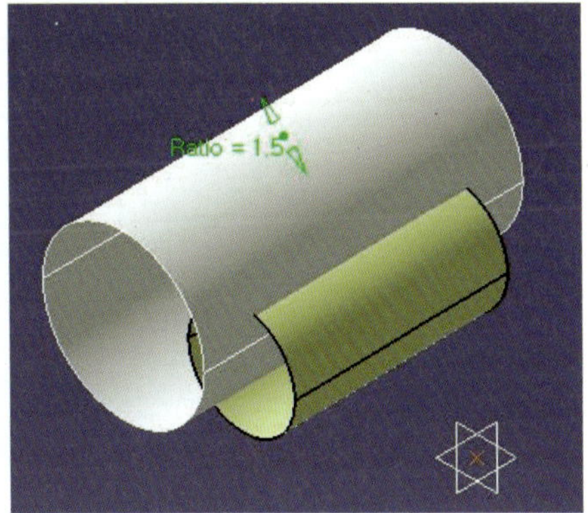

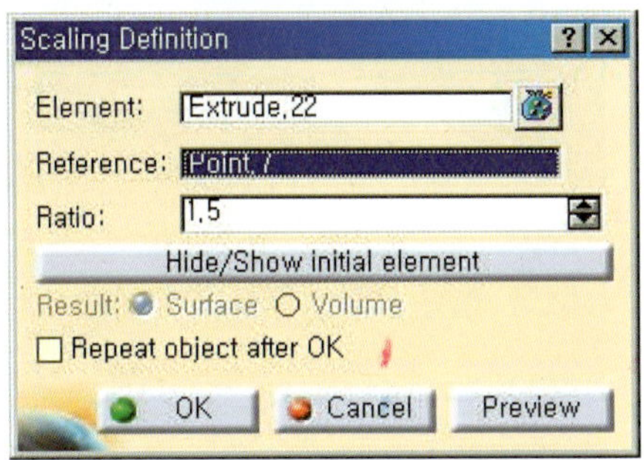

1. Element : 확대/축소시킬 Surface
2. Reference : 확대/축소시킬 기준
3. Ratio : 확대/축소 비율 지정
4. Hide/Show initial element : 원본 Surface를
   Hide/Show

< Affinity >

Surface를 X, Y, Z방향으로 각각 다른 비율로 확대/축소

① YZ Plane에 Circle을 Sketch하고 3D Mode에서 Extrude시켜 Surface를 생성한다.

② 원점에 Point를 생성하고 이 Point를 시작점으로 YZ Plane에 수직한 Line을 생성한다.

③ 아이콘을 클릭한다.

④ Affinity Definition 대화상자에서 Element 영역을 클릭하고 확대/축소시키고자 하는 Surface를 선택한 후 X Axis 영역에 Line을 선택한다.

⑤ Ratio 영역에 X축 방향은 축소(0.7), Y축 방향은 그대로 유지(1)하고 Z축 방향은 확대(1.5)시키도록 적용하여 새로운 Surface를 생성한다.

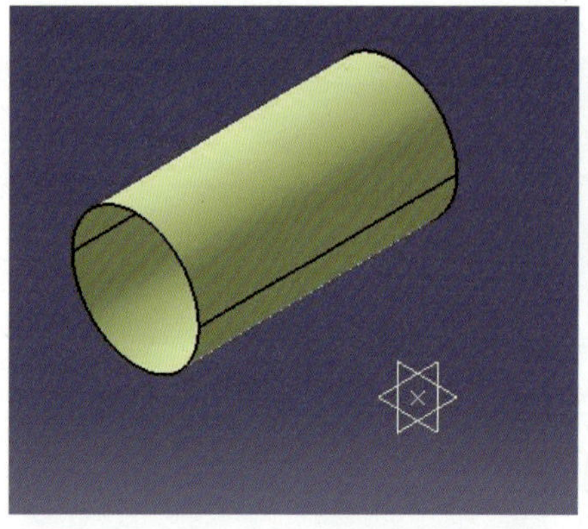 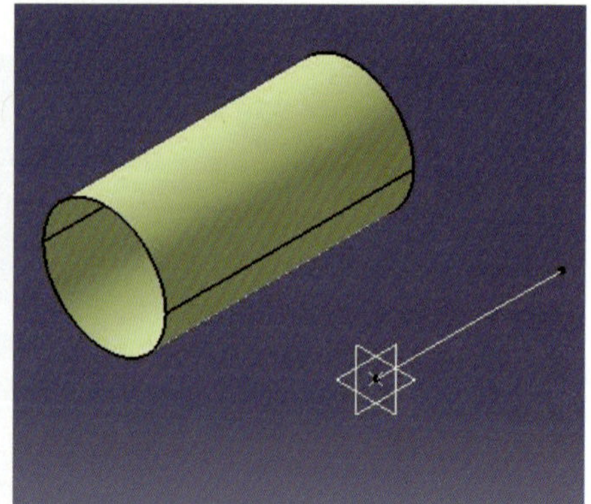

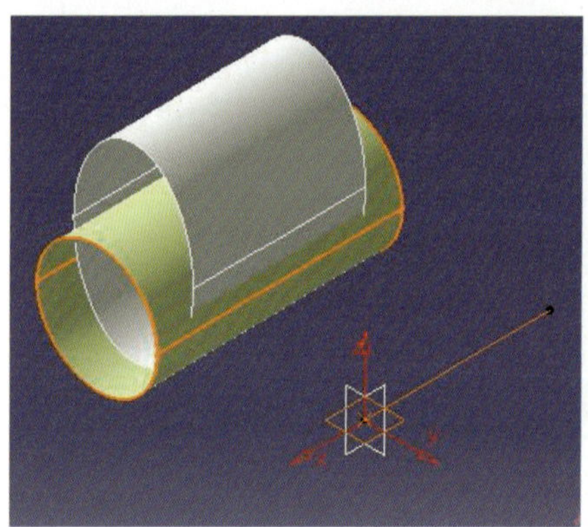 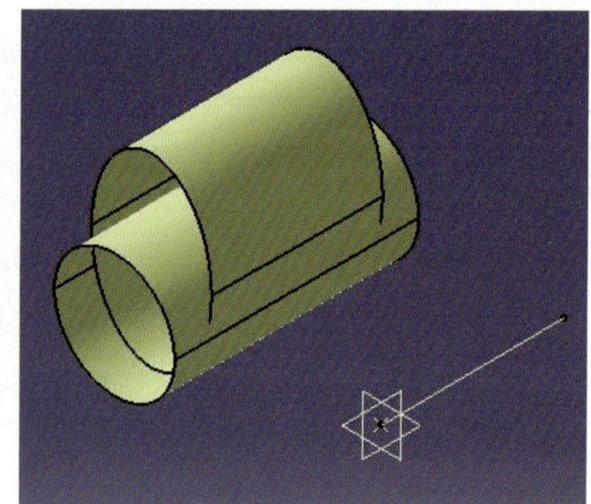

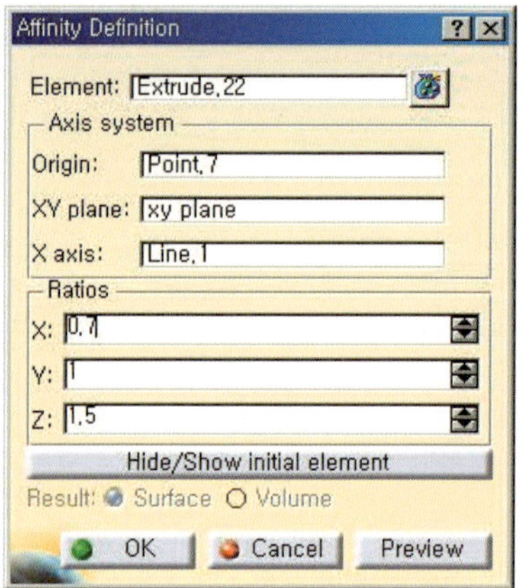

1. Element : 확대/축소시킬 Surface 선택
2. Axis system
   - Origin : 기준좌표계 원점 지정
   - XY plane : XY평면 지정
   - X axis : X축 지정
3. Ratio
   - X, Y, Z : 각 축 방향으로 1을 기준으로 확대/축소
     비율 입력
4. Hide/Show initial element : 원본 Surface를
   Hide/Show

<Axis To Axis  >

다른 좌표축으로 객체를 이동 복사시키는 기능

① XY Plane에 Rectangle□을 Sketch하고 3D Mode로 전환하여 Extrude 시켜 Surface를 생성한다.

② Tools 도구막대의 Axis system 아이콘을 클릭하여 Axis system Definition 대화상자가 나타나면 OK를 클릭하여 원점에 Axis system를 생성(1)한다.

③ 아이콘을 클릭하고 Surface의 꼭짓점을 선택하여 새로운 Axis system을 생성(2)한다.

④ Current로 설정하고자 하는 Axis System을 선택하고 마우스 오른쪽버튼을 클릭하여 Axis system.2 Object
▶ Set As Current를 선택한다.

⑤ 아이콘을 클릭한다.

⑥ Axis To Axis Definition 대화상자에서 Element 영역을 클릭하고 Surface(3)를 선택한다.

⑦ Reference 영역에 기준좌표축(4)을, Target 영역에 옮길 좌표축(5)을 지정하고 OK버튼을 클릭한다.

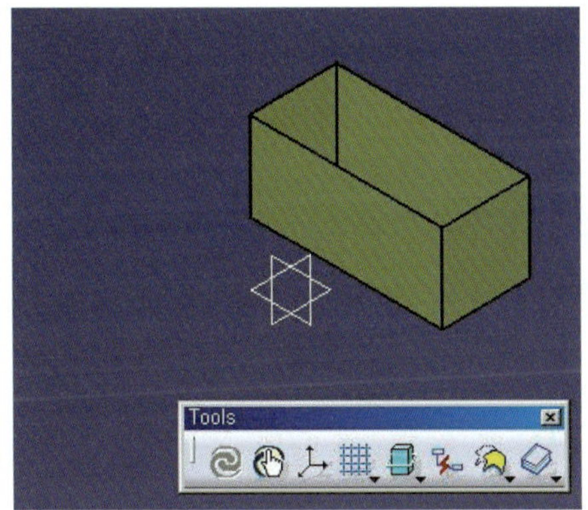
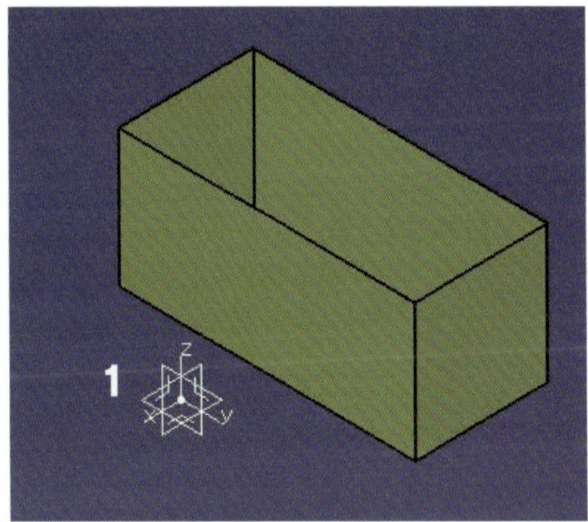
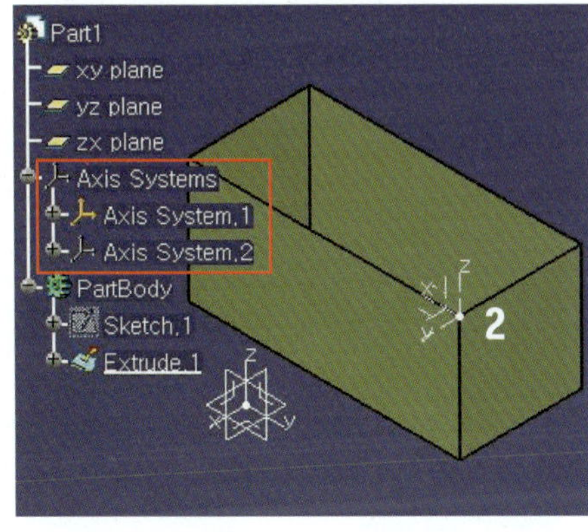
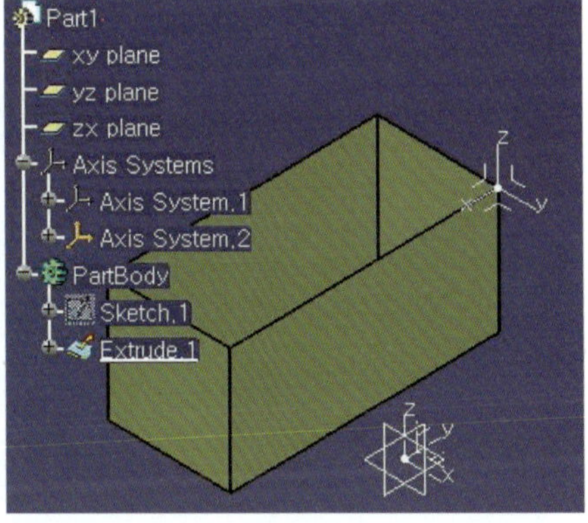

⑧ Axis System.2 좌표계에 있는 Surface가 Axis System.1 좌표계로 이동 복사된다.

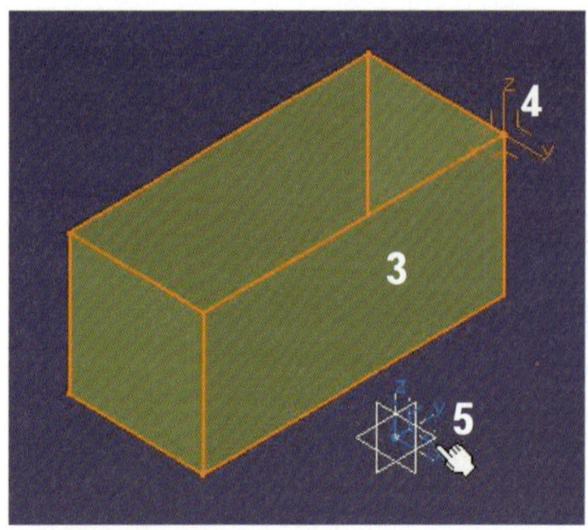

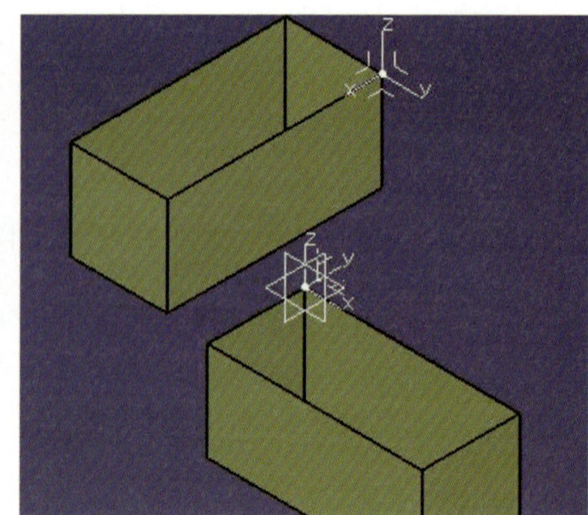

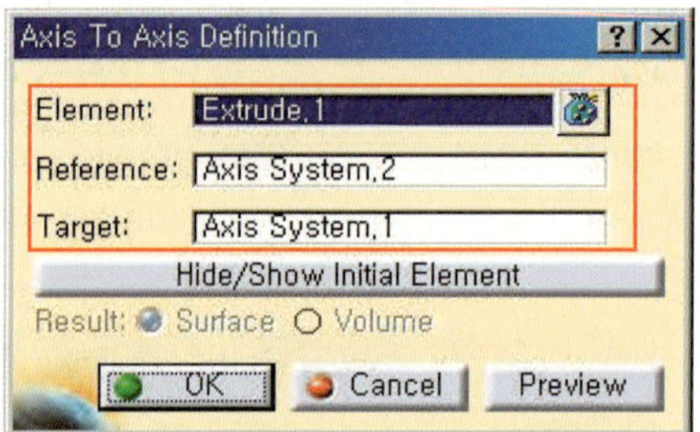

1. Element : 이동 복사시킬 Surface 선택
2. Reference : 기준 좌표축 지정
3. Target : 이동시킬 좌표축 지정
4. Hide/Show initial element : 원본 Surface를
   Hide/Show

< Extrapolate >

Surface의 모서리를 연장하는 기능

① YZ Plane에 Profile 아이콘 을 클릭하여 Sketch하고 3D Mode로 전환하여 Extrude 시켜 Surface를 생성한다.

② XY Plane에 Spline 아이콘 을 클릭하여 Sketch하고 3D Mode로 전환하여 Extrude 시켜 Surface를 생성한다.

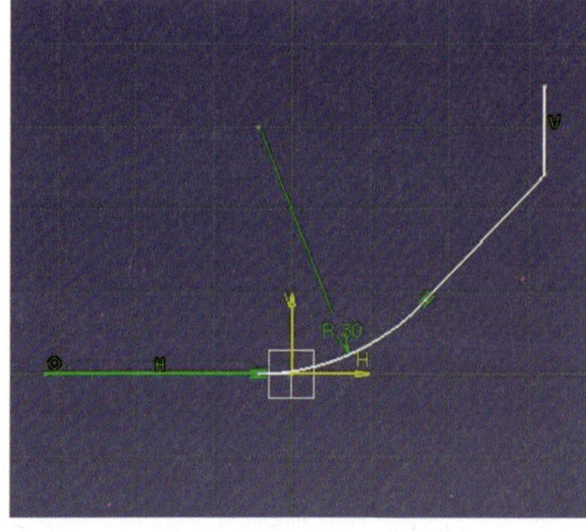

③  아이콘을 클릭한다.

④ Extrapolate Definition 대화상자에서 Boundary 영역을 클릭하여 연장시킬 모서리를 선택(1)하고 Extrapolated 영역을 클릭하여 연장하고자 하는 Surface를 선택(2)한다.

⑤ Type을 Length를 선택하고 Length 영역에 10mm를 입력하고 OK 버튼을 클릭한다.

⑥ Surface의 선택한 모서리 부분이 10mm만큼 연장된다.

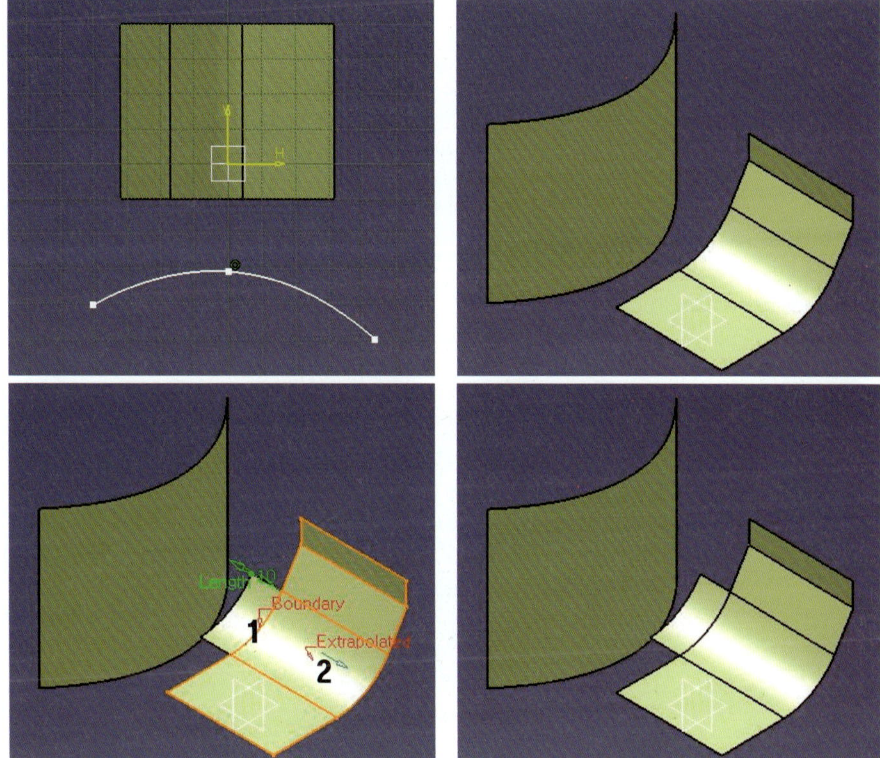

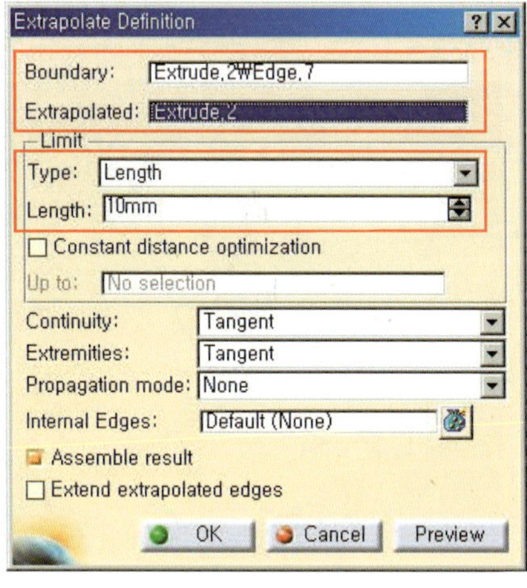

1. Boundary : 연장하고자 하는 Surface의 모서리를 선택

2. Extrapolated : 연장하고자 하는 Surface를 선택

3. Limit
   - Type : 연장할 Type을 선택
   - Length : Type을 Length를 선택할 경우 길이 지정
   - Up to : Type을 Up to element를 선택할 경우 연장할 영역 지정

4. Propagation mode : Boundary로 지정한 모서리와 이웃한 모서리의 연결관계를 지정

⑦ Limit

• Up to Element : Surface가 선택한 Element까지 연장된다.

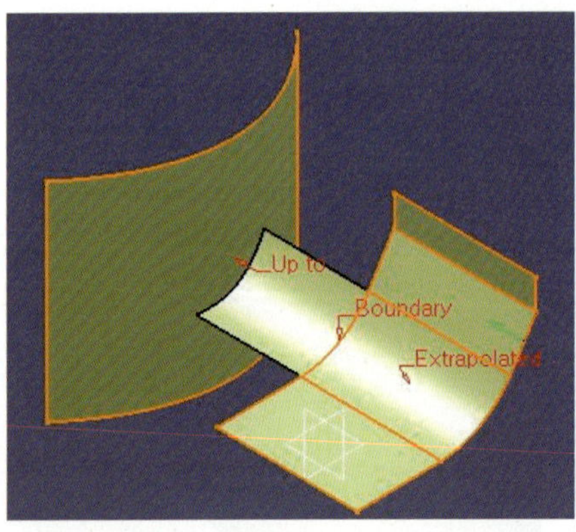
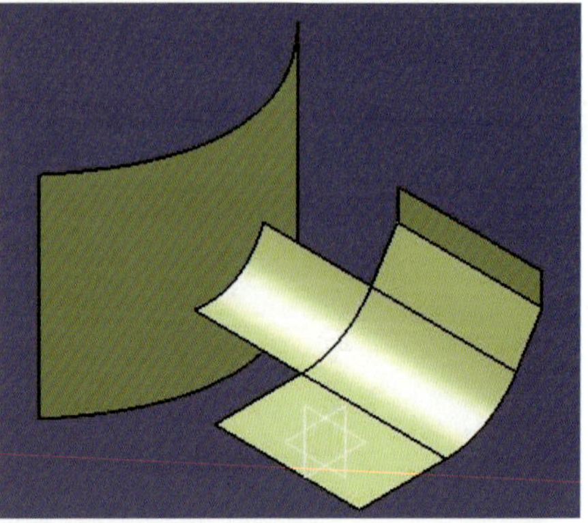

⑧ Propagation mode

• Tangency Continuity : 선택한 모서리와 Tangent한 모서리가 모두 연장된다.

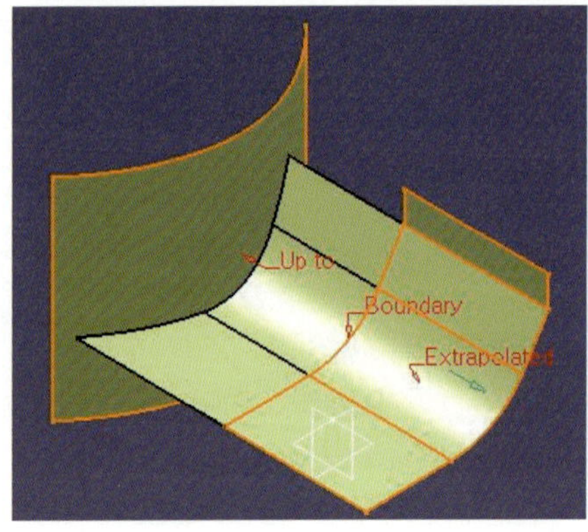
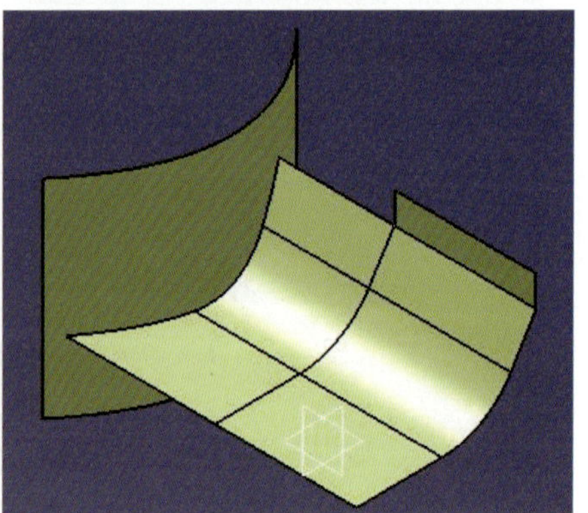

• Point Continuity : 선택한 모서리와 연결된 Surface의 모든 모서리가 연장된다.

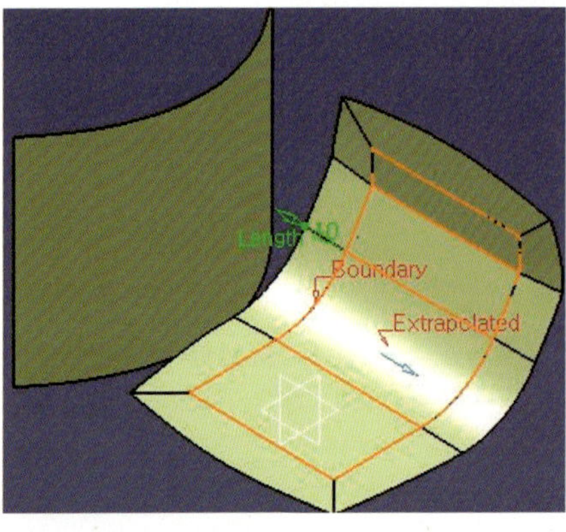
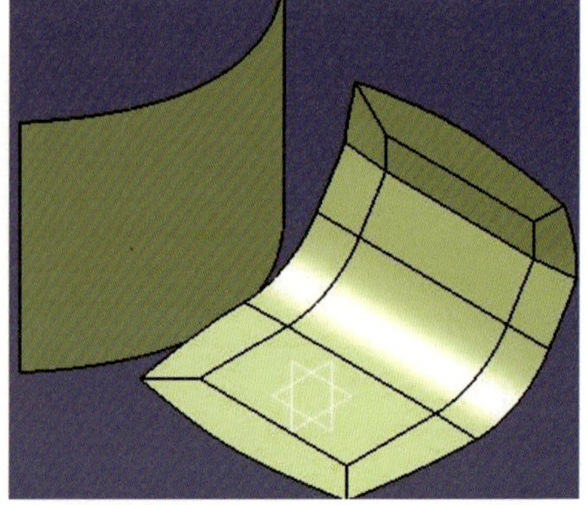

3. Surface Design 예제 따라하기

1) 따라하기 예제1

1-1) Surface Design 도면

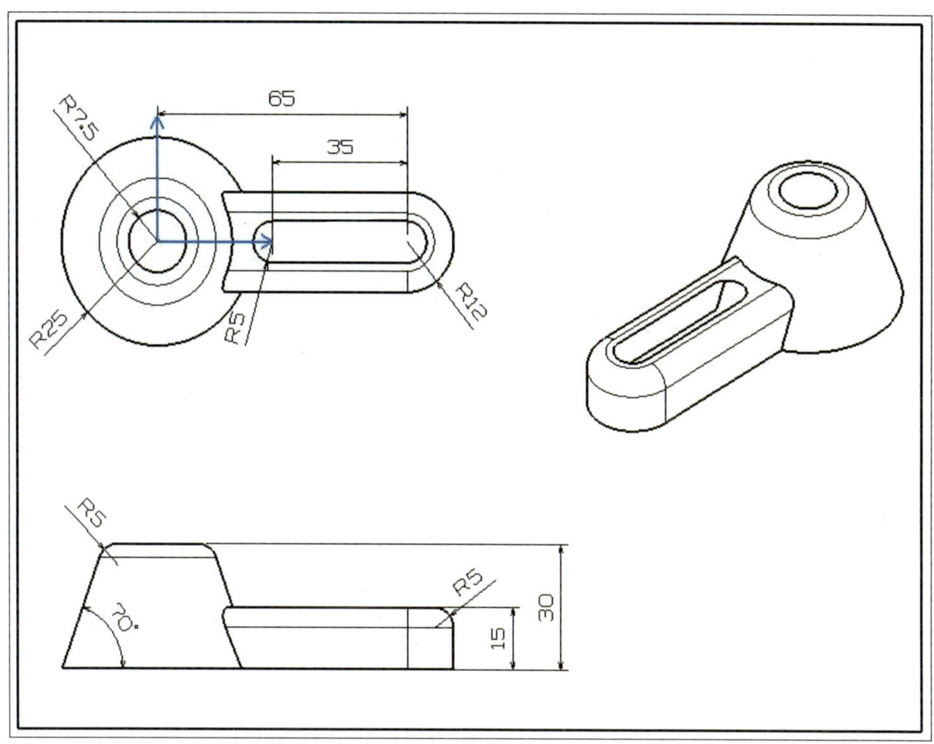

1-2) Surface Design 실습예제 따라하기

① ZX Plane을 Sketch 평면으로 선택하고 Profile 아이콘 을 클릭하여 Sketch한 후 Constraint 아이콘 을 더블클릭하여 L30, L25, 70°의 치수를 적용한다.

② Axis 아이콘 을 클릭하고 V축 위에 Sketch한다.

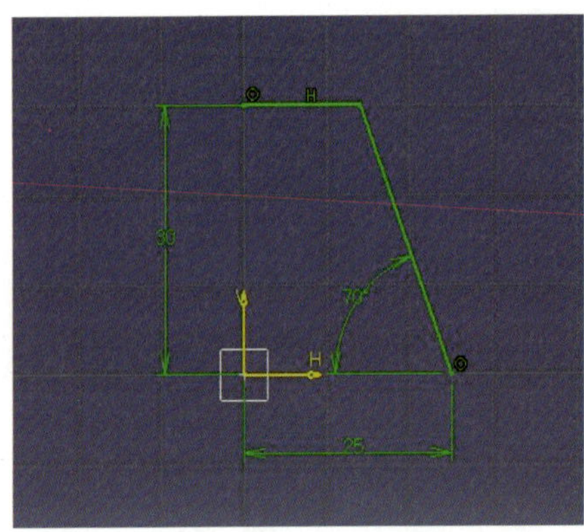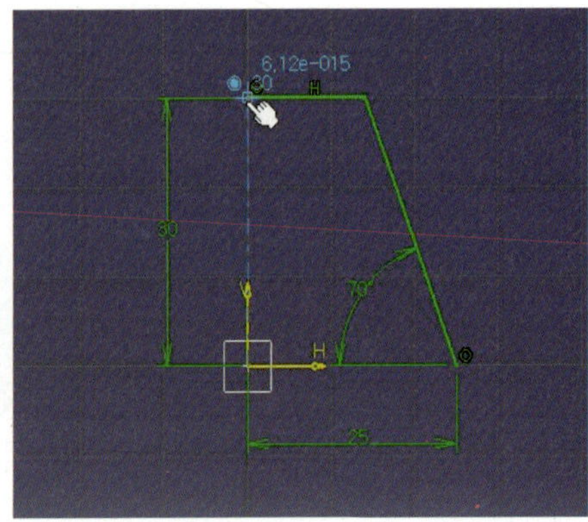

③ Exit workbench 아이콘 을 클릭하여 3D Mode로 전환하고 Revolve 아이콘 을 클릭하여 360° 회전시켜 Surface를 생성한다.

④ XY Plane을 Sketch 평면으로 선택하고 Sketch Mode로 전환한다.

⑤ Elongated Hole 아이콘 을 클릭하여 원점과 임의 점을 원점으로 하는 라운드된 Rectangle을 Sketch하고 반경을 12mm 적용한다.

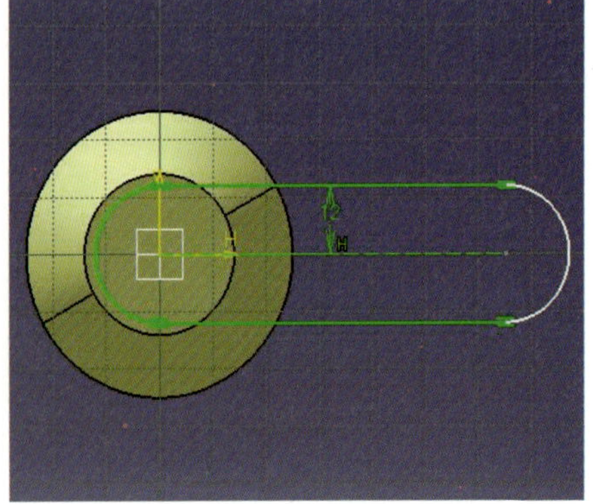

⑥ Exit workbench 아이콘 을 클릭하여 3D Mode로 전환하고 Extrude 아이콘 을 클릭하여 15mm를 돌출시킨다.

⑦ Tree의 Revolve.1을 선택하고 마우스 오른쪽버튼을 클릭하여 Hide /Show를 선택하여 Hide
시킨다.

⑧ Fill 아이콘 을 클릭하여 Extrude된 Surface의 윗부분의 Line과 Arc를 차례로 선택하여
안쪽을 Surface로 채운다.

⑨ Join 아이콘 을 클릭하여 Extrude와 Fill로 생성한 Surface를 하나의 Surface로 합한다.

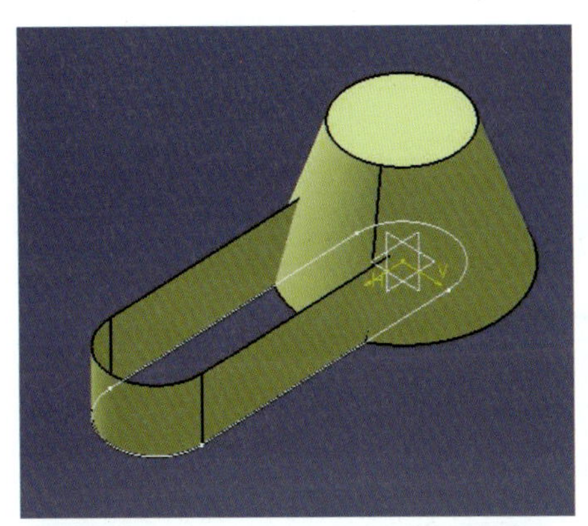
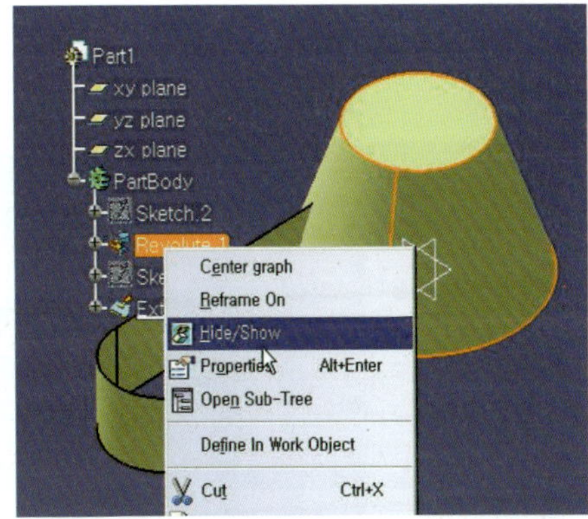
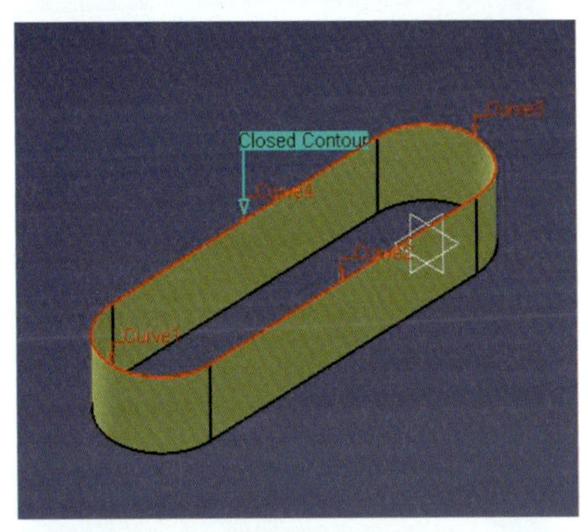
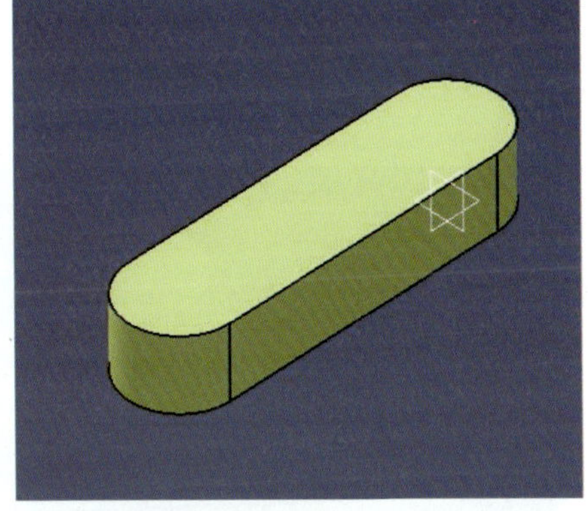
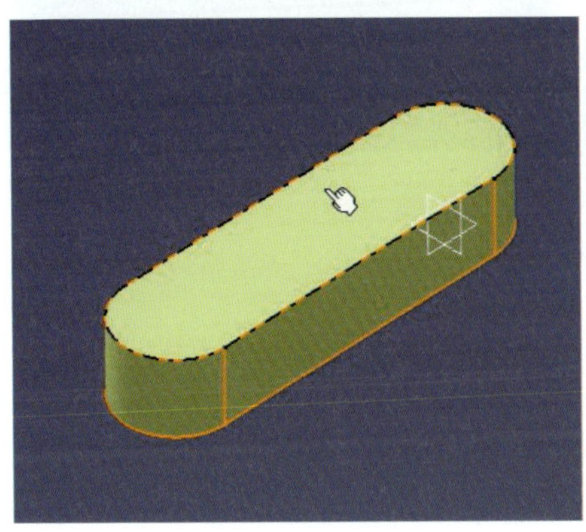
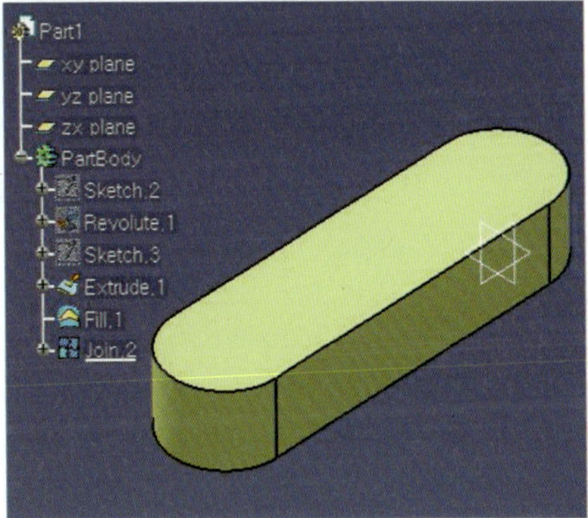

⑩ Start - Surface - Generative Shape Design를 선택하고 Operations 도구막대의 Edge Fillet 아이콘 을 클릭한다.

⑪ Fillet을 적용시킬 모서리를 선택하여 R5를 적용한 후 Tree 영역에서 앞에서 Hide시켰던 Revolve.1을 선택하고 마우스 오른쪽버튼을 클릭하여 Hide/Show를 선택하여 Show 영역으로 이동시킨다.

⑫ Edge Fillet 아이콘 을 클릭하고 Fillet을 적용시킬 Revolve.1의 모서리를 선택하여 R5를 적용시킨다.

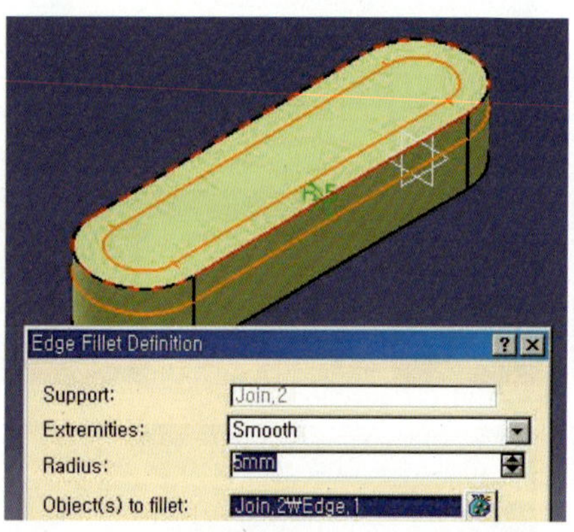

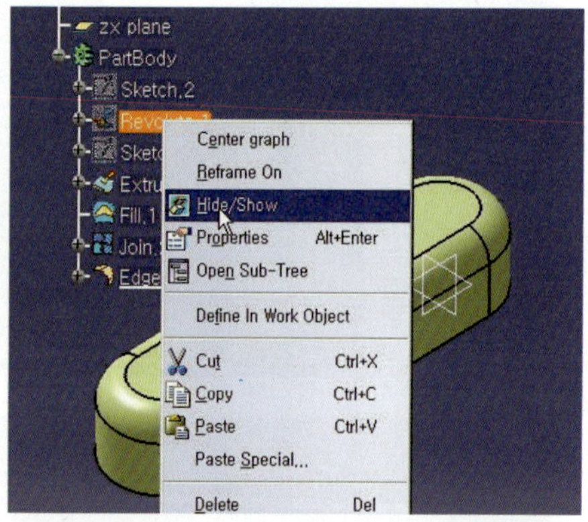

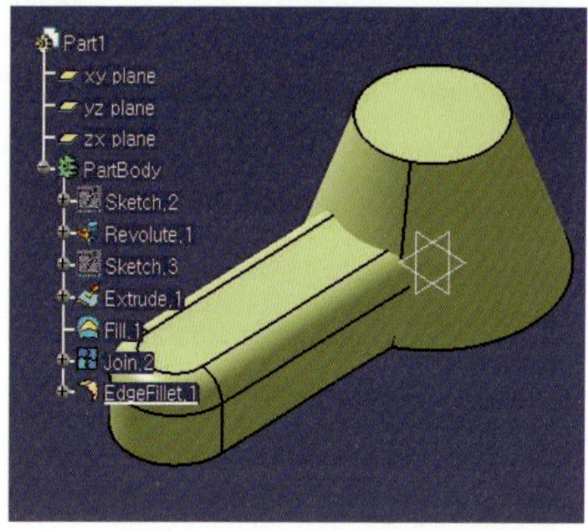

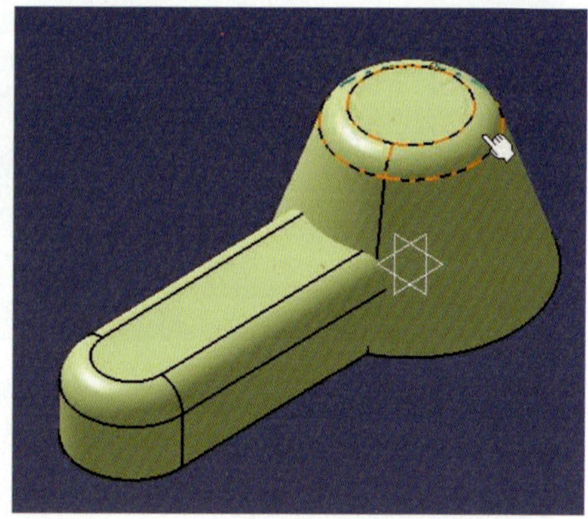

⑬ Trim 아이콘을 클릭하여 교차하는 Extrude.1과 Revolve.1의 두 Surface를 선택하여 안쪽 부분을 제거한다.

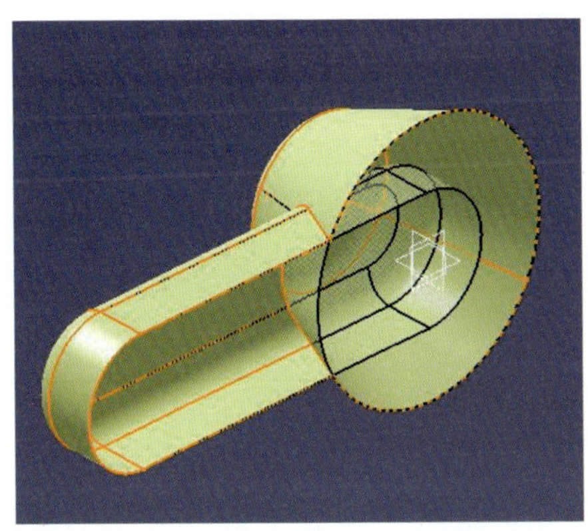
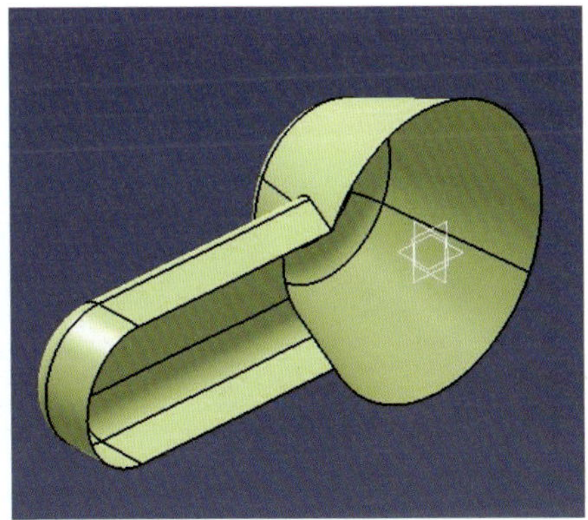

⑭ XY Plane을 선택하고 Sketch 아이콘을 클릭한다.

⑮ Elongated Hole 아이콘을 클릭하여 중심점이 H축 위에 위치하도록 Sketch하고 Circle 아이콘을 클릭하여 중심점이 원점에 위치하도록 Sketch한다.

⑯ Constraint 아이콘을 클릭하여 L35, D15, R5의 치수를 구속한다.

⑰ Elongated Hole의 라운드 영역을 선택하고 마우스 오른쪽버튼을 클릭하여 Constraints Defined in Dialog Box 아이콘을 선택하고 Concentricity를 체크한 후 OK버튼을 클릭하여 중심을 일치시킨다.

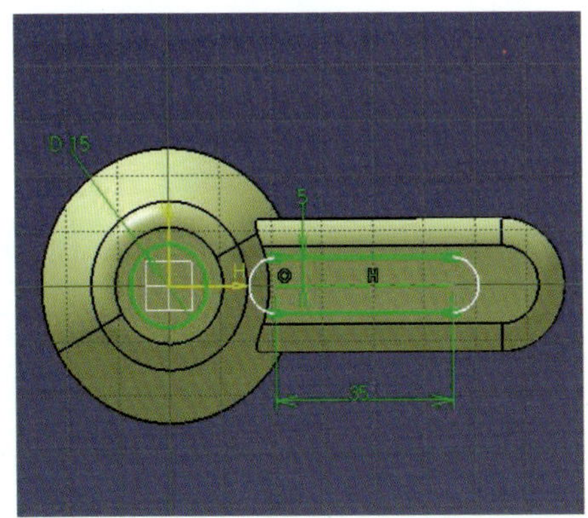
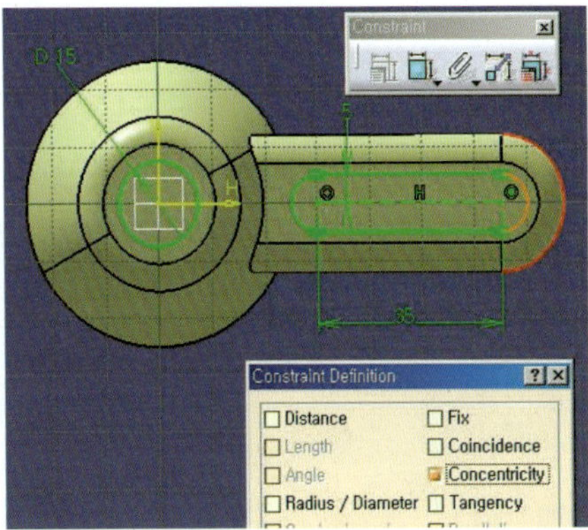

⑱ Exit Workbench 아이콘을 클릭하여 3D Mode로 전환하고 Extrude 아이콘을 클릭하여 생성된 Surface를 감싸도록 돌출시킨다. 이때 Multi-Result Management 대화상자에서 Keep all the sub-elements를 선택하여 Surface를 모두 생성시킨다.

⑲ Circle과 Elongated Hole이 있는 Sketch를 선택하여 마우스 오른쪽버튼을 클릭하고 Hide/Show를 선택하여 Hide시킨다.

⑳ Split 아이콘을 클릭하여 교차하는 Surface의 안쪽을 제거한다.

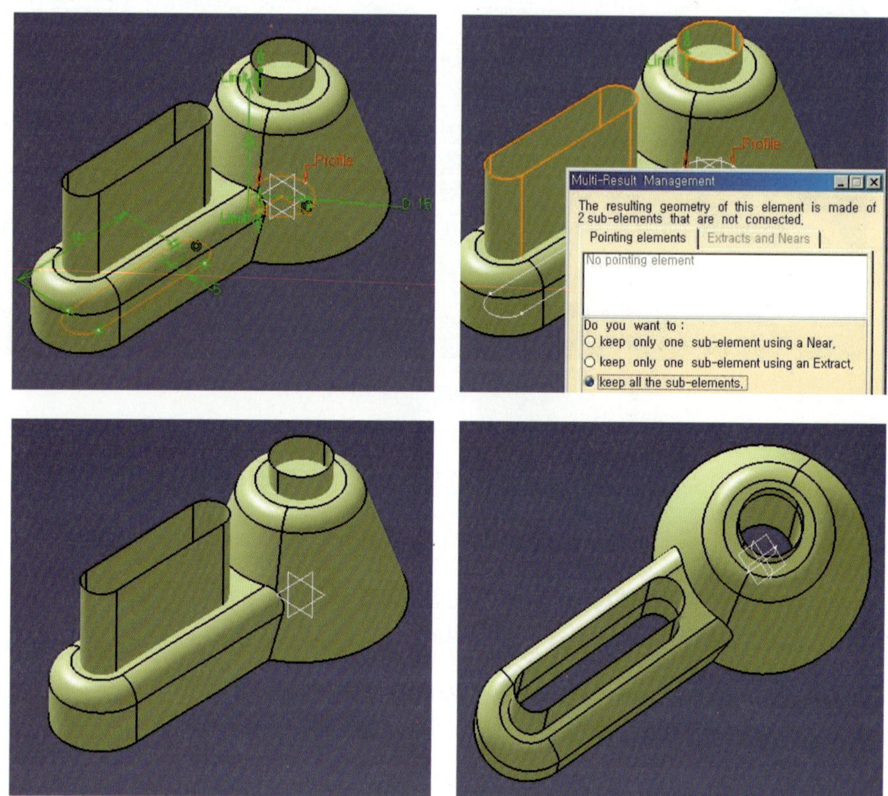

㉑ Specifications Tree의 Extrude.2를 선택하고 마우스 오른쪽버튼을 클릭한 후 Hide/Show를 선택하여 Hide시켜서 Model을 완성한다.

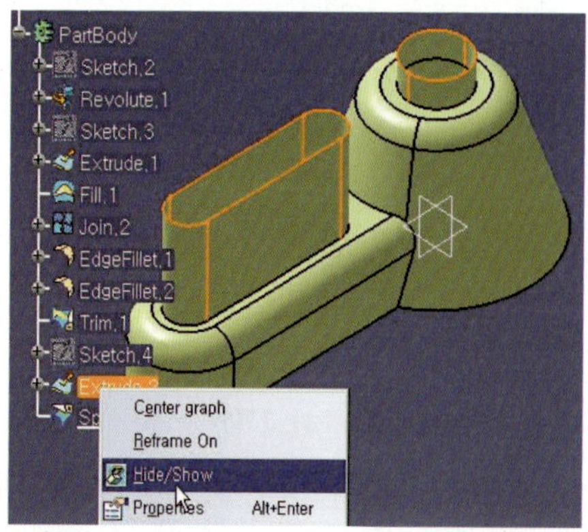

2) 따라하기 예제2

2-1) Surface Design 도면

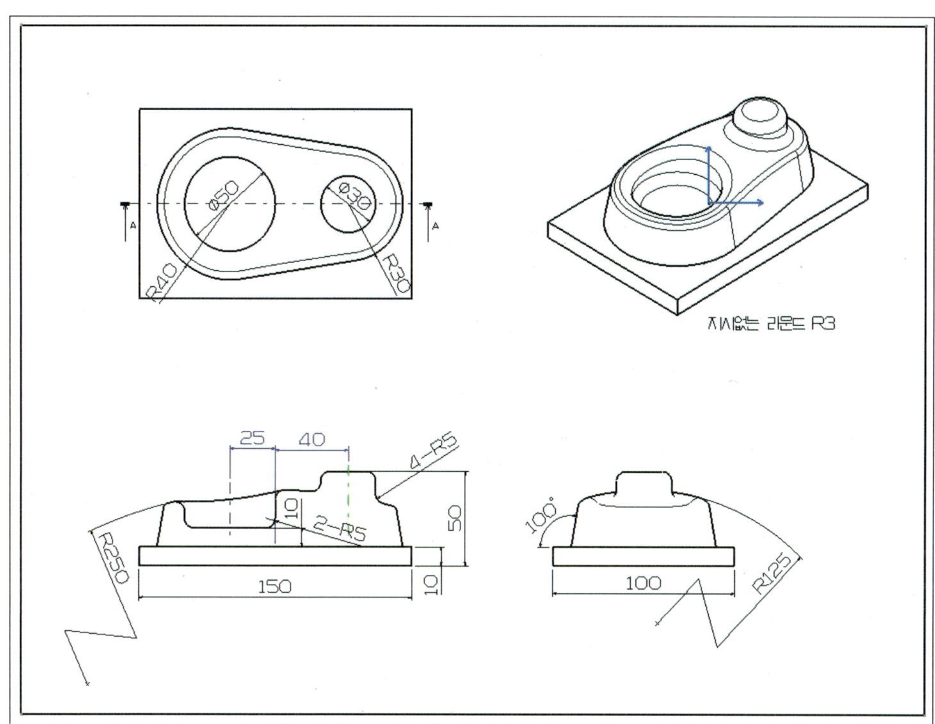

2-2) Surface Design 실습예제 따라하기

① XY Plane을 Sketch 평면으로 선택하고 Line 아이콘 을 클릭하여 Line을 Sketch한다.

② Constraint 아이콘 을 클릭하고 L100이 되도록 치수를 구속한다.

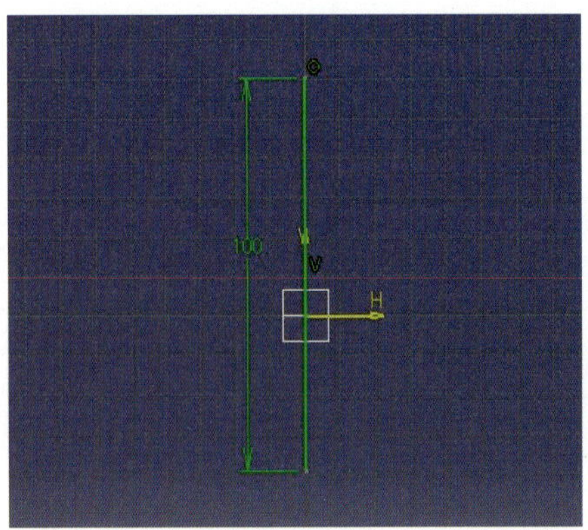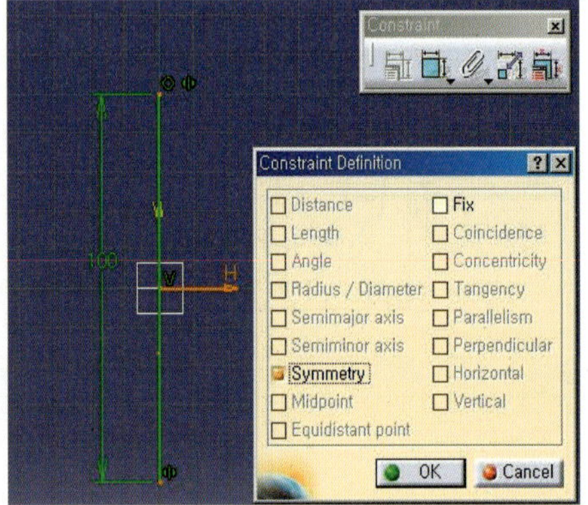

③ Ctrl키를 누르고 Line의 양 끝점과 H축을 차례로 선택하고 Constraints Defined in Dialog Box 아이콘 을 클릭하여 Symmetry를 체크하여 H축에 대칭이 되도록 한다.

④ Exit Workbench 아이콘 을 클릭하여 3D Mode로 전환한다.

⑤ Extrude 아이콘 을 클릭하고 Direction 영역에 yz평면을 선택하여 yz평면과 수직한 방향으로 양쪽 75mm 길이의 Surface를 생성한다.

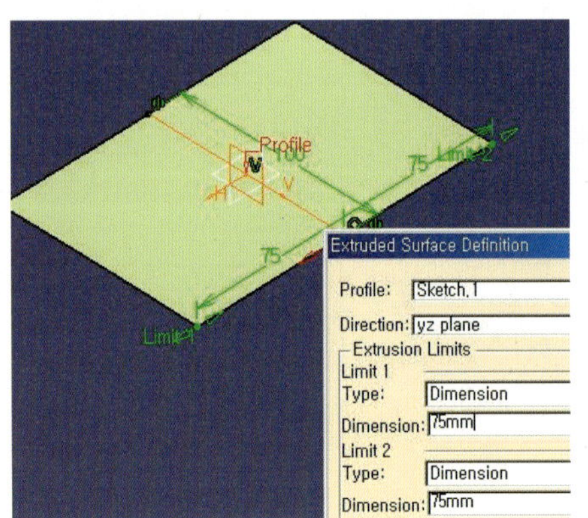

⑥ Surface를 선택하고 Positioned Sketch 아이콘 을 클릭하고 Reverse H와 Reverse V를 체크하여 아래와 같이 좌표계를 설정하고 Sketch Mode로 전환한다.

⑦ Circle 아이콘 을 더블클릭하고 중심을 H축 위에 위치하도록 2개의 Circle을 Sketch한다.

⑧ Bi-Tangent Line 아이콘 을 더블클릭하여 생성한 2개의 원에 접하는 접선을 생성한다.

⑨ Quick Trim 아이콘 을 더블클릭하여 불필요한 부분을 제거한다.

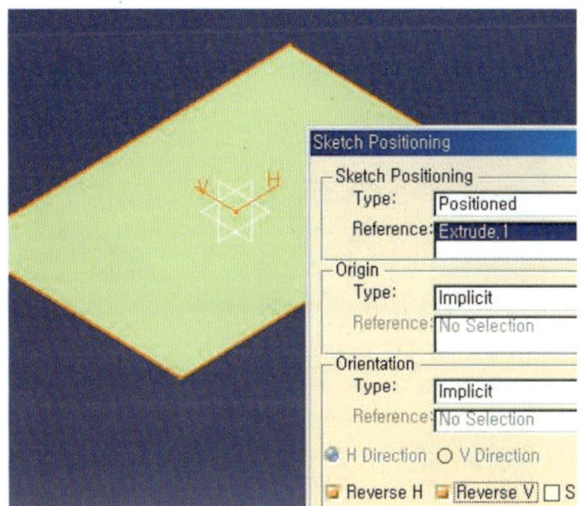

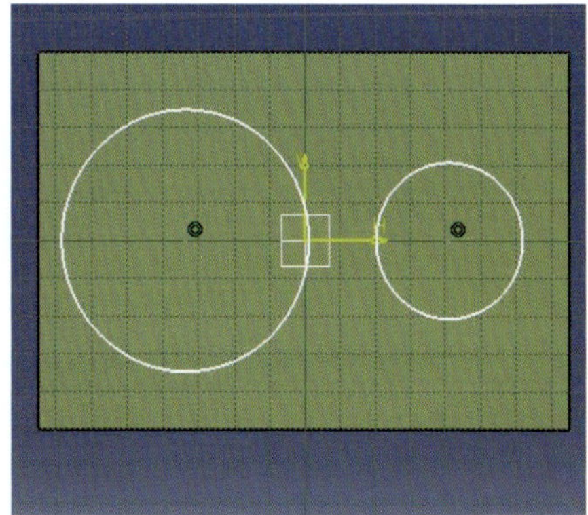

⑩ Constraint 아이콘 을 더블클릭하여 치수를 구속하고 Arc의 반경 R30, R40, V축과 Arc
중심까지의 거리 L25, L40을 각각 적용한다.

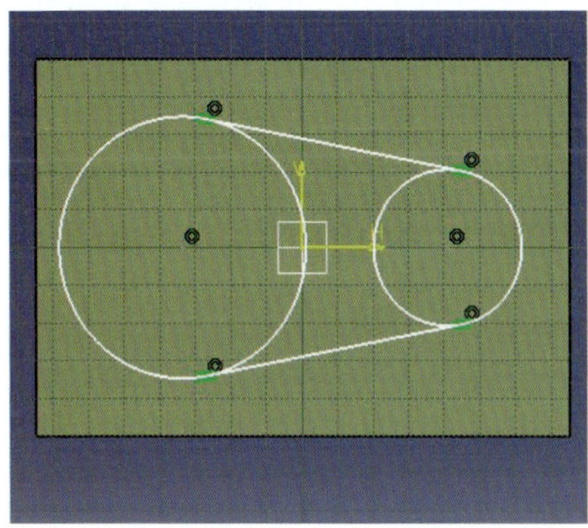

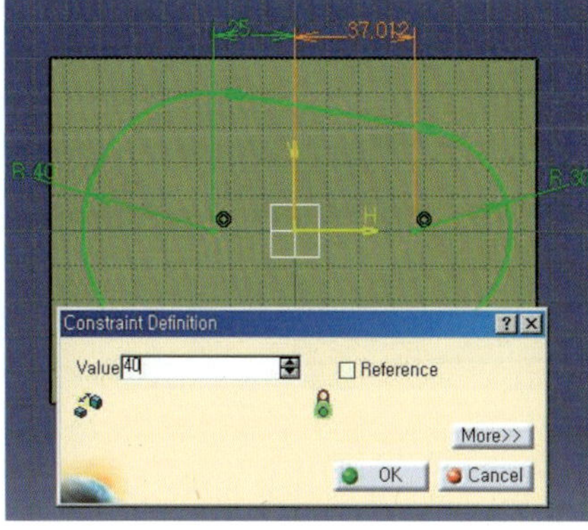

⑪ Exit Workbench 아이콘 을 클릭하여 3D Mode로 전환한다.

⑫ Sweep 아이콘 을 클릭하고 Sweep Definition 대화상자에서 Profile type을 Line 으로
선택하고 Subtype을 With reference Surface를 선택한다.

⑬ Guide Curve 1 영역을 클릭하여 생성한 Sketch를 선택하고 Reference Surface 영역을 클릭
하여 Surface를 선택한다.

⑭ Angle 영역을 클릭하여 80°을 입력하고 Angular Sector의 Next 버튼을 클릭하여 주황색 화살표가 생성하고자 하는 Surface의 방향이 되도록 한다.

⑮ Length 1 영역을 클릭하고 생성할 Surface의 높이를 40mm 입력하고 Preview 버튼을 클릭한다.

⑯ 생성하고자 하는 Surface의 형상이 잘 나타나면 OK 버튼을 클릭한다.

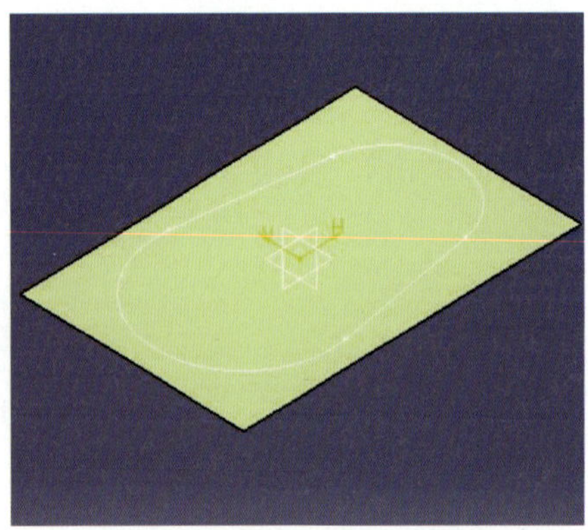
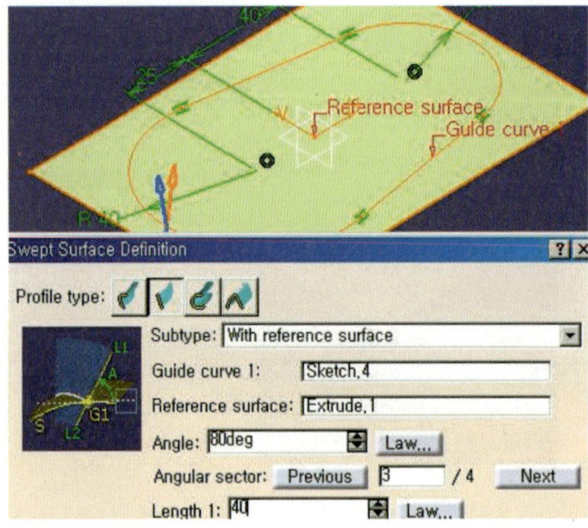
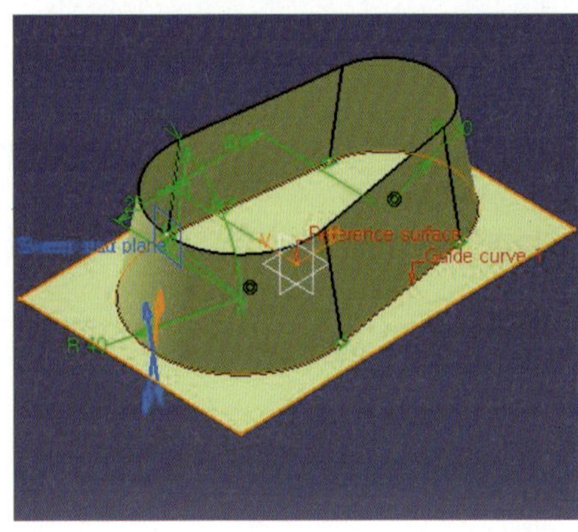
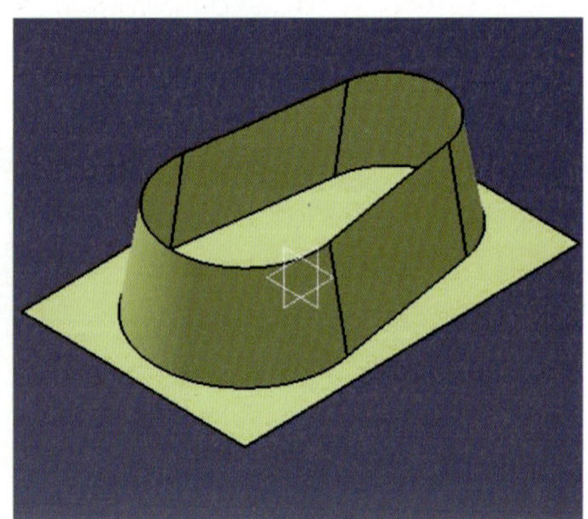

⑰ ZX Plane을 Sketch 평면으로 선택하고 Arc 아이콘 을 클릭하여 V축에 중심점을 위치시키고 Arc를 Sketch한다.

⑱ Constraint 아이콘 을 더블클릭하여 치수를 구속하고 Arc의 반경 R250, H축과 Arc의 정점까지의 거리 L30을 각각 적용한다. 이때 Arc가 Surface를 감싸도록 Arc의 양 끝점을 클릭하여 조절한다.

⑲ Exit Workbench 아이콘 을 클릭하여 3D Mode로 전환한다.

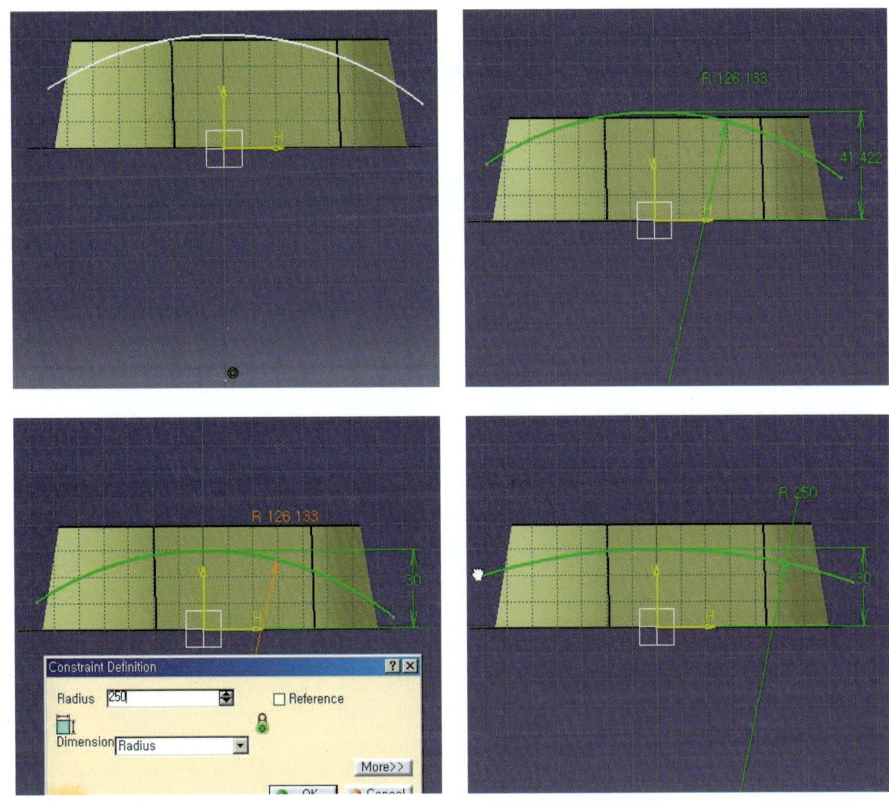

⑳ 생성한 Arc를 선택하고 Wireframe 도구막대의 Plane 아이콘 을 클릭한다.

㉑ Arc의 끝점을 선택하여 Normal to curve type이 선택되면 OK 버튼을 클릭하여 Arc의 끝점을 지나면서 Curve에 수직인 Plane을 생성한다.

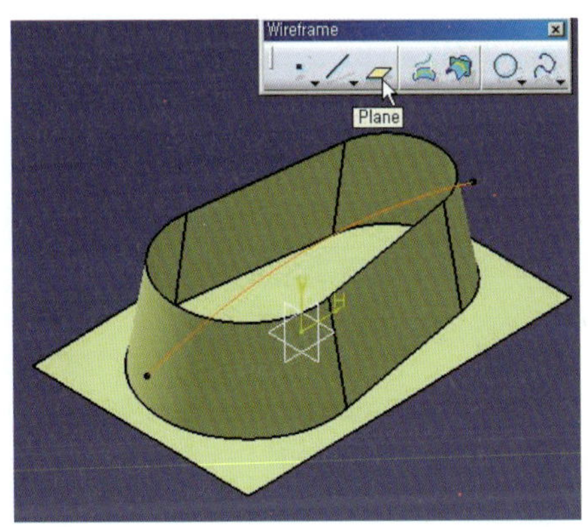

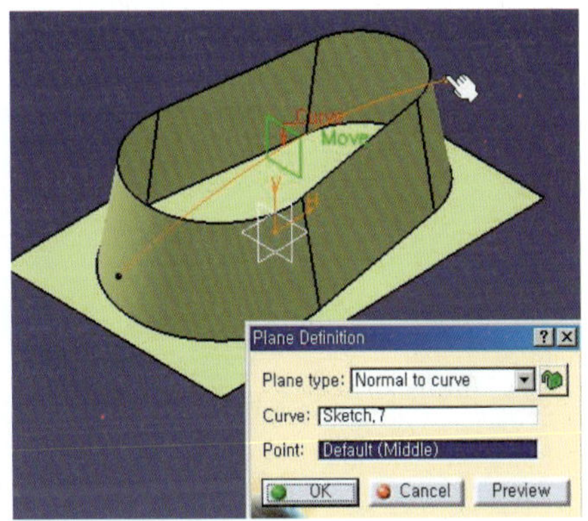

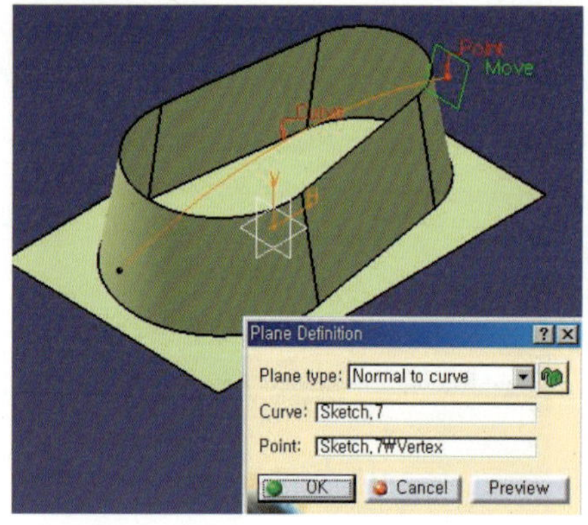
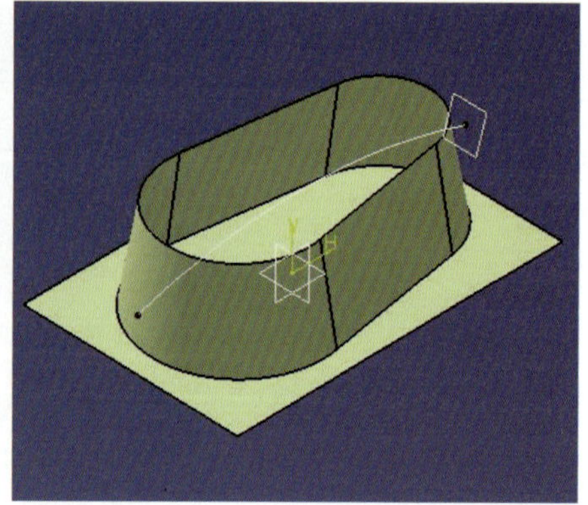

㉒ 생성한 Plane을 선택하고 Sketch 아이콘 을 클릭하여 Sketch Mode로 전환한다.

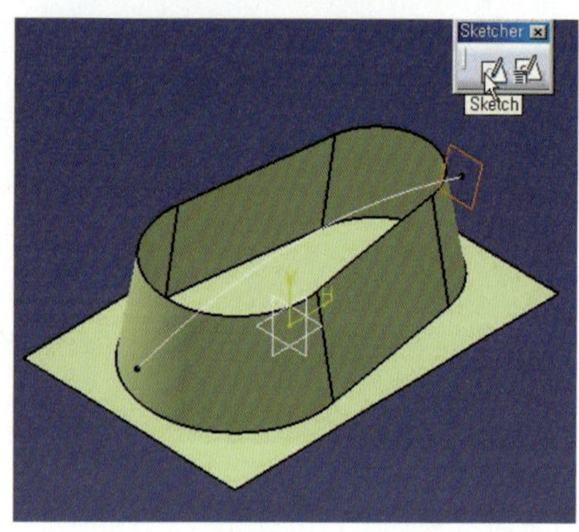
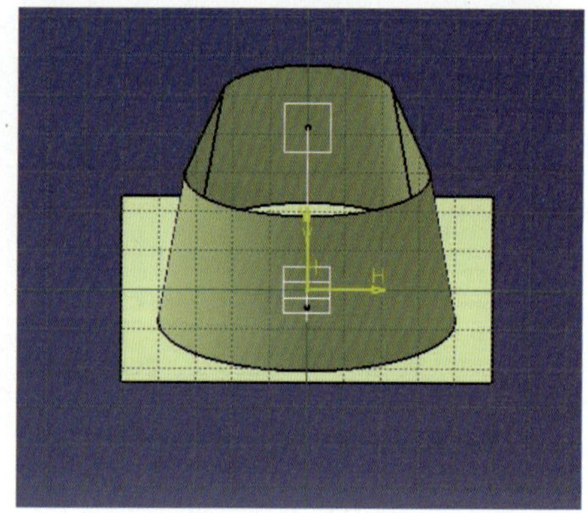

㉓ Arc 아이콘 을 클릭하고 V축에 중심점을 위치시키고 Arc를 Sketch한다.

㉔ Constraint 아이콘 을 더블클릭하여 생성한 Arc의 치수 R125를 구속시킨다.

㉕ Ctrl 키보드를 누른 상태에서 Arc와 Curve의 끝점을 선택하고 마우스 오른쪽버튼을 클릭하여 Coincidence를 적용하여 일치시켜 구속을 완료한다.

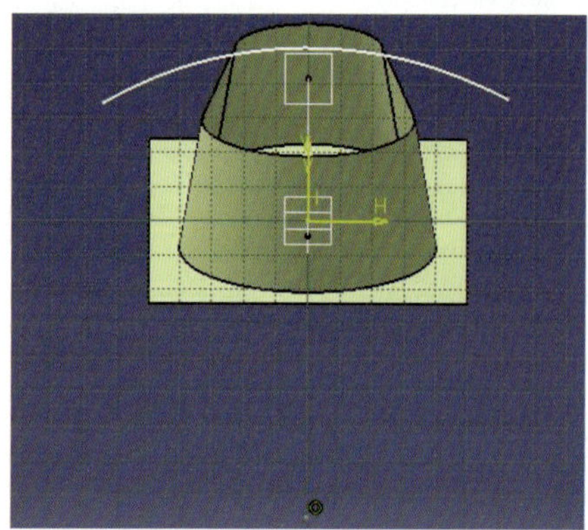
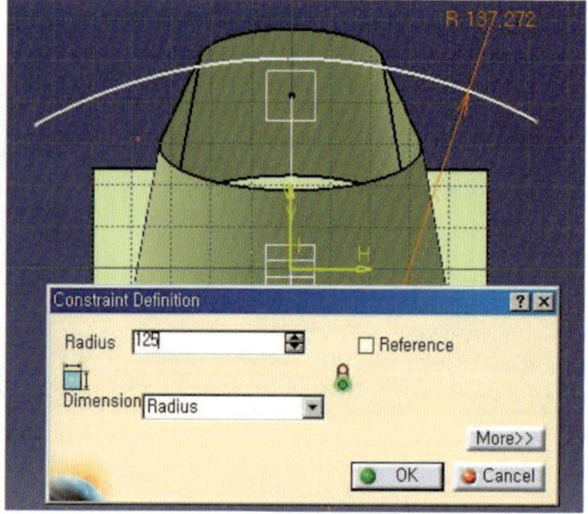

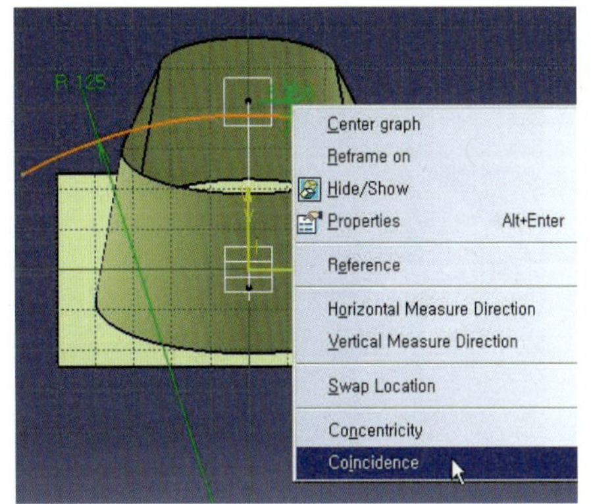
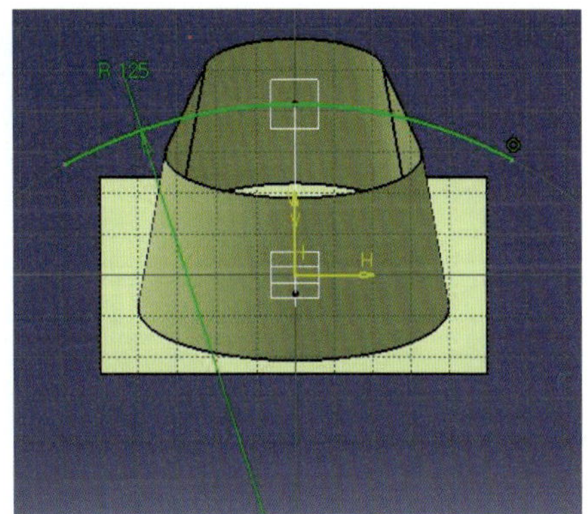

㉖ Exit Workbench 아이콘을 클릭하여 3D Mode로 전환한다.

㉗ Sweep 아이콘을 클릭하고 Sweep Definition 대화상자에서 Profile type을 Explicit 로 선택하고 Subtype을 With reference Surface를 선택한다.

㉘ Profile 영역을 클릭하여 R125 Arc를 선택하고 Guide Curve 영역을 클릭하여 R250 Arc를 선택한다.

㉙ Preview 버튼을 클릭하여 생성할 Surface의 형상을 미리보기하고 OK 버튼을 클릭하여 Surface를 생성한다.

㉚ Arc와 Plane을 선택하고 마우스 오른쪽버튼을 클릭하여 Hide/Show를 선택하여 Hide시킨다.

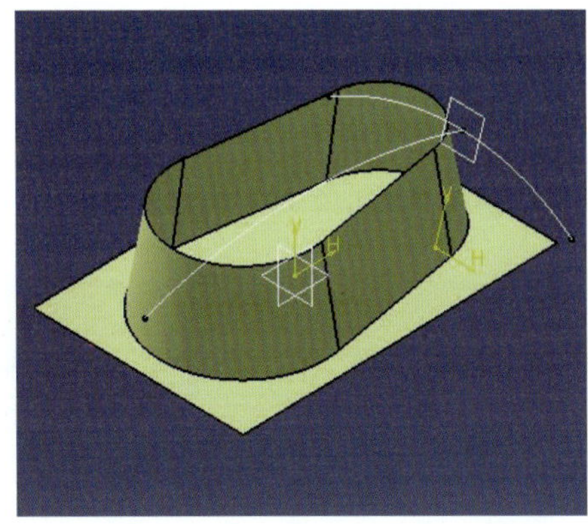
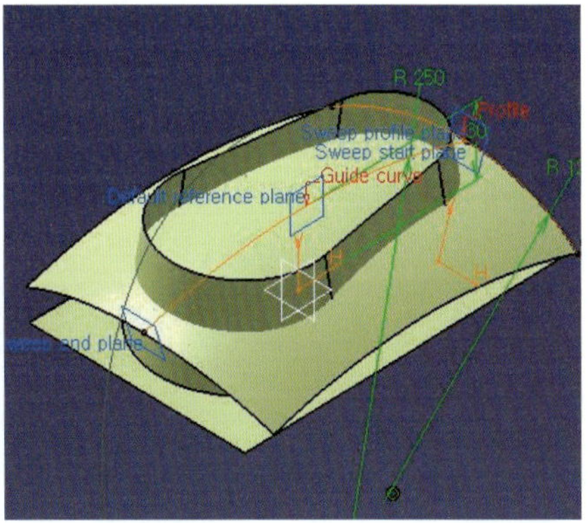

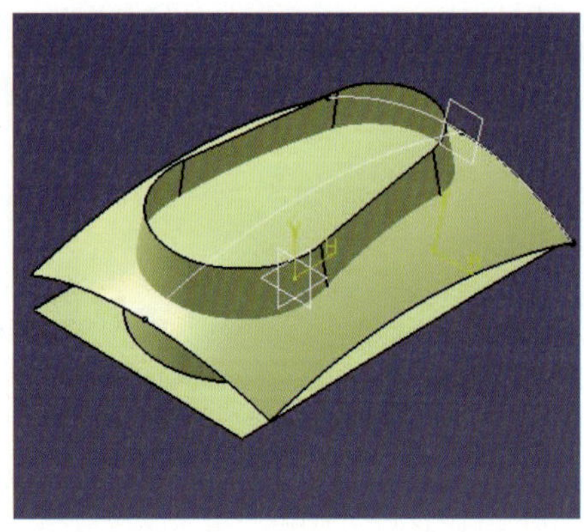
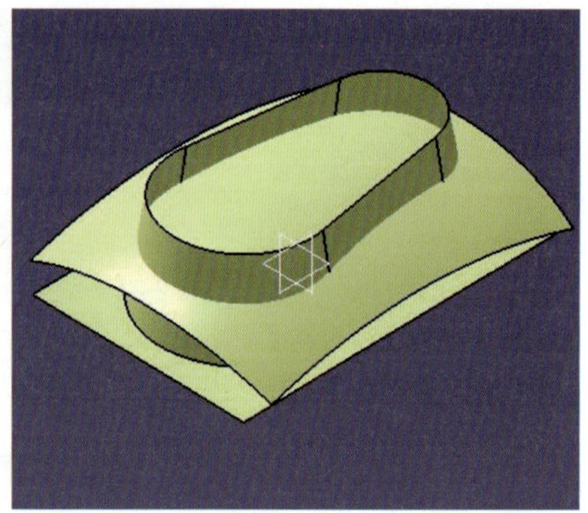

㉛ Trim 아이콘  을 클릭하여 교차되는 영역을 삭제시킨다.

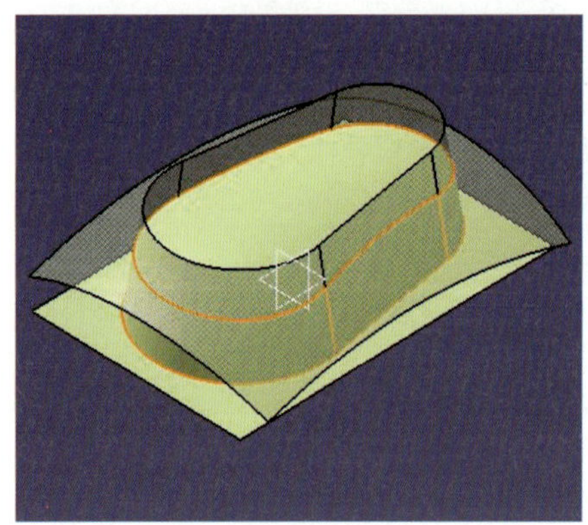
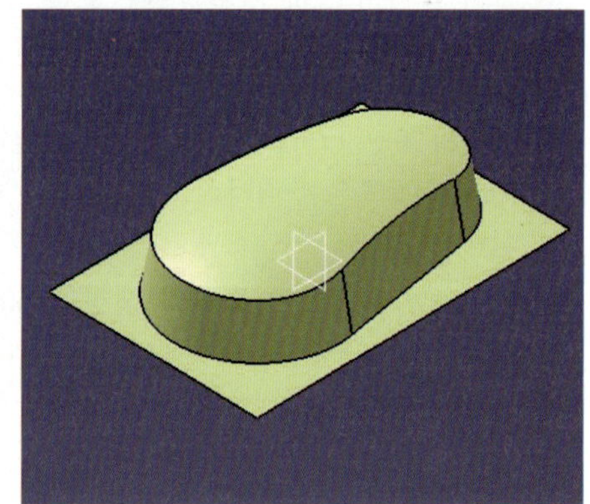

㉜ 직사각형의 Surface를 선택하고 Plane 아이콘 을 클릭한다.

㉝ Plane type을 Offset from Plane을 선택하고 40mm 위에 Plane을 생성시킨다.

㉞ 생성한 Plane을 선택하고 Sketch 아이콘 을 클릭하여 Sketch Mode로 전환한다.

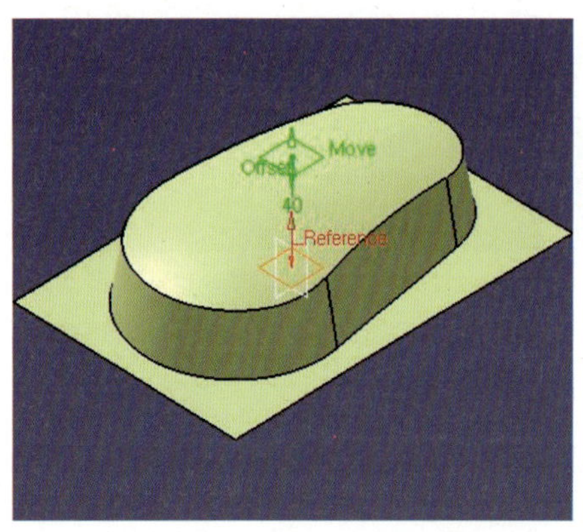
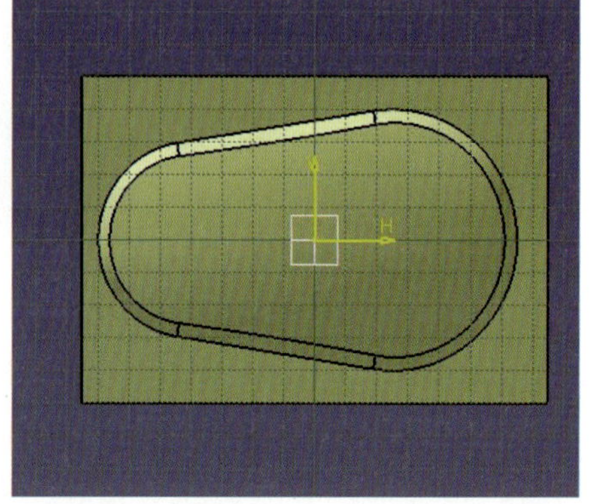

㉟ Circle 아이콘 을 클릭하여 Circle을 Sketch한다.

㊱ Circle과 Surface의 Arc를 동시에 선택하고 Constraints Defined in Dialog Box 아이콘 을 클릭한 후 Concentricity를 체크하여 중심을 일치시킨다.

㊲ Constraint 아이콘 을 클릭하여 Circle의 직경이 50이 되도록 구속시킨다.

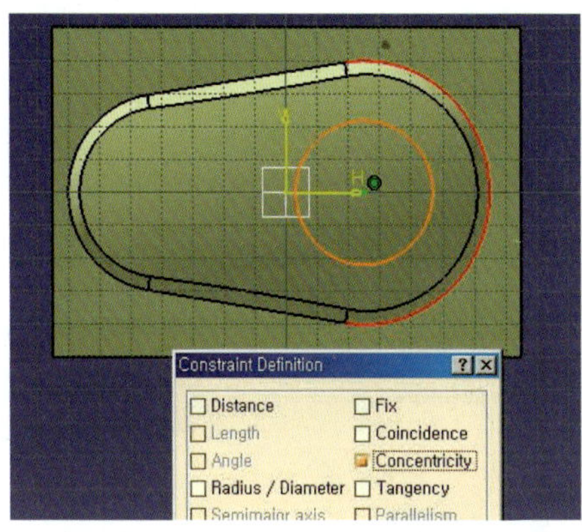
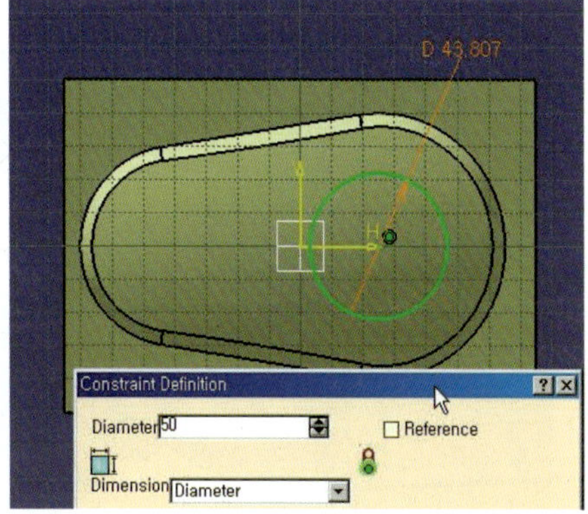

㊳ Exit Workbench 아이콘 을 클릭하여 3D Mode로 전환한다.

㊴ Extrude 아이콘 을 클릭하고 아래쪽 방향으로 30mm의 Surface를 생성한다.

㊵ Trim시킨 Surface를 선택하고 마우스 오른쪽버튼을 클릭하여 Hide시킨다.

㊶ Fill 아이콘 을 클릭하고 원기둥 형상 Surface의 아래쪽 모서리를 선택하여 Surface로 채운다.

㊷ Join 아이콘 을 클릭하여 원기둥과 Fill로 채워 생성한 원형의 Surface를 결합시킨다.

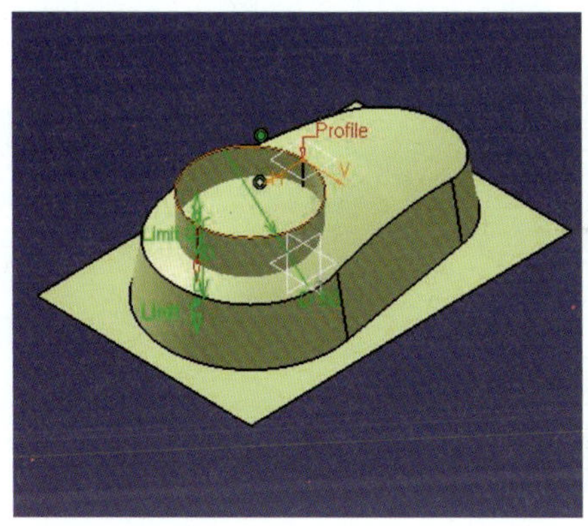
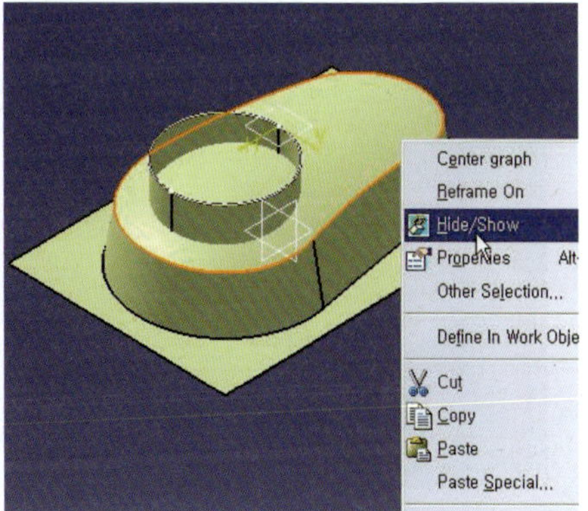

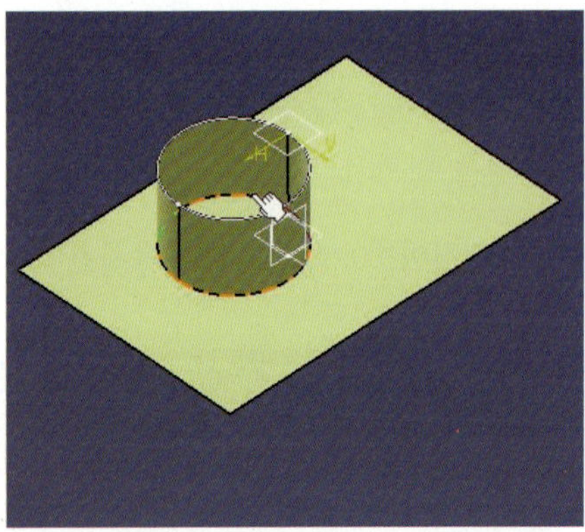
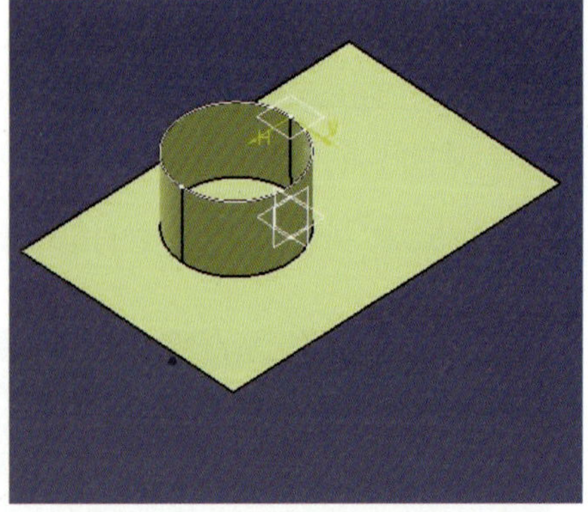

㊸ Hide시켰던 Trim시킨 Surface를 Tree 영역에서 선택하고 Show시킨다.

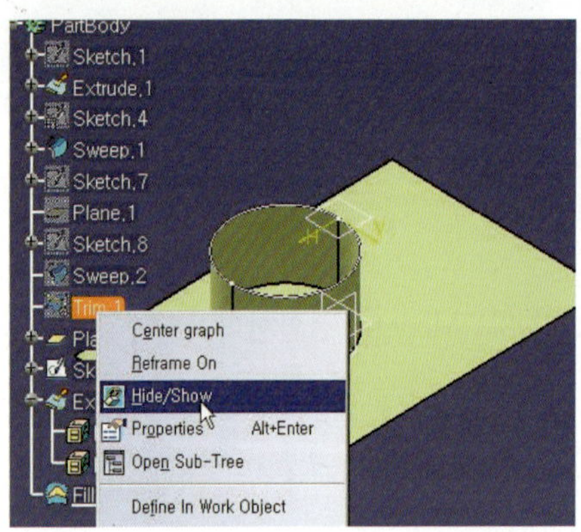
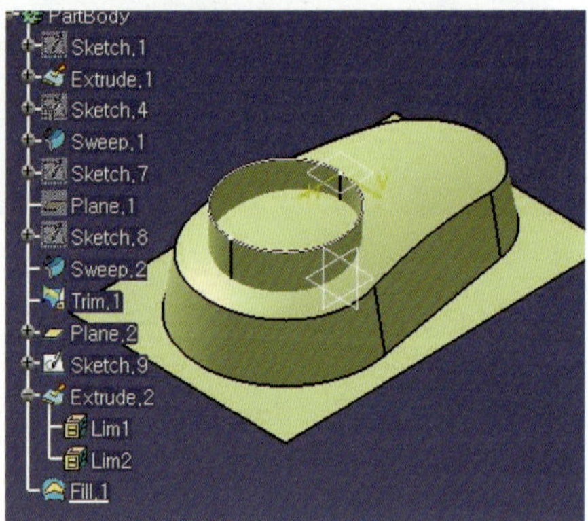

㊹ Trim 아이콘 을 클릭하여 교차되는 영역을 삭제한 후 Plane과 Circle을 선택하고 마우스 오른쪽버튼을 클릭하여 Hide시킨다.

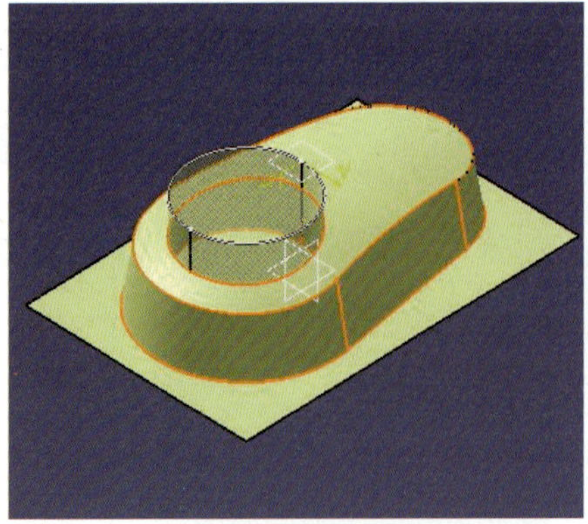
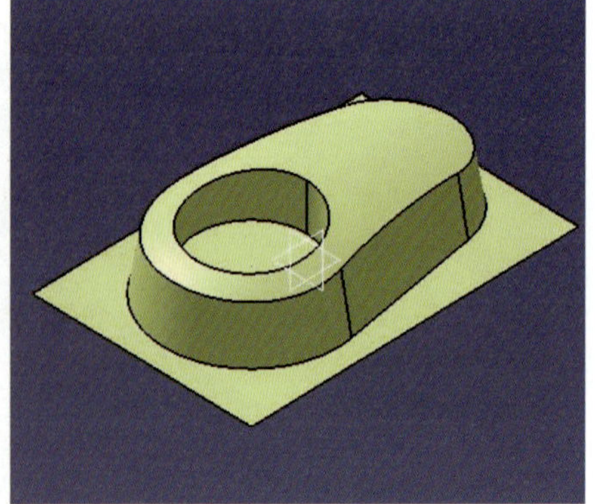

㊺ XY Plane을 선택하고 Sketch 아이콘을 클릭하여 Sketch Mode로 전환한다.

㊻ Circle 아이콘을 클릭하여 Circle을 Sketch한다.

㊼ Ctrl 키보드를 누른 상태에서 Circle과 Surface의 Arc를 동시에 선택하고 Constraints Defined in Dialog Box 아이콘을 클릭하여 Concentricity를 체크하여 중심을 일치시킨다.

㊽ Constraint 아이콘을 클릭하여 Circle의 직경이 30이 되도록 구속시킨다.

㊾ Exit Workbench 아이콘을 클릭하여 3D Mode로 전환한다.

㊿ Extrude 아이콘을 클릭하고 위쪽 방향으로 40mm 높이의 Surface를 생성한다.

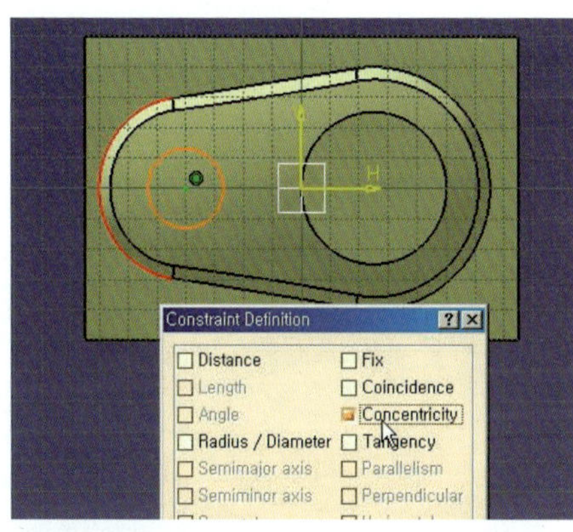

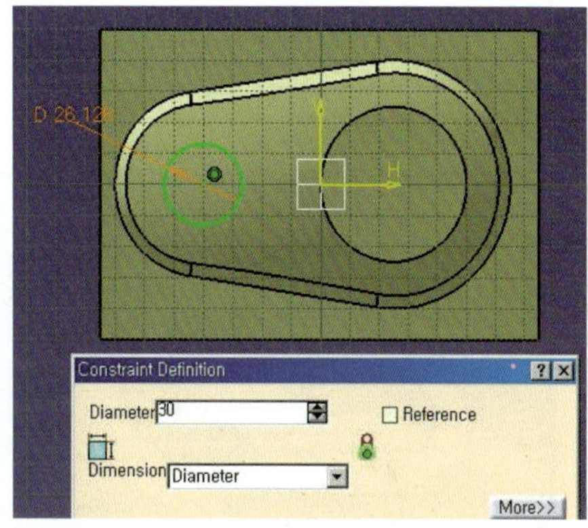

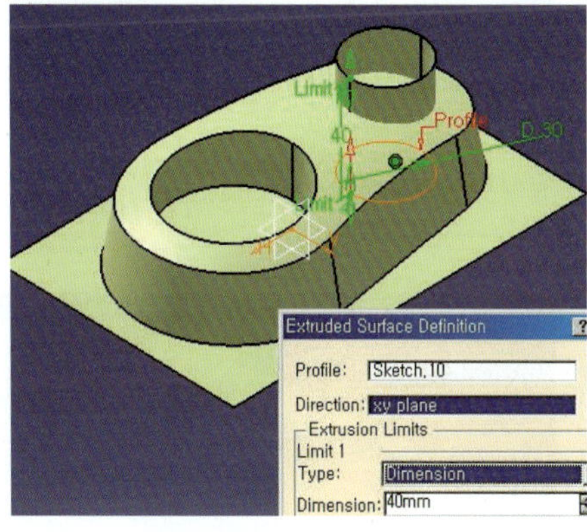

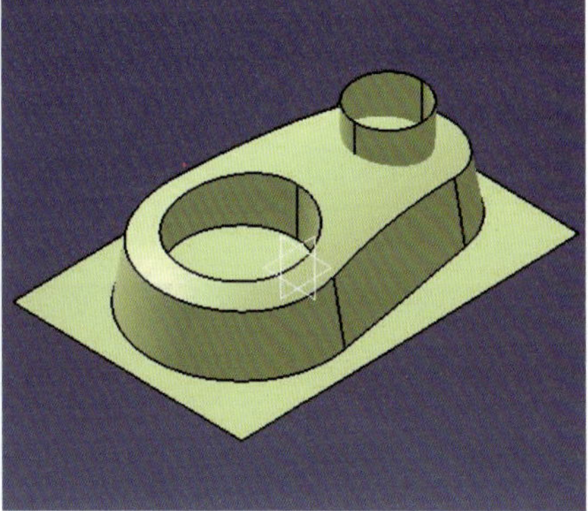

(51) Trim 아이콘을 클릭하여 교차되는 영역을 삭제시킨다.

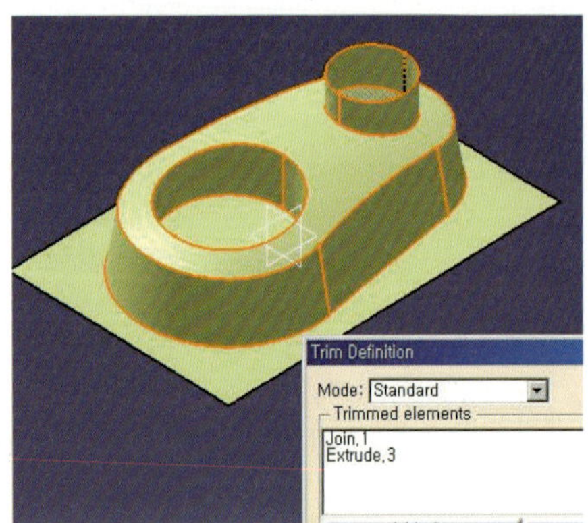

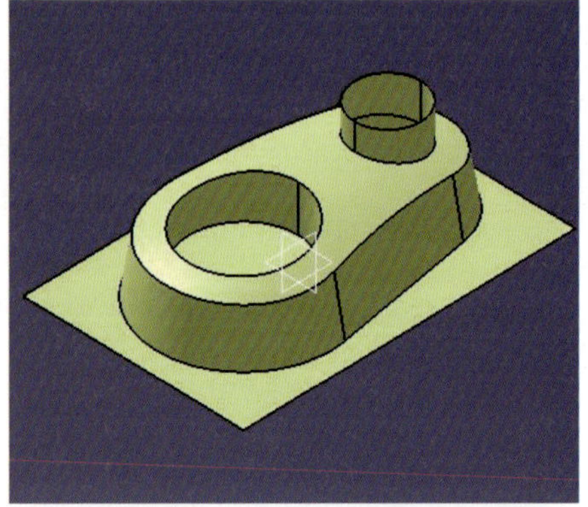

(52) Fill 아이콘을 클릭하고 원기둥 Surface의 윗부분 모서리를 선택하여 Surface로 채운다.

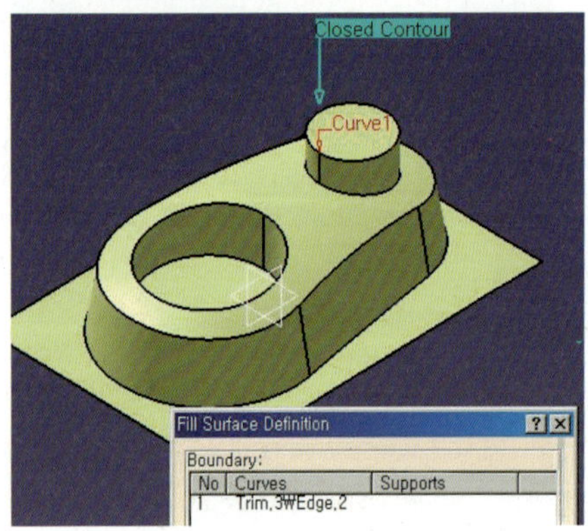

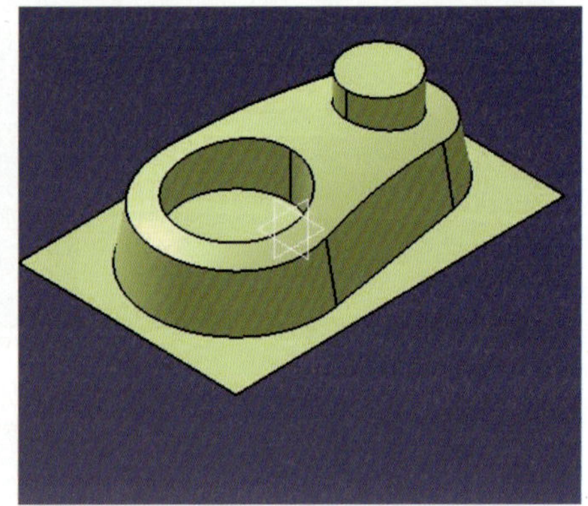

(53) Join 아이콘을 클릭하여 Fill로 채워 생성한 원형의 Surface와 이미 생성한 Surface를 결합시킨다.

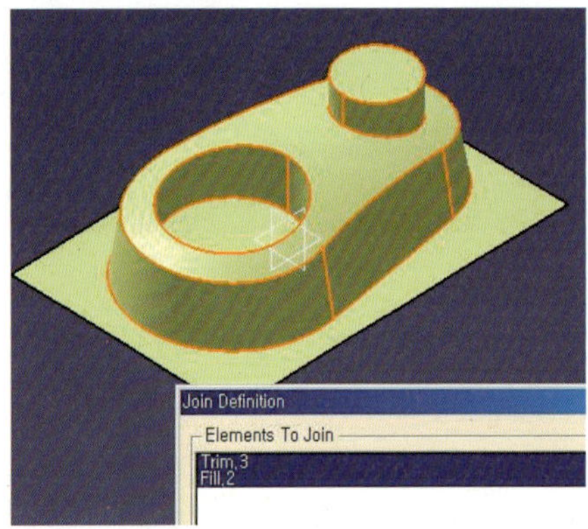

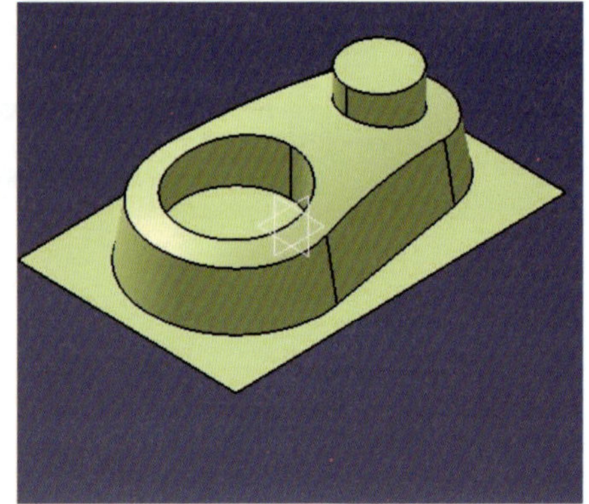

54 Start-Shape-Generative Shape Design 메뉴를 클릭하여 Fillets 도구막대를 선택한다.

55 Edge Fillet 아이콘을 클릭하고 Fillet을 적용시킬 모서리를 선택하여 R5를 적용시킨다.

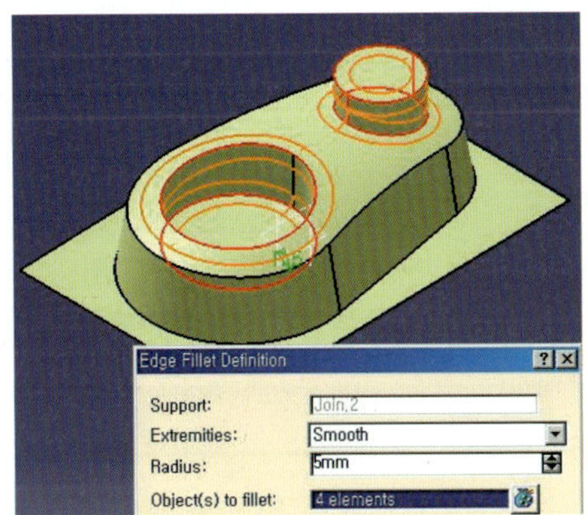

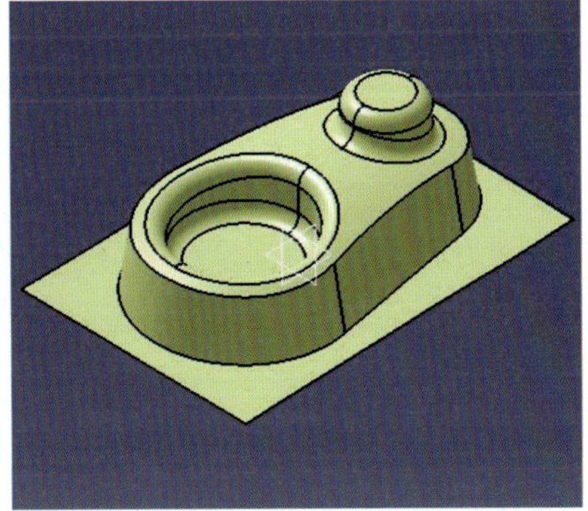

56 Edge Fillet 아이콘을 클릭하고 R3의 Fillet을 적용시킨다.

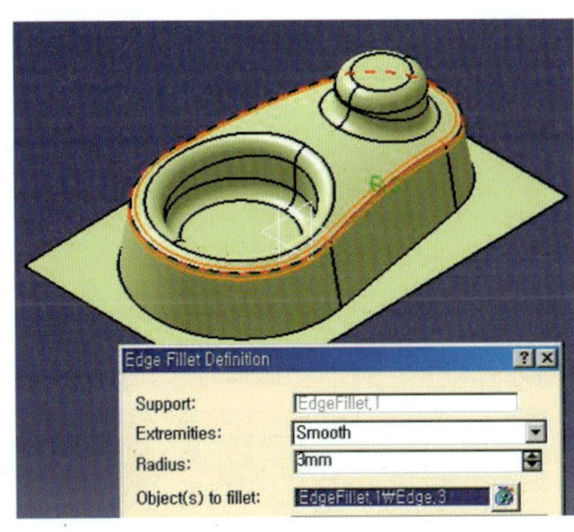

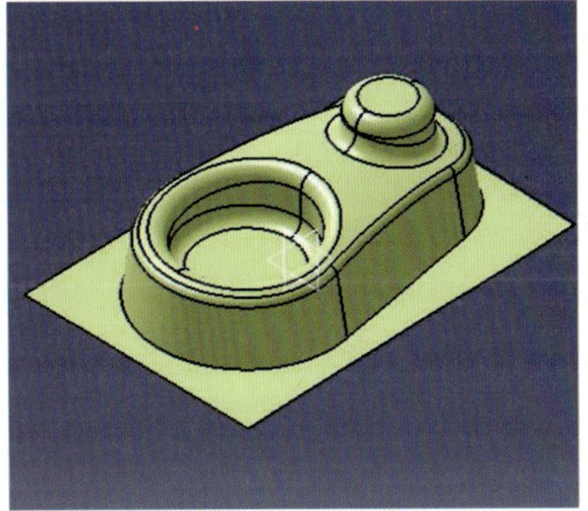

57 3D 객체를 Rotate 아이콘을 클릭하고 회전시킨다.(마우스 2번째와 3번째 버튼을 동시에 누른 상태에서 Drag해도 된다.)

58 Split 아이콘을 클릭하여 교차부분을 제거한다.

59 Isometric View 아이콘을 클릭한다.

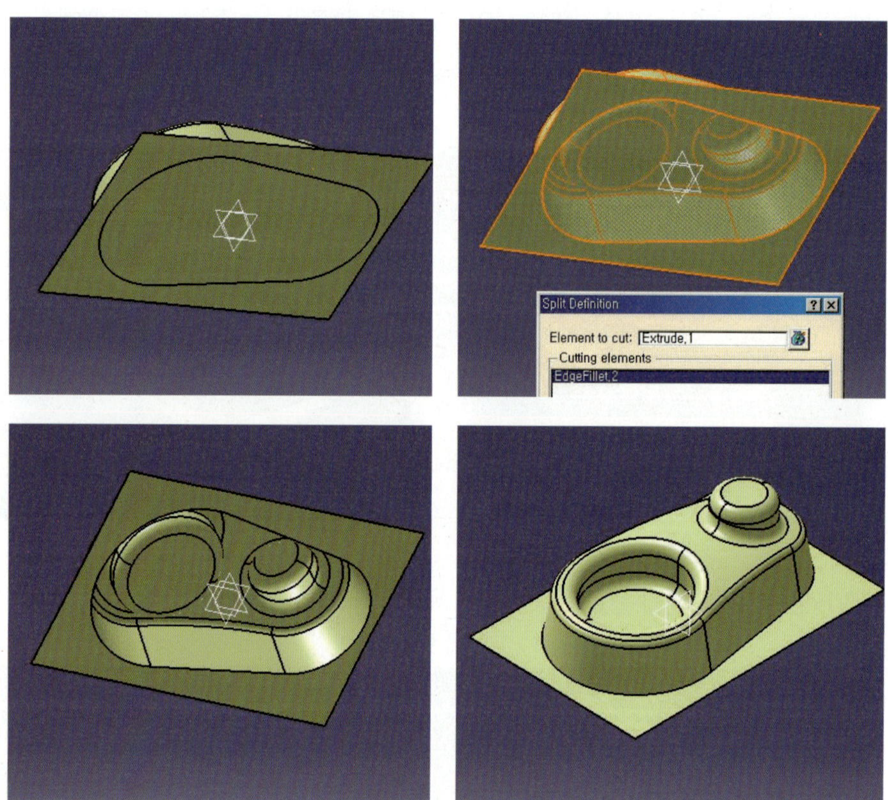

⑥⓪ 바닥면의 각 모서리를 Extrude 아이콘 을 클릭하여 아래쪽 방향으로 10mm 높이의 Surface 를 생성한다.

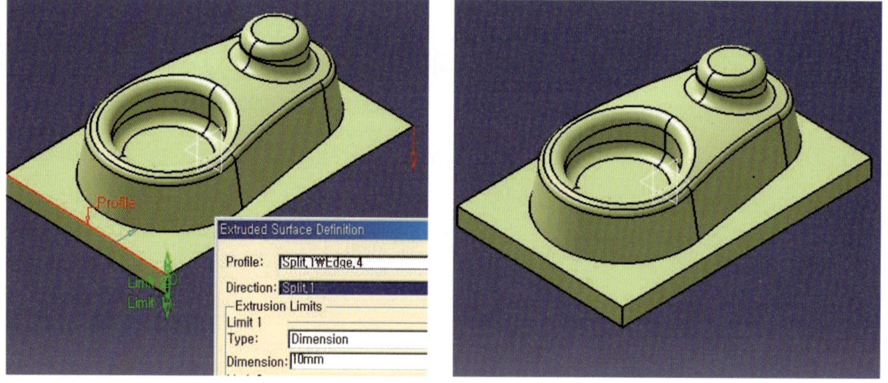

⑥① 3D 객체를 Rotate 아이콘 을 클릭하고 회전시킨다.

⑥② Fill 아이콘 을 클릭하고 바닥면을 이루는 모서리를 차례로 선택하여 Surface로 채운다.

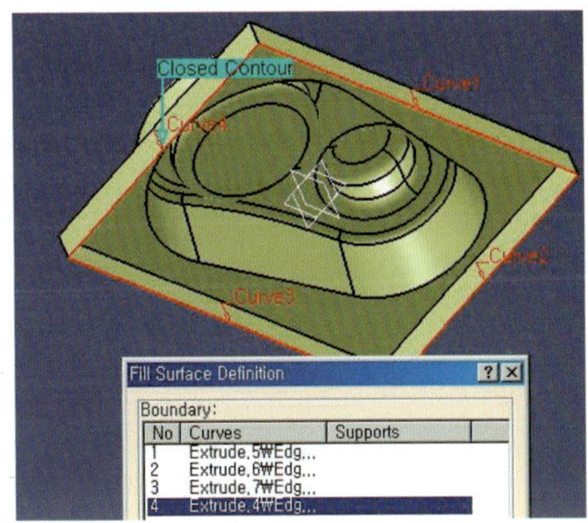

㉚ Join 아이콘 을 클릭하여 생성한 Surface를 결합시켜 Model을 완성한다.
3D Mode에서 생성한 Surface를 선택하기가 어려우면 Tree 영역에서 결합시키고자 하는
Surface를 선택하면 쉽다.

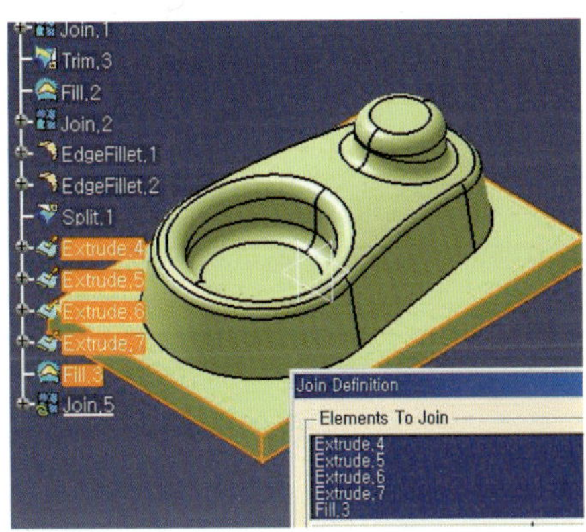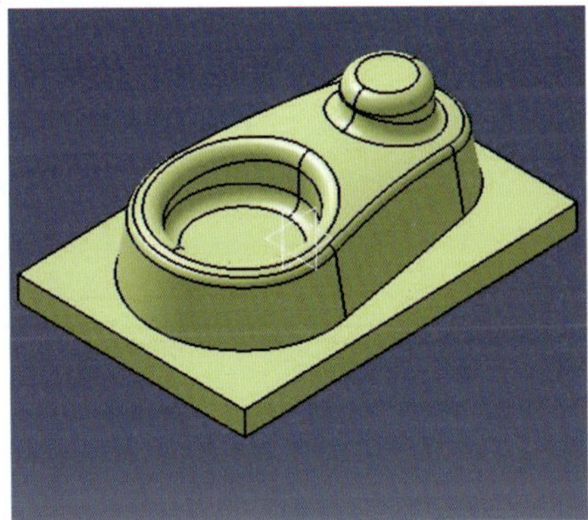

3) 따라하기 예제3

3-1) Surface Design 도면

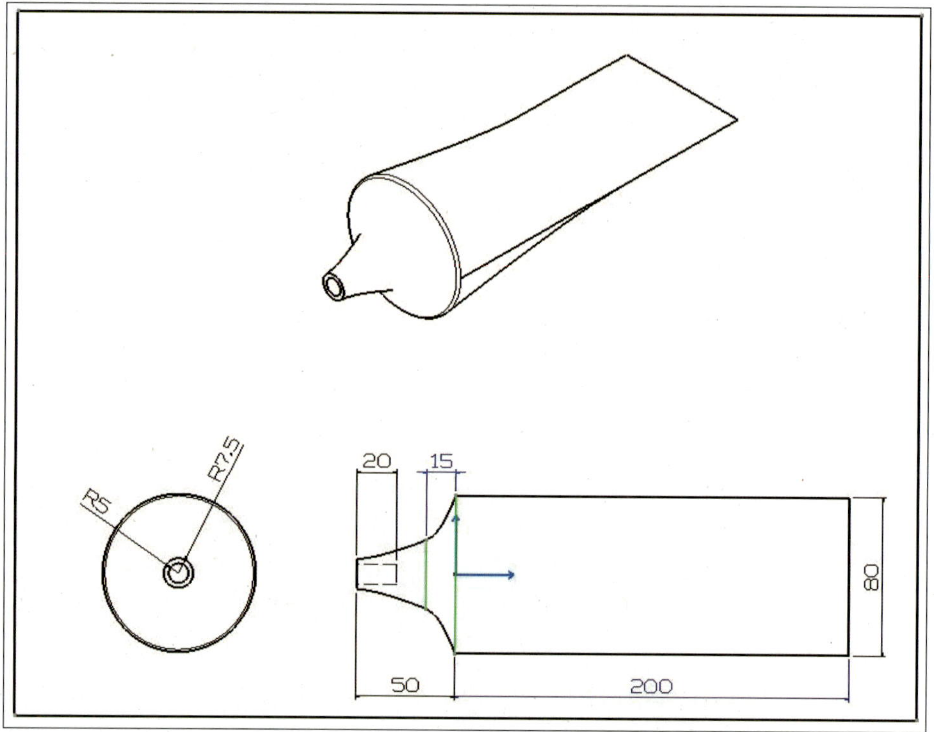

3-2) Surface Design 실습예제 따라하기

① YZ Plane을 Sketch 평면 으로 선택하고 Arc 아이콘 을 클릭하여 원점을 중심점으로 하는 Arc를 Sketch한다.

② Constraint 아이콘 을 클릭하여 Arc의 반경을 R40을 적용하고 3D Mode로 전환한다.

③ YZ Plane을 선택하고 Plane 아이콘 을 클릭하여 Plane type을 Offset from Plane을 선택한 후 200mm 위치에 새로운 Plane을 생성한다.

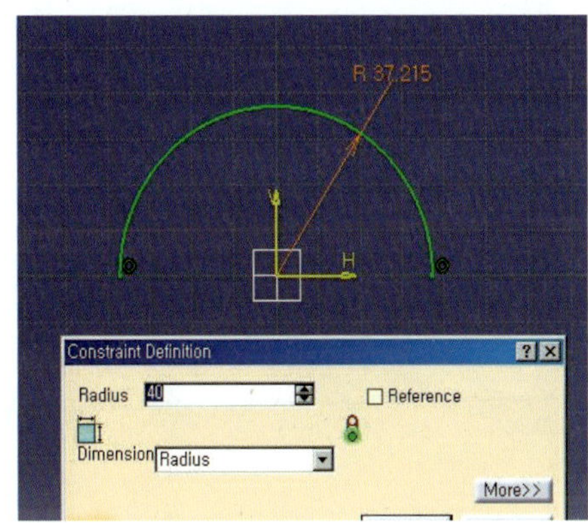

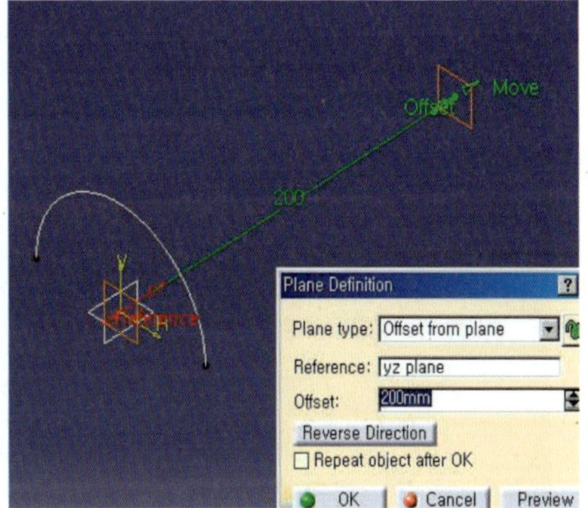

④ 생성한 Plane을 Sketch 평면 으로 선택하고 Line 을 Sketch하여 L80이 되도록 Constraint 아이콘 을 클릭하여 치수를 구속한다.

⑤ Exit Workbench 아이콘 을 클릭하여 3D Mode로 전환한다.

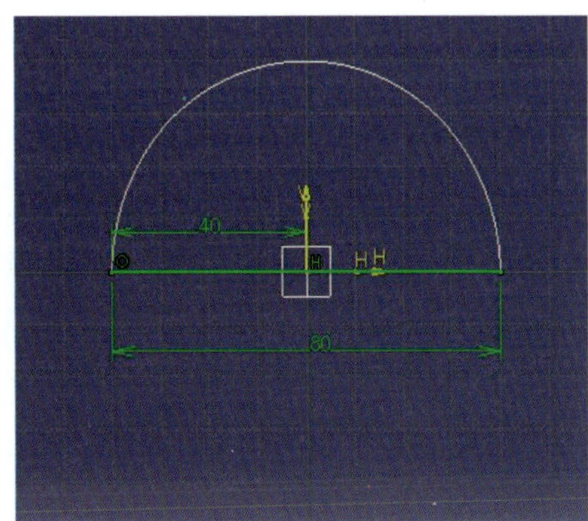

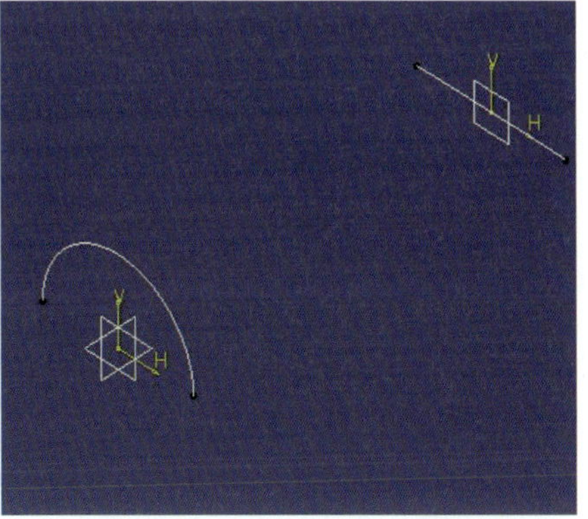

⑥ Multi-Section Surface 아이콘 을 클릭하고 생성한 Sketch를 차례로 선택한다. 이때 Sketch의 끝점에 생성된 화살표 방향은 같은 방향으로 향하도록 클릭하여 조절한다.

선택한 Sketch의 방향이 Arc(시계 방향)와 Line(반시계 방향)으로 서로 다를 경우에 아래와 같이 Error가 발생되며, Preview 버튼을 클릭하면 아래 그림과 같이 서로 꼬이는 형상이어서 Surface를 생성할 수 없다.

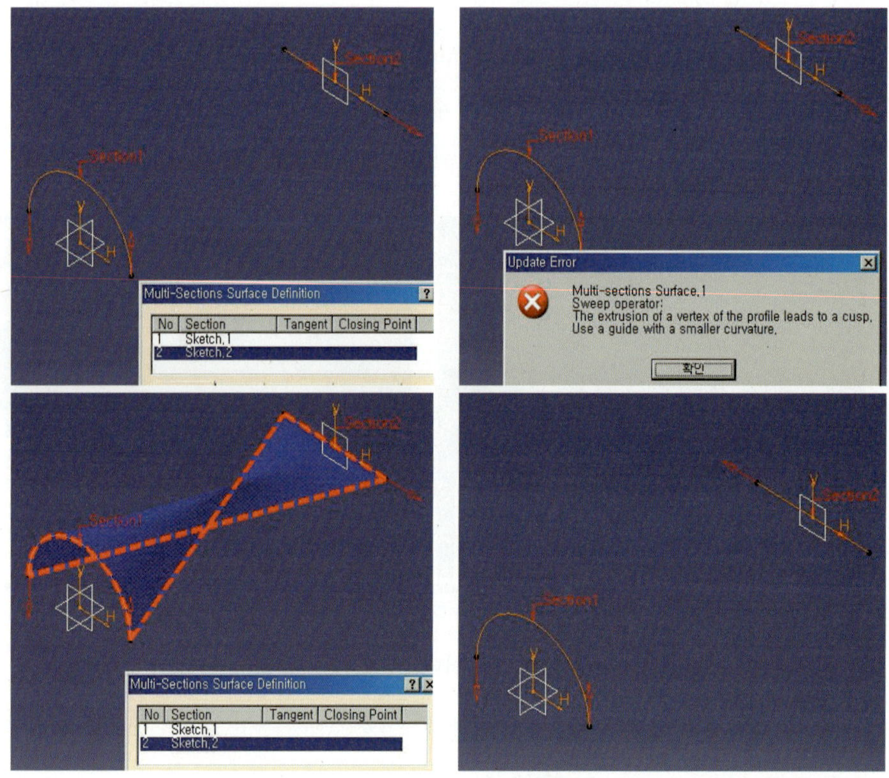

⑦ Line의 끝점에 생성된 화살표를 클릭하여 Circle과 같은 방향을 향하도록 조절하고 OK 버튼을 클릭하여 Surface를 생성한다.

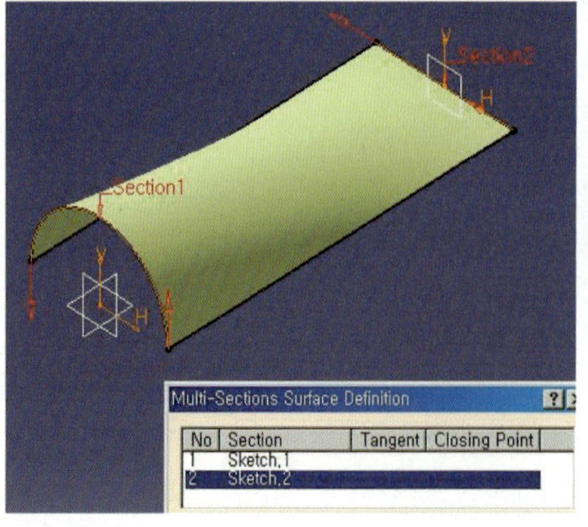

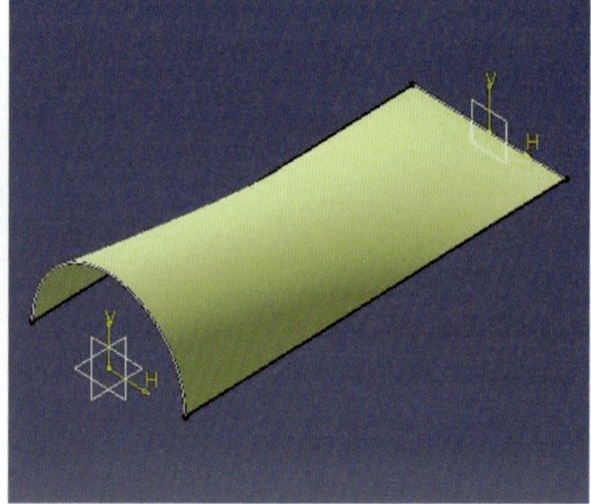

⑧ Symmetry 아이콘을 클릭하고 Element 영역에 Surface를, Reference 영역에 XY Plane을 선택하여 대칭인 Surface를 생성한다.

⑨ Arc, Line, Plane을 선택하여 Hide시킨다.

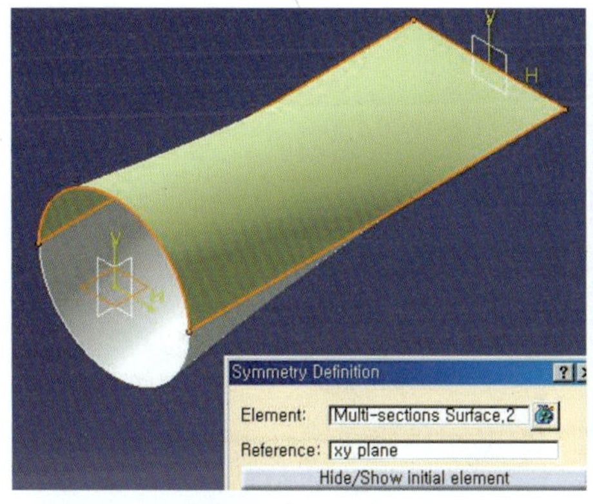

⑩ Join 아이콘을 클릭하여 생성한 Surface를 결합시킨다.

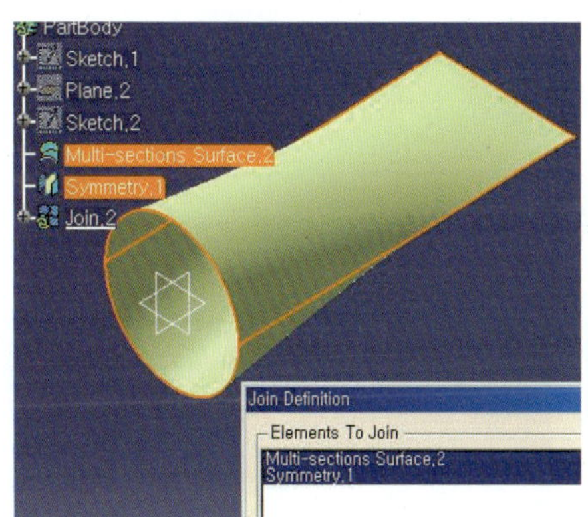
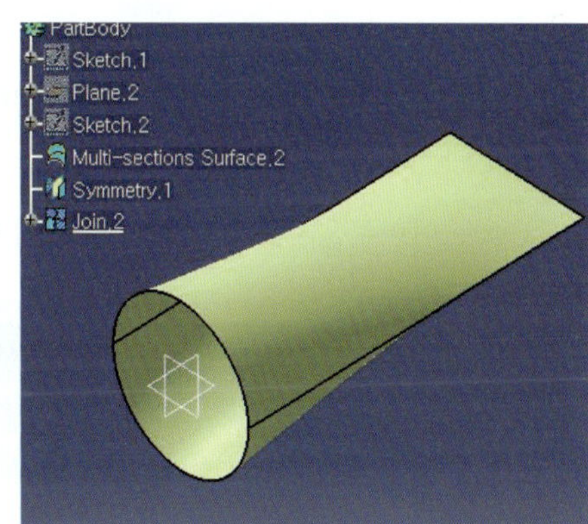

⑪ YZ Plane을 선택하고 Plane 아이콘을 더블클릭하여 15mm, 50mm 위치에 Plane을 생성한다.

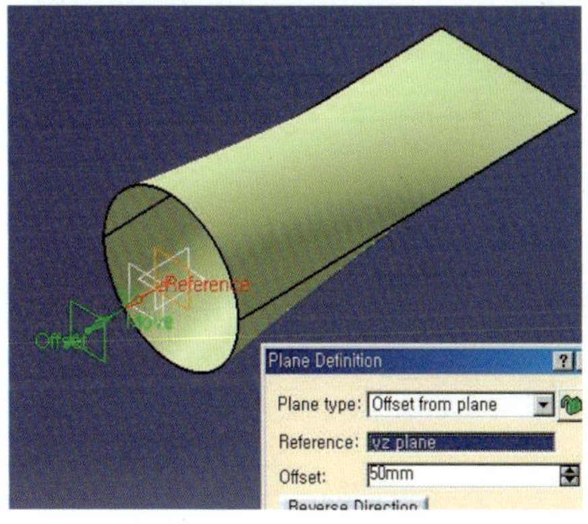
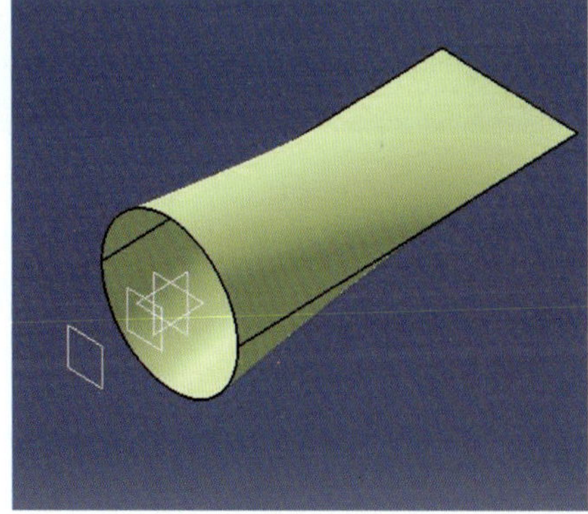

⑫ YZ Plane과 15mm 위치에 있는 Plane을 선택하고 Sketch 　 Mode로 전환한다.

⑬ Circle 아이콘 　 을 클릭하고 중심점이 원점에 위치하도록 Sketch한 후 ϕ35를 적용한다.

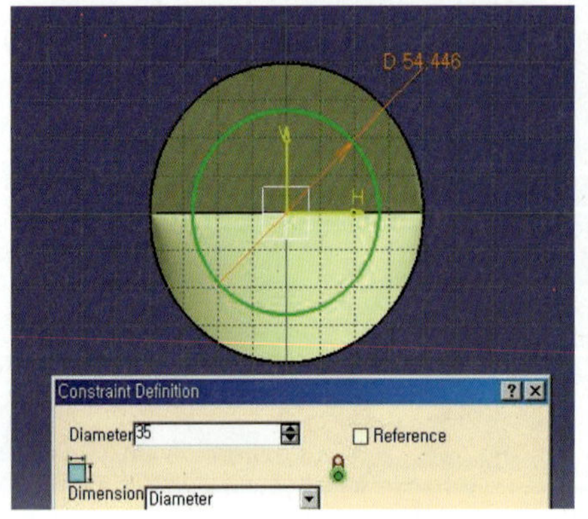
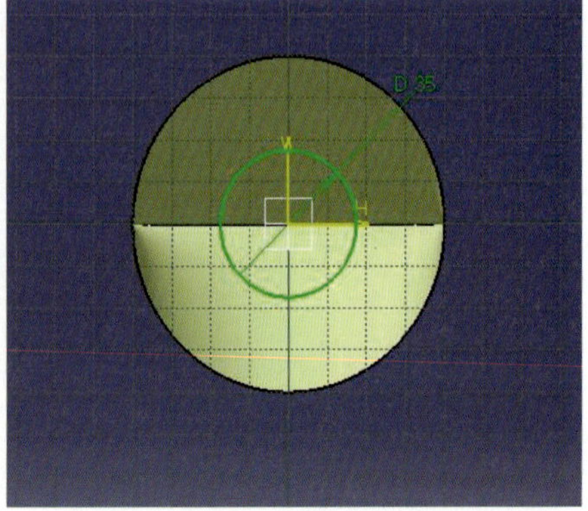

⑭ Exit Workbench 아이콘 　 을 클릭하여 3D Mode로 전환한다.

⑮ YZ Plane에서 50mm 위치에 생성한 Plane을 선택하고 Sketch 아이콘 　 을 클릭하여 Sketch Mode로 전환한다.

⑯ Circle 아이콘 　 을 클릭하고 중심점이 원점에 위치하도록 Sketch한 후 ϕ15를 적용한다.

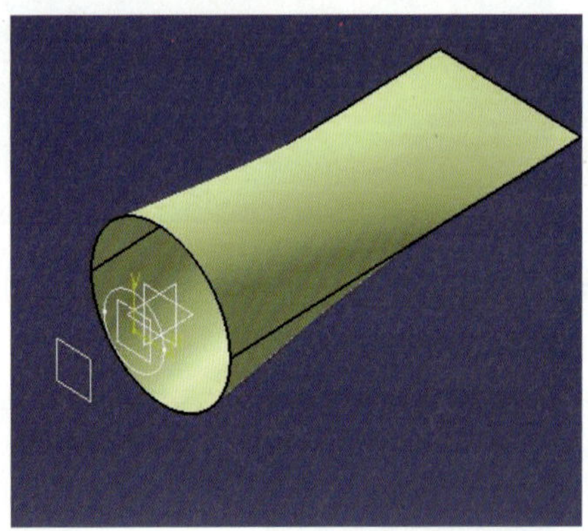
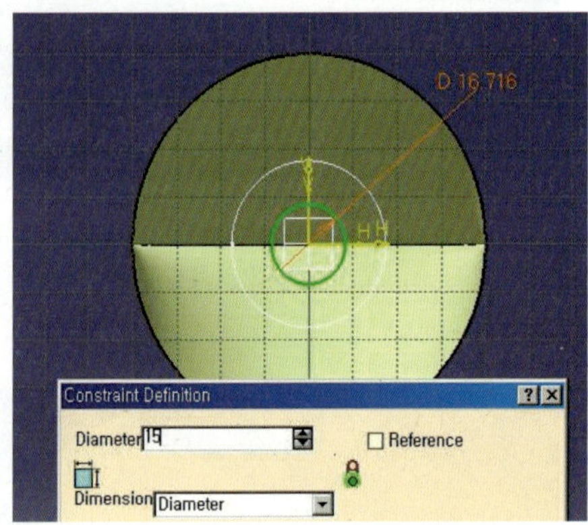

⑰ Exit Workbench 아이콘 　 을 클릭하여 3D Mode로 전환한다.

⑱ Boundary 아이콘 　 을 클릭하고 Surface의 모서리를 선택하여 Circle을 추출한다.

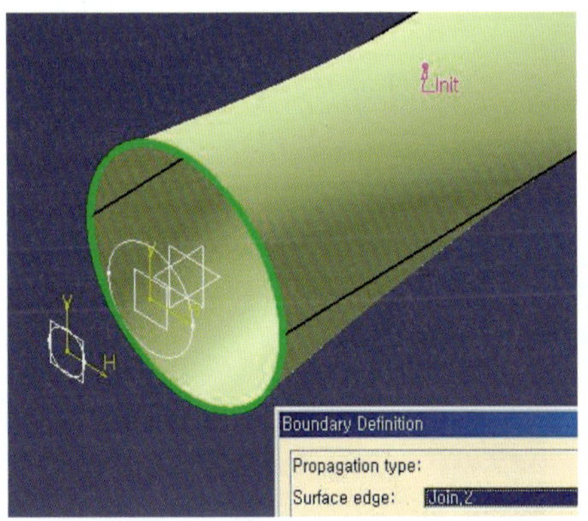
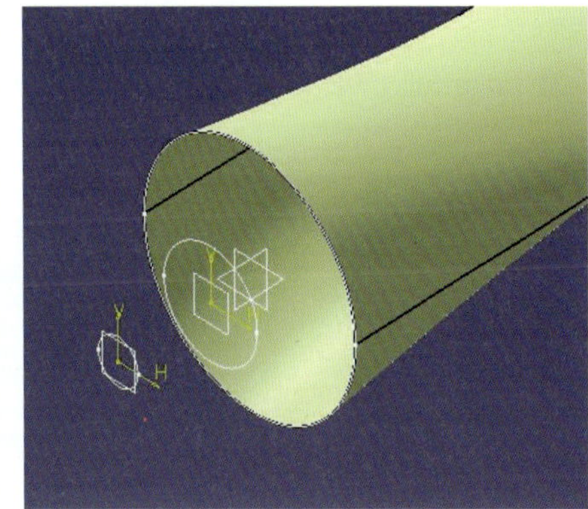

⑲ Multi-Sections Surface 아이콘 을 클릭하고 생성한 Circle을 차례로 선택한다.

각각의 Circle의 Closing Point에 생성된 화살표는 같은 방향으로 향하도록 클릭하여 조절한다.

⑳ Preview 버튼을 클릭하여 미리보기해 보고 OK 버튼을 클릭하여 Surface를 생성한다.

㉑ Plane, Circle을 선택하여 Hide시킨다.

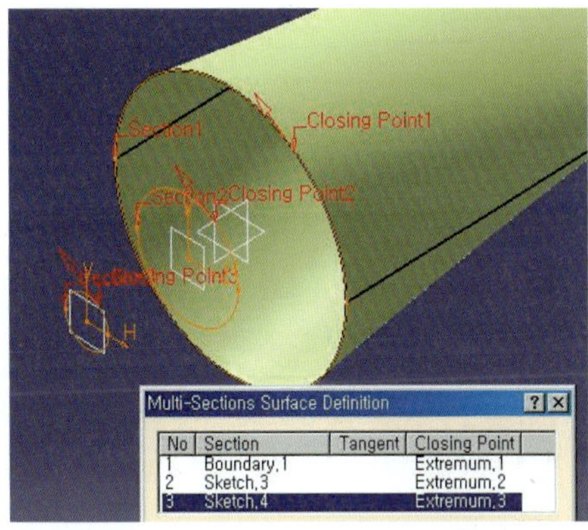
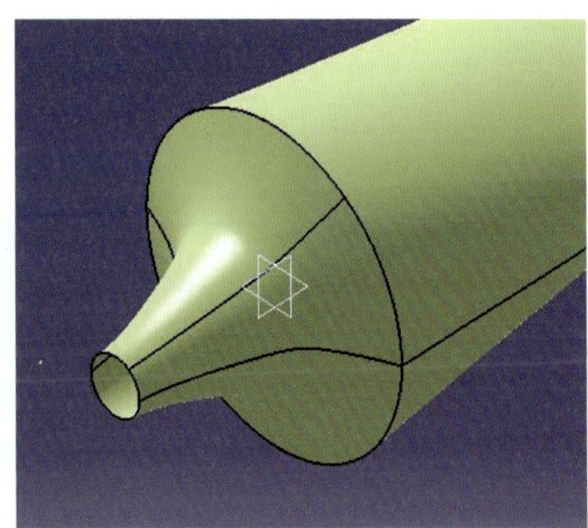

㉒ Join 아이콘 을 클릭하여 Multi-Sections Surface와 이미 생성한 Surface를 결합시킨다.

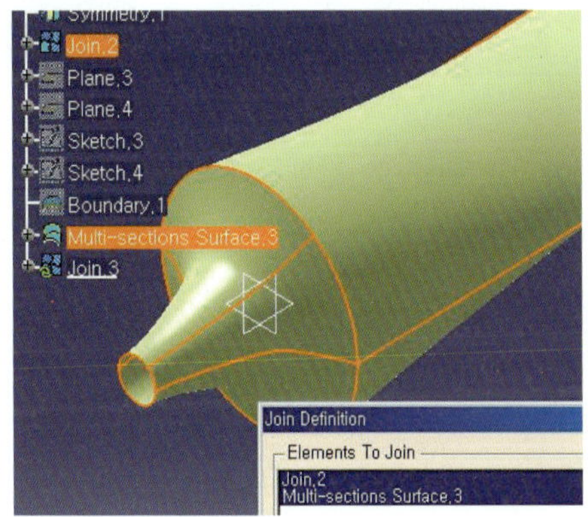
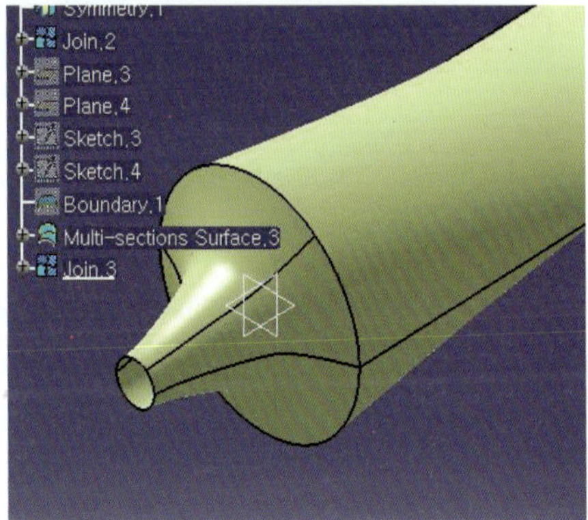

㉓ Start-Shape-Generative Shape Design 메뉴를 클릭하여 Fillets 도구막대를 선택한다.

㉔ Edge Fillet 아이콘 을 클릭하고 Fillet을 적용시킬 모서리를 선택하여 R2를 적용시킨다.

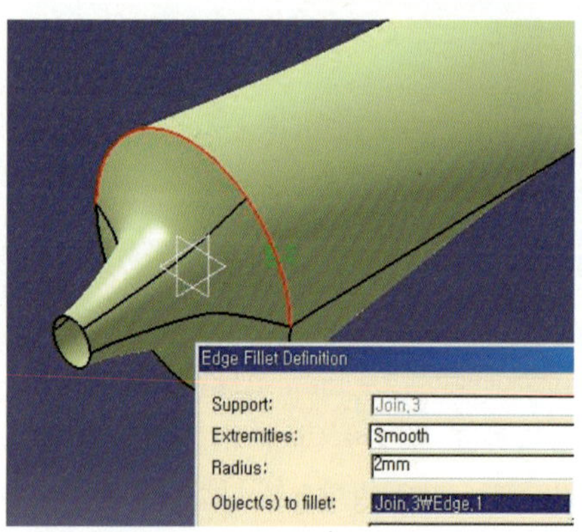

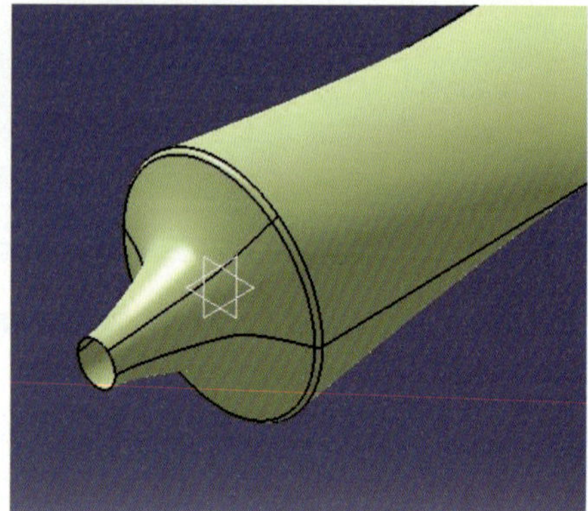

㉕ ZX Plane을 Sketch 평면으로 선택하고 Profile 아이콘 을 클릭하여 아래와 같이 Sketch 한다.

㉖ Constraint 아이콘 을 클릭하여 L20, L5, Coincidence 되도록 치수를 구속한다.

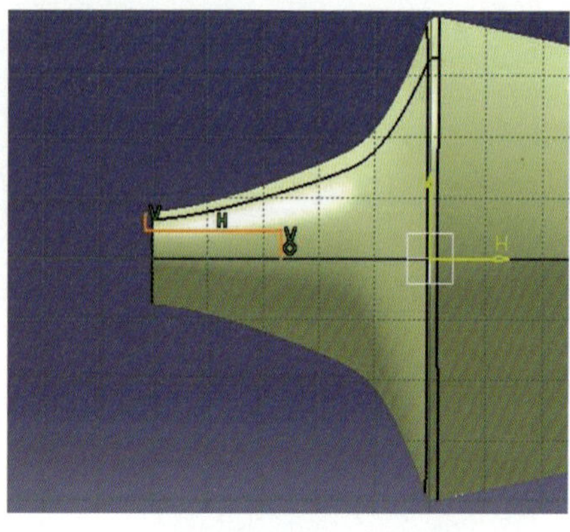

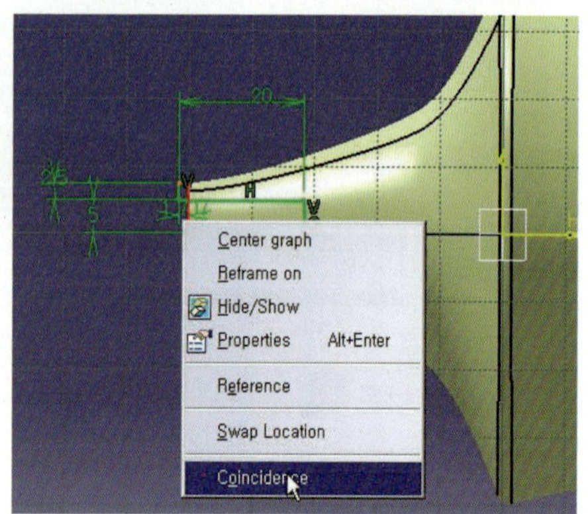

㉗ Exit Workbench 아이콘 을 클릭하여 3D Mode로 전환한다.

㉘ Revolve 아이콘 을 클릭한다.

㉙ Profile 영역을 클릭하고 Sketch를 선택한다.

㉚ Revolution axis 영역을 클릭하고 마우스 오른쪽버튼을 클릭하여 X Axis를 선택하고 Angle 1영역에 360deg를 입력하여 회전체를 생성한다.

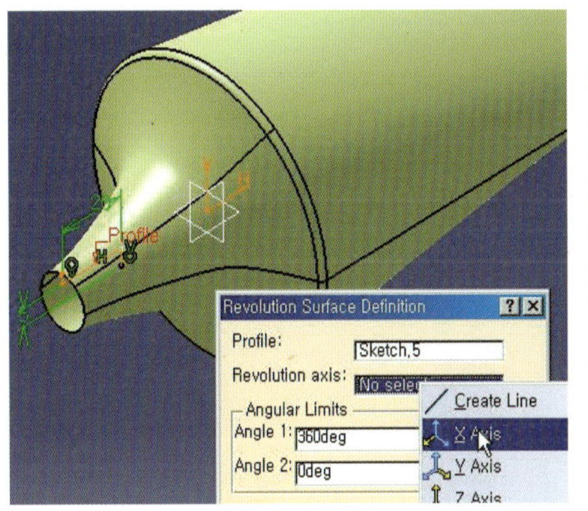
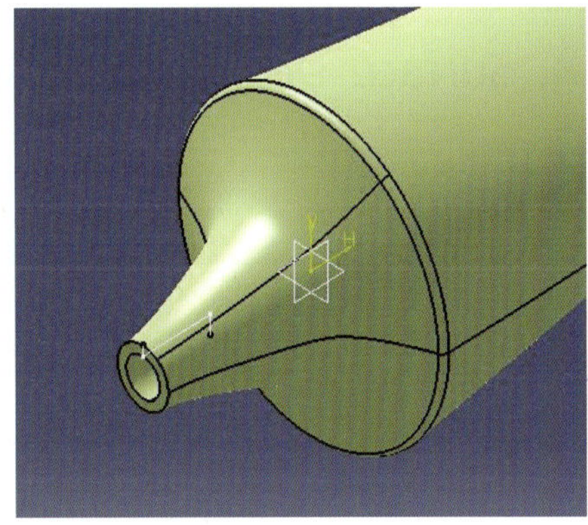

㉛ 회전체를 생성하기 위한 Sketch를 선택하고 Hide시킨다.

㉜ Join 아이콘 을 클릭하여 회전체의 Surface와 이미 생성한 Surface를 결합시켜 Model을 완성한다.

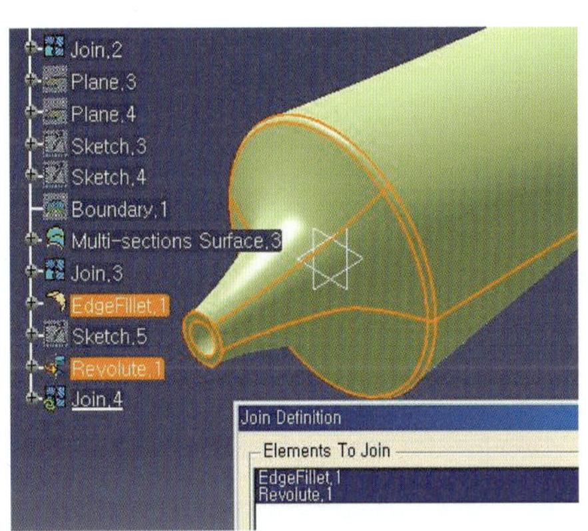
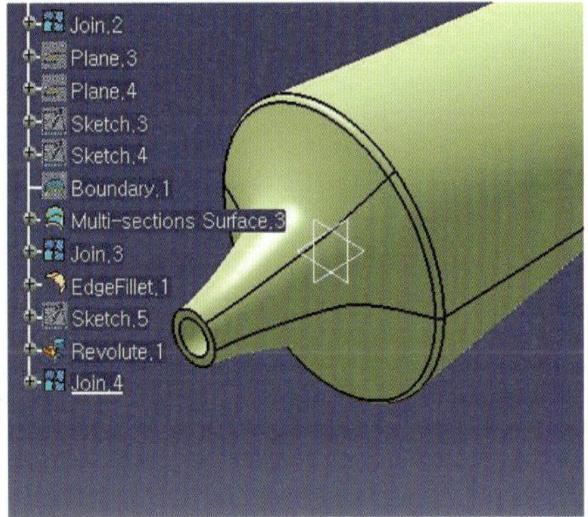

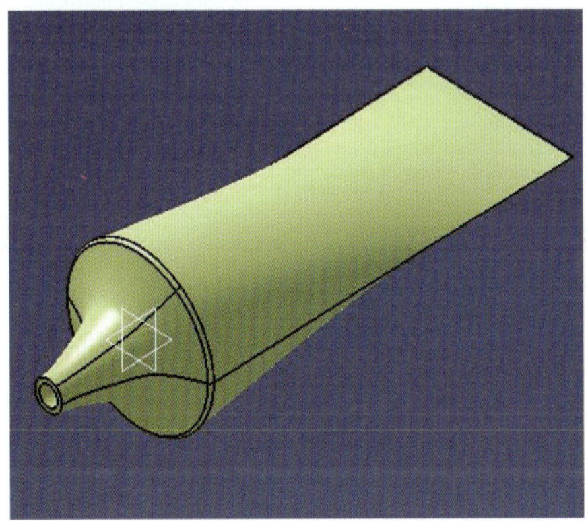

section

4. Surface Design 실습예제

1) 실습예제 1

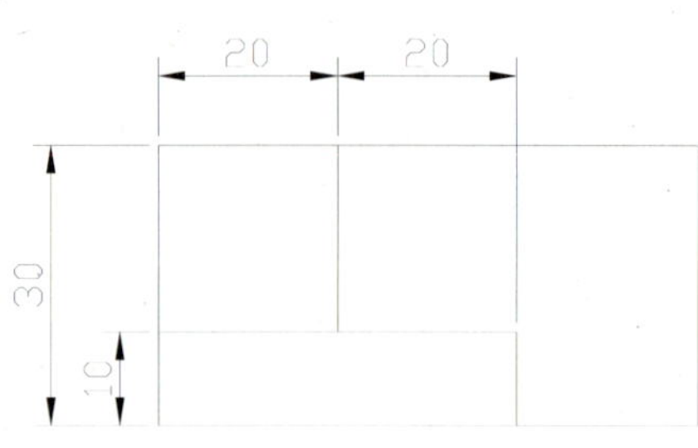

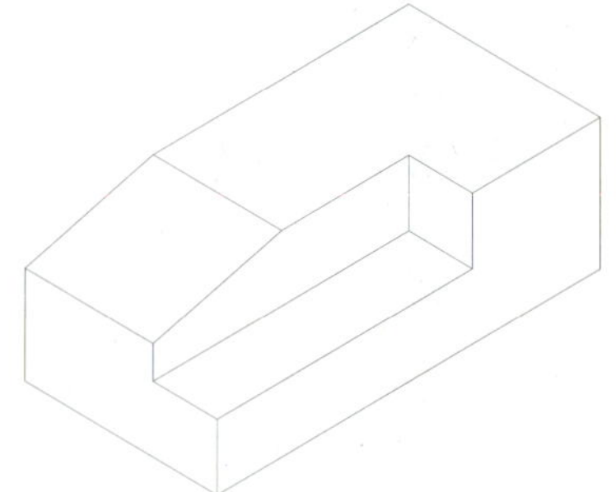

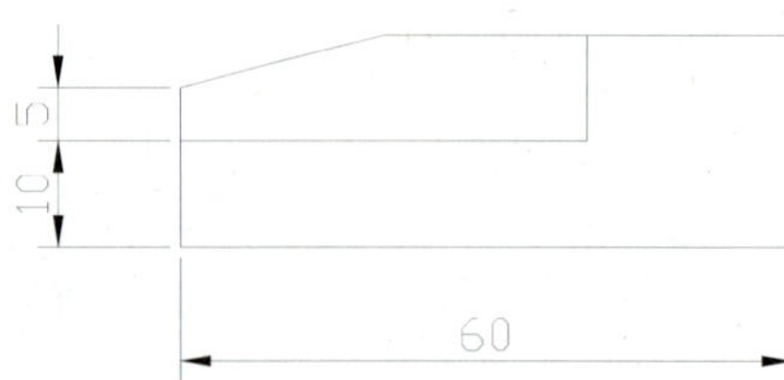

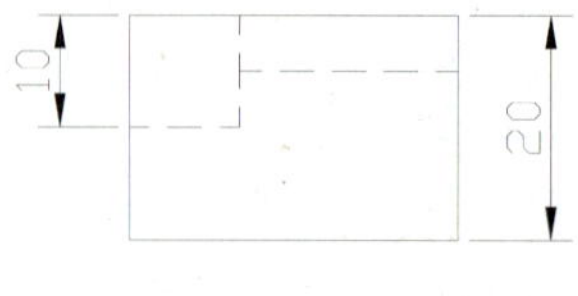

■ **활용 명령어**

Extrude, Plane, Join, Trim, Fill 등

2) 실습예제 2

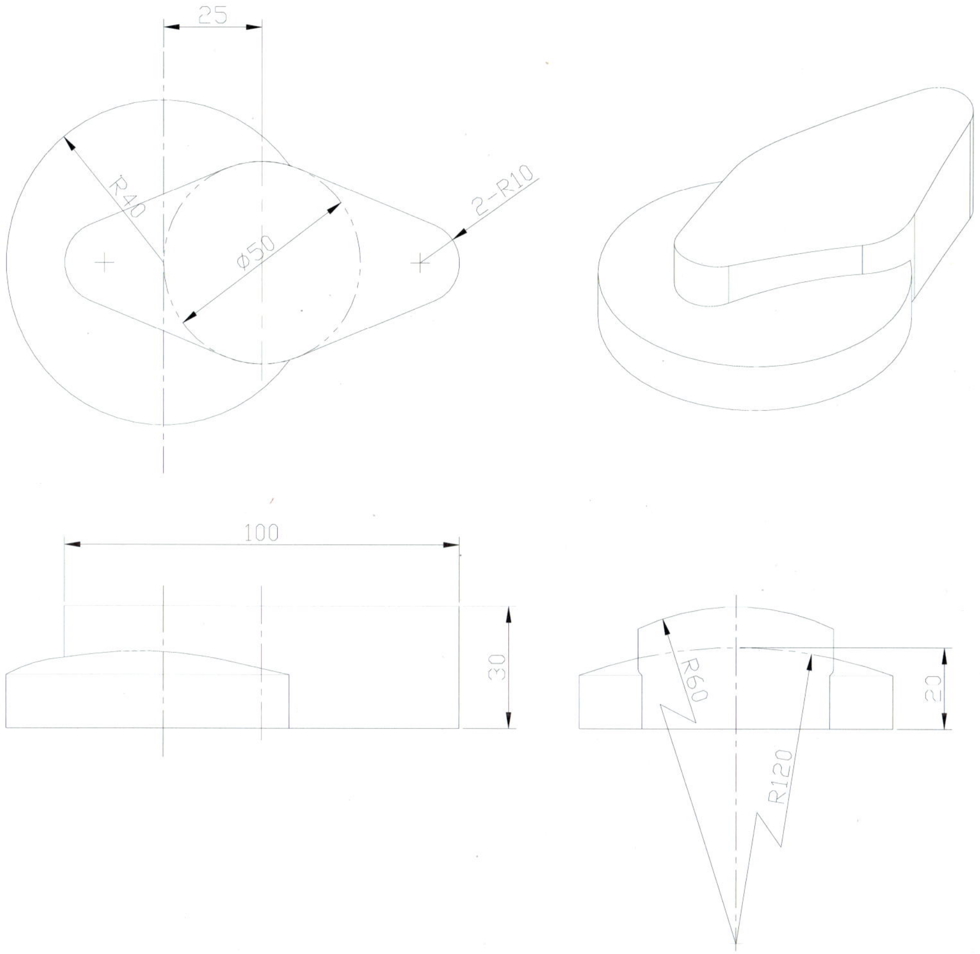

■ **활용 명령어**

Extrude, Trim, Revolute 등

3) 실습예제 3

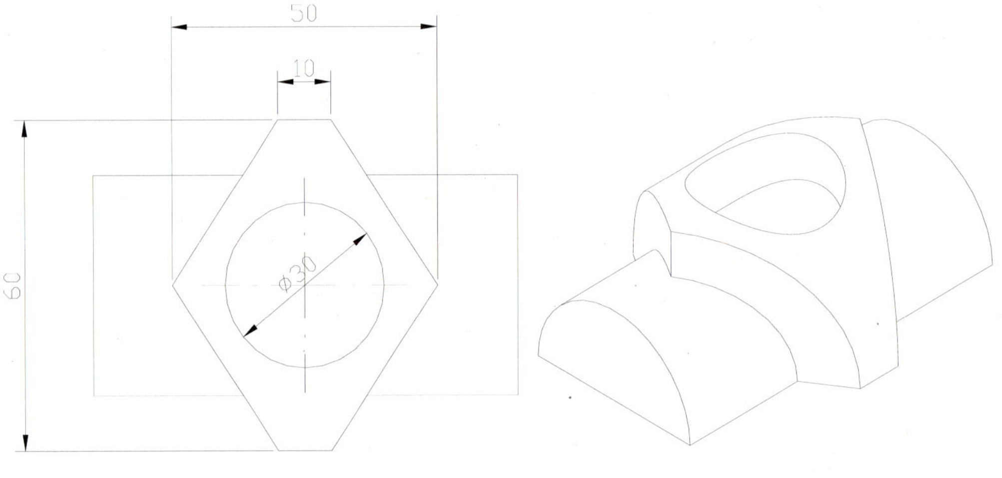

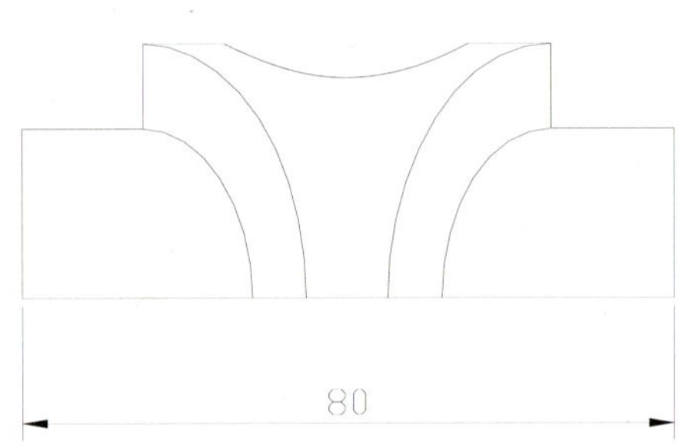

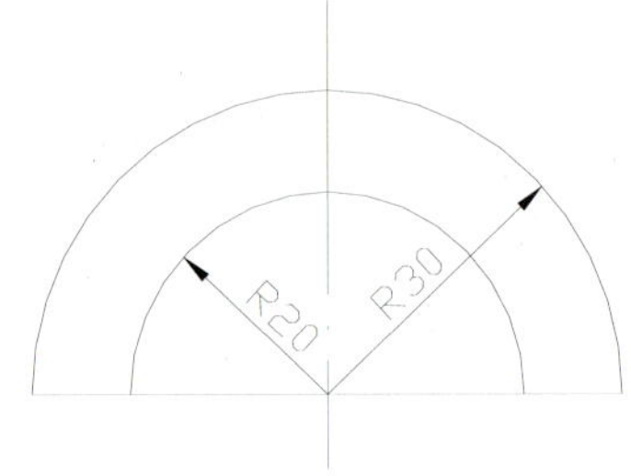

■ **활용 명령어**

Extrude, Join, Trim, Fill, Line, Symmetry 등

4) 실습예제 4

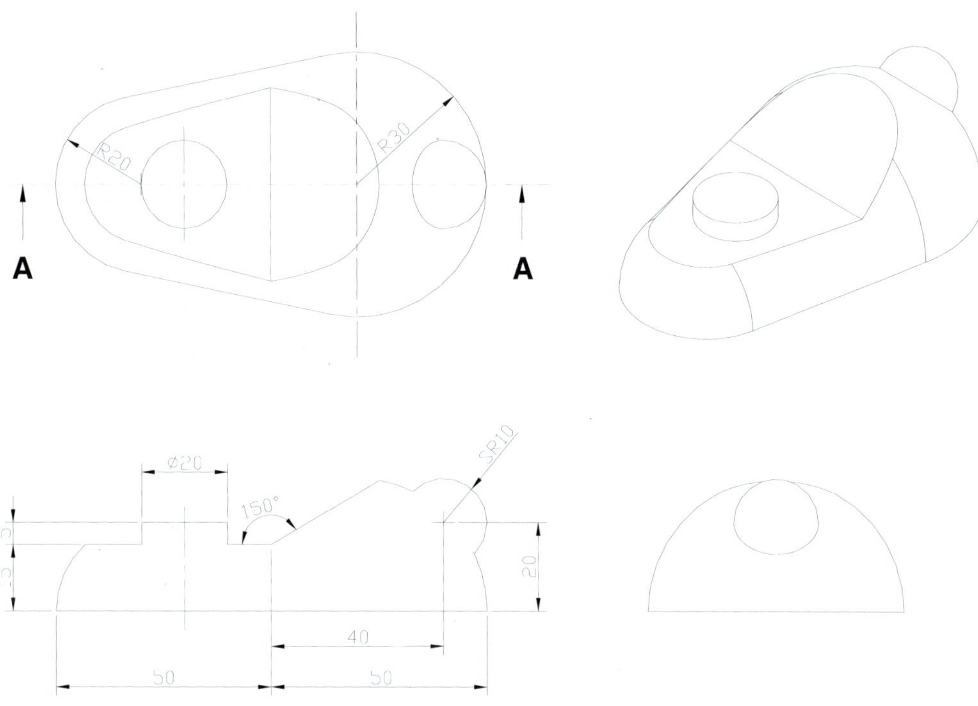

SECTION A-A

■ **활용 명령어**

Extrude, Join, Trim, Fill, Revolute 등

5) 실습예제 5

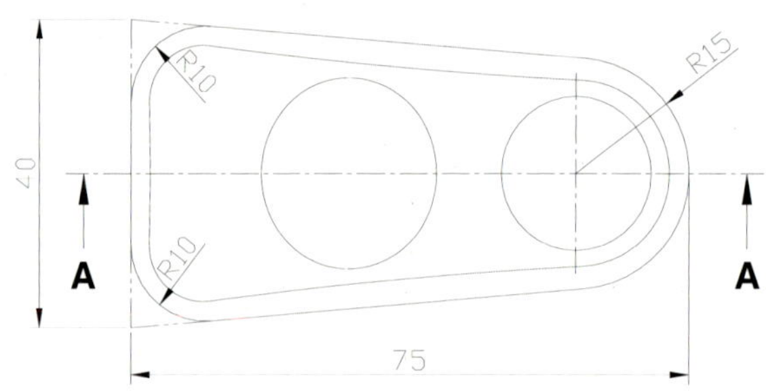

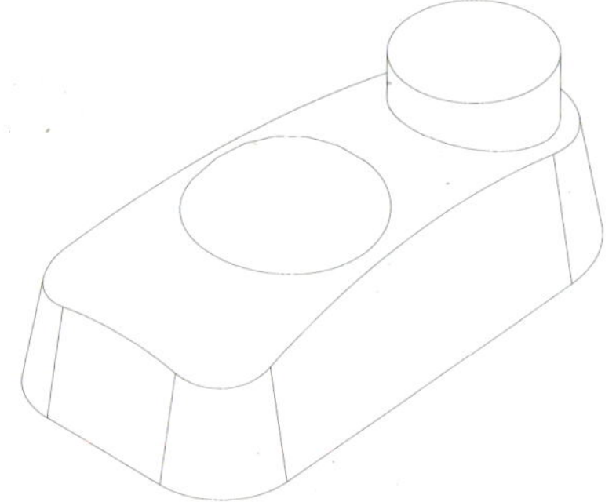

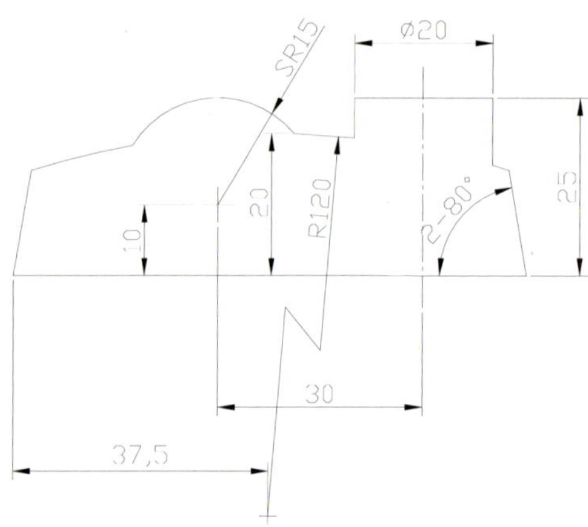

SECTION A-A

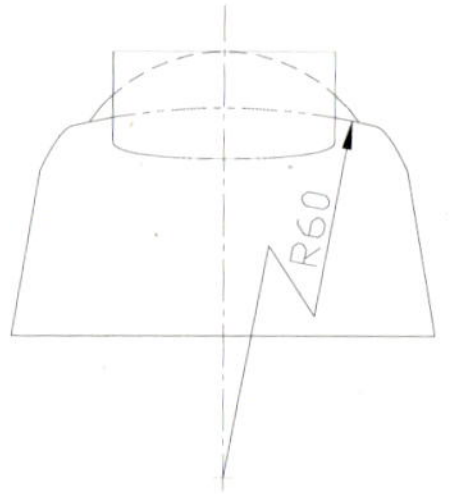

■ 활용 명령어

Sweep(Profile type : Explicit, Line), Extrude, Join, Trim, Fill, Revolute 등

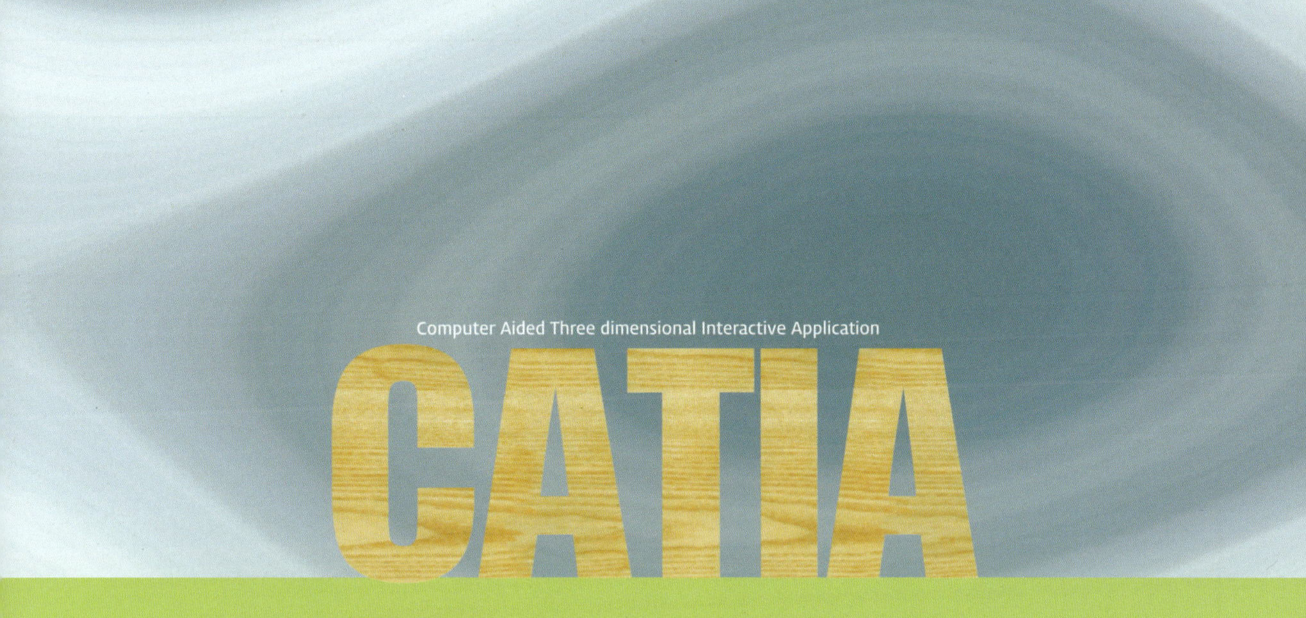

제5장 Drafting 기능

MEMO

1. Drafting 실행하기

1) CATIA를 실행시켜 도면을 생성시킬 Model을 Open시킨다.

2) Workbench 도구막대의 아이콘(Part Design)을 클릭하여 생성된 Welcome to CATIA V5 대화상자에서 Drafting 아이콘을 클릭한다.

3) Welcome to CATIA V5 대화상자에서 Drafting 아이콘이 나타나지 않을 경우에는 Tools-Customize...을 선택하여 Start Menu탭의 왼쪽 영역에서 Drafting을 선택하고 를 클릭하여 오른쪽 영역으로 이동시키고 재실행한다.

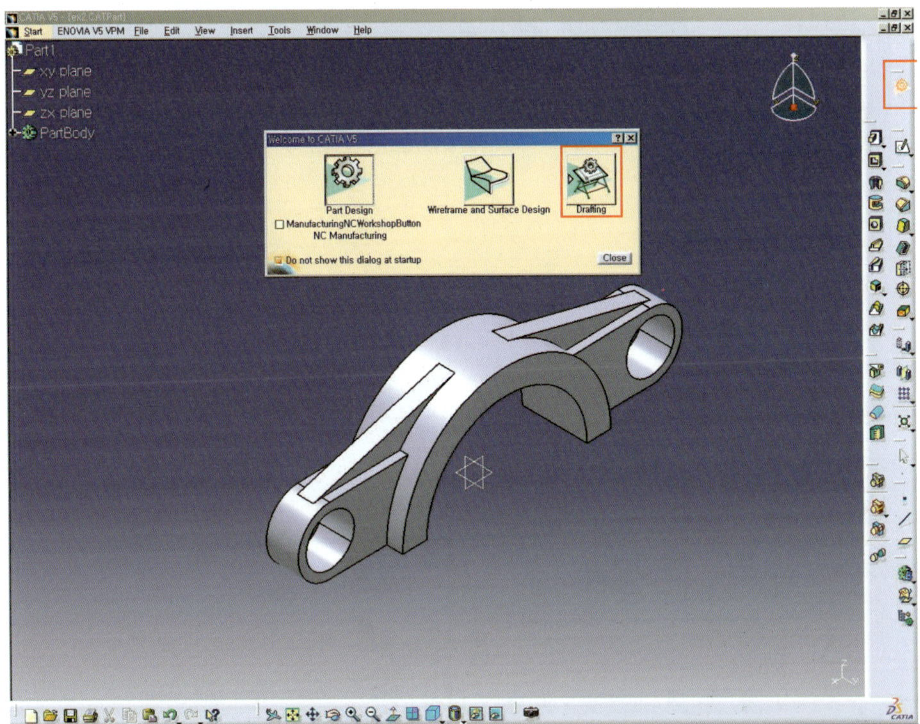

4) 다른 방법으로 Start → Mechanical Design → Drafting을 실행한다.

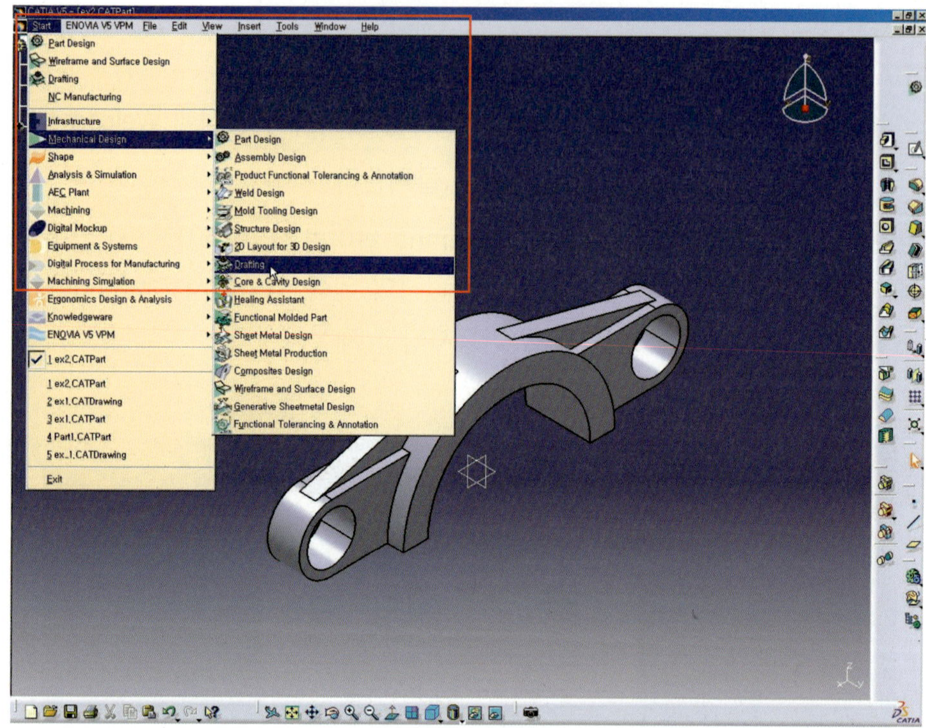

5) New Drawing Creation 대화상자에서 Empty Sheet를 선택하고 Modify...를 클릭한다.

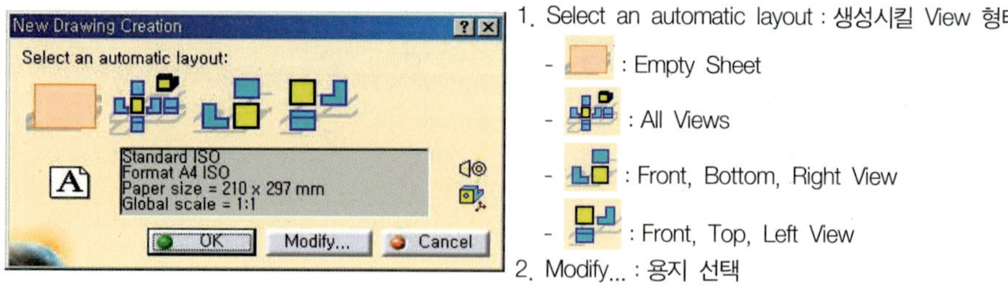

1. Select an automatic layout : 생성시킬 View 형태

   - : Empty Sheet

   - : All Views

   - : Front, Bottom, Right View

   - : Front, Top, Left View

2. Modify... : 용지 선택

6) New Drawing 대화상자의 Sheet Style에서 용지를 선택한다.

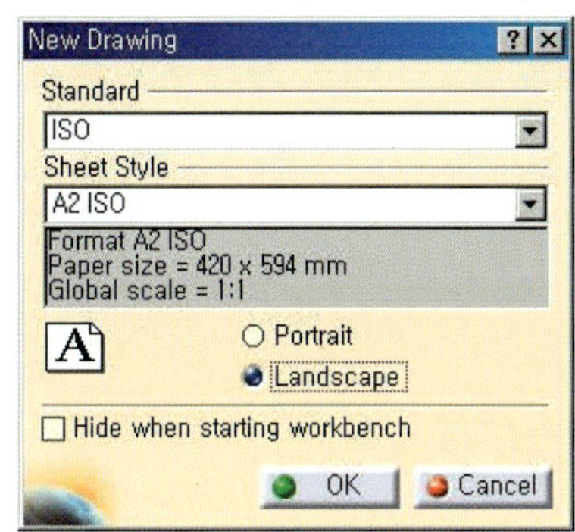

1. Standard : 표준 View 선택
   - ISO : 국제표준규격
   - JIS : 일본공업규격
2. Sheet Style : 용지크기 선택
3. 용지방향 설정
   - Portrait : 세로방향
   - Landscape : 가로방향

7) Drafting Mode로 전환하면 Window-Title Horizontally를 선택한다.

8) 도면을 생성시킬 Model창과 Drafting창이 수평하게 나누어진다.

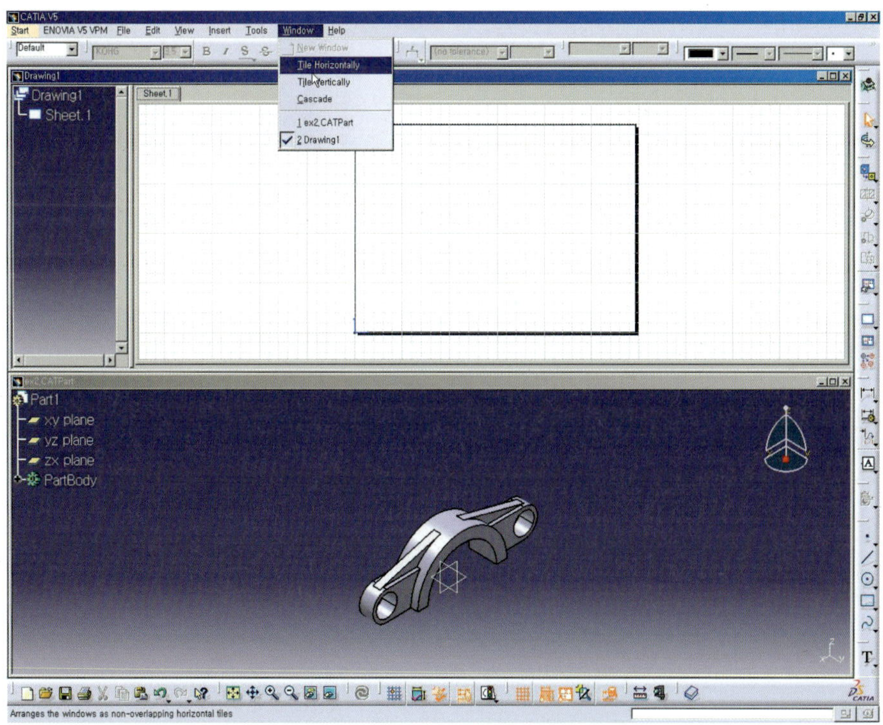

9) Drafting 창의 Specifications Tree 영역에서 Sheet.1을 선택하고 마우스 오른쪽버튼을
   클릭한다.

10) Projection Method 영역의 Third angle standard(3각법)을 선택하고 OK 버튼을 클릭
   한다.

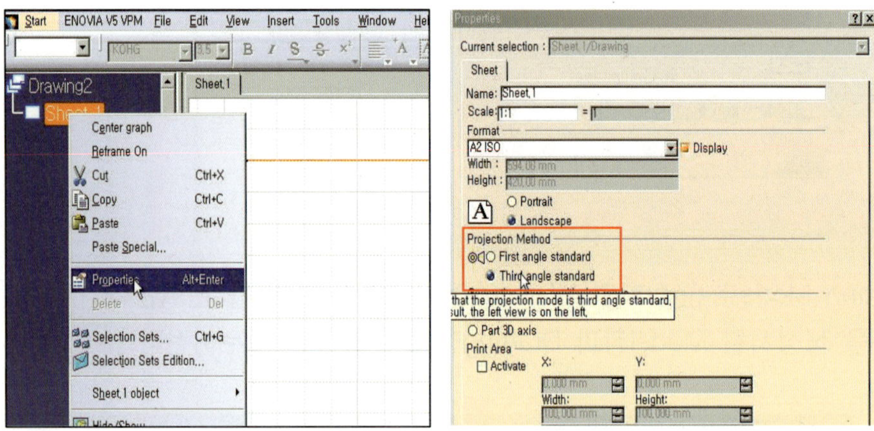

2. Drafting Toolbar

1) Views

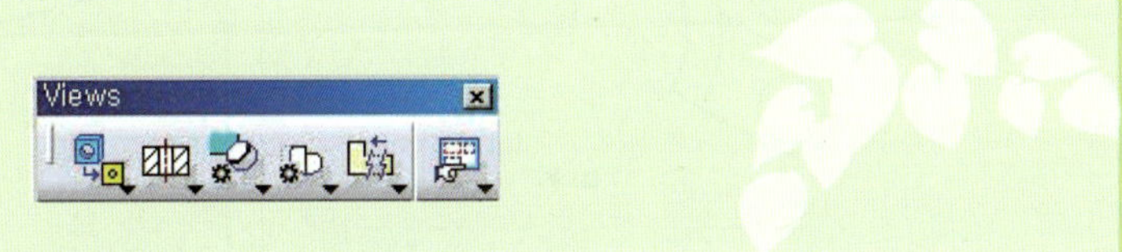

<Front  >

정면도를 생성하는 기능

①  아이콘을 클릭한다.

② Modeling창에서 정면도로 생성하고자 하는 면을 선택하고 Drafting창에서 임의 점을 클릭한다.

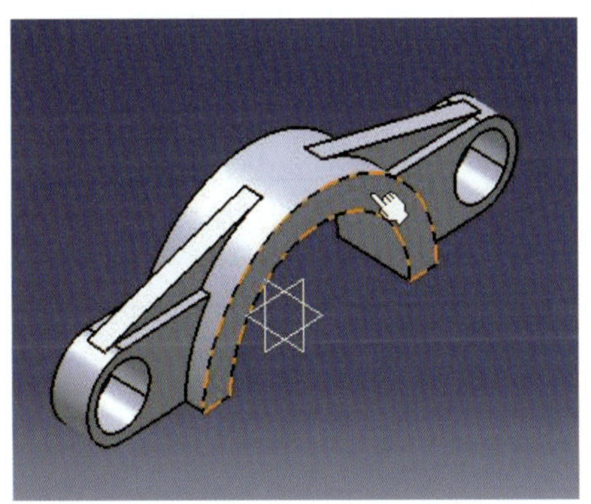
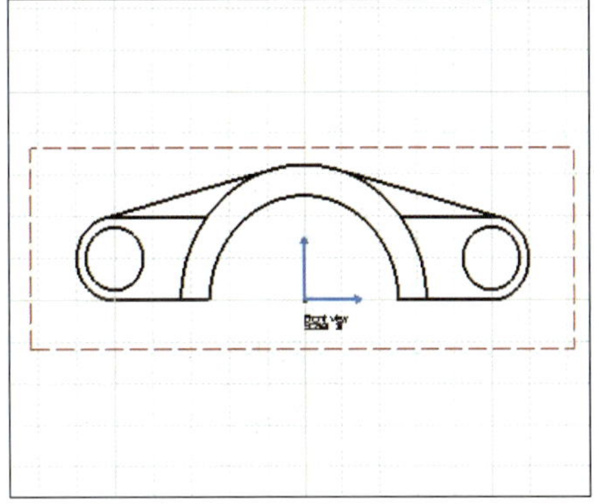

③ 아이콘을 이용하여 임의 각도만큼 회전하여 View를 생성할 수 있다.

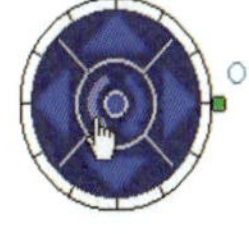 마우스를 클릭할 때마다 반시계 방향으로 30°씩 회전

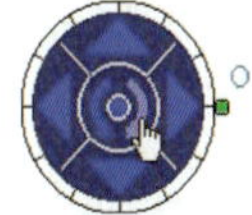 마우스를 클릭할 때마다 시계 방향으로 30°씩 회전

 마우스를 클릭할 때마다 X축을 기준으로 위쪽으로 90°씩 회전

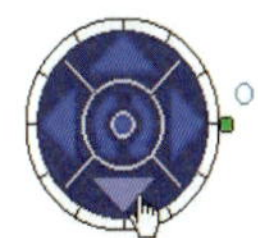 마우스를 클릭할 때마다 X축을 기준으로 아래쪽으로 90°씩 회전

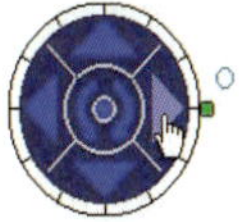 마우스를 클릭할 때마다 Y축을 기준으로 오른쪽으로 90°씩 회전

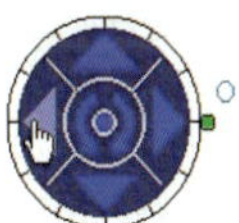 마우스를 클릭할 때마다 Y축을 기준으로 왼쪽으로 90°씩 회전

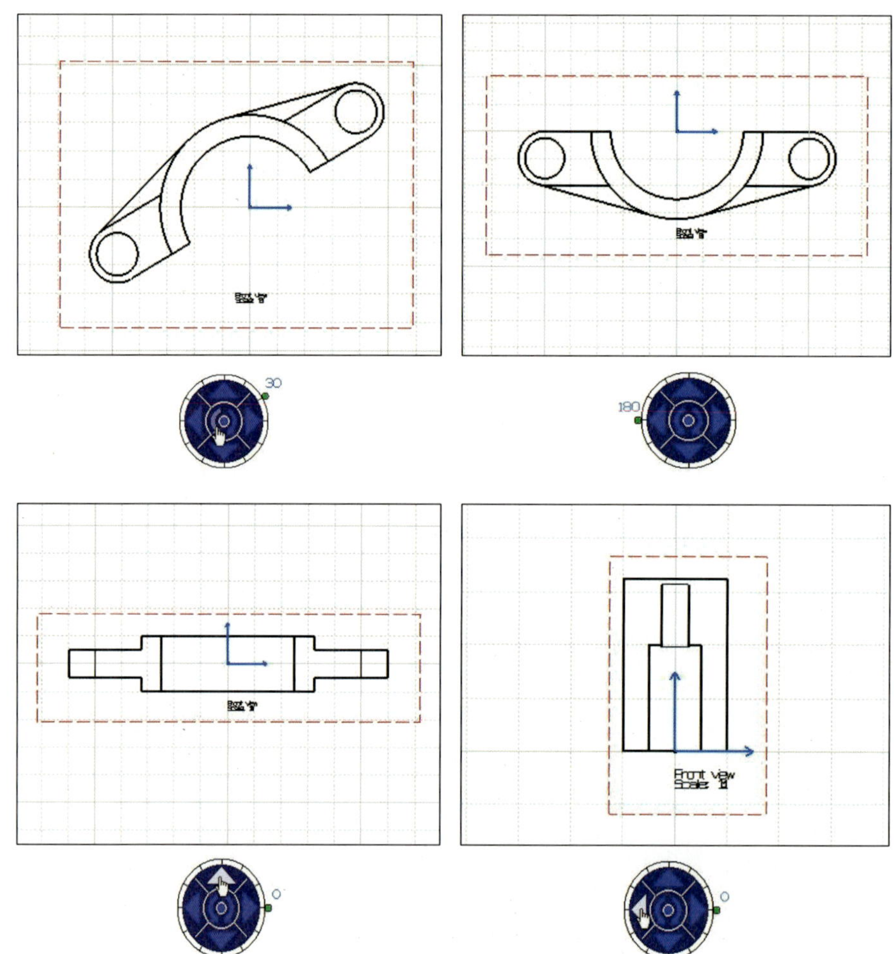

Projection View

Active View에 대한 평면도, 우측면도 등 Normal View를 생성하는 기능

① 아이콘을 클릭한다.
② Active View의 윗면(평면도)과 우측(우측면도)에 마우스를 클릭한다.

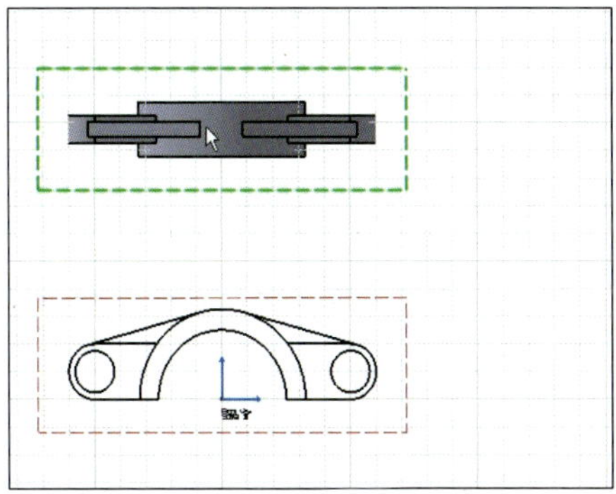
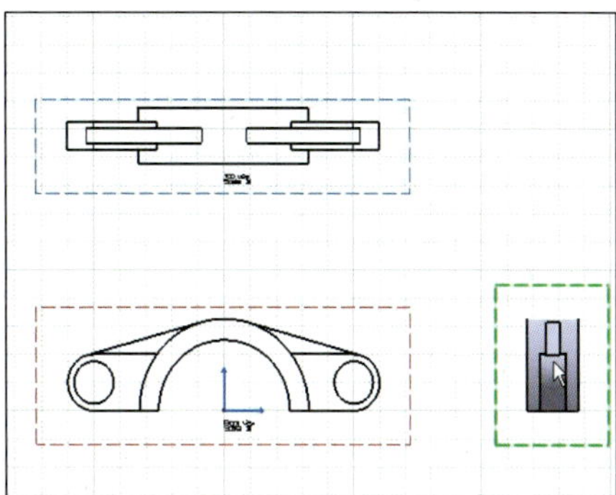

 **<Auxiliary View  >**

보조투상도를 생성하는 기능

① 아이콘을 클릭한다.

② Active View의 임의 두 지점을 클릭하면 두 점을 연결하는 직선에 Normal한 방향에서의 View를 생성한다.

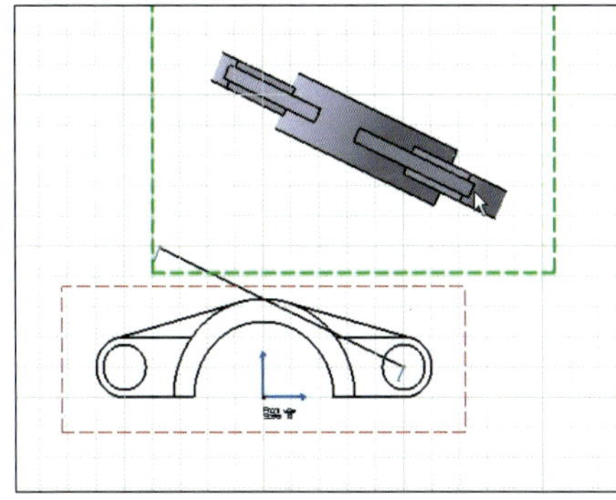
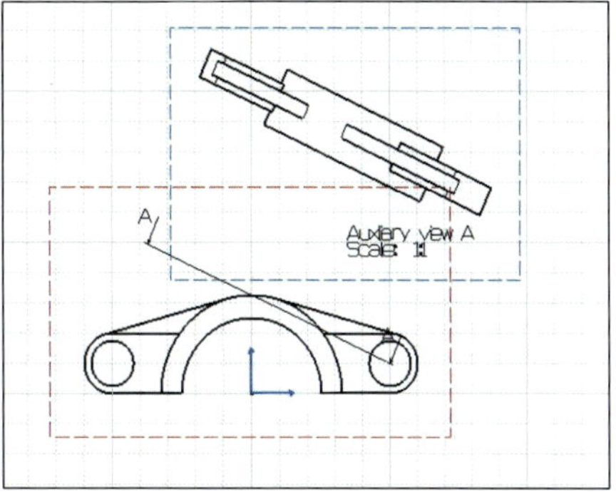

③ 여러 View가 존재할 경우에는 Auxiliary View를 생성하고자 하는 View의 Display View Frame(직사각형 점선)을 더블클릭하여 Active View로 지정한 후 적용한다.

④ Display View Frame 색상이 빨강색인 View가 Active View이다.

⑤ Top View를 Active View로 지정하고 Auxiliary View를 생성한 경우로 위에서 Front View를 Active View로 지정하고 생성한 Auxiliary View와는 전혀 다른 View가 생성된 것을 확인한다.

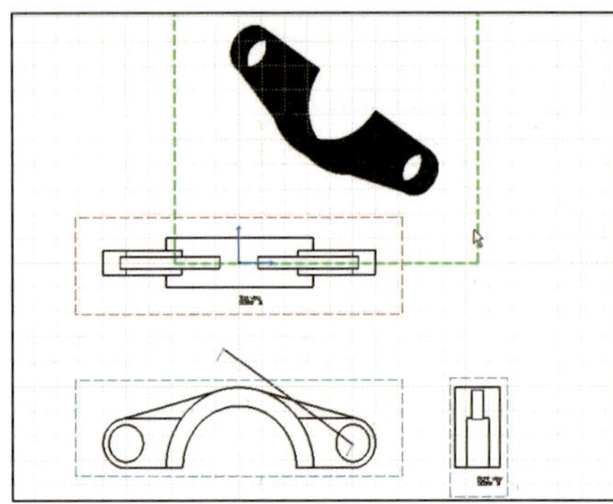
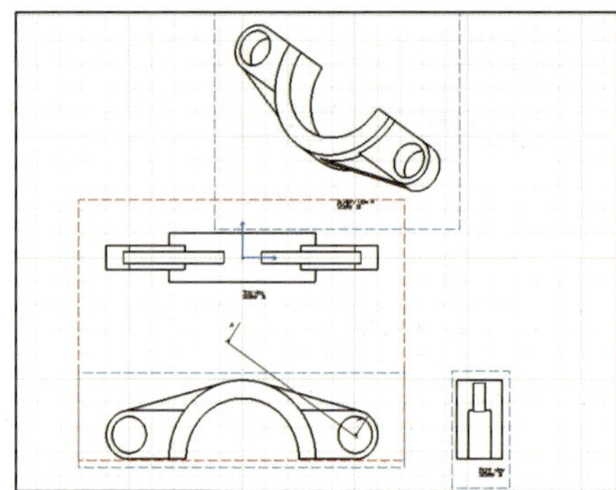

<Isometric View 〔아이콘〕>

3D 형상의 입체도를 생성하는 기능

① 〔아이콘〕아이콘을 클릭한다.
② Model창에 있는 Model의 임의 면을 클릭하면 화면에 보이는 형상과 똑같이 Drafting창에 생성된다.

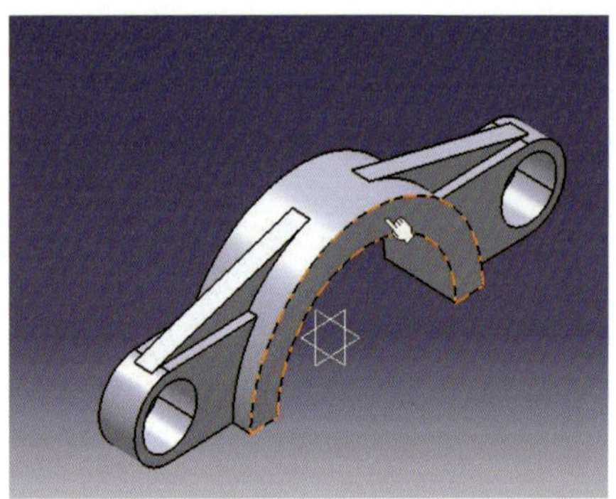
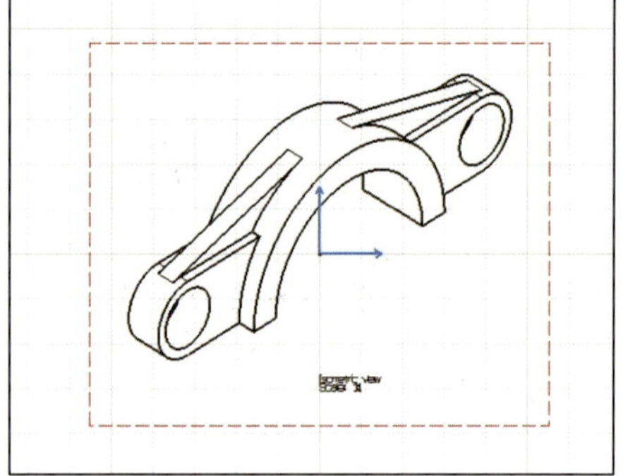

<Offset Section View 〔아이콘〕>

Active View의 임의 위치를 절단하여 Normal한 단면도를 생성하는 기능

① 〔아이콘〕아이콘을 클릭한다.
② 단면도를 생성할 Active View에서 단면의 위치를 연속하여 클릭하고 마지막 지점에서 더블클릭한다.
③ 단면도를 생성시킬 위치에 마우스를 Drag하여 위치시키고 클릭한다.

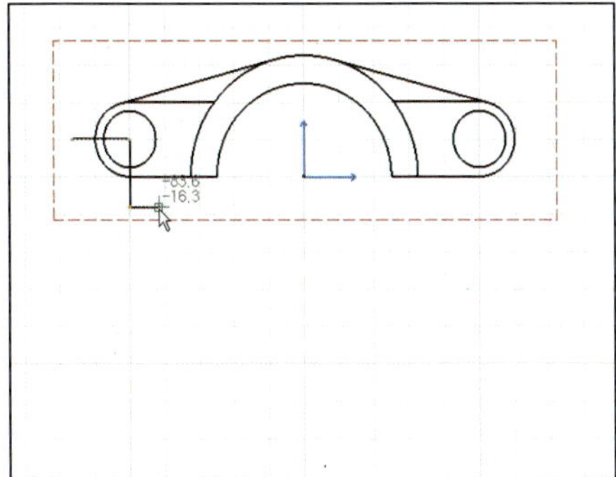

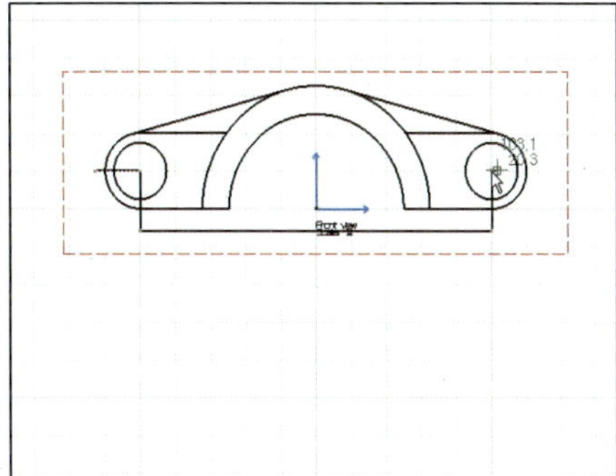

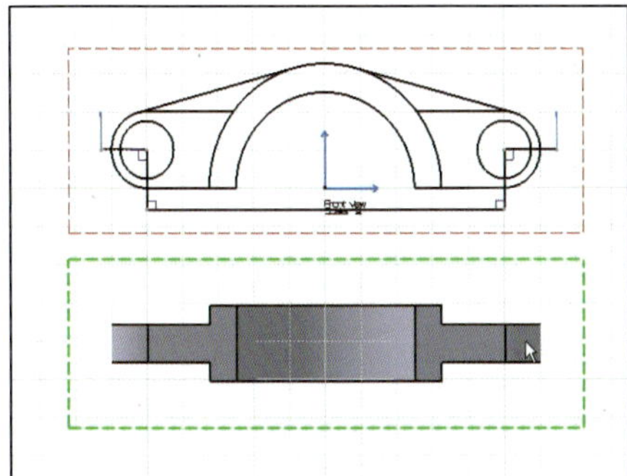

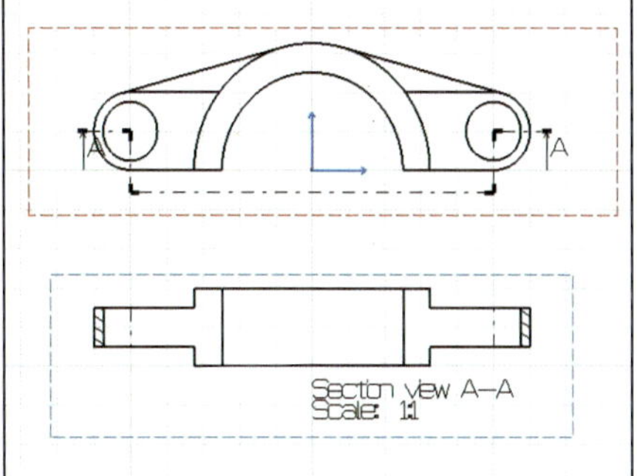

<Aligned Section View >

Active View의 임의 위치를 절단하여 절단면을 전개하여 단면도를 생성하는 기능

①  아이콘을 클릭한다.

② Offset Section View의 방법과 동일한 방법으로 단면도를 생성하는데, 절단면이 전개된 형태의 단면도를 생성한다.

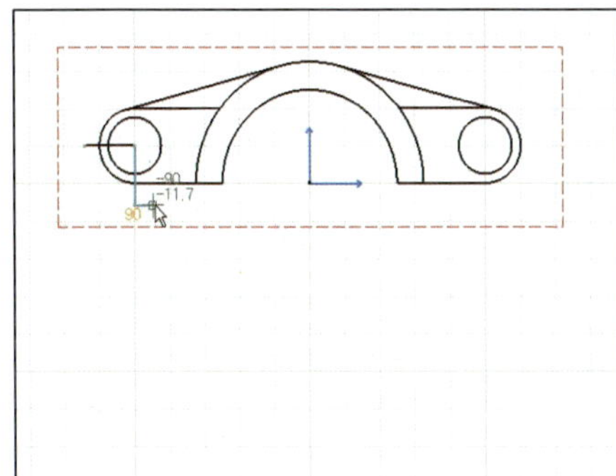

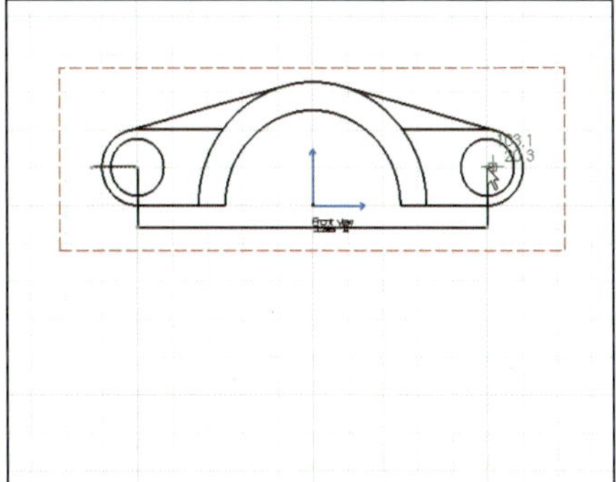

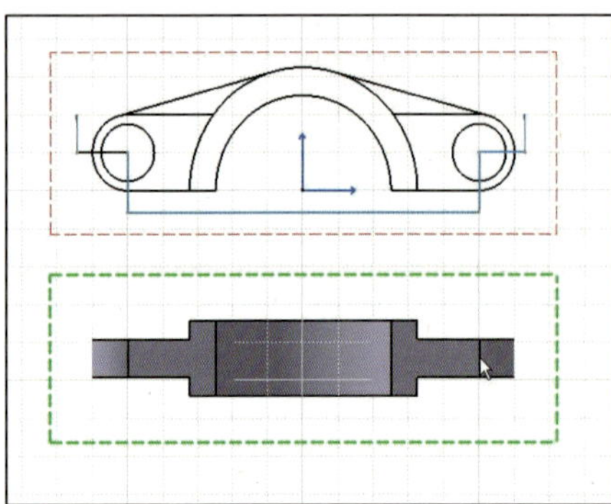
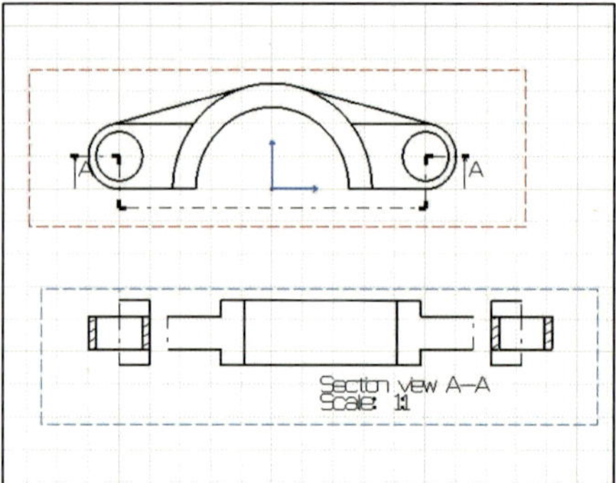

<Detail View 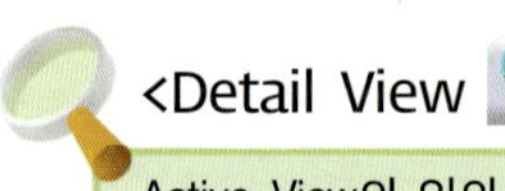>

Active View의 임의 위치를 Circle 형태의 영역에 대하여 상세도를 생성하는 기능

① 아이콘을 클릭한다.

② 확대하여 상세하게 표현하고자 하는 영역을 Circle 형태로 선택한다.

③ Detail View를 생성할 위치에 마우스를 클릭하여 View를 생성하고 Scale을 변경하고자 할 경우에는 Detail View를 선택하고 마우스 오른쪽버튼을 클릭한다.

④ Scale and Orientation의 Scale 영역을 클릭하여 비율을 입력(3 : 1)하고 OK 버튼을 클릭한다.

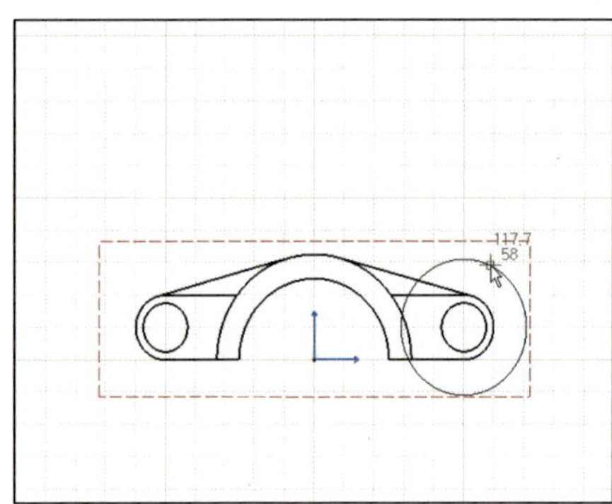
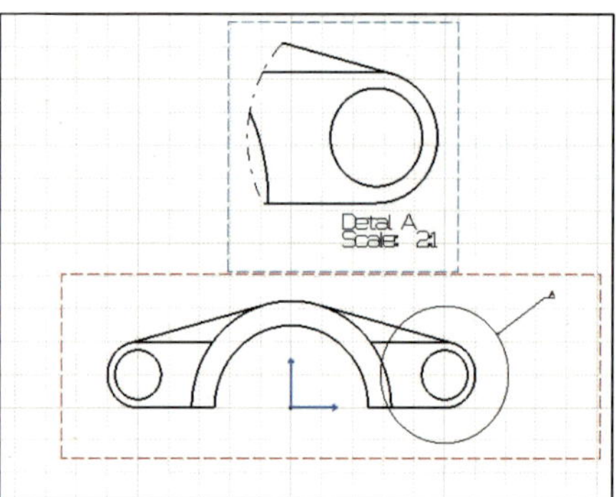
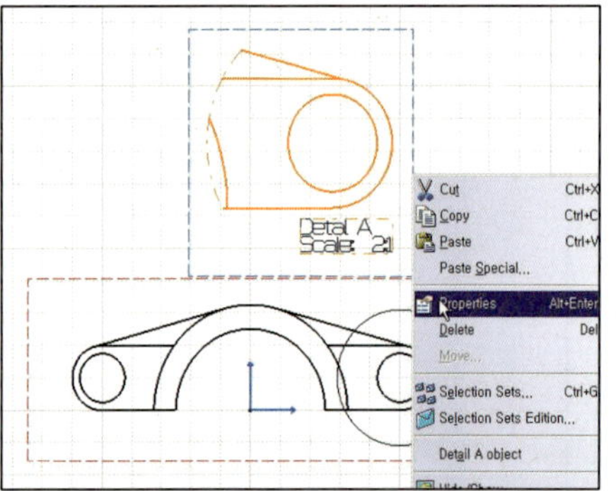
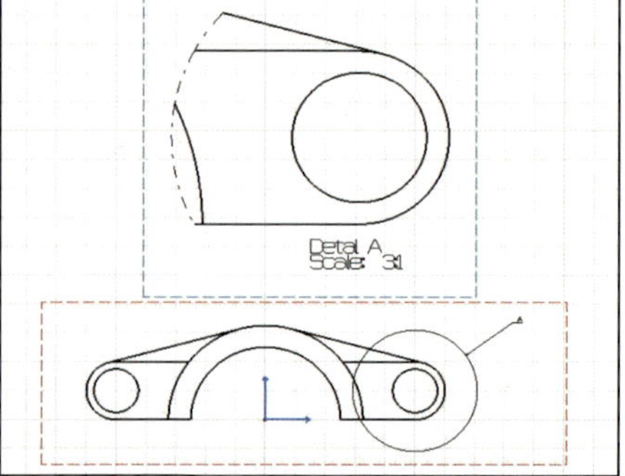

< Detail View Profile  >

① 아이콘을 클릭한다.

② 확대하여 상세하게 표현하고자 하는 영역을 다각형 형태로 클릭한다.

③ Detail View를 생성할 위치에 마우스를 클릭하여 Detail View를 생성한다.

④ Scale의 변경은 위의 Detail View와 같은 방법으로 적용한다.

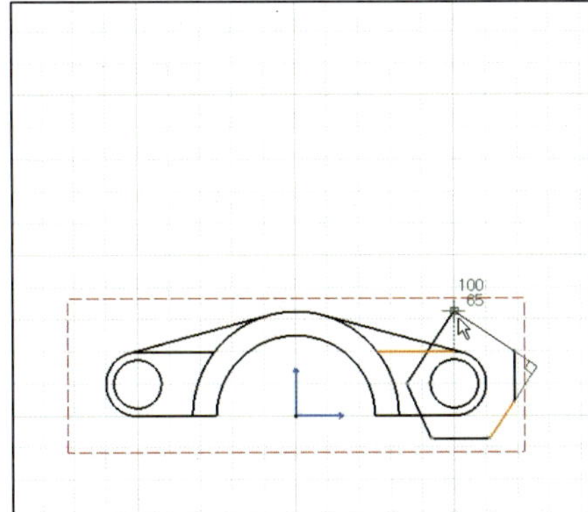

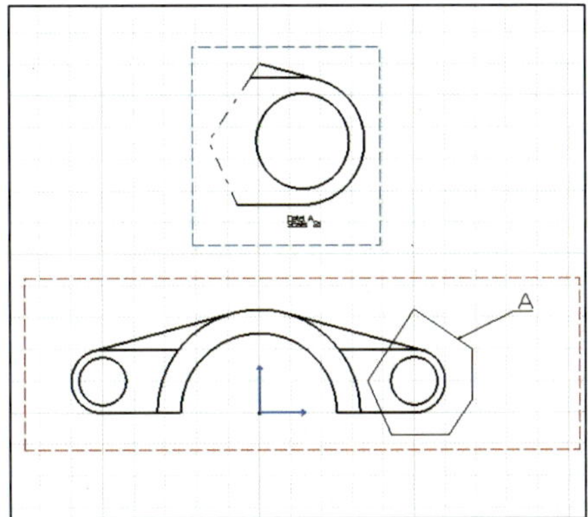

< Clipping View  >

① 아이콘을 클릭한다.

② 남기고자 하는 영역을 Circle 형태로 선택한다.

③ Clipping View를 생성할 위치에 마우스를 클릭하여 View를 생성한다.

④ Clipping View를 실행시키면 여러 기능이 적용되지 않기 때문에 반드시 Breakout View를 적용시킨 후 Clipping View를 생성하여야 한다.

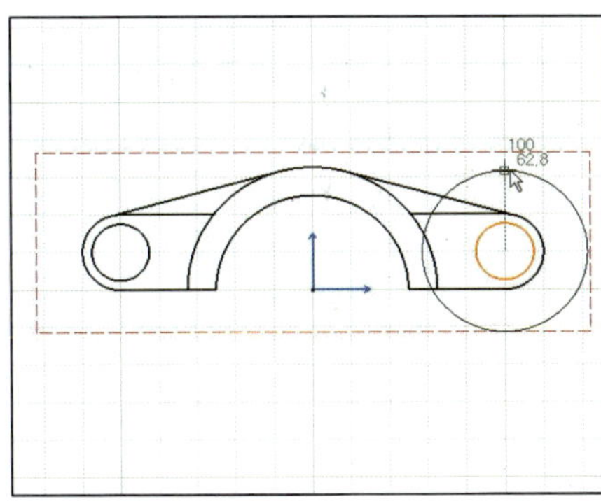

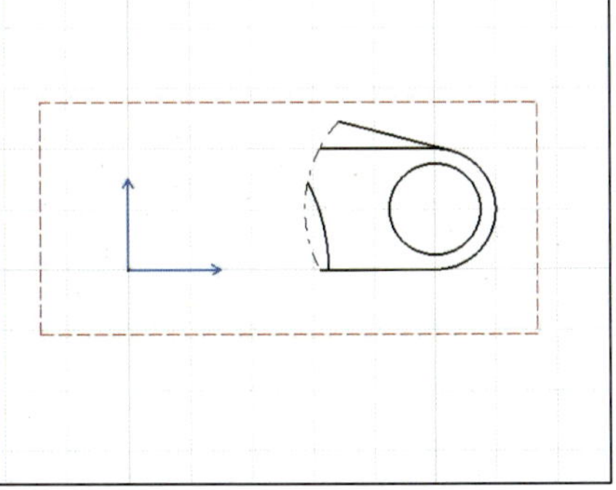

<Clipping View Profile >

Active View의 임의 영역을 다각형 형태로 선택하여 선택한 영역만 남기고 다른 부분은 제거하는 기능

① 아이콘을 클릭한다.

② 남기고자 하는 영역을 다각형 형태로 선택한다.

③ Clipping View Profile을 생성할 위치에 마우스를 클릭하여 View를 생성한다.

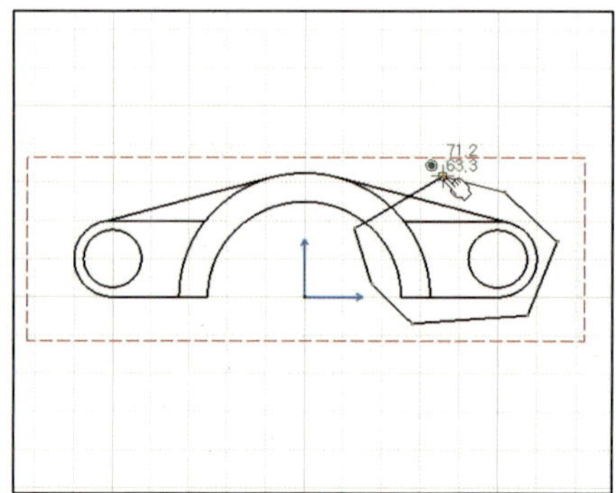
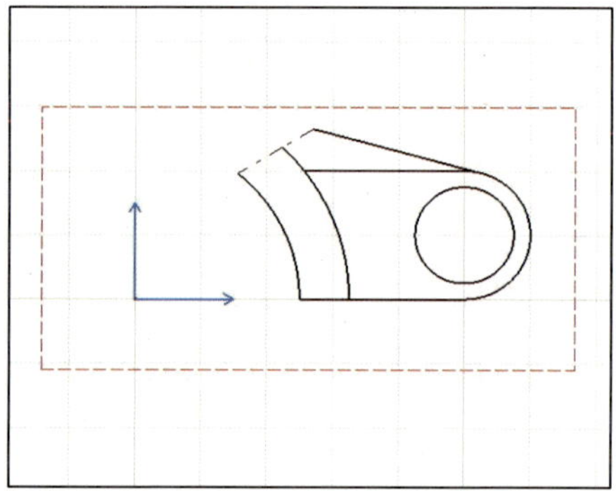

<Breakout View >

Active View의 임의 위치에 부분 단면도를 생성시켜 주는 기능

① 아이콘을 클릭한다.

② 부분 단면도를 생성할 영역을 다각형 형태로 선택한다.

③ 3D Viewer 대화상자에서 Rotate시켜 절단시킬 위치를 마우스로 드래그해 선택하고 OK 버튼을 클릭한다.

④ 마우스를 이용하여 절단할 부분을 드래그하여 지정하면 정확한 위치의 단면을 볼 수 없다.

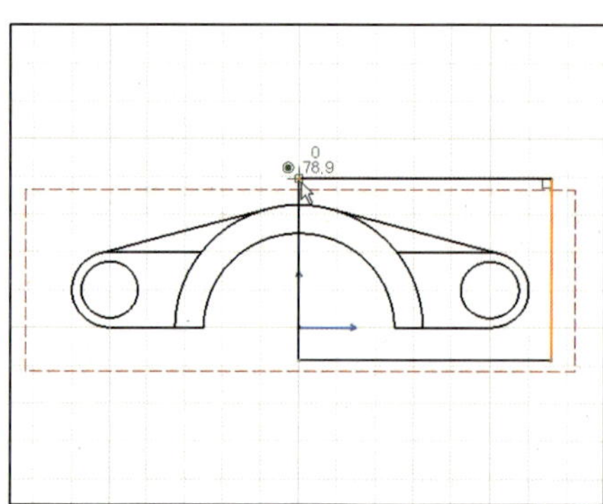
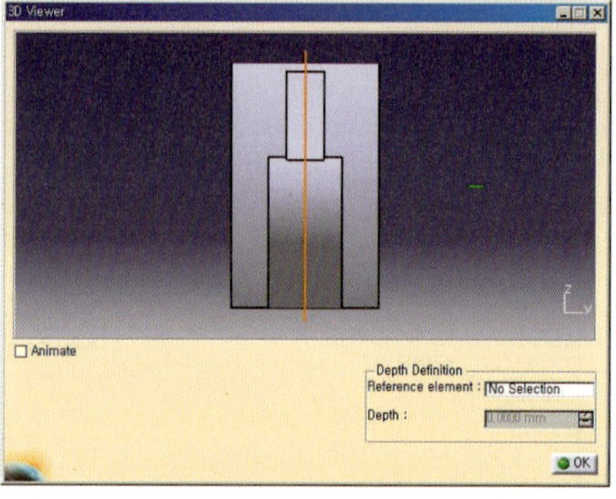

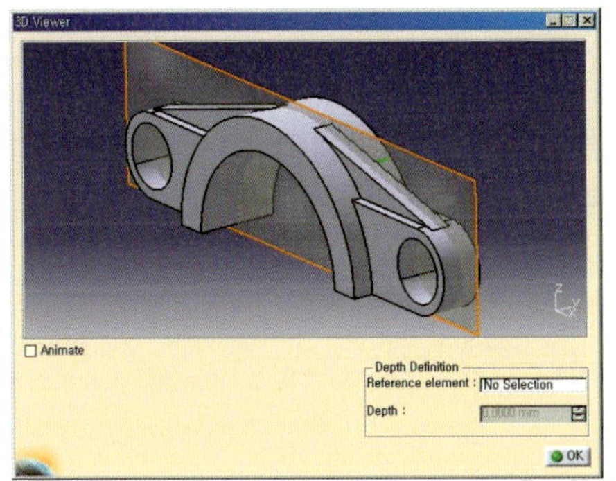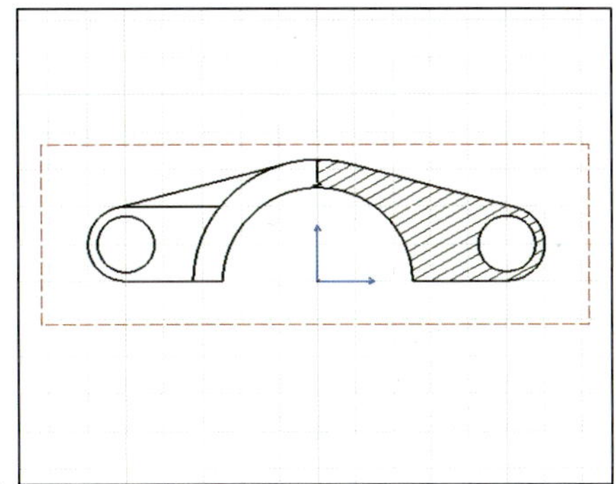

⑤ 정확한 위치의 단면을 절단하여 단면을 표현하기 위해서는 3D Viewer 대화상자의 Depth Definition의 Reference Element 영역을 클릭하고 Drafting 영역의 다른 View에서 기준면을 선택한다.

⑥ Depth 영역을 클릭하여 기준면에서의 단면 View를 생성시킬 거리를 입력한다.

⑦ 폭이 40mm인 Solid에서 Depth에 10mm, 20mm를 적용시킨 결과이다.

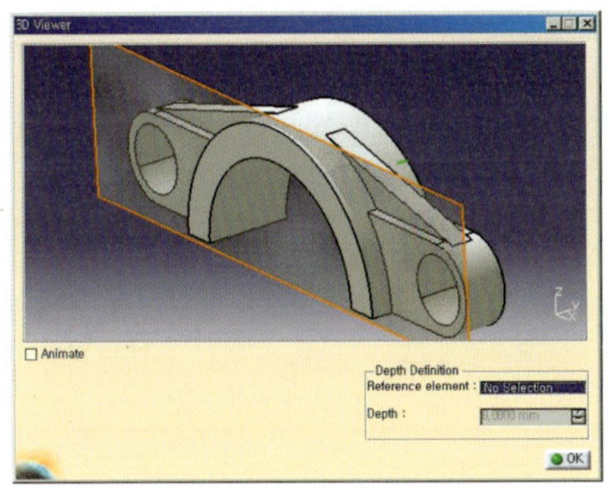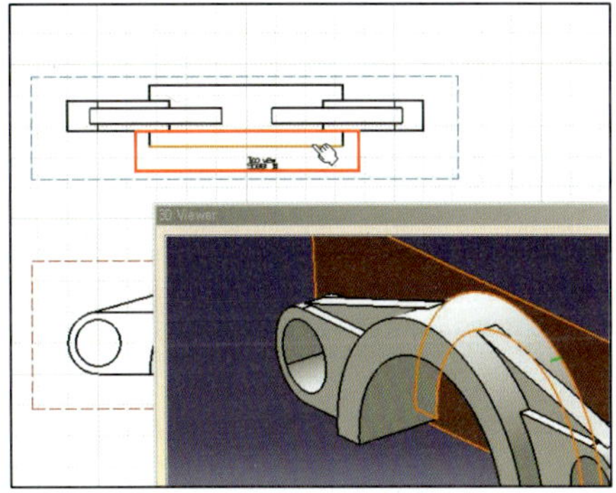

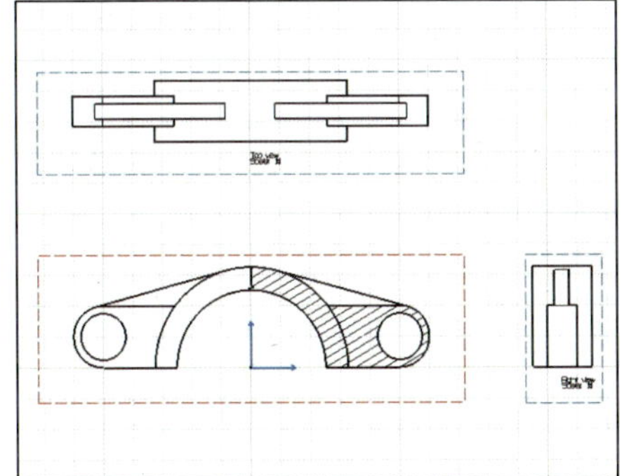

Depth(10mm)

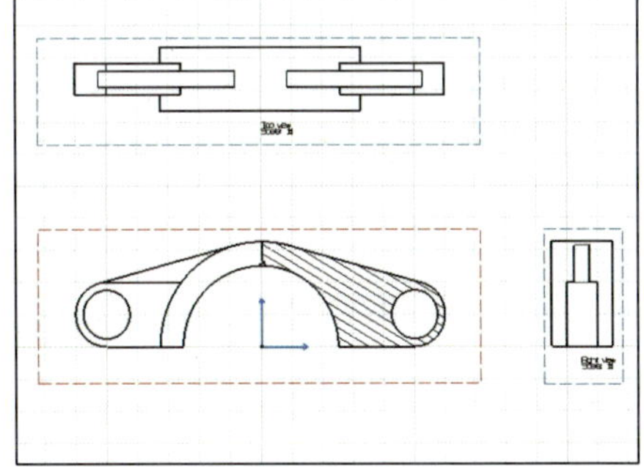

Depth(20mm)

생성한 View 이동하기

① Front View의 Display View Frame을 클릭하고 Drag하면 모든 View가 함께 움직인다.

② Front View 이외의 View를 이동시키고자 할 경우에는 View를 클릭하고 Drag하면 Front View에 수직, 수평인 방향 또는 절단선에 수직인 방향으로만 이동된다.

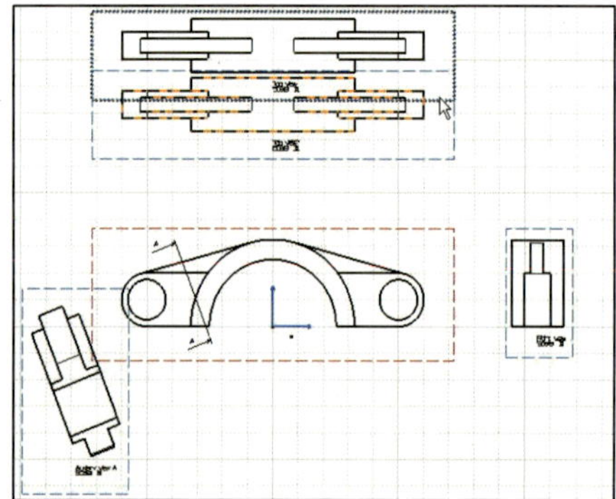
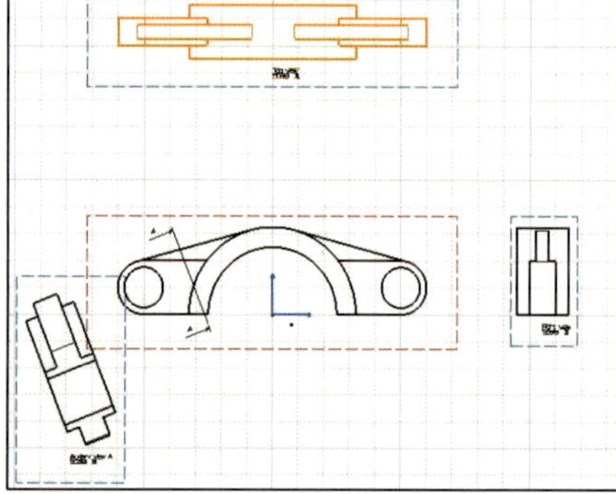

③ Top View나 Right View 등을 Front View의 위치와 상관없이 임의의 위치로 이동시키기 위해서는 이동시킬 View(Top View)를 선택하고 마우스 오른쪽버튼을 클릭한다.

④ View Positioning - Position Independently of Reference View를 선택하면 Front View와의 투상관계가 단절된다.

⑤ View(Top View)의 Display View Frame을 클릭하고 원하는 위치로 Drag하면 Front View와 수직한 방향이 아닌 임의의 방향으로 View가 이동된다.

⑥ Front View의 Display View Frame을 클릭하고 Drag하면 Top View는 이동되지 않는다.

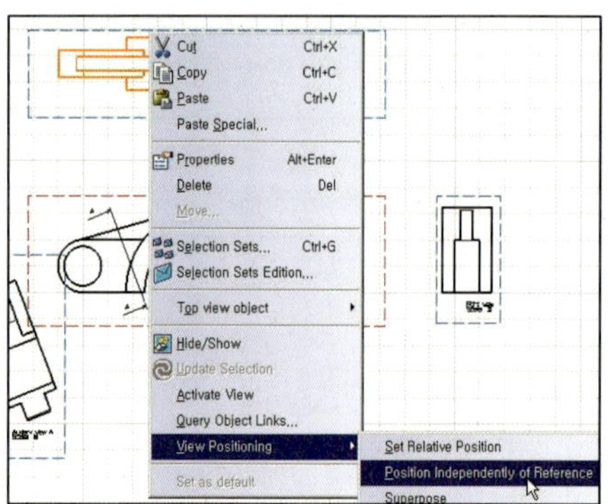

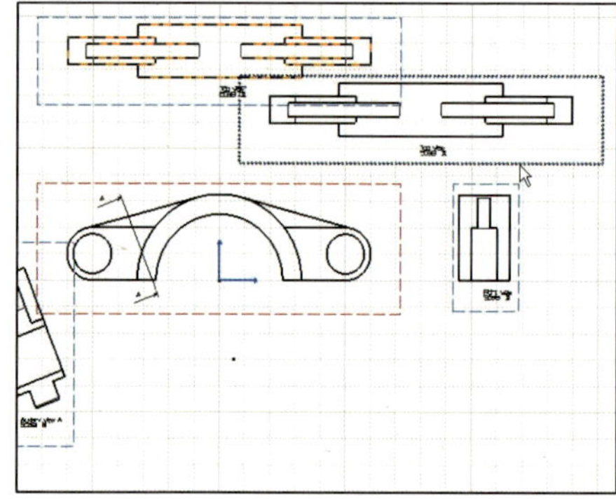

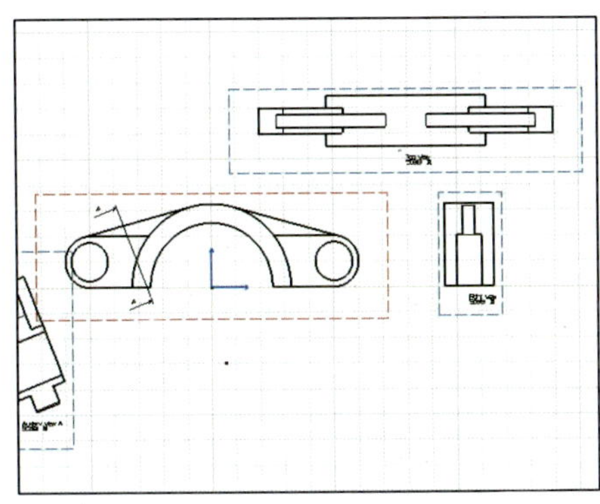 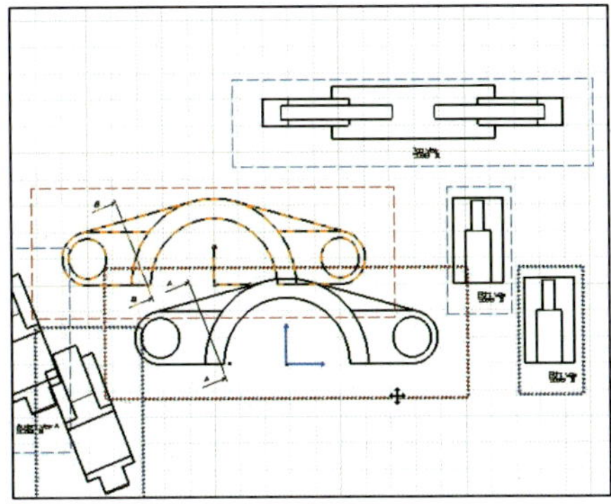

⑦ 투상관계가 단절된 View를 회복시키기 위해서는 해당 View를 선택하고 마우스 오른쪽버튼을 클릭한다.

⑧ View Positioning - Position According to Reference View를 선택하면 Front View와의 투상관계가 회복된다.

⑨ Top View의 Display View Frame을 클릭하고 Drag하면 Front View와 수직한 방향으로만 이동한다.

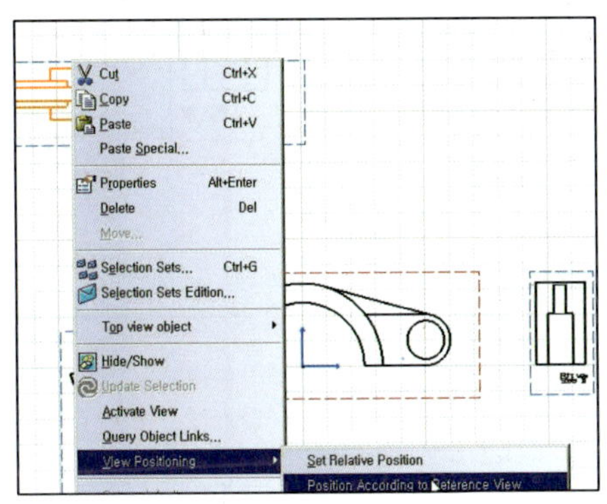 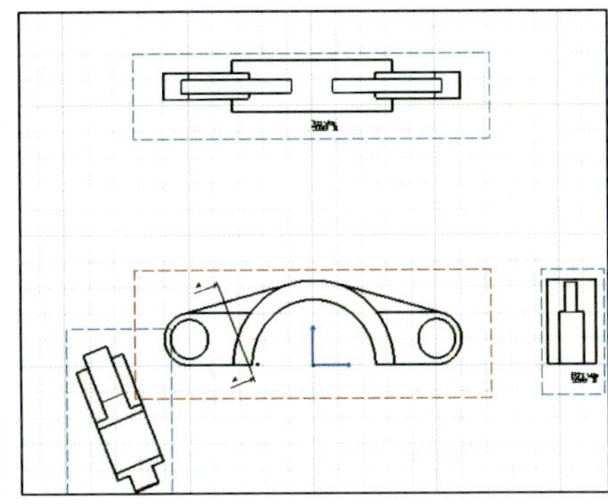

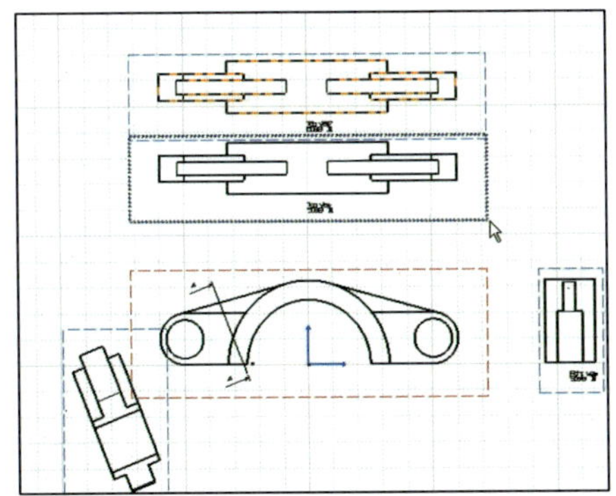 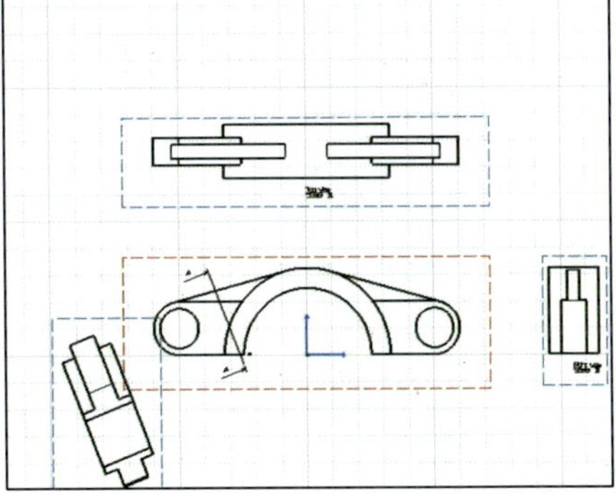

쉽게 도면 완성하기

① Views 도구막대의 기능을 이용하여 생성하고자 하는 View를 모두 생성한다.

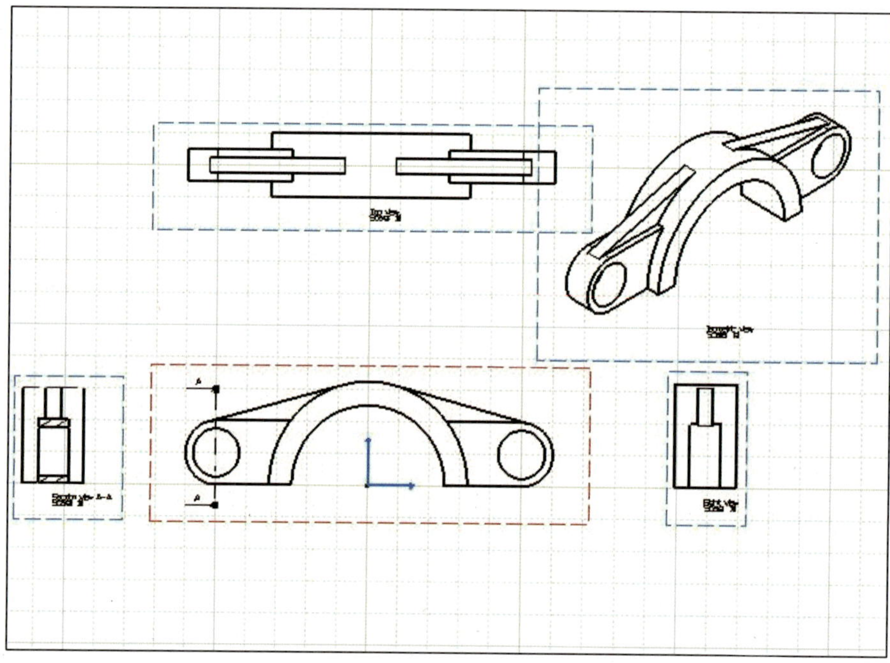

② File-Save as…를 선택한다.

③ 저장위치와 파일명을 입력하고 AutoCAD 파일형식(T)인 dwg를 선택하여 OK 버튼을 클릭한다.

④ AutoCAD를 실행시키고 저장한 파일을 Open한다.

⑤ Command : 영역에 Z를 입력하고 Enter 후 A를 입력하고 Enter를 클릭하면 CATIA에서 생성한 도면이 나타난다.

⑥ CATIA에서는 View를 생성하고 익숙한 AutoCAD에서 2D도면작업을 실시하면 쉽게 완성할 수 있다.

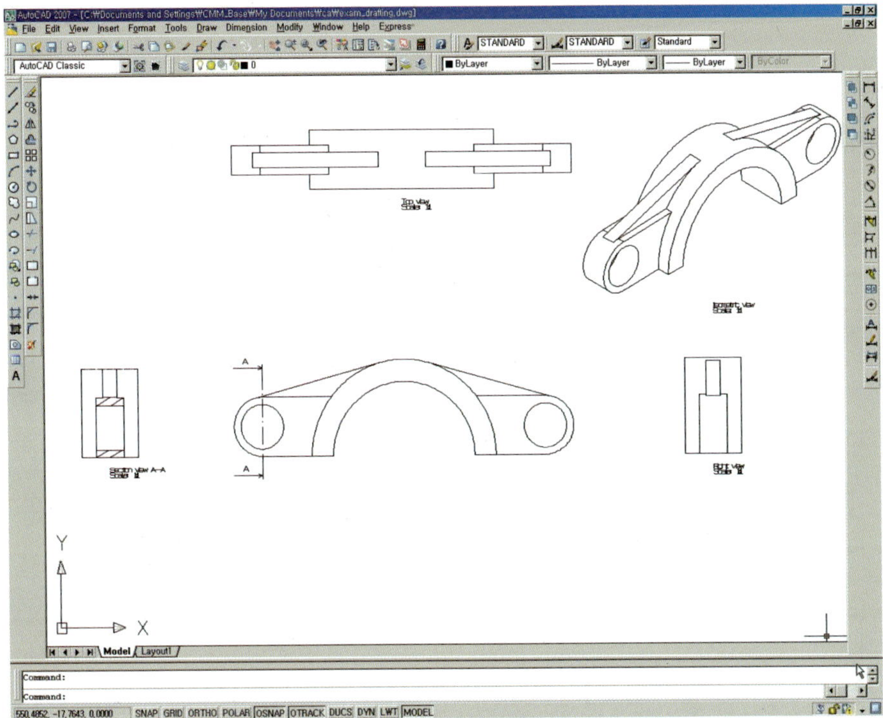

2) Dimensioning

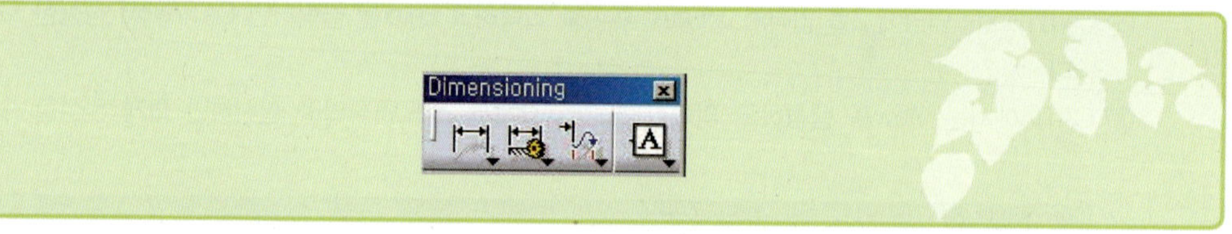

<Dimensions >

선택한 요소에 치수를 생성하는 기능

①  아이콘을 클릭하면 Tools Palette 도구막대가 나타나서 두 요소 사이에 생성시킬 치수의 형태인 수평, 수직, 대각선 등을 지정한다. 보통 Projected Dimension 아이콘 을 이용하여 치수를 생성한다.

② 치수를 적용하고자 하는 요소를 선택하고 치수를 생성시킬 위치에 마우스로 클릭한다.

③ Dimensions 아이콘 으로 Length뿐만 아니라 Dimensions 도구막대에 있는 Angle, Circle의 직경이나 반경 등의 여러 형태의 치수 를 적용할 수 있다.

④ 아이콘을 클릭하고 Circle이나 Arc를 선택하여 마우스 오른쪽버튼을 클릭하여 나타나는 Diameter와 Radius를 선택하면 직경과 반경치수를 적용할 수 있다.

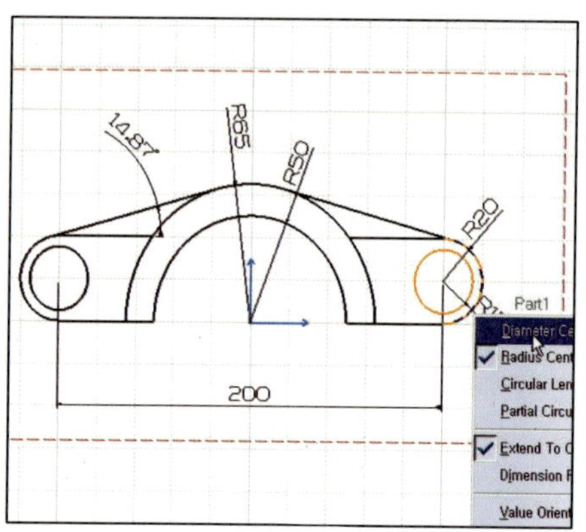

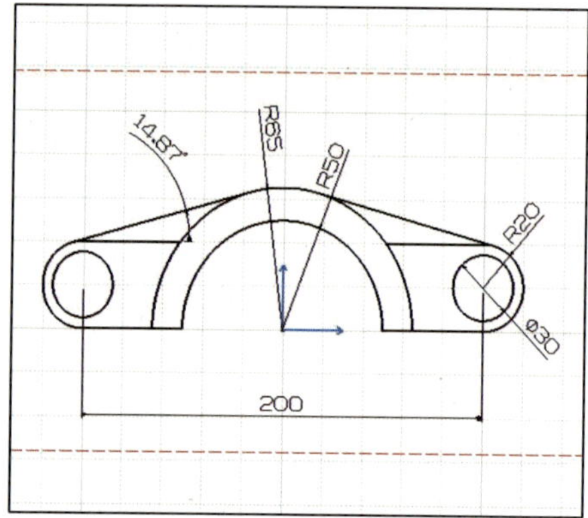

⑤ 생성한 치수 관련요소를 변경하고자 할 경우에는 해당 요소를 선택하고 마우스 오른쪽버튼을 클릭하여 Properties를 선택한다.

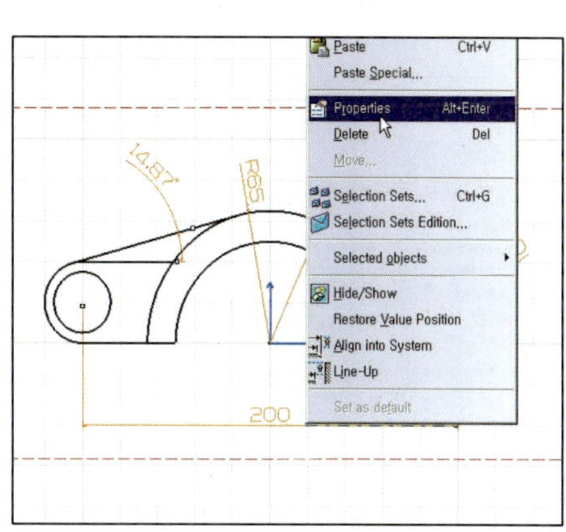

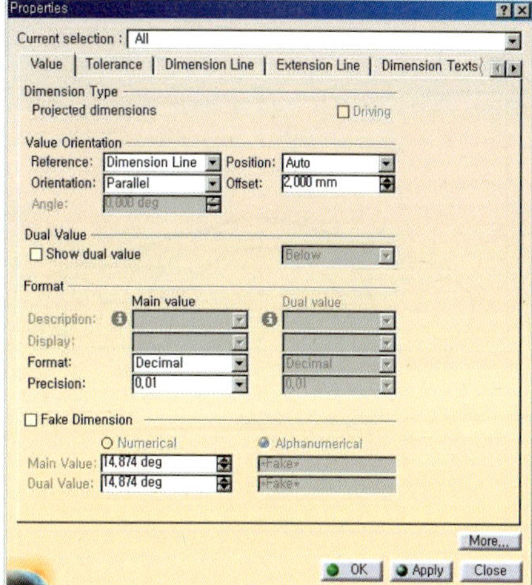

⑥ Dimension Line탭에서 Symbols의 Shape를 Filled Arrow, Thickness를 0.7mm 선택하고 Apply 버튼을 클릭한다.

⑦ Dimension Line의 화살표가 채워진 형태로 변경되어 적용된 것을 확인할 수 있다.

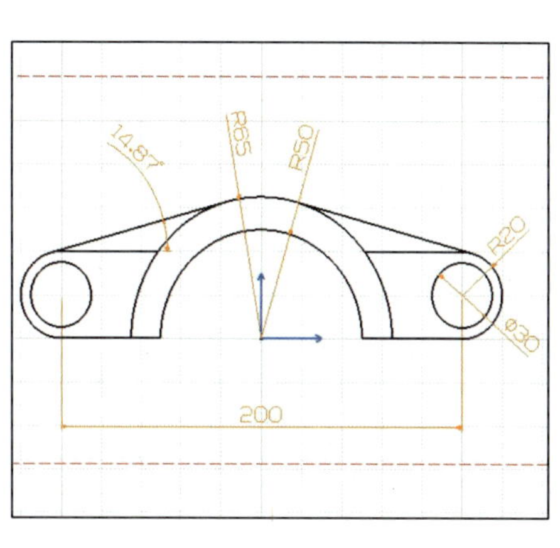

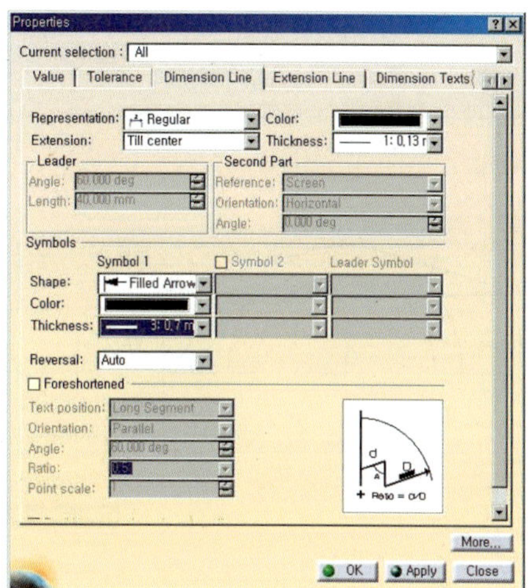

⑧ Font탭에서 Style을 Bold, Size를 7.000mm를 선택하고 Apply 버튼 클릭하여 변경된 치수 Font를 적용하고
변경이 완료되었으면 OK버튼을 클릭한다.

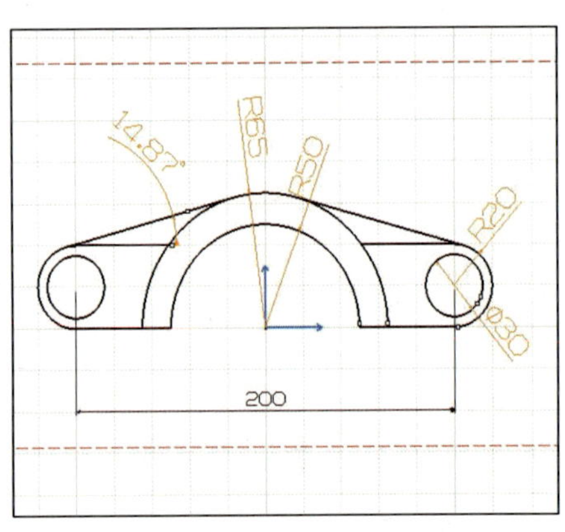
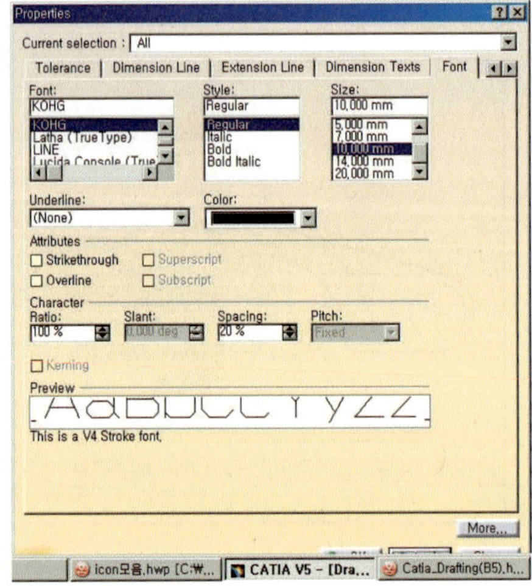

⑨ 개별치수에 적용하고자 할 경우에는 해당 치수만 선택하고 동일한 방법으로 치수를 변경한다.
⑩ φ30치수를 선택하고 마우스 오른쪽버튼을 클릭하여 Properties를 선택한다.
⑪ Dimension Texts탭에서 Associated Texts의 왼쪽 빈 공간에 "2-"를 입력하고 OK 버튼을 클릭한다.
⑫ 생성된 치수문자를 외형선과 겹치지 않도록 드래그하여 이동한다.

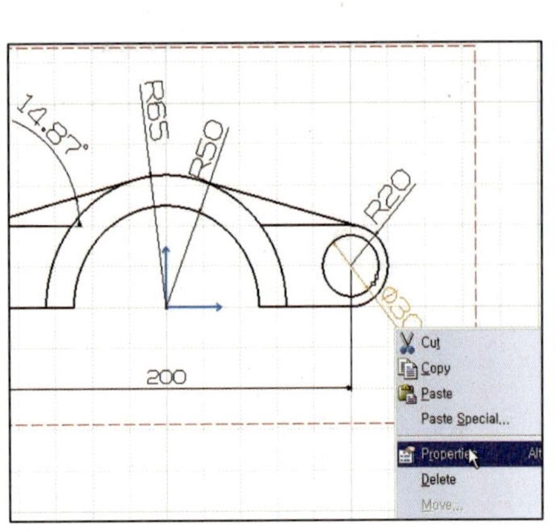
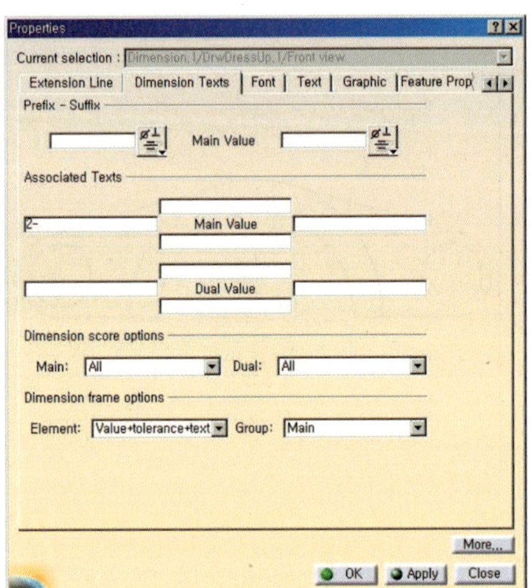

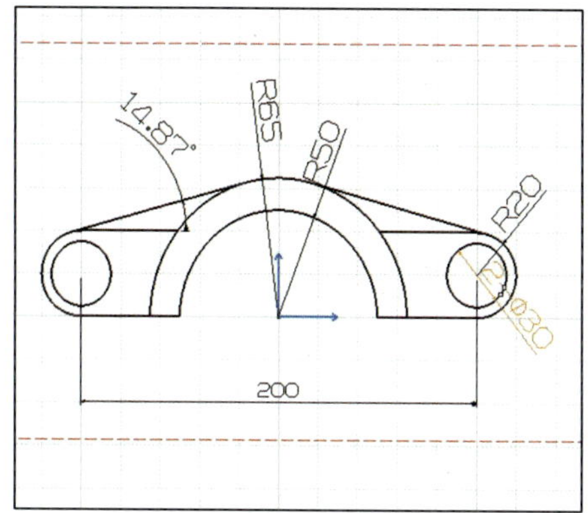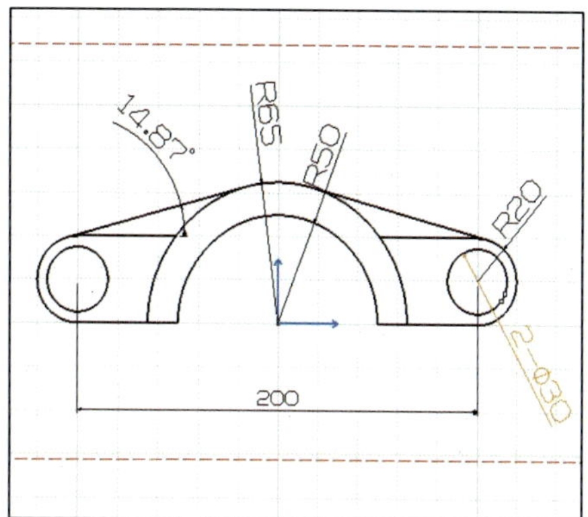

<Datum Feature ⒶＡ>

Datum을 생성하는 기능

① Ａ 아이콘을 클릭한다.
② Datum을 생성시킬 외형선을 선택하고 임의 위치를 클릭한다.
③ 생성된 Datum Feature Creation 대화상자에서 Datum 기호를 입력하고 OK 버튼을 클릭한다.

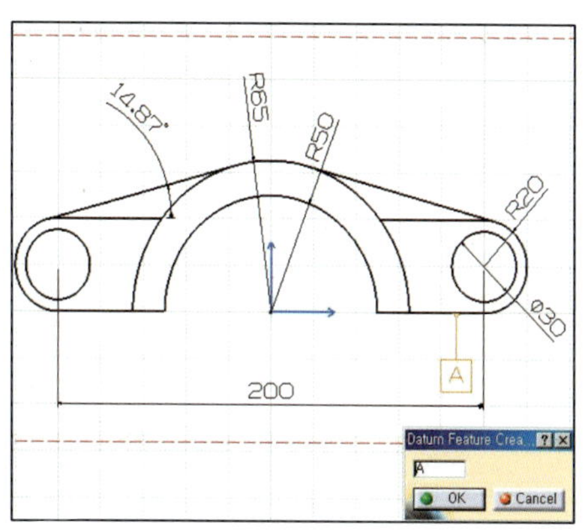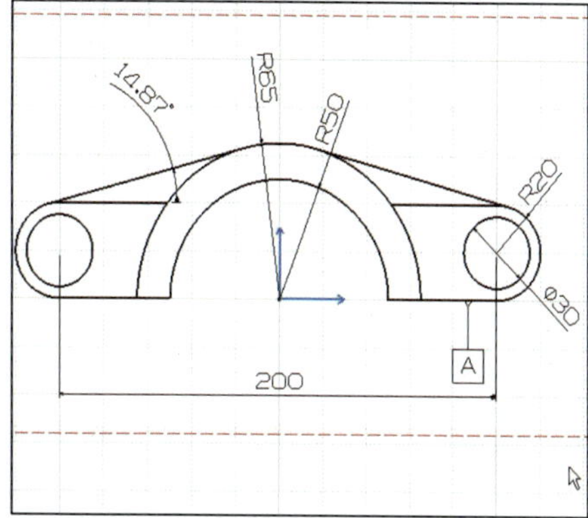

3) Annotation

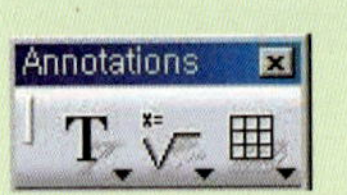

<Text T>

문자를 생성하는 기능

① **T** 아이콘을 클릭한다.

② 문자를 생성시킬 임의의 위치에 마우스 버튼을 클릭한다.

③ Text Editor 대화상자에 문자를 입력하고 Text Properties 도구막대에서 글자 크기를 지정하고 OK 버튼을
   클릭한다.

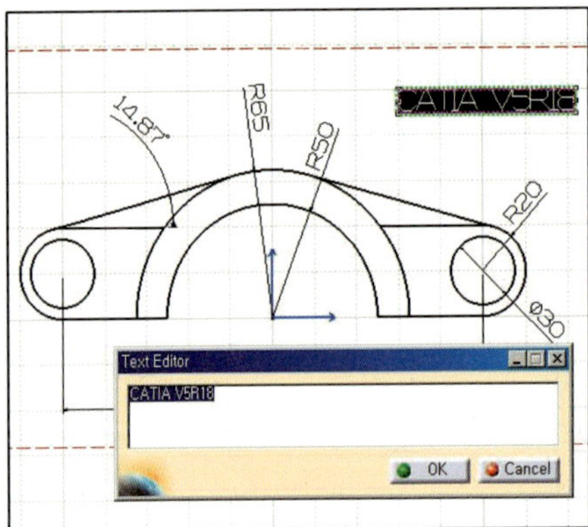

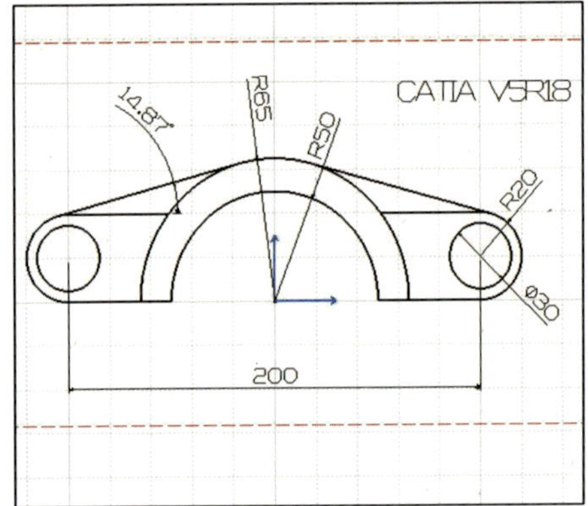

<Text With Leader>

지시선이 있는 문자를 생성하는 기능

① 아이콘을 클릭한다.

② 지시문자를 생성시킬 위치를 선택하고 임의의 위치에 마우스 버튼을 클릭한다.

③ Text Editor 대화상자에 문자를 입력하고 Text Properties 도구막대에서 글자의 크기를 지정하고 OK 버튼을
   클릭한다.

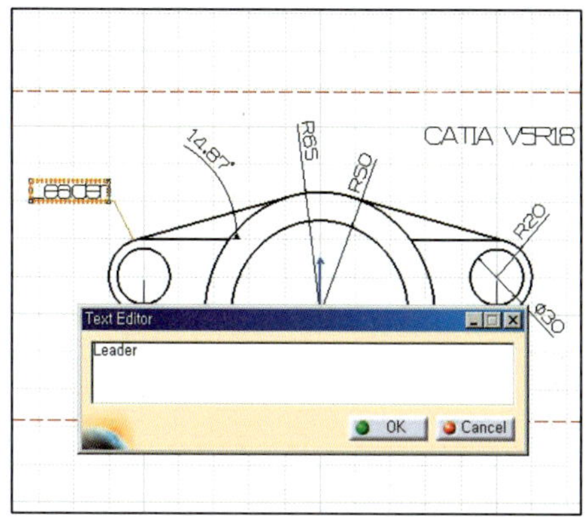

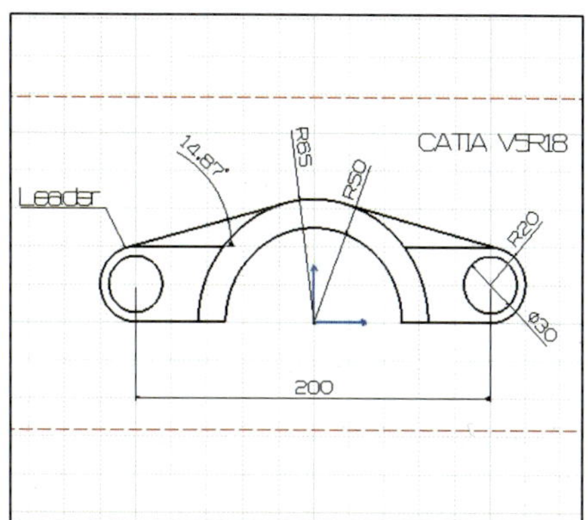

<Roughness Symbol >

표면거칠기 기호를 생성하는 기능

① 아이콘을 클릭한다.

② 거칠기 기호를 생성시킬 임의의 위치에 마우스 버튼을 클릭한다.

③ Roughness Symbol 대화상자에 Symbol 형태를 선택하고 거칠기 기호(w, x, y, z)를 입력하고 OK 버튼을 클릭한다.

④ Text Properties 도구막대에서 Text 크기를 지정한다.

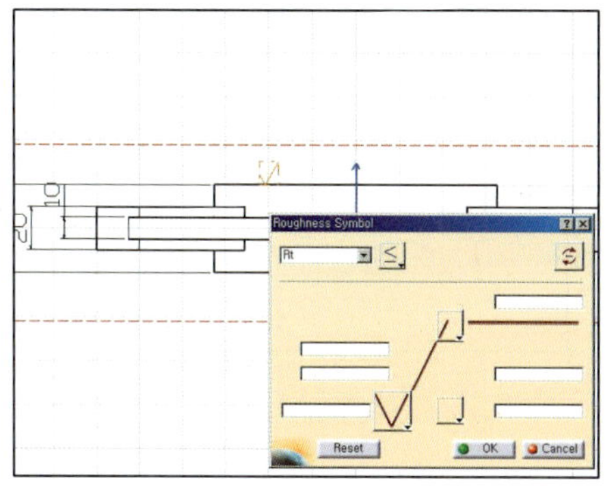

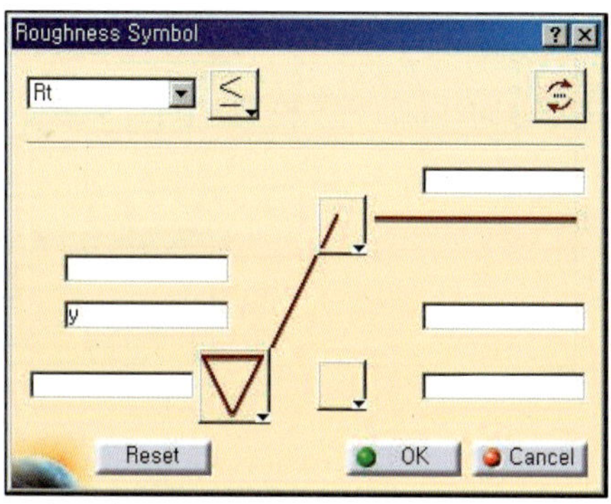

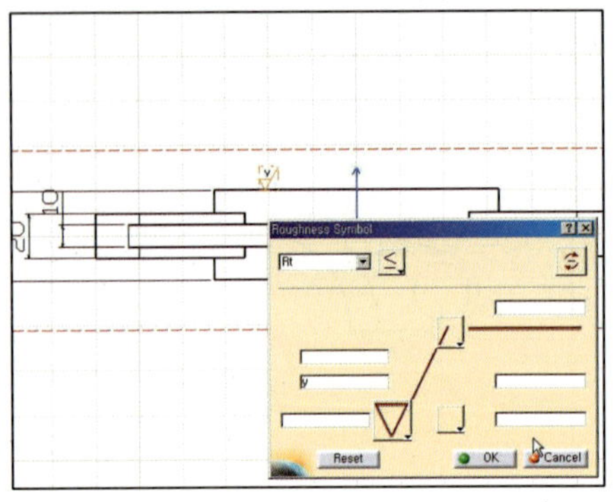
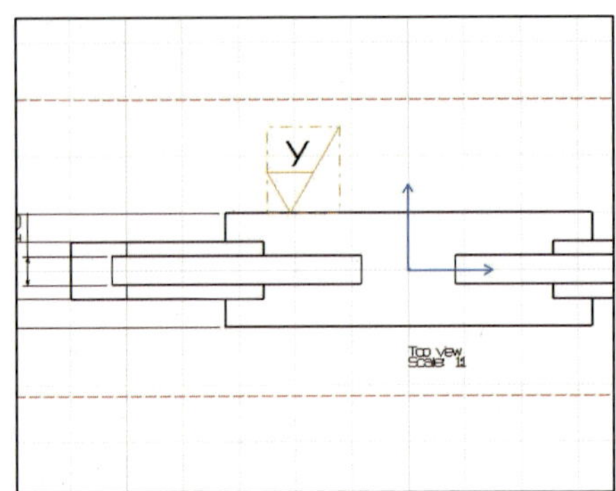

<Table  >

표를 생성하는 기능

①  아이콘을 클릭한다.

② Table Editor 대화상자에서 생성시킬 표의 열과 행의 숫자를 입력하고 OK 버튼을 클릭한다.

③ 표를 생성시킬 임의의 위치를 클릭하면 표가 생성된다.

④ 글자를 입력하기 위해서는 표의 셀을 선택하고 더블클릭하여 대화상자에 글자를 입력한다.

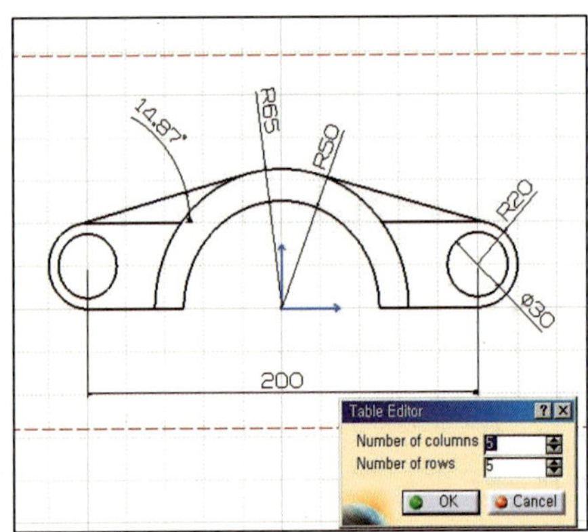
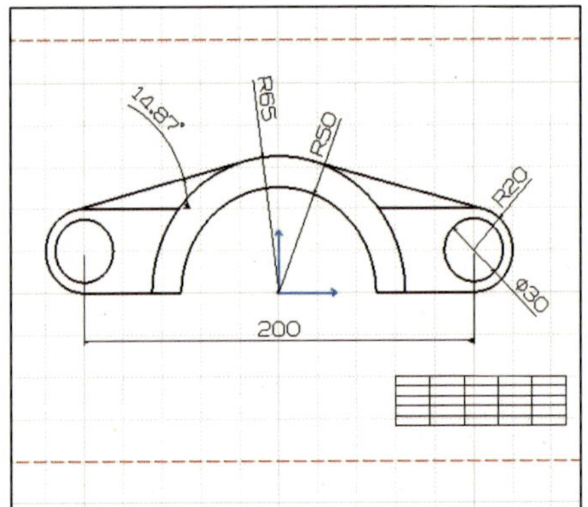

4) Drawing

Drafting Mode에 따라 아이콘의 기능이 바뀜

 **‹New View : Working Views Mode›**

설계자가 직접 새로운 View를 생성하는 기능

① 아이콘을 클릭한다.

② View를 생성시킬 위치에 마우스 버튼을 클릭한다.

③ Views 도구막대에 있는 기능을 이용하여 생성한 View는 투상관계가 적용되나 New View 기능으로 생성한
   View는 기존의 View와 상관없이 독립적으로 존재한다.

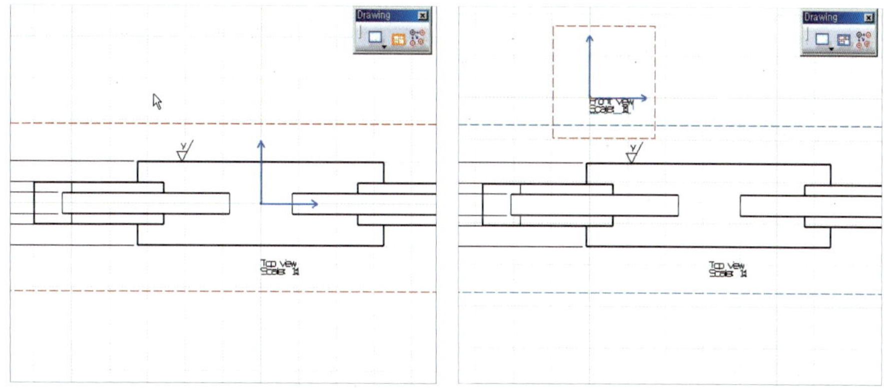

 **‹Frame and Title Block : Background Mode›**

표제란를 생성하는 기능

① 표제란을 작성하기 위해 Edit-Sheet Background를 선택하여 Background Mode로 전환한다.

② 화면이 불투명하게 바뀌면서 Working Views Mode에서 생성한 View는 선택이 되지 않는다.

③ 아이콘을 클릭한다.

④ Manage frame and title block 대화상자에서 CATIA에서 기본적으로 제공하는 Title을 선택하고 OK 버튼을
   클릭한다.

⑤ 수정하고자 하는 문자를 더블클릭하여 적용한다.

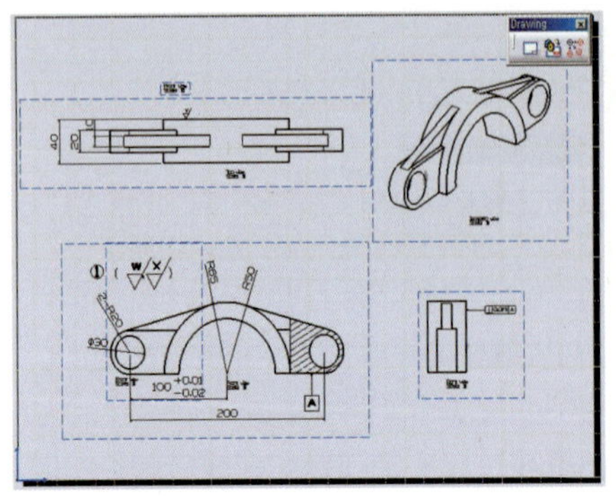
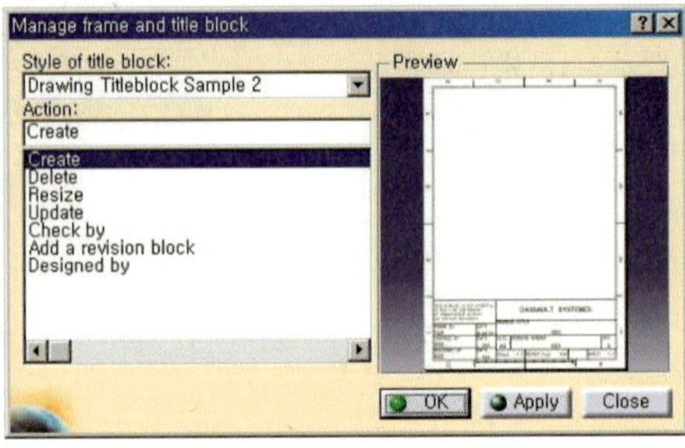

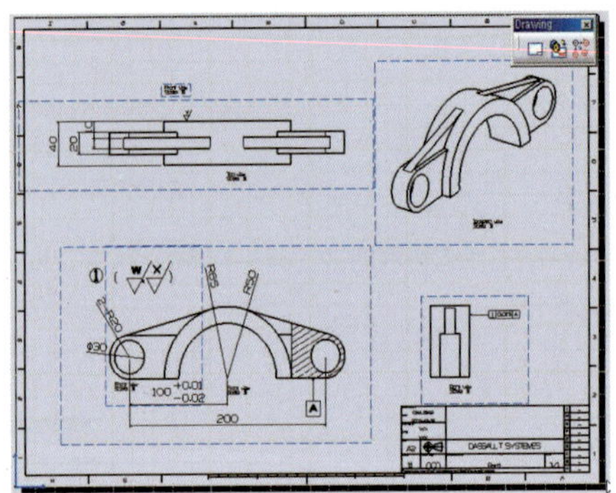
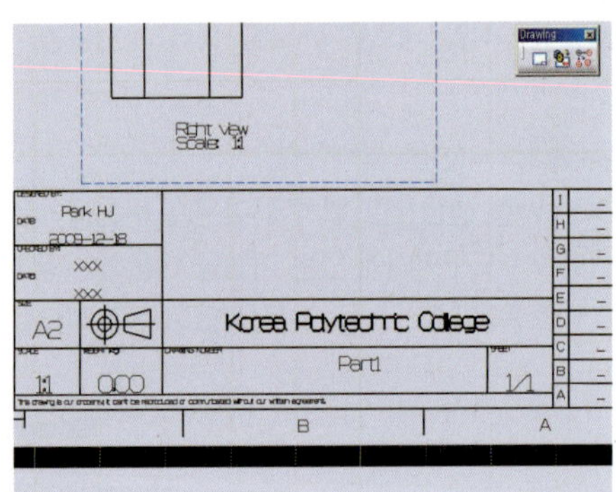

⑥ Geometry Creation 도구막대의 Rectangle 아이콘 과 Line 아이콘 을 이용하여 직접 표제란을 작성하고 Text 아이콘 **T** 을 클릭하여 글자를 입력한다.

⑦ 작성이 완료되면 Edit-Working Views를 선택하여 Working Views Mode로 전환한다.

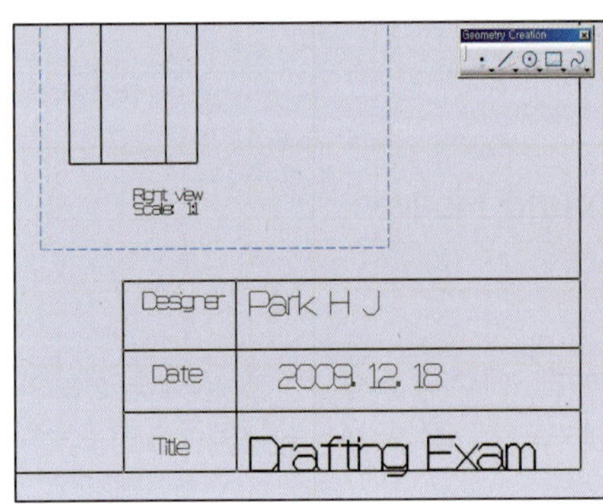
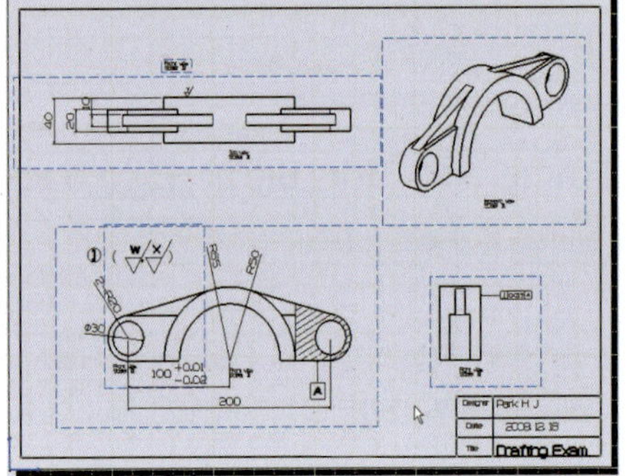

3. Drafting 예제 따라하기

1) 따라하기 예제

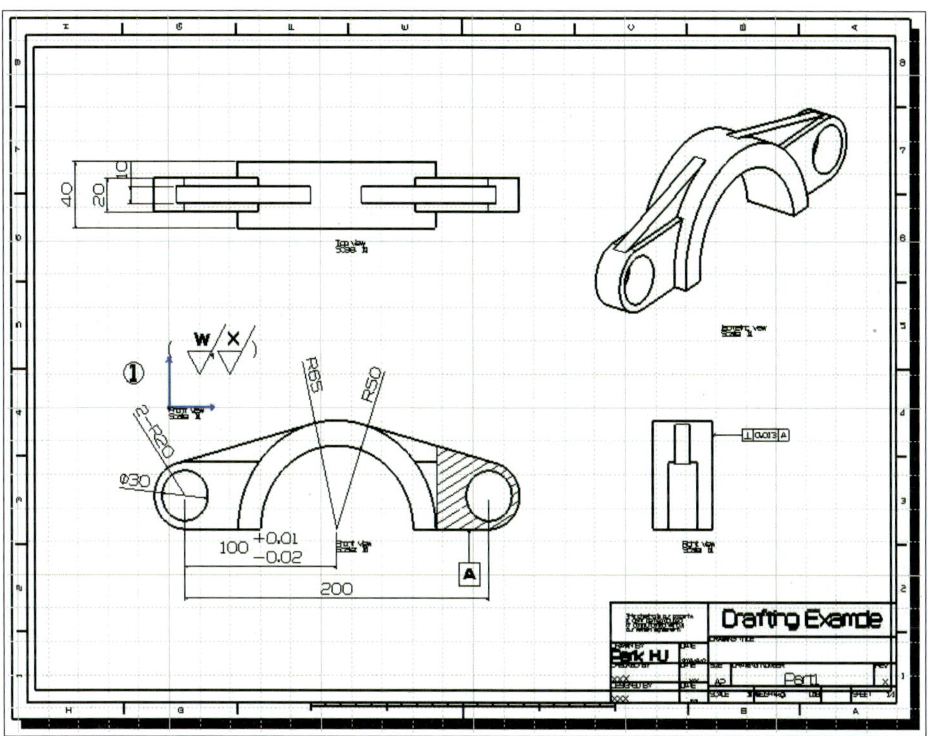

2) 따라하기 예제

① CATIA를 실행시켜 도면을 생성시킬 Model을 Open시킨다.(Part Design Mode의 예제2를 이용)

② Start → Mechanical Design → Drafting을 실행한다.

③ New Drawing Creation 대화상자에서 Modify...버튼을 클릭하여 Standard를 ISO, Sheet Style을 ISO A2를 선택한다.

④ Drafting Mode로 전환하면 Edit-Sheet Background를 선택하여 Drawing 도구막대에서 Frame and Title Block 아이콘 을 클릭한다.

⑤ Manage Frame and Title Block 대화상자에서 제공된 Sample을 선택하고 OK 버튼을 클릭한다.

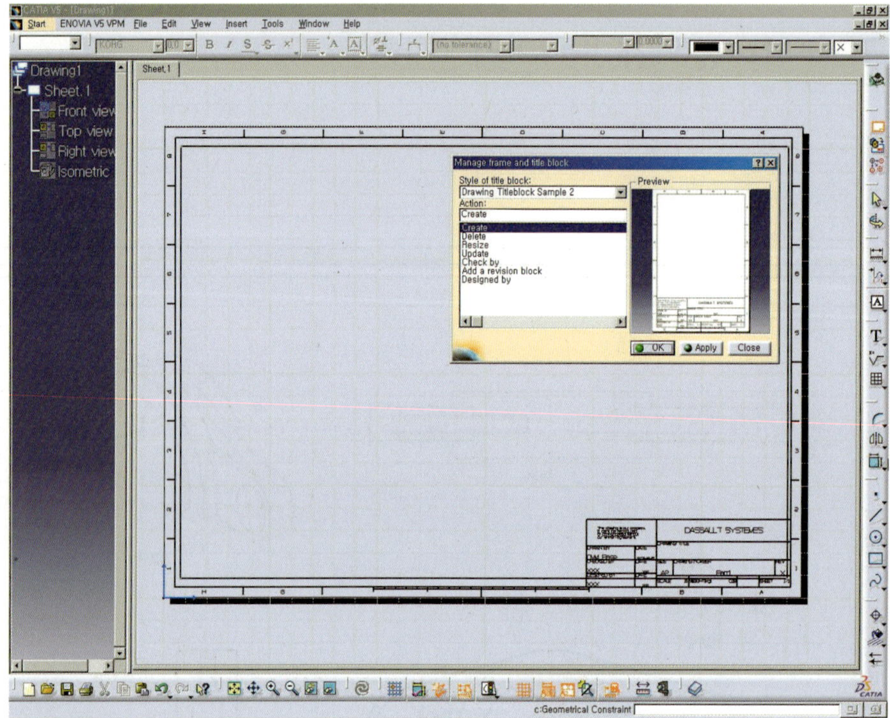

⑥ 생성된 Title을 변경하기 위해 더블클릭하여 수정한다.

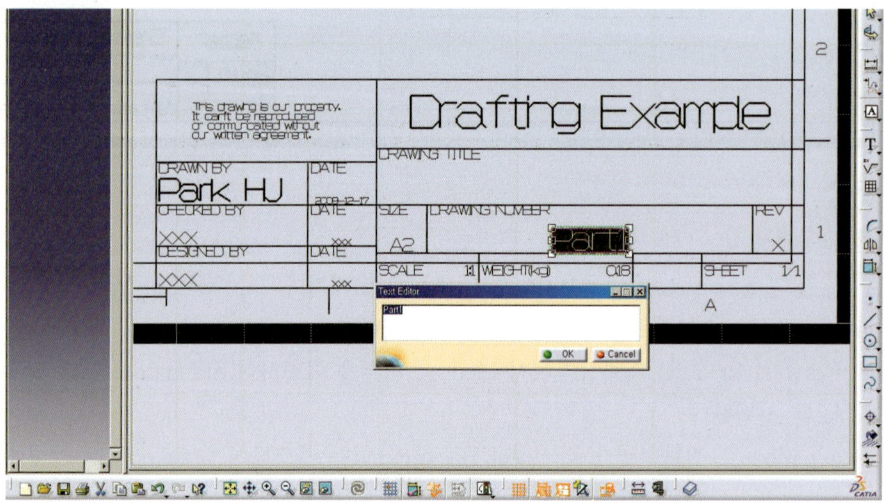

⑦ Working Area로 전환하기 위해 Edit-Working Views를 선택한다.

⑧ Working Area 영역에서는 Background 영역에서 생성한 Title Block은 선택되지 않을 뿐만 아니라 내용을 변경하고자 할 경우에는 Background 영역으로 전환해야만 수정이 가능하다.

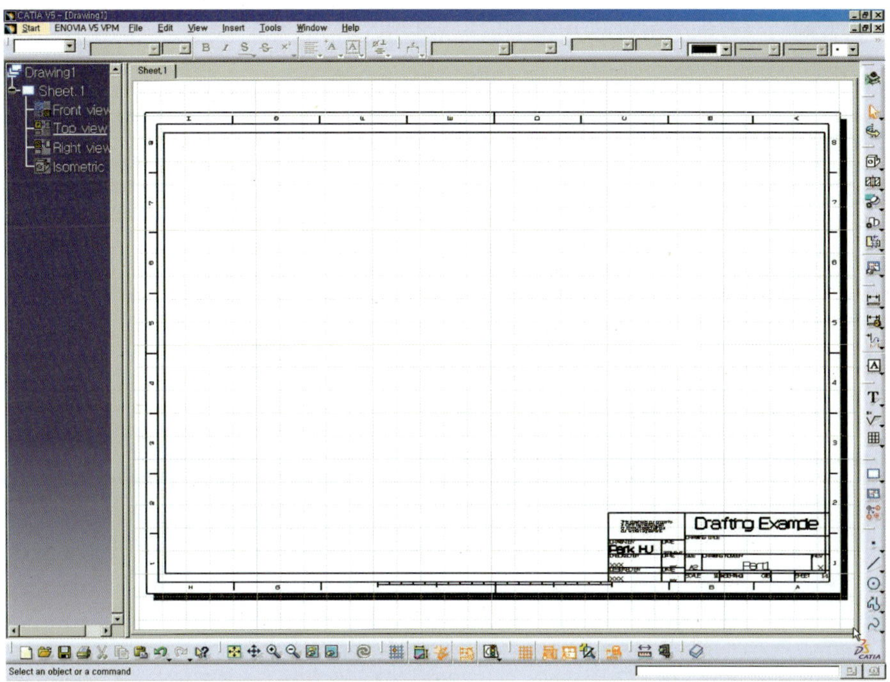

⑨ Window-Title Horizontally를 선택한다.

⑩ 도면을 생성시킬 Model창과 Drafting창이 수평하게 나누어진다.

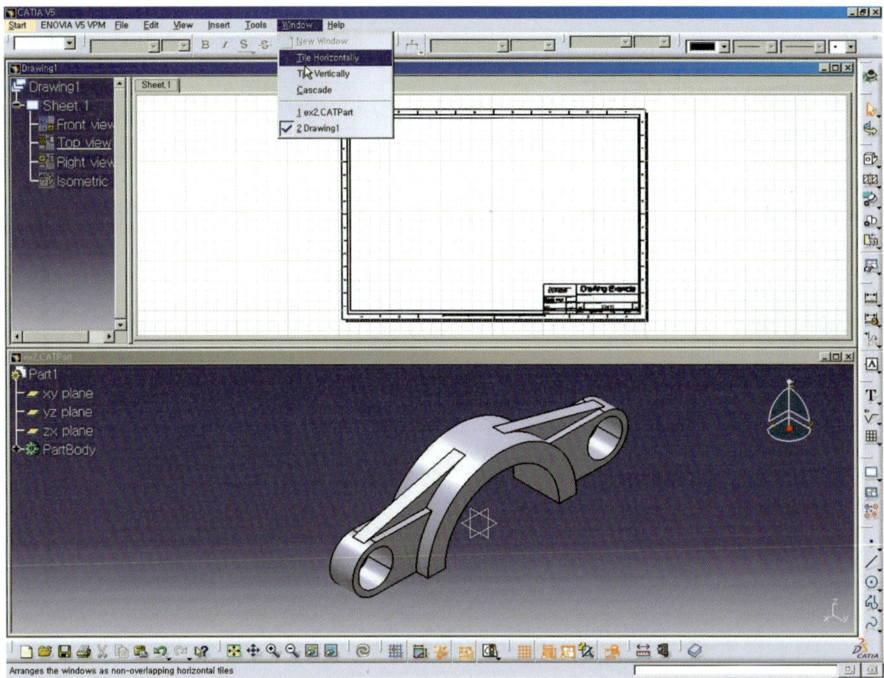

⑪ 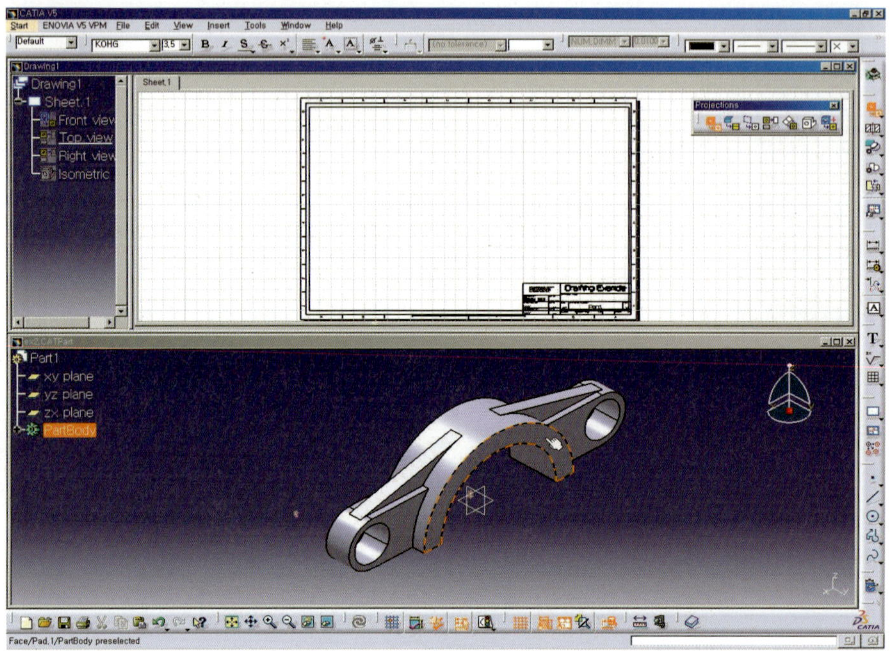 아이콘을 클릭하고 Modeling창에서 정면도로 생성하고자 하는 면을 선택한다.

⑫ Drafting창에 View가 생성되면 Drafting창의 제목표시줄을 더블클릭하여 최대화시킨다.
⑬ 정면도가 생성되었으면 임의의 공간에 마우스를 클릭한다.

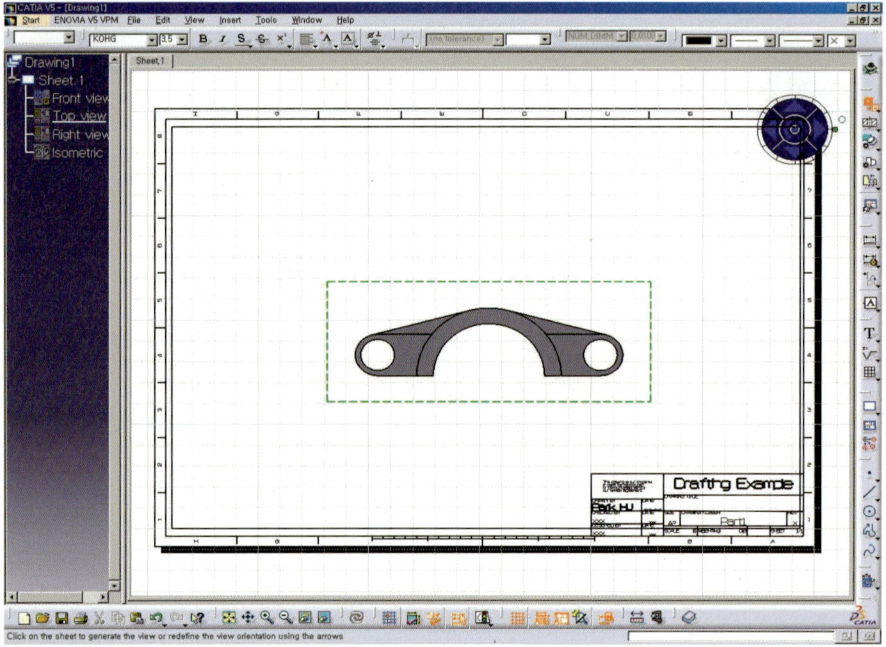

⑭ Specifications Tree 영역의 Sheet.1을 선택하고 마우스 오른쪽버튼을 클릭하여 Properties를 선택한다.

⑮ Properties 대화상자에서 Projection Method를 3각법인 Third angle standard를 선택하고 OK 버튼을 클릭한다.

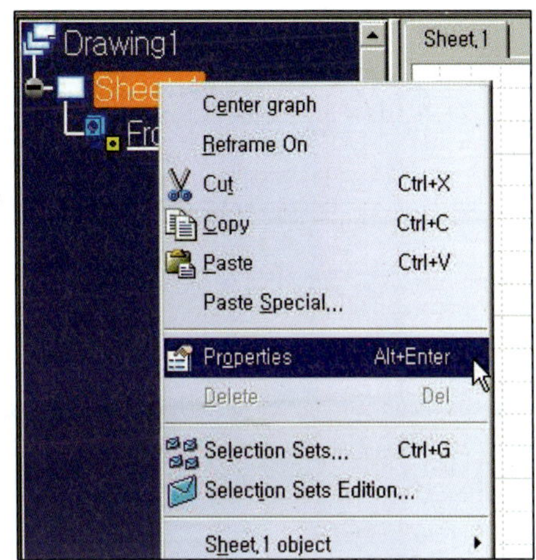
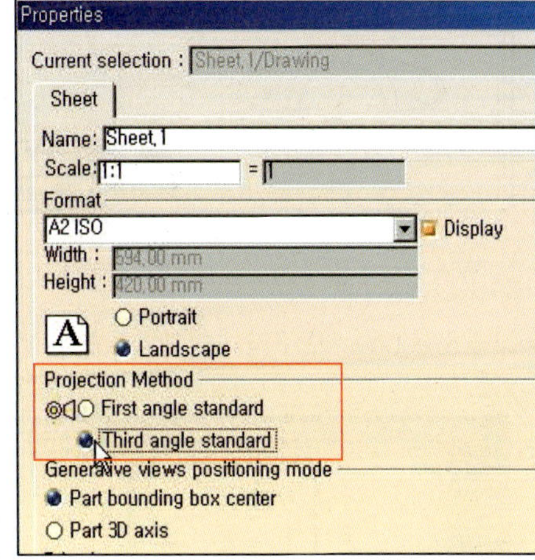

⑯ Front View의 Display view Frame을 마우스로 선택하고 Drag하여 왼쪽 아래방향으로 이동한다.

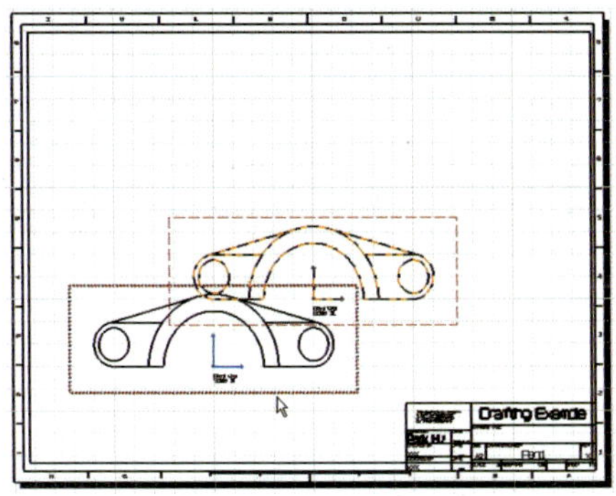
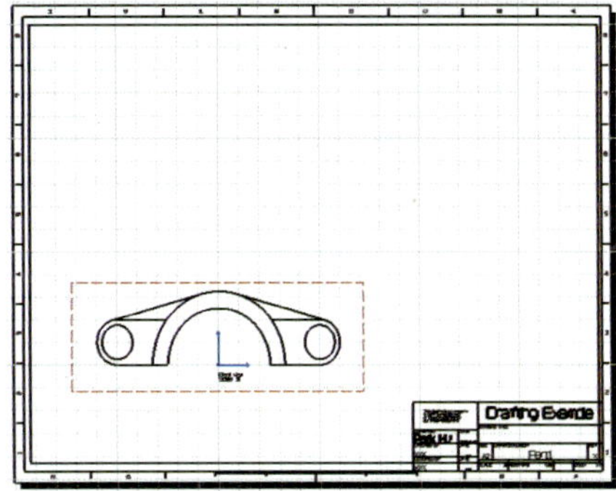

⑰ Projections 도구막대의 Projection View 아이콘을 클릭한다.

⑱ Front View의 위쪽에 마우스를 위치시키면 Top View가 나타나며 임의 점을 클릭하여 View를 생성한다.

⑲ 같은 방법으로 Front View의 오른쪽에 Right View를 생성한다.

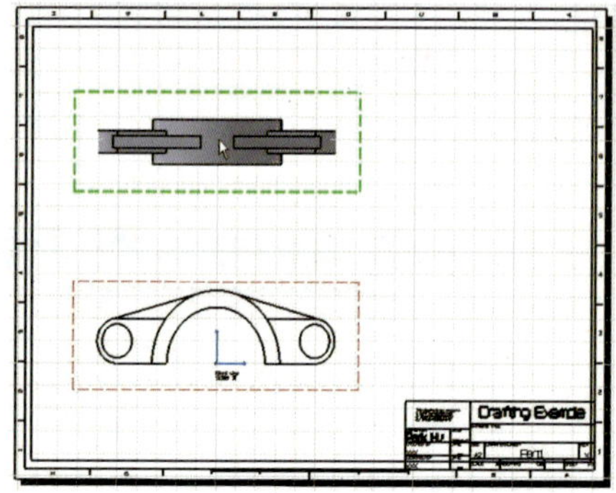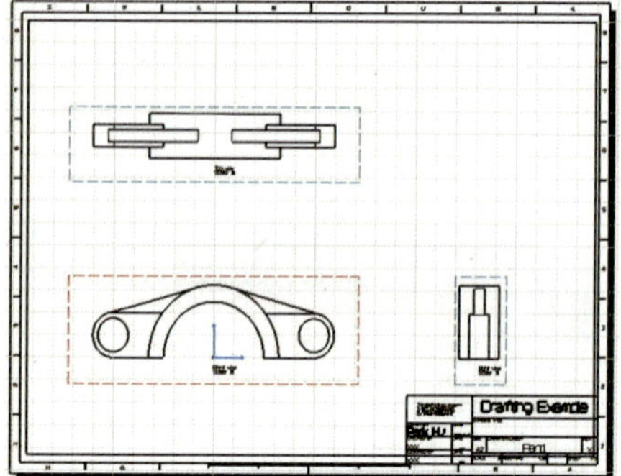

⑳ Window-Title Horizontally를 선택하고 Isometric View를 생성시킬 형상으로 Model을 위치시킨다.

㉑ Projections 도구막대의 Isometric View 아이콘 을 클릭한다.

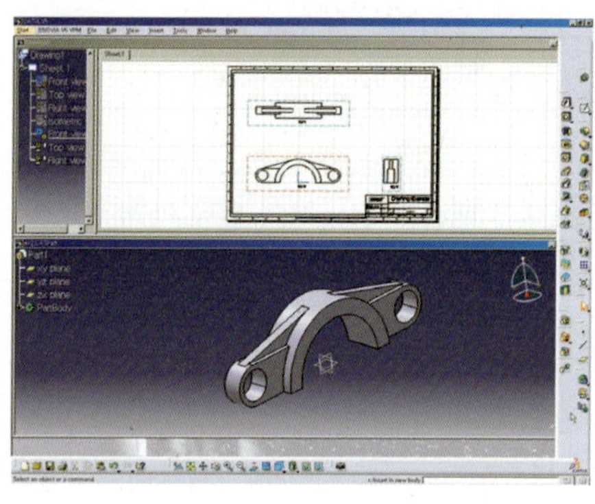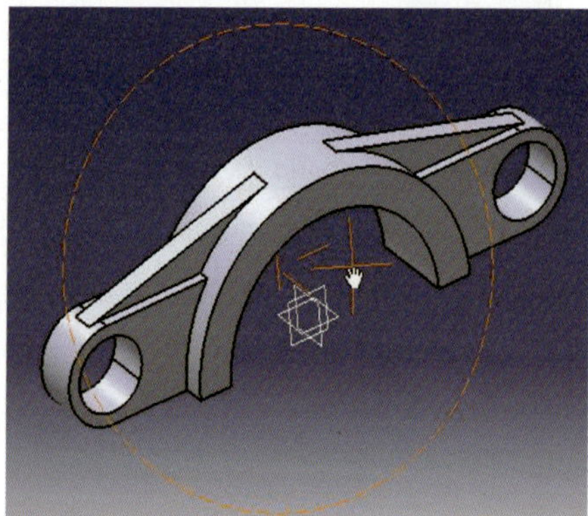

㉒ Modeling창에 있는 Model의 임의 면을 클릭하면 똑같은 형상의 Isometric View가 Drafting 창에 나타난다.

㉓ Drafting창에서 마우스로 임의 점을 클릭하면 View가 생성된다.

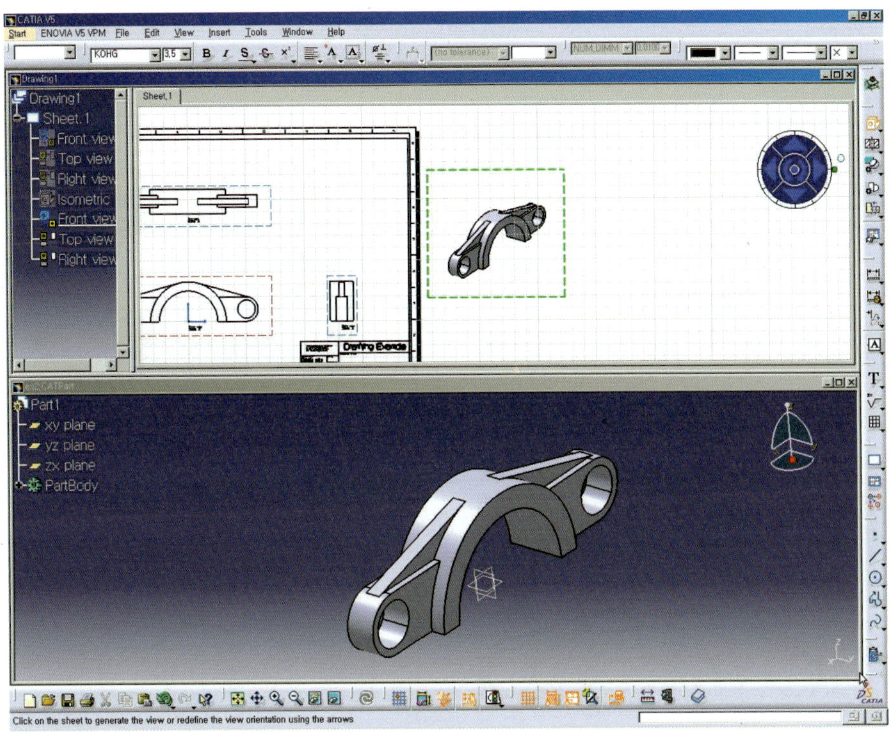

㉔ Drafting창의 제목표시줄을 더블클릭하여 최대화시킨다.
㉕ 생성한 Isometric View의 Display view Frame을 마우스로 선택하고 Drag하여 배치할 위치
  로 이동한다.

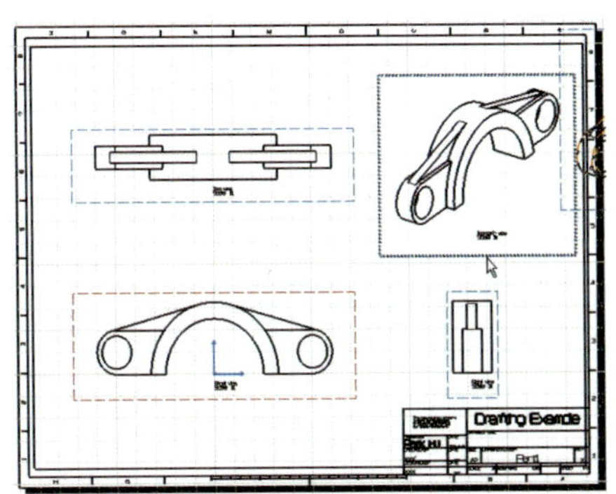

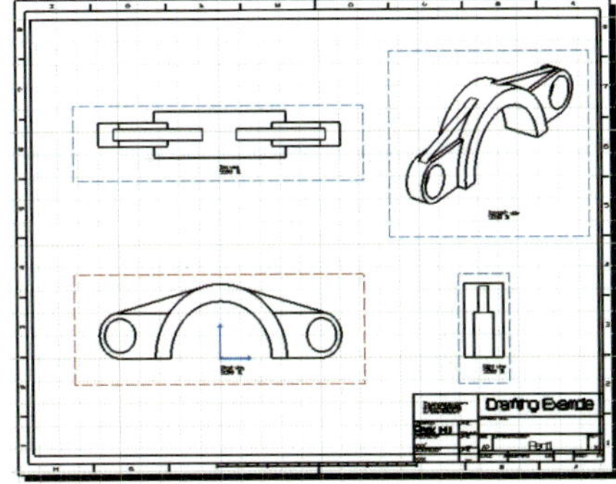

㉖ Front View의 Hole 위치에 부분단면도를 생성시키기 위해 Front View를 Active View로

  선택하고 Breakout View 아이콘을 클릭하고 영역을 지정한다.

㉗ 단면의 위치를 정확하게 지정하기 위해 3D Viewer 대화상자의 Reference Element 영역을
  클릭하고 Top View에서 기준면을 지정한다.

㉘ Depth 영역을 클릭하고 Solid의 가장자리에서 가운뎃 부분을 절단하기 위해 20mm를 입력

하고 OK버튼을 클릭한다.

㉙ 절단선을 변경하기 위해 단면의 절단선 을 선택한 후 마우스 오른쪽버튼을 클릭한다.

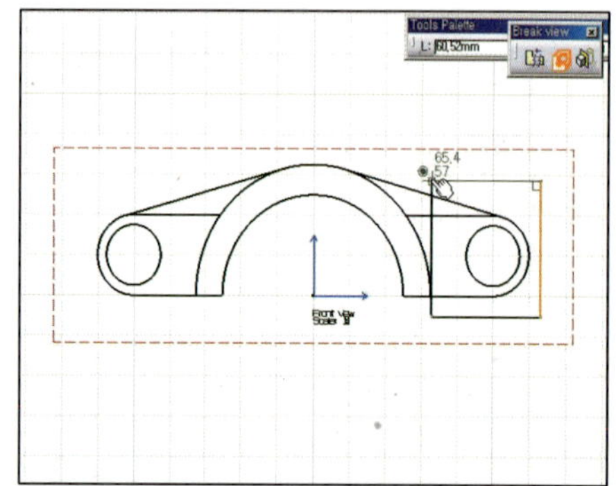
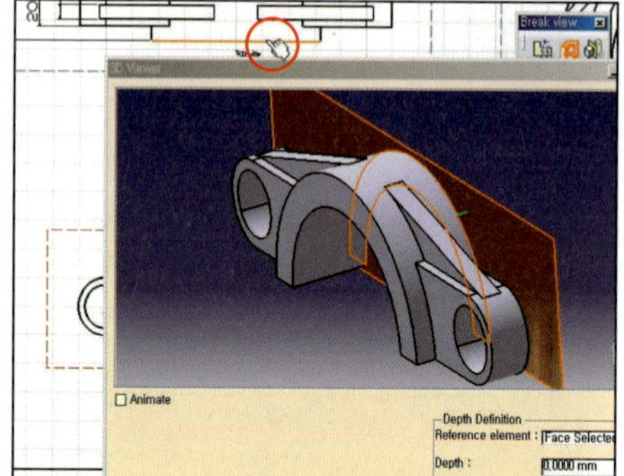
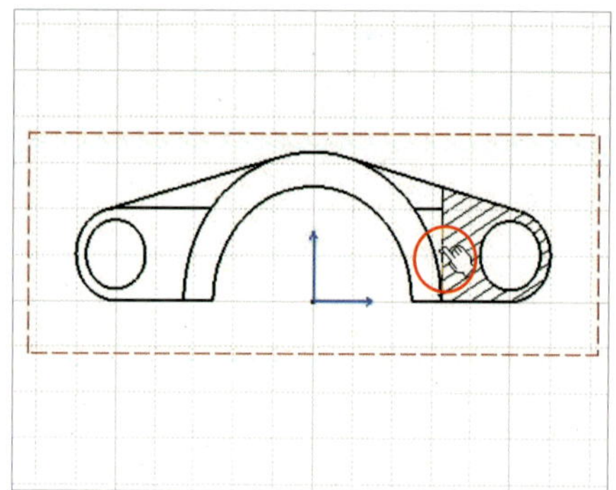
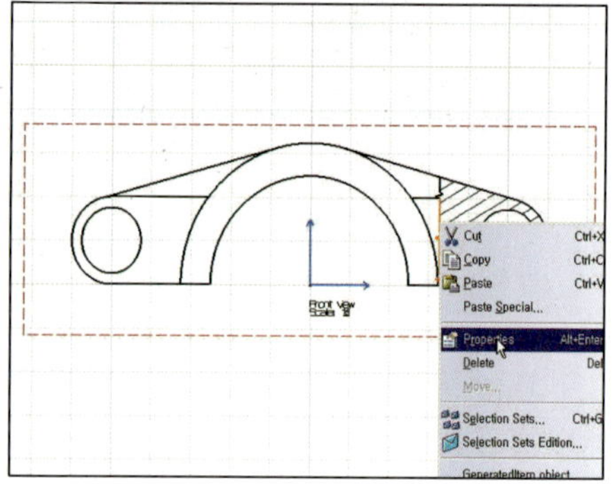

㉚ Properties 대화상자에서 Lines and Curves의 Line Type을 가는 실선으로 선택하고 OK 버튼을 클릭한다.

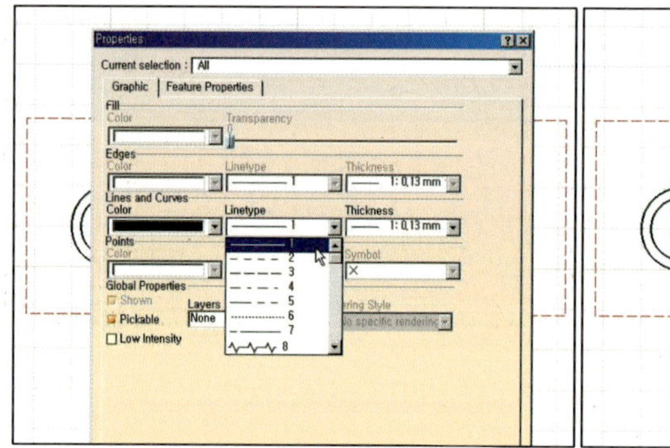
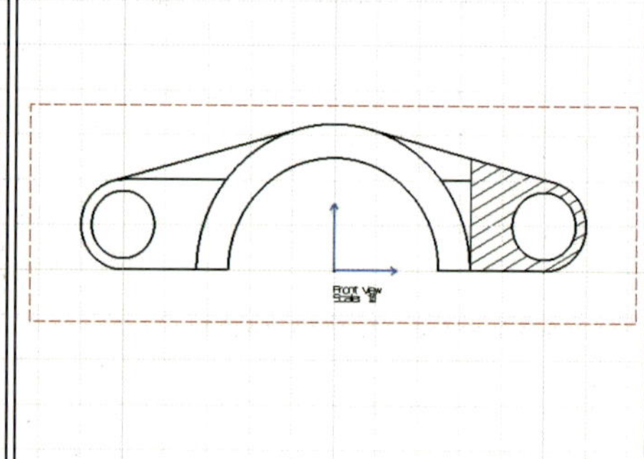

㉛ Dimensions 아이콘 을 더블클릭하여 치수를 연속 적용한다.

㉜ Arc를 선택하여 치수를 적용하는데, 반경 R과 직경 ϕ는 마우스 오른쪽버튼을 클릭하여 선택한다.

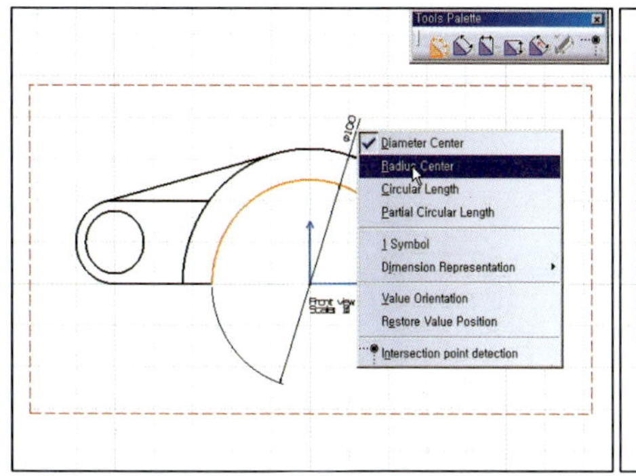
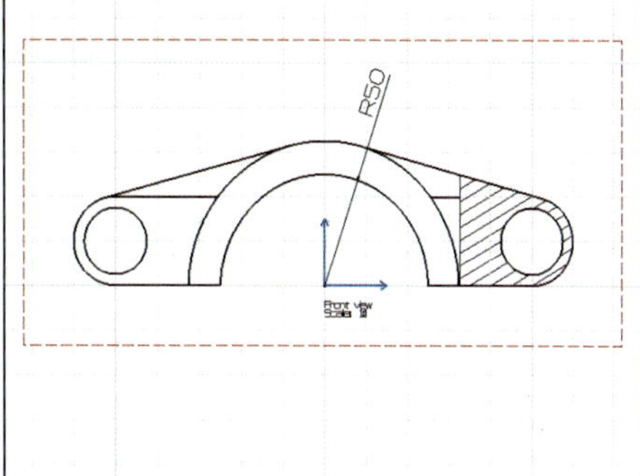

㉝ Circle을 선택하여 치수를 적용하는데 R과 ϕ는 Arc의 경우와 같은 방법으로 적용한다.

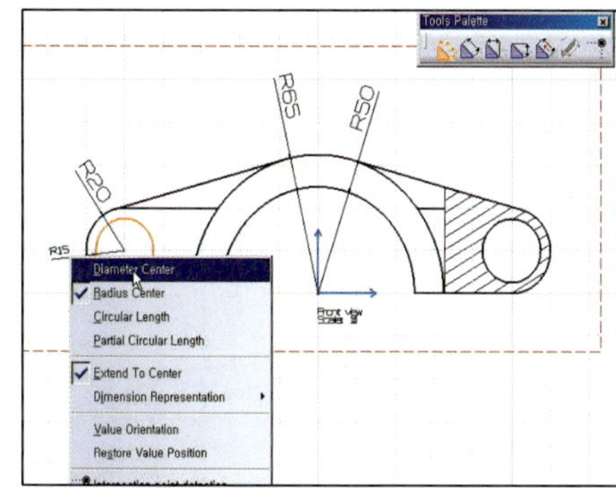
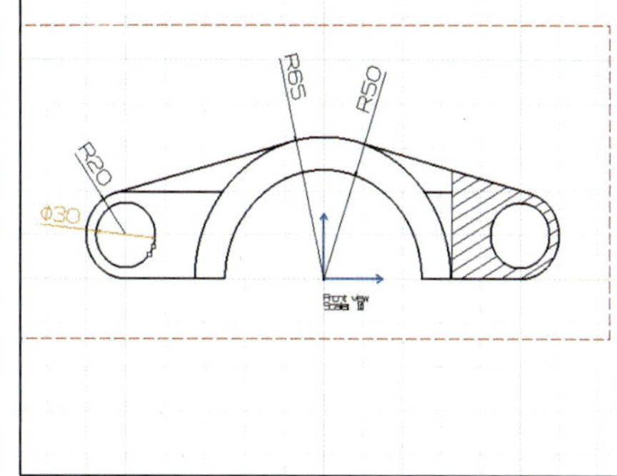

㉞ 양쪽 Circle을 차례로 선택하여 Circle 중심 사이의 거리치수를 적용한다.

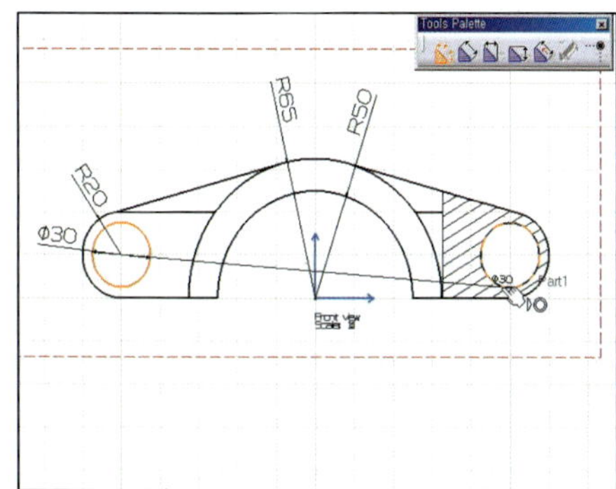
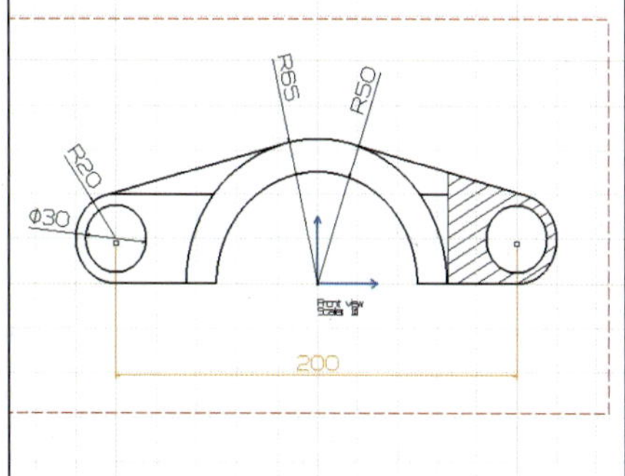

㉟ Arc의 중심에서 Circle 중심까지의 거리치수를 적용한다.

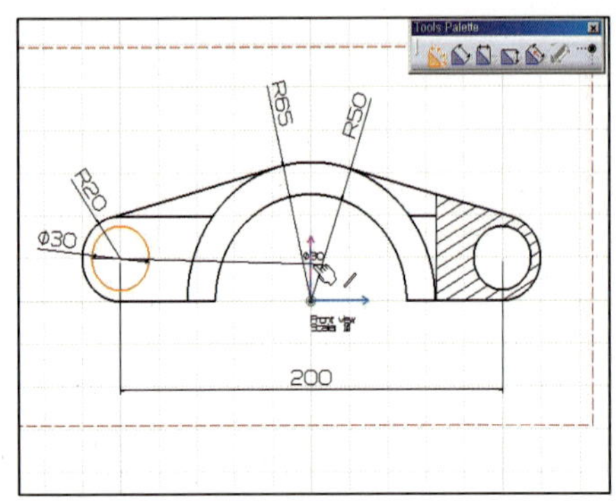
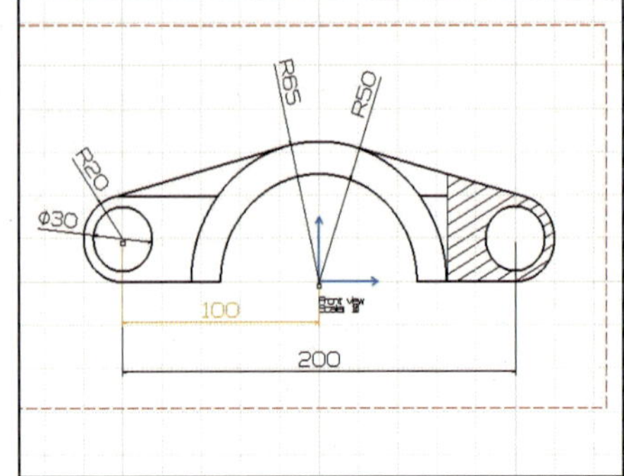

㊱ 동일한 Circle이 존재하므로 "2-"를 치수 앞에 적용하기 위해 R20 치수를 선택하고 마우스 오른쪽버튼 클릭하여 Properties를 선택한다.

㊲ Dimension Text탭의 Associated Text의 Main Value 왼쪽 영역에 "2-"를 입력하고 OK 버튼을 클릭한다.

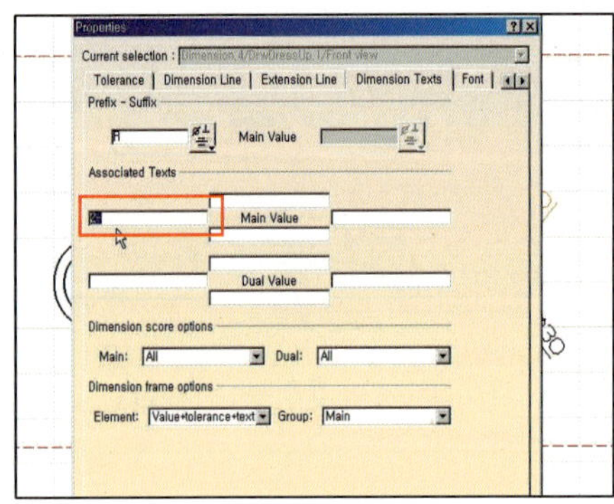
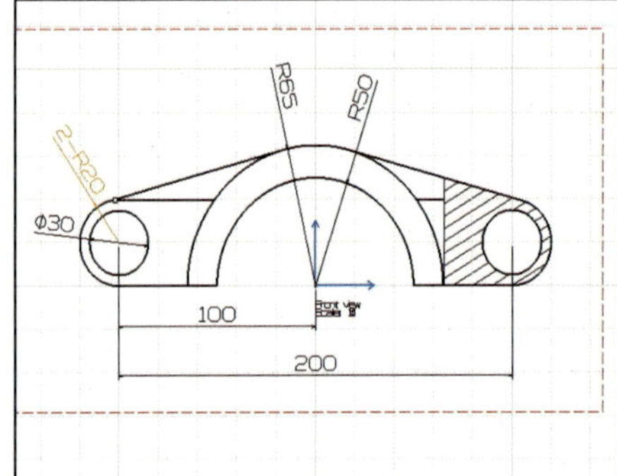

㊳ Datum을 적용하기 위해 Datum Feature 아이콘 A 을 클릭하여 외형선을 지정하고 생성한 위치에서 마우스를 클릭한다.

㊴ Datum Feature Creation 대화상자에 Datum 기호를 입력하고 OK 버튼을 클릭한다.

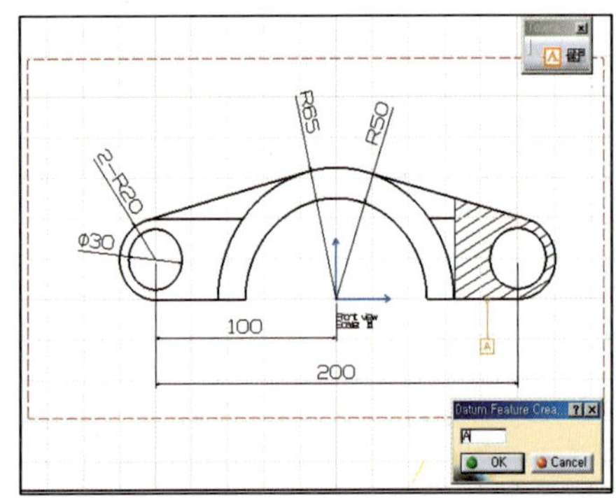
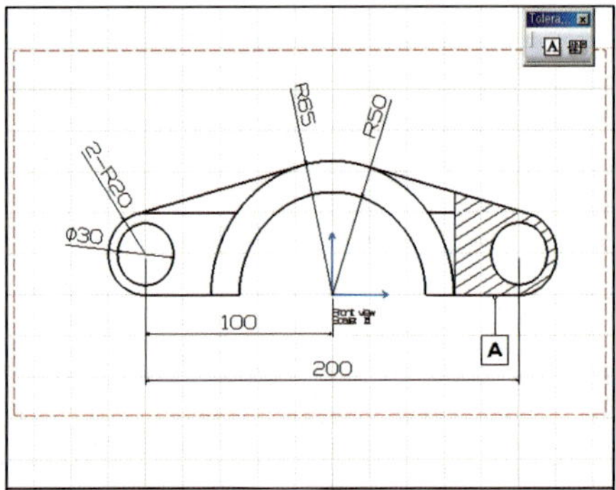

㊵ 생성된 Datum을 클릭하여 노란색 다이아몬드 형상 위에 마우스 포인터를 위치시키고 마우스 오른쪽버튼을 클릭한다.

㊶ Symbol Shape-Filled Triangle을 선택하여 속이 채워진 Symbol로 변경한다.

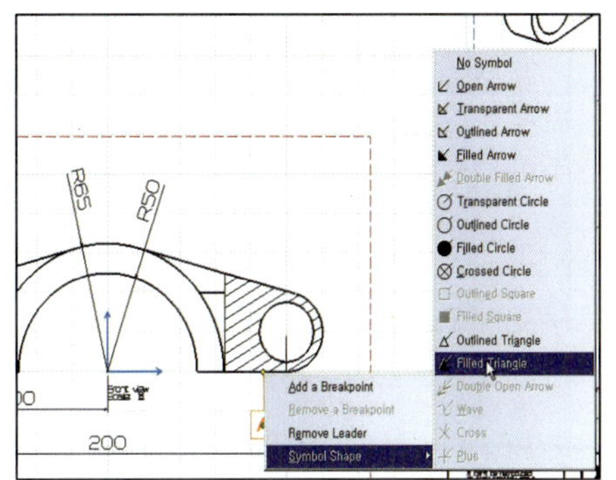
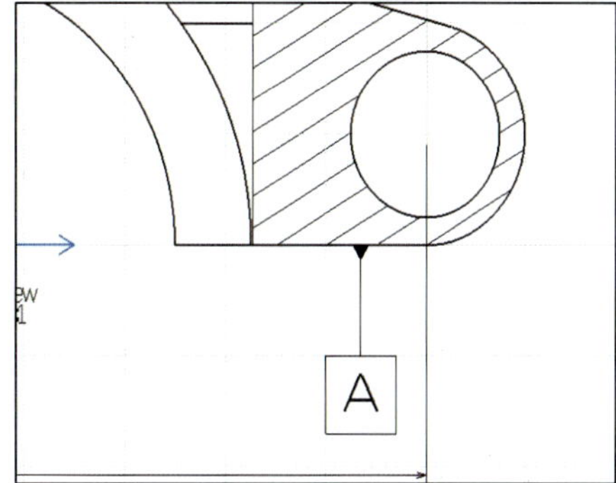

㊷ 100mm 치수에 공차를 적용하기 위해 치수를 선택하고 마우스 오른쪽버튼을 클릭하여 Properties 대화상자의 Tolerance탭을 클릭한다.

㊸ Main Value를 ANS_NUM2를 선택하고 상한공차(Upper Value) 0.01mm와 하한공차 (Lower Value) 0.02를 지정하고 OK 버튼을 클릭한다.

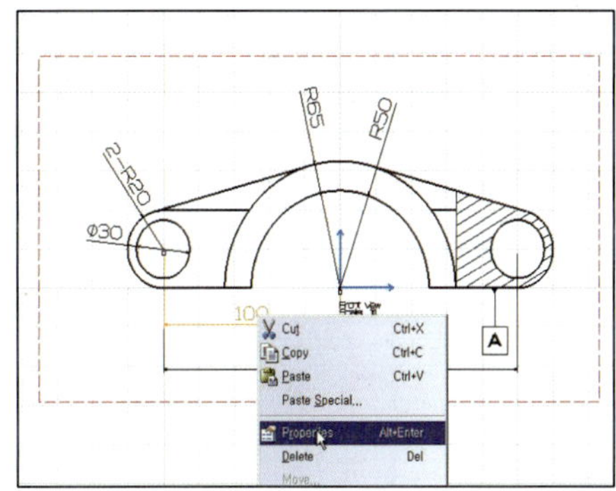
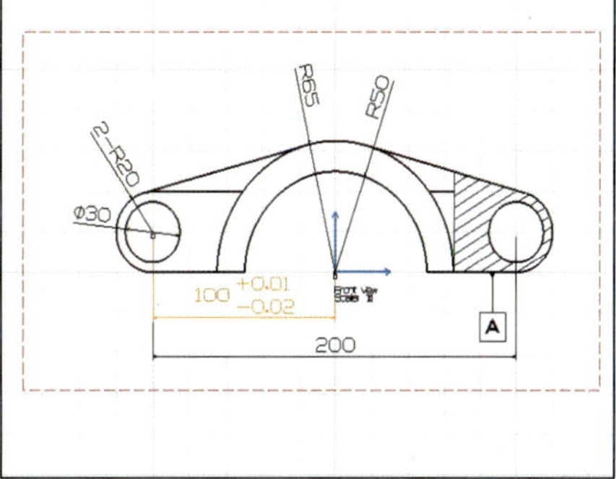

㊹ 개별주서를 입력하기 위해 Balloon 아이콘 ❻을 클릭하고 임의 위치에서 마우스 버튼을 클릭한다.

㊺ Balloon Creation 대화상자에서 생성할 번호 1을 입력하고 OK 버튼을 클릭한다.

㊻ Text Properties 도구막대에서 Text 크기 10mm, Bold를 적용한다.

㊼ Balloon을 선택하고 마우스 포인터를 다이아몬드 형상위에 위치시킨 후 마우스 오른쪽 버튼을 클릭하고 Remove Leader/Extremity를 선택하여 Leader를 제거한다.

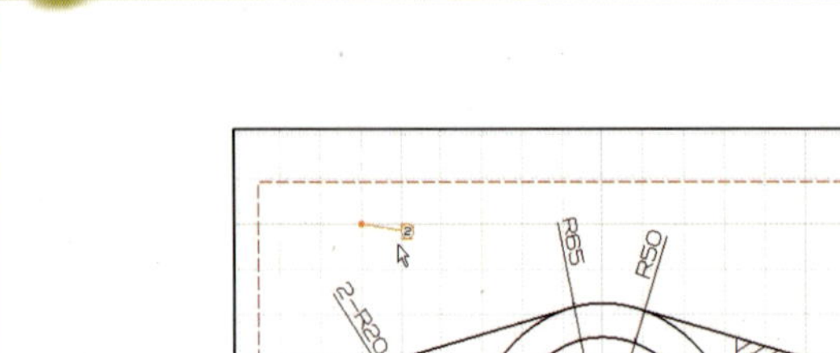
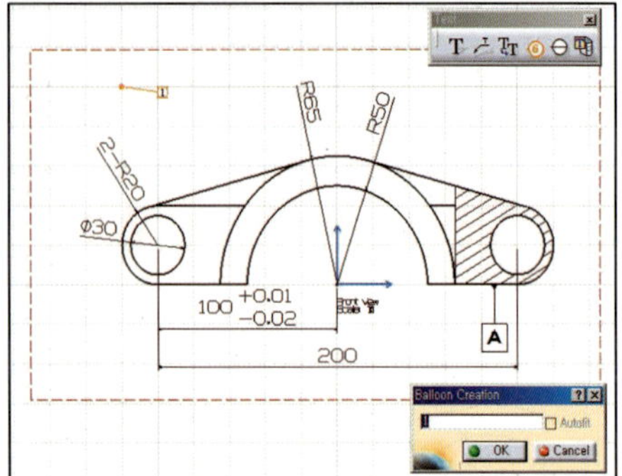

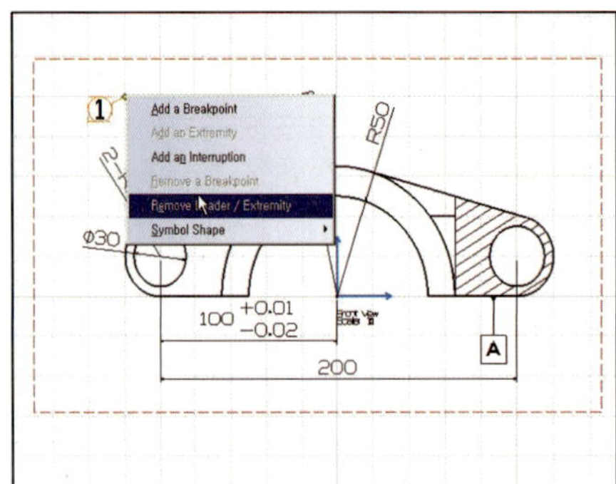
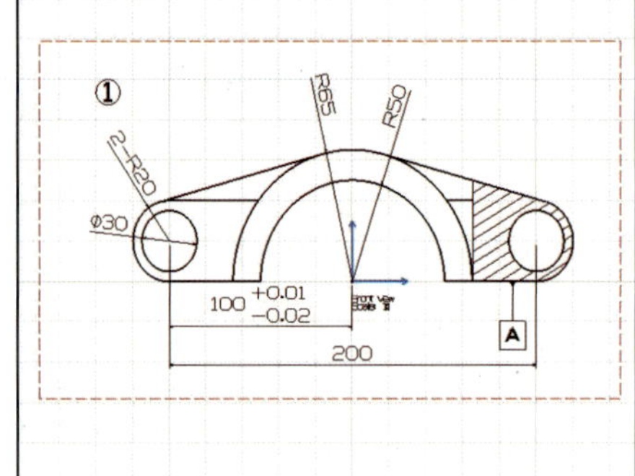

㊽ Top View에 치수를 적용하기 위해 Top View의 Display View Frame을 더블클릭한다.

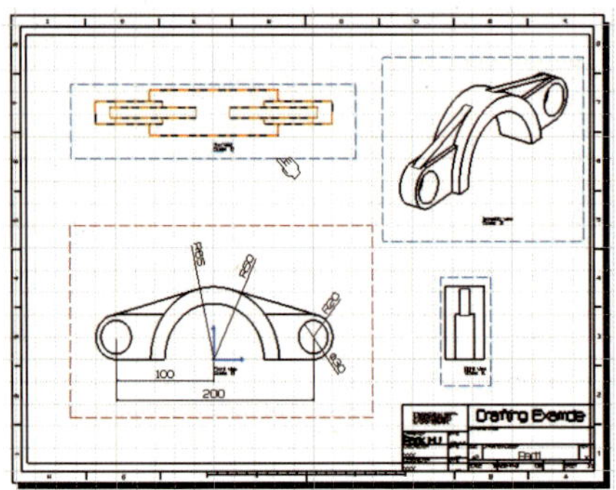
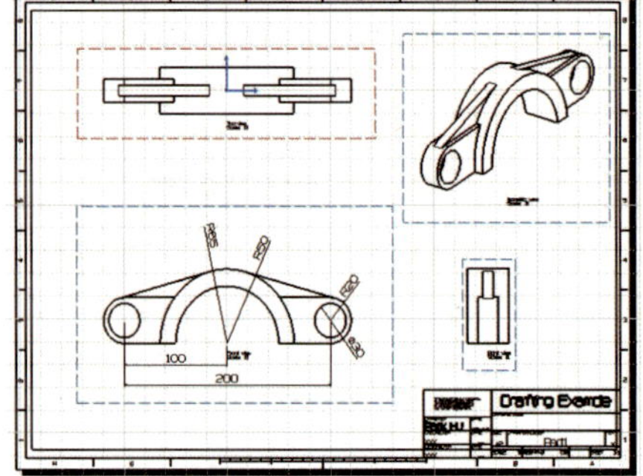

㊾ Dimension 아이콘 을 더블클릭하여 두께에 대한 치수를 적용한다.

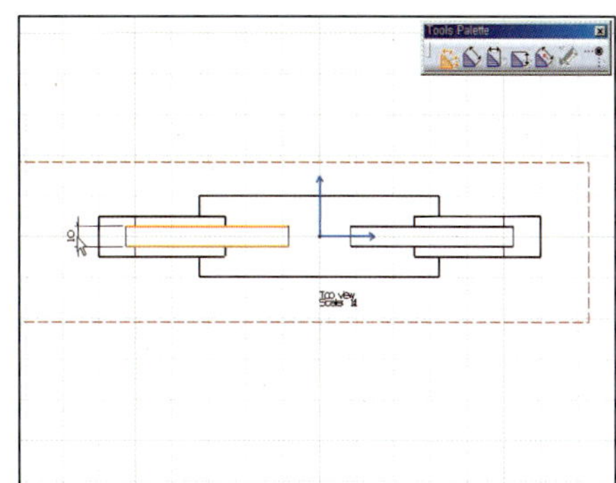
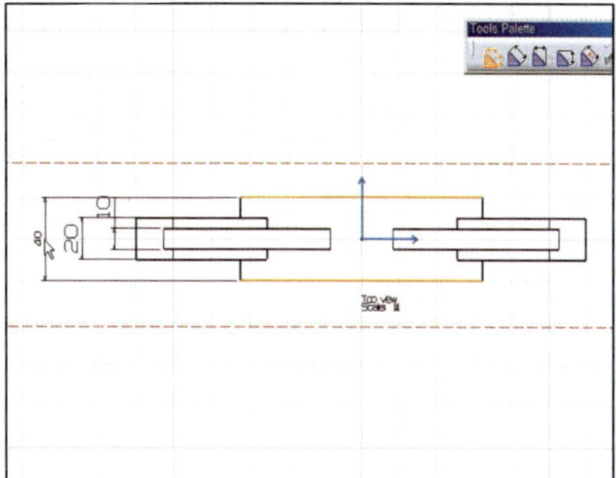

㊿ Right View에 치수를 적용하기 위해 Right View의 Display View Frame을 더블클릭한다.

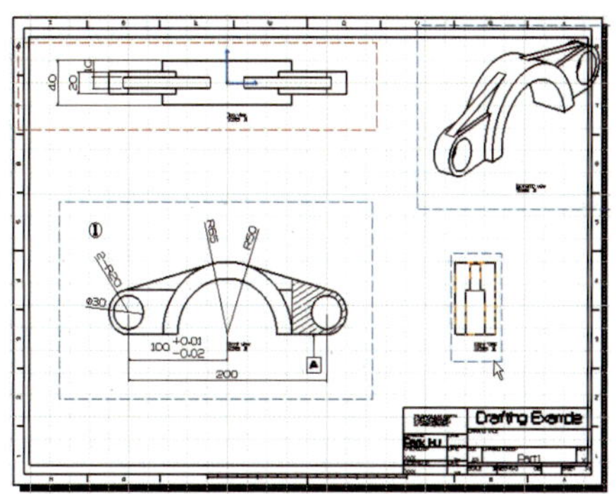
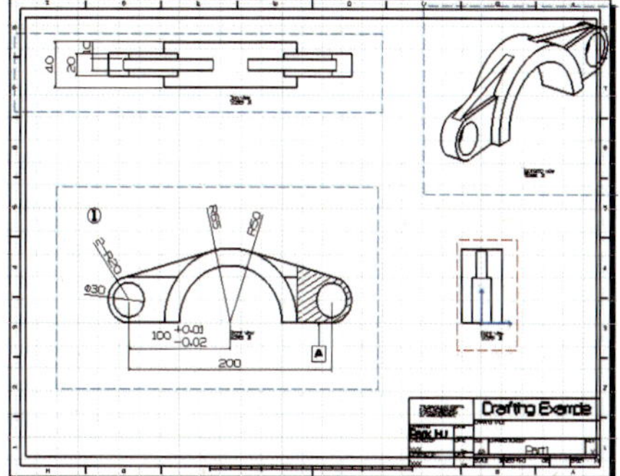

51 Tolerance를 적용하기 위해 Geometrical Tolerance 아이콘 을 클릭하고 적용할 위치에 마우스를 클릭한다.

52 Geometrical Tolerance 대화상자에서 Tolerance 영역을 클릭하여 직각도공차(⊥)를 선택하고 65mm 높이의 IT공차(5급)인 13μm를 입력한 후 OK 버튼을 클릭한다.

53 Reference 영역을 클릭하고 기준 Datum인 A를 입력하고 OK 버튼을 클릭한다.

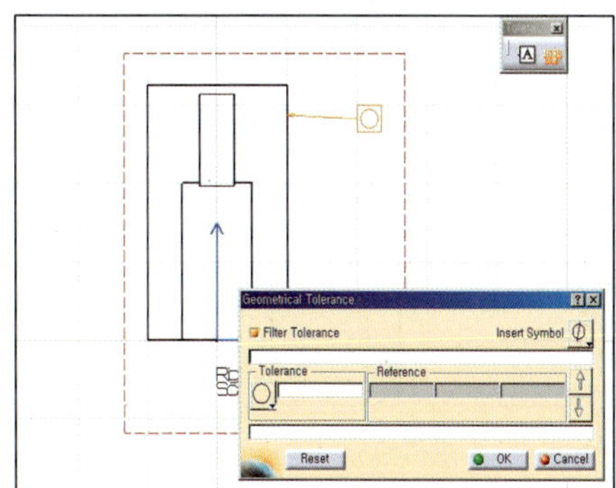
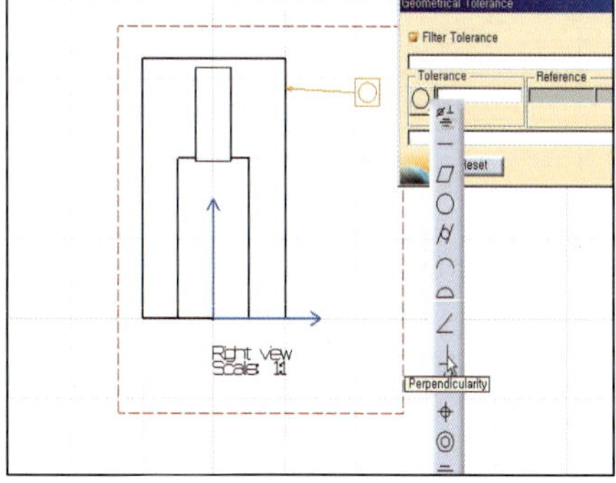

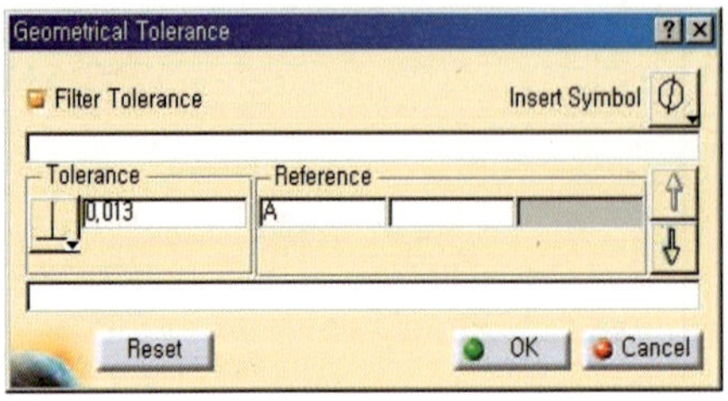

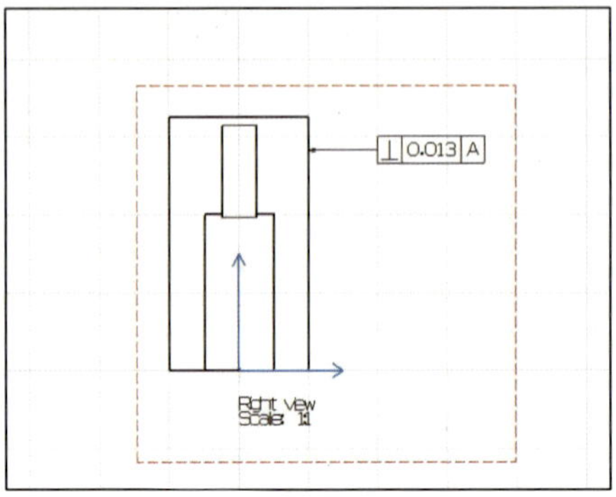

(54) 새로운 View를 설계자가 직접 생성하기 위해 New View 아이콘 을 클릭하고 생성할 임의 위치에 마우스를 클릭한다.

(55) New View를 Active View로 지정하고 Roughness Symbol 아이콘 을 클릭한 후 New View의 임의 영역을 클릭한다.

(56) 표면거칠기 형상을 선택하고 거칠기 정도 w를 입력하고 OK 버튼을 클릭한다.

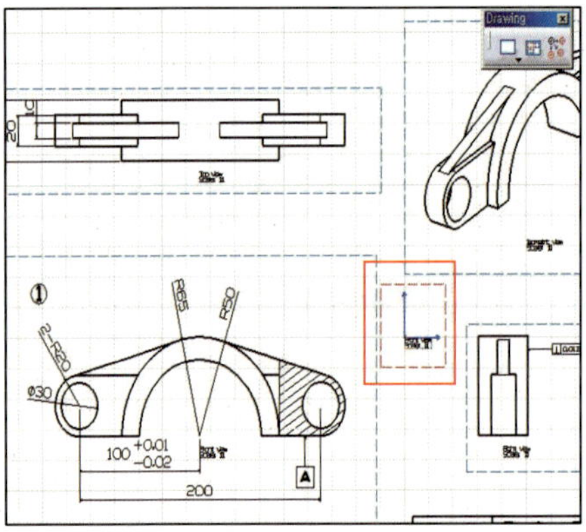

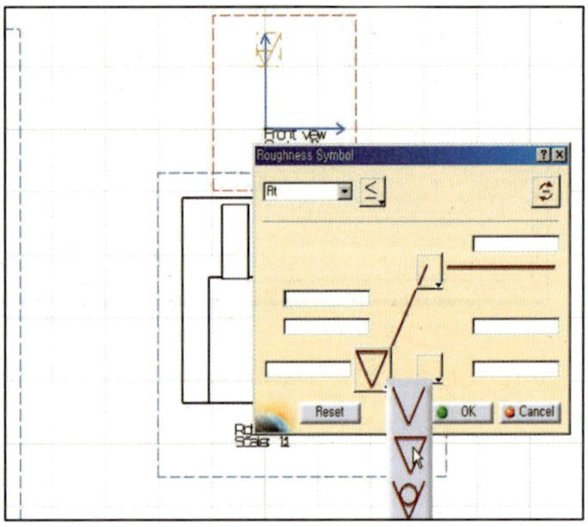

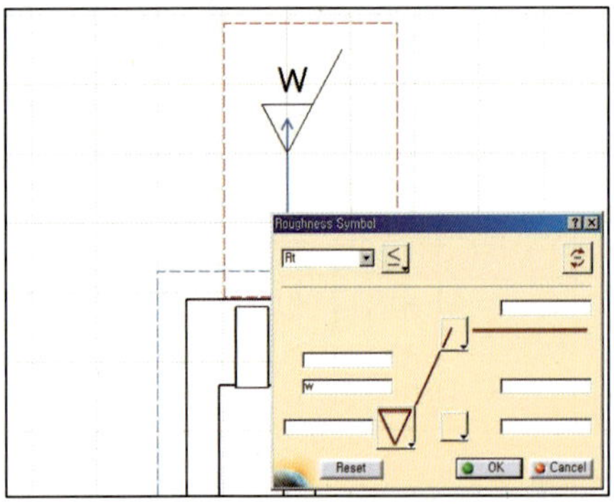

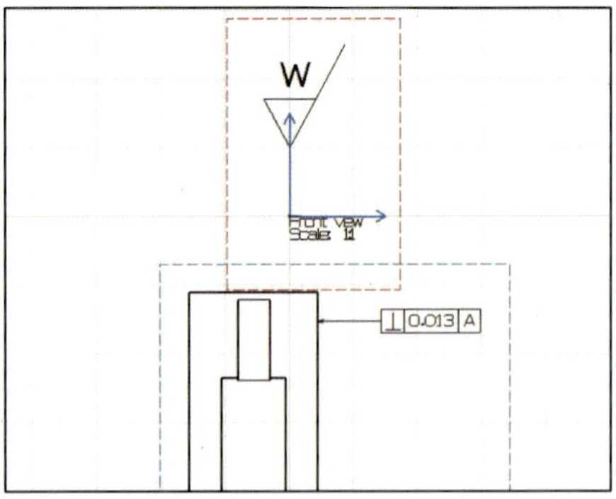

(57) 생성된 New View는 기존의 View와는 별개로 존재하므로 Drag하여 임의의 위치로 이동시켜 배치할 수 있다.

(58) Text 아이콘 T 을 이용하여 (,)를 입력한다.

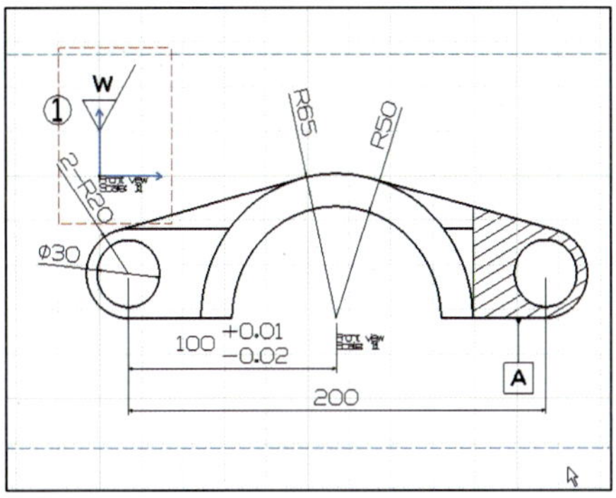

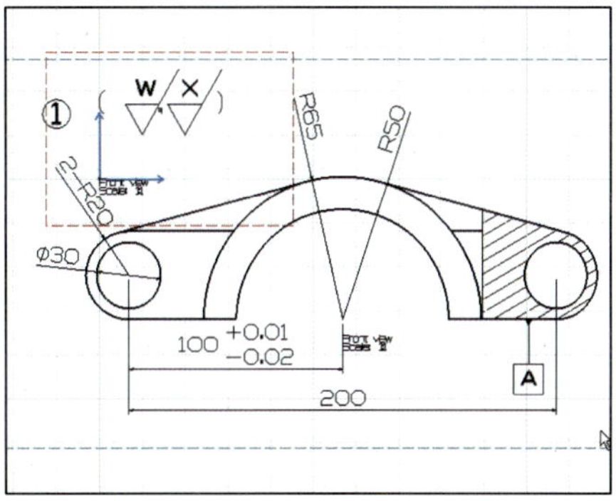

(59) Drafting 작업이 완료되면 Specifications Tree에서 생성한 모든 View를 선택하고 마우스 오른쪽버튼을 클릭한다.

(60) Properties 대화상자에서 Visualization and Behavior의 Display View Frame의 체크를 해제하고 OK 버튼을 클릭한다.

(61) Drafting 영역에 생성된 모든 View의 Display View Frame이 제거된다.

(62) File－Save as...를 클릭하여 저장하는데, CATIA에서 생성한 도면의 확장자는 CATDrawing이다.

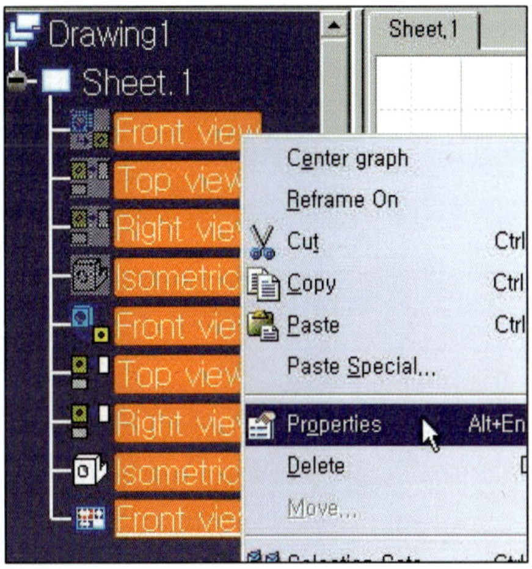

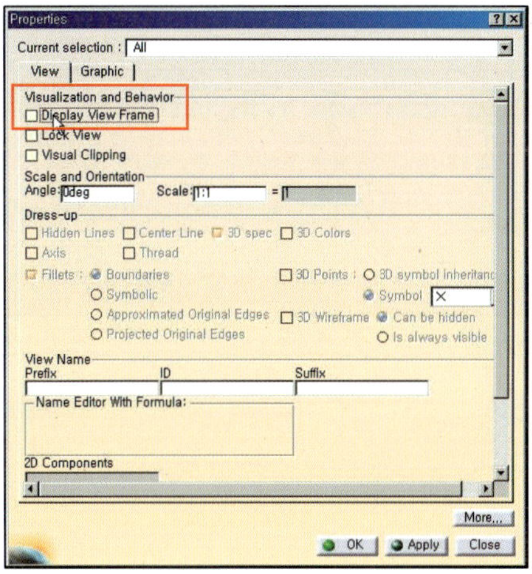

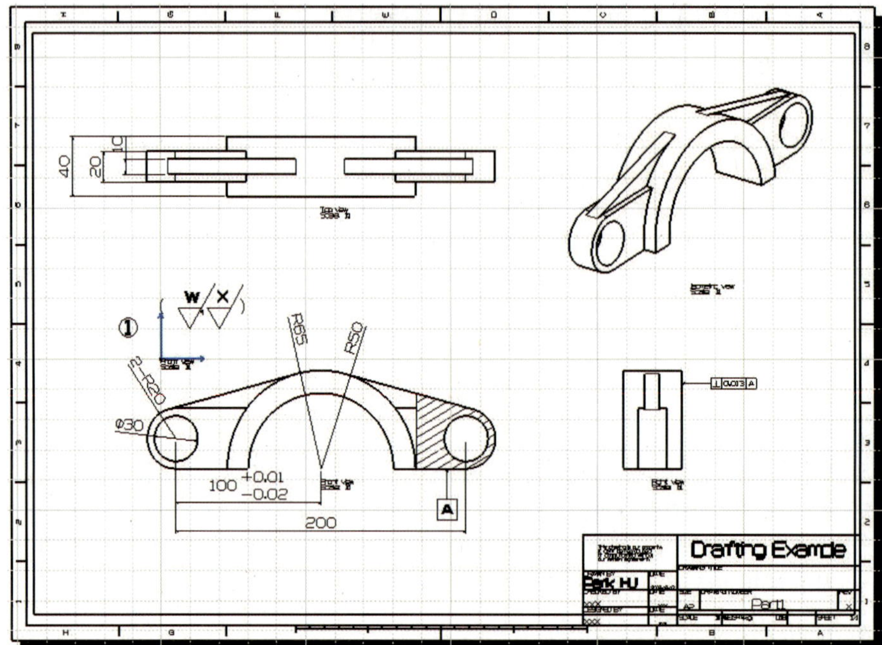

section

4. Drafting 실습예제

1) 실습예제 1

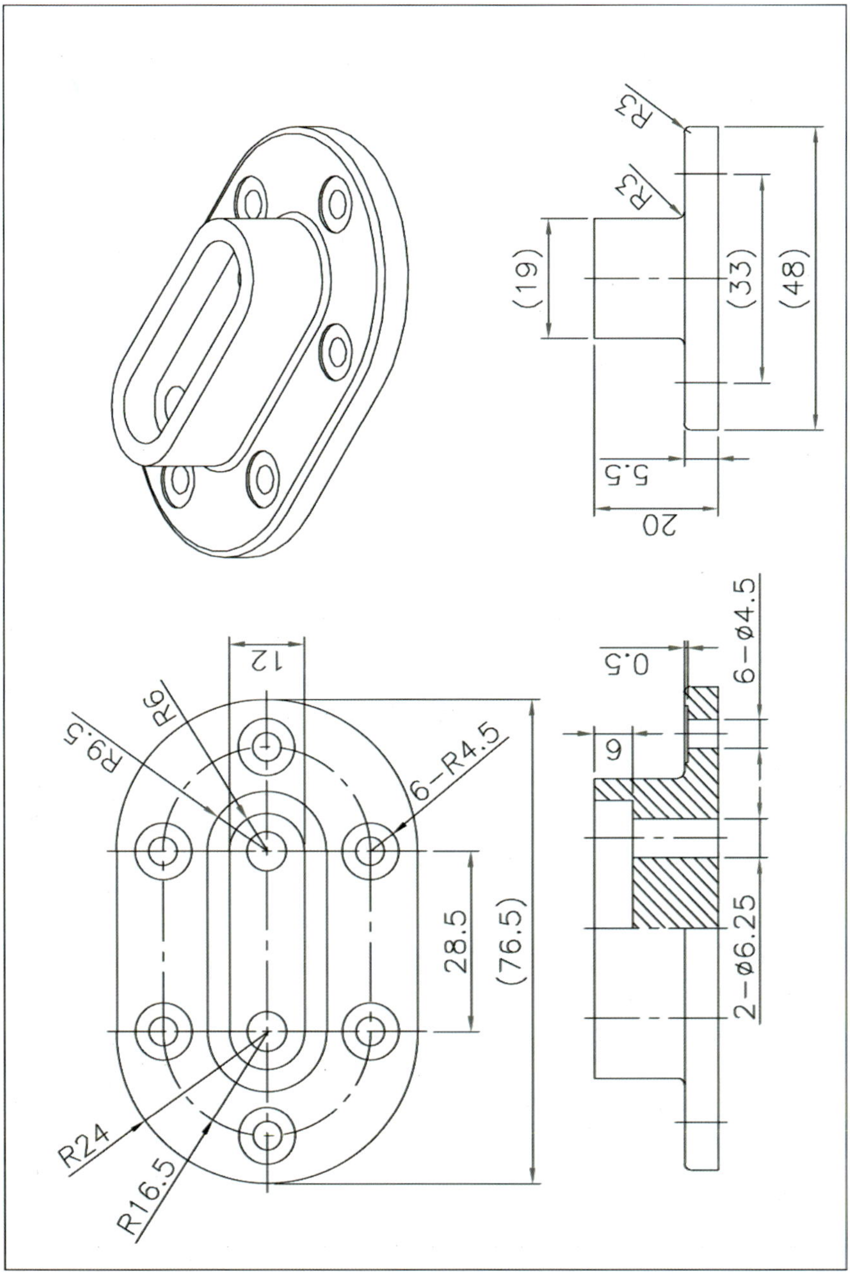

2) 실습예제 2

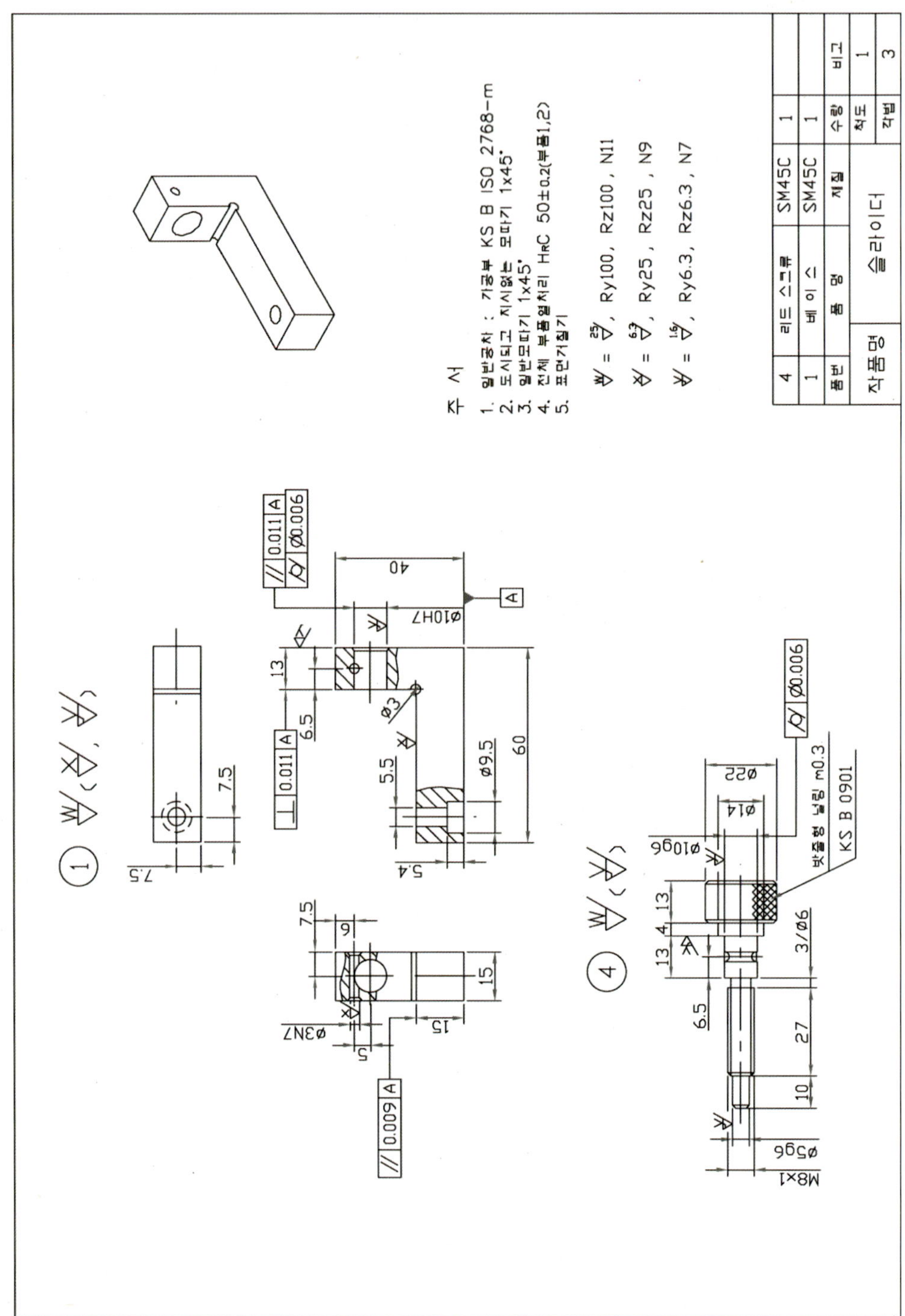

주 서
1. 일반공차 : 가공부 KS B ISO 2768-m
2. 도시되고 지시없는 모따기 1x45°
3. 일반모따기 1x45°
4. 전체 부품열처리 HRC 50±0.2(부품1,2)
5. 표면거칠기
품번 품 명 재 질 수량 비고
4 레드 스크류 SM45C 1
1 베 이 스 SM45C 1
작품명 슬라이더 척도 1
각법 3
KS B 0901
M8x1

3) 실습예제 3

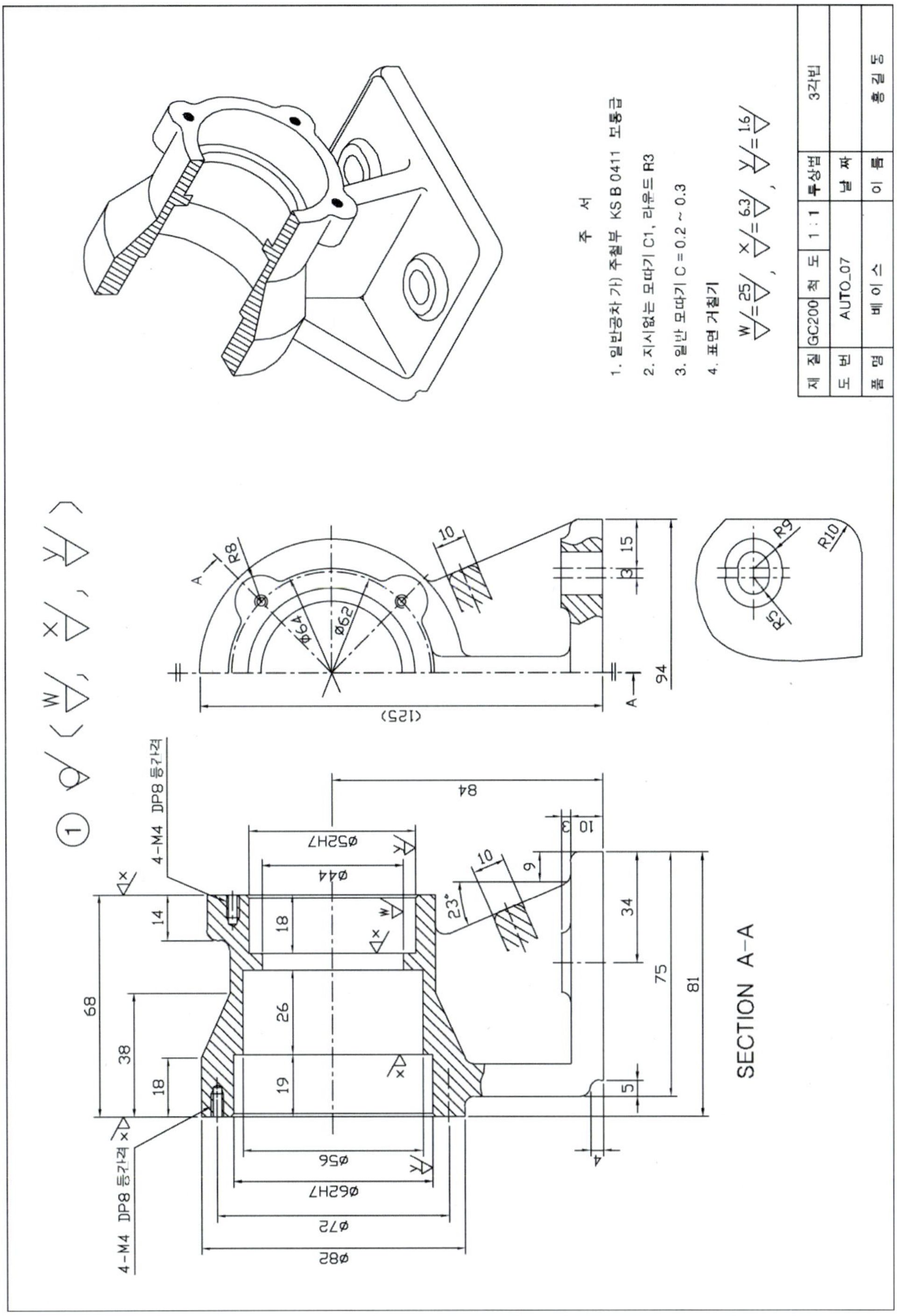
주 서
1. 일반공차 가) 주철부 KS B 0411 보통급
2. 지시없는 모따기 C1, 라운드 R3
3. 일반 모따기 C = 0.2 ~ 0.3
4. 표면 거칠기
재 질 GC200
척 도 1 : 1
투상법 3각법
도 번 AUTO_07
날 짜
품 명 베 이 스
이 름 홍 길 동
SECTION A-A
4-M4 DP8 등간격

MEMO

 **저자약력**

- ■ 박한주
  - 공학박사(기계설계학 전공)
  - 기계가공기능장
  - 한국폴리텍대학 교수

- ■ 박철기
  - 공학석사(기계공학 전공)
  - 기계제작기술사
  - 한국폴리텍대학 교수

문의사항은 박한주 baradol@kopo.ac.kr
박철기 pck2510@naver.com으로 보내주십시오.

CATIA V5 따라잡기

발행일 | 2010년 3월 20일 초판발행
2013년 1월 10일 2쇄
2014년 3월 20일 1차 개정
2015년 3월 10일 2쇄
2016년 9월 20일 3쇄

저 자 | 박 한 주 · 박 철 기
발행인 | 정 용 수
발행처 | 예문사

주 소 | 경기도 파주시 직지길 460(출판도시) 도서출판 예문사
T E L | 031) 955 – 0550
F A X | 031) 955 – 0660
등록번호 | 11 – 76호

정가 : 22,000원

ISBN 978–89–274–0934–2 13000

이 도서의 국립중앙도서관 출판예정도서목록(CIP)은 서지정보유통지원시스템 홈페이지(http://seoji.nl.go.kr)와 국가자료공동목록시스템(http://www.nl.go.kr/kolisnet)에서 이용하실 수 있습니다.
(CIP제어번호 : CIP2014005292)